W0382959

Während der nationalsozialistischen Besetzung Frankreichs wurden 162 000 Menschen deportiert, darunter 75 721 Juden. Zusätzlich wurden mehrere zehntausend Menschen als sogenannte Sühnepersonen erschossen oder bei »Bandenkampfmaßnahmen« getötet. Verantwortlich waren rund 75 Männer, die als sogenannte Kommandeure der Sicherheitspolizei und des SD oder als deren Stellvertreter die NS-Terrorpolitik in Frankreich durchsetzten.

Brunner rekonstruiert die Lebensläufe dieser Funktionselite bis in die Bundesrepublik. Dabei kommt heraus, dass die deutsche Justiz schon in den sechziger Jahren gut informiert war und mit dem »Frankreich-Komplex« ein großes Ermittlungsverfahren angestrengt hatte. Massive politische Einflussnahmen eines Netzwerks von ehemaligen Nazis, die inzwischen wieder zu Ämtern und Würden gekommen waren, verhinderten jedoch längst fällige Anklagen.
Den Ermittlern der »Zentralen Stelle der Landesjustizverwaltungen zur Verfolgung von NS-Verbrechen« in Ludwigsburg wurden viele Steine in den Weg gelegt. Auch auf französischer Seite gab es aus innenpolitischen Gründen kein ausreichendes Interesse an einer systematischen Aufarbeitung der NS-Verbrechen. Erst als die französischen »Nazijäger« Beate und Serge Klarsfeld zu drastischen Mitteln griffen und einen der Ex-Kommandeure zu entführen versuchten, konnte endlich ein lange verschlepptes deutsch-französisches Zusatzabkommen geschlossen werden. Dieses führte 1979 zu dem damals aufsehenerregenden Lischka-Prozess in Köln, in dem 1980 drei Angeklagte zu langjährigen Haftstrafen verurteilt wurden. Die übrigen Täter blieben jedoch nach wie vor unbestraft.

Bernhard Brunner, geboren 1969, studierte Germanistik, Geschichte und Politikwissenschaften in Würzburg, Freiburg und an der Yale University/USA. Der Autor ist seit 2003 im bayerischen Schuldienst tätig.

Unsere Adressen im Internet: *www.fischerverlage.de*
www.hochschule.fischerverlage.de

Bernhard Brunner

Der Frankreich-Komplex

Die nationalsozialistischen Verbrechen in Frankreich und die Justiz der Bundesrepublik Deutschland

Fischer Taschenbuch Verlag

Die Zeit des Nationalsozialismus
Eine Buchreihe
Herausgegeben von Walter H. Pehle

In memoriam Herbert Schneider

Veröffentlicht im Fischer Taschenbuch Verlag
einem Unternehmen der S. Fischer Verlag GmbH,
Frankfurt am Main, Mai 2007

Lizenzausgabe mit freundlicher Genehmigung
des Wallstein Verlages, Göttingen
© 2004 Wallstein Verlag GmbH, Göttingen
Druck und Bindung: Druckerei C. H. Beck, Nördlingen
Printed in Germany
ISBN 978-3-596-16896-5

Inhalt

Einleitung

Der Umgang mit den ehemaligen Funktionären des »Dritten Reiches« in der Gesellschaft der Bundesrepublik war für die Geschichtsschreibung lange Zeit kein Thema. Dabei ist seit langem schon deutlich geworden, dass viele nationalsozialistische Täter unbestraft davonkamen und unerkannt oder unbeachtet zu Bürgern der Bundesrepublik wurden – es handelte sich bei der Wiedereingliederung »Ehemaliger« keineswegs um einen marginalen Vorgang, sondern um ein massenhaftes Phänomen, das für die Entwicklung der zweiten deutschen Demokratie durchaus relevant war.

Dass sich die Historiker dennoch lange Zeit zurückhielten, hatte vor allem drei Gründe. Zum einen galt das Thema gerade wegen der oft als sensationell empfundenen Begleitumstände wie Identitätswechsel, klandestinen Netzwerken »alter Kameraden« und der stets auftauchenden Frage nach Mitwissern als nicht seriös, sondern wurde eher als Fall für die Kolportagepresse angesehen.[1] Zweitens war die Materie in Zeiten des Kalten Krieges hochgradig politisch aufgeladen, da die DDR die Bundesrepublik in den »Braunbuch-Kampagnen« zu delegitimieren suchte und somit jede wissenschaftliche Beschäftigung unter Ideologieverdacht stand.[2] Und drittens erwies es sich als schwierig, zuverlässige biographische Quellen über Männer aufzuspüren, die nicht gefunden werden wollten. Zwar zogen einzelne mehr oder weniger durch Zufall aufgefallene ehemalige NS-Größen große Aufmerksamkeit auf sich, eine systematische, über die Einzelfälle hinausreichende Erforschung des Phänomens blieb jedoch weitgehend aus.[3]

Dabei kann es keinen Zweifel geben, dass die Existenz der NS-Täter die Entwicklung der Bundesrepublik mitbestimmte. Dies betrifft zum einen die »Vergangenheitspolitik«, also alle die politischen Entscheidungen, die getroffen wurden, um den Umgang mit den »Ehemaligen« und ihren Taten zu regeln – ein Thema, das vor allem in den fünfziger Jahren ein überaus sensibles Feld der Politik darstellte.[4] Zum andern war die

1 Siehe dazu die Überlegungen von Schildt, NS-Eliten.

2 Bästlein, Nazi-Blutrichter; Lemke, Kampagnen.

3 Zum Fall Schwerte vgl. L. Jäger, Seitenwechsel; H. König (Hg.), Schwerte; König/Kuhlmann/Schwabe (Hg.), Vergangenheit; Leggewie, Schneider.

4 Vgl. Frei, Vergangenheitspolitik. Frei definiert den Begriff als politischen Prozess, in dem es in »erster Linie um Strafaufhebungen und Integrationsleistungen zugunsten eines Millionenheeres ehemaliger Parteigenossen [ging], die fast aus-

Frage der möglichen Strafverfolgung eine ganz außergewöhnliche Aufgabe, welche die bundesdeutsche Justiz jahrzehntelang beschäftigte. Drittens war das Problem des angemessenen Umgangs mit den Tätern auch eine gesellschaftliche Herausforderung, die der Bevölkerung Westdeutschlands eine Reihe bewusst oder auch unbewusst getroffener Positionsentscheidungen abnötigte, sei es im konkreten Umgang mit einzelnen Tätern im sozialen Nahbereich oder – abstrahiert – bei Wahlen.

Natürlich stellte die Anwesenheit der ehemaligen NS-Funktionäre ein erhebliches Unsicherheitspotential für den Aufbau der Demokratie dar – nicht zuletzt deshalb, weil sich unter ihnen viele ehemalige Führungskräfte befanden. Gerade diese meist verharmlosend (und oft unzutreffend) als Schreibtischtäter bezeichneten Männer hatten besonders gute Chancen, der Strafverfolgung zu entkommen. Anders als viele »tatnahe« Täter, die als »ganz gewöhnliche Männer« unter den Umständen eines entfesselten Krieges zu Mördern geworden waren,[5] handelte es sich bei den ehemaligen NS-Eliten um Personen, die ihre Fähigkeiten bewusst in den Dienst des Unrechtsregimes gestellt hatten und die meist hochgradig ideologisiert gewesen waren. Als Träger der nationalsozialistischen Weltanschauung und im Besitz modernen Herrschaftswissens bildeten sie eine soziale Gruppe, die durchaus in der Lage gewesen wäre, auf die Geschicke des neuen, nun demokratischen Deutschland Einfluss zu nehmen.

I.

Die vorliegende Studie greift die Problematik von NS-Eliten in der Bundesrepublik auf und blickt dabei nach zwei Richtungen. Zum einen stellt sie die Frage nach dem politischen, justitiellen und sozialen Umgang mit den Tätern, also nach Maßnahmen, welche die Gesellschaft ergriff, um die Wiedereingliederung dieser Personen zu verhindern oder auch zu erleichtern, nach Meinungsbildungsprozessen und gesellschaftlichen Vorgängen. Zum anderen fragt sie nach den Biographien der Täter selbst, nach den unmittelbaren lebensgeschichtlichen Auswirkungen des Unter-

nahmslos in ihren sozialen, beruflichen und staatsbürgerlichen – nicht jedoch politischen – Status quo ante versetzt wurden, den sie im Zuge der Entnazifizierung, Internierung oder der Ahndung ›politischer‹ Straftaten verloren hatten. In zweiter Linie, gewissermaßen flankierend, ging es um die politische und justitielle Grenzziehung gegenüber den ideologischen Restgruppen des Nationalsozialismus« (ebd., S. 13 f.).

5 Vgl. Browning, Männer.

gangs des »Dritten Reiches«, nach den Folgen der alliierten und der bundesdeutschen Strafverfolgung, den Ergebnissen der »Vergangenheitspolitik«, nach Überlebensstrategien und, soweit die Quellen das zulassen, nach dem psychischen Anpassungsprozess, den die Männer durchliefen.

Der Erfolg eines solchen Unterfangens ist insbesondere von der geschickten Auswahl der Untersuchungsgruppe, des Samples, abhängig. Dieses muss groß genug sein, damit über den Einzelfall hinausreichende Aussagen getroffen werden können, gleichzeitig aber überschaubar genug, um auch auf die Biographien selbst eingehen zu können. Ferner müssen die ausgewählten Personen natürlich eindeutig der NS-Elite angehört haben und als solche noch im »Dritten Reich« ausgemacht werden; von dort müssen ihre Lebensläufe in die Bundesrepublik hinein verfolgt werden. Nur bei einem solchen Vorgehen lassen sich auch diejenigen Fälle erfassen, in denen die Wiedereingliederung problemlos und unspektakulär vonstatten ging. Schließlich müssen die Biographien der ausgewählten Personen überhaupt erforschbar sein, und zwar sowohl was ihre Tätigkeit im »Dritten Reich« betrifft als auch die Lebensläufe nach dem Krieg. Gerade das letzte Kriterium erschwert die Suche nach einer entsprechenden Untersuchungsgruppe, bemühten sich doch die meisten »Ehemaligen« darum, ihre Taten zu verschleiern und ein möglichst unauffälliges Nachkriegsleben zu führen.

In dieser Hinsicht erweisen sich die zwischen 1940 und 1944 im von Deutschland besetzten Frankreich eingesetzten Spitzenfunktionäre der Sicherheitspolizei (Sipo) und des Sicherheitsdienstes der SS (SD) als besonders geeignet. Einige der Männer wurden durch einen 1979/1980 in Köln durchgeführten Prozess bekannt. In dem von der Presse »Lischka-Prozeß« getauften Verfahren wurden drei besonders belastete ehemalige Funktionäre, nämlich Kurt Lischka, Herbert Hagen und Ernst Heinrichsohn, der Beteiligung an der Deportation zehntausender Juden aus Frankreich überführt und zu langjährigen Haftstrafen verurteilt. Erstaunen erregte dabei der Auftritt einer Reihe ehemaliger »Kollegen« der drei Angeklagten als Zeugen, die teilweise hohe berufliche Positionen in der Wirtschaft und sogar im Staatswesen der Bundesrepublik innehatten. Auch die Angeklagten selbst waren bis zum Prozess angesehene Bürger gewesen: Lischka lebte als Prokurist in Köln, Hagen war Geschäftsführer einer Maschinenbaufirma in Warstein, Heinrichsohn war nicht nur Anwalt in Miltenberg, sondern auch langjähriger Bürgermeister der fränkischen Ortschaft Bürgstadt.

Tatsächlich handelt es sich bei den ehemals führenden Sipo/SD-Funktionären um eine NS-Tätergruppe, die auch nach Kriegsende sehr erfolgreich war und fast vollständig in der Bundesrepublik integriert wurde. Während des Lischka-Prozesses blieb der Öffentlichkeit nämlich weitgehend verborgen, dass es sich bei den Verurteilten nur um drei von ursprünglich 200 Männern handelte, die entsprechende Positionen in Frankreich bekleidet hatten und unter anderen Verbrechen auch für die Deportation von über 70 000 Juden verantwortlich waren. Anders als die meisten der »tatnahen« Täter waren sie keine austauschbaren Befehlsempfänger gewesen, sondern hatten selbst die Besatzungsherrschaft mitgestaltet. Diese – im 1. Kapitel näher vorgestellten – Spitzenfunktionäre hatten durch ihre Ämter Entscheidungsgewalt inne und können deshalb entsprechend dem in der Soziologie gebräuchlichen Positionsansatz als Elite definiert werden. Da sich ihre Macht aber auf die Ausübung bestimmter Funktionen beschränkte, nämlich die sicherheitspolizeiliche »Durchherrschung« des besetzten Frankreich, lässt sich die Gruppe als Funktionselite spezifizieren.[6]

Das Sample ist mit 200 Personen zwar ausreichend groß, um über den Einzelfall hinausreichende Aussagen zu treffen. Anderseits ist es natürlich nicht möglich, 200 Biographien ausführlich und präzise darzustellen. Aus diesem Grund werden lediglich die Lebensläufe der ranghöchsten 23 Männer genauer dargestellt, die der übrigen werden lediglich zu Vergleichszwecken mit herangezogen.

Ein großer Vorteil dieser Auswahl ist, dass sich die Rollen der Sipo/SD-Funktionäre während der deutschen Besetzung Frankreichs anhand der vorhandenen historischen Forschungsliteratur relativ gut nachvollziehen lassen. Allerdings gibt es auch empfindliche Lücken, vor allem was die Situation in der französischen Provinz betrifft sowie die Praxis der »Geiselerschießungen«.[7] Zusätzlich sind verhältnismäßig viele Akten der Sipo und des SD überliefert. Vor allem aber waren die Männer in der Bundesrepublik Gegenstand eines der umfangreichsten Ermittlungsverfahren in NS-Sachen überhaupt, nämlich des so genannten Frankreich-Komplexes, der zu einer Reihe von Hauptverhandlungen, so auch zum Lischka-Prozess führte. Die im Laufe dieses fast dreißig Jahre lang geführten Mammutverfahrens angefallenen Ermittlungsergebnisse, Ver-

6 Zu den verschiedenen Definitionen vgl. Wetzel, Elitenwandel.

7 Vgl. Jäckel, Frankreich; Umbreit, Militärbefehlshaber; Delarue, Gestapo; S. Klarsfeld, Vichy – Auschwitz; Herbert, Best; ders., Militärverwaltung; Marrus/Paxton, Vichy-France; Meyer, Besatzung; ders., Großraumpolitik; Michel, Paris; Paxton, Vichy-France; Pryces-Jones, Paris; Kasten, Franzosen; Lozowick, Hitlers Bürokraten; Delacor, Attentate.

nehmungen, historischen Gutachten und Sammlungen von Beweisdokumenten erlauben es, zumindest die »äußeren« Biographien der Betreffenden nachzuvollziehen, also die biographischen Eckdaten zu erheben und beispielsweise die Berufswege zu ermitteln. Zusätzlich geben die zahlreichen Vernehmungsprotokolle Aufschluss über die Rechtfertigungs- und Verteidigungsstrategien und lassen gelegentliche Blicke auf das Innenleben der Betroffenen zu.

II.

Die Wiedereingliederung von Angehörigen einer solchen NS-Elite in die Gesellschaft der Bundesrepublik war ein wechselseitiger Prozess, bei dem sich das Verhalten der Ex-Funktionäre und gesellschaftliche Maßnahmen gegenseitig bedingten. Entscheidend war zunächst der »Spielraum«, der den Betreffenden von der Gesellschaft eingeräumt wurde. Er wurde im Wesentlichen von drei Faktoren bestimmt: den Aktivitäten der alliierten und später der bundesdeutschen Strafverfolgungsorgane, den Maßnahmen der Politik und nicht zuletzt der vorherrschenden allgemeinen Einstellung zum Nationalsozialismus und seinen Protagonisten. Auf den ersten Blick kommt der Strafverfolgung die entscheidende Rolle zu: Kein anderer Faktor entschied so unmittelbar über die direkten Existenzbedingungen dieser Männer, im Extremfall über Freiheit oder Haft oder gar Leben und Tod. Die Schilderung und Analyse der Bemühungen um die strafrechtlichen Ahndungen der in Frankreich begangenen Verbrechen nehmen deshalb in dieser Studie erheblichen Raum ein. Wie zu zeigen sein wird, waren die Bemühungen der Justiz allerdings in hohem Maß von politischen Entscheidungen abhängig. Die Rahmenbedingungen und Maßnahmen, die im Lauf des Untersuchungszeitraums von 1940 bis 1989 mehrfach direkt auf die Justiz und damit auf die Schicksale der Betroffenen einwirkten, sind demnach ebenso zu berücksichtigen. Während Justiz und Politik die »harten« Faktoren wie Strafverfolgung und berufliches Weiterkommen bestimmten, wirkte sich die schwer zu evaluierende Einstellung der Öffentlichkeit zum einen auf die soziale Wiedereingliederung aus, sie beeinflusste zum anderen aber auch wiederum Politik und Justiz.

Öffentliche Meinung, politische Maßnahmen und Strafverfolgung bedingen einander gegenseitig und sind deshalb nicht getrennt zu analysieren. Die öffentliche Meinung, die Meinung, die »in wertbesetzten Bereichen ohne Furcht vor Sanktionen ausgesprochen werden kann und auf die sich öffentliches Handeln gründen kann«, ist nur mit demoskopischen Mitteln annähernd zuverlässig zu erfassen.[8] Da für die Vergangenheit nur unzureichende demoskopische Daten vorliegen, versuchen historische Studien diesem Manko meist durch die Untersuchung der Medienberichterstattung abzuhelfen. Auch in dieser Studie spielt die Einstellung der Medien eine gewichtige Rolle. Dabei darf diese »veröffentlichte Meinung« jedoch nicht mit der »öffentlichen Meinung« gleichgesetzt werden. Journalisten treffen immer eine Vorauswahl und folgen bei der Präsentation der Themen ihren eigenen, nicht automatisch mehrheitsfähigen Auffassungen. Führen diese Meinungsäußerungen zu einem kritischen Diskurs, der politische Meinungsbildungsprozesse kommentiert und mitbestimmt, so lässt sich von kritischer Öffentlichkeit sprechen. Gerade die Berichterstattung über NS-Prozesse ist ein gutes Beispiel für eine »pädagogische« Berichterstattung, in der Journalisten der vorherrschenden öffentlichen Meinung absichtsvoll entgegentraten. Die Arbeit versucht, nicht nur die Einstellung der veröffentlichten Meinung, sondern auch die der öffentlichen Meinung zu berücksichtigen, indem sie, wo möglich, auf Meinungsumfragen oder auf nicht zur Veröffentlichung bestimmte Meinungsäußerungen wie Briefe an die Gerichte zurückgreift.

Politische Entscheidungen reflektieren unterschiedliche Impulse und Überlegungen. In dieser Studie zeigt sich beispielsweise immer wieder, wie sehr außenpolitische Erwägungen sich auf das primär nach innen gerichtete Problem des richtigen Umgangs mit den NS-Eliten auswirkten. Derartige Überlegungen können kurzfristig zu unpopulären Entscheidungen führen, doch können es sich in einer Demokratie kein Politiker und keine Partei langfristig leisten, gegen die öffentliche Meinung zu agieren. Gerade im Bereich des Umgangs mit ehemaligen NS-Tätern hat die Forschung für die fünfziger Jahre gezeigt, wie sehr sich auch gänzlich unverdächtige Politiker von derartigen Überlegungen beeinflussen ließen, durchaus auch zum Wohle ehemaliger Schwerverbrecher tätig zu werden.

Die Justiz schließlich wirkt verfassungsgemäß als unabhängige Kontrollinstanz auf der Basis fixierter Normen. Diese sind nicht ohne weiteres veränderbar, und die Entscheidungsfindung ist im Einzelfall an bestimmte Verfahrensweisen gebunden, die unbedingt und nachvollziehbar befolgt werden müssen. Dennoch ist die Justiz keine vollkommen isolierte

8 Die zitierte Definition stammt von Elisabeth Noelle-Neumann, vgl. Noelle-Neumann, Theory.

Wächterinstanz. Zum einen spiegeln die Gesetzescodices den gesellschaftlichen Wertehorizont wider, zum andern unterliegt die Auslegung und Anwendung der Gesetze durchaus gesellschaftlicher Observanz. Entscheidungen, die zu sehr von der öffentlichen Meinung abweichen, werden meist mit Protest beantwortet. Natürlich verhütet das formale Regelwerk der Justiz, dass solche Entscheidungen einfach aufgehoben werden können, doch wird langfristig ein Auseinanderdriften von öffentlicher Meinung und justitiellen Entscheidungen dadurch verhindert, dass der Gesetzesrahmen verändert wird oder sich die Rechtsanwendung anpasst.

Ein solches idealtypisches und vor allem statisches Modell entspricht freilich nicht der dynamischen Entwicklung, welche die Bundesrepublik genommen hat. Das Kräftedreieck Politik – Justiz – Öffentlichkeit entfaltete sich in der Bundesrepublik erst in den späten sechziger Jahren. So kann die Entwicklung einer kritischen Öffentlichkeit, die in der Lage war, politische Entscheidungen oder juristische Entwicklungen öffentlich kritisch zu hinterfragen und entsprechenden Druck auszuüben, erst ab dieser Zeit angenommen werden. Auch das Justizwesen war bei der Gründung der Bundesrepublik im Jahre 1949 noch nicht voll entwickelt. Wie zu zeigen sein wird, schuf die Schwäche beider Faktoren ein für die ehemaligen Sipo/SD-Funktionäre außerordentlich günstiges Klima. Das Kräftedreieck eignet sich nicht als Gliederungsprinzip der vorliegenden Studie, doch bleiben die drei Faktoren ein Strukturmerkmal der ansonsten chronologisch geordneten Darstellung.

Aus der Perspektive der ehemaligen NS-Eliten kam es darauf an, diesen Spielraum möglichst geschickt zu nutzen. Ob und in welchem Umfang dies gelang, hing nicht allein von ihrem Willen zur Täuschung der Umwelt ab, sondern ebenso von ihrem Selbstbild. Wie sich zeigen wird, vollzogen diese Männer nach 1945 einen Selbstdeutungsprozess, an dessen Ende in den meisten Fällen die offenbar echte Überzeugung stand, selbst zur Gruppe der Opfer zu zählen. Es gehört deshalb zu den Zielen dieser Studie, das sich wandelnde Selbstbild der Männer zu beschreiben, wo immer die Quellenlage dies zulässt.

Um ein möglichst umfassendes Bild zu erhalten, deckt die Studie in insgesamt acht Kapiteln den Zeitraum von 1940 bis 1989 ab. Um die Tätergruppe näher zu beschreiben und ihre Belastung deutlich zu machen, wird zunächst ihre Rolle im nationalsozialistisch besetzten Frankreich untersucht (Kapitel 1). Anschließend werden die im Jahr 1944 einsetzenden Bemühungen der französischen Strafverfolgungsbehörden geschildert, die Täter zur Verantwortung zu ziehen, und es werden die Auswirkungen auf die gesamte Gruppe skizziert (Kapitel 2). Die vor Militärtribunalen durchgeführten französischen Prozesse erwiesen sich nicht nur deshalb als folgenreich, weil ein erheblicher Teil der Männer davon betroffen war, sondern auch, weil ihre Wahrnehmung auf der anderen Seite des Rheins den gesellschaftlichen Umgang mit den Tätern bestimmen sollte. Wie in Kapitel 3 gezeigt wird, erzeugten die französischen Verfahren und Prozesse einen Effekt der »reaktiven Wiedereingliederung«: Je intensiver sich die französischen Behörden um die Ahndung der Verbrechen bemühten, desto kategorischer wurden die Verfahren östlich des Rheins als unrechtmäßige Siegerjustiz verstanden und mit Entschiedenheit bekämpft. Der Abwehrreflex war so ausgeprägt, dass generalisierend alle dabei Strafverfolgten als Opfer angesehen wurden, und zwar unabhängig von ihren Taten. Statt eine kritische Überprüfung der Vergangenheit der Betroffenen vorzunehmen, engagierte der westdeutsche Staat sich entschlossen für ihre Straffreiheit und half ihnen in vielerlei Hinsicht wieder auf die Beine. Wie Kapitel 4 zeigt, war infolge dieser Reintegrationspolitik bis Mitte der fünfziger Jahre der Großteil der Männer wieder in Lohn und Brot, wobei die meisten in diejenigen Berufe zurückkehrten, die sie vor Kriegsausbruch ausgeübt hatten.

Seit Anfang der sechziger Jahre wurden diese Existenzen durch die Arbeit der »Zentralen Stelle der Landesjustizverwaltungen zur Aufklärung nationalsozialistischer Gewaltverbrechen« bedroht. In Kapitel 5 werden die Geschichte des dort geführten Vorermittlungsverfahrens und die damit zusammenhängenden Schwierigkeiten geschildert. Dabei wird auch der Frage nachgegangen, was hinter einer vom Bundesgerichtshof im Jahr 1966 gefällten Grundsatzentscheidung, dem »Beschluss Hempen«, stand, die den ermittelnden Staatsanwälten die Hände band. Wie aussichtslos die Chancen der Strafverfolger waren, nach diesem Beschluss die NS-Funktionäre noch vor Gericht zu bringen, wird in Kapitel 6 beleuchtet, wobei das besondere Augenmerk den Aussagestrategien und Selbstdarstellungen der Betroffenen gilt. Allerdings verstärkten sich seit Mitte der sechziger, Anfang der siebziger Jahre die Bemühungen zur Ausgrenzung der Täter. Wie in Kapitel 7 beschrieben, kam aus der westdeutschen Justiz selbst die Anregung, die Folgen des »Beschlusses Hempen« durch ein Abkommen zwischen Deutschland und Frankreich zumindest teilweise rückgängig zu machen. Dieser bilaterale Vertrag stieß allerdings auf erbitterten politischen Widerstand und konnte zunächst nicht in Kraft treten. Nicht zuletzt an der Blockade dieses Abkommens entzündete sich daraufhin eine beispiellose Kampagne des deutsch-französischen Ehepaars Serge und Beate Klarsfeld, das sich mit spektakulären Aktionen für die Strafverfolgung der ehemaligen NS-Funktionäre einsetzte und die Öffentlichkeit mobilisierte – der Vertrag wurde daraufhin tatsächlich in Kraft gesetzt. Wie im 8. Kapitel deutlich wird, führten die Ermittlungen anschließend zu einer Reihe von Anklagen und auch Hauptverhandlungen, doch wurden nur die drei bereits genannten Personen verurteilt. Die übrigen Beschuldigten blieben straffrei, ein Umstand, der ebenfalls erklärungsbedürftig ist.

III.

Die in dieser Untersuchung verwendete Begrifflichkeit bedarf besonderer Aufmerksamkeit. Eine Folge des vor allem in den fünfziger Jahren vorherrschenden Herunterspielens der Verbrechen war eine gewisse Begriffsverwirrung, in der auch hochrangige Funktionäre als »Kriegsverbrecher« oder – so sie sich denn in Haft befanden – als »Kriegsgefangene« oder gar als »Kriegsverurteilte« bezeichnet wurden. Seit einiger Zeit werden jene Begriffe in der Forschung durch die Begriffe »NS-Verbrecher« oder »NS-Täter« ersetzt, die auch in dieser Studie Verwendung finden, da es sich bei jenen den Betroffenen zur Last gelegten Taten nicht um Verbrechen handelt, die primär im Kontext des Krieges standen, sondern die Folge der NS-Vernichtungspolitik waren.[9] Dies traf in erster Linie auf die Verfolgung und Deportation der Juden zu, aber auch die in Frankreich durchgeführten »Geiselerschießungen« und »Bandenkampfmaßnahmen« hatten teilweise oder vollständig einen ideologischen Hintergrund und ergaben sich nicht unmittelbar aus dem Zusammenhang des Krieges.

Die Verwendung der Begriffe »Täter« oder »Verbrecher« ist im juristischen Kontext problematisch, da er dort eine rechtskräftige Verurteilung anzeigt. Juristisch korrekt müsste stattdessen in fast allen Fällen von »Beschuldigten« oder, wenn ein Prozess stattfand, von »Angeklagten« oder »Verurteilten« die Rede sein. Wie allerdings deutlich werden wird, beweist die Straffreiheit der Betreffenden nicht ihre Unschuld, sondern lediglich, dass es unter den seit Ende der siebziger Jahren vorherrschenden spezifischen Bedingungen des bundesdeutschen Strafrechts nicht mehr möglich war, sie zu verurteilen.

Auch die Gerichte und Staatsanwaltschaften, die Verfahren einstellten und ehemalige Funktionäre freiließen, hatten keinen Zweifel daran, dass die Beschuldigten tief in die in Frankreich begangenen NS-Verbrechen

9 Vgl. Artzt, Abgrenzung.

verstrickt gewesen waren. Deshalb erscheint es gerechtfertigt, an der hier verwendeten Begrifflichkeit festzuhalten.

Die zweite methodische Vorbemerkung ergibt sich aus der Quellenlage. Der hier angestrebten annähernd gleichberechtigten Berücksichtigung des gesellschaftlichen Umgangs mit den Tätern einerseits und des Verhaltens und der Einstellungen der Betroffenen andererseits werden durch den Zugriff auf geeignete Quellen Grenzen gesetzt. Die politischen und justitiellen Entscheidungen und Maßnahmen lassen sich durch die Auswertung der entsprechenden Akten der beteiligten staatlichen Instanzen nachvollziehen. Namentlich wurden die Akten des Auswärtigen Amtes, des Bundesjustizministeriums, der Justizministerien der Länder Baden-Württemberg und Nordrhein-Westfalen, der Zentralen Stelle der Landesjustizverwaltungen in Ludwigsburg, der Staatsanwaltschaften Köln und Dortmund, des Archivs der »Vereinigung der Verfolgten des Naziregimes«, des Archivs der Staatssicherheit der DDR, des umfangreichen Privatarchivs des Ehepaars Klarsfeld sowie die NS-Personalakten des ehemaligen Berlin Document Center ausgewertet. Dies stieß jedoch immer wieder an die Grenzen der in der Bundesrepublik geltenden Fristen für die Auswertung staatlichen Archivguts. Sondergenehmigungen halfen allerdings über die ärgsten Probleme hinweg, außerdem konnten Lücken durch den Abgleich unterschiedlicher Bestände geschlossen werden.

Problematischer erweist sich die Quellenlage zur individuellen Perspektive der Täter. In Ermangelung anderer Egodokumente, etwa privater Nachlässe, stützt diese Studie sich auf einige wenige veröffentlichte Texte, zufällig überlieferte Briefe, vor allem jedoch auf die zahlreichen Aussagen, welche die ehemaligen Sipo/SD-Funktionäre gegenüber den Strafverfolgungsbehörden machten. Es liegt auf der Hand, dass diese Quellen mit Vorsicht zu behandeln sind und dass sie nur eine begrenzte Inneneinsicht ermöglichen. Auf jeden Fall bieten sie keine ausreichende Grundlage für eine Psychogeschichte der ehemaligen Funktionäre, auch das Verhalten der Betreffenden im privaten Raum lässt sich daraus allenfalls schemenhaft erschließen.

IV.

Wie eingangs bemerkt, hat die einschlägige historische Forschung zur Bundesrepublik die Frage nach dem Verbleib der NS-Eliten bisher nur in geringem Umfang behandelt und auch die Frage kaum beantwortet, ob eine und gegebenenfalls welche »Belastung« von diesen Männern für die

Bundesrepublik ausging.[10] Dennoch kann sich die Arbeit auf verschiedene bereits vorhandene Forschungsstränge stützen.

Erstmals aufgeworfen wurde die Frage nach dem Verbleib der NS-Funktionäre durch neuere Studien zum »Dritten Reich«. Nachdem die Forschung die Frage nach den Tätern lange kaum gestellt hatte, erschienen seit Ende der achtziger Jahre einige Studien, welche die nationalsozialistischen Verbrechen in den Mittelpunkt der Geschichte des »Dritten Reiches« stellten und sie detailliert untersuchten. Die überfällige Rückkehr der Täter in die Geschichtsschreibung bedeutete das Ende von jahrzehntelangen Versuchen der NS-Forschung, eine scharfe Grenze zwischen den Tätern und der Gesellschaft zu ziehen und die »normalen Deutschen« damit zu entschulden.[11] Durch diese Akzentverschiebung kam die Frage nach den Verantwortlichen auf, der Kreis der belasteten Personen wuchs mit jeder neuen Fallstudie.[12] Verstärkt wurde die »Personalisierung« der NS-Geschichte durch eine Reihe biographischer Lexika und Sammlungen von Lebensläufen zum »Dritten Reich«, die natürlich auch die Nachkriegsschicksale der Betreffenden thematisierten.[13]

Deutlicher noch stellte sich die Frage nach dem Verbleib der Täter bei der Untersuchung einzelner Gruppen von NS-Funktionären, so etwa der »Höheren SS- und Polizeiführer«,[14] der Kommandeure der Konzentrationslager,[15] der Führungsgruppe des Reichssicherheitshauptamtes[16] oder der Spitzenfunktionäre der Polizei.[17] In diesem Zusammenhang wurde

10 Vgl. Benz (Hg.), Geschichte; ders., Gründung; Doering-Manteuffel, Bundesrepublik Deutschland; Görtemaker, Geschichte; Kistler, Bundesrepublik; Morsey, Bundesrepublik; Sontheimer, Ära Adenauer; Steininger, Geschichte.

11 Vgl. dazu den ausführlichen Forschungsüberblick von Paul, Psychopathen.

12 Beispiele für neuere NS-Forschungen sind: Pohl, Judenverfolgung; Sandkühler, »Endlösung«; Gerlach, Morde.

13 Vgl. Fest, Gesicht; Kißener/Scholtyseck (Hg.), Führer; Rauh-Kühne/Ruck (Hg.), Eliten; Smelser/Syring (Hg.), Militärelite; Smelser/Syring/Zitelmann (Hg.), Elite Bd. I u. II; Snyder, Hitler's Elite; Stockhorst, Köpfe; Wistrich, Wer war Wer. In Weiterführung dieser Richtung gibt jetzt König (Hg.), Germanistenlexikon, Einblicke in die Zunft der Germanisten.

14 Vgl. Birn, SS- und Polizeiführer.

15 Vgl. Segev, Commanders; ders., Soldaten; Orth, Konzentrationslager-SS; dies., SS-Täter.

16 Vgl. Banach, Heydrichs Elite; Wildt, Generation.

17 Für die führenden Kriminalpolizisten vgl. Wagner, Volksgemeinschaft; ders., SS-Männer; ders., Hitlers Kriminalisten. Für die Gestapo vgl. Paul, Selbstmord. Die bemerkenswerte Geschichte der ausgebliebenen Strafverfolgung eines Polizeibataillons beschreibt Klemp, Freispruch.

klar, dass wichtige Tätergruppen bisher unerforscht geblieben waren. Obwohl die Studien vor allem die Rolle der Eliten während des »Dritten Reichs« im Blick hatten, streiften sie doch auch die Nachkriegsschicksale und kamen dabei zu unterschiedlichen Ergebnissen. Die Höheren SS- und Polizeiführer und die KZ-Kommandeure sahen sich nach dem Krieg in erheblichem Maß der alliierten Strafverfolgung ausgesetzt und kamen sozial kaum mehr auf die Füße. Eingeschränkt gilt dieser Befund auch für lokale Eliten vor Ort, nämlich die Kreis- und Ortsgruppenleiter der NSDAP.[18] Anders die ehemaligen Führungskräfte des RSHA und speziell die der Kriminalpolizei: Für nicht wenige bedeutete das Kriegsende keineswegs das gesellschaftliche Aus, sondern sie konnten sich auf lukrative Posten in der Privatwirtschaft oder gar im öffentlichen Dienst »retten« und brachten es zu durchaus ansehnlichen Lebensverhältnissen. Dabei durchliefen sie oft einen inneren Wandel, doch gibt es auch Beispiele für das Festhalten an NS-typischen Denkmustern und Projekten, wie etwa dem Versuch der längst wieder aufgestiegenen ehemaligen führenden Kriminalbeamten des »Dritten Reiches«, auch in der Bundesrepublik eine von den Gerichten unabhängige Schutzhaft zu installieren.[19] Meist beschränkten die Belasteten sich jedoch darauf, ihre Taten zu verschleiern und ihr Fortkommen zu sichern, ein Befund, der auch für die bisher, allerdings oft nur ansatzweise untersuchten Berufsgruppen der Journalisten, Justizjuristen, Mediziner, Unternehmer, Berufsoffiziere und andere gilt.[20]

Neben diesen gruppenbiographischen Ansätzen existiert eine Reihe von Einzelbiographien, welche die Lebensläufe führender Nationalsozialisten über die Zäsur von 1945 hinweg verfolgen. An erster Stelle ist hier Ulrich Herberts Untersuchung über den »Schöpfer der Gestapo« Werner Best zu nennen.[21] Herberts Studie zeigte nicht nur, welch eindrucksvolle

18 Vgl. Fait, Kreisleiter; Arbogast, Herrschaftsinstanzen.

19 Vgl. Wagner, Resozialisierung.

20 Zur personellen Kontinuität unter den *Juristen* vgl. Friedrich, Freispruch; ders., Amnestie; I. Müller, Juristen; Ruck, Verwaltungsjuristen; von Miquel, Juristen. Zu den *Medizinern*: Klee, Was sie taten (auch Justiz); Freimüller, Mediziner; Jäckle, Ärzte. *Unternehmer:* von Plato, Wirtschaftskapitäne; Berghan, Unternehmer; Schanetzky, Unternehmer; Erker/Pierenkemper (Hg.), Unternehmer; Joly, Großunternehmer. *Architekten*: Durth, Architekten; *Öffentlicher Dienst*: Garner, Dienst. *Auswärtiges Amt*: Döscher, Gesellschaft. *Journalisten*: Köhler, Publizisten; Weiß, Journalisten; *Offiziere:* Giordano, Traditionslüge; Freimüller, Offiziere.

21 Herbert, Best.

Nachkriegskarrieren selbst den ehemaligen Schlüsselfiguren des NS-Staates möglich waren, sondern bewies auch, wie groß der Einfluss derartiger Männer nach 1945 sein konnte. Best legte in Zusammenarbeit mit dem auch in der vorliegenden Studie wichtigen FDP-Politiker Ernst Achenbach eine rastlose Betriebsamkeit bei der Versorgung ehemaliger NS-Funktionäre an den Tag, vor allem gelang es beiden mit verblüffendem Erfolg, durch die Steuerung von Zeugenaussagen und die Zusammenstellung begünstigender Unterlagen, die Strafverfolgung von NS-Tätern zu beeinflussen oder gänzlich zu hintertreiben.

Best und Achenbach standen auch im Zentrum des gefährlichsten Angriffs »Ehemaliger« auf die Bundesrepublik. Während nämlich eine Reihe kleinerer Zusammenschlüsse ehemaliger Nationalsozialisten, die sich in der unmittelbaren Nachkriegszeit gebildet hatten, in historischer Sicht eher unbedeutende Rollen spielten,[22] gilt die versuchte Unterwanderung der nordrhein-westfälischen FDP als durchaus brisantes Beispiel des Potentials früherer NS-Größen. 1953 hatte der britische Geheimdienst einen um den früheren Staatssekretär in Goebbels' Propagandaministerium Werner Naumann gescharten Kreis ehemals ranghoher Nationalsozialisten ausgehoben, der die Übernahme der Macht in der Bundesrepublik geplant hatten.[23] Diese Verhaftungsaktion gilt als Grenzziehung des Staates gegenüber den »Ehemaligen«, welche die Aussichtslosigkeit ihrer Machtphantasien daraufhin offenbar einsahen. Anschließend, so eine These Ulrich Herberts, hätten sich die NS-Führungskräfte »in den Wohlstand abdrängen lassen« und sich fortan auf ihre soziale Absicherung konzentriert, wozu allerdings auch die Abwehr der vor allem seit den sechziger Jahren drohenden Strafverfolgung zählte.[24]

Auch Lutz Hachmeisters biographische Untersuchung über den ehemaligen Abteilungsleiter im RSHA, den SS-Standartenführer Franz Alfred Six, warf Licht auf eine erstaunliche Karriere.[25] Six, der als »Gegnerforscher« für den Sicherheitsdienst der SS (SD) mit der »wissenschaftlichen« Erkundung der Feinde des »Dritten Reichs« beschäftigt war, hatte bei der Koordination der SS-Einsatzgruppen eine wichtige Rolle gespielt und selbst das so genannte »Vorkommando Moskau« geführt. Nach dem Krieg wechselte er in die freie Wirtschaft und brachte als Dozent der

22 Zu den nationalsozialistischen Gruppierungen der Nachkriegszeit vgl. Tauber, Eagle; Jenke, Verschwörung.

23 Herbert, Best, S. 461 ff.

24 Vgl. ebd., 472; ders., NS-Eliten (1997); Frei, Vergangenheitspolitik S. 23.

25 Hachmeister, Gegnerforscher.

»Akademie für Führungskräfte der Wirtschaft« in Bad Harzburg sein Wissen über »Ideologisches Projektmanagement« ganzen Generationen deutscher Manager nahe.

Porträtierten diese beiden Studien die Lebensläufe zweier ehemaliger ideologischer Vordenker, die sich zwar äußerlich dem neuen Staat anpassten, ihre Ideen und Weltanschauungen aber nicht aufgaben, so führten drei der spektakulärsten Enthüllungsskandale zu einer Reihe von Veröffentlichungen über frühere NS-Täter, die ein defensiveres Verhalten an den Tag legten. Es handelt sich dabei zum einen um den Fall des ehemaligen Würzburger Ordinarius für Psychiatrie Werner Heyde, der sich während der NS-Zeit an herausragender Stelle bei der systematischen Ermordung geistig und körperlich kranker Menschen, der so genannten Euthanasie, betätigt hatte. Nach Kriegsende nahm er den falschen Namen Sawade an und arbeitete als Gerichtsgutachter in Schleswig-Holstein. Um der drohenden Denunziation zuvorzukommen, stellte er sich im Jahr 1959 den Behörden, entzog sich einem drohenden Prozess aber fünf Jahre später durch Selbstmord. Wie eine genaue Untersuchung der näheren Umstände zeigte, lag der eigentliche Skandal darin, dass der Kreis von Heydes Gönnern bis in die höchsten Spitzen der schleswig-holsteinischen Politik und Justizverwaltung reichte.[26]

Wurde der Fall Heyde/Sawade trotz großer Beachtung in der Presse erst 1998, also nach 34 Jahren, zum Gegenstand einer historischen Studie, so rief der Fall des ehemaligen Germanistikprofessors und zeitweiligen Rektors der RWTH Aachen Hans Schwerte sofort größte Aufmerksamkeit hervor, nachdem zwei niederländische Journalisten im Jahr 1995 seine wahre Identität als ehemaliger Hauptsturmführer Hans Ernst Schneider aufgedeckt hatten.[27] Anders als Heyde/Sawade, der sich tiefer gehenden Untersuchungen seines Falles entzogen hatte, erklärte Schneider/Schwerte sich durchaus bereit, sich über seine Vergangenheit und seinen Identitätswechsel zu äußern. Dabei entstand das Porträt eines Mannes, der sich zunächst aus Angst vor Strafverfolgung in ein neues Leben gelogen hatte, das nationalsozialistische Gedankengut dann aber im Lauf der Jahre tatsächlich abgestreift und versucht hatte, »aus der Geschichte zu lernen« (Claus Leggewie). Offenbar hatte er sich im Lauf der Jahre tatsächlich zu dem liberalen Demokraten gewandelt, als der er galt. Nicht aufgeklärt ist allerdings bis heute, warum der auch schon im »Dritten Reich« nicht unbekannte Mann von keinem seiner damaligen und späteren Kollegen

26 Godau-Schüttke, Heyde/Sawade-Affäre.

27 Vgl. Anm. 3, ferner jetzt König (Hg.), Germanistenlexikon.

erkannt und angezeigt worden war, als er in einer seiner vielen Funktionen im Licht der Öffentlichkeit stand.

Ließ sich im Fall Schneider/Schwerte noch ein gewisses Schuldbewusstsein ausmachen, so war das bei dem bekannten Journalisten Peter Grubbe nicht der Fall. Dieser war seit 1941 unter seinem richtigen Namen Claus Volkmann stellvertretender Kreishauptmann im galizischen Kolomea gewesen, wo er sich auch mit den Deportationen von Juden befasst hatte. Da er nach 1945 als Kriegsverbrecher gesucht wurde, hatte er sein schon zuvor verwendetes journalistisches Pseudonym »Peter Grubbe« angenommen und war unter diesem Namen als kritischer Journalist bekannt geworden. Nach der Aufdeckung seiner Doppelexistenz im Jahr 1995 gab er zwar eine Reihe von Interviews, zeigte aber keine Spur der Reue.[28]

Neben den erwähnten wissenschaftlichen Publikationen existieren noch mehrere journalistische Titel, welche die Spuren einzelner besonders prominenter NS-Massenmörder wie Klaus Barbie oder Alois Brunner nachzeichnen,[29] sowie die biographischen Berichte der »Nazijäger« Beate Klarsfeld und Simon Wiesenthal, welche die oftmals spektakulären Tarn- und Fluchtmanöver der NS-Täter ebenso schildern wie die extremen Schwierigkeiten, diese doch noch vor Gericht zu bringen.[30]

Die »Entdeckung« derartiger Biographien über die Zäsur von 1945 hinweg konstituierte das Feld der »NS-Eliten in der Bundesrepublik« als eigenständiges Thema der bundesdeutschen Geschichte innerhalb der sonst breiter gefassten, teilweise eher politisch-polemischen Literatur zur »Vergangenheitsbewältigung« und der präziser gefassten, aber nicht auf Biographien ausgerichteten »Vergangenheitspolitik«.[31] Während Ulrich

28 Völklein, Schuld.

29 Vgl. Aarons/Lofthus, Ratlines; Beattie, Klaus Barbie; Besymenski, Spuren; Bower, Klaus Barbie; ders., Verschwörung Paperclip; Epelbaum, Alois Brunner; Farago, Scheintot; Giefer/Giefer, Rattenlinie; Hafner/Schapira, Akte; Hagen, Front; Hunt, Agenda; Klee, Persilscheine; Martin, L'affaire Peiper; Reese, Organisation Gehlen; Sánchez/Reimann, Barbie; Schröm/Röpke, Stille Hilfe; Simpson, Bumerang.

30 Vgl. Kempner, Ankläger, B. Klarsfeld, Wherever; Wiesenthal, Mörder; ders., Eichmann; ders., Recht.

31 Backes/Jesse/Zitelmann (Hg.), Schatten; Danyel (Hg.), Vergangenheit; Dubiel, Niemand; Frei, Vergangenheitspolitik in den 50er Jahren; Frei, Vergangenheitspolitik; Garbe, Abkehr; Giordano, Schuld; Graml, Auseinandersetzung; Herbert/Grohler, Bewältigung; Herbert, Vergangenheiten; Kittel, Legende; König/Kohlstruck/Wöll (Hg.), Vergangenheitsbewältigung; Kwiet, NS-Zeit; Lübbe, Nationalsozialismus; ders., Verdrängung; Mohler, Nasenring; R. Müller, Normal-Null; Wolffsohn, Schuld; Reichel, Vergangenheitsbewältigung.

Herbert seine anhand Werner Bests gebildete Theorie von der »Ausgrenzung in den Wohlstand« weiter ausarbeitete,[32] gab der Fall Schneider/Schwerte Anlass zu einer im Jahr 1997 in Düsseldorf veranstalteten Fachtagung. In dem daraus hervorgegangenen Sammelband wurden unterschiedliche Aspekte des Themas beleuchtet.[33] Doch auch die in dem Sammelband veröffentlichten Aufsätze sind weitgehend an Einzelfällen orientiert und leiden unter dem Fehlen einer zuverlässigen empirischen Grundlage, so dass die Verallgemeinerung der Ergebnisse nicht ohne weiteres möglich ist. Der von Norbert Frei als Begleitbuch zu der im Jahr 2002 ausgestrahlten ARD-Fernsehserie »Hitlers Eliten« herausgegebene Sammelband versuchte, dieses Manko zu beheben, indem er fünf verschiedene Berufsstände, nämlich Juristen, Mediziner, Journalisten, Unternehmer und Berufsoffiziere beleuchtete.[34] Das Gesamtergebnis bestätigte die bisherigen Befunde, nach denen es zwar eine ausgeprägte personelle Kontinuität gab, die Betreffenden sich jedoch nach dem Schock des »Zusammenbruchs« und der Bedrohung durch die alliierte Strafverfolgung vor allem auf die Absicherung und den Ausbau ihres Besitzstandes konzentrierten.

Aus allen Untersuchungen geht hervor, wie wenige Schwierigkeiten die meisten dieser Personen mit Entnazifizierung und Strafverfolgung hatten. Angesichts des Umfangs der gleich nach Kriegsende einsetzenden alliierten und später auch bundesdeutschen Säuberungs- und Ahndungsbemühungen mag dies zunächst überraschen. Immerhin hatten allein die Amerikaner mehr als 150 000 Deutsche auf ihren Fahndungslisten,[35] mehr als 200 000 Personen wurden von den Westmächten in Internierungshaft genommen,[36] Hunderttausende verloren kurzzeitig oder längerfristig ihre Anstellung oder wurden im Rahmen der Entnazifizierung mit teilweise empfindlichen Strafen belegt.[37] Zusätzlich wurden zwi-

32 Herbert, Eliten (1995, 1997, 1998); siehe auch den ähnlich ausgerichteten Aufsatz von Schildt, NS-Eliten.

33 Loth/Rusinek, Verwandlungspolitik.

34 Frei, Karrieren.

35 Vgl. Earl F. Ziemke: The U.S. Army and the Occupation of Germany 1945-1946. Washington 1975, S. 392, zitiert nach Henke, Trennung, S. 75.

36 Ebd., S. 33.

37 Allein im ersten Halbjahr 1946 verloren in den Westzonen aufgrund früherer Betätigung für das NS-Regime 150 000 Personen im öffentlichen Dienst und rund 73 000 Personen aus Industrie und Handel ihre Anstellung. Insgesamt verfügten allein die Amerikaner aufgrund von 1,4 Millionen ausgefüllten Entnazifizierungsfragebögen 330 000 Entlassungen. Vgl. ebd.

schen 1945 und 1965 zwischen 50 000 und 60 000 Deutsche vor alliierte Gerichte gestellt.[38] Auch die bundesdeutsche Justiz war nicht untätig: Bis 1990 wurden 6486 Personen wegen NS-Verbrechen verurteilt.[39]

Die genauere Untersuchung der verschiedenen Maßnahmen zeigt jedoch, wie wenig wirksam und lückenhaft die Anstrengungen blieben.[40] Viele Täter wurden nie erfasst oder angeklagt, zudem konnten auch diejenigen, die verurteilt worden waren, seit Beginn der fünfziger Jahre auf die Milde der alliierten Gerichte hoffen. Angesichts des schnell eskalierenden Kalten Krieges begnadigten die Westalliierten sogar überführte Massenmörder und setzten sie auf freien Fuß[41] – die ursprünglich durchaus scharfen Entnazifizierungsmaßnahmen verkamen zur »Mitläuferfabrik«, in der auch den ehemals führenden Köpfen der NS-Organisationen bescheinigt wurde, ohne eigenes Interesse und böse Absicht sozialem Druck gefolgt zu sein.[42]

Die mittlerweile fortgeschrittene historische Forschung zur Ahndung der NS-Verbrechen durch die bundesdeutsche Justiz macht deutlich, dass auch diese trotz der ab den sechziger Jahren deutlich gesteigerten Bemühungen der Strafverfolgungsbehörden letztlich ineffektiv blieb[43] – ein

38 Ebd., S. 75.

39 Ebd., S. 82. Nach Rüter/de Mildt, Strafverfahren, S. 316 ff., verurteilten bundesdeutsche Gerichte bis 1997 1875 Personen wegen NS-*Tötungs*verbrechen.

40 Zu den alliierten Prozessen: Ihme-Tuchel, Fall 7; Kettenacker, Behandlung; Maurach, Kriegsverbrecherprozesse; Sigl, Interesse; Smith, Jahrhundertprozeß; P. Steinbach, Nürnberger Prozeß; Taylor, Nürnberger Prozesse; Ueberschär, Prozesse; ders. (Hg.), Nationalsozialismus. Zu den bis jetzt unzureichend erforschten französischen Prozessen vgl. Brochhagen, Nürnberg; Heß, Kriegsverbrecher; Jaffré, Tribunaux; Maunnoir, Répression. Jetzt ausführlich: Moisel, Frankreich.

41 Vgl. Schwartz, Begnadigung.

42 Bower, Pledge; Fürstenau, Entnazifizierung; Henke/Woller (Hg.), Säuberung; Henke, Trennung; ders., Säuberung; Niethammer, Mitläuferfabrik; Vollnhals (Hg.), Entnazifizierung; ders, Evangelische Kirchen; Wember, Umerziehung; Woller, Gesellschaft und Politik.

43 Einen Überblick über die neuere Literatur zu den NS-Prozessen gibt Greve, Forschungen. Zu den verschiedenen Problemen und Aspekten der deutschen Strafverfolgung von NS-Verbrechen vgl. Bauer, Namen; Baumann, Problematik; Bötsch, Nachbefolgung; Frei/van Laak/Stolleis (Hg.), Geschichte; Frei, Rückkehr; Friedrich, Amnestie; Gosewinkel, Ahndung; Götz, Bilanz; Grabitz (Hg.), Normalität; dies. (Hg.), Täter; dies, NS-Prozesse; Greve, Amnestierung; Henkys, Gewaltverbrechen; Hey, NS-Prozesse (1981); ders., NS-Prozesse (1984); Hirsch, Strafzumessungen; Hoffmann, Verfolgung; Jäger, Strafrecht; ders., Verbrechen; Just-Dahlmann/Just, Gehilfen; Kröger, Ahndung; Langbein, Namen;

Befund, der durch zwei neuere, sehr materialreiche Untersuchungen zwar differenziert, doch im Großen und Ganzen bestätigt worden ist.[44] Die Mehrzahl der von den bundesdeutschen Strafverfolgungsbehörden geführten Verfahren, nämlich 93,6 Prozent, endeten mit Freispruch oder Verfahrenseinstellung.[45] Auch in den Fällen, in denen es zu einer Verurteilung kam, standen die Urteile oft nicht in einem angemessenen Verhältnis zu den Taten. Dies ist vor allem auf folgende Faktoren zurückzuführen: die zögerliche Haltung der Politik, die entsprechenden Rahmenbedingungen für eine umfassende Strafverfolgung zu schaffen; die generellen Probleme, staatlich organisierte Massenverbrechen mit dem in erster Linie auf individuelle Taten zugeschnittenen bundesdeutschen

ders., NS-Prozesse; Lichtenstein, NS-Prozesse und Öffentlichkeit; von Miquel, »Wir müssen mit den Mördern zusammenleben!«; Moritz/Noam: NS-Verbrechen; Opptiz, Strafverfahren; Perels, Amnestien; Verjährung nationalsozialistischer Verbrechen; Ratz u.a., Justiz; Redaktion kritische Justiz (Hg.), Aufarbeitung; Rückerl, Strafverfolgung; ders., NS-Verbrechen; Rüter-Ehlermann, Justiz; Rüter/de Mildt, Strafverfahren; Scheffler, NS-Prozesse; P. Steinbach, Gewaltverbrechen (1981); ders., Gewaltverbrechen (1984); Thamer, Justiz; R. Vogel (Hg.), Weg, Weber/Steinbach (Hg.), Vergangenheitsbewältigung; Winter, NS-»Euthanasie«; Zimmermann, NS-Täter. Zur in den Kinderschuhen steckenden Dokumentation und Erforschung einzelner Strafprozesse und -verfahren vgl. Procès de Cologne; Fritz Bauer Institut (Hg.), Gerichtstag. Vgl. auch die für Seiteneinblikke unverzichtbaren Veröffentlichungen von Journalisten: R. Hirsch, Endlösung; Lichtenstein, Namen; ders., Majdanek; Renz, Leute.

44 Es handelt sich um die Dissertationen von Michael Greve und Kerstin Freudiger (vgl. Freudiger, Aufarbeitung; Greve, Umgang). Freudiger untersucht anhand von in NS-Sachen ergangenen Urteilen und Einstellungsverfügungen die Ahndungspraxis bei verschiedenen Arten von NS-Verbrechen (Massenvernichtung in Lagern, Einsatzgruppenverbrechen, »Schreibtischverbrechen«, »Euthanasie«, Verbrechen des Vernichtungskrieges, Verbrechen an der Zivilbevölkerung, Justizverbrechen) und kommt dabei zu dem Ergebnis, dass diese Verbrechenskomplexe höchst unterschiedlich geahndet wurden. Allein bei den Verbrechen an den europäischen Juden seien »Ansätze einer rechtsstaatlich angemessenen Ahndung zu erkennen« (S. 407), dagegen sei die Ahndung insbesondere der Justizverbrechen sowie die Verfolgung der von militärischen Einheiten an der Zivilbevölkerung begangenen Taten von einer unwilligen Justiz verweigert worden. Greve konstatiert für seinen Untersuchungszeitraum, die sechziger Jahre, dass »in dieser Dekade im Bereich der NS-Strafverfolgung noch immer Verzögerungen, Friktionen und Unterlassungen dominierten« und dass »die eingeleiteten Strafverfolgungsmaßnahmen zu spät, zu zögernd oder zu inkonsequent erfolgten« (S. 395).

45 Greve, Umgang, S. 11.

Strafrecht zu ahnden; das oftmals geschickt taktierende Verhalten der Beschuldigten; die Rechtsprechungspraxis der deutschen Richter, insbesondere durch die intensive Anwendung der so genannten Beihilfekonstruktion. Hier geriet vor allem die Spruchpraxis des Bundesgerichtshofs (BGH) in die Kritik, die beispielsweise die Anwendung der Beihilferechtsprechung höchstrichterlich durchsetzte.[46] Auch in der vorliegenden Studie spielen die Urteile des BGH eine große Rolle, und zwar bei der restriktiven Auslegung des so genannten Überleitungsvertrages (vgl. Kapitel 5). Sie führte letztlich zu einer Blockade des Frankeich-Komplexes – eine Rechtsauslegung, die in der bisherigen Forschung zwar beklagt, nicht jedoch hinterfragt wurde.[47]

Angesichts dieser Befunde können auch die Ergebnisse der empirischen Sozialforschung kaum überraschen: Die wenigen vorliegenden Studien bestätigen eine hohe personellen Kontinuität in allen gesellschaftlichen und politischen Führungsgruppen mit Ausnahme der Politik, in der ein fast vollständiger Austausch stattfand.[48] Zwar lässt sich nach anderen Forschungsergebnissen auch in anderen gesellschaftlichen Bereichen ein relativ abrupter Wechsel der Eliten ausmachen, doch fand dieser nicht ab 1945 statt, sondern erst Ende der sechziger Jahre, und zwar

46 Vgl. ebd., S. 376 ff; Freudiger erkennt in der Rechtsprechung des BGH der fünfziger und sechziger Jahre sogar die »entscheidende Ursache für die ausgebliebene Ahndung«. Vgl. Freudiger, Aufarbeitung, S. 416.

47 So beispielsweise Hoffmann, Verfolgung, S. 181; Rückerl, NS-Verbrechen, S. 299 ff. und 197 ff.; Freudiger, Aufarbeitung, S. 418, hält die Ratifizierung des Überleitungsvertrages selbst für ein »falsches Signal«, wobei sie aber übersieht, dass die Blockadewirkung bei der 1955 erfolgten Ratifizierung des Vertrages weder bemerkt noch gar intendiert worden war.

48 Ausgehend von der Frage nach der Wirksamkeit der Entnazifizierung untersuchte der amerikanische Soziologe Edinger 1960 die Inhaber von rund 600 Spitzenfunktionen in Politik und Verwaltung, »Kommunikationseliten« (Pressevertreter) und Interessengruppen (Wirtschaft, Kirchen, Gewerkschaften). Er kam dabei zu dem Ergebnis, dass es vor allem im öffentlichen Dienst, etwa bei der Verwaltung und der Polizei, eine ausgeprägte Elitenkontinuität gab. In der Politik war diese dagegen gleich null, keiner der führenden Politiker der NS-Zeit fand sich auch in der Bundesrepublik wieder auf einem politischen Führungsposten. Diese Ergebnisse wurden in der wesentlich breiter angelegten Studie von Wolfgang Zapf im Wesentlichen bestätigt, vor allem hinsichtlich der Feststellung, dass ein vollkommener Elitenaustausch durch das Fehlen einer befähigten Gegenelite verhindert wurde. Vgl. Edinger, Posttotalitarian Leadership; Zapf, Wandlungen.

infolge eines Generationswechsels.[49] Für den Bereich der Politik jedoch war eine klare Trennlinie gezogen, die verhinderte, dass in der NS-Zeit maßgebliche Politiker wieder in Führungspositionen gelangen konnten. Stattdessen wurden diese Funktionen nun entweder von Neueinsteigern, vor allem aber von altgedienten Politikern der Weimarer Republik eingenommen.

Allerdings ist zu ergänzen, dass sich unter den politischen Neueinsteigern eine ganze Reihe belasteter Männer befand, so der langjährige Vertriebenenminister Theodor Oberländer,[50] Adenauers Staatssekretär Hans Globke, der Staatssekretär im Bundesfinanzministerium Friedrich Karl Vialon, der bayerische Kultusminister Theodor Maunz, Bundeskanzler Kurt Georg Kiesinger oder der in dieser Studie wichtige Ernst Achenbach. Auch der Bereich der Politik war also keineswegs frei von »belasteten« Personen.

Alle vorliegenden Forschungsergebnisse weisen auf eine umfassende Wiedereingliederung früherer NS-Eliten in die Bundesrepublik hin, der Vorgang selbst ist jedoch noch weitgehend unerforscht. Es müssen vor allem drei Fragenkomplexe beantwortet werden: Erstens ist bisher ungeklärt, in welchem zahlenmäßigen Umfang eine solche Wiedereingliederung stattfand. Offenbar handelte es sich bei den erwähnten Personenskandalen ja nicht um Einzelfälle. Nach jüngsten Schätzungen waren allein 200 000 bis 250 000 Personen direkt mit der Durchführung der NS-Verbrechen beschäftigt,[51] was – in Kontrast zu den erwähnten dürftigen Ergebnissen der Ahndung – eher auf einen massenhaften Vorgang schließen lässt. Wie hoch der Prozentsatz derjenigen war, die ins Ausland flüchteten oder dauerhaft unter falschem Namen lebten, ist ebenso unklar wie der Anteil derer, die einfach weitermachten und darauf vertrauten, dass ihre Taten nicht zur Sprache kommen würden. Zweitens ist bisher nicht klar geworden, wovon der Erfolg oder Misserfolg der Belasteten nach 1945 abhing. Welche Rolle spielten die Entnazifizierung und die verschiedenen Bemühungen zur Strafverfolgung für die individuellen Biographien? Welche Bedeutung kam persönlichen Verbindungen und Netzwerken zu? Der dritte Fragekomplex richtet sich auf das Verhalten der betreffenden Personen selbst. Hier liefern die bereits bekannt gewordenen Personenskandale verschiedene Modelle. Passten sich die Täter

49 Dazu auch Ruck, Korpsgeist.

50 Wachs, Fall.

51 Vgl. Pohl, Holocaust, S. 123.

äußerlich an, blieben jedoch hinter der Fassade zumindest zum Teil Nationalsozialisten, die versuchten, ihren Überzeugungen dort Ausdruck zu verschaffen, wo es ohne Gefahr für die eigene Karriere möglich war? Auch für ein solches Verhalten gibt es mindestens ein Beispiel, nämlich den ehemaligen NS-Juristen Theodor Maunz. Maunz hatte sich während seiner Zeit als Ordinarius für öffentliches Recht an der Universität Freiburg (1935-1945) vor allem mit der Stellung der Polizei im Staat beschäftigt und dabei den Terror der Gestapo rechtlich unterfüttert.[52] Nach dem Krieg verfasste der Doktorvater des späteren Bundespräsidenten Roman Herzog nicht nur den führenden Kommentar zum Grundgesetz (»Maunz/Dürig/Herzog«, 1958), sondern er brachte es 1957 auch zum bayerischen Kultusminister, obwohl seine Rolle im »Dritten Reich« durchaus nicht unbekannt war: Hannah Arendt hatte bereits 1951 in ihrem Bestseller »Elemente und Ursprünge totaler Herrschaft« auf die Rolle des Juristen aufmerksam gemacht.[53] Zwar führte Maunz' Vergangenheit 1964 zu seinem Rücktritt vom Ministerposten, doch blieb er ein hochgeachteter und überaus einflussreicher Professor. Erst nach seinem Tod im Jahr 1993 wurde bekannt, dass er lange Jahre unter Pseudonym für die nazistische »Nationalzeitung« des Münchner Verlegers Gerhard Frey geschrieben und auch am Programm von dessen Partei »Deutsche Volksunion« (DVU) mitgewirkt hatte. So hatte Maunz dazu beigetragen, die demokratische Ordnung der Bundesrepublik, deren Grundgesetz er sich als Staatsrechtslehrer und Politiker eigentlich hätte verpflichtet fühlen müssen, zu bekämpfen.[54]

Das Verhalten von Schneider/Schwerte unterscheidet sich davon grundsätzlich. Er war offensichtlich in der Lage, seine Einstellungen und Prägungen hinter sich zu lassen und sich zum liberalen Demokraten zu wandeln. Einen Mittelweg stellt Ulrich Herberts an der Vita Werner Bests entwickelte These vom »Abdrängen in den Wohlstand« dar, das letztlich die »Neutralisation« des politischen Potentials der Betroffenen bewirkte.

52 Maunz, Gestalt.

53 Arendt, Elemente, S. 825.

54 Zu Maunz vgl. Roelleke, Theodor Maunz; Frankenberger, Schweigen; Stolleis, Theodor Mauz; ders. The Law; ders.: in »Frankfurter Allgemeine Zeitung« vom 1.9.2001 (»Durch so viele Türen geschritten. Die Tapeten wechseln, das Recht gilt immer: Vor hundert Jahren wurde Theodor Maunz geboren«). Stolleis bezweifelt mit allerdings nicht sehr überzeugenden Argumenten die Kontinuität rechtsradikalen Denkens beim »Vernunftrepublikaner« Maunz.

Selbstverständlich lässt sich das Thema NS-Eliten in der Bundesrepublik im Rahmen einer solchen Studie nicht erschöpfend behandeln. Sie ist jedoch in der Lage, eine über die untersuchten Lebensläufe hinausreichende Fallstudie über einen gesellschaftlichen Vorgang zu liefern, der zu den brisantesten der bundesdeutschen Geschichte gehört. Da die Studie dies anhand einer wenig bekannten Tätergruppe tut, sollen diese Männer und ihre Tätigkeit für das NS-Regime im 1. Kapitel zunächst näher vorgestellt werden.

1. Frankreich: Tatort und Täter

Die Gesamtzahl der Menschen, die während der von Juni 1940 bis August 1944 andauernden deutschen Besatzung Frankreichs nationalsozialistischen Gewaltverbrechen, also nicht den »regulären« Kriegshandlungen, zum Opfer fielen, ist nicht genau bekannt. Beschränkt man sich nur auf die Tötungsverbrechen und lässt alle anderen Delikte wie die systematischen Ausplünderungs- und Raubaktionen oder die Zwangsrekrutierung von Arbeitskräften außer Acht, so lassen sich drei unterschiedliche Tatgruppen ausmachen: Deportationen in Konzentrations- und Vernichtungslager, die so genannten Geiselerschießungen und eine Reihe von Übergriffen und Exzesstaten, die – vorgeblich oder tatsächlich – bei der Bekämpfung der Résistance, bei »verschärften Verhören«, »Partisaneneinsätzen« oder »Säuberungsmaßnahmen« beim Rückzug der Deutschen aus dem besetzten Gebiet begangen wurden.

Die Deportationen im Zeichen der »Endlösung der Judenfrage« fanden zwischen dem 27. März 1942 und dem 17. August 1944 statt. In diesem Zeitraum wurden insgesamt 73 853 Juden in über 76 Transportzügen nach Polen, fast ausnahmslos nach Auschwitz, deportiert.[1] Mindestens 43 441 der Deportierten wurden sofort nach der Ankunft in den Lagern ermordet, und auch der Großteil der übrigen verlor dort sein Leben. Nur 2560 Menschen kehrten zurück. Zusätzlich verstarben rund 3000 Juden in den Lagern in Frankreich bereits vor ihrer Deportation.[2]

Neben diesen planmäßigen Deportationen, die sich gegen die rund 330 000 Juden richteten, welche sich zum Zeitpunkt der Besetzung in Frankreich aufhielten,[3] wurden auch Nichtjuden in Konzentrationslager deportiert. Dies geschah infolge des »Nacht-und-Nebel-Erlasses« aus dem Jahre 1941, der sich gegen tatsächliche oder mutmaßliche Regimegegner in den besetzten westlichen Staaten richtete und der deren Ver-

1 Zu den verschiedenen Zahlenangaben: Wetzel, Frankreich. Wetzel berücksichtigt die in unterschiedlichen Veröffentlichungen zum Thema angegebenen, zum Teil stark voneinander abweichenden Zahlenangaben und kommt in Überprüfung der minutiösen Darstellung von Serge Klarsfeld zu diesem Ergebnis. Drei Züge gingen in das Vernichtungslager Sobibor, einer nach Buchenwald, die Deportierten des fünften wurden teilweise nach Kaunas in Litauen und nach Reval in Estland verbracht. Vgl. S. Klarsfeld, Vichy – Auschwitz, S. 332.

2 Ebd., S. 320.

3 Ebd., S. 26-28.

schleppung ins Reich vorsah, ohne dass eine Benachrichtigung der Angehörigen über ihr weiteres Schicksal zugelassen wurde. Nach Schätzungen waren von diesem Erlass rund 7000 Menschen aus den besetzten Ländern im Westen betroffen, davon rund 5000 aus Frankreich. Sie wurden zunächst vor Sondergerichte gestellt, wo viele von ihnen zum Tod verurteilt und hingerichtet wurden. Diejenigen, denen dieses Schicksal erspart geblieben war, wurden jedoch nicht freigelassen, sondern in verschiedenen Haftstätten gefangen gehalten, der Großteil in den Konzentrationslagern Natzweiler und Groß-Rosen.[4]

Unabhängig von den Judendeportationen und den Verfolgungen aufgrund des »Nacht-und-Nebel-Erlasses« wurden über 29 000 Menschen Opfer von Vergeltungsmaßnahmen und militärischen Exzesstaten.[5] Diese Zahl setzt sich zusammen aus den Opfern der von den deutschen Besatzungsorganen geübten Praxis der so genannten »Geiselerschießungen« im engeren Sinn sowie den Opfern der Kriegs- und Sondergerichte; dazu kamen diejenigen, die beim Abzug der Deutschen in den Haftstätten »liquidiert« wurden, um Zeugen zu beseitigen. Auch die Leidtragenden der Foltermethoden der Sicherheitspolizei, deren bekanntestes Opfer der von Klaus Barbie zu Tode gefolterte Résistance-Chef Jean Moulin sein dürfte, sind hierzu zu zählen. Der weitaus größte Teil dieser Menschen wurde jedoch bei den als »Bandenkämpfe« deklarierten Militäraktionen ermordet; die Namen Oradour und Tulle stehen hier stellvertretend für Exzesse der Gewalt. Allein für den Zeitraum nach dem 1. Juni 1942 untersuchten die Strafverfolgungsbehörden der Bundesrepublik mehr als 350 solcher Vorkommnisse, die teilweise mehrere hundert Opfer forderten.[6]

4 Vgl. Umbreit, Militärbefehlshaber, S. 142 ff.; Broszat, Konzentrationslager, S. 98; Orth, System, S. 98; Luther, Widerstand, S. 131. Wie grausam das Schicksal der »NN«-Häftlinge in den Konzentrationslagern war, berichteten aus der Perspektive der Opfer: Bakels, Nacht; Ottosen, Nuit. Dazu auch Brunner, Weg.

5 Nach amtlichen frz. Angaben im Nürnberger Prozess wurden in Frankreich insgesamt 29 660 Menschen erschossen, davon 28 068 im Bereich des Militärbefehlshabers. Vgl. die dem IMT vorgelegte Statistik vom 21.12.1945 (RF 266 = IMT 37-212). Nach Angaben in der frz. Literatur lagen die Zahlen wesentlich höher (bis zu 100 000). Dazu Luther, Widerstand, S. 269.

6 Das Ermittlungsverfahren der StA Dortmund – 45 Js 29/75 – das »Geiselerschießungen und sonstige Tötungshandlungen« nach dem 1.6.1942 zum Gegenstand hatte, ergab insgesamt 366 Einzelhandlungen, von denen ein Großteil nicht als »reguläre Geiselerschießungen« gewertet werden kann, sondern als Exzesstaten wie die Ermordung von Gefangenen beim Rückzug oder die Übergriffe der SS-Panzerdivision »Das Reich«. Dazu kommen noch diejenigen Taten dieser Art, die

Der Kreis derjenigen, die für diese Taten verantwortlich zeichneten, setzt sich aus den Angehörigen unterschiedlicher Einheiten und Dienststellen zusammen und ist daher nicht leicht zu überschauen. Auch ist der Anteil einzelner Einheiten wie etwa der Ordnungspolizei (Orpo) bisher nur wenig untersucht. Lässt man die tatnahen Täter jedoch beiseite und fragt nach den verantwortlichen NS-Eliten, so stößt man auf einen überschaubaren Kreis von Männern, der sich in erster Linie aus den führenden Funktionären der Sicherheitspolizei (Sipo) und des Sicherheitsdienstes der SS (SD) zusammensetzt sowie aus Angehörigen der Militärverwaltung.

Grundstrukturen der deutschen Besatzungsherrschaft

Als Hitler am 10. Mai 1940 den Befehl zum Westfeldzug gab, war er sich weder über die künftige politische Gestalt Frankreichs im Klaren noch über die Rolle, die das Land fortan in Europa spielen sollte.[7] Fest standen jedoch einige Grundzüge der vorgesehenen Besatzungsherrschaft. Im Gegensatz zur Praxis im besetzten Polen, wo es zu schweren Auseinandersetzungen zwischen den verschiedenen Besatzungsinstitutionen gekommen war,[8] sollte in Frankreich eine geschlossene Verwaltungsstruktur

vor dem 1.6.1942 begangen wurden. Vgl. Einstellungsverfügung der StA Dortmund vom 17.12.1981. Das Dokument befindet sich nun im HStAD Düsseldorf, Außenstelle Kalkum.

7 Vgl. hierzu und im Folgenden Wolfgang Scheffler: Zur Geschichte der »Endlösung der Judenfrage« in Frankreich unter besonderer Berücksichtigung der Aufgaben der Sicherheitspolizei und des SD 1940-1944. Unveröffentlichtes Gutachten für das Verfahren – 130 (24) Js 1/66 (z) – der Staatsanwaltschaft Köln. (HStAD, Außenstelle Kalkum, Rep. 158/1508); Jäckel, Frankreich; Umbreit, Militärbefehlshaber; Delarue, Gestapo; S. Klarsfeld, Vichy – Auschwitz; Herbert, Best; ders., Militärverwaltung; Marrus/Paxton, Vichy-France; Meyer, Besatzung; ders., Großraumpolitik; Michel, Paris; Paxton, Vichy-France; Pryces-Jones, Paris; Lozowick, Hitlers Bürokraten. Eine knappe Analyse der in Frankreich eingesetzten Sipo/SD-Funktionäre bietet Kasten, Franzosen. Dort auch eine tabellarische Übersicht über die einzelnen Sipo/SD-Dienststellen und ihre Leiter (S. 245 ff.); Kasten hat die personellen Aspekte seiner Dissertation später erweitert und gesondert veröffentlicht. Vgl. ders., Pragmatismus.

8 Der Oberbefehlshaber Ost, Generaloberst von Blaskowitz, hatte am 6.2.1940 in einer Denkschrift betreffend »Gewaltanwendung von SS und Polizei in Polen, die zu einer Schädigung des Ansehens der Wehrmacht führen müssen« (BA-MA N 64/8) die »maßlose Verrohung und sittliche Verkommenheit« der SS-Einheiten beklagt. Vgl. Kasten, Pragmatismus, S. 363.

unter einheitlicher Leitung entstehen. Der Oberbefehlshaber des Heeres wurde deshalb zum alleinigen Inhaber der vollziehenden Gewalt ernannt und mit dem Auftrag ausgestattet, eine Militärverwaltung zu errichten.[9] Anders als in Polen oder in den besetzten Niederlanden sollte keine Zivilverwaltung aufgebaut werden. Vor allem aber sollte der Einfluss des Reichssicherheitshauptamtes der SS (RSHA) gering gehalten werden, da das brutale Wüten der von dort gesteuerten Einsatzgruppen in Polen das Missfallen des Oberkommandos der Wehrmacht erregt hatte.[10] Der um seinen Einfluss im Westen besorgte Reichsführer-SS Heinrich Himmler wollte jedoch diese weitgehende Ausschaltung der SS- und Polizeikräfte auf die Dauer nicht hinnehmen. Die Folge war eine harte Auseinandersetzung um Kompetenzen, die zwischen den Repräsentanten des Oberkommandos der Wehrmacht (OKW) einerseits und denen des RSHA andererseits ausgetragen wurde und die am 1. Juni 1942 schließlich mit einer grundlegenden Umstrukturierung der deutschen Besatzung und der Ernennung eines »Höheren SS- und Polizeiführers« (HSSPF) für Frankreich zugunsten Himmlers und Heydrichs entschieden wurde.

Diese Entwicklung war zu Beginn der deutschen Besatzungsherrschaft über Frankreich noch keineswegs abzusehen. Als die Truppen am 14. Juni 1940 in Paris einmarschierten, war das RSHA lediglich mit einer kleinen Truppe von zehn Mann vertreten, die jedoch keine SS-Uniformen tragen durften, sondern mit denen der zur Wehrmacht gehörenden Geheimen Feldpolizei (GFP) bekleidet waren. Die Entsendung dieser handverlesenen Truppe von Spezialisten war gegen den Widerstand des OKW erst durch die Vermittlung Görings durchgesetzt worden.[11] Heydrich, der Chef des RSHA, hatte den SS-Brigadeführer Dr. Max Thomas als seinen persönlichen Vertreter in das ebenfalls besetzte Brüssel entsandt, von wo aus er das Kommando in Paris und ein zweites Kommando in Belgien koordinierte. Beide Gruppen hatten zunächst nur die Aufgabe, wichtiges Archivmaterial zu beschlagnahmen und Informationen zu sammeln, verfügten jedoch über keinerlei Exekutivbefugnisse, ja sie hatten noch nicht einmal das Recht, mit dem RSHA in direkten Funkkontakt zu treten. Die Leitung der Pariser Gruppe, die am 14. Juni ihr Quartier zunächst im Hôtel du Louvre, später in der Avenue Foch 72 bezog, hatte *Dr. Helmut*

9 Anweisung Hitlers vom 9. 5. 1940, in: ADAP Bd. IX, NR. 213; Dazu auch: Lozowick, Hitlers Bürokraten, S. 25 ff.

10 Vgl. Delarue, Gestapo, S. 206; Wildt, Generation, S. 514 ff.

11 Scheffler, Endlösung, S. 17.

Knochen. Mit dem im Jahr 1910 als Sohn eines Lehrers in Magdeburg geborenen Knochen war der Posten hochkarätig besetzt. Knochen wurde in den vier Jahren der Besatzung zu *der* tragenden Figur der »Endlösung« in Frankreich, so dass eine nähere Betrachtung seiner Biographie hier am Platz scheint. Dabei erweist sich Knochen als herausragender Vertreter einer genuinen NS-Elite, die sich durch Ehrgeiz, kaltes Handlungskalkül und ein Pathos der Sachlichkeit auszeichnete.[12]

Knochen hatte nach dem Abitur zunächst ein Lehramtsstudium in den Fächern Deutsch, Englisch und Sport an den Universitäten Leipzig, Halle und Göttingen absolviert. Bereits nach einem Semester war er dem NS-Studentenbund beigetreten und war als dessen Vertreter im Allgemeinen Studentenausschuss tätig geworden.[13] Im Jahr 1932 hatte er seine Examina abgelegt, im selben Jahr war er Mitglied der NSDAP und der SA geworden.[14] Während er an der Universität Göttingen an einer Promotion arbeitete, verfolgte er zunächst seine Laufbahn in der NS-Studentenschaft und stieg nach Abschluss der Promotion 1935 an der Universität Göttingen zum Leiter des »Hauptamtes für Presse, Film und Propaganda« in der Deutschen Studentenschaft auf.[15] Als Leiter des dortigen »Hauptamtes für Nachrichtenwesen« fungierte er auch als Herausgeber des Pressedienstes der Deutschen Studentenschaft »Wissen und

12 Ulrich Herbert beschreibt die Gruppe der zwischen 1900 und 1910 Geborenen in Anlehnung an Günther Gründel als »Generation der Sachlichkeit«. Die Angehörigen dieser Generation unterschieden sich von der vorhergehenden Generation vor allem dadurch, dass sie zwar im Ersten Weltkrieg selbst keine entscheidenden Eindrücke mehr erlebt hatten, wohl aber in ihrer Kindheit durch die Auswirkungen des Krieges und der Kriegszeit stark geprägt worden waren. Aufgrund der dabei erlebten Umbrüche, vor allem der Delegitimierung der zentralen Wertewelt ihrer Väter, habe sich ein neuer »generationeller Stil« herausgebildet, der sich durch »Kühle, Härte und Sachlichkeit« ausgezeichnet habe. Vgl. Herbert, Best, S. 42 ff., Banach, Heydrichs Vertreter, S. 90 ff. analysiert die Gruppe aller als BdS und KdS eingesetzten SD-Führer als besonders junge und gut ausgebildete Elite der Jahrgänge 1900 bis 1909 oder jünger, von denen viele ein Studium, meist Jura, abgeschlossen hatten. Dieses Sozialprofil war auch die Folge einer gezielten Rekrutierungspraxis Werner Bests für die Gestapo. Die Anwerbungsversuche erwiesen sich auch deshalb als besonders erfolgreich, da die Berufsaussichten junger Akademiker und besonders der Juristen in der ersten Hälfte der dreißiger Jahre sehr schlecht waren.

13 MFS HA IX/11 PA 656, Blatt 9.

14 BAB PK-Akte Knochen (ehemals BDC).

15 BAB R.u.S.-Akte Knochen und MFS HA IX/11 PA 656, Blatt 9.

Dienst«.[16] Am 1. September 1936 wechselte er auf Vermittlung von Franz Alfred Six als hauptamtlicher Mitarbeiter zum SD, er trat aus der SA aus und in die SS ein.[17] Nachdem er zunächst einige Monate beim SD-Oberabschnitt West in Düsseldorf verbracht hatte, ging er 1937 als Referent in das SD-Hauptamt nach Berlin.[18] Hier machte er schnell Karriere. Nach Gründung des RSHA im Jahre 1939 bereits zum Hauptsturmführer aufgestiegen, stand er in der von Franz Alfred Six geleiteten Zentralabteilung »Weltanschauliche Gegnerforschung« dem Referat »Weltanschauliche Gegner im Ausland« vor.[19] Knochen war damit im innersten Kreis der Macht und des Wissens angekommen: Noch im gleichen Jahr wohnte er als Six' Stellvertreter einer Besprechung in der Privatwohnung Heydrichs bei, bei der dieser die Planung der Tätigkeiten für die Einsatzgruppen in Polen vorstellte.[20] Spätestens seit diesem Treffen war Knochen über die systematische Ermordung von Juden durch diese mobilen Verbände informiert. Große Anerkennung erwarb er sich, als es ihm zusammen mit anderen SD-Angehörigen im so genannten Venlo-Zwischenfall gelang, zwei britische Geheimagenten vom niederländischen Venlo nach Berlin zu entführen.[21]

Die Männer, die unter Knochens Führung mit nach Paris gekommen waren, kamen ebenfalls aus dem RSHA. Unter ihnen ist vor allem *Herbert Hagen* hervorzuheben, der wie Knochen zu einer tragenden Figur der »Endlösung« in Frankreich werden sollte.[22] Er stammte gleichfalls aus dem Umfeld von Six und hatte eine ganz ähnliche Laufbahn absolviert. 1913 als Sohn eines Zollbeamten in Neumünster geboren, erlebte er mit seiner Familie den Ersten Weltkrieg als ein einschneidendes Ereignis: Ein Bruder war gefallen, der Vater in französische Kriegsgefangenschaft geraten, aus der er erst 1920 zurückgekehrt war.[23] Herbert Hagen hätte nach dem Abitur 1932 gern ein Studium begonnen, doch fehlten die finanziellen Mittel dazu, so dass er zunächst eine kaufmännische Lehre begann.[24]

16 BAB PK-Akte Knochen (ehemals BDC).
17 BAB R.u.S.-Akte Knochen (ehemals BDC).
18 BAB SSO-Akte Knochen (ehemals BDC).
19 Hachmeister, Gegnerforscher, S. 178.
20 Ebd., S. 218.
21 Ebd., S. 162.
22 Zu Hagen existiert eine knappe biographische Skizze. Vgl. Paul, Judenangelegenheiten.
23 Urteil LG Köln vom 11.2.1982 – 59-44/78 –, S. 9 und BAB, R.u.S.-Akte Hagen (ehemals BDC).
24 Ebd.

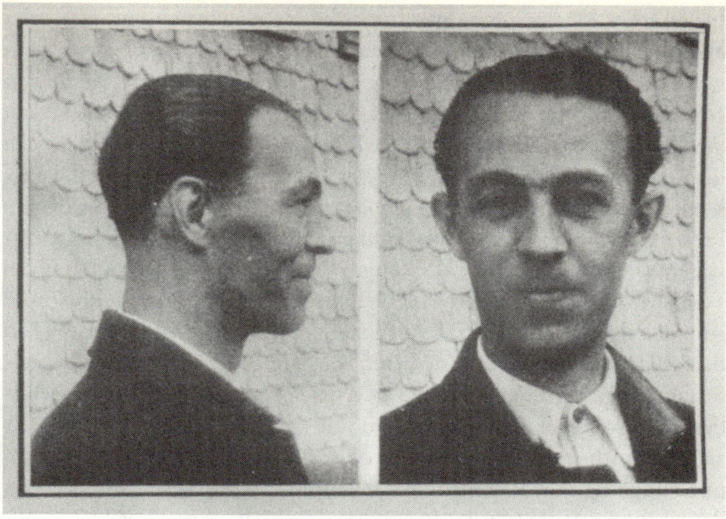

Herbert Hagen

Helmut Knochen

Im Jahr der Machtübernahme durch die Nationalsozialisten trat er der allgemeinen SS bei.[25] Nach zwei Jahren bot sich eine Chance, die offensichtlich ungeliebte Lehre zu beenden: Hagen wurde hauptamtlicher Mitarbeiter des SD-Hauptamtes in München, wo er im Pressereferat arbeitete.[26] 1936 wurde das Amt nach Berlin verlegt. Dort eröffnete sich dem mittlerweile zum SS-Scharführer beförderten Hagen endlich die ersehnte Möglichkeit zum Hochschulstudium. Durch seine Tätigkeit im Pressereferat bereits in Kontakt mit der Publizistik gekommen, begann er nebenbei ein Studium der »Zeitungswissenschaften« unter anderem bei Franz Alfred Six, der, neben seiner hauptamtlichen Tätigkeit im SD, 1938 zum außerplanmäßigen Professor ernannt worden war und seit 1939 an der Universität Berlin unterrichtete.[27] Hagens Bindung an den »Gegnerforscher« Six war doppelter Art, da er nach seiner 1937 erfolgten Beförderung zum Leiter des Referats II 112 des SD-Hauptamtes ebenfalls Six als Hauptgebietsleiter unterstand. Mit dieser Beförderung war Hagen nun endgültig zum Fachmann für Judenfragen qualifiziert, da es sich bei der Abteilung II 112 um das Judenreferat handelte. Einer der Hagen unterstellten Fachreferenten war Adolf Eichmann.[28] Ein anderer war Theodor Dannecker, der später als »Judenberater« in Frankreich eine wichtige Rolle spielte. Hagen profilierte sich mit einer Reihe von Vorträgen über das »Judentum«, die »Organisation des Judentums in Deutschland« oder den »Stand der Judenfrage und Sofortmaßnahmen«, die er im Rahmen der »weltanschaulichen Schulung« unter anderem vor Angehörigen des Volksgerichtshofes, den Offizieren der Kriegsakademie, in Polizeischulen oder vor den Angehörigen des pressepolitischen Amtes der NSDAP hielt. Mit zwei dieser von Hagen verfassten Vorträge trat auch Helmut Knochen vor entsprechendes Publikum, was Hagens Rolle als Vordenker unterstreicht. Der RSHA-Mann beschränkte sich jedoch nicht auf theoretische Überlegungen: Nach seiner Beförderung zum Untersturmführer reiste Hagen gemeinsam mit Eichmann nach Palästina, um sich vor Ort über die Pläne des »Weltjudentums« zu informieren und die Möglichkeit einer Ansiedlung von Juden in dem von Großbritannien kontrollierten Gebiet zu überprüfen. In einer 1939 unter dem Pseudonym »Dieter Schwarz« veröffentlichten Schrift mit dem Titel »Das Weltjudentum«, an

25 BAB R.u.S.-Akte Hagen (ehemals BDC).

26 Urteil LG Köln vom 11.2.1982 – 59-44/78 –, S. 9.

27 Hachmeister, Gegnerforscher, S. 120 ff.

28 Vgl. Scheffler, Endlösung, S. 32.

der Hagen zumindest maßgeblich mitgearbeitet hatte, wenn er nicht sogar der alleinige Autor war, wurde festgestellt, dass »das Judenproblem durch die Errichtung eines Judenstaates unlösbar wäre, weil das Land von den 17 Mio. in der ganzen Welt lebenden Juden mosaischen Bekenntnisses im Höchstfalle 1 Mio. aufnehmen könne, so dass weiterhin mindestens 16 Mio. Juden in ihren Gastländern verbleiben würden«. Deutschland könne dennoch »von dem einmal beschrittenen Wege zur endgültigen Lösung der Judenfrage nicht mehr abgehen.«[29] Hagens Engagement schlug sich auch in der von Six niedergelegten Bewertung nieder. Six lobte »den besonderen Arbeitseifer und seine schnelle Auffassungsgabe«.[30] Im März 1938 wurde Hagen nach Wien entsandt, um dort mit Eichmann die »Zentralstelle für jüdische Auswanderung« zu errichten, eine Einrichtung, in der Eichmann die Grundlagen seiner späteren Tätigkeit als Zentralfigur der »Endlösung« legte. Auch dort zeigte Hagen »unermüdlichen Eifer unter Hintansetzung aller persönlichen Interessen«, wie Six notierte.[31] Auch dieser Einsatz war seiner Karriere förderlich. Zwar musste er seine Tätigkeit im SD im Jahr 1939 für fünf Monate zur Wehrausbildung unterbrechen, doch wurde er noch innerhalb dieser Zeit zum Obersturmführer befördert und anschließend als Referent in das neu gegründete RSHA übernommen. Dort war er in der Abteilung VI (Auslandsnachrichtendienst) als Referent für die Türkei und den »Vorderasiatischen Staatenblock« tätig sowie in der Abteilung für »Judentum und Antisemitismus«.[32] Im Jahr 1940, kurz vor seiner Entsendung nach Frankreich, schloss er sein Studium mit einer bei Six eingereichten Diplomarbeit über das »Judentum in England« erfolgreich ab.[33]

Die Auswahl zweier hochqualifizierter Männer für den Einsatz in Frankreich verdeutlicht den Unwillen Himmlers und Heydrichs, sich mit ihrer nachgeordneten Machtposition in Frankreich abzufinden. Knochen und Hagen, beide Vertreter der »Generation der Sachlichkeit« par excellence, waren gleichermaßen fähig wie entschlossen. Beide waren von der Ideologie der SS, vor allem dem nüchternen, vorgeblich wissenschaftlichen Antisemitismus durchdrungen, der gerade für die jungen Mitarbeiter des SD typisch war. Er grenzte sich mit elitärem Gestus vom

29 Urteil LG Köln vom 11.2.1982 – 59-44/78 –, S. 20-21.
30 StA Köln, Personalheft Hagen, in: HStAD, Außenstelle Kalkum, Rep. 267/291.
31 Ebd.
32 Urteil LG Köln vom 11.2.1982 – 59-44/78 –, S. 10.
33 Ebd.

üblichen »Radauantisemitismus« schon dadurch ab, dass er an Stelle des blinden Hasses gegen die Juden die aufgrund vermeintlich wissenschaftlicher Analysen gewonnene Überzeugung setzte, dass die Juden aus rassischen Gründen ein »Problem« darstellten, für das notwendig eine »Lösung« gefunden werden musste.

Vorerst aber war das Vorabkommando machtlos, da die vollziehende Gewalt in Frankreich allein in den Händen der Militärs lag. Auch sie kontrollierten jedoch nur einen Teil Frankreichs. Schon vor dem Abschluss eines Waffenstillstandes zwischen der französischen Regierung und der deutschen Führung hatte sich abgezeichnet, dass die territoriale Einheit Frankreich zunächst keinen Bestand haben sollte. Elsass und Lothringen wurden dem deutschen Staatsgebiet zugeschlagen, zwei nördliche Departements der Militärverwaltung in Belgien unterstellt. Acht weitere Departements im Süden des Landes wurden zudem dem verbündeten Italien überlassen. Das restliche Frankreich zerfiel in die von den Deutschen besetzte Zone und in eine unbesetzte oder freie Zone, in der die Vichy-Regierung unter Marschall Pétain regierte. Während die Hoheit über die abgetrennten Gebiete nun unabhängig vom Rest Frankreichs in den Händen neu geschaffener Institutionen lag, herrschte zwischen dem Gebiet der Vichy-Regierung und der besetzten Zone insofern eine gewisse Einheit, als die Regierung Pétains weitgehend von den Deutschen abhängig war. Überdies setzte Vichy die von den Deutschen erlassenen Gesetze und Verordnungen auch in der freien Zone um, ebenso wie sich die deutsche Militärverwaltung in ihrem Zuständigkeitsbereich auf Gesetze und Verordnungen berief, welche von der Vichy-Regierung erlassen worden waren.[34]

Nach der französischen Kapitulation begann das OKW mit dem Aufbau einer Militärverwaltung. Sie verfolgte dabei das Prinzip der »Aufsichtsverwaltung«, das im Wesentlichen darauf beruhte, die französische Verwaltung beizubehalten, ihre Arbeit jedoch zu kontrollieren.[35] Auf diese Weise gelang es, die Verwaltung der besetzten Zone mit insgesamt weniger als 1200 deutschen Offizieren zu lenken, davon rund 200 in Paris. An der Spitze der Verwaltung stand der »Militärbefehlshaber Frankreich« (MBF). Diesen Posten hatte vom 25. Oktober 1940 bis zum Februar 1942

34 So beriefen sich die deutschen Behörden bei den ersten von ihnen im besetzen Gebiet durchgeführten Massenrazzien gegen Juden auf das von Vichy am 4.10.1940 erlassene »Gesetz über die ausländischen Staatsangehörigen jüdischer Rasse«. Vgl. S. Klarsfeld, Vichy – Auschwitz, S. 323.

35 Herbert, Best, S. 251 ff.; Meyer, Besatzung, S. 13 ff.

General Otto von Stülpnagel inne.[36] Er reichte im Februar 1942 hauptsächlich wegen Differenzen mit Berlin in der Frage der »Geiselpolitik« seinen Rücktritt ein und wurde durch seinen Vetter General Heinrich von Stülpnagel ersetzt. Dieser wiederum wurde später wegen seiner Beteiligung an der Widerstandsbewegung gegen Hitler im Zusammenhang mit dem Attentat vom 20. Juli 1944 verhaftet und hingerichtet. Sein Nachfolger wurde der General der Flieger Karl Kitzinger.

Der MBF verfügte über eine zweigeteilte Organisation. Der »Kommandostab« war für die rein militärischen Aufgaben zuständig und fungierte als Befehlsstelle für die ihm unterstellten militärischen Verbände.[37] Der »Verwaltungsstab« leitete die zivile Verwaltung. Er gliederte sich seinerseits in die »Abteilung Wirtschaft« und die »Abteilung Verwaltung«. Die Abteilung Wirtschaft war unter ihrem Chef Dr. Elmar Michel für die Überwachung und Lenkung der französischen Wirtschaft zuständig und betrieb auch deren »Entjudung« und »Arisierung«.[38] Im Zusammenhang mit dieser Studie ist jedoch vor allem die Abteilung Verwaltung von Interesse. Ihr Leiter war der frühere SS-Brigadeführer und ehemalige Leiter des Amtes I des RSHA Werner Best. Die von ihm bis November 1942 geleitete Abteilung war für die Beaufsichtigung der französischen Behörden einschließlich der französischen Polizei, für die Sicherheit der Besatzungstruppen und die Abfassung deutscher Verordnungen zuständig.[39] In ihre Zuständigkeit fielen auch die »Sühnemaßnahmen«, ja mehr noch: In der Auseinandersetzung zwischen dem RSHA und dem OKW um die sicherheitspolitische Hoheit über das besetzte Frankreich entwickelte sich der Verwaltungsstab für einige Zeit zum Gegenspieler der von Knochen expansiv geführten Kräfte der Sipo und des SD. In dieser Konkurrenz waren die Militärverwaltungsbeamten bemüht, weder Zweifel an ihrer Entschlossenheit zum Kampf gegen den Widerstand noch an ihrem Willen zur effektiven Verfolgung der Juden aufkommen zu lassen. Dies traf in erster Linie auf die Angehörigen der Ämtergruppen »Justiz« und »Polizei« zu, die als zwei von zwölf im Verwaltungsstab zusammenge-

36 Vor der Ernennung Otto von Stülpnagels hatte der Oberbefehlshaber des Heeres, Generalfeldmarschall von Brauchitsch, selbst in Frankreich residiert und den Aufbau des Besatzungsregimes dem zum »Chef der Militärverwaltung« ernannten General der Infanterie Alfred Streccius übertragen.

37 Ab April wurde der Kommandostab in »Generalstab des Militärbefehlshabers« umbenannt.

38 Scheffler, Endlösung, S. 13.

39 Ebd.

fassten Ämtergruppen diejenigen sicherheitspolitischen Kompetenzen innehatten, die Knochen und seine Männer so sehr begehrten. Wie erst die neuere Forschung herausgearbeitet hat, ging die Rolle dieser Abteilung und besonders die Bests über ein rein reaktives Verhalten weit hinaus.[40] Vielmehr waren es Best und die ihm unterstellten Männer der Militärverwaltung, welche die verschiedenen Anregungen zur Entrechtung und Verfolgung der Juden aufgriffen und die bereits zu einem Zeitpunkt deren Umsetzung anstrebten, an dem selbst Heydrich und das RSHA noch keine eigene Initiative gezeigt hatten.[41]

Großen Einfluss auf die Besatzungspolitik nahm die deutsche Botschaft in Paris. Da Hitlers Pläne mit dem eroberten Frankreich schwankend und unklar waren und das NS-Regime auf die Kooperation mit der Vichy-Regierung angewiesen war, spielten diplomatische Belange eine übergeordnete Rolle. Dies ging so weit, dass das RSHA für jeden einzelnen Zug mit deportierten Juden, der von Frankreich in den Osten geschickt wurde, über die Botschaft die Zustimmung des Auswärtigen Amtes einholen musste – der Informationsstand der Botschaft war also jederzeit hoch. Der deutsche Botschafter in Paris war Otto Abetz, ein Günstling Ribbentrops.[42] Auch wenn er und seine Apologeten nach dem Krieg behaupteten, eine generell frankreichfreundliche Politik betrieben und in der »Judenfrage« eine mäßigende Haltung eingenommen zu haben, so besteht nach heutigem Wissensstand kein Zweifel daran, dass gerade Abetz und seine Mitarbeiter bei der Verfolgung der Juden eine treibende Rolle spielten.[43] Die Botschaft verfügte mit Carltheo Zeitschel

40 Schon in den fünfziger Jahren meldeten die Historiker Wulf und Poliakov erste Zweifel an der in der historiographischen Literatur damals vorherrschenden zurückhaltenden Bewertung Bests bei der Herbeiführung der »Endlösung« an, vgl. Poliakov/Wulf, Das Dritte Reich und die Juden. Es dauerte aber bis in die neunziger Jahre, bis die maßgebliche Rolle Bests und seiner Abteilung herausgearbeitet wurde, vgl. Herbert, Best.

41 Dies wird beispielsweise aus einem Protokoll einer Besprechung zwischen Best und Abetz am 19.8.1940 deutlich, ebenso aus einer zuvor von Best angeforderten Stellungnahme des Dezernenten des Verwaltungsstabes (beide abgedruckt bei S. Klarsfeld, Vichy – Auschwitz, S. 356). Dazu: Herbert, Best, S. 263 und Meyer, Besatzung, S. 20 ff.

42 Näher zur Person von Abetz: Ray, Annäherung.

43 Ray kommt zu dem Ergebnis, dass die von Abetz nach dem Krieg aufgestellte Behauptung, er und seine Mitarbeiter hätten versucht, die Entrechtung und Ermordung der Juden in Frankreich zu bremsen, nicht zutrifft. Im Gegenteil, es war Abetz, der die »Judenfrage« aus eigenem Antrieb als Erster aufwarf und erste

sogar über einen eigenen »Judenreferenten«, der als einer der Motoren der »Endlösung in Frankreich« bezeichnet werden kann.[44] Zeitschel, der 1945 angeblich bei einem Fliegerangriff getötet wurde, wurde nach Kriegsende von den überlebenden Botschaftsangehörigen die Hauptschuld an den antisemitischen Maßnahmen der Dienststelle gegeben. Er sei ein Außenseiter gewesen und habe als Scharfmacher die Ausplünderung und Deportation der Juden vorangetrieben. Hier handelte es sich allerdings offenkundig um Schutzbehauptungen der überlebenden Botschaftsangehörigen, die einer Überprüfung der überlieferten Akten nicht standhalten können. Die Akten zeigen nämlich, dass Zeitschel wesentlich enger in die Arbeit der Botschaft einbezogen war, als später angegeben wurde. Auch war er keineswegs der einzige Botschaftsangehörige, der mit solchen Maßnahmen befasst war. Die Überprüfung und Lenkung der antijüdischen Maßnahmen gehörte vielmehr zu den Kernaufgaben der deutschen Botschaft; entsprechend viele ihrer Angehörigen waren darin involviert. Dies versuchten die ehemaligen Angehörigen der Botschaft nach dem Krieg zu verschleiern, indem sie Zeitschel die alleinige Verantwortung zuschoben. Zum einen ging es ihnen in ihren Darstellungen und Erinnerungen darum, den in Frankreich vor Gericht stehenden ehemaligen Botschafter Otto Abetz in ein möglichst mildes Licht zu rücken. Zum anderen setzten zahlreiche dieser Männer ihre Karrieren nach dem Krieg fort und sie wollten diese verständlicherweise durch eine genauere Beleuchtung ihrer früheren Tätigkeit nicht gefährdet sehen. Insgesamt waren nach staatsanwaltschaftlichen Ermittlungen nachweislich 25 Personen bei der deutschen Botschaft in Paris mit der »Judenfrage« beschäftigt.[45] In erster Linie ist hier *Ernst Achenbach* zu nennen, der im Nachkriegsdeutschland als Anwalt und Politiker eine breit angelegte Kampagne zur Amnestierung von NS-Verbrechern betrieb und zu einer Schlüsselfigur der Wiedereingliederung ehemaliger NS-Größen wurde. Der im Jahr 1909 in Singen geborene Jurist hatte einen Teil seines Studiums in Paris absolviert und war nach seiner Promotion an der Universität Hamburg 1935 in den Dienst des Auswärtigen Amtes getreten, für

Sanktionen auf den Weg brachte. Insgesamt hätten die »Diplomaten ihren Part offenkundig darin [gesehen], Sipo und SD [...] die Tätigkeit jenseits des Rheins zu erleichtern«. Vgl. Ray, Annäherung, S. 355 ff., hier S. 361.

44 Generell dazu: Ray, Annäherung, S. 370; Hilberg, Vernichtung, S. 423; Wetzel, Frankreich, S. 111.

45 Vgl. Bericht der Sonderkommission des LKA NRW zum Frankreich-Komplex vom 25.6.1974, in: HStAD, Außenstelle Kalkum, Rep. 158/1674-1679.

das er bereits von 1936 bis 1939 in Paris tätig war. Unter Abetz stieg er zum Leiter der politischen Abteilung der Botschaft auf, wodurch er eine besonders einflussreiche Position erreichte.[46]

Zwar waren die deutsche Botschaft, die Militärverwaltung und die Vertreter des RSHA keineswegs die einzigen deutschen Dienststellen in Frankreich, doch waren es diese drei, die den Gang der Erschießungen und Deportationen maßgeblich bestimmten. Ein entscheidender Faktor war dabei die Haltung der französischen Regierung und der ihr nachgeordneten Institutionen, die sich durch eine ausgeprägte Bereitschaft zur Mithilfe bei den antijüdischen Maßnahmen auszeichnete. Wie Serge Klarsfeld herausgearbeitet hat, versuchte das erklärt antisemitische Regime Pétains ein möglichst hohes Maß an politischer Selbständigkeit zu bewahren und erklärte sich deshalb bereit, in seinem eigenen Zuständigkeitsbereich eine große Zahl nichtfranzösischer Juden festzunehmen und an die Deutschen auszuliefern sowie auch die Festnahmeaktionen in der besetzten Zone mit französischen Polizeikräften zu unterstützen. Allerdings weigerte sich das Regime, auch die von den Deutschen geforderte systematische Auslieferung der Juden mit französischer Staatsbürgerschaft durchzuführen.[47]

Die Entstehung des sicherheitspolizeilichen Apparates

Insgesamt lässt sich die Geschichte der nationalsozialistischen Gewaltverbrechen in Frankreich in drei Phasen gliedern.[48] Die erste Phase umfasst die Zeit vom Beginn der Besatzung bis Sommer 1942. Prägend für diesen Zeitraum war der eingangs beschriebene Konflikt zwischen Sipo und SD und den Militärbehörden um die sicherheitspolizeiliche Gewalt, der für die Dienststelle Knochens einen schnellen Zuwachs an Personal und Kompetenzen brachte und schließlich zur Übernahme aller diesbezüglich maßgeblichen Befugnisse durch die Vertreter des RSHA führte. Damals wurden auf Betreiben Bests zahlreiche Maßnahmen ergriffen und Verordnungen erlassen, welche die faktischen und juristischen Grundlagen für das weitere Vorgehen schufen. In diesen Zeitraum fallen die ersten »Sühnemaßnahmen« und fällt ein erster Transport von Juden nach Auschwitz. Die zweite Phase erstreckt sich vom Sommer 1942 bis zum

46 Ray, Annäherung, S. 291.

47 Zur Haltung Vichys siehe: S. Klarsfeld, Vichy – Auschwitz, S. 94 ff.

48 Scheffler, Endlösung, S. 6.

Winter 1942/43. In dieser Zeit wurde der größte Teil der insgesamt deportierten Juden in den Osten verschleppt. Allein vom 1. Juni 1942 bis zum Jahresende waren es über 40 000.[49] Die Verantwortung dafür lag nun wie bei den weiterlaufenden Geiselerschießungen beim HSSPF und den ihm nachgeordneten Stellen der Sicherheitspolizei. In der dritte Phase seit dem Frühjahr des Jahres 1943 machte sich die Weigerung der Franzosen, auch die Juden mit französischer Staatsbürgerschaft preiszugeben, stark bemerkbar: Die Einheiten des RSHA veranstalteten richtiggehende Menschenjagden, dennoch gelang es ihnen nicht, die angestrebten Deportationszahlen zu erreichen. Vor allem wuchs in dieser Periode der bewaffnete Widerstand zu einer ernsten Bedrohung heran. In diese Zeit fallen ein Großteil der militärischen Exzesstaten der so genannten »Bandenbekämpfung« sowie die beim Abzug der Truppen begangenen Verbrechen.

Die erste Phase: Die Entstehung des sicherheitspolizeilichen Netzes und der Beginn der Gewalttaten

Noch bevor der Aufbau der oben geschilderten Militärverwaltung abgeschlossen war und Otto von Stülpnagel als erster Militärbefehlshaber am 25. Oktober 1940 seinen Dienst aufnahm, hatten Knochen und seine Männer ihren Einfluss entscheidend ausgebaut. Bereits am 3. August 1940 hatte das Oberkommando des Heeres bekannt gegeben, dass ab jetzt die Sicherheitspolizei und der SD mit der »Führung des weltanschaulichen Kampfes« beauftragt seien.[50] Knapp zwei Wochen später verlegte das RSHA den Sitz des bisher in Brüssel tätigen Brigadeführers Thomas nach Paris und ernannte ihn zum »Vertreter des Chefs der Sicherheitspolizei und des SD in Frankreich und Belgien«.[51] Aus dem inzwischen personell verstärkten Einsatzkommando z.b.V. (»zur besonderen Verfügung«) wurde nun die Pariser Dienststelle des »Beauftragten des Vertreters des Chefs der Sicherheitspolizei« (BdS), die unter Knochens Leitung stand. Diese neue Dienststelle wurde in das Funk- und Fernsprechnetz des RSHA eingebunden, so dass sie nun am MBF vorbei direkt mit dem RSHA kommunizieren konnte. Zwar verfügte sie nach wie vor über keine exekutiven Befugnisse, doch hinderte dies Knochen nicht an der

49 Vgl. S. Klarsfeld, Vichy – Auschwitz, S. 331.
50 Scheffler, Endlösung, S. 18.
51 Am 24. 8.1940, vgl. Scheffler Endlösung, S. 18.

Expansion seiner Dienststelle in die französische Provinz hinein. Herbert Hagen wurde beauftragt, in Bordeaux eine erste Außenstelle zu gründen.[52] Diese erste Außenstelle bildete gemeinsam mit der Pariser Zentrale das Zentrum des späteren sicherheitspolizeilichen Netzes. Vordringliche Aufgabe war zunächst die Beobachtung der Grenzregion zu Spanien, die Außenstelle beschäftigte sich aber ebenso wie die Hauptstelle in Paris mit der Auskundschaftung potentieller Gegner. Doch bereits am 20. September 1940 forderte Heydrich vom Auswärtigen Amt, die Kommandos der Sicherheitspolizei auch in die Durchführung der antijüdischen Maßnahmen einzubinden.[53] Daraufhin wurde die Tätigkeit der Sipo auf eine neue Grundlage gestellt. Aufgrund einer Vereinbarung Himmlers mit dem Oberbefehlshaber des Heeres wurden die Aufgaben der RSHA-Männer schließlich neu definiert und die Kompetenzen geklärt. Zu den Aufgaben der Sicherheitspolizei zählte nun die »Erfassung und Überwachung von gegen das Reich gerichteten Bestrebungen der Juden, Emigranten, Logen, Kommunisten und Kirchen« und die »Sicherung von für Deutschland wertvollem Schriftgut und gegen Deutschland gerichteten Vorgängen«. Außerdem durften Knochens Männer nun die Uniformen der SS tragen und bekamen eigene Dienstausweise.[54] Zwar blieb die Dienststelle des Beauftragten des Chefs der Sicherheitspolizei weiterhin dem MBF unterstellt, doch gewann sie Befugnisse hinzu. Seit Anfang 1941 wurde ihr in »dringenden Fällen« das Recht zugestanden, selbstständig Wohnungen zu durchsuchen und Verhaftungen vorzunehmen. Knochen begann darüber hinaus, die grundsätzlichen Entscheidungen der Militärverwaltung zu beeinflussen. So mahnte er Ende Januar 1941 die Umsetzung einer von Heydrich am 30. Oktober 1940 erlassenen Richtlinie an, in der der RSHA-Chef die Erfassung aller in den besetzten Gebieten befindlichen Juden angeordnet hatte. Danach sollten die »deutschblütigen« Emigranten zurück ins Reich transportiert, die anderen interniert werden, eine Anordnung, die im Zusammenhang mit dem »Madagaskarplan« stand.[55] Obwohl der MBF bis dahin eine ganze Reihe antijüdischer Maßnahmen erlassen hatte, die auf die Kennzeichnung der Juden und

52 Delarue, Gestapo, S. 210.

53 Heydrich an Luther im AA vom 20.9.1940, abgedruckt bei S. Klarsfeld, Vichy – Auschwitz, S. 360.

54 Vereinbarung RFSS-OBdH vom 4.10.1940, zitiert nach Scheffler, Endlösung, S. 19-20.

55 Scheffler, Endlösung, S. 60; zum Madagaskarplan: Brechtken, Madagaskar; Jansen, Madagaskar-Plan.

ihres Besitzes abzielten und die den Weg zu der »Arisierung« genannten Ausplünderung und den Deportationen ebneten, hatte er diese Anweisung bisher nicht umgesetzt.[56] Knochen schlug deshalb die Errichtung von Konzentrationslagern vor.[57] Einige Tage später drängte Knochens Stellvertreter Kurt Lischka bereits im Sinne dieser Verordnung auf die Errichtung eines »zentralen Judenamtes« auf der französischen Seite, das die Erfassung der Juden vorantreiben sollte.[58]

Kurt Lischka stammte wie Knochen und Hagen aus dem RSHA. Anders als diese beiden hatte der im Jahr 1909 in Breslau geborene Sohn eines Bankbeamten aber keine »auslandswissenschaftliche« Ausbildung genossen, sondern war Jurist.[59] Auch er konnte bei seiner Versetzung nach Paris im November 1940 auf eine bemerkenswerte Karriere zurückblicken, die ihn aber nicht wie Knochen und Hagen über den SD, sondern über die Gestapo ins RSHA geführt hatte. Lischka war während seiner Zeit als Gerichtsreferendar 1933 der SS beigetreten.[60] Nach dem zweiten Staatsexamen war er zunächst als Assessor bei verschiedenen Gerichten tätig gewesen, bevor er 1935 hauptamtlich zur Gestapo wechselte.[61] Dort hatte er im Preußischen Geheimen Staatspolizeiamt im Referat für konfessionelle Angelegenheiten gearbeitet.[62] Im Jahr 1937 trat er der NSDAP bei.[63] Ein Jahr später übernahm er als Hauptsturmführer die Leitung der Abteilung IV b, die für »Judenangelegenheiten« zuständig war.[64] Im gleichen Jahr wurde er zum Sturmbannführer und Regierungsrat ernannt. Als nach der »Reichskristallnacht« nach dem Vorbild der von Eichmann und Hagen in Wien gegründeten Stelle eine »Zentralstelle für jüdische Auswanderung« in Berlin errichtet wurde, wurde Lischka ihr erster Chef. Im Dezember 1939 wurde der Jurist Leiter der Staatspolizei in Köln, wo er im so genannten »ElDe«-Haus bis zu seiner Versetzung nach

56 Hier ist vor allem der Erlass der 1. und der 2. Judenverordnung vom 27.9.1940 und 18.10.1940 zu nennen, vgl. Scheffler, Endlösung, S. 58 ff.

57 Schreiben Knochens 28.1.1941 an Verwaltungsstab, abgedruckt bei S. Klarsfeld, Vichy – Auschwitz, S. 363.

58 Dies geht aus dem Protokoll einer Besprechung beim Verwaltungsstab des MBF vom 3.2.1941 hervor, abgedruckt bei S. Klarsfeld, Vichy – Auschwitz, S. 364.

59 Urteil LG Köln vom 11.2.1982 – 59-44/78 –, S. 4 ff.

60 BAB R.u.S.-Akte Lischka und Urteil LG Köln vom 11.2.1982 – 59-44/78 –, S. 4.

61 Ebd.

62 Vernehmung vom 23.5.1963, in: ZStL 104 AR-Z 1670/61, Bl. 128-139.

63 Urteil LG Köln vom 11.2.1982 – 59-44/78 –, S. 8.

64 Ebd.

Frankreich residierte.[65] In Paris fungierte er zunächst als Stellvertreter Knochens.

Die Idee, in Frankreich das von Lischka eingeforderte »Zentrale Judenamt« zu errichten, stammte von *Theodor Dannecker.*[66] Dieser verstärkte die Dienststelle Knochens seit September 1940. Heydrich hatte ihn als speziellen »Judenberater« nach Frankreich geschickt mit dem Ziel, die Lösung des »Judenproblems« voranzutreiben, und ihn zur Ergreifung und Durchsetzung antijüdischer Maßnahmen legitimiert.[67] Insofern bedeutete die Entsendung dieses immer wieder als fanatischen Antisemiten geschilderten Mannes einen weiteren Kompetenzzuwachs für Knochen, der sich als Realpolitiker und »sachlicher« Antisemit allerdings bald in einem scharfen Konflikt mit Dannecker befand und schließlich dessen Ablösung aus Paris betrieb. Dannecker war im Jahr 1913 in Tübingen in wirtschaftlich schwierige Verhältnisse hineingeboren worden.[68] Nachdem sein Vater früh an einer im Ersten Weltkrieg erworbenen Krankheit verstorben war, hatte er zunächst eine Lehre begonnen und war 1932 der Partei und der SS beigetreten. Seit 1934 war er bei den Wachtruppen des berüchtigten Konzentrationslagers im Berliner Columbiahaus, später auch im KZ Oranienburg tätig gewesen, war dort aber wegen eines Zechgelages im Dienst unehrenhaft entlassen worden. Im Sommer 1935 gelang ihm dennoch der Wechsel zum SD, wo er von nun an beim Oberabschnitt Südwest unter anderem das Judenreferat betreute. Durch einen Lehrgang in Kontakt mit dem SD-Hauptamt in Berlin gekommen, wurde er 1937 dorthin berufen und der von Herbert Hagen geleiteten Unterabteilung II 112 (Judentum) zugewiesen. Dort übernahm er das bis dahin von Eichmann geführte Sachgebiet »Assimilanten« und lernte durch die enge Zusammenarbeit des SD-Hauptamtes mit der Gestapo den dort amtierenden Kurt Lischka kennen. Während Eichmann und Hagen in Wien tätig wurden, avancierte Dannecker zeitweise zum Leiter der Abteilung II 112, wurde aber nach Hagens Rückkehr wieder diesem untergeordnet und leitete bis 1939 das Sachgebiet »Zionisten«. Wie Hagen hielt auch er vier Vorträge zur »weltanschaulichen Schulung«. Mit der Neugründung des RSHA wurde Dannecker dem von Eichmann geleiteten Amt IV b unterstellt, während sein ehemaliger Chef Hagen in das Amt

65 Zu Lischkas Wirken in Köln und der Geschichte des ElDe-Hauses: Matzerath/Buhlan/Becker-Jákli, Vergangenheit.

66 Zu Dannecker: Steur, Dannecker.

67 Ebd., S. 45 ff.

68 Ebd., S. 14 ff.

VI wechselte. Von dort aus betrieb Dannecker als Mitarbeiter Eichmanns die Deportation von Juden aus dem Raum Lublin und stieg als dessen Stellvertreter zum Leiter der »Zentralstelle für jüdische Auswanderung« auf.

Dannecker forcierte unmittelbar nach seiner Ankunft in Paris die Verfolgung der Juden. Er begann mit dem Aufbau einer »Judenkartei«, drängte auf die Einrichtung des erwähnten französischen Judenkommissariates, das Ende April 1941 unter der Leitung Xavier Vallats auch eröffnet wurde, und auf die Schaffung einer jüdischen Zwangsvereinigung, die Ende des Jahres erfolgte. Diese Maßnahmen zielten auf die Erfassung und Verhaftung der Juden ab. Hier konnten Knochen und seine Männer vor allem auf die Unterstützung Werner Bests rechnen, der die Inhaftierung der Juden bereits seit März forderte. Als Chef des Verwaltungsstabes des MBF verfügte er als eine Art »Über-Innenminister« über einen kaum zu überschätzenden Einfluss.[69] Er hatte bereits im März 1941 die »progressive Entlastung aller Länder Europas mit dem Ziel der vollständigen Entjudung Europas« als Ziel der deutschen Besatzungspolitik definiert.[70]

Bis August 1941 wurden über 7000 nichtfranzösische Juden im Großraum Paris durch die französische Polizei festgenommen und in verschiedenen Lagern untergebracht. Federführend auf deutscher Seite war bei dieser Aktion der Beauftragte der Sicherheitspolizei und des SD. Zwar war die Organisation Knochens noch immer klein, sie verfügte Ende März 1941 erst über drei Außenstellen: Neben der von Hagen geleiteten Außenstelle in Bordeaux, die ihrerseits wiederum über drei so genannte Außenkommandos verfügte, hatte die Sipo sich in Dijon und Rouen festgesetzt. Doch war dem BdS am 26. März 1941 das Recht eingeräumt worden, eigenständige Verhandlungen mit der französischen Seite zu führen, ein Recht, das Dannecker seit Ende Juni bei den »Dienstagsbesprechungen« gegenüber den anderen deutschen Dienststellen zur Federführung in Judenangelegenheiten ausbaute.[71] An diesen Besprechungen, die der Koordination der antijüdischen Maßnahmen dienten, nahmen neben Dannecker von deutscher Seite Zeitschel von der deutschen Botschaft sowie Vertreter verschiedener Referate der Abteilung Innere Ver-

69 Herbert, Best, S. 254.

70 Vermerk Bests vom 4.4.1941. Abgedruckt bei S. Klarsfeld, Vichy – Auschwitz, S. 366 ff., Einordnung bei Herbert, Militärverwaltung, S. 196.

71 Siehe dazu den aufschlussreichen Bericht Danneckers vom 22.2.1942, abgedruckt bei S. Klarsfeld, Vichy – Auschwitz, S. 371.

waltung teil, so dass die Interessen der maßgeblichen Dienststellen gewahrt blieben.

Seit August 1941 sah sich die Besatzungsmacht mit einer schnell zunehmenden Zahl von Attentaten auf deutsche Soldaten konfrontiert. Diese trafen den MBF allerdings nicht unvorbereitet. Die deutsche Wehrmachtsführung hatte schon vor der Besetzung Frankreichs geplant, auf mögliche Gefährdungen ihrer Soldaten durch Anschläge mit der Festsetzung von Geiseln zu reagieren.[72] Im September 1940 hatte der damalige Chef der Militärverwaltung General Alfred Streccius entsprechende Richtlinien erlassen. Auch Werner Best hatte im März 1941 die Frage aufgeworfen, ob den voraussehbaren feindseligen Übergriffen nicht durch die Inhaftierung von Geiseln begegnet werden könne, die nach einem Attentat als »Sühnemaßnahme« und zur Abschreckung erschossen werden sollten. Zwar war Best zunächst davon ausgegangen, dass solche Geiselnahmen wenig wirksam sein würden, doch hatte er in der Vorbereitung des Krieges gegen die Sowjetunion die Errichtung von Haftlagern für Kommunisten angeordnet.[73] Nachdem der MBF am 4. August bereits die Todesstrafe für »kommunistische Umtriebe« angedroht hatte, erklärte er nach den ersten Attentaten alle bereits verhafteten Franzosen kollektiv zu Geiseln. Von nun an beantwortete die deutsche Verwaltung jedes Attentat mit der Erschießung einer steigenden Zahl von Geiseln. Diese Praxis allerdings bedrohte das bisher gut funktionierende Prinzip der »Aufsichtsverwaltung«, da die Erschießungen in der französischen Öffentlichkeit große Empörung erregten und die Kooperationsbereitschaft der französischen Behörden minderten. Dieser Effekt verschärfte sich vor allem deshalb, weil Hitler und Keitel auf immer drakonischere Maßnahmen drängten und für jeden bei einem Attentat getöteten deutschen Wehrmachtsangehörigen die Tötung von bis zu 100 Geiseln forderten. Diese Quote stieß bei der Wehrmachtsführung auf Ablehnung und führte zuletzt sogar zum Rücktritt Otto von Stülpnagels.[74] Die Militärverwaltung versuchte, das Vorgehen in einem so genannten Geiselkodex zu regulieren und rechtlich zu untermauern, sie suchte aber vor allem

72 Vgl. Delacor, Attentate, S. 15.

73 Herbert, Best, S. 300.

74 Herbert hat darauf hingewiesen, dass die deutsche Militärführung zur gleichen Zeit in Serbien bedenkenlos mehr als 20 000 Menschen exekutieren ließ. Er erklärt dies mit der unterschiedlichen Wertschätzung dieser Länder und einer rassistischen Grundhaltung der Wehrmachtsführung. Vgl. Herbert, Best, S. 302.

nach Alternativen.[75] Dennoch explodierte die Zahl der Geiselerschießungen geradezu. Wie Ulrich Herbert herausgearbeitet hat, führte die Suche nach einem Ausweg aus diesem Dilemma direkt zu den Deportationen: Stülpnagel schlug dem OKH am 28. November 1941 vor, nur ein Sechstel der von dort geforderten Zahl von Geiseln zu töten, dafür aber eine wesentlich größere Zahl von »Juden und Kommunisten« in den Osten zu deportieren.[76] Hitler und Keitel stimmten der Deportation zu, allerdings als zusätzlicher Maßnahme zu den Erschießungen. Da auch Zeitschel von der deutschen Botschaft bereits seit August 1941 auf den Abtransport der Juden drängte, trafen sich hier die Interessen des BdS, der Botschaft und der Militärverwaltung. Die Deportationen von Juden als »Sühnemaßnahme« stellten dabei aber nicht nur einen Ausweg aus den Geiselerschießungen dar, sondern erwiesen sich darüber hinaus als zukünftig probates Mittel zur Überwindung jener Grenze, welche die Weigerung der französischen Administration darstellte, die Juden mit französischer Staatsbürgerschaft auszuliefern. Die deutschen Besatzungsbehörden ließen als »Repressalmaßnahme« am 12. Dezember 1941 weitere 743 Juden als »Sühnepersonen« in Paris festnehmen und bis zu ihrer Deportation in die Lager bringen. Dort blieben sie allerdings mehr als drei Monate, da die Weichen für den Abtransport in Berlin, wo man eine umfassende Lösung anstrebte, noch nicht gestellt waren. Erst nach einer Reihe von Grundsatzentscheidungen erfolgte der erste Transport mit 1112 französischen Juden am 27. März 1942 aus dem Lager Compiègne nach Auschwitz.

Dieses Vorgehen zeigt, dass die Praxis der »Sühnemaßnahme« mit dem Ziel der »Endlösung« verknüpft wurde. Ahlrich Meyer hat den ideologischen Hintergrund beider Maßnahmen sehr stark betont und sogar in Frage gestellt, ob es überhaupt eine »wechselseitige Eskalation von Attentaten und deutschen Gegenmaßnahmen in Frankreich« gegeben habe.[77] Diese seien stattdessen »spätestens seit Dezember 1941« Bestandteil eines »ideologisch begründeten Vernichtungsprogramms gewesen«. Natürlich stand die Militärverwaltung unter dem Zwang, in irgendeiner Weise auf die Attentate reagieren zu müssen, doch ist dieser Auffassung insofern zuzustimmen, als die »Sühnemaßnahmen« sowohl in ihrem Umfang als

75 Geiselkodex vom 28.11.1941, vgl. Herbert, Best, S. 302; Meyer, Besatzung, S. 61.

76 Nach einem von Meyer aufgefundenen Dokument geht die Verbindung von Geiselerschießungen und Deportationen auf eine Idee Bests zurück, vgl. Meyer, Besatzung, S. 23.

77 Ebd., S. 80 ff.

auch zeitlich immer weniger in einem Verhältnis zu den Anschlägen standen. Darüber hinaus offenbarte die stereotype Haftbarmachung von »Juden und Kommunisten« für die Anschläge den ideologischen Hintergrund der Maßnahmen.

Trotz dieser Beobachtung steht außer Zweifel, dass die »Judenfrage« für die Militärs eine Angelegenheit von nachgeordneter Bedeutung war, die man gerne Knochen und seinen Leuten überließ. Und Knochens Macht wuchs: Am 1. Oktober 1941 kam es in Paris zu mehreren Sprengstoffanschlägen auf Synagogen. Sie sollten in der Öffentlichkeit den Eindruck erwecken, dass in der französischen Bevölkerung ein starker Antisemitismus vorhanden sei, der sich mit diesen Anschlägen entladen habe. Tatsächlich aber waren die Sprengsätze im Auftrag Knochens gelegt worden, der damit eine weitere Forcierung der Judenmaßnahmen beabsichtigte. Die Sache flog jedoch schnell auf. Der empörte MBF forderte daraufhin die Absetzung Knochens und seines Vorgesetzten Thomas. Heydrich deckte Knochen, versetzte aber Thomas zu einer Einsatzgruppe in die Ukraine. Damit war Knochen nun der ranghöchste Vertreter des RSHA in Frankreich. Konsequenterweise teilte Heydrich Anfang Dezember dem OKH mit, dass die Institution des »Beauftragten der Sicherheitspolizei und des SD in Frankreich« sich nun verselbständigt habe.[78]

Die entscheidende Aufwertung der RSHA-Kräfte erfolgte jedoch anlässlich des Rücktritts Otto von Stülpnagels im Februar. Am 17. Februar 1942 folgte ihm sein Vetter Heinrich von Stülpnagel als neuer Militärbefehlshaber. Die Chance dieser Neubesetzung nutzend, wurde nun auch für Frankreich ein Höherer SS- und Polizeiführer ernannt. Angesichts der zunehmenden Bedrohung durch Attentate des französischen Widerstandes hatte Hitler die Überzeugung gewonnen, dass der MBF nicht in der Lage sei, dieses Problems Herr zu werden. Die Militärs verständen von solchen »kriminellen Dingen« wie Attentaten und Sabotage nichts, vielmehr müsse die Angelegenheit in die Expertenhände Heydrichs gelegt werden – eine Auffassung, der auch Keitel und Heydrich selbst zustimmten.[79]

Die Wahl fiel auf den bisherigen SS- und Polizeiführer in Radom Carl Oberg.[80] Ihm wurde nun die Zuständigkeit für alle polizeilichen Maß-

78 Heydrich an OKH am 2.12.1941, zitiert nach Scheffler, Endlösung, S. 23, vgl. auch Herbert, Best, S. 311.

79 Vgl. Kasten, Pragmatismus, S. 367.

80 Führerbefehl vom 9.3.1942, abgedr. bei Scheffler, Endlösung, S. 24. Zu den HSSPF allgemein: Birn, SS- und Polizeiführer.

nahmen übertragen, darunter die für die »Sühnemaßnahmen gegen Verbrecher, Juden und Kommunisten«. Der MBF gab daraufhin diejenigen Kompetenzen, die bisher bei der Gruppe Innere Verwaltung gelegen hatten und diese Angelegenheiten betrafen, an den HSSPF ab.[81]

Noch bevor Oberg seinen Dienst in Frankreich antrat, wurde die Stellung Knochens gestärkt. Am 20. Mai 1942 wurde er vom »Beauftragten« zum »Befehlshaber« der Sicherheitspolizei ernannt, eine Umbenennung, die den scheinbar transitorischen Charakter seiner bisherigen Position aufgab. Um ihren Aufgaben gerecht werden zu können, wurde die Dienststelle Knochens nun wesentlich erweitert, wobei die Grundstruktur des RSHA als Modell diente. Knochen und sein Vertreter Lischka verfügten ab jetzt in der Dienststelle des BdS über insgesamt sieben Abteilungen, die ihrerseits Untergruppen besaßen. Für diese Studie von besonderem Interesse sind dabei die Abteilung II, deren Leitung Lischka übertragen wurden, und die Abteilung IV, die von Karl Boemmelburg geführt wurde.[82]

Abteilung II hatte mit der Ämtergruppe IIpol (Polizei) und IIju (Justiz) vor allem jene Kompetenzen inne, die zuvor bei der Abteilung Innere Verwaltung des MBF gelegen hatten und die für die Aufsicht über die französische Polizei, die Internierungen, die Kontrolle der Lager und die Durchführung von Sühnemaßnahmen notwendig waren. Der Ämtergruppe IIju oblag die Rechtsaufsicht über alle diese Tätigkeiten. Die Abteilung IV dagegen war für die Exekutive zuständig. Analog zum Amt IV des RSHA in Berlin war diese Abteilung ebenfalls in verschiedene Referate gegliedert, die sich mit jeweils unterschiedlichen Gegnergruppen beschäftigten. (IVa: Kommunismus, IVb: Kapitalverbrechen etc.) oder spezielle Funktionen wahrnahmen (IVf: Registratur, IVn: Fahndungsnachrichtendienst etc.). Das Referat IVj war für die Bekämpfung des Judentums zuständig und hatte die »sicherheitspolizeiliche Vorbereitung der Endlösung der Judenfrage in Europa« als Sonderaufgabe. Leiter dieses Referates wurde Dannecker.

Die Erweiterung brachte einen erhöhten Bedarf an qualifiziertem Personal mit sich. Nicht alle neu geschaffenen Posten konnten mit so ver-

81 Mit dem Erlass des MBF vom 22.5.1942 wurden die bis dahin bei der Gruppe Polizei liegenden Weisungs- und Aufsichtsrechte, die Befehlsgewalt über den Einsatz der französischen Polizei und alle Angelegenheiten der Sühnemaßnahmen der Gruppe Justiz an den HSSPF abgegeben. Vgl. Scheffler, Endlösung, S. 27 ff.

82 Ein Organigramm findet sich bei Scheffler, Endlösung, S. 34 ff.

sierten und erprobten Männern des RSHA wie Lischka, Dannecker oder Hagen besetzt werden. Dennoch entstand kein größeres Problem: Da die Innere Verwaltung des MBF über Fachleute verfügte, welche bisher die nun den neuen Sipo/SD-Behörden zugewachsenen Aufgaben ausgeübt hatten, konnte man auf diese zurückgreifen. Dazu wechselte eine größere Zahl dieser Militärverwaltungsbeamten in den Dienstbereich des RSHA über und rückte in die neu geschaffenen Positionen ein. Diese Beamten wurden, da sie der SS bisher entweder nur ehrenamtlich oder überhaupt nicht angehört hatten, für die Dauer ihres Dienstes in die SS übernommen und erhielten einen so genannten Angleichungsdienstgrad.

An der neu geschaffenen Abteilung IIpol des BdS, in der sowohl exekutive Fähigkeiten als auch juristisches Fachwissen und Erfahrung gefragt waren, lässt sich das gut zeigen. Ihr Leiter wurde, nachdem Lischka vorübergehend diesen Posten versehen hatte, der bisherige Oberkriegsverwaltungsrat *Horst Laube*, der zuvor als Leiter einer Verwaltungsgruppe bei der Feldkommandantur Angoulême und La Roche-sur-Yon tätig gewesen war. Laube war 1892 in Chemnitz geboren worden, hatte während des Ersten Weltkrieges in Frankreich gekämpft und danach ein Jurastudium absolviert. Im Jahr 1933 war er der NSDAP, ein Jahr später der SS beigetreten, in der er aber nicht hauptamtlich tätig wurde. Er hatte stattdessen die Laufbahn eines Verwaltungsjuristen eingeschlagen und es bis zum Landrat in Zwickau gebracht. Bei Beginn des Frankreichfeldzuges war er zur Wehrmacht einberufen worden.[83]

Einer der erfahrensten Mitarbeiter Laubes wurde *Karl Kübler*. Bis zu seiner Abkommandierung zum BdS war er in der Inneren Verwaltung des MBF als stellvertretender Leiter der Abteilung Vpol tätig gewesen, wo er insbesondere mit den gegen Juden gerichteten Verhaftungsaktionen und den Geiselerschießungen betraut gewesen war.[84] Der 1909 in Tübingen geborene Kübler hatte nach dem Studium der Rechtswissenschaften ebenfalls die Verwaltungslaufbahn eingeschlagen. Nach dem zweiten juristischen Staatsexamen war er nach einigen Zwischenstationen 1936 in die württembergische Innenverwaltung übernommen worden. Zwar war er Mitglied der Hitlerjugend und auch der SA gewesen, war aber, anders als Laube, der SS ferngeblieben. Nachdem er im Westfeldzug als Funker gedient hatte, wurde er im Oktober 1940 als Militär-

83 Zu Laube: BAB SSO-Akte Laube (ehemals BDC) sowie die ausführliche Vernehmung in ZStL 104 AR-Z 40/67, Bl. 362 ff.

84 Einstellungsverfügung StA Stuttgart vom 10.11.1987 – 2 (3,7) Js 602/83 –, in: ZStL 104 AR-Z 18/83.

verwaltungsbeamter in Angers eingesetzt, von dort wechselte er ein Jahr später nach Paris zum MBF in die Abteilung Vpol.[85] Mindestens sechs weitere Militärverwaltungsbeamte wechselten mit Laube und Kübler in diese Abteilung des BdS über.[86]

Auch in der französischen Provinz wurde die Stellung der Sipo und des SD nun ausgebaut. Am Sitz der jeweiligen Regionalpräfekten wurden so genannte »Kommandeure der Sicherheitspolizei und des SD« (KdS) installiert, die ihrerseits über eine am BdS orientierte Struktur von Abteilungen und Ämtern verfügten. Insgesamt waren es zehn KdS-Dienststellen, die mit Befehl vom 20. Mai 1942 eingerichtet wurden: Die bereits bestehenden Außenstellen in Bordeaux, Rouen und Dijon wurden aufgewertet, neu eingerichtet wurden Dienststellen in Nancy, Châlons-sur-Marne, St. Quentin, Rennes, Orléans, Angers und Poitiers. Der Großraum Paris wurde zunächst noch durch den BdS selbst betreut, erst Anfang 1943 wurde auch dort ein KdS ernannt. Die einzelnen KdS-Dienststellen bildeten ihrerseits so genannte »Außenkommandos«. Der Personalbedarf, der durch die Errichtung dieses neuen Netzes von Dienststellen entstanden war, war groß. Auch ohne die den KdS-Dienststellen nachgeordneten Außenkommandos waren allein für die Posten der Kommandeure und ihrer Stellvertreter in den sieben neuen Dienststellen 14 Männer notwendig, die nicht nur in Verwaltungsdingen erfahren sein mussten, sondern denen auch die nötige Bewältigung der »sicherheitspolitischen« Aufgaben zuzutrauen war. Sie mussten die notwendige Führungskompetenz besitzen und dazu in der Lage sein, mit den französischen Behörden vor Ort zusammenzuarbeiten. Dies war keine leichte Aufgabe, weshalb man auch hier auf die Verwaltungsfachleute des

85 Zu Küblers Laufbahn: BAB, R.u.S.-Akte (ehemals BDC) und Einstellungsverfügung StA Stuttgart vom 10.11.1987 – 2 (3,7) Js 602/83 –, in: ZStL 104 AR-Z 18/83.

86 Neben Laube und Kübler handelte es sich um *Dr. Heinrich Illers*, der zuvor Regierungsrat beim Staatsministerium Braunschweig gewesen war; *Dr. Werner Jähnig* (Regierungsrat im Reichsinnenministerium); *Dr. Richard Kunze* (Regierungsassessor im Landratsamt Karlsruhe); *Dr. Gerhard Meyer-Falk* (Landrat in Nikolsburg); *Walter Nährich* (Regierungsrat beim Reichstatthalter Westmark); *Heinz Röthke* (Regierungsrat beim Regierungspräsidium München). Alle Angaben nach RSHA an RMdI am 16.10.1944; RFSS und CdP an RMdI vom 24.9.1942; OKH an RMdI am 2.6.1942; Vermerk RMdI vom 9.10.1942; Schreiben Waldemar Ernst an von Helm im RMdI vom 5.6.1942. Alle in: HStAD, Außenstelle Kalkum, Rep. 158, Nr. 1535, Bl. 61 ff.

Militärs zurückgriff: Fünf der neuen Kommandeursposten wurden mit derartigen Verwaltungsfachleuten besetzt, auch kamen vier stellvertretende Kommandeure aus den Reihen der Militärverwaltungsbeamten.[87] Demgegenüber stammten nur drei der neu ernannten Kommandeure aus der Sipo oder dem SD, ein weiterer wurde aus der Geheimen Feldpolizei übernommen.

Das Ergebnis war die annähernd paritätische Besetzung dieser Posten, bei der jedem BdS- oder KdS-Funktionär, der aus dem Dienstbereich des RSHA oder aus der Geheimen Feldpolizei stammte, ein ehemaliger Militärverwaltungsbeamter zugeordnet wurde. Aus diesem Vorgehen ergab sich ein Besetzungsmuster, nach dem jeweils entweder der KdS selbst oder aber sein Vertreter aus der Militärverwaltung stammte. Der Militärverwaltungsrat Dr. Waldemar Ernst, Küblers ehemaliger Vorgesetzter in der Gruppe Vpol, berichtete in einem privaten Brief über die Verteilung dieser Posten:

> »Zusammenfassend ergibt sich, daß bei der Dienststelle des Befehlshabers der Sicherheitspolizei und des SD in Paris 2 Gruppenleiter und 6 Referenten des höheren Dienstes von der Inneren Verwaltung gestellt werden. Von den Leitern der 10 bestehenden Sicherheitspolizei (SD)-Kommandos stellt die Innere Verwaltung 5 […] und einen die Justizverwaltung, […] von den Vertretern der Leiter der Sicherheitspolizei (SD)-Kommandos stellt die Innere Verwaltung 3, und zwar in den Fällen, in denen der Leiter des Sicherheitspolizei(SD)-Kommandos von der GFP bzw. von der Sicherheitspolizei(SD) gestellt wird.«[88]

Im Juni 1942 war, so das Ergebnis von Waldemar Ernst, nur eine einzige KdS-Dienststelle nicht paritätisch besetzt.

87 Als Kommandeure eingesetzt wurden: *Hans Dietrich Ernst*, vor dem Krieg Oberregierungsrat beim Regierungspräsidium Karlsbad; *Dr. Hermann Heerdt* (Ministerialrat im Reichsinnenministerium); *Modest Graf von Korff* (Regierungsrat im Regierungspräsidium Erfurt); *Dr. Hans-Joachim Peters* (Regierungsrat im Regierungspräsidium Aussig) und *Dietmar Westphal* (Regierungsrat beim Regierungspräsidium Aussig). Als stellvertretende Dienststellenleiter wurden eingesetzt: *Dr. Anton Dauber* (Regierungsrat beim Landrat Saaz); *Richard Freise* (Regierungsrat beim Landrat Gitschin); *Dr. Josef Gallinger* (Regierungsrat beim Landratsamt Eichstätt/Bayern) und *Dr. Gerhard Keil* (Regierungsassessor bei der Regierung Posen). Angaben nach: Waldemar Ernst an von Helm im RMdI vom 5.6.1942, in: HStAD, Außenstelle Kalkum, Rep. 158, Nr. 1535, Bl. 61.

88 Ebd.

Einer dieser Männer war der neue KdS von Châlons-sur-Marne, *Modest Graf von Korff.* Korff war im Jahr 1909 als Sohn eines Oberkirchenrates in Bad Godesberg geboren worden.[89] Nach dem Abitur hatte er ein Jurastudium absolviert, er war 1933 während seines Referendariats der NSDAP und der SS beigetreten. Von 1937 bis zum Kriegsausbruch war er als Verwaltungsjurist in Landratsämtern und Regierungspräsidien tätig gewesen. Zunächst u. k. (unabkömmlich) gestellt, wurde er im Mai 1940 zur Wehrmacht nach Frankreich einberufen, wo er als Kriegsverwaltungsrat zuletzt bei der Feldkommandantur in Rennes tätig war, bevor er am 1. Juni 1942 zum KdS in Châlons ernannt wurde.

Auch Korffs Kollege *Hans Dietrich Ernst,* nun zum KdS von Angers ernannt, war Volljurist. Im Jahr 1908 als Sohn eines Richters in Oppeln geboren, hatte er sein Jurastudium schon mit 24 Jahren abgeschlossen und war 1934 der NSDAP beigetreten.[90] Nach seiner Referendarzeit arbeitete er in der Innenverwaltung in Hamburg und Berlin, bevor er von Mitte 1938 bis Ende 1939 in der Dienststelle des »Reichskommissars für die Wiedervereinigung Österreichs mit dem Deutschen Reiche« tätig wurde. Anschließend arbeitete er, inzwischen zum Regierungsrat ernannt, bei der Senatsverwaltung in Hamburg und avancierte 1940 kurzzeitig zum Vertreter des Landrates in Tegel (Regierungsbezirk Karlsbad). Ab Juni 1940 wurde er bei der Kreiskommandantur im südfranzösischen Dux als Militärverwaltungsbeamter eingesetzt, er wechselte dann 1941 nach Bordeaux, wo er ebenfalls in der Feldkommandantur als Referent für Polizeiangelegenheiten tätig wurde. Bis dahin war Ernst nicht Mitglied der SS gewesen, mit seiner Ernennung zum KdS in Angers wurde er sogleich zum SS-Hauptsturmführer ernannt, allerdings nur als »Angleichungsdienstgrad«, der seiner neuen Unterstellung unter das RSHA und seiner neuen Funktion Rechnung trug.

Die Besetzung dieser Posten mit Militärverwaltungsbeamten war in erster Linie eine Übergangslösung, die dem ersten Personalbedarf wäh-

89 Zum Werdegang von Korffs: BAB R.u.S.- und SSO-Akte von Korff; Anklageschrift StA Köln vom 4.2.1983 – 130 Js 1/83 (z) – in: HStAD, Außenstelle Kalkum, Rep. 158/1510; Urteil LG Bonn vom 17.11.1988 – 24 N 3/83 – ; Personalakte Korff, in: HStAD, Außenstelle Kalkum, Rep. 158/1503. Vernehmung Korffs vom 25.4.1977, in: HStAD, Außenstelle Kalkum, Rep. 158/1574, Bl. 6833 ff.

90 Zur Biographie Ernsts u.a.: BAB SSO-Akte Ernst; Anklageschrift StA Aurich vom 26.5. 1981 – 9 Js 82/80 – in: ZStL 114 AR 3605/65; Schreiben OLG Oldenburg an Ernst vom 10.2.1977, in: HStAD, Außenstelle Kalkum, Rep. 158/1573, Bl. 6663 ff.

rend der Expansion des Sipo/SD-Systems in Frankreich abhelfen sollte. Insgesamt wechselten mindestens 32 Militärverwaltungsbeamte im Zuge dieser Umstrukturierungsmaßnahmen in den Dienstbereich des HSSPF.[91] 16 dieser Männer wurden als KdS oder stellvertretende KdS eingesetzt. Ihre Dienstzeiten auf diesen Posten dauerten unterschiedlich lang, in der Regel wurden sie nach einigen Monaten wieder zurück in den Wehrmachtsverwaltungsdienst versetzt. Dies war vor allem im Sommer 1943 der Fall, als es auf Betreiben des RSHA-Amtschefs Heinrich Müller zu einem breit angelegten Revirement kam, bei dem ein Großteil der ehemaligen Militärverwaltungsbeamten von den Kommandeursposten abgelöst und durch erfahrene Polizeikräfte ersetzt wurden.[92] Nur ein einziger wurde dauerhaft in die Sicherheitspolizei übernommen.[93]

Mindestens zwei weitere KdS-Posten wurden zudem mit Juristen besetzt, die zuvor der Justizverwaltung unterstellt gewesen waren, also in Friedenszeiten nicht in der Verwaltung, sondern im Justizdienst tätig gewesen waren. Es handelte sich dabei zum einen um den im Jahr 1906 in Frankfurt am Main geborenen *Friedrich Merdsche*. Auch er war während seines Studiums 1933 der NSDAP und der SA beigetreten und hatte es bis 1936 zum Landgerichtsrat in Wiesbaden und später zum Richter in Frankfurt am Main gebracht. Nach Kriegsbeginn war er kurz zur Wehr-

91 Neben den bereits genannten handelte es sich um *Horst Ahnert*, vor dem Krieg Regierungsinspektor beim Landrat Altenburg/Thüringen; *Gerhard Bittner* (Regierungsoberinspektor beim Stadtpräsidium Berlin); *Otto Heise* (Verwaltungsangestellter beim Landrat Hameln/Pyrmont); *Peter Hüttemann* (Regierungsrat beim Landrat Böhmisch-Leipa); *Dr. Robert Meixner* (Regierungsrat beim Landrat Luditz); *Hermann Metzger* (Regierungsoberinspektor beim Landrat Wangen); *Alfred Mölter* (Regierungsinspektor im Regierungspräsidium Würzburg); *Gerhard Pistner* (Regierungsoberinspektor im Stadtpräsidium und beim Oberbürgermeister Berlin); *Dr. Matthias Recken* (Angestellter beim Regierungspräsidium Karlsbad); *Franz Rothenbacher* (Regierungssekretär in der Heilanstalt Zwiefalten); *Hermann Rüst* (Regierungsinspektor beim Regierungspräsidium Potsdam); *Dr. Otto Schweinhammer* (Regierungsassessor beim Regierungspräsidium Königsberg); *Hans Stramnitzer* (Oberrevisor bei der Landesregierung Darmstadt); *Karl Weidenbeck* [Wiedenbeck] (Regierungsoberinspektor beim Landrat Gardelegen/Sachsen); *Dr. Adalbert Weyse* (Regierungsrat beim Reichsstatthalter in Wien). Alle Angaben nach: wie Anm. 86.

92 Nach den Angaben des mit der Neubesetzung beauftragten stellvertretenden BdS Hans Henschke wurden 13 der 17 Kommandeure bei der Aktion ausgetauscht, vgl. Kasten, Pragmatismus, S. 380.

93 Es handelt sich um Dr. Gerhard Keil. Vgl. Schreiben RSHA an RMdI am 16.10.1944, in: HStA NRW, Kalkum, Rep. 158/1535, Bl. 61.

macht eingezogen, dann aber wegen einer Erkrankung wieder entlassen worden. Nach Abschluss der Kampfhandlungen in Frankreich wurde er als Kriegsverwaltungsrat zur Feldkommandantur in La Roche-sur-Yon eingezogen und Anfang Juni 1942 zum KdS Dijon ernannt. Sein Kollege in Bordeaux und damit Nachfolger von Herbert Hagen als dortiger KdS wurde *Hans Luther*. Luther, Jahrgang 1909, war ebenfalls aus dem Justizdienst als Richter in den Verwaltungsdienst des MBF gekommen. Seit 1940 war er als Kriegsverwaltungsrat in Versailles tätig, bevor er Anfang Juni 1942 zum Kommandeur der Sipo und des SD ernannt wurde.

Mit der Einrichtung der KdS-Dienststellen hatte sich das RSHA nun endgültig gegen die Vorbehalte der Wehrmachtsführung durchgesetzt. Es verfügte jetzt im besetzten Teil Frankreichs über ein flächendeckendes Netz einflussreicher Dienststellen. Diese empfingen ihre Befehle vom BdS, der seinerseits direkt dem RSHA unterstellt war. Da mit Wirkung vom 1. Juni 1942 auch der größte Teil der Männer der Geheimen Feldpolizei in die Sipo und in den SD überführt wurde, waren dem BdS und KdS auch Möglichkeiten zur Exekutive gegeben. Durch die Übernahme der GFP erhöhte sich der Personalstand der Sipo und des SD von rund 300 auf mehr als 2400 Mann.[94]

Diese Struktur wurde mit dem Amtsantritt von *Carl Oberg* als HSSPF am 1. Juni 1942 noch gestärkt. Heydrich selbst hatte ihn Anfang Mai 1942 in Paris eingeführt und dabei betont, dass die Geiselerschießungen in Frankreich einer »Bankrotterklärung für die Polizei« gleichkomme.[95] An die Stelle kollektiver Strafmaßnahmen müsse gezielte Aufklärung der Attentate treten. Oberg verfügte über keinen großen eigenen Stab, sondern bekam mit Herbert Hagen, der in seiner Funktion als KdS Bordeaux durch Luther abgelöst worden war, einen persönlichen Referenten

94 Umbreit, Militärbefehlshaber, S. 112, gibt die Gesamtstärke mit etwa 2400 Mann an, S. Klarsfeld, Vichy – Auschwitz, S. 50 mit 2700.

95 Über den Wortlaut der Einführungsrede Heydrichs existieren unterschiedliche Aussagen. Während der ehemalige Chefrichter des MBF Hans Boetticher in einer Aussage vom 29.10.1949 vor allem Heydrichs Absage an die Geiselerschießungen betonte und damit den »humanitären« Aspekt herausstellt (vgl. Kasten, Pragmatismus, S. 367), erinnerte sich Walter Bargatzky erzählt bekommen zu haben (er selbst war nicht anwesend), dass Heydrich auch über die Beschlüsse der Wannseekonferenz und die Versuche zu Massentötungen durch Giftgas informiert und eine effektive Lösung angekündigt habe, die sich auch auf die französischen Juden erstrecken sollte. Vgl. Bargatzky, Hotel Majestic, S. 103 f. Vgl. auch Herbert, S. 320 f.

zugewiesen. Zusätzlich verfügte er über einen Adjutanten. Insgesamt konnten bei den Nachkriegsermittlungen lediglich vier Männer festgestellt werden, die in Obergs Dienststelle eine verantwortliche Position innegehabt hatten.[96] Als HSSPF war Oberg dem MBF nur in militärischer Hinsicht unterstellt, in seinem eigentlichen Zuständigkeitsbereich, »den polizeilichen Tätigkeiten und den ihm obliegenden Volkstumsfragen«, empfing er seine Befehle direkt von Himmler.[97] Als dessen »politisch-polizeilicher Repräsentant« war er zwar einerseits der Chef aller in Frankreich eingesetzten Polizeidienststellen, stand andererseits aber abseits der Befehlskette RSHA – BdS – KdS und nahm eine gewisse Kontroll- und Lenkungsfunktion vor allem in problematischen Situationen wahr.[98] Seine Hauptaufgabe aber war die Verhandlungsführung mit den französischen Behörden, eine Tätigkeit, bei der sich der gewandte und im Gegensatz zu Oberg mit der französischen Sprache und Kultur vertraute Herbert Hagen als unentbehrlich erwies.[99] Oberg nämlich galt mehr als Mann der Praxis, verfügte über keine höhere Bildung und sprach kein Französisch. Er war im Jahr 1897 als Sohn eines Arztes in Hamburg geboren worden und hatte im Ersten Weltkrieg zunächst als Leutnant an der Westfront gedient. Anschließend war er bis 1930 als Kaufmann tätig. Ein Jahr später trat er der NSDAP bei, kurz darauf auch der SS. Ab 1933 arbeitete Oberg hauptamtlich für die SS und wurde ein wichtiger Mitarbeiter Heydrichs beim Aufbau des SD. Nachdem er sich mit Heydrich jedoch überworfen hatte, war er zunächst in verschiedenen Positionen in der allgemeinen SS tätig, wurde Polizeipräsident in Zwickau und Bremen und schließlich im September 1941 als SS- und Polizeiführer nach Radom entsandt, von wo er 1942 nach Frankreich ging.

96 Obergs Adjutant von Mai 1942 bis März 1943 war zunächst der Major der Schupo und ehemalige Ia Offizier in der Kampfgruppe Gottberg Friedrich Beck (vgl. ZStL 202 AR 509/70; 202 AR-Z 167/67). Ihm folgte der Hauptmann der Schutzpolizei Friedrich Jüngst (Vernehmung Jüngst am 12.12.1979 im Prozess gegen Lischka, Hagen und Heinrichsohn, in: HStAD, Außenstelle Kalkum, Rep. 267/322). Herbert Hagen war neben seinen anderen Funktionen als persönlicher Referent des HSSPF tätig. Nicht geklärt ist die Funktion des SS-Sturmbannführers Georg Best beim HSSPF. Vgl. Abschlußbericht des Landeskriminalamtes NRW vom 10.6.1974, in: HStAD, Außenstelle Kalkum, Rep. 158/1674-1679. Hier S. 735-736.

97 Aus dem Befehl Hitlers zur Einrichtung eines HSSPF in Frankreich vom 9.3.1942, zitiert nach Scheffler, Endlösung, S. 24 ff.

98 Ebd., S. 30. Zur Stellung der HSSPF generell: Birn, SS- und Polizeiführer.

99 Dazu: S. Klarsfeld, Vichy – Auschwitz, S. 47; Delarue, Gestapo, S. 224.

Die zweite Phase: Die Zeit der Massendeportationen

Die Umstrukturierungen des Frühjahres 1942 waren umfassend. Ihre Stoßrichtung war klar: Sie sollten die Umsetzung der mittlerweile in Berlin gefällten grundsätzlichen Entscheidungen zur »Endlösung« ermöglichen. Nach der Wannseekonferenz, auf der für die besetzte Zone Frankreichs die Deportation von 165 000 Juden, für die unbesetzte der Abtransport von 700 000 Juden beschlossen worden war, hatte Anfang März eine weitere Besprechung bei Eichmann stattgefunden.[100] Zusammen mit den Judenreferenten der besetzten westeuropäischen Länder wurde nun der »Abschub« der Juden aus diesen Ländern geregelt. Dannecker, der für das besetzte Frankreich teilnahm, einigte sich mit Eichmann darauf, dass zunächst 5000 Juden »in den Osten« deportiert werden sollten, eine Zahl, die Eichmann wenig später auf 6000 erhöhte.[101] Dannecker bemühte sich in enger Zusammenarbeit mit dem BdS, der Wehrmachtsführung und der deutschen Botschaft, die Deportation dieser Juden nun auch durchzusetzen. Nach dem ersten Transportzug vom 27. März 1942 begann mit dem zweiten Transport am 5. Juni 1942 die eigentliche Zeit der Massendeportationen. Eine Woche später, am 11. Juni 1942, trafen sich die Judenreferenten erneut bei Eichmann in Berlin, um endgültig die Grundzüge des Deportationsprogramms festzulegen. Dannecker hielt als Ergebnis der Unterredung fest, dass zunächst aus den Niederlanden 15 000, aus Belgien 10 000, aus beiden Teilen Frankreichs aber 100 000 Juden innerhalb der nächsten acht Monate deportiert werden sollten.[102] Diese Zahl war viel zu hoch angesetzt. Wie Dannecker eigentlich wissen musste, befanden sich weder so viele Juden in deutscher Hand, noch bestanden innerhalb des ins Auge gefassten Zeitraums Aussichten, die fehlenden Opfer festzunehmen.[103] Dannecker stand von nun an unter dem Druck, seine Ankündigungen durch entsprechende Maßnahmen durchsetzen zu müssen. In der Folgezeit wurde die Deportationsplanung zwar mehrfach modifiziert, doch rannten die Sipo/SD-Männer auch weiterhin den zu hoch angesetzten Vorgaben hinterher.[104]

100 Dazu: Wetzel, Frankreich S. 117. Das Protokoll ist abgedruckt bei Longerich, Wannsee-Konferenz.

101 Scheffler, Endlösung, S. 97.

102 Ebd., S. 104.

103 Serge Klarsfeld nennt die Zahl 100 000 eine »statistische Größe«, die mehr eine Art Maximalziel Danneckers dargestellt habe. Vgl. S. Klarsfeld, Vichy – Auschwitz, S. 67.

104 Eine Übersicht über die verschiedenen Planungen findet sich ebd., S. 100-101.

Der Judenreferent bemühte sich nun verstärkt um die Organisation der Züge, vor allem aber darum, die angestrebte Zahl von Juden überhaupt erst einmal in seine Gewalt zu bekommen. Zwar befand sich zu diesem Zeitpunkt in den Lagern eine große Anzahl Menschen, die bei Razzien gegen »kommunistische Umtriebe« als Geiseln oder bei sonstigen Festnahmen sistiert worden waren, doch waren es weit weniger als die als Fernziel angestrebte Zahl von 100 000. Dannecker griff zunächst auf diese Juden zurück: Mit drei Transporten am 22., 25. und 28. Juni wurden die Lager Drancy, Pithiever und Beaune-la-Rolande geräumt und über 3000 meist polnische Juden deportiert. Um die Planungen auch weiter zu erfüllen, mussten nun neue Festnahmen erfolgen. Für die Umsetzung des mit Eichmann vereinbarten Transportplanes ging Dannecker nämlich für die kommende Zeit von je drei Zügen pro Woche für mindestens drei Monate aus. Allein für den Raum »Groß-Paris« kündigte er dem RSHA 36 Züge an.[105]

Während die Juden in Paris von der Dienststelle des BdS verfolgt wurden, sollte diese Aufgabe in der Provinz von den jeweiligen KdS in Eigenregie durchgeführt werden. Die Juden sollten durch gemeinsam mit der französischen Polizei durchgeführte Razzien festgenommen werden und dann entweder direkt nach Auschwitz oder über das Lager Drancy bei Paris nach Polen gebracht werden. Um die kommenden Transporte und die »absolute Reinigung der Provinz« zu besprechen, lud Dannecker deshalb am 30. Juni 1942 die »Judenreferenten« der KdS nach Paris ein. Dort händigte er ihnen einen Transportplan aus, der insgesamt sechs Züge vorsah. Kurz darauf, am 1. Juli 1942, kam Eichmann selbst nach Paris, um letzte Fragen zu klären.

Doch die Planungen hatten eine entscheidende Schwachstelle: Die Deutschen hatten nach wie vor nicht genug eigene Kräfte, um die Juden zu verhaften, und waren deshalb auf die französische Polizei angewiesen. Diese jedoch verweigerte die Mitarbeit, sofern es sich bei den festzunehmenden Juden um französische Staatsbürger handelte. Juden ohne französischen Pass erfasste und verhaftete sie jedoch bereitwillig und lieferte sie an die Deutschen aus. Dabei ging Pierre Laval, der kurz zuvor auf deutschen Druck reinstallierte französische Regierungschef, so weit, auch die Auslieferung der Kinder ab einem Alter von zwei Jahren zuzusagen – eine Entscheidung, die im scharfen Widerspruch zu der vorherrschenden Sprachregelung vom »Arbeitseinsatz im Osten« stand.[106]

105 Ebd., S. 106.
106 Ebd., S. 111.

Da an der französischen Weigerung trotz hochrangiger Bemühungen nichts zu ändern war, konzentrierte man sich zunächst auf die Festnahme nichtfranzösischer Juden. Die Folge war eine Reihe großangelegter Razzien und Verhaftungsaktionen. Die spektakulärste dieser Aktionen war »La grande rafle«, bei der im Großraum Paris am 16. und 17. Juli 1942 insgesamt 12 884 Juden, darunter 4051 Kinder, verhaftet und unter grausamen Bedingungen in der Pariser Radsporthalle, dem Vélodrôme d'hiver, festgehalten wurden.[107]

Doch auch nach dieser Großaktion lag die Zahl der Verhafteten immer noch weit unter den angestrebten Planzahlen. Auch die KdS-Dienststellen in der französischen Provinz hatten nicht so viele Juden festnehmen können, wie von Dannecker geplant. Obwohl die Kommandeure große Anstrengungen unternahmen, blieb die Zahl der in der Provinz Inhaftierten unter 1500.[108] Statt der angestrebten sechs Züge mit rund 6000 Juden kam nur ein einziger Transport zusammen, der unter dem Kommando des damaligen KdS Hans Dietrich Ernst mit 824 Juden von Angers nach Auschwitz ging.[109] Die anderen Züge wurden abgesagt.

Nun richtete sich der Blick der Sipo/SD-Funktionäre vor allem auf das unbesetzte Gebiet, wo die französische Polizei in mehreren Lagern (Fort Barraux bei Grenoble, Les Milles bei Aix-en-Provence, Rivesaltes bei Perpignan und Gurs) eine große Zahl nichtfranzösischer Juden festhielt. Um festzustellen, um wie viele es sich handelte, und um die Modalitäten ihrer Deportation festzulegen, reiste Dannecker vom 11. bis 19. Juli 1942 in diese Lager. Dabei ließ er sich von einem erst 22-jährigen SS-Unterscharführer begleiten. *Ernst Heinrichsohn* war seit Oktober 1940 in Danneckers Judenreferat des BdS beschäftigt.[110] Der Berliner war eher zufällig dorthin gekommen: Nach dem Abitur im Jahr 1939 war er zunächst zur Wehrmacht eingezogen, war aber noch im gleichen Jahr als »wehruntauglich« wieder entlassen worden. Im darauf folgenden Jahr begann er in Berlin ein Jurastudium, aus dem aber nicht viel wurde. Er wurde nämlich in das RSHA notdienstverpflichtet, wo er zunächst zu bibliographischen Tätigkeiten herangezogen wurde. Kurz darauf wurde er nach Frankreich zum BdS versetzt. Trotz seiner Unerfahrenheit und Jugend entwickelte sich Heinrichsohn dort zu einer wichtigen Figur im Juden-

107 Ebd., S. 112.
108 Ebd., S. 132 ff.
109 Ebd., S. 412.
110 Zur Biographie Heinrichsohns u.a.: Urteil LG Köln vom 11.2.1982 – 59-44/78 –, S. 14 ff.

referat. Vor allem durch seine Funktion als »Transportsachbearbeiter« war er eng an der konkreten Ausführung des Judenmordes beteiligt. Zu seinen Aufgaben gehörte auch die Beaufsichtigung des Abtransportes der Juden aus dem Lager Drancy.

Dannecker und Heinrichsohn kamen von ihrer Reise unzufrieden zurück, da sie in den französischen Lagern weniger als 5000 »abschubfähige« Juden vorgefunden hatten. Danneckers Bericht über die Reise gehört zu den wichtigsten Dokumenten über die Ermordung der Juden aus Frankreich, da er hier die sonst übliche Tarnsprache wegließ: »Das Weltjudentum [ist] sich darüber klar, daß die im deutschen Machtbereich befindlichen Juden ihrer restlosen Vernichtung entgegengehen«.[111]

Trotz der ihn enttäuschenden Ergebnisse der Reise verlangte Dannecker vom Chef der französischen Polizei die Auslieferung von 10 000 Juden, was dieser auch zusagte, obwohl diese Zahl nur durch eine aufwändige Verhaftungsaktion aufgebracht werden konnte.[112] Doch auch mit diesen Juden war an eine Erfüllung des Deportationsplans nicht zu denken. Dieser hatte ab Mitte September 1942 täglich einen Zug mit durchschnittlich 1000 Juden vorgesehen, was umgerechnet die Deportation von 30 000 Juden pro Monat bedeutet hätte. Von Seiten der französischen Behörden war nach der großen Verhaftungsaktion keine weitere Kooperation zu erwarten, wie Oberg und Knochen nach erneuten Verhandlungen erkennen mussten. Die Umsetzung von Danneckers Planung war damit gescheitert. Auch seine Zeit als Judenberater in Frankreich war abgelaufen: Anfang August wurde er aufgrund einer Intrige Knochens aus Frankreich abberufen.[113]

Nachfolger des nach dem Krieg immer wieder als pathologischer »Judentöter« beschriebenen Dannecker, der gegen Ende des Jahres in Bulgarien eingesetzt wurde, wurde einer jener Militärverwaltungsbeamten, die Mitte des Jahres vom MBF zum BdS gewechselt waren, *Heinz Röthke*. Dieser war im Jahr 1912 in Mürow geboren und hatte nach dem Jurastudium als Regierungsrat beim Regierungspräsidium im München gearbeitet.[114] Als er aus dem Militärverwaltungsdienst 1942 in die Juden-

111 Der Bericht Danneckers vom 20.7.1942 ist abgedruckt bei S. Klarsfeld, Vichy – Auschwitz, S. 413.

112 Ebd., S. 90 ff.

113 Zu den Hintergründen vgl. Steur, Dannecker, S. 85.

114 Zur Biographie Röthkes: Bericht der Sonderkommission des LKA NRW vom 25.6.1974 (HStAD, Außenstelle Kalkum, Rep. 158/1674-1679, hier S. 22), Abschlußbericht der ZStL im Verfahren 104 AR-Z 1670/61 vom 26.11.1965, S. 80 ff.; Scheffler, Endlösung, S. 113.

Ernst Achenbach (2. v. r.) trifft als Vertreter der deutschen Botschaft den Premierminister des Vichy-Regimes Pierre Laval (m.) und den Leiter der deutschfreundlichen Presse Pierre Luchaire (l.).

Ernst Heinrichsohn

Kurt Lischka

abteilung des BdS übernommen und zum SS-Hauptsturmführer ernannt wurde, war er zuvor weder Mitglied der NSDAP noch der SS gewesen. Man könnte daher vermuten, dass er zur Politik und Ideologie des »Dritten Reiches« und insbesondere zur SS eine größere Distanz gehabt hätte als beispielsweise Dannecker. Wenn dem so war, so hatte dies jedoch keinerlei Auswirkungen auf seine Tätigkeit als Judenreferent. Schon bei der Organisation der großen Razzien in Paris hatte er sich als durchsetzungsfähig und kompromisslos gezeigt, als Danneckers Nachfolger reihte er sich »bereitwillig und funktionierend in den Apparat« ein.[115]

Dies galt auch für Röthkes Stellvertreter *Horst Ahnert*, der sich nun an entscheidender Stelle in die Organisation der »Endlösung« einschaltete.[116] Er nahm als Röthkes Stellvertreter an wichtigen Tagungen zum Thema teil und regte als Mitarbeiter der Abteilung IVj des BdS schon Mitte August 1942 an, auch die jüdischen Kinder zu deportieren. Von dem 1909 in Altenburg geborenen Juristen stammt auch ein alternativer Deportationsplan, den er Hagen am 5. September 1942 vorlegte.[117]

Auch Röthke versuchte zunächst mit aller Kraft, das von Dannecker entworfene Transportprogramm durchzusetzen. Dabei hatte er jedoch ebenfalls keinen Erfolg, obwohl er zu drastischen Mitteln griff: Er versuchte, nun auch den relativ großen Kreis derjenigen Juden in die Deportationen einzubeziehen, die man bisher aus außenpolitischer Rücksichtnahme heraus geschont hatte. Dies zielte vor allem auf die rumänischen und bulgarischen Juden ab, die sich in Frankreich aufhielten. Dieses Vorgehen war jedoch ohne die Unterstützung der deutschen Botschaft unmöglich, da es mit den betroffenen Staaten auf diplomatischem Wege abgeklärt werden musste. Die deutsche Botschaft verweigerte sich nicht und vertrat das Anliegen mit Erfolg. So gab die rumänische Regierung den Schutzanspruch auf ihre Staatsbürger auf, so dass Röthke über 1500 Juden verhaften ließ. Im November 1942 wurden darüber hinaus 1100 griechische Juden nach Auschwitz deportiert. Doch auch auf diese Weise waren die »Sollzahlen« nicht zu erfüllen.

Ende des Jahres 1942 veränderte sich die Lage jedoch dramatisch. Am 11. November besetzten die deutschen Truppen das bisher von Vichy

115 Scheffler, Endlösung, S. 114.

116 Zur Biographie Ahnerts u. a.: Bericht der Sonderkommission des LKA NRW vom 25.6.1974 (HStAD, Außenstelle Kalkum, Rep. 158/1674-1679, S. 22), Abschlußbericht der ZStL im Verfahren 104 AR-Z 1670/61 vom 26.11.1965, S. 80 ff.; Scheffler, Endlösung, S. 113.

117 Abschlußbericht der ZStL im Verfahren 104 AR-Z 1670/61, S. 23 ff.

kontrollierte Gebiet. Die ehemals freie Zone wurde damit zur »Südzone«. Die italienischen Truppen okkupierten gleichzeitig acht Departements östlich der Rhône. Mit diesem Schritt erhöhten sich nun auch die »Sollzahlen« für die Judendeportation. Wie ein jüngst aufgefundener Vermerk vom 12. Dezember 1942 ausweist, ging Hitler selbst davon aus, dass nun 600 000 bis 700 000 Juden verhaftet und deportiert werden könnten.[118] Auch zu diesem Zweck wurde nun das KdS-Netz auf das neu besetzte Gebiet ausgedehnt. Zusätzlich zu den bereits bestehenden zehn Dienststellen wurden nun sechs weitere errichtet, und zwar in Limoges, Lyon, Marseille, Montpellier, Toulouse und Vichy. Der Aufbau war allerdings erst Anfang April 1943 abgeschlossen.[119] Nicht immer handelte es sich dabei um echte Neugründungen. So war in Vichy schon seit Oktober 1941 eine deutsche Polizeidelegation unter dem ehemaligen Kriminalkommissar Hugo Geissler als Kontaktstelle der Sipo zur dortigen Regierung tätig.[120] Geissler wurde nun zum KdS ernannt und seine Dienststelle aus dem bestehenden Personal gebildet. Anders als in der ersten Phase der Expansion des Sipo/SD-Systems wurden die Posten der Kommandeure jedoch nicht mehr mit Militärverwaltungsbeamten, sondern mit ausgewiesenen Experten besetzt. Der Grund für die veränderte Personalpolitik war, dass es den ehemaligen Militärverwaltungsbeamten nach Auffassung des RSHA trotz ihres ausgeprägten Verwaltungswissens und ihrer Sachkenntnis an »polizeilicher Professionalität« mangelte, was vor allem beim Praxiseinsatz wiederholt zu Problemen geführt hatte.[121]

So kam beispielsweise der neu ernannte KdS von Toulouse, Obersturmbannführer *Rudolf Bilfinger*, direkt aus dem RSHA, wo er zum engsten Kreis der Führungsgruppe gehört hatte. Der 1903 im badischen Eschbach geborene Sohn eines Pfarrers hatte nach dem Abitur zunächst eine Banklehre absolviert. Bereits 1923 war er der NSDAP beigetreten und gehörte damit zu den Männern der ersten Stunde. Bilfinger hatte

118 Vermerk Himmlers vom 10.12.1942 über ein Gespräch mit Hitler, abgedruckt in »Frankfurter Allgemeine Zeitung« vom 24.1.2004 (»Hitlers Befehl«).

119 Delarue, Gestapo, S. 310.

120 Geissler war einer der beiden Vertreter des RSHA in Vichy gewesen. Während Geissler als Verbindungsmann Knochens fungierte, vertrat Obersturmbannführer Reiche dort das Amt VI des RSHA (SD). Vgl. Kasten, Pragmatismus, S. 364.

121 Beispielsweise hatte ein Oberscharführer, der im Zivilleben von Beruf Studienrat war, bei einer Verhaftungsaktion versehentlich einen Angehörigen der deutschen Abwehr erschossen. Vgl. Kasten, Pragmatismus, S. 372.

zunächst in einer Bank in Göppingen gearbeitet, dann war er als kaufmännischer Angestellter in eine Metallwarenfabrik eingetreten. Im Sommer 1925 entschied er sich jedoch, ein Jurastudium zu beginnen, das er bis 1929 abschloss, um sich anschließend als Rechtsanwalt in Tübingen niederzulassen. 1933 trat er der SA bei, Ende des Jahres aber wieder aus. im folgenden Jahr wechselte er nach kurzer Tätigkeit beim Landratsamt in Bahlingen (Baden) zur Staatspolizeistelle Stuttgart, wo er den Rang eines Regierungsrats bekleidete. 1937 trat er in die SS ein und wurde zum Hauptamt der Sipo nach Berlin versetzt. Mit Gründung des RSHA 1939 wurde der mittlerweile zum Hauptsturmführer avancierte Bilfinger Referent im »Referat Tannenberg«, das mit der Planung und Führung der Einsatzgruppen im Polenfeldzug beschäftigt war. Bilfinger bearbeitete dort die Berichte der Einsatzgruppen und verfügte auch über Weisungsbefugnisse. 1941 zum Obersturmbannführer befördert, nahm er ein Jahr später an zwei entscheidenden Konferenzen über die »Endlösung« bei Eichmann teil.[122]

Auch eine andere Personalie zeigt, dass das RSHA nun auch auf Männer setzte, die sich in der Praxis bewährt hatten: In Lyon wurde der bisherige Leiter des Außenkommandos Gex an der Schweizer Grenze *Klaus Barbie* zum stellvertretenden Kommandanten und Leiter der Abteilung IV (Gestapo) ernannt. Barbie, im Jahr 1913 in Bad Godesberg geboren, hatte nach dem frühen Tod seines Vaters Schwierigkeiten gehabt, einen Platz im Leben zu finden. Nach dem Abitur war er zunächst arbeitslos gewesen. In dieser Zeit hatte er sich der NSDAP in Trier angeschlossen, für die er ehrenamtlich tätig wurde. 1935 war er über diese Tätigkeit mit dem SD in Berührung gekommen, und er hatte dort, nach einer kurzen Zeit als ehrenamtlicher Mitarbeiter, eine hauptamtliche Beschäftigung gefunden. Im selben Jahr der SS beigetreten, arbeitete er für den SD-Oberabschnitt West, wo er sehr gute Beurteilungen erhielt. 1937 trat er der Partei bei. Ab 1940 war er als Untersturmführer im RSHA in Berlin beschäftigt, von dort wurde er als Judenreferent nach Den Haag gesandt. 1940 wurde er zum Obersturmführer befördert, ein Jahr später erhielt er das Kriegsverdienstkreuz 2. Klasse mit Schwertern. Als stellvertretender Dienststellenleiter beim KdS Lyon und Leiter des Außenkommandos Annécy erreichte er durch die Verhaftung und Ermordung Jean Moulins

122 Details über Teilnahme Bilfingers an einer Besprechung im RSHA zur »Endlösung« berichtet Kempner, Eichmann, S. 170.

und durch die Deportation der in einem Heim versteckten »Kinder von Izieu« traurige Bekanntheit.[123]

Dem BdS in Paris unterstanden nun 16 KdS-Dienststellen in ganz Frankreich. Anfang Januar 1943 kam mit Paris, das bis dahin direkt vom BdS »betreut« worden war, eine 17. hinzu, deren Leitung Lischka übertragen wurde. Jede dieser Dienststellen verfügte durchschnittlich über 50 bis 100 Mann eigenes Personal.[124] Die 17 KdS verfügten ihrerseits über 45 Außenkommandos, über weitere 18 Außenposten und dazu über eine Reihe von Außenstellen. Insgesamt verfügte die Sicherheitspolizei in Frankreich über 111 Dienststellen.[125]

Die dritte Phase: Menschenjagden und »Bandenkampf«

Nach dem Scheitern des Transportplanes änderte sich die Strategie der Sipo/SD-Dienststellen. An die Stelle der großen Maßnahmen trat nun eine Vielzahl von kleineren Einzelaktionen, in deren Folge weitere 35 000 Juden verhaftet und deportiert wurden.

Im Februar und März 1943 kam es zu insgesamt acht Transporten mit rund 8000 Menschen. Bei den ersten Opfern handelte es sich zum einen um weitere Insassen des Lagers Drancy, darunter eine größere Zahl französischer Juden, die aufgrund von angeblichen oder tatsächlichen Verstößen gegen die zahlreichen antijüdischen Vorschriften verhaftet worden waren. Dies allerdings stieß auf den Widerstand der französischen Polizei, die ihre Mithilfe bei der Sistierung weiterer französischer Juden verweigerte. Um die in den Lagern verbliebenen Franzosen vor der Begehrlichkeit der Deutschen zu schützen, nahm sie stattdessen über 1300 nichtfranzösische Juden im Großraum Paris fest und lieferte sie an die Deutschen aus. Doch Knochen und seine Männer waren nicht bereit, deshalb die französischen Juden zu schonen. Sie bedienten sich des erprobten Mittels angeblich notwendiger »Sühnemaßnahmen«. Als Reaktion auf ein Attentat auf zwei deutsche Fliegeroffiziere sollten nach den Vorstellungen Röthkes 15 000 Menschen deportiert werden. Zwar erwiesen sich diese Vorstellungen als unrealistisch, doch hatte, wie Achenbach von der deutschen Botschaft an das Auswärtige Amt in Berlin meldete, Lischka als KdS von Paris direkt nach dem Attentat am 13. Februar 1943

123 Dazu B. Klarsfeld/S. Klarsfeld, Kinder.

124 Kasten, Pragmatismus, S. 373.

125 Delarue, Gestapo, S. 310.

2000 Juden festnehmen lassen. Als weitere Maßnahme sollten nun alle bei den KdS-Dienststellen festgehaltenen Juden nach Paris gebracht werden, wo die Transporte nach Polen zusammengestellt werden sollten. Am 2., 4. und 6. März gingen drei Transporte als »Sühnemaßnahme« nach Auschwitz. Zwei weitere Transporte folgten am 23. und 25. März.

Auch wenn als »Sühnemaßnahmen« eine erhebliche Zahl französischer Juden deportiert wurde, blieb das Gros doch verschont. Da die Regierung Pétain nach wie vor nicht bereit war, bei der Verhaftung und dem Abtransport der französischen Juden zu helfen, versuchten die deutschen Behörden, Vichy zu einer Änderung des Staatsbürgerschaftsrechtes zu bewegen. Juden, welche die französische Staatsbürgerschaft nach einem bestimmten Stichtag erhalten hatten, sollte diese wieder aberkannt werden, so dass die Betroffenen dann als »Staatenlose« deportiert werden konnten – eine Idee, die auf Himmler selbst zurückging.[126] Ein solches Gesetz wurde zur Grundlage der weiteren Planung, welche die Verhaftung und Deportation aller auf diesem Wege denaturalisierten Juden mit Ausnahme der amerikanischen und englischen Juden vorsah. Doch das geplante Gesetz scheiterte am Widerstand des Staatspräsidenten Pétain, so dass auch diese Pläne Makulatur wurden.

Im September 1943 besetzten die deutschen Truppen auch das bisher von Italien kontrollierte Gebiet. Damit wurde eine der wichtigsten Fluchtmöglichkeiten für Juden zunichte gemacht. Die italienischen Behörden hatten in der »Judenfrage« die Mitarbeit weitgehend verweigert und allen Juden, die sich in der italienischen Zone aufhielten oder in großer Zahl dorthin geflüchtet waren, Schutz vor der deutschen Verfolgung gewährt. Serge Klarsfeld schätzt, dass sich im Herbst allein zwischen Cannes und Menton rund 25 000 Juden aufhielten, davon eine große Zahl im Raum Nizza.[127] Nun, nach der deutschen Besetzung dieses Gebietes, versuchten Knochens Männer, sich dieser Menschen zu bemächtigen. Dabei tat sich vor allem ein Mann hervor, der erst seit kurzer Zeit beim BdS in Paris tätig war: Im Sommer 1943 hatte das RSHA mit dem Hauptsturmführer *Alois Brunner* einen erfahrenen Spezialisten für Deportationen nach Paris entsandt.[128] Der 1912 in Rohrbrunn in Österreich geborene Brunner gehörte neben Adolf Eichmann zu den zentralen Organisatoren der Vernichtung der europäischen Juden. Er hatte zu-

126 Befehl Himmlers vom 8.6.1943, abgedruckt in Scheffler, Endlösung, S. 166.

127 S. Klarsfeld, Vichy – Auschwitz, S. 284.

128 Zu Alois Brunner vgl. Epelbaum, Alois Brunner; Hafner/Schapira, Akte.

nächst zusammen mit Eichmann und Kaltenbrunner zum engsten Kreis der österreichischen Nationalsozialisten gehört und war dann ein wichtiger Mitarbeiter Eichmanns bei der »Entjudung« Österreichs geworden. Da er sich dort mit der Deportation von rund 47 000 Juden »bewährt« hatte, wurde er nach einem kurzen Zwischenspiel in Berlin mit der »Endlösung« in Griechenland beauftragt. Von dort ließ er bis zu seinem Einsatz in Frankreich rund 44 000 Menschen nach Auschwitz und Treblinka deportieren. In Frankreich übernahm Brunner zunächst die Leitung des Lagers Drancy, das er umgehend neu organisierte. Nach der Besetzung der vormals italienischen Zone begab er sich nach Nizza, wo er mit einem kleinen Sonderkommando insgesamt 1819 Juden festnahm und nach Drancy deportierte. Das Sonderkommando Brunner baute vor allem auf die Zusammenarbeit mit französischen Helfershelfern und Denunzianten, zahlte Kopfprämien und veranstaltete nächtliche Razzien. Eines der Opfer dieser Aktionen war Arno Klarsfeld, der Vater des Rechtsanwaltes und Historikers Serge Klarsfeld.[129] Nach den Angaben Serge Klarsfelds gehörten dem Sonderkommando nie mehr als 15 Personen an, bei den Ermittlungen nach dem Krieg konnten jedoch nur neun Angehörige festgestellt werden.

Schon vor der Landung der Alliierten in der Normandie am 6. Juni 1944 war die Lage für die deutschen Besatzer in Frankreich bedrohlich geworden. Der französische Widerstand gewann nach der Neuorganisation im Mai 1943 durch de Gaulle zunehmend an Kraft und militärischer Stärke. Seit dem Winter 1943/44 gelang es den Besatzern nicht mehr, die Aktivitäten der Résistance durch Maßnahmen der lokalen Polizei zu kontrollieren, zunehmend wurden deshalb militärische Verbände größeren Umfangs eingesetzt.[130] Grundlage der als »Bandenkampf« deklarierten Operationen war eine Reihe von Befehlen, welche die eingesetzten Einheiten zu äußerster Härte gegenüber »Freischärlern« aufrief, das Abbrennen von verdächtigen Gütern oder Häusern anordnete und gleichzeitig Straffreiheit bei Übergriffen zugestand. Der Tod Unschuldiger wurde dabei ausdrücklich in Kauf genommen.[131] Wie Ahlrich Meyer festgestellt

129 Serge Klarsfeld berichtete über die nächtliche Verhaftung in seinem Buch Vichy – Auschwitz, S. 281. Ausführlicher in dem Interviewband: Bochurberg, Entretiens, S. 17 ff.

130 Vgl. Luther, Widerstand, S. 235.

131 Näher dazu: Ebd., S. 235 ff.; Umbreit, Militärbefehlshaber, S. 146; Meyer, Besatzung, S. 128 ff.

hat, gaben diese Befehle »eine in Ost- und Südeuropa eingeübte Strategie vor, die den Terror gegen die Zivilbevölkerung richtete, wenn die Partisanen nicht zu greifen waren«.[132] Die Folge dieser Befehle war eine Blutspur sondergleichen, welche die zur »Bandenbekämpfung« zusammengestellten Verbände vor allem in den Departements Dordogne und Ain in der Südzone hinterließen. Allein im April 1944 wurden bei solchen Maßnahmen 569 angebliche oder mutmaßliche Widerstandskämpfer erschossen, 4463 festgenommen und weitere 528 Personen zur Zwangsarbeit deportiert.[133] Unter die Aktionen in diesem Monat fiel das Massaker im nordfranzösischen Dorf Ascque, bei dem über 80 männliche Einwohner als Reaktion auf die Sabotage eines Bahngleises erschossen wurden. Bei der ebenfalls bis Anfang April dauernden »Aktion Brehmer« wurden durch die gleichnamige Kampfgruppe in der Dordogne binnen weniger Tage 166 Menschen erschossen, darunter als »Sühnemaßnahme« 49 Gefängnisinsassen. Die Ortschaft Rouffignac wurde wegen Sympathiekundgebungen mit »Terroristen« komplett niedergebrannt.[134]

Nach der alliierten Landung verschärfte sich die Situation. Die Résistance ging zum offenen Aufstand gegen die Besatzer über. Die deutsche Wehrmachtsführung reagierte, indem sie zur »Zerschlagung der Widerstandskräfte« mit »äußerster Schärfe und ohne Nachsicht« aufrief.[135] Angehörige der Résistance waren als »Freischärler« zu behandeln, das heißt ohne Zögern niederzuschießen.[136] Zu diesem Zweck wurden weitere Verbände abgestellt, darunter die 2. SS-Panzerdivision »Das Reich«. Es waren Soldaten dieser Einheit, die am 9. April 1944 in der Kleinstadt Tulle 99 Bewohner als Vergeltungsmaßnahme für den Tod deutscher Soldaten auf offener Straße aufhängten und am Tag darauf das Massaker in Oradour-sur-Glane begingen, dem 642 Männer, Frauen und Kinder zum Opfer fielen.[137]

Die für die »Bandenbekämpfung« zusammengestellten Verbände setzten sich aus Männern unterschiedlicher Einheiten zusammen. Neben Angehörigen der Waffen-SS wurden zahlreiche Wehrmachtsangehörige eingesetzt. Auch die Sipo/SD-Einheiten spielten eine maßgebliche

132 Meyer, Besatzung, S. 130.
133 Luther, Widerstand, S. 244.
134 Meyer, Besatzung, S. 135 ff.; Luther, Widerstand, S. 244.
135 Befehl des OB West vom 8.6.1944, zitiert nach Luther, Widerstand, S. 247.
136 Entscheidung des OKW, vom OB West wahrscheinlich am 8.6.1944 weitergeleitet, zitiert nach Luther, Widerstand, S. 247.
137 Näheres zu dem Massaker von Oradour: Meyer, Besatzung, S. 149 ff.

Rolle.[138] In der Regel wussten die Angehörigen der betreffenden KdS-Dienststellen in ihren Gebieten am ehesten über die Aktivitäten der Résistance Bescheid und wurden deshalb mit der Koordination der Aktionen betraut. So arbeitete etwa die Kampfgruppe Brehmer bei ihrem Einsatz in der Dordogne eng mit dem KdS von Limoges und seinen Leuten zusammen.[139] Doch beschränkte sich die Kooperation keineswegs auf die Planung und Anleitung, sondern Knochens Männer in der Provinz nahmen an den Aktionen auch direkt teil. Der Sipo/SD-Kommandeur von Vichy Hugo Geissler verlor sogar bei einer solchen Aktion sein Leben.[140] Die Ermittlungsergebnisse der Dortmunder Staatsanwaltschaft, die diese Verbrechen untersuchte, weisen eine Vielzahl von Fällen auf, in denen Angehörige der lokalen KdS-Dienststellen in Kriegsverbrechen involviert waren. Zwei Vorfälle aus der Bretagne, die sich im Bereich des KdS Rennes ereigneten, mögen dies hier verdeutlichen.

Zwischen dem 27. und dem 29. Juni 1944 wurden bei einer von Angehörigen des KdS Rennes und der Wehrmacht gemeinsam durchgeführten »Partisanenaktion« in den Dörfern St. Jean Brévelay und Penthièvre neun Franzosen festgenommen und den KdS-Angehörigen zu Vernehmung überlassen. Diese hängten eine der Festgenommenen, Frau Morizur, in ihrem Vernehmungsraum an einem Fensterriegel auf und ließen sie dort über Nacht hängen. Am nächsten Morgen war sie tot, die anderen Gefangenen wurden daraufhin kurzerhand erschossen.[141] Bei einer anderen »Partisanenaktion« am 21. Juli 1944 im Raum Locminé, die ebenfalls Angehörige der KdS-Dienststelle Rennes und von Wehrmachtseinheiten durchführten, wurden zehn Franzosen festgenommen. Einige von ihnen wurden erschossen, zweien wurden die Gliedmaßen gebrochen, dann wurden sie mit Heugabeln in einen Pferdestall geschleift, der angezündet

138 Der wegen dieser Verbrechen ermittelnde Oberstaatsanwalt in Dortmund Klaus Schacht fasste das Ergebnis seiner jahrzehntelangen Untersuchungen so zusammen: »Diese Einsätze wurden im Zusammenwirken von örtlichen Sicherheitspolizeidienststellen und Wehrmachtseinheiten durchgeführt.« Vgl. StA Dortmund, – 45 Js 29/75 – Einstellungsverfügung vom 17.12.1981, S. 10.

139 Meyer, Besatzung, S. 136.

140 Am 12.6.1944 fand eine Aktion im Raum St. Flour/Murat statt, bei der ein Teil der eingesetzten Truppen in einen Hinterhalt des Maquis bei St. Georges/Soubizergues geriet. Geissler, der Leiter des Einsatzes, wurde dabei schwer verwundet und starb. Zur Vergeltung wurden 25 Gefangene erschossen. Vgl. ZStD – 45 Js 29/75 –, Einstellungsverfügung vom 17.12.1981, S. 424 ff.

141 Ebd., S. 324.

wurde. Um ihn zum Reden zu bringen, wurde ein weiterer Festgenommener mit kochendem Wasser übergossen, wobei er so schwere Verletzungen erlitt, dass er verstarb.[142]

Die Zahl ähnlicher Vorfälle im besetzten Frankreich ist kaum zu überblicken. Generell lässt sich aber feststellen, dass die Grausamkeit sich mit der zunehmenden Aussichtslosigkeit der Lage der Besatzer steigerte. Zu einem Höhepunkt kam es, als die militärische Lage im August 1944 so unhaltbar wurde, dass die Räumung der KdS-Dienststellen angeordnet wurde. Schon kurz vor oder nach der Landung der Alliierten hatte eine Besprechung sämtlicher Dienststellenkommandeure beim BdS in Paris stattgefunden. Dort wurde der mündliche Befehl erteilt, für den rechtzeitigen Abtransport der bei den KdS-Dienststellen einsitzenden Gefangenen Sorge zu tragen. Sollte dies nicht möglich sein, so war vorgesehen, die als gefährlich eingestuften Häftlinge zu erschießen.[143] Der Abtransport der Häftlinge war angesichts der bedrängten Lage, fehlender Transportmittel und in Ermangelung eines Zieles eine rein theoretische Option, und so fanden im August 1944 bei der Räumung der Dienststellen zahlreiche Massenerschießungen statt. Belegt sind solche Massaker für die KdS-Dienststellen Angers, Dijon, Limoges, Montpellier, Nancy, Orléans, Paris, Rennes, Rouen, St. Quentin; es ist aber wahrscheinlich, dass es solche Vorfälle auch in den anderen sieben Dienststellen gegeben hat.[144] Wie brutal die Sipo/SD-Leute dabei vorgingen, zeigt das Beispiel von Bourges, einer Stadt, die in den Zuständigkeitsbereich des KdS Orléans fiel. Im dortigen Gefängnis saßen 47 Juden ein, die Ende Juli 1944 in der Gemeinde St. Armand festgenommen worden waren. Mehrere Versuche, diese Juden in die Vernichtungslager im Osten zu deportieren, waren in den Kriegswirren gescheitert. Da Bourges am 9. August 1944 geräumt werden sollte, gab vermutlich der KdS von Orléans, Friedrich Merdsche, die Anordnung, diese Juden zu ermorden. Auf der Suche nach einem geeigneten Ort stießen Angehörige seines Kommandos auf den Bauernhof Guérry, der über einen tiefen Brunnen verfügte. Die Juden wurden nun an drei verschiedenen Tagen zu je sechs zu dem Brunnen gebracht. Einige wurden dort erschossen und dann in den Brunnen gestürzt, andere lebendig hinabgeworfen und ertränkt. Ein Gerichtsverfahren, das die französischen Behörden im Jahr 1946 durchführten, er-

142 Ebd., S. 339.

143 Ebd., S. 87.

144 Alle Hinweise stammen aus den Ermittlungen der StA Dortmund. Vgl. ZStD – 45 Js 29/75 –, Einstellungsverfügung vom 17.12.1981.

gab, dass eine der Frauen vor ihrem Tod vergewaltigt worden war.[145] Hans Luther, ehemaliger KdS von Bordeaux, schätzte nach dem Krieg, dass rund 500 Menschen beim Abzug der deutschen Truppen liquidiert worden waren, eine Zahl, die eher zu niedrig als zu hoch sein dürfte, da allein die Zahl der von der Staatsanwaltschaft Dortmund ermittelten Verbrechen dieser Art mit 513 Opfern darüber liegt.[146]

Paris wurde am 25. August 1944 befreit. Zwei Tage zuvor war Knochen durch Heydrichs Nachfolger Kaltenbrunner nach einer schweren Auseinandersetzung von seinem Amt als BdS entbunden und als gemeiner SS-Mann zur »Leibstandarte Adolf Hitler« abkommandiert worden. Sein Nachfolger wurde der bisherige Kommandeur in Toulouse Friedrich Suhr, der vor seiner Zeit in Frankreich bei der Einsatzgruppe C ein Einsatzkommando geführt hatte, bei Himmler jedoch wegen eines Saufgelages in Ungnade gefallen war und sich, im Bemühen um seine Rehabilitation, auf weiteren Posten an der Ostfront durch äußerste Brutalität »ausgezeichnet« hatte.[147] Unter seiner Führung zogen sich der BdS und die KdS nun Richtung Vogesen zurück. Der BdS bezog seinen neuen Standort in Fraize, die KdS-Angehörigen sammelten sich in St. Dié.[148] Auf Befehl Obergs wurden die Angehörigen der Sipo und des SD nun in kleinen Sonderkommandos und Kampfgruppen neu formiert, die unter die Führung fronterfahrener SS-Führer gestellt wurden. Sie sollten die Nachschubwege freihalten und die Résistance bekämpfen. Ein solches nach ihm benanntes Sonderkommando führte der bisherige Leiter der »Passagierscheinstelle« der deutschen Botschaft in Paris Erich Wenger.[149] Unter der Führung des vor dem Krieg hauptamtlich im SD beschäftigt gewesenen Kriminalrats und SS-Hauptsturmführers ging das Sonderkommando mit äußerster Brutalität gegen tatsächliche und vermeintliche Widerstandskämpfer in den Vogesen vor und tötete zudem eine Reihe englischer Fallschirmspringer. Allerdings entkamen die Maquisards meist dem Kommando. Deshalb gingen Wenger und seine Männer, um wenigstens einen Abschreckungseffekt zu erzielen, gegen die Zivilbevölkerung

145 StA Dortmund – 45 Js 29/75 –, Einstellungsverfügung vom 17.12.1981, S. 275 ff. Ausführlicher: Verfügung vom 10.1.1985, S. 68 ff. Siehe auch »Stern« vom 6.11. 1980 (»Die Leichen im Brunnen«).

146 Luther, Widerstand, S. 271.

147 Zu Suhr: BAB R.u.S.-Akte und S.S.O.-Akte Friedrich Suhr.

148 Dazu StA Köln, Ermittlungsverfahren gegen Erich Wenger, 120 (24) Js 439/68, Verfügung vom 8.6. 1973, Bl. 4, in: ZStL 104 AR-Z 107/68, S. 255 ff.

149 Zu Wenger und seiner Nachkriegskarriere: Wagner, SS-Männer.

vor; man »erschoß praktisch jeden, der zu Recht oder zu Unrecht verdächtigt wurde, Mitglied der Résistance zu sein oder deren Mitglieder zu unterstützen.«[150]

Mit dem Vormarsch der Alliierten zerfiel das Netz der Sipo/SD-Stellen jedoch schnell. Am 29. November 1944 telegraphierte Himmler aufgebracht an den HSSPF Südwest, er habe erfahren, dass sich die Dienststellen der SS und der Sicherheitspolizei »panikartig und feige« zurückgezogen hätten, drohte mit der sofortigen Erschießung und ernannte Suhr nun auch zum SS- und Polizeiführer für das Elsass.[151] Am gleichen Tag hob er die Dienststelle des HSSPF für Frankreich formell auf.[152]

Die Angehörigen der Sipo/SD-Kommandos aus Frankreich wurden nun in alle Winde verstreut. Einige, etwa Klaus Barbie oder Hans Henschke,[153] wurden zu SD-Einheiten im »Altreich« zurückbeordert,[154] andere, wie der ehemalige KdS von Montpellier Helmut Tanzmann, wurden weiter im okkupierten Gebiet eingesetzt. Er bildete aus ehemaligen Angehörigen der KdS Montpellier und Vichy das nach ihm benannte Sonderkommando z.b.V. (»zur besonderen Verfügung«) 21, das in Norwegen eingesetzt wurde.[155] Auch der ehemalige KdS von Orléans Friedrich Merdsche wurde Führer eines solchen Einsatzkommandos. Die Angehörigen der von ihm geführten KdS-Dienststelle waren unter der Leitung seines Stellvertreters Wollbrandt zunächst in die Gegend um Trier gelangt, während Merdsche selbst beim BdS Wiesbaden eingesetzt worden war. Unter dem Kommando Wollbrandts und später wieder Merdsches wurden die Männer in der Ardennenoffensive als Kommando z.b.V. 5 als Teil der für diese Offensive gebildeten Einsatzgruppe in Luxemburg eingesetzt.[156] Einige der einst in Frankreich eingesetzten Sipo/SD-Funktionäre überlebten die letzten Kriegsmonate nicht, der Großteil aber blieb am Leben und versteckte sich vor den alliierten Truppen.

150 Abschlussvermerk der ZStL in Sachen Wenger vom 22.8.1968, 114 AR-Z 107/68 S. 165 ff.

151 Himmler am 29.11.1944 an HSSPF Südwest. BAB, SSO-Akte Suhr (ehemals BDC).

152 Befehl Himmlers vom 29.11.1944, BAB, SSO-Akte Suhr (ehemals BDC).

153 Vgl. Herbert, Fremdarbeiter, S. 336.

154 Barbie wurde mit Befehl vom 20.11.1944 zum SD Oberabschnitt Dortmund abkommandiert. Befehl findet sich in BAB, SSO-Akte Barbie (ehemals BDC).

155 Siehe dazu die Ermittlungen der ZStL in Sachen KdS Montpellier, IV 114 AR 3618/65.

156 Dazu Ermittlungen der StA Frankfurt a. M. – 4 Js 71/65 – Abschlußbericht vom 3. 3.1972; in: ZStL 124 AR-Z 51/65.

Die Sipo/SD-Funktionäre in Frankreich – ein Überblick

Eine eindeutige Identifikation aller Männer, die an den in Frankreich begangenen nationalsozialistischen Gewaltverbrechen beteiligt waren, ist schon für die Zeit vor dem Aufflammen des französischen Widerstandes und der Invasion der Alliierten schwierig. Für die Zeit danach wird sie angesichts der beteiligten unterschiedlichen Einheiten, Dienststellen und Gruppen und der sich immer schneller wandelnden Verhältnisse im Rahmen dieser Studie unmöglich.

Dennoch können als Hauptverantwortliche die führenden Angehörigen der Sipo und des SD genannt werden. Wie gezeigt, wurde die Verfolgung der Juden auch von anderen Dienststellen wie der deutschen Botschaft oder der Militärverwaltung betrieben, doch zählte dies nicht zu ihren primären Aufgaben. Dies war bei den Männer des RSHA anders: Diese waren vor allem mit der Verfolgung der Juden beauftragt und wurden auch entsprechend tätig. Sie rissen die Initiative an sich und nahmen die entscheidenden Weichenstellungen vor.

Innerhalb des zunehmend verzweigten Netzes von KdS-Dienststellen, Außenkommandos, Außenposten und Einsatzkommandos waren vor der Auflösung mehrere Tausend Männer tätig. Die Gruppe derjenigen, die sie steuerten und lenkten, ist dagegen relativ überschaubar. Wie die umfangreichen staatsanwaltschaftlichen Ermittlungen nach dem Krieg ergaben, waren es neben dem HSSPF und dem BdS in Paris vor allem die Leiter der KdS–Dienststellen und ihre Stellvertreter, welche die Befehle aus Berlin und Paris umsetzten und auch Eigeninitiative zeigten. Insgesamt waren es 40 Männer, die in den Dienststellen des BdS und der KdS den Posten eines Kommandeurs innehatten. Dazu kommen 34 stellvertretende Kommandeure.[157] Sie bildeten die Funktionselite, welche die Hauptverantwortung für die in Frankreich begangenen Gewaltverbrechen trug. Dazu kommt der HSSPF Carl Oberg.[158] Diese Gruppe von 75 Männern stellt im weiteren Verlauf den eigentlichen Untersuchungsgegenstand dieser Studie dar.

157 Aufgrund einer starken Fluktuation hatte ein Großteil der Männer im Sipo/SD-System nacheinander mehrere Posten inne. Um Doppelnennungen zu vermeiden, wurde bei der Zusammenstellung der Untersuchungsgruppe immer der höchste erreichte Dienstrang berücksichtigt.

158 Da die Aktenlage kein eindeutiges Bild zuließ, sind die in der Dienststelle Obergs tätigen Männer in dieser Gruppe mit Ausnahme des in anderen Funktionen erfassten Herbert Hagen nicht berücksichtigt.

Diese relativ enge Einschränkung der Untersuchungsgruppe mindert jedoch die repräsentative Aussagekraft der Studie. Zudem geraten einige besonders schwer belastete Täter aus dem Blickfeld, etwa die Mitarbeiter der Abteilung IVj, der Judenabteilung des BdS und der einzelnen KdS oder die Angehörigen des Sonderkommandos Brunner. Aus diesem Grund wird ein erweiterter Täterkreis in den Blick genommen, der sich aus der engeren Untersuchungsgruppe sowie den Mitarbeitern der Judenabteilung, den Angehörigen des SOKO Brunner und den Dienststellenleitern der zahlreichen Außenkommandos zusammensetzt. Diese Gesamtuntersuchungsgruppe umfasst 200 Personen, bei denen aufgrund ihrer beruflichen Position davon ausgegangen werden muss, dass sie sich an der Verfolgung der Juden ebenso wie an den Sühnemaßnahmen in entscheidender Weise beteiligt haben. Allerdings verminderte sich diese Gruppe nach 1944 stark: Die Invasion der Alliierten, die Flucht der Funktionäre aus Frankreich und der Zusammenbruch des »Dritten Reiches« forderten auch unter den Führungskräften der Sipo und des SD Tribut – von den 200 Männern der erweiterten Untersuchungsgruppe erlebten 22 das Kriegsende nicht, das Schicksal von 59 weiteren blieb dauerhaft ungeklärt. Damit reduziert sich die Gruppe auf 119 Männer, darunter 55 Kommandeure oder stellvertretende Kommandeure.

Wie gezeigt, war diese engere Untersuchungsgruppe, also die der Kommandeure und ihrer Stellvertreter, nicht homogen. Gemäß ihrer unterschiedlichen beruflichen Laufbahnen lassen sich die Kommandeure und ihre Stellvertreter in zwei Teilgruppen trennen: einmal in diejenigen, die ihre Karrieren ausschließlich unter den Bedingungen und in den Institutionen der nationalsozialistischen Herrschaft gemacht hatten und die über hauptamtliche Posten in den Organisationen der SS in die Führungspositionen im besetzten Frankreich gelangt waren. Sie verkörperten den Typus einer neuen, bisher nicht gekannten Elite, die Produkt und Träger des NS-Staates zugleich war. Aufgrund dieser Merkmale und da sie zudem unter anderen historischen Bedingungen niemals entstanden wäre, lässt sich diese Gruppe als »genuine« NS-Elite bezeichnen. Daneben gab es jene Gruppe der 18 ehemaligen Militärverwaltungsbeamten, die sich einer »traditionellen Elite« zurechneten. Im Gegensatz zur NS-Elite hatten diese Männer berufliche Laufbahnen eingeschlagen, die den bereits lange vor 1933 etablierten Ausbildungsgängen der Verwaltungselite entsprachen: Abitur, meist juristisches Studium, nach dem Referendariat Übernahme in den staatlichen Verwaltungs- oder Justizdienst. Diese Personen waren vor dem Krieg niemals hauptamtlich für die Gliederungen der SS tätig gewesen und hatten ihre Aufgaben für die Sipo und den SD nur unter den Bedingungen des Kriegs erhalten.

Allerdings ist diese Unterscheidung beider Gruppen auf den zweiten Blick wenig trennscharf: Von 18 Männern, die aus dem Militärverwaltungsdienst kamen, gehörten 15 der NSDAP und der SS an. Zudem hatte auch ein Großteil der »Hauptberuflichen« eine »traditionelle« Laufbahn als Juristen durchlaufen, bevor sie zur SS wechselten, so dass der Schritt von der herkömmlichen Laufbahn zur SS-Laufbahn für den Einzelnen unter Umständen nur eine Karriereentscheidung gewesen sein mag, nicht aber Ausdruck einer weltanschaulichen Neuorientierung. Vollkommen obsolet wird der Unterschied aus der Perspektive der Opfer. Es gibt keinerlei Hinweise, dass die ehemaligen Militärverwaltungsbeamten humaner oder auch nur weniger grausam mit ihren Opfern umgingen als ihre Kollegen aus den Gruppierungen unter dem RSHA. Zwar haben sich einige der als Kommandeure eingesetzten ehemaligen Militärverwaltungsbeamten, darunter auch Hans Dietrich Ernst und Friedrich Merdsche, in Einzelfällen gegen die Durchführung besonders überbordender »Vergeltungsaktionen« eingesetzt, doch geschah dies nicht aus humanitären Erwägungen heraus, sondern aus dem Kalkül, dass übermäßige Grausamkeiten die an sich schon prekäre Kontrolle des ihnen unterstehenden Gebietes gefährden würden.[159]

Zusammenfassend kann also festgestellt werden, dass sich beide Personengruppen zu einer Funktionselite verbanden, für deren Auswahl und Amtsausübung besondere administrative Fähigkeiten sowie politische Zuverlässigkeit die Hauptrolle spielten. Wo die Betreffenden diese Qualifikationen erworben hatten, war von zweitrangiger Bedeutung, da sich das RSHA offenbar darauf verlassen konnte, dass sich nicht nur seine eigenen Männer, sondern auch die Verwaltungsbeamten zu Instrumenten des Massenmordes machen lassen würden. Wie zu zeigen sein wird, gelangte die jeweilige Herkunft erst nach 1945 bei der Entscheidung hinsichtlich einer möglichen Strafverfolgung oder einer gesellschaftlichen Wiedereingliederung zu überragender Bedeutung.

159 Vgl. Kasten, Pragmatismus, S. 378.

2. Die französische Strafverfolgung

Die französische Strafverfolgung der NS-Verbrecher setzte ein, noch bevor das »Dritte Reich« am 8. Mai 1945 endgültig kapitulierte. Angesichts der Verheerung des Landes und der Ungeheuerlichkeit der dort verübten Verbrechen richtete die Regierung Charles de Gaulles extra formierte Militärtribunale zur Verfolgung der Schuldigen ein – Auftakt zu einer Phase der französischen Justizgeschichte, die bis in die sechziger Jahre dauerte und deren Bewertung lange sehr umstritten war. Vor allem östlich des Rheins wurden die französischen Bemühungen als willkürliche Siegerjustiz begriffen. Die Ablehnung der französischen Strafverfolgung als »Siegerjustiz« war allerdings keine neue Erscheinung, sondern hatte sich bereits nach dem Ersten Weltkrieg herausgebildet. Schon damals war die Auseinandersetzung um die Strafverfolgung bestimmter Verbrechen als Ausprägung der Kriegsschulddebatte verstanden worden, und es hatte sich ein deutsches Reaktionsmuster der Abwehr herausgebildet, das nun wieder auflebte.

Das deutsch-französische Ringen um die Kriegsverbrecher nach dem Ersten Weltkrieg

Bereits nach dem Ersten Weltkrieg hatten die Alliierten die Auslieferung tatsächlicher oder mutmaßlicher Kriegsverbrecher gefordert, darunter Kaiser Wilhelms II. Diese sollten sich vor einem internationalen Gerichtshof verantworten, dessen Errichtung im Artikel 227 des Versailler Vertrages angekündigt worden war. Jenem Unterfangen war man in Deutschland mit Empörung begegnet, es wurde gewissermaßen als Speerspitze der »Kriegsschuldlüge« wahrgenommen. Der Gerichtshof kam nicht zustande, ersatzweise sollte gegen eine Reihe von Beschuldigten vor dem Reichsgericht in Leipzig verhandelt werden. Diese unter rein deutscher Regie geführten Verfahren endeten jedoch bis auf wenige Ausnahmen mit Freispruch oder lächerlich geringen Strafen, ja darüber hinaus dienten sie zu einer von der deutschen Presse breit kolportierten Abrechnung mit den französischen oder belgischen Vorwürfen.[1] Nachdem bis

1 Insgesamt waren 1635 (nach anderen Angaben 1744) Verfahren gegen mutmaßliche Kriegsverbrecher anhängig gewesen. Lediglich zwölf von ihnen wurden durch ein Urteil abgeschlossen; dabei wurde in fünf Fällen auf Freispruch erkannt. Alle anderen Verfahren wurden durch Einstellungen oder auf andere Weise erledigt.

1921 die meisten Beschuldigten freigesprochen worden waren, setzten die Alliierten eine Kommission ein, die prüfen sollte, ob man sich mit den Urteilen zufrieden geben könne.[2] Die Franzosen, auf deren Territorium sich die meisten der zur Debatte stehenden Taten ereignet hatten, konnten dies nicht. Der damalige französische Ministerpräsident Briand kritisierte die Urteile auf das Schärfste.[3] Zudem trafen Frankreich und Belgien Anstalten, die Prozesse vor ihren eigenen Gerichten durchzuführen, eine Möglichkeit, die nach den Artikeln 228-230 des Versailler Vertrages ausdrücklich vorgesehen war.[4] Der deutsche Reichswehrminister warnte deshalb das Auswärtige Amt Anfang September 1921: Nach den Freisprüchen von Leipzig müsse nun damit gerechnet werden, dass die noch ausstehenden Kriegsprozesse, soweit sie Belgien oder Frankreich beträfen, in diesen Ländern »in contumaciam« durchgeführt werden würden.[5]

»In contumaciam« – in Abwesenheit, damit ist eine Besonderheit der französischen und auch der belgischen Strafprozessordnung bezeichnet, die dem deutschen Strafrecht fremd ist. Haben die Gerichte Hinweise auf ein Verbrechen, ohne aber den Tatverdächtigen in ihrer Gewalt zu

Vgl. Schwengler, Völkerrecht, S. 359. Der mit den Ermittlungen befasste Oberreichsanwalt Ludwig Ebermayer bezeichnete die Kriegsverbrecherprozesse in seinen Memoiren als »den schmerzlichsten und traurigsten Teil seiner Tätigkeit«, er hätte sich »nie und nimmer der entehrenden Bedingung fügen [dürfen], unsere eigenen Landsleute wegen der sogenannten Kriegsverbrechen zu verfolgen, während es keinem anderen der an dem Krieg beteiligten Länder einfiel, eine solche Verpflichtung auf sich zu nehmen«. Aus: Ebermayer, Fünfzig Jahre, S. 189-191, zitiert nach Schwengler, Völkerrecht, S. 357. Siehe nun auch Hankel, Leipziger Prozesse.

2 AA an DBP am 31. 12. 1921, in: AA-PA R 4842 e.

3 In einer Erklärung vor dem Senat sprach Ministerpräsident Briand von der »empörenden Peinlichkeit« der Verfahren, die eine Komödie, eine Justizparodie und ein Skandal gewesen seien. Abgedruckt in: Journal du droit international [Clunet] 48 (1921), S. 442-445. Zitiert nach Schwengler, Völkerrecht, S. 350.

4 Zur Einsetzung der Kommission: AA an DBP am 31. 12. 1921, in: AA-PA R 4842 e; Gemeinsame Protestnote der interalliierten Kommission vom 7.1.1922. Zitiert nach: Schwengler, Völkerrecht, S. 351; zur Durchführung eigener Verfahren durch die französische und belgische Justiz: Brochhagen, Nürnberg, S. 21.

5 Reichswehrminister an AA am 7.9.1921, in: AA-PA, R 4842 d. In einer Kammerdebatte über den Umgang mit Kriegsverbrechern nach dem Leipziger Verfahren kündigte der französische Ministerpräsident an, dass die französische Justiz die Verfahren nun selbst durchführen wolle. Bericht DBP an AA vom 15.12.1921, in: AA-PA R 48426 e.

haben, so führen sie ein rein formales Verfahren in Abwesenheit des Beschuldigten durch, in dem es keine Möglichkeit einer Verteidigung gibt und das deshalb oft mit der Höchststrafe endet. Dieses Verfahren hat seine Wurzeln im mittelalterlichen Recht, nach dem derjenige für vogelfrei erklärt wurde, der sich dem Gericht nicht stellte.[6] Entscheidend ist, dass diese Urteile nicht vollstreckbar sind. Werden die französischen Gerichte des Beschuldigten habhaft, so sind sie verpflichtet, ein neues, vollständiges Verfahren durchzuführen. Es handelt sich dabei also um ein Procedere der französischen Rechtsprechung, das in seiner Wirkung eher einem unbefristeten Haftbefehl gleicht als einem wirklichen Urteil in der Sache.

Die französischen und belgischen Gerichte begannen nun, solche Abwesenheitsverfahren gegen deutsche »Kriegsbeschuldigte«, wie der zeitgenössische Terminus lautete, zu führen. Die deutsche Presse schäumte: Nach einem solchen Verfahren, das in Lille zu der Verurteilung mehrerer deutscher Offiziere und Soldaten in Abwesenheit geführt hatte, schrieb die »Tägliche Rundschau«:

> »Die Verurteilung deutscher ›Kriegsverbrecher‹ von französischen Kriegsgerichten in Abwesenheit ist charakteristisch für den Typ der französischen Rechtspflege. Ohne Anhörung der Beklagten und ohne ordentliche Verteidigung wird hier ausschließlich für den politischen Gebrauch der französischen Staatslenker ein ›gerichtsnotorisches‹ Material beschafft, dessen man bedarf, um die durch die Greuelpropaganda erzählten Märchen zu beweisen und die französische Volksseele weiter kochen zu lassen.«[7]

Auch in der Regierung dachte man ähnlich: Das Reichswehrministerium betonte gegenüber dem Auswärtigen Amt, dass »diese Verfahren weiter nichts als eine Anhäufung von Material zur Erhärtung der dem Friedensvertrag zu Grunde liegenden Lüge über unsere Kriegsschuld« seien, überhaupt spreche »diese Art der Gerichtsführung jedem Rechtsempfinden hohn«. In diesem Sinne forderte das Ministerium »energische Schritte gegen die sinnlose Haß-Politik unserer ehemaligen Feindmächte«.[8] Das

6 Tatsächlich ist der entsprechende Paragraph der französischen Strafprozessordnung einer Ordonnance aus dem Jahre 1670 entnommen. Vgl. Garraud, Traité d'Instruction Criminelle et de Procédure Pénale, Band IV. 1926, S. 498. Zitiert nach dem vorläufigen Abschlußbericht der ZStL im Verfahren 104 AR-Z 1670/61 vom 26.11.1965, S. 190.

7 »Tägliche Rundschau« vom 6.9.1921, in: AA-PA, R 48742 d.

8 Reichswehrministerium an AA am 22.10.1921, ebd.

Auswärtige Amt, auch von anderer Seite, wie etwa dem deutschen Offiziersbund, zum Handeln gedrängt, beauftragte als einen ersten solchen Schritt über die deutsche Botschaft in Paris einen französischen Anwalt, das Ausmaß der französischen Prozesse in Erfahrung zu bringen.[9] Diesem gelang es allerdings nicht, eine vollständige Übersicht zusammenzustellen, so dass das vor einer offiziellen Anfrage zurückschreckende Auswärtige Amt auf die Auswertung französischer Zeitungen angewiesen war.[10] Immer häufiger gingen nun Anfragen besorgter ehemaliger Armeeangehöriger ein, die gerüchteweise oder durch die Presse von gegen sie ergangenen Abwesenheitsurteilen gehört hatten. Soweit das Auswärtige Amt von diesen Verfahren wusste, warnte es die Betroffenen vor Reisen nach Frankreich. Mehr als einmal waren nämlich solche Abwesenheitsverurteilte in Unkenntnis der Verfahren nach Frankreich eingereist und dort in einem regulären Gerichtsverfahren abgeurteilt worden. Die mit diesen Fragen ebenfalls befasste »Zentralstelle für Völkerrechtsverletzungen beim Truppenamt« im Reichswehrministerium ging deshalb dazu über, alle in Abwesenheit Verurteilten mit einem Formschreiben zu warnen.[11]

Trotz mehrerer Versuche auf diplomatischem Wege gelang es dem Auswärtigen Amt nicht, die Franzosen von der Durchführung der Abwesenheitsverfahren abzubringen. Im Gegenzug führte der Oberreichsanwalt deshalb vor dem Reichsgericht in Leipzig gegen die Verurteilten eigene Verfahren durch, die fast ausnahmslos zu Freisprüchen führten.[12] Im Zusammenhang mit der Konferenz von Locarno 1925 nahm schließlich Belgien von der Weiterführung solcher Prozesse Abstand, die franzö-

9 Vgl. Deutscher Offiziersbund an AA am 13.9.1921; in: AA-PA R 4842 d; DBP an AA am 19.9.1921, ebd.

10 Bericht DBP an AA vom 26.11.1921; in: AA-PA R 4826 e.

11 Dies zeigt ein Formschreiben vom 1.4.1925, in: AA-PA R 4826 g. Es trägt den Vermerk: »Dieses Schreiben ist an alle auf der Auslieferungsliste stehenden oder in contumaciam verurteilten Persönlichkeiten gesandt worden, soweit deren Anschriften hier bekannt sind.«

12 Beispielsweise ließ der Reichstagsabgeordnete und Oberbürgermeister von Dresden Külz die ihm als Abgeordneten zustehende Immunität aufheben, nachdem er 1923 von einem Kriegsgericht in Nancy in Abwesenheit zum Tode verurteilt worden war. Das daraufhin vom Oberreichsanwalt in Leipzig angestrengte Verfahren endete mit einem glänzenden Freispruch. »Ein Todesurteil. Für die französische Justiz – nicht für den Verurteilten« titelte eine Zeitung am 20.5.1924; in: AA-PA R 48426 f.

sische Regierung führte sie jedoch weiter.[13] Man einigte sich jedoch darauf, dass die Erteilung der damals benötigten Sichtvermerke in die deutschen Pässe vor der Einreise nach Frankreich die Garantie dafür bieten sollte, dass gegen den Betreffenden kein Abwesenheitsurteil vorliege. Die Strafverfolgung war damit de facto ausgesetzt.

Dieser deutsch-französische Konflikt um die Bestrafung tatsächlicher oder mutmaßlicher deutscher Kriegsverbrechen barg bereits wesentliche Elemente der Auseinandersetzung nach dem Zweiten Weltkrieg in sich. Die Franzosen hatten aus der Erfahrung mit den Leipziger Prozessen die Überzeugung gewonnen, dass die Deutschen nicht bereit waren, die Vorwürfe ernstlich zu überprüfen und gegebenenfalls strafrechtliche Konsequenzen daraus zu ziehen. Sie versuchten deshalb, das Heft selbst in die Hand zu nehmen. Die Deutschen nahmen ihrerseits diese Bemühungen als reine Siegerjustiz wahr, mit deren Hilfe sich die französische Seite in der überaus heiklen Kriegsschulddebatte munitionieren wollte. Wie die aufgeregte Presseberichterstattung unterstreicht, wurde die Ahndung der Kriegsverbrechen nicht nur zum Politikum hohen Ranges, sondern darüber hinaus Gegenstand der Propaganda, was jede Chance auf eine nüchterne und sachliche Klärung der Vorfälle zerstörte. Dies zeigt insbesondere die hartnäckige Weigerung der durchaus sachkundigen Juristen im Auswärtigen Amt und in anderen deutschen Stellen, die Legitimität des bis heute so praktizierten Abwesenheitsverfahrens französischer Prägung anzuerkennen – im Gegenteil, die Fama, es handele sich hierbei um ein Verfahren, das den Rechtsgrundsätzen zivilisierter Staaten widerspreche, wurde gezielt lanciert.

Nach dem Zweiten Weltkrieg: Alliierte Strafverfolgung und französische Besonderheiten

Die Ahndung der während des Zweiten Weltkrieges in den besetzten Gebieten von den Deutschen begangenen Gewaltverbrechen stellte nicht nur in Frankreich ein vorrangiges Ziel dar.[14] So hatte sich der britische Premier Churchill bereits am 25. Oktober 1941 einer Erklärung des ame-

13 AA an Generalmajor Weicke vom 8.12.1925 und Aufzeichnung des AA über die Frage der Kontumazverfahren vom 21.11.1925, beide in AA-PA R 484262 h.

14 Einen Überblick über die Debatte der Alliierten um Art und Weise der Strafverfolgung der NS-Verbrecher gibt Kettenacker, Behandlung, S. 17-31; Steinbach, Der Nürnberger Prozeß, S. 32-44. Dazu auch Brochhagen, Nach Nürnberg, S. 23.

rikanischen Präsidenten angeschlossen, in welcher die Geiselerschießungen in Frankreich scharf verurteilt wurden und Vergeltung angekündigt wurde. Am 13. Januar 1942 benannten die Vertretungen der neun von Deutschland besetzten Länder in der so genannten »Erklärung von St. James« die Bestrafung der auf ihren Territorien verübten Verbrechen als wichtigstes Kriegsziel, eine Erklärung, der sich allerdings Großbritannien, die USA und die Sowjetunion zu diesem Zeitpunkt noch nicht anschließen mochten.[15] Dies geschah erst in der Moskauer »Erklärung über Grausamkeiten« vom 30. Oktober 1943. Dort wurde von den drei kriegführenden Großmächten angekündigt, dass »jene deutschen Offiziere und Soldaten und Mitglieder der Nazipartei, die für die oben genannten Grausamkeiten, Massaker und Exekutionen verantwortlich gewesen sind oder an ihnen zustimmend teilgenommen haben, nach den Ländern zurückgeschickt werden, in denen ihre abscheulichen Taten ausgeführt wurden, um gemäß den Gesetzen dieser befreiten Länder [...] vor Gericht gestellt und bestraft zu werden«.[16]

Diese Forderung blieb auch in den weiteren alliierten Beschlüssen in Jalta und Potsdam bestehen, allerdings einigten sich die Vertretungen von Frankreich, Großbritannien, den USA und der Sowjetunion im Londoner Abkommen vom 8. August 1945 zusätzlich auf die Einrichtung eines gemeinsamen Gerichtshofes, vor dem sich die Hauptschuldigen zu verantworten hatten.[17] Es war jener Beschluss, der zum »Jahrhundertprozess« gegen die Hauptverantwortlichen des »Dritten Reiches« führte, der ab dem 20. November 1945 in Nürnberg stattfand. Das Schicksal Frankreichs unter der deutschen Besatzung spielte dort eine gewichtige Rolle, schließlich war Deutschlands Nachbar das einzige westliche Land unter den Großen Vier gewesen, das NS-Verbrechen auf seinem eigenen Territorium hatte erdulden müssen. Es war also verständlich, dass besonders Frankreich auf eine umfassende Strafverfolgung bedacht war, ein Anspruch, dem die Nürnberger Prozesse schon wegen der eher generellen Ausrichtung der Anklagepunkte kaum gerecht werden konnten. Zwar brachte der französische Chefankläger François de Menthon die wesentlichen Ereignisse zur Sprache, nannte die Hauptverantwortlichen und legte eine Statistik der als Geiseln hingerichteten Personen vor, doch

15 Kettenacker, Behandlung, S. 18; P. Steinbach, Nürnberger Prozeß, S. 33.

16 Moskauer Erklärung über Grausamkeiten auf der Drei-Mächte-Konferenz in Moskau, abgedruckt in: Ueberschär, Nationalsozialismus, S. 285.

17 Das Londoner Abkommen ist abgedruckt ebd., S. 289 ff.

gelang es ihm nicht, sich mit seiner Auffassung durchzusetzen, dass die Erschießungen von Geiseln als Akte des Terrors anzusehen seien.[18] Auch sonst konnte von einer erschöpfenden Aufklärung und Ahndung nicht die Rede sein.

Diese war bei der Planung des Nürnberger Prozesses allerdings gar nicht beabsichtigt gewesen. Vielmehr sah die Konzeption der Alliierten vor, dort nur diejenigen Hauptkriegsverbrecher abzuurteilen, deren Verbrechen nicht mit einem bestimmten Ort in Verbindung gebracht werden konnten. Wie auch das grundlegende Gesetz Nr. 10 des Alliierten Kontrollrates vom 20. Dezember 1945 noch einmal ausführte, sollten alle anderen NS-Täter unter die Gerichtshoheit desjenigen Landes fallen, in dem die Verbrechen verübt worden waren.[19] Während amerikanische und britische Gerichte auf dieser Grundlage eine Reihe von Prozessen in Westdeutschland durchführten,[20] begann die Sowjetunion schon während des Nürnberger Prozesses mit umfassenden Verfolgungsmaßnahmen in der sowjetisch besetzten Zone sowie auf ihrem eigenen Territorium.[21] Auch Frankreich ging nach einigen Verfahren in der von ihm kontrollierten Besatzungszone mehr und mehr dazu über, die Verdächtigen in Frankreich selbst vor Gericht zu stellen. Im Gegensatz zur sowjetischen Praxis, die auf »dünnem juristischen Fundament« ruhte,[22] zogen die Franzosen für diese Verfahren ihr allgemeines Strafrecht sowie Bestimmungen des Militärstrafrechtes heran. In Westdeutschland wollte man die Legitimität der französischen Strafrechtspraxis jedoch nicht anerkennen und stellte sie quasi mit der russischen auf eine Stufe – ein gezieltes Missverständnis, das an die nach dem Ersten Weltkrieg entwickelte Haltung anknüpfte. Anders als nach 1918 hatte man es nun allerdings mit Handlungen zu tun, deren verbrecherischer Charakter kaum zu leugnen war.

Anknüpfend an die »Erklärung von St. James« hatte de Gaulle unmittelbar nach der Befreiung von Paris am 28. August 1944 eine Verordnung erlassen, welche die Grundzüge der französischen Strafverfolgung festlegte.

18 Dazu: Ihme-Tuchel, Fall 7.

19 Das Gesetz Nummer 10 ist abgedruckt bei Ueberschär, Nationalsozialismus, S. 295.

20 Einen Überblick über die amerikanischen Nachfolgeprozesse bietet Uerberschär, ebd. Die bisher kaum erforschten Dachauer Prozesse beleuchtet Sigl, Interesse.

21 Einen ersten Überblick über die sowjetische Strafverfolgung bietet Ueberschär, Prozesse.

22 Ebd., S. 246.

Die juristische Grundlage sollten demnach das allgemeine französische Strafgesetzbuch (code pénal) und das Militärstrafgesetzbuch (code de justice militaire) bilden.[23] Gemäß den Bestimmungen des Militärstrafgesetzbuches sollten die Verbrechen und Vergehen »feindlicher Staatsangehöriger« und ihrer Helfer vor Militärgerichten abgehandelt werden. Neu war die Zusammensetzung dieser Gerichtshöfe: Unter dem Vorsitz eines zivilen Richters sollten fünf Offiziere der französischen Armee, die mehrheitlich der Résistance angehört haben mussten, zu einem Urteil kommen.[24] Diese Regelung brachte der französischen Justiz den Vorwurf der Voreingenommenheit ein. Außerdem ermöglichte die Verordnung, die Tötung von Geiseln als Mord zu verfolgen, eine Bestimmung, die auch nach dem Nürnberger Prozess fortbestand, obwohl ihr dort widersprochen worden war.

Noch erbitterter bekämpft als dieser Erlass wurde in Westdeutschland ein ergänzendes Gesetz, das von der französischen Nationalversammlung am 25. September 1948 erlassen wurde.[25] Dort wurde festgelegt, dass die Angehörigen der vom Nürnberger Gerichtshof für verbrecherisch erklärten NS-Organisationen, also die Gliederungen der SS, SA und Waffen-SS, als mitschuldig an durch ihre Einheiten begangenen Handlungen betrachtet werden *konnten*, es sei denn, sie konnten ihre Unschuld beweisen. Andererseits wurde in einer weiteren Bestimmung des Gesetzes die Zusammensetzung der Militärgerichte geändert: Die Mehrzahl der Beisitzer musste ab jetzt nicht mehr aus dem Kreis der Résistance stammen.

Dieses als »lex Oradour« geschmähte Gesetz stellte in erster Linie den Versuch dar, die zahlreichen im Zusammenhang mit der »Bandenbekämpfung« verübten Verbrechen zu ahnden. Da sich der Tathergang nachträglich oft kaum rekonstruieren ließ, war es für die Anklagevertreter

23 Das bisher kaum erforschte Gebiet wird jetzt von Claudia Moisel beleuchtet. Vgl. Moisel, Frankreich, bes. S. 41 ff. Die zeitgenössische Rechtsliteratur bietet einen ersten Einblick, so Jeschek, Kriegsverbrecherprozesse; Maunnoir, Répression; Jaffré, Tribunaux. Weitere Hinweise bei Brochhagen, Nürnberg, S. 465. Detailliert Auskunft gibt eine Übersicht über Grundlagen und Umfang der frz. Strafverfolgung aus der Zentralen Rechtsschutzstelle vom 1.6.1951; in: BAK B 305/293.

24 Die Ordonnance vom 28.8.1944 ist abgedruckt in: Bericht der ZRS vom 1.6.1951, in: BAK B 305/293. Dazu auch Brochhagen, Nürnberg, S. 148.

25 Journal Officiell vom 16. September 1948; Bulletin législatif Dalloz 1948, S. 825; die deutsche Übersetzung des Gesetzes vom 15. 9. 1948 findet sich abgedruckt in: Bericht der ZRS vom 1.6.1951; in: BAK B 305/293. Dazu auch Brochhagen, Nürnberg, S. 149.

schwer, die Verantwortlichkeiten vor Gericht stichhaltig nachzuweisen. Es ist allerdings nicht klar, wie oft die genannte Kann-Bestimmung tatsächlich angewandt wurde. So stützte sich beispielsweise eine im Dezember 1950 in Bordeaux erhobene Anklage gegen neun Angehörige der SS-Division »Das Reich« eben nicht auf jene Gesetzesbestimmungen, sondern auf das reguläre Strafgesetzbuch.[26] Tatsache ist aber, dass das Gesetz dort, wo es angewandt wurde, die Beweislast umkehrte und somit gegen den Rechtsgrundsatz »Im Zweifel für den Angeklagten« verstieß. Das Gesetz stieß deshalb auch in Frankreich auf Ablehnung. Der Pariser Rechtsprofessor und ehemalige Richter im Nürnberger Prozess Henri Donnedieu de Vabres wandte sich in mehreren Gutachten gegen beide Ordonnancen und wies darauf hin, dass diese Gesetzestexte in »ganz offenkundiger Weise von der ganzen richterlichen und legislativen Tradition« abwichen.[27] Neben politisch-praktischen Erwägungen im Zusammenhang mit dem Oradour-Prozess waren es unter anderem die hier vorgebrachten Argumente, die das französische Parlament am 28. Januar 1953 bewogen, die wichtigsten Regelungen des Gesetzes außer Kraft zu setzen.[28]

Angesichts der materiellen und geistigen Verwüstung Frankreichs nach Besatzung, Befreiung und der Phase der bürgerkriegsähnlichen politischen Säuberungen war die Strafverfolgung der NS-Verbrecher kein leichtes Unterfangen. Dennoch begann man es mit Verve.[29] Ende 1949 waren bereits rund 1500 Fälle von den Gerichten überprüft, dabei war es zu 265 Verurteilungen gekommen, in 876 Fällen war Freispruch das Ergebnis. Mehrere Hundert Fälle lagen noch bei den Gerichten.[30] Im

26 Die Anklage stützte sich auf Art. 265 des Code pénal (Bandenbildung). Alle neun wurden freigesprochen. Vgl. Bericht der ZRS vom 1.6.1951, in: BAK B 305/293.

27 Gutachten Henri Donnedieu de Vabres vom 25.6.1949, gedrucktes Manuskript, Max-Planck-Institut für Ausländisches und Internationales Strafrecht Freiburg, Signatur Mör u. I. Str. R 67/386. Dazu auch das Gutachten Donnedieus de Vabres zum Prozess gegen Otto Geißler vor dem Ständigen Militärgericht in Bordeaux am 13.7.1950, verfasst Oktober 1950, Manuskript MPI für Ausländisches und Internationales Strafrecht Freiburg, Signatur Mör u. I. Str, R 67/392. Ähnlich der als Verteidiger für deutsche Kriegsverbrecher tätige Pradelle, Répression.

28 Brochhagen, Nürnberg, S. 164.

29 Rousso, L'Epuration, Ein knapper Überblick findet sich bei Loth, Frankreich.

30 Pressemitteilung der Bundesregierung vom 16.12.1949 über einen Schriftwechsel zwischen der Bundesregierung und dem französischen Hohen Kommissar über deutsche Staatsangehörige in französischem Gewahrsam, in: BAK B 305/297.

Januar 1950 befanden sich noch 1097 Deutsche wegen mutmaßlicher Kriegs- oder NS-Verbrechen in französischer Haft.[31] Im Mittelpunkt der Verfahren standen die an Franzosen verübten Verbrechen, vor allem die Geiselerschießungen, ferner die bei der Bekämpfung des Widerstandes begangenen Untaten, die Ausplünderung der Zivilbevölkerung und die Deportationen von französischen Zwangsarbeitern. Die Deportation und Ermordung der Juden trat demgegenüber in den Hintergrund.[32] Dies war vor allem dem Umstand geschuldet, dass in der unmittelbaren Nachkriegszeit versucht wurde, die tiefe Kluft zwischen der Mehrheit der Mitläufer und Kollaborateure und der demgegenüber verschwindend kleinen Minderheit der Résistance-Angehörigen mit Hilfe des Mythos' des »l'autre France« zu überbrücken. Danach war das kollaborierende Vichy-Frankreich gewissermaßen nur die von außen sichtbare, falsche Oberfläche gewesen, die mit dem wahren und widerständigen, dem »anderen« Frankreich, das von de Gaulle verkörpert wurde, nichts gemein hatte. Diese Art der Erinnerungspolitik hatte naturgemäß die Maquisards in den Mittelpunkt der Aufmerksamkeit gestellt, was auch durch die geschickte Öffentlichkeitsarbeit der einschlägigen Organisationen verstärkt wurde. Die lange lobbylosen jüdischen Opfer wurden dagegen an den Rand der Wahrnehmung gedrängt.

Nur gegen besonders prominente Personen wurde in Einzelverfahren verhandelt, so etwa bei dem spektakulären Prozess gegen den ehemaligen Botschafter Abetz, der 1949 in Paris durchgeführt wurde und mit einer 20-jährigen Freiheitsstrafe endete. Die meisten Beschuldigten wurden dagegen in Gruppenprozessen abgeurteilt. So waren 1951 bereits 19 solcher Gruppenprozesse gegen Sipo/SD-Männer mit bis zu 15 Beschuldigten in Aussicht genommen. Dazu kam ein Gruppenprozess gegen Wehrmachtsangehörige. Am umfangreichsten waren jedoch die Prozesse wegen der Verbrechen in Oradour mit ursprünglich 23 Angeklagten sowie Verfahren, welche die Verbrechen im Konzentrationslager Natzweiler im Elsass und im Sicherungslager Schirmeck/Vorbruck zum Gegenstand hatten. Obwohl die französische Justiz eine schnelle Abwicklung der Verfahren anstrebte, zogen sich die Verfahren in die Länge. Angesichts der komplizierten Beweis- und Rechtslage, der schieren Zahl der Angeklagten, vor allem aber aufgrund der zahlreichen von den Beschuldigten

31 Erklärung von Justizminister Dehler im Deutschen Bundestag. Protokolle des DBT vom 11.1.1950, S. 785.

32 Bericht der ZRS vom 1.6.1951, in: BAK B 305/293.

eingelegten Rechtsmittel war dies kaum zu vermeiden, und doch wurde die langsame Abwicklung von deutscher Seite heftig kritisiert. Anfang 1951 waren noch immer 465 Deutsche wegen Kriegsverbrechen in Haft.[33] Im Jahr 1954 waren es noch 147,[34] davon waren 87 rechtskräftig verurteilt, der Rest befand sich in einem der acht Verfahren, in denen die Hauptverhandlung auf sich warten ließ.[35] Nach zahlreichen regulären, vor allem aber vorzeitigen Entlassungen, Begnadigungen und Straferlassen blieben 1958 schließlich zehn Inhaftierte übrig, die in fünf Verfahren verurteilt worden waren. Dabei handelte es sich um besonders schwer belastete Männer, unter ihnen der ehemalige BdS Knochen und der ehemalige HSSPF Oberg, die alle ursprünglich zum Tode verurteilt worden waren, später aber zu Haftstrafen begnadigt wurden.[36]

Insgesamt wurden von französischen Besatzungsgerichten in Deutschland in Anwesenheit 2107 Deutsche verurteilt. Zusätzlich wurden von den Militärtribunalen in Frankreich mindestens 1918 Deutsche schuldig gesprochen.[37] Im Ganzen ergingen mindestens 2345 Urteile durch solche Militärtribunale.[38] Diese Zahlen umfassen auch diejenigen Urteile, die in Abwesenheit ergangen waren. Mindestens 914 Deutsche waren davon betroffen.[39] Die ausgesprochenen Strafen reichten von einigen Monaten Haft über lebenslange Zwangsarbeit bis zur Todesstrafe, die bis 1957 rund 100 Mal ausgesprochen und 54 Mal vollstreckt wurde.[40] Dies geschah vor allem in den ersten Nachkriegsjahren, mit zunehmender zeitlicher Entfernung von den Taten nahmen die Begnadigungen und Strafnachlässe

33 Ebd.

34 ZRS, Gawlik, an das Bundespräsidialamt vom 2.3.1954, in: BAK B 305/316.

35 Vermerk der ZRS vom 1.9.1954, in: BAK B 305/317.

36 Vermerk ZRS vom 10.6.1958, in: ebd.

37 Über den Umfang der französischen Strafverfolgung existieren keine zuverlässigen Zahlenangaben. Die genannten beruhen auf den Unterlagen der Zentralen Stelle in Ludwigsburg (Redemanuskript Adalbert Rückerls von Ende September/Anfang Oktober 1980), in: ZStL, Generalakten, 98-30 Bl. 150 ff.

38 Vermerk StA Köln vom 10.10.1974. In: HStA Düsseldorf, Außenstelle Kalkum, Rep. 158/Bd. 1607, Bl. 108.

39 Angaben nach einer vom Leiter der ZStL, Adalbert Rückerl, unterzeichneten Übersicht, in: ZStL, 114 AR-Z 578/74. In anderen Dokumenten ist die Zahl mit 1026 angegeben. (Vermerk LJM BW vom 18.6.1971, in: Justizministerium Baden-Württemberg 9361 F 2 – IV/5.)

40 Die Angaben sind einem Schreiben des mit der Gefangenenseelsorge befassten Pfarrers Brockhoff an die ZRS vom 24.10.1957 entnommen, sie beruhen auf den offiziellen Angabe der Direction de la Justice, in: BAK B 305/312.

zu. Generell muss festgehalten werden, dass die erstinstanzlichen Urteile in der Regel nicht in vollem Umfang vollstreckt wurden. Dafür sorgten, neben anderen Rechtsmitteln, die den Beschuldigten eingeräumte Möglichkeit, gegen die Urteile das Kassationsgericht anzurufen, vor allem aber die zahlreichen individuellen oder kollektiven Gnadenakte, die etwa aus Anlass des französischen Nationalfeiertags regelmäßig ausgesprochen wurden.[41] In politischer Hinsicht erwiesen sich die Begnadigungen für die französische Regierung allerdings als heikel, da die Taten der Betreffenden in der Bevölkerung unvergessen waren. Die Milde wurde deshalb als so unverhältnismäßig empfunden, dass sie der Popularität der französischen Regierung schadeten. Aus diesem Grund bemühte sich diese, die Gnadenakte möglichst unbemerkt von der eigenen Bevölkerung zu vollziehen.

Allerdings arbeitete generell die kritische außenpolitische Situation Frankreichs in dieser Zeit für die Inhaftierten. Die Auseinandersetzungen um die Ablösung der Kolonien, vor allem der sich seit 1954 entwickelnde Krieg in Algerien, hatte den Staat in eine schwere außen- und innenpolitische Krise geführt, die schließlich zum Ende der IV. Republik führte. In dieser Situation erschien es sinnvoll, einer Konfrontation mit der im Kalten Krieg erstarkten Bundesrepublik auszuweichen. Vor allem in der Phase des »deutsch-französischen Flirtes« Ende der fünfziger Jahre erschienen deutsche NS-Verbrecher in französischen Gefängnissen wie unnötig reizende »Artefakte« aus der Vergangenheit.[42] Darüber hinaus hatten sich die Aufsehen erregenden Prozesse gegen die NS-Verbrecher als innenpolitisch heikel erwiesen, da sie das damals noch beschwiegene Thema der »Collaboration« berührten. Beide Faktoren trugen maßgeblich dazu bei, dass sich die französische Regierung – trotz anders lautender Beteuerungen nach außen – gegenüber den deutschen Bemühungen um ein Ende der NS-Prozesse erstaunlich nachgiebig zeigte.

41 Wie »Le Figaro« am 9.12.1953 meldete, wurden allein in der siebenjährigen Amtszeit des frz. Präsidenten Vincent Auriol 70 000 Gnadenakte gewährt, in: BAK B 305/317. Die Untersuchungshaft, deren lange Dauer von deutscher Seite oft kritisiert wurde, wurde zudem regelmäßig durch das Mittel der »Liberté provisoire« verkürzt, bei der Gefangene unter Auflagen auf freien Fuß gesetzt wurden.

42 Poidevin/Bartiérty, Frankreich, S. 434.

Die Auswirkungen der französischen Strafverfolgung auf die Untersuchungsgruppe

So eindrucksvoll sich die abstrakten Zahlen auch ausnehmen, so stark relativieren sie sich, wenn man sie auf die konkreten Fälle bezieht. So waren von den genannten 119 nach dem Krieg als lebend ermittelten führenden Sipo/SD-Funktionären der erweiterten Untersuchungsgruppe 61 von solchen Verfahren betroffen, also etwas mehr als 50 Prozent.[43] Von diesen standen nur 35 selbst vor den französischen Gerichten, die anderen Urteile ergingen in Abwesenheit.

Von den 61 Männern wurden 14 freigesprochen oder ihre Verfahren wurden eingestellt.[44] Diese auf den ersten Blick erstaunliche Tatsache findet ihre Begründung in dem oben beschriebenen Sachverhalt, dass die Deportation der größtenteils nichtfranzösischen Juden vor Gericht relativ wenig Beachtung fand. Zudem brachten die französischen Anklagebehörden in erster Linie diejenigen Täter vor Gericht, die selbst Hand an ihre Opfer gelegt hatten, ein Kriterium, das auf die Mehrzahl der in dieser Studie vorgestellten Männer nicht zutrifft.

Aus der Perspektive der Verfolgten stellte sich die französische Strafverfolgung allerdings bedrohlich dar, schließlich hatten sie nicht nur die französische, sondern auch die Strafverfolgung der anderen Alliierten zu fürchten. Betrachtet man die Lebensläufe der ehemaligen Kommandeure und ihrer Stellvertreter, so ergibt sich ein differenziertes Bild: Bei den verbleibenden 55 Männern erging immerhin gegen 34 ein französisches Urteil, bei 21 Männern ist dagegen kein französisches Verfahren feststellbar.[45] Unter den Männern mit französischem Urteil befinden sich insgesamt 14 Personen, die in Abwesenheit verurteilt wurden, und 15, deren Taten in Anwesenheit abgehandelt wurden. Dazu kommen noch fünf Personen, deren Taten zwar Gegenstand französischer Verfahren waren, bei denen sich aus den hier verwendeten Akten aber nicht feststellen lässt, ob diese in An- oder Abwesenheit durchgeführt wurden.

43 Die Zahlen ergeben sich aus der statistischen Auswertung des Abschlußberichts des Landeskriminalamtes NRW vom 10.6.1974, in: HStAD, Außenstelle Kalkum, Rep. 158/1674-1679. Die dort befindlichen Angaben sind trotz größter Akribie als Näherungswerte zu betrachten, da den ermittelnden Kriminalbeamten nicht alle französischen Urteile zugänglich waren.

44 Die Zahlen ergeben sich aus der statistischen Auswertung des Abschlußberichts des Landeskriminalamtes NRW vom 10.6.1974. In: HStAD, Außenstelle Kalkum, Rep. 158/1674-1679. Hier S. 549.

45 Vgl. Anm. 43.

Gegen vier der ehemaligen Kommandeure und Stellvertreter wurde die Todesstrafe in Anwesenheit ausgesprochen, allerdings wurden drei von ihnen später begnadigt, nur einer wurde tatsächlich hingerichtet.[46] Weitere zehnmal wurde die Todesstrafe in Abwesenheit verhängt und war somit weder praktisch noch juristisch vollstreckbar. Sechs Funktionäre wurden zu Haftstrafen von über vier Jahren verurteilt, einer zu einer geringeren Haftstrafe. Die Verfahren gegen weitere zehn Männer endeten mit Freispruch, oder aber das Hauptverfahren wurde aus unterschiedlichen Gründen nicht eröffnet. In drei Fällen ließ sich der Ausgang des Verfahrens nicht mehr feststellen.

Einige der ehemaligen Kommandeure *ohne französische Verfahren* wurden jedoch in einem anderen Land strafverfolgt. Dies betraf naturgemäß vor allem diejenigen, die nicht nur in Frankreich eingesetzt worden waren. Nach den dieser Studie zugrunde liegenden Akten war dies bei fünf der ehemaligen Kommandeure der Fall – andersherum bedeutet dies, dass immerhin 14 der 21 Männer ohne französisches Verfahren keinerlei Probleme mit der alliierten Strafverfolgung hatten und weder von der französischen noch von der Justiz einer anderen alliierten Macht verfolgt wurden.

Der ehemalige KdS von Montpellier und Marseille und Führer des nach ihm benannten Sonderkommandos *Helmut Tanzmann* geriet 1945 in englische Gefangenschaft, wo er sich das Leben nahm, bevor es zu einem Verfahren kommen konnte.[47] Die Tätigkeiten von *Bruno Müller*, (KdS von Rouen), *Friedrich Suhr* (KdS Toulouse), *August Meier* (KdS Limoges) und *Adolf Blunck* (stellvertretender KdS Rouen) in Frankreich traten angesichts ihrer anderen Verbrechen in den Hintergrund. Alle vier waren unter anderem Führer von Einsatzkommandos in der Sowjetunion gewesen und auch dadurch hochgradig belastet.[48] Meier wurde wegen seiner Tätigkeit bei der Einsatzgruppe C abgeurteilt. Bis 1959 saß

46 Am 28.7.1949 wurde der ehemalige KdS von Nancy Franz Hoth in Metz hingerichtet. Er war vom Militärgericht Metz am 19.2.1949 verurteilt worden. Vgl. Abschlußbericht des Landeskriminalamtes NRW vom 10.6.1974, in: HStAD, Außenstelle Kalkum, Rep. 158/1674-1679, S. 586.

47 Hinweise zu Tanzmanns Flucht mit einem U-Boot: Pohl, Judenverfolgung, S. 421; Sandkühler, »Endlösung«, S. 438.

48 Bruno Müller war 1941 Führer des zur Einsatzgruppe D gehörenden Einsatzkommandos (EK) 11b gewesen, Friedrich Suhr 1942-1943 Führer des EK 4b (Einsatzgruppe C) und August Meier Führer des EK 5 (ebenfalls Einsatzgruppe C). Adolf Blunck war im Gruppenstab der Einsatzgruppe C der Adjutant des Einsatzgruppenführers Max Thomas. Vgl. Pohl, Einsatzgruppe C; Angrick: Einsatzgruppe D.

er seine Strafe in der Festung Hohenasperg ab. Als er kurz nach seiner Entlassung von einem bundesdeutschen Gericht in Untersuchungshaft genommen wurde, beging er Selbstmord.[49] Auch Friedrich Suhr nahm sich 1946 im alliierten Gewahrsam das Leben.[50] Bruno Müller geriet in britische Haft und erhielt wegen seiner Tätigkeit bei der Einsatzgruppe D eine 20-jährige Haftstrafe, die er bis zu seiner Begnadigung 1953 verbüßte. Er starb im Jahr 1960 eines natürlichen Todes.[51] Adolf Blunck blieb offenbar straffrei, ein bundesdeutsches Ermittlungsverfahren gegen ihn wurde eingestellt.[52] Auch *Hans Henschke*, kurzzeitiger Kommandeur in Paris und stellvertretender BdS, hatte aufgrund seiner Taten als Gestapochef von Kiel und Düsseldorf und Leiter eines Einsatzkommandos z.b.V. während der Ardennenoffensive allen Grund, sich vor den Alliierten zu fürchten. Er nahm einen falschen Namen an, wurde jedoch 1946 von englischen Truppen in Thüringen festgenommen und enttarnt.[53] Im Jahr 1948 verurteilte ihn ein britisches Gericht zu zwölf Jahren Gefängnis, von denen er sieben absaß.[54] *Hermann Span*, ehemals stellvertretender Kommandeur von Angers, wechselte seinen Namen dagegen dauerhaft: Er lebte bis zu seinem Tod im Jahre 1959 unerkannt unter einem Aliasnamen im slowenischen Ljubljana.[55]

Die Urteile gegen die 14 in Frankreich *in Abwesenheit* verurteilten Männer fielen meist scharf aus: Die Gerichte erkannten gegen zehn von ihnen auf Todesstrafe, zweimal auf lebenslange Zwangsarbeit und einmal

49 ZStL 104 AR-Z 1670/61, Bl. 20 und Abschlussbericht des Landeskriminalamtes NRW vom 10.6.1974, in: HStAD, Außenstelle Kalkum, Rep. 158/1674-1679, S. 532 auch Pohl, Einsatzgruppe C, S. 83.

50 Auskunft des Bundesarchivs, Außenstelle Ludwigsburg (ehemals ZStL) an den Verfasser vom 6.6.2001; siehe auch Abschlussbericht des Landeskriminalamtes NRW vom 10.6.1974, in: HStAD, Außenstelle Kalkum, Rep. 158/1674-1679, S. 673. Suhrs Tätigkeit bei der Einsatzgruppe C ist erwähnt bei: Pohl, Einsatzgruppe C, S. 84.

51 Vgl. Angrick, Einsatzgruppe D, S. 104 und Anmerkung 51 (S. 110).

52 Pohl, Einsatzgruppe C, S. 83.

53 Anklageschrift StA Hannover – 11 Js 4288/84 –, in: ZStL 114 AR 32/84.

54 Gerichtsverfahren JAG 346. Zu den Gründen: Anklageschrift StA Hannover – 11 Js 4288/84 –, in: ZStL 114 AR 32/84; Zu den Bemühungen um Henschkes Begnadigung ZRS-Akte Henschke, BAK B 305/722. Aufschluss über die dem britischen Urteil neben anderen Delikten zugrunde liegende Erschießung von Fremdarbeitern im so genannten »Montagsloch« bei Herbert, Fremdarbeiter, S. 390.

55 Abschlußbericht des Landeskriminalamtes NRW vom 10.6.1974, in: HStAD, Außenstelle Kalkum, Rep. 158/1674-1679, S. 467.

auf 20 Jahre Zwangsarbeit. Ein Verfahren wurde wegen fehlender Identifikationsmöglichkeit eingestellt. Über ein weiteres Verfahren war nichts in Erfahrung zu bringen. Die Akten erlauben es, die Nachkriegsschicksale von neun dieser Männer nachzuvollziehen.[56]

Bemerkenswerterweise fand der Prozess gegen die besonders schwer belasteten NS-Funktionäre *Kurt Lischka* und *Herbert Hagen* nur in Abwesenheit statt, obwohl beide zeitweise in französischem Gewahrsam gewesen waren. Kurt Lischka hatte sich nach Kriegsende zunächst als landwirtschaftlicher Arbeiter unter einem falschen Namen in St. Peter Ording versteckt gehalten, war dort aber noch im September 1945 von den Briten entdeckt und festgenommen worden.[57] Nach Aufenthalten in mehreren britischen Lagern wurde er Mitte 1946 an die Franzosen ausgeliefert.[58] Offenbar blieb den französischen Behörden die wahre Bedeutung ihres Häftlings verborgen, jedenfalls überführten sie Lischka Anfang 1947 zurück an die Briten, die ihn ihrerseits an die Tschechoslowakei auslieferten. Dort wurde Lischka wegen der Ermordung zweier Generäle gesucht.[59] Auch dort wurde er jedoch nicht vor Gericht gestellt, sondern Ende 1950 in die Bundesrepublik entlassen.[60] Im selben Jahr fanden zwei französische Verfahren in Abwesenheit gegen Lischka statt: Das Ständige Militärgericht in Paris verurteilte ihn in Abwesenheit zu lebenslanger Zwangsarbeit.[61] Gegenstand des Verfahrens waren Verbrechen an französischen Staatsbürgern, nicht aber die Deportationen des größten Teiles nichtfranzösischer Juden. Ein weiteres Verfahren gegen Lischka wegen der Geiselnahmen in der Zuständigkeit des KdS Paris wurde mangels Beweisen eingestellt.

Auch Herbert Hagen geriet Mitte 1945 in britische Gefangenschaft, aus der er im Oktober 1946 an die französische Abwehr ausgeliefert wurde. Wie Lischka wurde er jedoch nicht vor Gericht gestellt, sondern im

56 Nicht erfassbar waren *Friedrich Bauckloh* (KdS St. Quentin), *Fritz Barnekow* (Stv. KdS Rennes), *Dr. Werner Jähnig* (Stv. KdS Rennes), *Dr. Walter Machule* (KdS Bordeaux) und *Fritz Wollbrandt* (Stv. KdS Orleans).

57 Angaben Lischkas zur Person in: HStAD, Außenstelle Kalkum, Rep. 267/332, Bl. 7; auch: ZStL an LKA NRW vom 25.4.1971, in: ZStL 104 AR-Z 1670/61, Bl. 1630.

58 ZStL an LKA NRW vom 25.4.1971, in: ZStL 104 AR-Z 1670/61, Bl. 1630 und Angaben Lischkas zur Person in: HStAD, Außenstelle Kalkum, Rep. 267/332.

59 Personalakte Lischka in HStAD, Außenstelle Kalkum, Rep. 267/296.

60 ZStL an LKA NRW vom 25.4. 1971, in: ZStL 104 AR-Z 1670/61, Bl. 1630.

61 Siehe dazu und zum Folgenden: Urteil LG Köln 59-44/78 vom 11.2.1980, S. 8, in: HStAD, Außenstelle Kalkum, Rep. 267/277.

Dezember 1947 an die Briten rücküberstellt, die ihn 1948 entließen. Erst 1955 strengte das Ständige Militärgericht in Paris ein Abwesenheitsverfahren gegen Hagen an und verurteilte ihn wegen verschiedener Verbrechen an Franzosen zu lebenslanger Zwangsarbeit. Dass auch hier die Deportation der Juden nicht im Vordergrund stand, zeigt ein zweites Verfahren, das Hagens Tätigkeit als Leiter der Sipo beim BdS zum Gegenstand hatte und mit einem Einstellungsbeschluss endete.

Es ist wenig wahrscheinlich, dass die französischen Behörden, insbesondere die Abwehr, die wahre Identität und Bedeutung der beiden Exponenten des sicherheitspolizeilichen Terrorsystems trotz längerer Haft nicht erkannten und Hagen und Lischka aus Unwissenheit aus der Haft entließen. Wesentlich wahrscheinlicher ist, dass sie von einem Prozess aus innenpolitischen Erwägungen heraus absahen, wie das auch im Fall von Werner Best geschah.[62]

Diese beiden Fälle sind allerdings innerhalb der Untersuchungsgruppe singulär. Soweit überschaubar, befanden sich die anderen in Abwesenheit verurteilten ehemaligen Kommandeure und ihre Stellvertreter tatsächlich außerhalb der Reichweite französischer Gerichte. So geriet der ehemalige Kommandeur von Angers *Hans Dietrich Ernst* 1945 zunächst in amerikanische Kriegsgefangenschaft, aus der er aber flüchtete.[63] Er versteckte sich in Leipzig, wo er von der sowjetischen Besatzungsmacht verhaftet und zu 20 Jahren Arbeitslager verurteilt wurde. Von dieser Strafe verbüßte er neun Jahre bis zu seiner Amnestierung im Jahre 1956 im Lager Workuta.[64] Während dieser Zeit ergingen gegen Ernst drei französische Abwesenheitsurteile, alle mit Todesstrafe.[65] Auch hier lautete der Vorwurf, Verbrechen gegen französische Staatsbürger begangen zu haben.[66]

Drei andere ehemalige Kommandeure entgingen der französischen Strafverfolgung, da es ihnen zumindest zeitweise gelang, unter falschem Namen unterzutauchen. So geriet der ehemalige stellvertretende Kommandeur von Bordeaux *Walter Nährich* im Jahr 1945 ebenfalls in russische Kriegsgefangenschaft. Gekleidet in eine Uniform der Luftwaffe verschwieg er jedoch seine frühere Tätigkeit und gab den Mädchennamen

62 Herbert, Best, S. 407 ff.

63 Anklageschrift StA Aurich vom 26.5.1981 – 9 Js 282/80 –, in: ZStL 114 AR 3605/65.

64 Ebd.

65 Abschlussbericht des Landeskriminalamtes NRW vom 10.6.1974, in: HStAD, Außenstelle Kalkum, Rep. 158/1674-1679, S. 466.

66 Vgl. Abschrift der Anklageschrift der MG Metz vom 20.12.1949, in: ZStL AR-Z 155/77.

seiner Frau an. So entging er der Strafverfolgung. Nach einem Arbeitsunfall wurde er 1947 entlassen und schlug sich bis zu seiner Frau nach Westdeutschland durch.[67] Da ihn das Militärgericht in Metz, allerdings erst im Jahr 1952, in Abwesenheit zum Tode verurteilte, dürfte ihn weniger sein falscher Name gerettet haben als vielmehr der Umstand, dass die Auslieferung deutscher Staatsbürger nach Inkrafttreten des Grundgesetzes ab 1949 nicht mehr möglich war, da der Artikel 16 dies ausdrücklich untersagt. Nährich, der von dem französischen Urteil nichts wusste, besuchte im Jahr 1965 aus offenbar sentimentalen Gründen seinen ehemaligen Dienstsitz in Bordeaux, wurde dort erkannt und verhaftet. Wie es die französische Strafprozessordnung vorsah, wurde ein erneutes Verfahren gegen ihn angestrengt, in dessen Verlauf er vorläufig auf freien Fuß gesetzt wurde. Er nutzte die Gelegenheit, sich nach Deutschland abzusetzen, und kehrte auch nicht zurück, als er eine Vorladung zur Hauptverhandlung erhielt. Das französische Gericht verurteilte ihn daraufhin zu drei Jahren Haft, notgedrungen wiederum in Abwesenheit.[68]

Noch länger lebte der ehemalige KdS von Rennes *Hartmut Pulmer* unter dem falschem Namen Petersen. Bis 1967 blieben er und seine Familie unerkannt, bis er sich aufgrund einer Denunziation zu einer Selbstanzeige gezwungen sah.[69] Mehrere Verfahren bundesdeutscher Gerichte wegen seiner Verbrechen im Osten blieben ohne Ergebnis. Dagegen verurteilte ihn das Militärgericht in Paris in Abwesenheit zum Tode.[70]

Bemerkenswert war die Tarnung des ehemaligen stellvertretenden Kommandeurs von Orléans *August Moritz*. Dieser geriet 1945 zwar in Kriegsgefangenschaft, konnte aber drei Jahre später flüchten. Unter dem falschen Namen Rolf Müller lebte er in Hamburg. Dort pflegte er einerseits heimliche Kontakte zu ehemaligen NS-Funktionären und war – nach eigener Aussage – Mitglied der Geheimorganisation »Bruderschaft«. Anderseits arbeitete er zeitweise hauptamtlich für die »Vereinigung der Verfolgten des Naziregimes« (VVN) und spielte in der linken Szene Hamburgs eine gewisse Rolle.[71]

67 Verantwortliche Vernehmung Nährichs vom 12.4.1977, in: HStAD, Außenstelle Kalkum, Rep. 158/1574, Bl. 6801 und Anklageschrift StA Köln vom 4.2.1983 – 130 Js 1/83 (z) –, in: HStAD, Außenstelle Kalkum, Rep. 158/1510.

68 Ebd.

69 ZStL II AR-Z 199/59, Bl. 363.

70 Abschlußbericht des Landeskriminalamtes NRW vom 10.6.1974, in: HStAD, Außenstelle Kalkum, Rep. 158/1674-1679, S. 645.

71 Siehe Kapitel 4.

Nicht alle ehemaligen Kommandeure hatten nach dem Krieg so große Schwierigkeiten[72] wie die genannten: So flüchtete der ehemalige Sipo/SD-Chef von Orléans *Friedrich Merdsche* im Jahr 1945 zwar bis ins bayerische Reit im Winkl, kehrte von dort aber nach der Kapitulation nach Frankfurt zu seiner Frau zurück, wo er offenbar ohne jede Strafverfolgung seit 1946 unter seinem richtigen Namen wohnte.[73] Von den beiden Todesurteilen, welche die ständigen Militärgerichte in Lyon und Paris gegen ihn in Abwesenheit ausgesprochen hatten, erfuhr er zunächst nichts.[74] Zwar wurde er als Zeuge in einem belgischen Verfahren wegen der Verbrechen während der Rundstedt-Offensive gehört, selbst angeklagt oder verurteilt wurde er jedoch nicht, da man ihm freies Geleit zugesichert hatte.[75]

Auch dem stellvertretenden Kommandeur von Nancy und Kommandeur von Vichy *Josef Gallinger* blieb eine Auslieferung nach Frankreich erspart. Im Jahr 1944 zur Wehrmacht gewechselt, wurde er im amerikanischen Kriegsgefangenenlager in Hammelburg interniert, dort jedoch 1947 auf freien Fuß gesetzt.[76] Die französische Justiz allerdings verfolgte Gallinger und strengte zwei Ermittlungsverfahren gegen ihn an, von denen eines eingestellt wurde, das andere jedoch mit einer Verurteilung zum Tode in Abwesenheit endete.[77] Gegen den ehemaligen stellvertretenden Kommandeur von Paris *Kurt Illers*, der wie Gallinger tief in die Geiselerschießungen verstrickt gewesen war, wurde vor einem französischen Militärgericht ebenfalls in Abwesenheit verhandelt. Illers war kurz in ungarischer Kriegsgefangenschaft gewesen, aus der er noch 1945 entlassen worden war.[78] Das französische Militärtribunal stellte das Verfahren allerdings mangels ausreichender Identifikationsmöglichkeiten ein.[79]

Die Bilanz der französischen Strafverfolgung der 15 Männer der Untersuchungsgruppe, die *in Anwesenheit* vor den Militärtribunalen standen,

72 B. Klarsfeld, Wherever, S. 280 ff.

73 Vernehmung Merdsches vom 8.2.1977, in: HStAD, Außenstelle Kalkum, Rep. 158/1573, Bl. 6623 ff.

74 Abschlussbericht des Landeskriminalamtes NRW vom 10.6.1974. In: HStAD, Außenstelle Kalkum, Rep. 158/1674-1679, S. 601.

75 ZStL I 124 AR-Z 51/65 (StA Frankfurt a. M. 4 Js 71/65)

76 Abschlussvermerk ZStL vom 2.2.1967 – 114 AR 1669/61 –.

77 Einstellungsverfügung StA München I vom 26.5.1971 – 13 JS 14/71 –, in: ZStL 114 AR-Z/67.

78 Anklageschrift StA Aurich vom 2.9.1985 – 9 Js 909/83 – in: ZStL 104 AR-Z 31/83.

79 Abschlussbericht des Landeskriminalamtes NRW vom 10.6.1974, in: HStAD, Außenstelle Kalkum, Rep. 158/1674-1679, S. 448.

ist auf den ersten Blick bemerkenswert: Vier Mal erkannten die Gerichte auf Todesstrafe, ebenfalls vier Männer wurden zu langjährigen Haftstrafen von über vier Jahren verurteilt und einer zu einer Freiheitsstrafe von unter vier Jahren. Die Verfahren gegen fünf ehemalige Kommandeure wurden eingestellt oder endeten mit Freispruch. In einem weiteren Fall verstarb der beschuldigte Funktionär, bevor ihm der Prozess gemacht werden konnte. Führt man sich vor Augen, dass nur in einem Fall, nämlich dem von Franz Hoth, ein Todesurteil vollstreckt wurde und alle anderen Strafen durch Amnestien verkürzt und schließlich erlassen wurden, so kann von besonderer Härte der französischen Strafverfolgung keine Rede sein. Allerdings unterschieden sich Umstände und Dauer der Haft und die Verfahrensverläufe von Fall zu Fall.

So erlebte der ehemalige stellvertretende KdS von Poitiers *Richard Freise* das Kriegsende im Schwarzwald, wo er in amerikanische Kriegsgefangenschaft geriet. Die Amerikaner lieferten ihn an die französischen Behörden aus, die ihm den Status eines Kriegsgefangenen aberkannten und ihn 1948 in Bordeaux vor Gericht stellten.[80] Dort wurde er freigesprochen, Freise konnte umgehend nach Deutschland zurückkehren.

Ähnlich erging es *Modest Alfred Leonhard Graf von Korff*, dem ehemaligen Kommandeur von Châlons-sur-Marne. Er wurde in der Uniform eines Leutnants der Wehrmacht in Kärnten von amerikanischen Truppen festgenommen und nach zweijähriger Internierungszeit an die französischen Militärbehörden ausgeliefert.[81] Im Oktober 1947 wurde ihm gemeinsam mit einem ehemaligen Untergebenen in Metz der Prozess gemacht. Korff wurde freigesprochen und kehrte 1948 nach Deutschland zurück.[82]

Aber nicht alle Verfahren wurden so relativ zügig abgewickelt wie diese beiden. Die Verfahren gegen fünf weitere ehemalige Kommandeure zogen sich jahrelang hin und führten zur Mobilisierung bundesdeutscher Gegenwehr. Es handelte sich dabei zum einen um den ehemaligen KdS von Bordeaux *Hans Luther*. Dieser war als Offizier der Wehrmacht zunächst in amerikanische Kriegsgefangenschaft geraten und dann an

80 Anklageschrift StA Köln vom 4.2.1983 – 130 Js 1/83 (z) –, in: HStAD, Außenstelle Kalkum, Rep. 158/1510 und Personalakte Freise in HStAD, Außenstelle Kalkum, Rep. 158/1504.

81 Anklageschrift StA Köln vom 4.2.1983 – 130 Js 1/83 (z) –, in: HStAD, Außenstelle Kalkum, Rep. 158/1510; Vernehmung Korffs vom 24.4.1977, in: HStAD, Außenstelle Kalkum, Rep. 158/1574, Bl. 6833 ff.

82 Ebd.

Frankreich ausgeliefert worden. Das Militärgericht Bordeaux bereitete einen Gruppenprozess gegen fünf ehemalige Angehörige der dortigen Sipo/SD-Stelle vor. Bis zur Eröffnung des Hauptverfahrens 1953 und der Verkündung des Urteils im selben Jahr, durch das alle fünf schuldig gesprochen wurden, saß Luther in Untersuchungshaft.[83] Ganz ähnlich erging es dem RSHA-Mann und Ex-Kommandeur von Toulouse *Rudolf Bilfinger*. Auch er geriet 1945 in amerikanische Kriegsgefangenschaft und wurde 1946 an Frankreich ausgeliefert.[84] Dort wurde er in einem Gruppenprozess gegen die Sipo/SD von Toulouse vor dem Militärgericht Bordeaux angeklagt. Ein erstes Verfahren wurde eingestellt,[85] doch wurde Bilfinger Anfang 1953 wegen Verbrechen an Franzosen zu acht Jahren Zwangsarbeit verurteilt.[86]

Ähnlich war es dem ehemaligen Sipochef von Rouen und Marseille ergangen. *Rolf Mühler* war 1945 zunächst im amerikanischen Gefangenenlager in Ludwigsburg interniert gewesen, er wurde dann ebenfalls nach Frankreich gebracht, wo er bis zu seiner Verurteilung zu 20 Jahren Zwangsarbeit im Jahre 1955 in Untersuchungshaft saß.[87] Ein Jahr später wurde er amnestiert.

Der spektakulärste Prozess gegen Angehörige der Untersuchungsgruppe war der Doppelprozess gegen *Helmut Knochen* und *Carl Oberg*, die beiden höchstrangigen Sipo/SD-Funktionäre in französischer Haft. Ihr Fall wird im nächsten Kapitel ausführlich dargestellt.

Bilanz der alliierten Strafverfolgung

In der Gesamtschau bleibt festzuhalten, dass die französische Strafverfolgung trotz der imposanten Gesamtzahlen nur mäßig erfolgreich war. Von den 55 Kommandeuren der Untersuchungsgruppe standen nur 15 vor Gericht. Diese mussten zwar teilweise mehrere Jahre auf ihre Prozesse warten, was zum einen den zahlreichen eingelegten Rechtsmitteln geschuldet war, zum andern der Überlastung der Gerichte. Die erstinstanzlich ausgesprochenen Urteile waren meist hoch, doch wurden sie in fast allen Fällen durch zahlreiche Gnadenbeweise und Erlasse gemildert, außerdem stand den Verurteilten der Weg zum Kassationsgerichtshof offen.

83 ZRS, Rechtsschutzakte Luther, in: BAK B 305/117.
84 ZStL VI 114 AR 361/65, Bl. 35 ff.
85 ZRS-Akte Gruppenprozeß Sipo Toulouse, in: BAK B 305/625.
86 ZStL VI 114 AR 361/65, Bl. 35. ff
87 ZRS, Rechtsschutzakte Mühler, in: BAK B 305/308.

Wie im Folgenden ausgeführt wird, nutzten gerade die schwer belasteten Häftlinge alle ihnen zur Verfügung stehenden Mittel aus. Bemerkenswert ist, dass das aus heutiger Sicht im Vordergrund stehende Verbrechen der Judendeportationen bei den Verfahren gegenüber den an französischen Staatsbürgern verübten Verbrechen in den Hintergrund trat.

Diese Auffälligkeit ist ohne einen Blick auf die mehrstufige Entwicklung der innerfranzösischen Erinnerungskultur nicht zu verstehen. Wie vor allem Henry Rousso und Pieter Lagrou herausgearbeitet haben, wurden nichtfranzösische jüdische Opfer des Nationalsozialismus lange Jahre nicht als Hauptopfergruppe anerkannt.[88] Wie bereits ausgeführt, beherrschten die Angehörigen der verschiedenen Widerstandsgruppen das französische Gedenken. Die Etablierung der Juden in der Erinnerungslandschaft der französischen Öffentlichkeit begann erst Mitte der siebziger Jahre mit der organisierten Öffentlichkeitsarbeit der unter anderem von Serge Klarsfeld geführten jüdischen Opferverbände und erreichte mit der Veröffentlichung von Claude Lanzmanns Film *Shoah* den endgültigen Durchbruch.

Die niedrige Ahndungsquote erklärt sich vor allem durch die Schwierigkeiten der französischen Behörden, die Verdächtigen in ihre Gewalt zu bekommen. Wie an den geschilderten Lebensläufen deutlich wird, wurde den Auslieferungsbemühungen dieser Stellen selten entsprochen. Es war nicht nur die Bundesrepublik, die sich unter Verweis auf den Artikel 16 des Grundgesetzes gegen jede Auslieferung sperrte, sondern es waren auch die anderen Alliierten, die schon seit 1949 auf Auslieferungsbegehren zurückhaltend reagierten und diese den Franzosen gerne ganz abgeschlagen hätten.[89] Auf diese Weise kam es zu den Abwesenheitsurteilen gegen 14 Männer der Untersuchungsgruppe.

Doch die Männer der Untersuchungsgruppe wurden nicht nur von der französischen Justiz bedroht. Wie im Falle Hans Dietrich Ernsts stellten die Strafmaßnahmen der anderen Alliierten, vor allem der Ostblockstaaten, oft eine weit größere Bedrohung dar. Insgesamt waren es nur 14 Männer der Untersuchungsgruppe, die nach dem dieser Studie zugrunde liegenden Aktenbestand überhaupt nicht von alliierter Strafverfolgung tangiert wurden.

Schließlich ist hier noch die relativ kleine Gruppe der Schwerbelasteten zu erwähnen, die sich durch Flucht ins Ausland einer Strafverfolgung

88 Vgl. Rousso, Frankreich; Lagrou, Frankreich.

89 Rousso, Frankreich S. 174.

dauerhaft entziehen konnten. So gelang Klaus Barbie 1951 mit Hilfe des amerikanischen Geheimdienstes CIC die Flucht nach Bolivien, nachdem er bis dahin diesen Geheimdienst in Augsburg gearbeitet hatte und deshalb vor jeglicher Strafverfolgung geschützt worden war.[90] Der vom Militärgericht Lyon in Abwesenheit zum Tode verurteilte Barbie galt sowohl der deutschen als auch der französischen Justiz als »nicht ermittelt«. Auch Alois Brunner galt als vermisst. Er hatte sich mit Hilfe der so genannten Vatikanlinie zunächst nach Kairo, dann nach Damaskus abgesetzt. Gegen ihn lagen zwei französische Todesurteile vor.[91]

90 ZStL 114 AR 17/86, besonders: Bericht der StA Kassel vom 19.2.1965, Bl. 65. Auch Sánchez/Reimann, Barbie; Brochhagen, Nürnberg, S. 180. Dort auch weiterführende Literatur.

91 Abschlußbericht des Landeskriminalamtes NRW vom 10.6.1974. In: HStAD, Außenstelle Kalkum, Rep. 158/1674-1679, S. 561. Zu Brunners Aufenthalt und Tätigkeit in Damaskus: Vernehmung Franz Rademacher zu seinem Treffen mit Brunner, in: ZStL IV 412 AR 186/1965, Bd. 2. Bl. 504-509. Dazu auch Wiesenthal, Recht, S. 288 ff.; Hafner/Schapira, Akte. Informativ: »Der Spiegel« 4/1999 (»Das Phantom im Méridien«). Zur Vatikanlinie: Giefer/Giefer, Rattenlinie; Aarons, Ratlines.

3. Die bundesdeutschen Reaktionen

In der Bundesrepublik wurde die französische Strafverfolgung mit Empörung aufgenommen. Wie nach dem Ersten Weltkrieg war man nicht bereit, die Legitimität dieser Anstrengungen auch nur zu diskutieren oder ernsthaft zu prüfen, ob die vom Nachbarland erhobenen Anklagen gerechtfertigt waren. Diese Haltung gipfelte zum einen in zunehmendem politischen Druck auf Frankreich, die Verfahren einzustellen, zum anderen in der Gründung einer staatlichen Stelle. Diese sollte den »Rechtsschutz« der in Frankreich inhaftierten Deutschen gewährleisten, ging aber de facto in ihrer Tätigkeit weit darüber hinaus. Innerhalb der Untersuchungsgruppe richtete sich die Aufmerksamkeit in erster Linie auf diejenigen 15 ehemaligen Sipo/SD-Funktionäre, die sich bereits in französischem Gewahrsam befanden. Auch wenn Frankreich sich niemals zu einer offiziellen Beendigung dieser Verfahren bereit erklärte, so gelang es der Bundesregierung mit dieser Taktik doch, auf die Verfahren einen mäßigenden Einfluss zu nehmen, Amnestien und Begnadigungen zu erwirken und bis Anfang der sechziger Jahre alle noch Inhaftierten freizubekommen.

Parlamentsdebatten und die Suche nach einer politischen Lösung

In der gerade gegründeten Bundesrepublik war die französische Strafverfolgung mutmaßlicher Kriegsverbrecher von Anfang an ein Thema, das höchste politische Kreise beschäftigte. Bundeskanzler Konrad Adenauer hatte persönlich bereits Anfang des Jahres 1950 ein umfangreiches Schreiben von in Bordeaux inhaftierten Deutschen erhalten, das als Kassiber aus dem Gefängnis geschmuggelt worden war.[1] Darin schilderte ein Sprecher der Inhaftierten vorherrschende Missstände und forderte politische Unterstützung. Auch zahlreiche andere Politiker wie etwa der Ministerpräsident von Nordrhein-Westfalen Karl Arnold erhielten solche Schreiben.[2] Arnold, der seinerseits die Briefe Adenauer zur Kenntnis brachte, bekam von diesem zur Antwort, dass die »berechtigte Beschwerde über

1 Der 19-seitige Brief wurde nach einem Bericht des Hilfswerkes der evangelischen Kirchen vom 16.3.1950 als stenographischer Bericht aus dem Gefängnis in Bordeaux herausgeschmuggelt und Adenauer in Abschrift zugesandt, in: AA-PA B 2/2117.

2 Schreiben eines Privatmannes an Arnold vom 30.12.1950, in: ebd.

die Rechtsgrundlage im Augenblick nicht in eine offizielle Initiative verwandelt werden« könne, stattdessen müsse man auf eher »langsames Agieren setzen«, für Rechtsschutz sei aber gesorgt.[3] Adenauer umriss damit treffend die offizielle Linie der Politik der Bundesregierung, die sich zu Beginn des Jahres 1950 herausgebildet hatte.

Die CDU/CSU hatte nämlich bereits Ende August 1949 einen Antrag in den Bundestag eingebracht, in dem sie die Bundesregierung aufforderte, den Rechtsschutz »derjenigen Deutschen sicherzustellen, die in einigen alliierten Ländern [...] festgehalten werden unter dem Verdacht oder unter der Anklage der Beteiligung an Kriegsverbrechen«. Um diesen Rechtsschutz zu gewährleisten, sollte eine »Zentrale Rechtsschutzstelle« eingerichtet werden, eine Forderung, der sich wenig später auch der Auswärtige Ausschuss des Bundestages anschloss.[4] Der Bundestag nahm den Antrag mit den Stimmen der Opposition Anfang Dezember an. Wie weiter unten ausgeführt, wurde eine solche Stelle auch umgehend ins Leben gerufen, doch ist zunächst einmal die Haltung der in dieser Sache aktiven Politiker von Interesse. Diese zweifelten unisono die Rechtmäßigkeit der französischen Prozesse an. So hatte der Berichterstatter des Auswärtigen Ausschusses Eugen Gerstenmeier in der diesem Beschluss vorausgehenden Aussprache die Urteile »durchweg überhöht« genannt und sich dabei auf das inzwischen auch in der Bundesrepublik verbreitete Gutachten Donnedieu de Vabres berufen. Justizminister Dehler verdeutlichte die Haltung der Bundesregierung: Man wolle zwar Kriegsverbrechern keinen Schutz zubilligen, sei aber entschlossen, zumindest die »primitivsten Rechtsgarantien« zu gewährleisten, da die Verfahren doch erhebliche Mängel aufwiesen. Der Justizminister warf der französischen Regierung vor, die Verordnung de Gaulles von 1944 sei unrechtmäßig, und er erhob den Vorwurf der Kollektivhaftung. Gleichzeitig verwies er auf die moralische Dimension:

> »Bei diesen schweren Fällen, deren Tragik wir in keiner Weise leugnen wollen, die im Gegenteil für uns Deutsche eine schwere moralische Belastung darstellen – ich meine die Exekutionen, die an der Zivilbevölkerung in Oradour, in Tulle, in Asque durchgeführt worden sind –, wird unterstellt, daß jeder Angehörige eines Truppenteils der SS oder

3 Adenauer an Arnold am 13.1.1950, in: ebd.

4 Antrag der CDU/CSU-Fraktion vom 29.9.1949, BT-Drucksache, 1. Wahlperiode, Nr. 60 und mündlicher Bericht des Ausschusses für Besatzungsstatut und Auswärtige Angelegenheiten über diesen Antrag vom 4.11.1949, BT-Drucksache, 1. Wahlperiode, Nr. 165.

des SD oder der Feldgendarmerie schuldig ist, […] eine Beweisführung, die in der Praxis gar nicht möglich ist.«[5]

Dehler schlug mit dieser Erklärung einen Ton an, der zum Leitmotiv der politischen Debatte der Vergangenheitspolitik der fünfziger Jahre wurde: Mit dem Hinweis auf eine unpersönliche und unkonkrete, gleichsam metaphysische Schuld wurden die Taten der NS-Verbrecher überhöht und der Sphäre der Strafgerichtsbarkeit entzogen. Wie Helmut Dubiel nachgewiesen hat, war es gerade diese Interpretation der NS-Zeit und ihrer Verbrechen als eines mythischen Einbruchs in die deutsche Geschichte, die eine konkrete Aufarbeitung verhinderte.[6] In einer dergestalt abstrahierten und entwirklichten Vergangenheit gab es weder konkrete Personen noch konkrete Handlungen, so dass sich die Frage nach realer Strafverfolgung gar nicht erst stellte.[7]

Diese Debatte blieb nicht die einzige ihrer Art zum Thema. Kurt Schumacher behauptete bei einer anderen Gelegenheit, die französischen Urteile seien einer »Psychose der Vergeltung« geschuldet, »die über das menschlich Erträgliche hinaus« gehe, und er verband damit die Forderung, der Bundeskanzler möge sich für eine Überprüfung der Urteile einsetzen.[8] Die SPD-Fraktion legte daraufhin der Regierung die Frage vor, was sie für die Gefangenen zu unternehmen gedenke.[9] Justizminister Dehler reagierte mit dem erneuten Hinweis auf die metaphysische Dimension der verübten Verbrechen und beklagte, »wie schwer es auf dieser Erde [sei], Schuld zu sühnen«. Schließlich beschwor er den Westfälischen Frieden und zitierte die bekannte Klausel des »Ewigen Vergessens«: Da die Verfahren nicht dem deutschen Rechtsverständnis entsprächen, müssten sie schnellstmöglich beendet werden. Weitere Redner ergänzten das argumentative Arsenal: Der SPD-Abgeordnete Eichler führte das Argument der »Rachejustiz« an, wenn auch poetisch verklausuliert – bei den Verfahren, so Eichler, habe »offenbar mehr die Empörung als der strenge Sinn für Gerechtigkeit die Feder und die Stimme des Herzens gelenkt«. Heinrich Höfler (CDU), der sich als Caritas-Vorsitzender auch aktiv um

5 Protokolle des BT, 19. Sitzung vom 1.12.1949, S. 543 ff.

6 Dubiel gründet seine »Reflexionsgeschichte der Bundesrepublik« auf die von Karl Jaspers eingeführte Unterscheidung zwischen krimineller, moralischer, politischer und metaphysischer Schuld. Vgl. Dubiel, Niemand, bes. S. 67 ff.

7 Vgl. Herbert, Bewältigung, S. 13.

8 Verhandlungen des BT, 1. Wahlperiode, Sitzung vom 15.11.1949, S. 403.

9 Interpellation der SPD vom 9.12.1949, Drucksachen des BT, 1. Wahlperiode, Nr. 303.

die inhaftierten Kriegsverbrecher bemühte, stellte die Prozesse als Bedrohung der deutsch-französischen Verständigung dar: Was zwischen den beiden Völkern vorgehe, sei ein altes Leid, das es im Interesse der sich abzeichnenden Annäherung zu überwinden gelte. Leider müsse aber festgestellt werden, dass »die französische Justiz in dieser Sache weithin in einer Weise versagt habe, daß es dem Freund ernster Verständigung zwischen den beiden Völkern wirklich leid tun kann.«[10]

Diese Aussprache, vor allem die Äußerungen des Justizministers ließen an Deutlichkeit wenig zu wünschen übrig. Die bundesdeutschen Politiker hielten die französischen Verfahren für unrechtmäßig. Prompt beschwerte sich der französische Hochkommissar François-Poncet bei Adenauer.[11] Dieser distanzierte sich zwar klar von den Äußerungen Dehlers, doch bestand wenig Zweifel, dass sein Minister für die Mehrheit des Bundestages und der Bevölkerung gesprochen hatte.

Im Jahr 1951 setzte die SPD-Fraktion erneut nach und forderte die Bundesregierung auf, weiter auf eine Revision der französischen Gesetze zu dringen. Diesmal jedoch bemühte sie sich um einen differenzierteren Umgang und warf deshalb die Frage auf, wie viele der bis dato stets pauschal als »Kriegsgefangene« bezeichneten Deutschen eigentlich der Sipo oder dem SD angehört hatten.[12] Es gehörte jedoch zum Prinzip der bundesdeutschen Politik, eine solche Unterscheidung zwischen den einzelnen Gruppen der inhaftierten Deutschen, vor allem die Trennung zwischen »Kriegsverbrechern« (oder genauer NS-Verbrechern) und »Kriegsgefangenen«, zu vermeiden. Eine derartige Differenzierung hätte der Öffentlichkeit vor Augen geführt, dass es sich bei einem Großteil der zu diesem Zeitpunkt Inhaftierten um Angehörige hochgradig verdächtiger Einheiten wie des SD handelte und nicht, wie suggeriert, um zu Unrecht verfolgte einfache Soldaten. Zwar existierten darüber durchaus genaue Aufstellungen, wie sie beispielsweise die Zentrale Rechtsschutzstelle besaß, doch wurden diese nicht veröffentlicht.[13] Auch die Anfrage der SPD

10 Verhandlungen des BT, 1. Wahlperiode. 26. Sitzung vom 11.1.1950, S. 781 ff.

11 Brochhagen, Nürnberg, S. 150.

12 Interpellation der SPD vom 25.4.1951.

13 So trägt die in der Zentralen Rechtsschutzstelle des Auswärtigen Amtes angefertigte Aufstellung der Verurteilten nach Dienstgruppen vom 2.3.1954 den Vermerk »streng vertraulich« und »nur zur persönlichen Unterrichtung zu verwenden«, in: BAK B 305/317. Noch 1957 verwendete sich der in der Betreuung der Kriegsverbrecher stark engagierte Pfarrer Brockhoff mit Verve gegen eine Trennung von Kriegsverbrechern und Soldaten. Schreiben Brockhoff an Bundesministerium der Verteidigung vom 20.4.1957, in: BAK B 305/314.

wurde außerparlamentarisch erledigt: Die Regierung überzeugte die SPD, dass diese Frage besser im Stillen behandelt werden sollte.[14]

Dieser verzerrten Wahrnehmung versuchte der französische Außenminister Schuman mit der Erklärung zu begegnen, dass es in Frankreich nur noch inhaftierte »Kriegsverbrecher« gebe und keine Kriegsgefangenen. Diese eindeutige Äußerung zeitigte in der Bundesrepublik jedoch weder in der Politik noch in der öffentlichen Meinung Wirkung.[15] Noch 1955, zu einem Zeitpunkt also, als nur noch eine überschaubare Anzahl besonders schwer belasteter NS-Verbrecher wie Helmut Knochen in Frankreich einsaßen, bezeichnete die Bundestagsabgeordnete Gräfin Finckenstein vom »Gesamtdeutschen Bund/Bund der Heimatvertriebenen und Entrechteten« die von ihr »Kriegsverurteilte« genannten Männer nach deutschen Maßstäben als unschuldig. »Es sei«, so die Gräfin, »zum Vergleich an die Zeit nach dem Ersten Weltkrieg erinnert, als z. B. von Frankreich die Auslieferung von 1800 auch damals als Kriegsverbrecher bezeichneter Deutscher verlangt wurde, aber verweigert werden konnte. In den daraufhin von deutscher Seite durchgeführten Prozessen sind nur in sechs von diesen 1800 Fällen Verurteilungen ausgesprochen worden.«[16] Die mit dieser Darstellung verbundene Forderung nach einer Generalamnestie wurde von der Regierung zwar zurückgewiesen, doch blieb ein weiteres Mal die Behauptung der unangemessenen Strafverfolgung unwidersprochen.[17] Zusammenfassend muss also konstatiert werden, dass es bis weit in die fünfziger Jahre hinein die Strategie der Bundesregierung war, die Thematisierung der NS-Verbrechen und die Benennung der Verantwortlichen hinter einer zumindest teilweise künstlichen Empörung über die französische Justiz zu verschleiern.

Dass es zumindest Teile der Regierung besser wussten, zeigt ein internes Papier des Auswärtigen Ausschusses des Bundestages aus dem Jahr 1952. Dort wurde festgestellt, dass »die französischen Militärgerichte im ganzen außerordentlich fair vorgingen«. Weiter hatte der Ausschuss bemerkt, dass »die Lage der in Frankreich festgehaltenen Gefangenen durchaus nicht ungünstig zu beurteilen ist und im Vergleich zu den in

14 Vgl. Brochhagen, Nürnberg, S. 468, Anm. 39. Ausführlicher: Frei, Vergangenheitspolitik, S. 250.

15 Erklärung Schumans auf einer Pressekonferenz am 18.1.1950, Zitiert nach Brochhagen, Nürnberg, S. 151.

16 Verhandlungen des BT vom 17.2.1955, 66. Sitzung, S. 3382 ff.

17 Zur Debatte um eine mögliche Generalamnestie: Frei, Vergangenheitspolitik, S. 234 ff.; Herbert, Best, S. 451 ff.

vielen Fällen begangenen schweren Verbrechen Zahl und Höhe der Strafnachlässe und Begnadigungen einen z. T. erstaunlichen Umfang erreicht haben«.[18] Carlo Schmid, damals Vorsitzender des Ausschusses, zog daraus die Forderung, dass es angesichts der wuchernden Legenden über die französische Strafpraxis notwendig sei, »die Öffentlichkeit endlich mit der Wahrheit über die deutscherseits begangenen Kriegsverbrechen vertraut zu machen«, eine Idee, die niemals verwirklicht wurde. Schmid wusste, wovon er sprach: Er war während der deutschen Besatzung Frankreichs als Kriegsverwaltungsrat in Lille tätig gewesen. In Kontakt mit Widerstandskreisen stehend, war er selbst dem Zugriff der Sipo/SD nur knapp entkommen.[19]

In gleicher Absicht forderten Eugen Gerstenmeier, Margarete Hütter, Fritz Erler und Herbert Wehner 1953 in einer Ausschussdebatte über die »Endlösung der Kriegsverbrecherfrage« das Auswärtige Amt und das Justizministerium »wiederholt und mit Nachdruck« auf, endlich einen genauen schriftlichen Bericht über die einzelnen Kriegsverbrecherfälle und -urteile vorzulegen, denn dies sei wichtig, »um dem immer mehr um sich greifenden Mythos einer Kollektiv-Unschuld aller Kriegsverbrecher und auch dem Gedanken einer generellen Amnestie endlich entgegentreten zu können«.[20] Auch dies geschah jedoch nicht, das Gros der deutschen Entscheidungsträger blieb ebenso uninformiert wie die Öffentlichkeit.

Die französische Strafverfolgung und der Generalvertrag

Stattdessen bemühte sich die Bundesregierung weiter nach Kräften, die französischen Verfahren zu beenden. Sie forderte in erster Linie ein generelles Ende der französischen Strafverfolgung.[21] Als wichtigstes Druckmittel erwies sich dabei die geplante Rolle Westdeutschlands in Europa, insbesondere der von der Bundesrepublik zu leistende Wehrbeitrag. Diese Politik, die dem starken Einfluss interessierter Kreise wie dem »Heidel-

18 Vertraulicher Bericht des Ausschusses für das Besatzungsstatut und Auswärtige Angelegenheiten vom 25.10.1952. Bericht des bei der diplomatischen Vertretung in Paris mit Kriegsverbrecherfragen befassten Dr. Weinhold, in: AA-PA B 10/2130.

19 Vgl. Weber, Carlo Schmid, S. 170 ff.

20 Protokoll der Sitzung der Delegation für die Ablösung des Besatzungsstatuts vom 23.10.1952, in: AA-PA II 515-11.

21 Hierzu: Brochhagen, Nürnberg, S. 48 ff. sowie 147 ff.; Frei, Vergangenheitspolitik, S. 234.

berger Juristenkreis« und dem mittlerweile zum führenden Politiker in der nordrhein-westfälischen FDP avancierten ehemaligen politischen Leiter der deutschen Botschaft in Paris Ernst Achenbach ausgesetzt war, führte letztlich zu einer Verbindung der »Kriegsverbrecherfrage« mit dem »Generalvertrag«.[22] Wie vor allem Norbert Frei herausgearbeitet hat, war es die deutsche Absicht, mit dem Abschluss dieses Vertragswerks zugleich das Ende der alliierten Strafverfolgung zu erreichen, was für die britische und amerikanische Seite gelang, nicht aber für die französische.

Der »Generalvertrag« sowie die drei ihn ergänzenden Annexverträge sollten das Besatzungsstatut ablösen und die Souveränität der Bundesrepublik wiederherstellen. Er sollte jedoch auch die geplante Rolle der Bundesrepublik in einem westlichen Militärbündnis regeln. Dies kam unter anderem dadurch zum Ausdruck, dass das (nach dem Ort der Unterzeichnung zunächst »Bonner Verträge« genannte) Vertragswerk zunächst an die Gründung der Europäischen Verteidigungsgemeinschaft gekoppelt war. Deren Scheitern im Jahr 1954 bedeutete somit auch das vorläufige Ende der Verträge. Sie wurden jedoch am 23. Oktober desselben Jahres mit leichten Änderungen in Paris unterzeichnet (»Pariser Verträge«) und traten schließlich 1955 in Kraft.[23]

Der »Generalvertrag« wurde durch drei Zusatzverträge ergänzt. Einer dieser Annexverträge, der »Vertrag zur Regelung aus Krieg und Besatzung entstandener Fragen«, war ausschließlich der aus dem NS-Erbe entstandenen rechtlichen Problematik gewidmet, vor allem der Frage der Rückerstattung »arisierter« Vermögenswerte und der strafrechtlichen Verfolgung der NS-Verbrechen. Erst mit diesem meist kurz »Überleitungsvertrag« genannten Abkommen wurde nun die strafrechtliche Souveränität der Bundesrepublik wiederhergestellt.[24] Bis dahin hatten sich

22 Vertrag über die Beziehungen zwischen der Bundesrepublik und den Drei Mächten vom 26.5.1952. Zu den Einflussnahmen Achenbachs und des »Heidelberger Juristenkreises« vgl. Frei, Vergangenheitspolitik, S. 236 ff., und Herbert, Best, S. 451 ff.

23 »Der Vertrag zur Regelung aus Krieg und Besatzung entstandener Fragen« trat am 5.5.1955 in Kraft (BGBl vom 31.4.1955, Teil II, S. 405 ff.). Er ergab sich aus dem Artikel 8 zur Bestimmung des am 26.5.1952 abgeschlossenen Generalvertrages, in dem der Abschluss eines solchen Spezial-Vertrages vorgesehen war. Einen kurzen Abriss der Entstehungsgeschichte gibt die rein auf juristische Aspekte konzentrierte Darstellung von Bötsch, Nachbefolgung; vgl. auch Frei, Vergangenheitspolitik, S. 234, sowie die Memoiren des deutschen Verhandlungsleiters Wilhelm Grewe, Rückblenden.

24 Vgl. Bötsch, Nachbefolgung, S. 49 ff.

die Westalliierten die Strafverfolgung von Taten, die gegen nichtdeutsche Staatsangehörige und außerhalb des deutschen Territoriums verübt worden waren, nämlich selbst vorbehalten, so dass die bundesdeutsche Justiz bis 1955 gar kein Recht zur Verfolgung solcher Taten, wie sie in Frankreich begangen worden waren, gehabt hatte. Nun aber wurde diese Beschränkung aufgehoben. Mit dem Gewinn an Souveränität war für die deutsche Justiz allerdings auch ein Zuwachs an Verpflichtungen verbunden. Sie war fortan nicht nur berechtigt, sondern nach dem Legalitätsprinzip auch verpflichtet, diese NS-Verbrechen zu verfolgen.

Die bundesdeutschen Bemühungen um das Ende der alliierten Strafverfolgung waren insofern erfolgreich, als eine besondere Regelung in den Überleitungsvertrag aufgenommen wurde. Diese sollte die Entlassung der von den alliierten Gerichten bereits bestraften NS-Täter beschleunigen. Ein »Gemischter Ausschuss« (Artikel 6) sollte sich nun mit den Fragen der vorzeitigen Entlassung der Inhaftierten und mit der beschleunigten »Abwicklung des Kriegsverbrecherproblems« beschäftigen.[25] Er prüfte wohlwollend die einzelnen Fälle der aufgrund alliierter Urteile in Westdeutschland inhaftierten Deutschen und setzte die Betroffenen, wo irgend möglich, beschleunigt auf freien Fuß. Auf diese Weise endete sowohl die Strafverfolgung Großbritanniens als auch die der Vereinigten Staaten, nicht aber die Frankreichs, dessen im eigenen Land durchgeführte Verfahren von dieser Regelung nicht betroffen waren.[26]

Im Hinblick auf Frankreich erwies sich der »Überleitungsvertrag« aus deutscher Sicht also als unbefriedigend. Zum einen kam er natürlich bei seinem erst 1955 erfolgten Inkrafttreten für das westdeutsche Empfinden viel zu spät, zum anderen erfasste das Abkommen die strittigen Verfahren ja überhaupt nicht. Die deutsche Regierung hatte zwar während der Vertragsverhandlungen versucht, eine Regelung durchzusetzen, die auch die in Frankreich geführten Verfahren umfasst hätte, war dabei jedoch ohne Erfolg geblieben. Im Sommer 1952 hatte der französische Außenminister Schuman zwar dem wiederholten Drängen Adenauers auf eine beiderseitige Expertenbesprechung nachgegeben, er hatte dabei aber von vornherein klargestellt, dass für die französische Regierung eine Begünstigung der deutschen »Kriegsverbrecher« gegenüber gewöhnlichen französischen Kriminellen nicht in Frage komme. Zwar war man bereit, »im Rahmen dieser gesetzlichen Grenzen alle in Betracht kommenden Fälle mit größ-

25 Vgl. Frei, Vergangenheitspolitik, S. 266 ff.

26 Zur amerikanischen Begnadigungspraxis vgl. Schwartz, Begnadigung.

tem Wohlwollen zu behandeln«, doch wies man auch weiterhin alle Sonderregelungen wie generelle Amnestien oder die von den Deutschen ins Spiel gebrachte Gnadenkommission zurück.[27] Als Ergebnis der deutsch-französischen Verhandlungen, die schließlich im Dezember 1952 in Bonn stattgefunden hatten, hielt der Referent des Auswärtigen Amtes von Trützschler deshalb fest, dass die Bundesregierung es nach wie vor als ihre Aufgabe ansehe, »dieses Problem geräuschlos einer beschleunigten Lösung näher zu bringen«, zumal »in der deutschen Öffentlichkeit das Verlangen nach einer Liquidierung dieser Frage immer dringender werde«. Angesichts der französischen Position bestünde jedoch kein Zweifel, »daß das sicherste Mittel für eine Bereinigung des Kriegsverbrecherproblems in einer weitgehenden und großzügigen Ausnützung aller vom Gesetze vorgesehenen Maßnahmen oder sonst gegebenen Möglichkeiten liege«.[28] Tatsächlich gab die Bundesregierung ihre Hoffnung auf eine umfassende »Liquidierung« des Problems nun endgültig auf und setzte verstärkt auf individuelle Maßnahmen wie Gnadenanträge und das Stellen von Verteidigern.

Die »Ausschöpfung der gesetzlichen Möglichkeiten«: Der Fall Michel

Wie wirkungsvoll direkte politische Interventionen in Einzelfällen waren, zeigt der Fall des ehemaligen Chefs der Abteilung Wirtschaft des MBF Dr. Elmar Michel. Michel, der nach 1942 als Nachfolger Werner Bests auch die Abteilung Verwaltung des MBF geleitet hatte und ursprünglich aus dem Reichswirtschaftsministerium stammte, war 1945 zunächst von den Amerikanern festgenommen worden und hatte im Nürnberger Prozess als Zeuge ausgesagt. Im Jahr 1948 wurde er aus der Haft entlassen und als »Entlasteter« entnazifiziert. Im darauf folgenden Jahr wurde er jedoch erneut vom amerikanischen Geheimdienst CIC festgenommen und nach Frankreich ausgeliefert. Als ehemaligem Chef der Wirtschaftsabteilung, die auch für die »Arisierung« jüdischen Besitzes verantwortlich gewesen war, sollte ihm ein Prozess wegen der »wirtschaftlichen Ausplünderung Frankreichs« gemacht werden. Dieses Ver-

27 Aufzeichnung zur Vorbereitung der deutsch-französischen Verhandlungen vom 5.12.1952 und Berichte über den Verlauf vom 11.12.1952 und 15.12.1952, alle in: AA-PA II 515-04e. Siehe auch: Brochhagen, Nürnberg, S. 159.

28 Aufzeichnung von Trützschlers vom 11.12.1952, in: AA-PA II 515-04e.

fahren hätte nicht nur dieses bisher vermiedene Thema in das Bewusstsein der Öffentlichkeit in beiden Staaten gerückt und eventuelle Rückgabe- oder Ausgleichsforderungen begründen können, sondern es hätte zudem das Ansehen der zahlreich in der Bonner Administration beschäftigten ehemaligen Militärverwaltungsbeamten beschädigt. Diese hofften zunächst, das Verfahren »werde in aller Stille begraben«.[29] Denn während die Anklage vor dem Militärgericht in Paris vorbereitet wurde, durfte Michel bis zum Prozessbeginn vorläufig nach Deutschland ausreisen. Doch diese Hoffnung trog, die Hauptverhandlung wurde für den März 1954 festgesetzt. Nun machten Michels ehemalige Untergebene mobil: So wandte sich der ehemalige Kriegsverwaltungsrat der Gruppe Justiz und jetzige Ministerialrat im Bundesministerium des Inneren Walter Bargatzky an Justizminister Dehler: Es sei eine Verurteilung Michels zu befürchten:

> »Eine öffentliche Schuldfeststellung würde somit nicht nur das Ansehen des früheren Reichsressorts, sondern auch der ihm angehörenden Beamtenschaft in Mitleidenschaft ziehen, ein großer Teil dieser Beamten aber befindet sich heute im Dienst der Bundesregierung.«[30]

Michel selbst wandte sich an Adenauers Staatssekretär Globke, der seine Unterstützung zusagte.[31] Auch Walter Strauß, Staatssekretär im Bundesjustizministerium und alter Bekannter Michels, wurde zu seinen Gunsten aktiv, indem er an Adenauer schrieb. Im Falle eines Verfahrens,

> »würden nicht nur sämtliche auf wirtschaftlichem Gebiet in den Jahren 1940 bis 1944 geführten Verhandlungen und getroffenen Maßnahmen und alle Weisungen der früheren deutschen Reichsressorts […] behandelt werden sowie die damalige deutsch-französische ›Collaboration‹

29 So eine undatierte Zusammenfassung über den Fall Michel in der Anlage eines Briefes des damaligen Oberregierungsrates im Bundeswirtschaftsministerium Dr. Dankmar Seibt an VLR von Trützschler im AA am 27.12.1953, in: BAK B 305/337.

30 Bargatzky an Dehler am 3.2.1953, in: BAK B 305/337. Ähnliche Briefe schrieben der Abteilungsleiter im Bundeswirtschaftsministerium und spätere Staatssekretär im Schatzministerium Ludwig Kattenstroth an den Bundestagsabgeordneten und späteren Bundesfinanzminister Franz Etzel und der Ministerialdirektor im Bundeswirtschaftsministerium Josef Rust an den Staatssekretär im Bundeskanzleramt Otto Lenz. Dies geht aus dem Schreiben Seibts an von Trützschler vom 27.2.1953 hervor, in: BAK B 305/337.

31 Michel an Globke am 13.12.1953, in: BAK B 305/337.

> in ihrer ganzen Breite aufgerollt werden […], sondern die Verteidigung würde auch die zum Teil sehr viel weitergehenden französischen Besatzungsmaßnahmen in Deutschland zum Vergleich heranziehen müssen«.[32]

Schon aus diesen Gründen, aber auch wegen der Unschuld Michels, möge der Kanzler bei der französischen Regierung intervenieren.

Aber auch auf französischer Seite bestanden Bedenken gegen den Prozess, da er wichtige Entscheidungsträger des Vichy-Regimes zu delegitimieren drohte, die auch im Nachkriegsfrankreich in führende Positionen von Wirtschaft und Politik eingerückt waren.

Auf Veranlassung Marcel Kriegers, eines führenden Mitarbeiters Plevens, hatte im Sommer 1950 eine Besprechung zum Fall Michel stattgefunden. Als Ergebnis hatten sich die teilnehmenden Vertreter des Wirtschafts-, Justiz-, Außen- und Innenministeriums darauf verständigt, dass sie an einer Fortführung des Verfahrens kein Interesse hätten. Eine daraufhin in Gang gesetzte Initiative zur Einstellung des Verfahrens wurde jedoch von dem ehemaligen Kriegsminister Jules Moch abgefangen, dem es – wie zumindest die deutschen Freunde Michels vermuteten – vor allem darum ging, »die Repräsentanten der damaligen Vichy-Regierung, die zum großen Teil heute wieder in führenden wirtschaftlichen Stellen sind, vor der französischen Öffentlichkeit zu belasten«.[33]

Da also von der französischen Seite die erhoffte Niederschlagung des Verfahrens nicht zu erwarten war, wurde schließlich Adenauers außenpolitischer Berater Herbert Blankenhorn aktiv. In einem Notenwechsel machte er François-Poncet auf die angebliche Gefahr für die deutsch-französischen Beziehungen aufmerksam.[34] Auch eine Reihe anderer einflussreicher Personen, darunter General a. D. Speidel, verwendeten sich für Michel.[35]

Letztlich fand sich doch noch eine Möglichkeit, das Verfahren trotz Mochs Blockade zu verhindern: Die Direction de la justice militaire wies den französischen Anklagevertreter an, die Anklage fallen zu lassen, und teilte gleichzeitig der deutschen diplomatischen Vertretung in Paris mit,

32 Walter Strauß an Adenauer am 13.2. 1953, in: BAK B 305/337.

33 Eine Zusammenfassung der Besprechung nebst Bewertung findet sich in: BAK B 305/337, bes. Dok. 1 und 2.

34 FS François-Poncet an Blankenhorn vom 23.2.1953, in: BAK B 305/337.

35 Aufzeichnung des AA, von Trützschler für Adenauer am 13.3.1953, ebd.

dass das Erscheinen Michels vor Gericht nicht erwartet werde.[36] Das unter diesen Bedingungen durchgeführte Abwesenheitsverfahren endete folglich mit einem Freispruch.[37] Schon vor der Urteilsverkündung hatte Adenauer angekündigt, Michel als Ministerialdirektor im Bundeswirtschaftsministerium einstellen zu wollen, was dann auch geschah.[38]

Der Fall Michel stellt wegen der komplizierten Interessenlage und vor allem wegen der gegen den Wirtschaftsfachmann erhobenen Tatvorwürfe einen Sonderfall dar. Anders als den ehemaligen Sipo/SD-Funktionären wurden Michel ja keine Tötungsverbrechen, sondern »nur« die wirtschaftliche Ausplünderung Frankreichs vorgeworfen. Zudem wurde der Fall des Best-Nachfolgers von beiden beteiligten Regierungen auf höchster Ebene verhandelt, ein Privileg, das den Sipo-Männern nur selten zuteil wurde. Wie sich allerdings zeigen sollte, konnten aber auch die Schwerbelasteten durchaus auf ähnliche Hilfe aus Deutschland zählen, die meist nach demselben Muster organisiert wurde. Ehemalige Kollegen der Angeklagten, die in Deutschland bereits wieder zu Einfluss gekommen waren, verständigten sich auf eine gemeinsame Verteidigungslinie und nutzten ihre alten und neuen Kontakte zu politischer Lobbyarbeit. Die Motive dieser Netzwerke sind zum einen in der Loyalität zu ihren ehemaligen Kollegen zu sehen, vor allem aber in der von Bargatzky offen ausgesprochenen Erkenntnis, dass jede öffentliche Abrechnung mit den Angeklagten auch die in Bonn tätigen »Ehemaligen« diskreditieren würde. Wie am Beispiel der ehemaligen Kommandeure und ihrer Stellvertreter deutlich werden wird, erwies sich dieses Amalgam aus persönlichen Interessen einer gut vernetzen politischen Elite und angeblicher Staatsräson als wirkungsvolles Mittel, um die zunehmende politische Kraft der Bundesrepublik für die ehemaligen NS-Funktionäre zu mobilisieren. Als wichtigstes politisches Instrument erwies sich die nach der bereits geschilderten Bundestagsdebatte gegründete »Zentrale Rechtsschutzstelle« (ZRS).

36 Dazu FS Deutsche Diplomatische Vertretung Paris an AA vom 26.3.1953 und 9.11.1954, Note Frz. Botschaft an AA vom 1.4.1953, alle in: BAK B 305/337.

37 Urteil des Ständigen Militärgerichtes in Paris vom 10.11.1954, in: BAK B 305/337.

38 Vermerk ZRS-Gawlik vom 1.10.1953, ebd. Michel erwarb sich 1967 als Vorsitzender der sog. »Michel-Kommission« Anerkennung, die von 1956 bis 1967 die Entwicklung der Medien in der Bundesrepublik untersuchte.

Die Idee zur Einrichtung einer solchen Stelle war älter als die Bundesrepublik selbst. Schon bei dem Ende November 1945 in Stuttgart gegründeten Länderrat des amerikanischen Besatzungsgebietes hatte ein »Ausschuss für Kriegsgefangene« existiert, der sich mit der allgemeinen Problematik befasste. Auch in der britischen Zone hatte ein ähnlicher Ausschuss bestanden. Im Jahr 1948 hatte dann das Internationale Komitee vom Roten Kreuz die Bildung einer Rechtsschutzstelle in Stuttgart angeregt, die vom Länderrat finanziert wurde. Auch die konfessionellen Wohlfahrtsverbände waren aktiv geworden, um den im Ausland inhaftierten Kriegsgefangenen zu helfen. So betreuten die Caritas von Freiburg und das Hilfswerk der evangelischen Kirchen von Stuttgart aus Kriegsgefangene. Da es durch die parallele Arbeit dieser drei Stellen mehrfach zu Konkurrenzsituationen gekommen war, war im Mai 1949 eine »Koordinationsstelle zur Förderung des Rechtsschutzes für deutsche Gefangene im Ausland« mit Sitz in Stuttgart eingerichtet worden, die nun zum Grundstock der neuen staatlichen Stelle wurde.[39]

Die Zentrale Rechtsschutzstelle konnte sich also auf bestehende Strukturen stützen und deshalb ihre Arbeit schon Anfang 1950 aufnehmen.[40] Ihr Leiter wurde Dr. Hans Gawlik, der schon der Stuttgarter »Koordinationsstelle« vorgestanden hatte. Gawlik selbst war bestens mit der Problematik vertraut. Als ehemaliger Erster Staatsanwalt bei der Staatsanwaltschaft Breslau in der NS-Zeit gehörte er selbst zu einer belasteten Berufsgruppe, nach Kriegsende hatte er im Nürnberger Prozess als Verteidiger des SD fungiert und sich als Mitglied des Heidelberger Kreises für eine Amnestie der »Kriegsverurteilten« engagiert.[41] Wie diese Aktivitäten schon vermuten ließen, erwies Gawlik sich bis zu seiner Pensionierung Mitte der sechziger Jahre als entschiedener und einflussreicher Verfechter der Straffreiheit für NS-Verbrecher jeglicher Couleur.

39 Vermerk Justizministerium Baden-Württemberg vom 8. Mai 1949, in: BAK B 305/11.

40 Zur Geschichte der ZRS: Übersicht über die Vorgeschichte der Zentralen Rechtsschutzstelle im Findbuch zum Aktenbestand der ZRS im Bundesarchiv Koblenz (Aktenbestand B 305), ohne Datum, ohne Autor; Frei, Vergangenheitspolitik, S. 181 ff., Brochhagen, Nürnberg, S. 467, Anm. 32.

41 Zu Gawliks Tätigkeit vor 1945: Schreiben AA vom 12.9. und 16.11.2000 an den Verfasser mit Angaben aus dessen Personalakte sowie Frei, Vergangenheitspolitik, S. 186, Anm. 66. Zu Gawliks Engagement im Heidelberger Juristenkreis: Herbert, Best, S. 442.

Als Unterabteilung des Justizministeriums begann die ZRS mit anfänglich 17 Mitarbeitern mit der Betreuung der Kriegsverbrecher im Ausland. Anfang 1953 wurde die Abteilung dem Auswärtigen Amt angegliedert. Wie schon nach dem Ersten Weltkrieg wurden die Bemühungen um eine Freilassung der inhaftierten Deutschen nun von dort aus koordiniert. Bereits 1950 betreute die ZRS mehrere Tausend Gefangene, davon mindestens 590 in französischer Haft.[42] Die dafür zur Verfügung gestellten Mittel waren erheblich, Mitte der sechziger Jahre war es noch immer fast eine halbe Million Mark pro Jahr.[43]

Da sich die osteuropäischen Länder gegen jede direkte Einflussnahme auf ihre Strafverfolgung verwahrten, konzentrierte sich die Tätigkeit der ZRS vor allem auf den Westen, worunter Frankreich die Hauptaufmerksamkeit auf sich zog. Um die dort von Gerichtsverfahren bedrohten Deutschen zu unterstützen, erfasste die Stelle zunächst einmal deren Namen und die ihnen vorgeworfenen Taten, sammelte Unterlagen, die der Verteidigung dienen konnten, ließ Rechtsgutachten zu den Vorwürfen erstellen und betreute die Häftlinge auch vor Ort. Darüber hinaus beschäftigte die ZRS französische Juristen als »Vertrauensanwälte« und entsandte auch deutsche Juristen nach Frankreich, darunter den ehemaligen NS-Sonderrichter und nunmehrigen Rechtsprofessor in Marburg Erich Schwinge, der durch die hartnäckige Apologie der NS-Juristen und insbesondere die aggressive Rechtfertigung der von ihm ausgesprochenen Todesurteile bekannt wurde.[44] Zudem versuchten Gawlik und seine Leute, die Wiedereingliederung entlassener Deutscher in die bundesrepublikanische Gesellschaft zu erleichtern. Generell unterschied die ZRS dabei nicht zwischen echten Kriegsgefangenen und NS-Verbrechern, sondern

42 Vgl. Berichte der ZRS über deutsche Kriegsgefangene in Frankreich, in: BAK B 305/307. Vor allem der Vermerk vom 1.1.1957, der eine Aufschlüsselung der Jahre 1951-57 enthält. Frei nennt für Mitte 1950 die Gesamtzahl aller betreuten Kriegsgefangenen von 2784 Personen. Vgl. Frei, Vergangenheitspolitik, S. 188.

43 Vgl. Bundeshaushaltsplan für das Rechnungsjahr des Auswärtigen Amtes. Auszugsweise zitiert in: BAK B 141/30542, Bd. 10.

44 Zur Tätigkeit Schwinges für die ZRS: BAK B 305/294. Zu seiner Rolle als Strafverteidiger in NSG-Sachen, in den Auseinandersetzungen an der Universität in Marburg, bei seinem Kampf gegen Fritz Bauer und seiner Wirkung als Fachmann für Militärstrafrecht vgl. seine Autobiographie: Schwinge, Juristenleben. Dort auch apologetische Hinweise auf seine Vergangenheit als Wehrmachtsrichter in Wien. Kritisch dazu Müller, Juristen; vor allem Garbe, Einzelfall. Eine primär juristische Auseinandersetzung mit einem von Schwinge verhängten Todesurteil bietet Baier, Todesurteil.

half allen Inhaftierten gleichermaßen. Dabei verbreitete sie das Bild der französischen Rachejustiz weiter und unterstützte den in der deutschen Öffentlichkeit und Politik vorherrschenden Eindruck, es handele sich bei den Verfolgten nicht um schwer belastete NS-Verbrecher, sondern vielmehr um »Kriegsverurteilte«, die für die Niederlage des Dritten Reiches büßen müssten.[45]

Die ZRS war in ihrem Bemühen in Frankreich allerdings nicht allein, sondern konnte sich auf die Mitarbeit verschiedener staatlicher und nichtstaatlicher Organisationen stützen. Das Internationale Komitee vom Roten Kreuz (IKRK) hatte unmittelbar nach Kriegsende in Paris ein Büro zu Betreuung der Kriegsgefangenen eröffnet. Leiter des »Rechtsausschusses für Kriegsgefangene« wurde der Neffe des amtierenden Präsidenten des IKRK Pierre Boissier. Der rechtsgerichtete Jurist entwickelte sich zu einem der schärfsten Gegner der französischen Prozesse, deren Rechtmäßigkeit er in mehreren Gutachten und Buchveröffentlichungen bestritt. Auch nach der Auflösung des Pariser Büros 1951 engagierte er sich weiter für die Freilassung der deutschen Kriegsverbrecher und bekämpfte deren Strafverfolgung bis zu seinem Tod im Jahre 1974.[46]

Nach der Einrichtung eines deutschen Generalkonsulats in Paris im Sommer 1950, das unter der Leitung des Schriftstellers Wilhelm Hausenstein bis zu seiner Aufwertung zur deutschen Botschaft die Interessen

45 Zur allgemeinen Begriffsverwirrung siehe auch Frei, Vergangenheitspolitik, S. 188 ff.

46 Zur Biographie Boissiers siehe den Nachruf in der Mitgliederzeitschrift des mit ihm eng verbundenen »Verbandes der Heimkehrer« (VdH), »Der Heimkehrer«, vom 30.7.1974 (»Gerechtigkeit auch für Soldaten. Zum Tode Pierre Boissiers«). Boissier hatte z. B. im Auftrag des VdH am 31.8.1956 ein Gutachten mit dem Titel »Das Gesetz Nr. 10 des Alliierten Kontrollrates und die Kriegsverbrecherprozesse« erstellt, in dem er zu dem Ergebnis gekommen war, dass das den alliierten Prozessen zugrunde liegende Gesetz unzulässig gewesen sei und somit alle auf seiner Basis ergangenen Urteile hinfällig seien. Das Gutachten findet sich nebst Kommentar in: BAK B 305/317. Boissiers Einsatz für die Kriegsverbrecher war so engagiert, dass die deutsche Botschaft in Paris eine Honorarzahlung durch die ZRS anregte. Vgl. DBP an AA am 5.7.1957, in: BAK B 305/317. Außer in dem genannten Gutachten legte Boissiers seine Ansichten in einem 1952 erschienenen Zeitungsartikel dar, der unter dem Titel »Auf daß Gerechtigkeit werde« in der Schriftenreihe des VdH erschien (Original in: Monde-Noveau-Paru, 8. Jahrgang, Nr. 62) sowie in dem Buch »L'épée et la balance« (deutsch: Völkerrecht und Militärbefehl. Ein Beitrag zur Frage der Verhütung und Bestrafung von Kriegsverbrechen, Stuttgart 1953).

der Bundesrepublik in Frankreich vertrat, hatte das Pariser Büro des IKRK seine Tätigkeit nämlich eingestellt und die Betreuung der Kriegsgefangenen in die Hände der deutschen Vertretung gelegt.[47] Diese Tätigkeit nahm in der Gesandtschaft einen großen Raum ein, wobei sich vor allem der Leiter der Konsularabteilung Edgar Weinhold hervortat. Er koordinierte die »Vertrauensanwälte« vor Ort, sammelte Unterlagen zu den Prozessen, stand in engem Kontakt zu den französischen Behörden und fungierte als Berichterstatter für die ZRS. Darüber hinaus besuchte er die inhaftierten Kriegsverbrecher in den Gefängnissen und gab ihre Beschwerden und Wünsche an das Auswärtige Amt und die ZRS weiter.

Auch die beiden großen Kirchen in Deutschland unternahmen größere Anstrengungen zur Freilassung der deutschen Häftlinge. Besonders tat sich dabei der evangelische Pfarrer Theo Friedrich hervor, der nach dem Ersten Weltkrieg selbst Kriegsgefangener in Frankreich gewesen war.[48] Nachdem er 1948 zunächst kurz als Lagerpfarrer für inhaftierte Deutsche im Nachbarland tätig gewesen war, ging er drei Jahre später erneut nach Frankreich, wobei er sich auf ein Mandat als offizieller Delegierter einer »Ökumenischen Kommission für die Pastoration der Kriegsgefangenen« stützen konnte.[49] Er und sein Kollege Brockhoff setzten sich bis Anfang der sechziger Jahre mit Verve für die Inhaftierten ein und wurden dabei auch von anderen geistlichen Würdenträgern unterstützt, etwa dem Präsidenten der pfälzischen Landeskirche Hans Stempel.[50] Dabei ließen die Geistlichen allerdings das rechte diplomatische Maß vermissen. So schrieb ein mit der Vertretung von »Kriegsverbrechern« beauftragter deutscher Rechtsanwalt an die ZRS, die Geduld der französischen Behörden sei durch dauernde Vorsprachen Stempels überstrapaziert: »Da Herr Stempel nur einer der vielen deutschen protestantischen Bischöfe ist, erfüllt mich der Gedanke mit Grausen, daß seine Kollegen in Kürze

47 Vgl. Reuss, Mission. Zur Übernahme der Tätigkeit vom IKRK, s. bes. S. 184 ff.

48 Zur Biographie Theo Friedrichs siehe den vom Kirchenpräsidenten Hans Stempel verfassten Nachruf im »Evangelischen Kirchenboten«, Ortsausgabe Speyer, vom 4.2.1962 (»Ein Seelsorger. Zum Gedenken an Pfarrer Friedrich«).

49 François-Poncet an Adenauer am 23.1.1951, in: BAK B 305/297.

50 Stempel war 1947 auf Vermittlung Friedrichs nach Frankreich gereist und hatte sich dort über die Lage der inhaftierten Deutschen informiert. Vgl. »Evangelischer Kirchenbote«, Ortsausgabe Speyer, vom 4.2.1962 (»Ein Seelsorger. Zum Gedenken an Pfarrer Friedrich«). Stempel drängte mehrfach bei Adenauer auf Initiativen zur Begnadigung: Stempel an Adenauer am 19.6.1958 und 19.7.1958, in: BAK B 305/317, auch Brochhagen, Nürnberg, S. 147.

seinem Beispiel folgen könnten.«[51] Auch Stempels Plan, im Jahr 1953 eine große Tagung zum Thema der inhaftierten Deutschen zu veranstalten, erschreckte die Mitarbeiter der ZRS, drohten solche Vorhaben doch die »geräuschlose Lösung« zu torpedieren.[52]

Bedenklicher als diese überbordenden Aktivitäten der Kirchenmänner war jedoch ihre überaus große Leichtgläubigkeit gegenüber den Inhaftierten. Sie verband sich mit einem gerüttelten Maß an Desinteresse gegenüber den Taten dieser Männer zu einer indifferenten Haltung der Ignoranz, in der alle Inhaftierten unabhängig von ihren Taten zu Opfern wurden. So schrieb Pfarrer Brockhoff an das Bundesverteidigungsministerium, eine Unterscheidung zwischen Kriegsverbrechern und Soldaten sei generell nicht möglich, schließlich sei selbst Knochen über die Geheime Feldpolizei zur Sipo gekommen – was bestenfalls hinsichtlich der in den ersten Monaten der deutschen Besatzung auch von Knochen getragenen GFP-Uniform zutraf, doch den Charakter und die Laufbahn des Mannes aus dem RSHA gründlich verkannte.[53]

Ähnlich bemerkenswert war es, dass bei der Beerdigung des wegen seiner Verdienste um die inhaftierten Deutschen mit dem Bundesverdienstkreuz ausgezeichneten Pfarrers Friedrich im Jahr 1961 nicht nur der Leiter der ZRS Gawlik und der pfälzische Regierungspräsident anwesend waren und der damalige Außenminister Gerhard Schröder ein Beileidstelegramm schickte, sondern auch ein ganz besonderer Vertreter der von Friedrich betreuten Kriegsgefangenen eine Dankesrede hielt. Es handelte sich dabei um den Mediziner Prof. Bickenbach, der im elsässischen Konzentrationslager Natzweiler brutalste Menschenversuche mit dem Kampfgas Phosgen durchgeführt hatte.[54] Bickenbach und sein Kollege Haagen hatte ihren geistlichen Betreuern weismachen können, ihre Versuche in Natzweiler seien »Schutzimpfungen« gewesen, worauf sie von diesen unterstützt worden waren.[55]

Aber auch der Vatikan war bei seinen Gnadenbemühungen nicht wählerisch. Als günstig erwies sich der Umstand, dass der seit 1958 amtierende

51 Rechtsanwalt Dr. Breymeier an ZRS am 10.12.1954, in: BAK B 305/317.

52 Stempel an ZRS am 20.11.1953, in: BAK B 305/317, Vermerk ZRS vom 23.4.1957, BAK B 305/311.

53 Brockhoff an RSHA am 20.4.1957 und weitere Schreiben, in: BAK B 305/314.

54 Zu Bickenbach und den Menschenversuchen in Natzweiler vgl. Mitscherlich/Mielke, Medizin; Pressac, Struthof-Album; Brunner, Weg.

55 Bericht Dr. Weinhold über einen Besuch bei den inhaftierten Medizinern vom 26.5.1952, in: BAK B 305/307.

Papst Johannes XXIII. schon 1944 als Nuntius in Paris für die Sache der Inhaftierten eingetreten war. Wie schon sein Vorgänger setzte er sich massiv für die letzten inhaftierten Kriegsverbrecher, darunter Oberg und Knochen, ein.[56]

Unter den privaten Interessenverbänden, die sich in der »Kriegsverbrecher-Frage« engagierten, ist an erster Stelle der »Verband der Heimkehrer« (VdH) zu nennen, ein Zusammenschluss, der bis in die siebziger Jahre in der Bundesrepublik großen Einfluss ausübte. Unter dem zum »Westreferenten« ernannten Freiherrn von Lersner engagierte sich der VdH auch in Frankreich stark. Lersner hatte sich schon nach 1918 als Vorsitzender eines »Verbandes der Gefangenen des Weltkrieges« betätigt und nahm diese Bemühungen nun wieder auf.[57] Auch hier erwiesen sich die nach dem Ersten Weltkrieg gemachten Erfahrungen als prägend. Wie schon nach 1914 nahmen Lersner und andere Vertreter der auf vielerlei Weise mit der bundesdeutschen Politik verbundenen Organisation direkten Kontakt mit den Inhaftierten auf und stellten bei den Behörden immer wieder Gnadengesuche.[58] Beispielsweise besuchte der Bundestagsabgeordnete Wolfgang Imle, Vorsitzender des FDP-Landesverbandes von Schleswig-Holstein und Vizepräsident des Bundesverbandes des VdH, Oberg, Knochen und den ehemaligen Wachmann des Konzentrationslagers Natzweiler Ehrmanntraut 1961 im Gefängnis und setzte sich nach seiner Rückkehr bei Erich Mende für die Freilassung dieser Männer ein.[59] Auch über die Öffentlichkeit versuchte der VdH Einfluss zu nehmen. Nach einer Unterredung mit dem Stellvertreter des französischen Außenministers gaben zwei Vertreter des Verbandes 1952 eine Pressemitteilung heraus, in der sie erklärten, einen deutschen Wehrbeitrag könne es so lange nicht geben, wie noch Deutsche in französischer Haft säßen.[60]

Auch die dubiose »Stille Hilfe für Kriegsgefangene und Internierte« der Prinzessin Isenburg war in Frankreich tätig.[61] Wie noch deutlich

56 Bericht der deutschen Botschaft am Heiligen Stuhl an ZRS vom 16.10.1958, in: BAK B 305/313, siehe auch Reuss, Mission, S. 187 ff., und Brochhagen, Nürnberg, S. 154.

57 Schreiben VdH an ZRS am 29.3.1951 mit Vermerk ZRS zu Lersner, in: BAK B 305/297.

58 Lersner wurde am 1.12.1950 bei François-Poncet vorstellig, dem er eine Liste mit fünf Forderungen überreichte. Vermerk in BAK B 3025/297.

59 Bericht über die Frankreichreise Imles vom 27.12.1961, in: BAK 305/317.

60 DPA-Mitteilung vom 29.5.1952, in: AA-PA B 10/2121.

61 Zur »Stillen Hilfe« vgl. Schröm/Röpke, Hilfe; Frei, Vergangenheitspolitik, S. 166 und passim.

werden wird, schaltete sich das später unter Einfluss der Himmler-Tochter Gudrun Burwitz stehende Sammelbecken für alte und neue Nazis mehrfach in die Betreuung der Inhaftierten ein und kooperierte dabei mit den anderen Hilfsorganisationen.[62]

Ähnlich dubios, wenngleich wirkungsvoller waren die Bemühungen des von Achenbach gegründeten »Vorbereitenden Ausschusses zur Herbeiführung einer Generalamnestie«, in dem sich auch Werner Best betätigte.[63] Achenbach hatte sich schon für die Begnadigung des in Paris im Jahr 1949 zu 20 Jahren Zwangsarbeit verurteilten ehemaligen Botschafters Otto Abetz eingesetzt.[64] Abetz hatte sich in einer apologetischen, alle heiklen Themen auslassenden Autobiographie in ein sehr mildes Licht gesetzt. Das Manuskript wurde als Kassiber aus dem Pariser Gefängnis Cherche-Midi geschmuggelt, Abetz' ehemalige Mitarbeiter und Freunde sorgten für seine Verbreitung.[65] Karl Epting veröffentlichte das Werk trotz alliierter Proteste in dem von ihm geleiteten Grabert-Verlag, Ernst Achenbach versah es mit einem Vorwort. Auch der »Spiegel« brachte eine rührselige Sozialreportage über den angeblich zu Unrecht leidenden Künstler-Diplomaten.[66] Damit war Achenbachs Fürsorge jedoch noch nicht erschöpft. Er organisierte eine umfangreiche Unterschriftensammlung für Abetz' Amnestierung, bei der er zahlreiche Personen des öffentlichen und politischen Lebens einspannte, darunter den Schriftsteller Ernst Jünger, den damaligen nordrhein-westfälischen Finanzminister Dr. Heinrich Weitz, ferner weitere Journalisten, Kleriker und Prominente wie den Reichskanzler a. D. Hans Luther. Sie alle bekannten sich »rückhaltlos zu dem Gedanken einer deutsch-französischen Verständigung als

62 Knochen an Prinzessin Isenburg vom 18.4.1952, in: BAK B 305/307.

63 Frei, Vergangenheitspolitik, S. 106 und passim; Herbert, Best, S. 444 und passim.

64 Zum Prozess gegen Abetz und den Bemühungen um seine Freilassung: Reuss, Mission, S. 180 ff. Allerdings kommt Reuss zu einer apologetischen Bewertung der Rolle von Abetz, indem er unkritisch und von näherer Aktenkenntnis ungetrübt eine von Achenbach in die Welt gesetzte Argumentation wiedergibt. Demnach sei mit Abetz ein Mann ungerechtfertigt verurteilt worden, der »weder eigenverantwortlich in erster Linie des Naziterrors tätig war, noch selbst Kriegsverbrechen begangen hat und dem in mancher Hinsicht gewiß ein guter Wille zu attestieren ist. Diesem guten Willen stand freilich eine ungeheure Naivität und eine schafsköpfige Dummheit ›in politics‹ gegenüber« (S. 181).

65 Abetz, Problem. Zur Geschichte des Buches: »Der Spiegel« vom 1.8.1951 (»Das Drama beginnt neu«).

66 Achenbach an Adenauer am 16.12.1951, in: BAK 305/320.

Eckpfeiler eines befriedeten Europas, das, nur wenn es einig und geschlossen ist, der Bedrohung aus dem Osten mit Erfolg entgegenzutreten vermag«, und forderten deshalb die Freilassung von Abetz.[67] Auch nutzte Achenbach seine nach wie vor guten Kontakte in Frankreich, sprach gemeinsam mit Abetz' französischer Ehefrau Suzanne bei dortigen Verantwortlichen der Justiz vor und wandte sich mehrmals direkt an Adenauer.[68] Tatsächlich wurde Abetz 1954 vorzeitig aus der Haft entlassen und in die Bundesrepublik abgeschoben, wo er bis zu einem tödlichen Autounfall 1958 unbehelligt lebte.[69]

Achenbach und sein juristischer Mitarbeiter Best waren unter den Inhaftierten und ihren Angehörigen als wirkungsvolle Interessenvertreter wohl bekannt, deshalb wandte sich die Ehefrau des inhaftierten KdS Dijon Wilhelm Hülff 1952 mit der Bitte um Hilfe direkt an Best.[70] Darüber hinaus bemühten sich die beiden unter einem Vorwand darum, von der ZRS eine komplette Liste aller in Frankreich inhaftierten Deutschen zu erhalten, ein Ansinnen, das allerdings auch Gawlik zu weit ging.[71] Nicht nur die ZRS, die freilich im Rahmen der »Dokumentenhilfe« bei der Abwehr gegen bundesdeutsche Strafverfahren bis weit in die sechziger Jahre eng mit Achenbach und Best zusammenarbeitete, ging hier auf vorsichtige Distanz zu den beiden;[72] auch Staatssekretär Walter Strauß warnte intern vor Achenbach.[73]

So unterschiedlich die genannten Organisationen und Initiativen auch waren, so vereinte sie doch das Bestreben, die Haftbedingungen der Inhaftierten zu erleichtern und sie ungeachtet ihrer tatsächlichen Schuld so schnell wie möglich freizubekommen. Die ZRS kämpfte jedoch nicht nur für die Freilassung der Inhaftierten, sondern versuchte darüber hin-

67 Unterlagen der Unterschriftenaktion finden sich im Nachlass von Carltheo Schleier. AA-PA NL Schleier, Kassette II, 31.

68 BAK 305/320 (ZRS-Akte Abetz).

69 Ray, Annäherung, S. 11.

70 Achenbach/Best an ZRS vom 23.4.1952 und 3.5.1952, in: BAK 305/3159.

71 So schrieb Best für den »Vorbereitenden Ausschuß zur Herbeiführung einer Generalamnestie« am 11.11.1952 an Gawlik, der Ausschuss sei gebeten worden, zur Versendung von Weihnachtspaketen an die Gefangenen Hilfe zu leisten, und benötige deshalb eine vollständige Liste mit allen Namen und Adressen. Gawlik antwortete daraufhin am 20.11.1952, der Ausschuss möge zuerst die Namen derjenigen Gefangenen mitteilen, die bedacht werden sollten, beide in: BAK B 305/297.

72 Zur so genannten »Dokumentenhilfe«: Herbert, Best, S. 503 ff.

73 Frei, Vergangenheitspolitik, S. 110.

aus eine generelle Rechtfertigungsstrategie für die deutschen Besatzungsverbrechen zu verankern. Drei Fallbeispiele sollen im Folgenden zeigen, wie sich die Hilfe dieser Stellen und Verbände auswirkte und welche Folgen sie hatte. Während es sich in dem Fall des Militärverwaltungsbeamten Hans Luther vor allem darum handelte, in einem Präzedenzfall die politisch heiklen Geiselerschießungen als rechtmäßig darzustellen und argumentativ von den Deportationsverbrechen zu trennen, zeigt der Fall des RSHA-Mannes Bilfinger, dass es auch bei ehemals hochrangigen und entsprechend schwer belasteten NS-Funktionären gelang, die Schuld zu verwischen. Der dritte hier untersuchte Fall, derjenige um die Freilassung Obergs und Knochens, unterschied sich von den beiden insofern, als hier an der Schuld der beiden kein Zweifel bestand. Die Rolle beider war vor Gericht offen zu Tage getreten, und beide hatten entsprechend hohe Strafen erhalten. Dass sich Oberg und Knochen dennoch massiver Unterstützung aus der Heimat erfreuen konnten, zeigt, dass die angeführten Institutionen und Organisationen gar nicht aus der Überzeugung der Unschuld heraus handelten, sondern dass sich dahinter vielmehr ein Amalgam unterschiedlicher Motive verbarg, das aus Resten volksgemeinschaftlicher Verbundenheit, Schuldabwehr und Gleichgültigkeit gegenüber den Opfern bestand.

Ein Präzedenzfall: Hans Luther

Bei Hans Luther handelte es sich um einen jener ehemaligen Militärverwaltungsbeamten, die im Zusammenhang mit dem Ausbau des Sipo/SD-Systems zum KdS ernannt worden waren, ohne zuvor hauptamtlich für die SS tätig gewesen zu sein. Dieser Umstand hatte zwar keine Auswirkung auf die Tätigkeit Luthers als Kommandeur gehabt, wurde nun aber zu einem Verteidigungsargument ausgebaut, das später auch die bundesdeutsche Justiz beeindrucken sollte. Es besagte, dass es sich bei diesen Männern um Angehörige einer traditionellen Elite handelte, die in einer inneren Distanz zum Nationalsozialismus gestanden hätten und nur unter den Umständen des Kriegs auf ihre Posten gekommen seien, auf denen sie nur ihre Pflicht erfüllt hätten. Zwar konnten sie nicht leugnen, die Juden in ihrem Zuständigkeitsbereich erfasst, verhaftet und deportiert zu haben, doch hätten sie nicht gewusst, dass die Juden ermordet werden würden.

Luther war 1945 in französische Kriegsgefangenschaft geraten. Vor dem Militärgericht in Bordeaux wurde daraufhin gegen ihn und einige ehemalige Untergebene ein Verfahren vorbereitet. Als Reaktion auf ein

1942 in Paris begangenes Attentat auf deutsche Wehrmachtsangehörige hatte er in Bordeaux die Erschießung von 70 Geiseln durchführen lassen.[74] Dieses in Bordeaux unvergessene Verbrechen rückte die von den deutschen Besatzern praktizierte Politik der Geiselerschießungen in den Mittelpunkt des Verfahrens und warf die Frage nach den Verantwortlichen auf.

Daraufhin entwickelte sich der »Fall Luther« in Bonn zum Präzedenzfall. Gawlik war schon während seiner Tätigkeit in Stuttgart von einem ehemaligen Mithäftling Luthers auf den Fall aufmerksam gemacht worden[75] und hatte angekündigt, »sich der Sache Luthers in besonderem Maße annehmen zu wollen«.[76] Der bevorstehende Prozess weckte nun die Befürchtung, dass die Thematisierung der Geiselerschießungen zur Belastung auch von früheren Angehörigen der deutschen Militärverwaltung in Frankreich führen würde, denen mittlerweile eine tragende Rolle beim Aufbau des neuen Staates zugedacht war oder die diese Rolle schon eingenommen hatten. Luther, der behauptete, sich selbst den französischen Behörden gestellt zu haben, um die gegen ihn erhobenen Vorwürfe zu entkräften, erschien besonders geeignet, um dem französischen Gericht und der Öffentlichkeit zu beweisen, dass die Geiselerschießungen zwar hart, aber mit dem Völkerrecht vereinbar gewesen seien.[77] Anders als viele seiner Mithäftlinge zeichnete sich Luther durch gutes Auftreten, ausgezeichnete Französischkenntnisse und vor allem sehr elaborierte juristische Fähigkeiten aus. Da er zudem aus den Reihen der weniger verdächtigen ehemaligen Militärverwaltungsbeamten stammte, eignete er sich als Paradebeispiel des »anständigen« deutschen Verwaltungsbürokraten. Die Zentrale Rechtsschutzstelle nahm nun direkten Kontakt mit Luther auf, stellte ihm Verteidiger und Unterlagen und trug Sorge, dass ihm das »Armenrecht« zugesprochen wurde, so dass die entstehenden Kosten vom Staat getragen wurden.[78] Vor allem aber bemühte sie sich darum, die Verteidigung Luthers argumentativ zu untermauern. Zu

74 Dazu Einstellungsverfügung StA Dortmund vom 17.12.1981 – 45 Js 2/75 –, Bl. 96.

75 Geissler an Gawlik am 19.7.1949, in: BAK B 305/2418.

76 Gawlik an Geissler am 22.7.1949, in: ebd.

77 Luther behauptete dies in einem Zeitungsinterview: »Nassauer Bote« vom 15.5.1953 (»Freiwillig vor das Militärtribunal. ›Das ist ja glatter Selbstmord!‹ – NB Interview mit dem Spätheimkehrer Luther«).

78 Briefwechsel Gawlik mit Luthers Ehefrau, in: BAK B 305/2418 (ZRS: Rechtsschutzsache Luther).

diesem Zweck besorgte sie Luther eine ganze Reihe eidesstattlicher Versicherungen ranghoher Personen, deren Inhalt von Gawlik und Luther ganz unverblümt »bestellt« wurde.[79] Formulierungen wie »ich schlage vor, ihn folgendes aussagen zu lassen«,[80] zeigen dies ebenso wie eine Liste mit 14 von Luther selbst formulierten suggestiven »Beweisfragen«, anhand deren die Vernehmungen geführt werden sollten.

Wie suggestiv diese Vernehmungen waren, zeigt das Beispiel der im Auftrag Gawliks durchgeführten Vernehmung von Johann Labenberger aus München durch das dortige Amtsgericht. Gawlik schrieb in dieser Sache an das Amtsgericht München zu dem von Luther ausgearbeiteten »Beweistenor« einzelne Kommentare: »Die beiden letzten Fälle [Schilderungen von Misshandlungen durch Dritte in Abwesenheit Luthers, d. Verf.] beweisen ausdrücklich, daß die Missetäter die Tage der Abwesenheit von Luther systematisch benutzten, um Gefangene zu mißhandeln. Was weiß der Zeuge darüber? Kann er die obigen Angaben bestätigen?«[81] Diese Strategie stieß jedoch gelegentlich an ihre Grenzen. So verweigerte der ehemalige Chefrichter in Frankreich, Hans Boetticher, nunmehr Rechtsanwalt in München, ein positives Zeugnis für Luther mit den Worten, dass er sich überall als Zeuge zu Verfügung stelle, nur nicht da, wo es sich um SS-Angehörige handle,

> »die ihr Heil darin suchen, die Wehrmacht mit ihren Handlungsweisen zu belasten. Auch hier erscheint die Art, in der Ihnen die Sache vorgetragen worden ist, ziemlich klar zu zeigen, daß ähnliche Tendenzen bestehen und man die Geiselerschießungen im Wesentlichen als die Angelegenheiten des Militärbefehlshabers bezeichnen will, bei der er sich des Chefrichters bediente und bei der die SS nur so am Rande als nackter Befehlsempfänger beteiligt gewesen ist. Der MBF sei dagegen gewesen, Oberg auch, weil Heydrich ja erklärt habe, daß es die Bankrotterklärung der deutschen Polizei wäre. Es lag hier kein Befehl vor. Es wurden Leute ausgewählt, die aufgrund einer ordnungsgemäßen Verurteilung sowieso erschossen worden wären. Die vorerwähnte Übung bestand schon, als ich nach Paris kam. Die Auswahl wurde von

79 Hier sind zu nennen: General a. D. Fabre du Faur, Walter Bargatzky, Dr. Rudolf Thierfelder, Bundesrichter Karl Heck, Dr. Medicus, Dr. Schneidwin und eine Reihe anderer einflussreicher Personen.

80 Luther an Gawlik am 5.6.1951, BAK B 305/2418 (ZRS: Rechtsschutzsache Luther).

81 Gawlik an AG München am 15.1.1953 in: BAK B 305/2419.

meiner Abteilung zusammen mit Dr. Thierfelder und Bargatzky (welche Sie leicht in Bonn treffen können) getroffen aufgrund der kriegsgerichtlichen Akten, zu denen auch die Luftwaffe und die Kriegsmarine beisteuerten«.[82]

Dagegen wies die Vernehmung von Landgerichtsrat Prause durch das Amtsgericht Berlin anhand des »Beweistenors« so deutliche Spuren der Aussagenlenkung auf, dass Gawlik sie erneut durchführen lassen musste.[83]

Analog zu dem im Fall Michel erprobten Vorgehen wurde hier erneut ein Netzwerk Ehemaliger für einen »Kollegen in Schwierigkeiten« aktiviert. Neben diesen teilweise prominenten Zeugen wurde jedoch auch eine Reihe schwer belasteter NS-Funktionäre um exkulpierende Aussagen gebeten, so der in Frankreich nun als Massenmörder gesuchte Kurt Lischka.[84] Luther erstellte mit Hilfe dieser Aussagen und dem ihm von der ZRS zur Verfügung gestellten Material eine umfangreiche Verteidigungsschrift, in der er sich mit der juristischen Problematik der Geiselerschießungen und den formellen Grundlagen der französischen Kriegsverbrecherprozesse auseinander setzte und zu dem Ergebnis kam, dass alle Maßnahmen vom Völkerrecht gedeckt gewesen und zudem durch illegitime Terrorangriffe des französischen Widerstands provoziert worden seien. Sicherheitshalber redigierte Gawlik diese Schrift eigenhändig.[85] Auf diese Argumentation gestützt, gelang es Luther, das französische Militärgericht zu beeindrucken. Bei der Urteilsverkündigung im Mai 1953 sprach es Luther zwar nicht frei, sondern verurteilte ihn zu fünf Jahren Haft. Da diese jedoch mit der bereits verbüßten Untersuchungshaft verrechnet wurden, konnte Luther das Gericht als freier Mann verlassen.[86] Die intensive Vorbereitung hatte sich also ausgezahlt, und ein Präzedenzfall war geschaffen worden, auf den sich nun auch andere

82 Boetticher an Gawlik am 15.8.1951, in: BAK B 305/2418.

83 Gawlik an AG Tiergarten am 4.2.1953 und 27.2.1953, in: ebd.

84 Zeugenaussage Lischka vom 23.3.1953, Vernehmungsersuchen Nährich vom 12.3.1953, Illers und Gallinger o.D. (Ende 1951). Alle in: BAK B 305/2418 (ZRS: Rechtsschutzsache Luther).

85 Verteidigungsschrift Luthers vom 20.11.1951, in: BAK B 305/2419 (ZRS: Rechtsschutzsache Luther).

86 Das Urteil lautete auf fünf Jahre Haft wegen Bandenbildung, Festnahme und Verhaftungen, illegaler Beschlagnahme, Folterung und Deportation. Vgl. ZStL IV 114 AR 3606/65 und Bericht des Prozessbeobachters der deutschen Botschaft. Urteilsverkündung und das Verfahren am 5.5.1953, in: BAK B 305/2419 (ZRS: Rechtsschutzsache Luther).

Verfahren stützen konnten. Auch der Prozessbeobachter der deutschen Botschaft registrierte den Umschwung. »Der Prozeß fand in einem völlig anderen Klima statt«, berichtete er zufrieden, Feindlichkeiten habe es nur seitens der kommunistischen Presse gegeben.[87]

Nun ging es für die ZRS in erster Linie darum, die aufgebaute Argumentationslinie weiter zu untermauern und dauerhaft abzusichern. Gawlik bot Luther deshalb an, vorläufig in die ZRS einzutreten und seine Erfahrungen in Form einer Dokumentation niederzulegen, die für weitere französische Prozesse verwendet werden sollte.[88] Aus dieser Dokumentation entstand zunächst ein Aufsatz in der »Neuen Juristischen Wochenschrift«, in dem Luther behauptete, die deutsche Sicherheitspolizei habe in Frankreich nichts mit dem SD gemein gehabt, vielmehr sei die Benennung Sipo/SD nur der »unseligen Abkürzungssucht der Zeit« geschuldet gewesen. Überhaupt habe die Hauptaufgabe der Sipo in der Absicherung der Wehrmacht vor völkerrechtswidrigen Angriffen bestanden, sie habe damit »Tausenden deutscher Soldaten das Leben« gerettet. Die Deportation der Juden erwähnte er mit keinem Wort.[89] Später verfasste Luther eine am Tübinger Institut für Besatzungsfragen betreute Dissertation mit dem Titel »Der französische Widerstand gegen die deutsche Besatzung und seine Bekämpfung«. Wie schon aus dem Titel ersichtlich, wurden die deutschen Geiselmorde als reine Reaktion auf die »Terrorangriffe« des französischen Widerstandes gewertet. Luther räumt zwar im Vorwort ein, »daß die antisemitischen Maßnahmen außerhalb jeden Rechtes« gelegen hätten, klammert sie jedoch aus seiner Darstellung aus.[90] Zwar erfährt der Leser den ungefähren Umfang der Deportationen (in dem Kapitel »Verluste der Widerstandskräfte«), auf die Frage der Verantwortlichkeit wird jedoch nicht eingegangen. Unter dem Deckmantel einer betont nüchtern gehaltenen juristischen Untersuchung konzentriert sich Luther stattdessen darauf, die Rechtmäßigkeit der Geiselerschießungen zu untermauern. Der ehemalige Kommandeur zitiert dabei ausführlich aus den Gerichtsunterlagen seines eigenen Prozesses und hebt hervor, »dass der KdS Bordeaux mit 5 Nein- gegen 2 Ja-Stimmen zur Schuldfrage [der von ihm zu verantwortenden Geiselerschießungen,

87 Ebd.

88 Luther an Legationsrat Weinhold am 1.6.1953, in: BAK B 305/2419 (ZRS: Rechtsschutzsache Luther).

89 Hans Luther: Zu den gegenwärtigen Kriegsverbrecherprozessen in Frankreich, in: NJW 10/1954, S. 376-377.

90 Luther, Widerstand, S. 2.

der Verf.] freigesprochen« wurde, ohne dabei zu erwähnen, dass es sich dabei um ihn selbst gehandelt hatte.[91] Durch solche Tarnmanöver, vor allem aber durch die geschickte Auswahl der untersuchten Vorgänge und die verknappte Behördensprache ist es für unvorbereitete Leser nahezu unmöglich, unter der Unzahl der angeführten und ausführlich zitierten deutschen Verordnungen und Vorschriften den eigentlichen historischen Ablauf zu erkennen, geschweige denn die Dimension der Verbrechen wahrzunehmen. Stattdessen erhält er unweigerlich den Eindruck, bei der deutschen Besatzungsverwaltung habe es sich um einen regulären Verwaltungskörper gehandelt, der so gut es ging auf die illegitime Kriegführung des Widerstandes reagiert habe. Lediglich im Vorwort des herausgebenden »Instituts für Besatzungsfragen« findet sich der verklausulierte Hinweis, dass »der Verfasser die von ihm untersuchten Vorgänge als Angehöriger des deutschen Heeres und der deutschen Besatzungsverwaltung miterlebt und sich wegen solcher Vorgänge auch selbst vor einem französischen Kriegsgericht zu verantworten gehabt [hat]«.[92] Angesichts dieses dezenten Hinweises war es kein Wunder, dass Luthers Studie lange nicht als versteckte Rechtfertigungsschrift wahrgenommen wurde, sondern bis in die achtziger Jahre hinein als Grundlage für zahlreiche wissenschaftliche Arbeiten über die deutsche Besatzung in Frankreich und die Politik der Geiselerschießungen diente, wobei insbesondere die Verbindung zwischen den Geiselerschießungen und der Einleitung der Judendeportationen verwischt wurde.[93] Auch die von Luther zusammengestellte Dokumentation zur »Geiselpolitik« wurde von den Historikern verwendet, sie befindet sich heute im Bundesarchiv Koblenz. Hier wie in anderen Fällen wurde also einer der einstigen Verantwortlichen für die NS-Verbrechen zugleich auch deren Historiker.

Juristisch wirksam waren Luthers Argumente vor allem durch seine Veröffentlichungen und insbesondere durch seine Zusammenarbeit mit dem Marburger Strafrechtsprofessor Erich Schwinge, der Luthers Thesen auch noch lange nach dessen Tod verbreitete. Bis heute gelten die in

91 Ebd., S. 228.

92 Ebd., Vorwort.

93 Luther: Widerstand. Die Dissertation Luthers findet – unkommentiert – beispielsweise in den einflussreichen Arbeiten von Eberhard Jäckel und Hans Umbreit Verwendung (Jäckel, Frankreich, und Umbreit, Militärbefehlshaber). Für die juristische Verwertung stehen vor allem die Arbeiten des Marburger Strafrechtsprofessors Erich Schwinge, der als Verteidiger in französischen Prozessen eng mit der ZRS und Luther zusammengearbeitet hat. Die Dokumentation befindet sich im Bundesarchiv Koblenz unter der Signatur All Proz. 20/6.

Frankreich vollzogenen »Geiselerschießungen« als juristisch kaum verfolgbar; wie weiter unten gezeigt wird, wurden alle diesbezüglichen Ermittlungen eingestellt. Darüber hinaus versuchte Luther aber auch, direkt auf die Öffentlichkeit einzuwirken: Er ließ sich in einer Reihe von Artikeln, die Überschriften trugen wie »In den Mühlen der Kollektivschuld« als Held feiern und stellte die französischen Prozesse gegen deutsche Kriegsverbrecher als Siegerjustiz der niederträchtigsten Art dar.[94]

Langfristig wurde durch die Praxis der Aussagenbeschaffung wie im Fall Luthers eine Anzahl einflussreicher Personen miteinander in Kontakt gebracht und mit der Problematik vertraut gemacht. Indem sie zu den von Luther ausgearbeiteten »Leitfragen« sogar schriftlich Stellung nahmen, wurden sie in Bezug auf ihre Darstellung der Vergangenheit festgelegt. Wie noch zu zeigen sein wird, fiel es diesen Männern, darunter ranghohe Juristen und Ministerialbeamte, später schwer, von diesen Darstellungen Abstand zu nehmen, und zwar auch dann, als später wesentlich schwerer belastete Personen von der bundesdeutschen Justiz angeklagt wurden. Bei dieser Festlegung der Darstellung der Vergangenheit erwies sich vor allem Luthers Promotionsschrift als außerordentlich hilfreich. Mit Hilfe der ZRS hatte er sie an alle einflussreichen Personen verschickt, die eventuell als Zeugen in Frage kommen konnten, und ihnen so eine Art von Leitfaden der gestalteten Erinnerung an die Hand gegeben.[95]

Mit dem gleichen Elan, mit dem Luther »Vergangenheitspolitik« betrieb, machte er erneut Karriere. Noch vom Gefängnis aus hatte er Gawlik gebeten, dieser möge sich für seine Wiedereinstellung als Beamter einsetzen.[96] Tatsächlich konnte er erneut als Richter im Justizdienst tätig werden, wo er den Rang eines Landgerichtsrates bekleidete. Diesen

94 Vgl. Artikelserie des »Nassauer Boten« (NB) vom 12.5.1953 (»Ich komme nur auf Urlaub«. Luthers achtjähriger Kampf um sein Recht – NB Interview mit dem Spätheimkehrer«), 15.5.1953 (»Freiwillig vor das Militärtribunal. ›Das ist ja glatter Selbstmord!‹ – NB Interview mit dem Spätheimkehrer Luther«), 16.5.1953 (»Die Liebe dringt durch Gefängnisgitter. Jahre zwischen Verlassenheit und Hoffnung – NB Interview mit dem Spätheimkehrer Luther), 19.5.1953 (»Der Zufall spielt eine Königsrolle. In den Mühlen der Kollektivschuld – NB Interview mit dem Spätheimkehrer Luther«) und weitere Fortsetzungen.

95 Luther verschickte seine Ausarbeitung mit Hilfe der ZRS an die »Intelligenz unter den entlassenen Kriegsgefangenen«. Vgl. Luther an ZSR am 14.10.1957, in: BAK B 305/2453.

96 Luther an Gawlik am 20.11.1951, in: BAK B 305/2419 (ZRS: Rechtsschutzsache Luther).

Posten musste er auch nicht aufgeben, als 1961 der hessische Generalstaatsanwalt Fritz Bauer ein – folgenloses – Ermittlungsverfahren gegen ihn einleitete.[97] Bis zu seinem frühen Tod im Jahre 1970 blieb Luther ein geachteter Mann.

Erfolgreiche Prozesshilfe: Der Fall Bilfinger

Von dieser kraftvoll vertretenen Verteidigungslinie profitierten nicht nur die ehemaligen Militärverwaltungsbeamten. Auch der RSHA-Mann und ehemalige KdS von Toulouse Obersturmbannführer Rudolf Bilfinger konnte wenige Monate später mit Erfolg auf die von Luther geleistete Arbeit zurückgreifen.

Im Jahr 1945 von den Amerikanern festgenommen, war Bilfinger in französische Haft überstellt worden. In Bordeaux sollte er in einem Gruppenprozess zur Sipo Toulouse abgeurteilt werden.[98] Auch ihm wurde das Armenrecht zugesprochen.[99] Gawlik gegenüber betonte er natürlich seine Unschuld. Von der Ermordung der Juden habe er nichts gewusst, eine für einen ehemaligen Mitarbeiter des RSHA-Sonderreferates »Tannenberg« kühne Behauptung.[100] Dennoch fürchtete Bilfinger den anstehenden Prozess. Obwohl bereits von einem französischen Verteidiger vertreten, bemühte er sich um verstärkten Rechtsbeistand und bat Professor Schwinge unter Hinweis auf »gemeinsame Bundesbrüder«, die Verteidigung zu übernehmen. Es gebe, so Bilfinger, nur eine gerechte Lösung, nämlich »ganz allgemein einen Schlußstrich zu ziehen«.[101] Diese Forderung erhob er auch gegenüber Carlo Schmid, den er direkt anschrieb: Im Interesse der deutsch-französischen Beziehungen sei es dringend geboten, »ganz allgemein und unterschiedslos mit diesen Prozessen Schluß zu machen, zumal die deutschen Soldaten nur Befehlen gehorcht hätten«.[102] Offenbar hoffte er bei dem ehemaligen Kriegsverwaltungsrat

97 Vgl. Handbuch der Justiz, 9. Auflage 1968, LGBz Limburg, Spalte 18. Im Zuge der Ermittlungen (GSTA Frankfurt JS 54/60) suchte ein Staatsanwalt am 15.4.1961 die ZRS auf. Vgl. Gawlik an deutsche Botschaft Paris am 15.4.1961, in: BAK B 305/2453 (ZRS: Rechtsschutzsache Luther).

98 ZStL IV 114 AR 361/65, Bl. 35 ff.

99 Übersendung des Armutszeugnisses an das Justizministerium in Stuttgart am 1.5.1949, in: BAK B 305/6258 (Rechtsschutzsache ZRS Sipo Toulouse).

100 Brief von Bilfingers französischem Verteidiger an Gawlik vom 22.1.1951, ebd.

101 Bilfinger an Schwinge am 22.1.1951, in: ebd.

102 Bilfinger an Carlo Schmid am 10.2.1951, in: ebd.

auf eine Art »kollegialen« Bonus. Auch Theodor Heuss bekam Post: Bilfinger hatte seinen 14-jährigen Sohn für einen Bittbrief eingespannt.[103]

Dennoch scheint der ehemalige Obersturmbannführer seine Lage nicht ungünstig beurteilt zu haben. Sobald er von der Verabschiedung des auf die finanzielle Befriedung der ehemaligen NS-Beamtenschaft zielenden »Gesetzes zur Regelung der Beamtenverhältnisse nach dem Artikel 131 des Grundgesetzes« im Frühjahr 1951 hörte, meldet er seine Ansprüche an.[104] Tatsächlich schienen die Zeichen günstig zu stehen, da das Militärgericht in Bordeaux das Verfahren hinsichtlich einiger der erhobenen Anklagepunkte eingestellt hatte.[105] In der Hauptsache erging jedoch ein Eröffnungsbeschluss; der Widerspruch, den Bilfingers Anwälte beim Kassationsgericht dagegen einlegten, blieb erfolglos.[106] Der Prozess sollte am 9. Juli 1953 beginnen. Bilfinger forderte zunächst in einem Brief an den französischen Verteidigungsminister die Auszahlung seines ausstehenden Wehrsoldes, freilich ohne Erfolg,[107] er ließ sich dann von der deutschen diplomatischen Vertretung in Paris eine Schreibmaschine finanzieren, auf der er eine Verteidigungsschrift verfasste, ließ sich einen blauen Anzug (»auf keinen Fall einen braunen!«) schicken und forderte die Stellung eines zweiten Anwaltes.[108] Das Hauptargument des Angeklagten war die Behauptung, er sei Opfer einer Verwechslung geworden. Zwar hätten zwei jüdische Belastungszeugen ihn als ihren Peiniger wiedererkannt, doch hätten diese ihn mit einem bereits verstorbenen Angehörigen der Geheimen Feldpolizei verwechselt. Gawlik und Schwinge versuchten nun, diese Aussage zu untermauern, obwohl sie selbst einräumen mussten, dass kaum eine Ähnlichkeit zwischen den beiden Män-

103 Rolf Bilfinger an Theodor Heuss am 15.11.1951, in: ebd.

104 Bilfinger an Gawlik am 24.6.1951 und Bundesministerium für Vertriebene an Bilfinger am 25.7.1951, beide in: ebd.

105 Einstellungsbeschlüsse des Militärgerichts Bordeaux vom 25.8.1951 und 20.11.1951, beide erwähnt in Einstellungsverfügung StA Stuttgart vom 12.8.1981, in: ZStL VI 114 AR 361/65, Bl. 35 ff.

106 Vermerk ZRS vom 3.7.1952, in: BAK B 305/6258 (Rechtsschutzsache ZRS Sipo Toulouse).

107 Bilfinger plante, die Angelegenheit mit Hilfe der ZRS vor den frz. Staatsrat zu bringen, ein Unterfangen, das das Auswärtige Amt als »bedenklich« bezeichnete. Vgl. Vorgang vom 11.6.1952, in: BAK B 305/6258 (Rechtsschutzsache ZRS Sipo Toulouse).

108 Bilfinger an Deutsche Gesandtschaft Paris am 8.4.1953, in: BAK B 305/6258 (Rechtsschutzsache ZRS Sipo Toulouse).

nern bestand.[109] Dennoch bemühte sich Gawlik um entlastende Zeugenaussagen. So bat er den SS-General Karl Wolff, er möge bestätigen, dass es einen Befehl gegeben habe, der die Kommandeure zur Festnahme von Frauen und Kindern verpflichtet habe.[110]

Die Verteidigungsstrategie war erfolgreich. Am 13. Juni 1953 verkündete das Militärgericht das Urteil: Bilfinger wurde wegen der Festnahme eines jüdischen Kindes zu acht Jahren Zwangsarbeit verurteilt, die wie schon bei Luther durch die Untersuchungshaft als verbüßt galten. Der Prozessbeobachter der deutschen Botschaft hielt fest, Bilfinger habe es im Gegensatz zu seinen Mitangeklagten verstanden, die Sympathie der Richter zu erwecken. Dass er dennoch eine relativ schwere Strafe erhalten habe, sei der Aussage eines Zeugen geschuldet, der berichtet habe, Bilfinger habe seine Frau und sein Kind ins Gas geschickt. Das Gericht habe die Verhaftung und Verschleppung von Juden als erwiesen angesehen. Außerdem stehe außer Zweifel, dass es unter Bilfinger zu »verschärften Verhören«, also zu Folterungen, gekommen sei.[111]

Gawlik zeigte sich erleichtert, bei Bilfinger habe er Schlimmes befürchtet.[112] Dieser zeigte sich allerdings undankbar und forderte barsch 50 000 Francs zurück, die er zusätzlich zu den Bemühungen der ZRS für seine Verteidigung aufgewendet habe.[113]

Nach seiner Entlassung kehrte Bilfinger nach Deutschland zurück, wo er wieder in den Justizdienst eintrat und es bis zum Oberverwaltungsgerichtsrat am Verwaltungsgerichtshof Baden-Württemberg brachte. Erst 1965 wurde er im Zusammenhang mit der »Braunbuchkampagne« der DDR pensioniert.

Die Bemühungen um die Freilassung Obergs und Knochens

Wesentlich problematischer erwiesen sich die Fälle der beiden schwer belasteten Sipo/SD-Funktionäre in französischer Haft, des ehemaligen HSSPF Oberg und des ehemaligen BdS Knochen. Anders als bei den

109 Briefwechsel Gawlik – Schwinge vom 11.4.1953 und 19.5.1953 in: BAK B 305/6258 (Rechtsschutzsache ZRS Sipo Toulouse).

110 Gawlik an Karl Wolff am 16.4.1953, in: BAK B 305/6258 (Rechtsschutzsache ZRS Sipo Toulouse).

111 Bericht Dr. Guttman vom 15.6.1953, in: BAK B 305/6258 und Kommentar der ZRS (Rechtsschutzsache ZRS Sipo Toulouse).

112 Ebd.

113 Bilfinger an ZRS am 2.6.1953, in: BAK B 305/6258 (Rechtsschutzsache ZRS Sipo Toulouse).

Sipo/SD-Funktionären Lischka oder Hagen hatten sich die französischen Behörden darum bemüht, Oberg und Knochen in ihre Gewalt zu bringen. Knochen war 1946 aus amerikanischer Kriegsgefangenschaft nach Frankreich ausgeliefert worden,[114] Oberg im selben Jahr aus englischer.[115] Gegen die beiden Schlüsselfiguren sollte nun ein exemplarisches Verfahren durchgeführt werden, wobei sich das zuständige Pariser Militärgericht demonstrativ um Fairness bemühte. So schöpften die Anwälte der beiden Angeklagten schon vor der Eröffnung des Verfahrens alle ihnen zur Verfügung stehenden Rechtswege aus, die sie zweimal bis zum Kassationsgericht führten, so dass es bis 1954 dauerte, bis das Verfahren überhaupt eröffnet werden konnte.[116] Im Oktober desselben Jahres wurden Oberg und Knochen, »in Frankreich das Symbol alles Hassenswerten«, zum Tode verurteilt.[117]

Die nun einsetzenden Bemühungen um die Rettung der Verurteilten übertrafen alles bisher Dagewesene, wobei sich die Delinquenten allerdings von ihrer Unschuld überzeugt zeigten. So schrieb Knochen im April 1954 an die Prinzessin Isenburg von der »Stillen Hilfe«:

> »Sieben lange Jahre [der Haft, der Verf.] sollten nun wirklich genügen, daß wir lange genug gelitten haben für Ereignisse, deren Ablauf wir nicht haben ändern können, denn eine persönliche Schuld im hergebrachten Sinn liegt gegen niemanden hier vor. Befehlsausführung im Krieg, das ist das, was uns vorgehalten werden kann. Ich bin aber davon überzeugt, daß man diesen Tatbestand dann genau so allen Offizieren und Soldaten aller Waffengattungen und aller Nationen auch vorhalten könnte und müßte. Denkt man tiefer über all das nach, so kommt man ins Philosophieren und bald kommt man an einen Punkt, wo man keine Antwort mehr findet. [...] Ich glaube, es wäre nun wirklich an der Zeit, dieser juristischen Entwicklung im Zeitpunkt der Aussöhnung mit Deutschland durch eine politische Lösung entgegenzukommen und nach sieben Jahren einen Schlußstrich zu ziehen. Dann würde sich christliches Denken im Sinne Jesu Christi manifestieren, an die Stelle von Haß die Versöhnung treten. [...] Auch die Kir-

114 Vernehmung Knochens vom 20.2.1964, in: ZStL 104 AR-Z 1670/61, Bl. 202.

115 ZStL AR 40 2/3.

116 Dazu der ausführliche Bericht zum Prozessbeginn in der »Frankfurter Allgemeinen Zeitung« vom 22.2.1954 (»Nach neun Jahren beginnt Oberg-Pozeß. Der Gestapo-Führer von Frankreich unter schwerer Anklage«).

117 Brochhagen, Nürnberg, S. 172.

> chenvertreter wissen nun, daß diese Zeit des stillen Duldens lang, allzu lange dauerte, daß man uns endlich der menschlichen Gesellschaft wieder eingliedern muß. [...] Aber all das soll in uns vergessen sein und wird in uns vergessen sein, es ist aber nunmehr an der Zeit, daß man von deutscher offizieller Seite unsere Rückkehr erreicht.«[118]

Dieses Schreiben enthält nicht nur die geradezu klassischen Rechtfertigungsargumente aller NS-Täter, es zeigt auch, mit welchem Selbstbewusstsein diese durch unzählige Morde belasteten Männer die Unterstützung der Bundesrepublik forderten, und zwar nicht nur Schutz vor Strafe, sondern auch ihre gesellschaftliche Wiedereingliederung. Von einem gewandelten Bewusstsein konnte auch bei Oberg keine Rede sein. So notierte der deutsche Gesandte Hausenstein resigniert, Oberg habe bei der Beerdigung des in der Haft verstorbenen ehemaligen KdS Hülff die Hand zum Hitlergruß erhoben – und das nach Beginn seines eigenen Prozesses.[119]

Dennoch erfreuten sich die beiden der ungebrochenen Unterstützung der Heimat. Der Bundestagsabgeordnete der CDU und Direktor der Caritas Heinrich Höfler hatte im Winter 1953 eine zweitägige Besuchsreise durch die französischen Gefängnisse unternommen und anschließend gefordert, die Freilassung der Gefangenen zur Vorbedingung für weitere Verhandlungen zur Europäischen Verteidigungsgemeinschaft zu machen.[120] Zwar wurde diese Forderung nicht explizit aufgenommen, doch bemühte sich die bundesdeutsche Politik immerhin um eine Verschiebung des Prozesstermins, so dass dieser nicht mit den Verhandlungen zur Europäische Verteidigungsgemeinschaft zusammenfiel.[121] Zumindest in der Zentralen Rechtsschutzstelle hatte man sogar gehofft, eine Verschiebung »sine die« erreichen zu können, eine Hoffnung, die freilich trog.[122]

118 Bericht Knochens an Prinzessin Isenburg über einen Besuch des Pfarrers Friedrich vom 18.4.1952 im Gefängnis Cormeilles, in: BAK B 305/307.

119 Bericht Hausensteins an AA vom 3.4.1954 über die Bestattungszeremonie Wilhelm Hülffs, an der Oberg und Knochen als Vertreter der Häftlinge teilgenommen hatten, in: BAK B 305/6165.

120 Bericht der Diplomatischen Vertretung an AA vom 20.11.1953 über die vom 25. bis 26.11.1953 dauernde Besuchsreise Höflers, in: BAK B 305/316.

121 Zu den letztlich erfolglosen Bemühungen um eine Verschiebung des Termins: Brochhagen, Nürnberg, S. 171.

122 Vermerk BMJ über telefonische Unterredung mit Dr. Redenz aus der ZSR vom 20.10.1953, in: BAK B 141/17109.

Dennoch nahm man dort die Todesurteile gelassen auf. Auch als das Kassationsgericht den Richterspruch bestätigte, teilte die ZRS dem Bundesjustizministerium streng vertraulich mit, dass eine Vollstreckung der Urteile nicht befürchtet werden müsse.[123] Tatsächlich wurden Oberg und Knochen im Jahr 1958 zu lebenslanger Haftstrafe begnadigt.[124] Damit war nun der Ausgangspunkt zur weiteren Begnadigung geschaffen, was allerdings durch den Umstand kompliziert wurde, dass sich ab 1957 neben Oberg und Knochen noch sechs weitere Deutsche in französischer Haft befanden, denen allen gemeinsam geholfen werden sollte.[125] Bei fünf dieser Todeskandidaten war wie bei Oberg und Knochen eine Begnadigung durch den französischen Staatspräsidenten abzusehen. Bei dem sechsten jedoch standen die Chancen schlecht. Es handelte sich dabei um den ehemaligen »Schutzhaftlagerführer« des Konzentrationslagers Natzweiler Wolfgang Seuss, dessen Taten im Natzweiler-Prozess wegen ihrer Grausamkeit großes Aufsehen erregt hatten. Um auch das Leben von Seuss zu retten, verfolgte die ZRS nun die Strategie, nur für alle acht Gefangenen gemeinsam zu agieren und Seuss gleichsam im Windschatten der anderen mitzunehmen.

Der Druck, der dazu auf die Franzosen ausgeübt wurde, war massiv. So veröffentlichte die bundesdeutsche Presse entsprechend lancierte Artikel. Beispielsweise brachten die »Lübecker Nachrichten« einen rührseligen Bericht über einen der Todeskandidaten mit der Überschrift »Acht deutsche Todeskandidaten in Frankreich. Für sie gibt es kein Weihnachten. Henry Stengritt als leuchtendes Beispiel«, in dem behauptet wurde, der Genannte sitze unschuldig in der Todeszelle, weil er sich weigere, den Namen des eigentlichen Täters, eines mehrfachen Familienvaters, preiszugeben. Der Artikel endete mit der Forderung, Straßen und Plätze nach Stengritt zu benennen. Die Mitarbeiter der ZRS wussten es allerdings besser: In einem Aktenvermerk hielten sie sogleich fest, dass »die Angaben nicht zuträfen«.[126]

Diese Artikel entstammten offensichtlich den Bemühungen der FDP und der damals noch existierenden DVP, sich bei den 1957 anstehenden

123 ZRS an BMJ am 30.4.1955, ebd.

124 ZRS an BMJ am 24.4.1958, ebd.

125 Dazu den ausführlichen Bericht Stempels von Anfang Dezember 1957, in: BAK 305/314.

126 Der Vorgang findet sich in: BAK 305/311. Die »Meinerzhagener Zeitung« brachte am 14.12.1956 einen ganz ähnlichen Artikel (»Kein Weihnachten für sie! Acht deutsche Todeskandidaten in Frankreichs Gefängnissen«), in: ebd.

Bundestagswahlen gegenüber der CDU zu profilieren, wodurch die Adenauer-Regierung unter Druck geriet. Angesichts der bevorstehenden Wahlen durch die Kampagne aufgeschreckt, setzte sich Adenauer persönlich dafür ein, dass die Todesstrafe gegen Seuss nicht vollstreckt würde. In einem Telegramm an den damaligen französischen Präsidenten Coty hob er hervor, »er habe volles Verständnis dafür, daß diese Fälle im französischen Volke immer noch schmerzende Wunden seien«, er bitte »aber lediglich um Verständnis dafür, daß in der deutschen Öffentlichkeit zunächst die Tatsache gesehen wird, daß seit dem Kriegsende zwölf Jahre verstrichen sind«.[127] Auch der Heilige Stuhl tat »alles mögliche«, um die Vollstreckung dieses Urteils zu verhindern und eine Begnadigung zu erreichen,[128] und auch Kardinal Frings und Kirchenpräsident Hans Stempel stellten Gnadengesuche.[129] Auch Pierre Boissier nahm sich des Falles Seuss an.[130]

Tatsächlich konnte die Hinrichtung von Seuss verhindert werden, aber eine gemeinsame Freilassung aller Schwerverbrecher war vorerst nicht zu erreichen. Gemäß der Strategie der ZRS bedeutete dies auch für die anderen Inhaftierten weitere Haft. Die Franzosen hatten deren Taten nicht vergessen, die geforderte Begnadigung war dementsprechend unpopulär. Nach dem Zusammenbruch der IV. Republik im Jahr 1958 und der Wahl de Gaulles zum Präsidenten notierte ein Mitarbeiter der deutschen Gesandtschaft, dass sich dessen Vorgänger Coty bis zum Amtsantritt de Gaulles überhaupt weigere, weitere Begnadigungen auszusprechen, da die französische Öffentlichkeit dies nicht verstehen würde.[131]

Oberg und Knochen hielten von der auf Solidarität unter allen Gefangenen gerichteten Strategie der ZRS jedoch nichts, sondern forderten vehement die Abtrennung ihres Verfahrens von dem Seuss' – ohne Erfolg.[132] Im Frühling des Jahres 1958 wurden alle deutschen Kriegsverbrecher in ein Gefängnis bei Caen zusammengelegt. Sie wurden dort in geräumigen Einzelzellen untergebracht, durften Radio hören und

127 FS Adenauer an den frz. Ministerpräsidenten vom 7.8.1957, in: BAK B 305/312.

128 Bericht der apostolischen Nuntiatur in Bonn an AA am 18.6.1957 und 17.10.1956, beide in: BAK B 305/312.

129 Beide in: BAK B 305/312.

130 Deutsche Botschaft Paris an AA am 16.10.1957.

131 Aufzeichnung der deutschen Botschaft Paris vom 20.10.1958 über eine Besprechung über die Gnadenanträge, in: BAK B 305/313.

132 Berichte Dr. Weinhold über Besuche bei den Häftlingen am 10.1.1958, in: BAK B 305/317 und Bericht vom 10.1.1958, in: BAK 305/312.

bekamen eine erträgliche Arbeit zugeteilt. Selbst Oberg fand das neue Gefängnis anfangs »tipp topp«, doch befürchteten die SS-Funktionäre nun, durch die gemeinsame Unterbringung mit ehemaligem SS-Personal des Konzentrationslagers Natzweiler in ein schlechtes Licht gesetzt zu werden.[133] Geradezu grotesk wurde die Situation, als zu den Gefangenen in Caen ein weiterer Häftling kam. Es handelte sich dabei um den ehemaligen Funktionshäftling aus dem Konzentrationslager Natzweiler Richard Kuhl. Dieser war als ehemaliger KZ-Häftling eigentlich ein Opfer des von Oberg und Knochen repräsentierten Regimes. Da er jedoch in seiner Eigenschaft als »Kapo« zahlreiche Mithäftlinge so sehr misshandelt hatte, dass sie gestorben waren, war er in Abwesenheit angeklagt und verurteilt worden. Ohne von diesem Urteil gewusst zu haben, war Kuhl nach Frankreich eingereist, wo er verhaftet und nach Caen gebracht wurde.[134] Oberg und Knochen empfanden diese gemeinsame Unterbringung als Zumutung, sie beschwerten sich deshalb bei der deutschen Botschaft.[135] Kuhl wiederum beklagte sich, dass er als Häftling in Natzweiler von dem SS-Mann Ehrmanntraut schwer misshandelt worden war, nun aber mit ihm zusammen inhaftiert war. Die anderen Häftlinge seien durch die Bank nach wie vor Nazis und würden ihn, der er doch Opfer sei, schlecht behandeln.[136]

Die Ansprüche Obergs und Knochens stiegen. Der Betreuer der deutschen Botschaft berichtete nach einem Besuch in Caen, die beiden würden sich nicht nur als Sprecher der anderen Gefangenen aufspielen, sondern ihre Ausführungen würden darüber hinaus von »völliger Unbelehrbarkeit« zeugen. Nicht nur, dass beide sich noch immer als Opfer von Justizirrtümern betrachteten, die kein ordnungsgemäßes Verfahren erhalten hätten, nein, sie seien auch der Auffassung, die deutsche Botschaft vertrete sie nicht richtig. Deshalb forderten sie unverblümt, dass sich der Bundeskanzler persönlich erneut bei de Gaulle für sie einsetze, und beschwerten sich über einige Artikel in deutschen Zeitungen, welche die leichten Haftbedingungen in Caen beschrieben hatten.[137] Kurz darauf beklagte

133 Bericht deutsche Botschaft Paris an AA vom 27.5.1958, in: BAK B 305/319.

134 Bericht von Stempel an AA 22.8.1956, in: BAK B 305/317 und Vermerk Pfarrer Friedrich vom 19.6.1957, in: BAK B 305/311.

135 Die Gefangenen von Caen an deutsche Botschaft am 4.10.1958, in: BAK B 305/313. Danach zog Kuhl durch zahlreiche Briefe an Firmen in Westdeutschland mit der Bitte um materielle Unterstützung Aufmerksamkeit auf sich.

136 Vermerk deutsche Botschaft Paris vom 26.11.1958, in: BAK B 305/317.

137 Vermerk deutsche Botschaft Paris vom 28.8.1958, ebd.

sich Knochen brüsk bei dem Botschaftsvertreter, dass die den Häftlingen monatlich von der Bundesrepublik als Unterstützung ausgezahlte Summe viel zu gering sei. Außerdem sei es unzumutbar, in einem Gefängnis mit »gemeinen Strafverbrechern« untergebracht zu werden. Überhaupt seien die »wahren Verbrecher« schon entlassen, während er hier sitzen müsse.[138]

Gemeinhin ist Einsicht in die Verwerflichkeit der Tat durch den Täter ebenso Voraussetzung für eine Begnadigung wie Anzeichen der Reue. Von beidem fehlte hier jede Spur. Dennoch gingen die Bemühungen um die Freilassung der Inhaftierten weiter. Auf Initiative des Vatikans fanden weitere Sitzungen statt, die sich mit der Frage einer möglichen Begnadigung beschäftigten.[139] Dabei wurde festgestellt, dass die Bereitschaft dazu bei de Gaulle im Prinzip vorhanden sei, allerdings stehe dem entgegen, dass die bundesdeutsche Justiz nun selbst mit der Strafverfolgung solcher Männer begonnen habe. Der französische Staatspräsident könne ja wohl kaum Männer begnadigen, die in ihrer eigenen Heimat als Verbrecher galten.

In der Tat hatte die bundesdeutsche Justiz ein eigenes Interesse vor allem an Oberg. Dieser hatte zusammen mit Werner Best und Sepp Dietrich im Jahr 1934 die Durchführung der »Röhm-Aktion« in München geleitet und dabei 28 Menschen, darunter bekannte Honoratioren der bayerischen Landeshauptstadt, ermordet.[140] Die Staatsanwaltschaft München hatte deshalb 1951 ein Verfahren eröffnet.[141] Best und Achenbach hatten daraufhin versucht, über Justizminister Dehler die Einstellung des Verfahrens zu erreichen. Dehler gab der unverblümten Aufforderung zum Rechtsbruch zwar nicht direkt nach, stellte jedoch eine Verfahrenseinstellung in Aussicht.[142] Diese erfolgte schließlich 1956 mit der schlauen Begründung, man könne Bests Einlassungen, er habe die Mordaktion am 30. Juni 1934 für rechtmäßig gehalten, mangels weiterer Aussagen nicht widerlegen. Es könne nicht ausgeschlossen werden, dass Best auf Befehl von Oberg gehandelt habe, so dass dieser nun befragt werden müsse.

Oberg jedoch verweigerte aus der französischen Haft heraus die Aussage, da er sein laufendes Gnadenverfahren nicht durch das Bekanntwerden

138 Vermerk deutsche Botschaft Paris vom 26.11.1958, ebd.

139 Bericht der deutschen Botschaft beim Heiligen Stuhl vom 16.10.1958, ebd.

140 Näher dazu: Herbert, Best, S. 143 ff.

141 Herbert, Best, S. 449 ff., und ZStL, Sühneverfahren Dr. Best.

142 Ebd.

weiterer Mordvorwürfe gefährden wolle – das Verfahren blieb vorläufig eingestellt.[143] So war Best der Verfolgung erst einmal entronnen, doch lief das Verfahren gegen Oberg und Dietrich weiter.

In der Folgezeit zeigte sich die Generalstaatsanwaltschaft München, bei der das Verfahren geführt wurde, Oberg gegenüber rücksichtsvoll und unternahm nichts.[144] Nach einem knappen Jahr wollte sie das Verfahren jedoch nicht länger unbearbeitet lassen.[145] Ein weiteres Rechtshilfeersuchen wurde angefertigt, jedoch zunächst nicht an die französischen Behörden weitergeleitet.[146] Stattdessen versuchte ein Botschaftsangehöriger, Oberg unbemerkt von den französischen Behörden »inoffiziell« zu verhören, was aber misslang, da dieser wiederum die Aussage verweigerte: Er werde erst aussagen, wenn er in Deutschland sei, erklärte er.[147] Offensichtlich hoffte Oberg, mit diesem Manöver eine vorzeitige Auslieferung nach Deutschland zu erreichen.[148] Die Generalstaatsanwaltschaft ließ sich darauf jedoch nicht ein, sondern erwirkte einen Haftbefehl gegen den ehemaligen HSSPF.[149] Diese Maßnahme zerschlug die Hoffnung Obergs, nach der absehbaren Begnadigung tatsächlich auf freien Fuß zu gelangen. Während sein Anwalt, der auf die Verteidigung von ehemaligen Nationalsozialisten spezialisierte Rudolf Aschenauer, auf juristischem Wege gegen den Haftbefehl vorging, ließ Kirchenpräsident Stempel seine Kontakte spielen. In einem Brief an Staatssekretär Walter Strauß erklärte er, Oberg sei zu einer Aussage bereit, wolle sich aber zuvor einige Monate bei seiner Familie erholen.[150] Tatsächlich wurden daraufhin alle Aktionen

143 Einstellungsverfügung des Generalstaatsanwaltes beim Oberlandesgericht München vom 4.7.1956, in: ZStL, Sühneverfahren Best, Bl. 436 ff.
144 GStA München an ZRS am 23.6.1958, in: BAK B 141/17109.
145 GStA München an JM Bayern vom 5.3.1959 und Vermerk BMJ vom 18.3.1959 über eine Unterredung mit Gawlik, beide in: BAK B 141/17109.
146 Rechtshilfeersuchen der GStA München vom 19.5.1959, in: BAK B 141/17109.
147 Die Vernehmung wurde am 28.8.1959 versucht, die Ergebnisse sind zusammengefasst in: JM Bayern an BMJ vom 11.11.1959, in: BAK B 141/17109, Bl. 90.
148 Ebd. Tatsächlich wurde im Justizministerium diskutiert, nun ein Auslieferungsgesuch an Frankreich zu stellen. Die große Gefahr dabei aber war, dass Oberg von den deutschen Behörden eventuell auf freien Fuß gesetzt hätte werden müssen, sollte er sich als haftunfähig erweisen oder das Verfahren zu seinen Gunsten ausgehen. Diese Entwicklung hätte einen Affront gegenüber Frankreich bedeutet. Vgl. Vermerk über eine Besprechung im BMJ mit Gawlik vom 4.2.1960, in: BAK B 141/17109, Bl. 102.
149 Haftbefehl für Oberg vom 10.3.1960, in: BAK B 141/17109, Bl. 116.
150 Schreiben Stempel an STS Strauss vom 11.2.1960, in: BAK B 141/17109, Bl. 104; Erklärung Obergs vom 4.3.1960, in: BAK B 141/17109, Bl. 119.

der bundesdeutschen Justiz zurückgestellt.[151] Wie wenig ernst es den bayerischen Staatsanwälten mit der Aufklärung der Röhm-Morde war, hatte ein Vertreter des dortigen Justizministeriums einem Kollegen im Bundesjustizministerium mitgeteilt: Man sei wenig geneigt, das Verfahren gegen Oberg weiterzuführen, da dieser wahrscheinlich verhandlungsunfähig sein werde.[152] Und tatsächlich: Als Oberg, Knochen und Ehrmanntraut begnadigt und am 28. November 1962 beim badischen Grenzübergang Neuenburg auf freien Fuß gesetzt wurden, wurde keiner von ihnen verhaftet.[153] Die Generalstaatsanwaltschaft München II hatte den Haftbefehl gegen Oberg am selben Tag außer Kraft setzen lassen, gegen Knochen und Ehrmanntraut lag überhaupt keiner vor.[154] Alle drei wurden von einem Abgesandten des Kirchenpräsidenten Stempel abgeholt und vorläufig nach Speyer gebracht, von wo sie wenig später in ihre Heimatorte zurückkehrten.[155] Während in Frankreich empörte Widerstandskämpfer gegen diese Entlassung protestierten und ihre Ehrenzeichen zurückgaben, ging die bundesdeutsche Justiz die Sache weiter ruhig an.[156] Wie vorausgesehen, attestierte ein Gutachten Oberg Verhandlungsunfähigkeit, worauf sich die Generalstaatsanwaltschaft weiterhin außer Stande sah, das Verfahren weiterzuführen, da sie es nach wie vor als unabdingbar erachtete, Best und Oberg gemeinsam zu hören.[157] Erst 1964 wurde Oberg in seiner Flensburger Wohnung doch noch vernommen. Seine Aussage nährte den Verdacht, dass die von Best Anfang der fünfziger Jahre gemachten Angaben reine Schutzbehauptungen gewesen

151 Vermerk BMJ vom 22.11.1960, in: BAK B 141/17109, Bl. 129.

152 Vermerk BMJ vom 19.7.1961, in: BAK B 141/17109, Bl. 138.

153 Dazu: FS LKA Baden-Württemberg an ZStL vom 30.11.1962, in: ZStL 104 AR-Z 1670/61, Bl. 95.

154 Vermerk BMJ vom 10.12.1962, in: BAK B 141/17109, Bl. 198.

155 Schreiben ZStL an LG München I vom 7.1.1963, ebd. S. 106.

156 Über die Proteste berichtete die bundesdeutsche Presse ausgiebig, so der »Stern« unter der süffisanten Überschrift »Bonn: De Gaulles Gnadenakt bei Nacht und Nebel« (Ausgabe vom 27.1.1963) und »Frankfurter Rundschau« vom 2.2.1963 (»Proteste in Paris gegen die Freilassung von Oberg und Knochen«).

157 Gutachten des Gesundheitsamtes Flensburg vom 18.1.1963, wiedergegeben im Bericht des StA München II vom 7.2.1963, BAK B 141/17109, Bl. 223. Die StA sah sich wegen Arbeitsüberlastung lange nicht in der Lage, die Haft- und Vernehmungsfähigkeit Obergs erneut zu überprüfen. Wie die mehr als ein Jahr später schließlich doch vorgenommene Überprüfung ergab, war eine Anklageerhebung nur dann möglich, wenn Best und Oberg vernommen würden. Vgl. StA München I an GStA München am 23.4.1964, BAK B 141/17109, Bl. 232.

seien.[158] Oberg verstarb jedoch kurz danach. Die Generalstaatsanwaltschaft München stellte fest, dass der Tatbestand nun nicht weiter aufgeklärt werden könne, und stellte das Verfahren ein.[159]

Die großen politischen Anstrengungen, die im Kampf gegen die französische »Siegerjustiz« unternommen wurden, hatten also schon hier Auswirkungen auf die beginnende deutsche Strafverfolgung. Nach all dem Aufwand, der von staatlichen wie auch von privaten Stellen betrieben worden war, um die französische Strafverfolgung in ihren Folgen zu entschärfen, war es bundesdeutschen Staatsanwälten nur sehr schwer zu vermitteln, dass sie diese Männer nun im eigenen Land verfolgen sollten.

Die Warnung der Abwesenheitsverurteilten

Die erheblichen Anstrengungen Gawliks und seiner Mitarbeiter richteten sich jedoch nicht nur auf die Freilassung der bereits Inhaftierten. Sie versuchten auch zu verhindern, dass weitere Deutsche in die Mühlen der französischen Justiz gerieten. Das betraf vor allem die in Abwesenheit Verurteilten. Diese waren durch das Grundgesetz vor Auslieferung geschützt, doch bestand die Möglichkeit, dass sie sich nichts ahnend auf französisches Territorium begaben. Nun wiederholte sich die Situation der frühen Weimarer Republik: Wieder versuchte das Auswärtige Amt, möglichst alle von solchen Urteilen betroffenen Personen zu erfassen und sie vor einer Einreise nach Frankreich zu warnen.

Anfangs wurden solche Warnungen offenbar nicht systematisch durchgeführt, doch gingen bei der ZRS immer wieder Anfragen besorgter Männer ein, die eine Reise nach Frankreich planten, aber ihre Verhaftung fürchteten. Solange für einreisewillige Deutsche ein Visumzwang bestanden hatte, war das kein Problem gewesen, da die französischen Behörden den Gesuchten die Einreise verweigerten. Doch nachdem dieser Zwang im Jahr 1954 entfiel, kam es zu ersten Verhaftungen von in Abwesenheit Verurteilten, die ahnungslos nach Frankreich eingereist waren. Das Auswärtige Amt versuchte deshalb in Zweifelsfällen Klarheit darüber zu erlangen, ob von einer Einreise abzuraten war.[160] Nach der erwähnten Verhaftung Richard Kuhls forderte der Präsident der pfälzischen Landeskirche

158 Die Vernehmung fand vom 18. bis 20.8.1964 in Obergs Wohnung in Flensburg statt. Bericht StA München vom 1.9.1964, in: BAK B 141/17109, Bl. 236.
159 StA München an GStA München 26.6.1965, in: BAK B 141/17109.
160 Vermerk ZRS vom 5.8.1954, in: BAK B 305/317. In der gleichen Akte finden sich mehrere Anfragen von Privatpersonen.

Stempel Gawlik auf, eine »systematische Benachrichtigung aller in Abwesenheit zum Tode oder zu schweren Freiheitsstrafen verurteilter Deutschen« durchzuführen.[161] Tatsächlich war die ZRS aber schon zuvor in dieser Richtung aktiv geworden. Gawlik hielt diesbezüglich Folgendes fest:

> »Von den Personen, die durch französische Militärgerichte in Abwesenheit verurteilt worden sind, sind bisher stets diejenigen von den Verurteilungen in Kenntnis gesetzt worden, deren Anschrift hier bekannt ist. Hierbei ist den Betroffenen gleichzeitig mitgeteilt worden, daß sie bei einer Einreise in Frankreich mit einer Festnahme und der Durchführung eines erneuten Verfahrens rechnen müßten. [...] Es besteht die Absicht [...], die Anregung von Herrn Präsidenten Stempel zum Anlaß zu nehmen, die Anschriften derjenigen Personen zu ermitteln, die in Frankreich in Abwesenheit verurteilt worden sind und die bisher aus den genannten Gründen von der Verurteilung nicht unterrichtet werden konnten.«[162]

Ein weiteres Argument für eine solche systematisch angelegte Aktion war der Wunsch des Verteidigungsministeriums, alle Offiziere der Bundeswehr vor einer geplanten Einreise nach Frankreich zu überprüfen.[163] Tatsächlich bemühte sich die ZRS in der Folgezeit, über die deutsche Botschaft in Paris die Namen der Abwesenheitsverurteilten ermitteln zu lassen, was aber nicht vollständig gelang.[164]

Dennoch sammelte die ZRS mit Hilfe der französischen Vertrauensanwälte eine große Zahl von Namen. Als Problem stellte sich jedoch heraus, die aktuellen Anschriften zu ermitteln. Doch Gawlik fand auch hier eine Lösung. Vor allem der Verband der Heimkehrer und die Suchdienste des Roten Kreuzes verfügten über systematische Adressenkarteien. Angesichts der bestehenden guten Zusammenarbeit lag es auf der Hand, auch in dieser Frage mit den Verbänden zu kooperieren. Wie diese Warnaktionen im Einzelnen abliefen, zeigt der Fall des ehemaligen KdS von Angers

161 Stempel an Gawlik am 22.8.1956, in: BAK B 305/317.

162 Gawlik an Ref. 504 des AA am 24.9.1956. Ebd.

163 ZRS an deutsche Botschaft Paris am 24.7.1957 und AA an BMV am 16.7.1957, beide in: BAK B 305/314.

164 Die deutsche Botschaft teilte der ZRS am 5.7.1957 mit, dass die Direction de la justice militaire bisher zwar alle Einzelanfragen beantwortet habe, nicht aber bereit sei, Namenslisten herauszugeben. Diese würden in der Regel nur unvollständige Personenangaben enthalten, weshalb es nicht möglich sei, die in Betracht kommenden Personen ausfindig zu machen. Stattdessen müsse weiterhin in jedem Fall eine Einzelanfrage durchgeführt werden. In: ebd.

Hans Dietrich Ernst, gegen den seit 1950 ein in Abwesenheit ergangenes Todesurteil vorlag. Wie oben erwähnt, hatte er sich bis 1955 in russischer Gefangenschaft befunden. Nach seiner Entlassung wandte sich die ZRS an den Verband der Heimkehrer mit der Bitte, »Ernst in geeigneter Weise vertraulich von seiner Verurteilung in Frankreich in Kenntnis zu setzen und ihn vor einer Einreise nach Frankreich zu warnen«.[165] Der Verband bestätigte den Vollzug wenig später.[166]

Der Umfang dieser Warnungen lässt sich im Nachhinein nicht mehr exakt rekonstruieren, doch waren nach einem internen Vermerk der ZRS aus dem Jahr 1959 340 in Abwesenheit verurteilte Deutsche erfasst, von denen 102 unterrichtet worden waren.[167] Als diese Praxis einige Jahre später im Zusammenhang mit dem »Warndienst West« publik wurde, rechtfertigte Gawlik sich mit der Behauptung, solche Warnungen seien nur ergangen, »wenn aufgrund der in der ZRS vorhandenen Unterlagen Gründe zu der Annahme bestünden, dass das Urteil ungerecht war«.[168] Dass dies unzutreffend war, zeigen von der Zentralen Stelle in Ludwigsburg später aufgefundene Namenslisten. Dort fand sich hinter dem Namen Barbies der Vermerk »ist benachrichtigt« und ein Aktenzeichen, das auf das Jahr 1956 hindeutete. Häufig fand sich auch die Abkürzung »erl.« offenbar für »erledigt« hinter Namen, beispielsweise hinter dem von Alois Brunner, wo sie zusammen mit einem Aktenzeichen aus dem Jahr 1949 auftauchte.[169]

Auf eine neue Grundlage gestellt wurde die bis dato auf Einzelfällen basierende Zusammenarbeit mit dem Roten Kreuz im Jahre 1964, als die ZRS dem Suchdienst des Roten Kreuzes in Hamburg eine Liste mit 895 Namen übergab, verbunden mit der Bitte, die Unterrichtung dieser Männer eigenständig durchzuführen.[170] Bis Ende 1967 waren von diesen Fällen 423 »erledigt«. 294 konnten unterrichtet werden, 26 weitere Fälle wurden an das österreichische Rote Kreuz abgegeben, das seinerseits die dort wohnenden Abwesenheitsverurteilten warnte.[171]

165 ZRS an VDH – vertraulich – am 23.8.1958, in: BAK B 305/3128 (ZRS Rechtsschutzsache Ernst).
166 VDH an ZRS vom 3.12.1958, in: ebd.
167 Liste der ZRS vom 17.7.1959, in: BAK B 305/317.
168 Schreiben ZRS an Chef des Bundeskanzleramtes o.D., in: BAK 141/30542.
169 Dies ist in zwei Schreiben der ZStL ausgiebig dokumentiert: ZStL an OStA Bonn vom 18.6.1968 und ZStL an BMJ am 27.8.1968, beide in ZStL 115 AR 504/68.
170 Stellungnahme Gawliks an BMJ vom 26.8.1969, in: BAK B 141/30543.
171 Rotes Kreuz, Suchdienst Hamburg an ÖGvRK am 16.11.1967 – vertraulich –, in: BAK B 141/30542.

Aus heutiger Sicht erscheint das Geschilderte nur schwer verständlich. Natürlich hat auch der schlimmste NS-Verbrecher aus einer christlichen oder auch humanitären Überzeugung heraus Anrecht auf Betreuung. Ebenso gehört es zu den Selbstverständlichkeiten eines Rechtsstaates, jedem Angeklagten den juristischen Beistand zukommen zu lassen, auf den er Anrecht hat. Diese Haltung prägte wohl die meisten Helfer. Doch verbarg sich hinter diesen hehren Motivationen auch der, wenngleich selten artikulierte Wunsch, die begangenen Verbrechen in der Sphäre des Vagen und Unbenennbaren zu belassen und die Verantwortlichkeiten zu verschleiern. Wie anders lässt sich beispielsweise die unfassbare Leichtgläubigkeit der Kirchenvertreter gegenüber Oberg und Knochen erklären, als mit massiven Blockaden bei der Auseinandersetzung mit der Vergangenheit und einem starken Abwehrreflex? Es sollte nicht übersehen werden, dass es den überlebenden Opfern und den Angehörigen der Ermordeten nicht möglich war, den weit über die Seelsorge hinausreichenden Einsatz der Geistlichen für ihre Folterknechte als Akt der Nächstenliebe zu empfinden, bedeuteten sie doch die gleichzeitige Nichtanerkennung ihrer Leiden.

Eine ganz ähnliche Haltung ist bei den bundesdeutschen Politikern der fünfziger Jahre anzutreffen. Vor allem in den zitierten Parlamentsdebatten artikulierten sie allzu deutlich den Wunsch, den aus den Verbrechen des »Dritten Reiches« resultierenden Verantwortungen und Verpflichtungen immer dort auszuweichen, wo sie konkrete Personen betrafen. Doch kam bei den Vertretern von Regierung und Parlament ein weiteres starkes, die Strafverfolgung behinderndes Motiv dazu. Das Bestreben nach staatlicher Souveränität wurde der Gerechtigkeit vorangestellt. Die französischen Strafprozesse passten nicht zu den Bemühungen der Regierung Adenauer, die auf ein möglichst anerkanntes und autonomes Staatswesen zielten. Viele Äußerungen und Haltungen von Politikern waren zudem deutlich einem Populismus geschuldet, der explizites Eintreten für die Verfolgung von Kriegsverbrechen unmöglich machte.

Manche Politiker und Funktionäre wie etwa Ernst Achenbach waren selbst in die Verbrechen verstrickt gewesen oder verstanden sich wie Gawlik zumindest als Fürsprecher der Belasteten. Es gehört zu den großen Versäumnissen der Ära Adenauer, nicht verhindert zu haben, dass solche Funktionäre Positionen einnehmen durften, von denen aus sie maßgeblichen politischen Einfluss hatten.

4. Die Wiedereingliederung des ehemaligen Sipo/SD-Personals

Wie die zitierten Äußerungen der in französischer Haft betreuten ehemaligen Funktionäre der Sicherheitspolizei beweisen, zeigten diese weder Schuldbewusstsein noch Reue, sondern insistierten auf ihrer Unschuld. Wenn es unmittelbar nach dem »Zusammenbruch« eine kurze Phase der Panik gegeben hatte, so war diese schnell verflogen. Bei der nun zur Schau gestellten Einstellung ging es natürlich vor allem um eine Verteidigungshaltung gegenüber den französischen Militärtribunalen, doch handelte es sich offenbar um mehr als nur um dreiste Lügen. Selbst Männer wie Knochen und Oberg schienen tatsächlich davon überzeugt, dass sie nicht zu den »wirklichen Verbrechern« zählten, sondern dass sie nur Befehle ausgeführt hätten.

Dies war allerdings durchaus nichts Ungewöhnliches. Bis auf wenige Ausnahmen fand sich nämlich auch unter den höchstrangigen ehemaligen Funktionären des »Dritten Reiches« kaum einer bereit, seine Rolle zu reflektieren und Schuld einzugestehen. Selbst Adolf Eichmann gab beim Prozess in Jerusalem zwar zu, Organisator des Judenmordes gewesen zu sein, er versuchte jedoch, sich als gewissenhaften und pflichtbewussten Beamten darzustellen, der Befehle «von oben« ausgeführt hatte. Es sei eben, so Eichmann, sein persönliches Schicksal, dass ihm diese Aufgabe übertragen worden sei, geblieben sei ihm nur, diese so gut wie möglich zu erfüllen. Schon Hannah Arendt mokierte sich über Eichmanns mangelndes Schuldbewusstsein, das dieser auf die Formel »schuldig vor Gott – vielleicht, nicht aber im Sinn der Gesetze« brachte.[1] Zwar haben jüngere Untersuchungen gezeigt, dass das von Arendt entworfene Charakterbild Eichmanns als banalen und vor allem nüchternen »Bürokraten des Todes« zu kurz greift, da Eichmann sehr wohl hochgradig von der NS-Rassenideologie motiviert war, doch hat auch die kritische Untersuchung aller überlieferten Rechtfertigungsschriften Eichmanns bestätigt, dass dieser tatsächlich mit der Überzeugung in den Tod ging, unschuldig zu sein.[2]

Wenn selbst er, der immerhin als unmittelbarer Vorgesetzter Knochens, Brunners, Hagens und Danneckers die Fäden der »Endlösung der Judenfrage« in der Hand gehalten hatte, seine Verantwortung schlicht-

1 Vgl. Arendt, Eichmann, bes. S. 21 ff.
2 Wojak, Eichmanns Memoiren.

weg leugnete, wie war dann von seinen ehemaligen Untergebenen eine andere Haltung zu erwarten? Schließlich war es für sie noch leichter, eigene Initiativen abzustreiten und sich auf Befehle »von oben« zu berufen. Wie gezeigt, nahm sogar Knochen für sich in Anspruch, nur ein Rädchen im Getriebe einer aus Berlin gesteuerten Maschinerie gewesen zu sein und das Ganze nicht überblickt zu haben. Dazu trug natürlich auch die in den meisten Dokumenten verwendete Tarnsprache bei, die von »Deportationen zum Arbeitseinsatz« und von »Familienzusammenführungen« sprach und die es den ehemaligen Funktionären nun erlaubte, auf ihre Unkenntnis zu verweisen. Wie noch deutlich werden wird, entwickelte sich dieses Argument später zur zentralen Rechtfertigung gegenüber der bundesdeutschen Rechtsprechung.

In einer Mischung aus Autosuggestion und Verdrängung gelang es offenbar fast allen hier untersuchten Männern, nach dem ersten Schock der Niederlage des »Dritten Reiches« eine wahrhaftige Auseinandersetzung mit ihrer tatsächlichen Rolle zu vermeiden und sich stattdessen als normale Beamte zu sehen, die der Krieg mit einer harten und schweren Aufgabe bedacht hatte und die nun zu Unrecht für die Untaten anderer büßen mussten.

Die in der Bundesrepublik vorherrschende »Siegerjustiz«-Rhetorik und vor allem die konkrete Hilfe, welche die Männer erhielten, bestärkten sie noch in dieser Haltung. Denn wenn auch die Angehörigen der deutschen Botschaft intern über Obergs Verhalten klagten und Adenauer bei seiner Intervention für Knochen und Oberg ganz andere Motive hatte als den Glauben an ihre Unschuld, so begegnete die Bundesrepublik der fünfziger Jahre den ehemaligen Exponenten ausnehmend freundlich. Wie das vorliegende Kapitel zeigt, waren die Lebensbedingungen in der Bundesrepublik günstig. Waren sie erst einmal der französischen Strafverfolgung entkommen, so konnten sie eher auf Hilfen als auf Abwehr zählen und wurden als anständige Bürger integriert.

Entscheidend für das Wohl und Wehe dieser Männer war in erster Linie das Verhalten der bundesdeutschen Strafverfolgungsbehörden. Verallgemeinernd lässt sich feststellen, dass sie von dieser Seite kaum etwas zu befürchten hatten. Wie bereits dargestellt, verfügten die bundesdeutschen Behörden bis zum Inkrafttreten des Überleitungsvertrages im Jahre 1955 gar nicht über die justitielle Hoheit, um die in Frankreich verübten Verbrechen zu verfolgen. Zwar hätten einige der ehemaligen Kommandeure auch wegen auf deutschem Territorium begangener Verbrechen verfolgt werden können, so etwa Lischka wegen seiner Zeit als Stapochef in Köln oder eben Oberg wegen der Münchner Morde. Wie jedoch das letzte Beispiel zeigt, drohte von dieser Seite kaum Gefahr. Die allgemeine Stimmung war gegen die NS-Prozesse im Ausland gerichtet, und auch im eigenen Land wollte man solche Prozesse nicht. Zwar hatten die deutschen Strafverfolgungsbehörden bereits 1945 unter alliierter Aufsicht selbst mit der Strafverfolgung bestimmter NS-Verbrechen begonnen und bis 1950 immerhin 5228 NS-Verbrecher rechtskräftig verurteilt, doch handelte es sich dabei meist um minderschwere Fälle, die eher die Handlanger des Massenmordes als die Befehlsgeber betrafen.[3] Nachdem die Bemühungen der deutschen Gerichte 1948/49 ihren Höhepunkt erreicht hatten, ließen sie zudem in den folgenden Jahren stark nach, so dass es 1955 nur noch zu 21 Verurteilungen kam.[4] Da die Ahndungsquote bis zum Ende der Dekade auf ähnlich niedrigem Niveau blieb, hatten die ehemaligen NS-Funktionäre also zumeist wenig Anlass zur Sorge.

Vor die berufliche und soziale Wiedereingliederung hatten die Alliierten jedoch die Entnazifizierung gesetzt.[5] Der Versuch, die deutsche Bevölkerung systematisch nach Nationalsozialisten zu durchkämmen, diese aus ihren beruflichen Positionen zu entfernen und zu bestrafen, hatte noch 1945 begonnen und erreichte seinen Höhepunkt in den drei westlichen Besatzungszonen ein Jahr später. Rückblickend muss die Entnazifizierung allerdings als Fehlschlag gewertet werden. Die verschiedenen Maßnahmen wie etwa der in der amerikanischen Zone zeitweilig praktizierte »automatische Arrest« oder die systematischen Entlassungen nach formalen Kriterien, vor allem aber die Erfassung größerer Teile der Bevölkerung per Fragebogen und die seit 1946 in der amerikanischen, später auch in den beiden anderen Westzonen eingeführten klassifizierenden Spruchkammerverfahren, waren nicht geeignet, die Schuldigen zuverlässig zu finden und zu bestrafen, führten aber oft zu unstimmigen Ergebnissen und Härten. Zusätzlich wurde dieses Unterfangen von der deutschen Politik mit aller Entschiedenheit bekämpft und wo möglich unterlaufen.[6] Trotz oder gerade wegen der hochgesteckten Ziele verkam das Projekt bis zu seiner endgültigen Einstellung zur »Mitläuferfabrik« (Niethammer), in der auch hochrangigen Funktionären bescheinigt wurde, lediglich Opportunisten gewesen zu sein.

3 Vgl. Rückerl, NS-Verbrechen, S. 121 ff.

4 Ebd., S. 127.

5 Zur Entnazifizierung: Niethammer, Mitläuferfabrik; Henke, Trennung; Vollnhals, Entnazifizierung.

6 Frei spricht von der »Liquidation der Entnazifizierung«. Vgl. Frei, Vergangenheitspolitik, S. 54-68.

Waren diese beiden Hürden für die meisten der hier untersuchten Männer relativ leicht zu nehmen, so standen sie anschließend vor der Herausforderung, eine adäquate berufliche Tätigkeit zu finden und sich somit beruflich und sozial zu integrieren. Unterstützt wurden sie dabei durch einige gesetzliche Regelungen, die in den fünfziger Jahre eingeführt wurden. In erster Linie ist hier die »131er-Gesetzgebung« zu nennen, die auf die Wiedereingliederung entlassener Beamter abzielte. Wie Jörg Friedrich zynisch angemerkt hat, waren die ehemaligen Staatsdiener des NS-Regimes die einzige »Opfergruppe«, die im Grundgesetz mit Entschädigungsansprüchen bedacht worden war.[7] Im Artikel 131 war nämlich festgelegt worden, dass die Rechtsverhältnisse der Personen, die am 8. Mai 1945, dem Tag der Kapitulation, im öffentlichen Dienst gestanden hatten und aus »anderen als beamtenrechtlichen Gründen ausgeschieden waren«, vom Gesetzgeber zu regeln seien. Damit waren die Beamten gemeint, die durch den Verlust der Ostgebiete ihre Stellung verloren hatten, aber vor allem auch all diejenigen, die durch die Entnazifizierung ihres Postens enthoben worden waren. Mit dem »Gesetz zur Regelung der Rechtsverhältnisse der unter Artikel 131 Grundgesetz fallenden Personen« wurde dieser Auftrag 1951 umgesetzt und wurden die Ansprüche auf Versorgung und Unterbringung der entlassenen Beamten großzügig geregelt. Sie hatten nunmehr Anspruch auf Wiedereinstellung, bis dahin durften sie ihre alten Dienstbezeichnungen mit dem Zusatz »z. Wv.« (»zur Wiederverwendung«) führen und erhielten ein Übergangsgeld. Wirksam beschleunigt wurde die Wiedereinstellung dieser »verdrängten« Beamten, indem der Gesetzgeber die öffentlichen Arbeitgeber verpflichtete, 20 Prozent ihrer Personalausgaben für die »131er« aufzuwenden. Ausgeschlossen von diesen Begünstigungen waren nur die ehemaligen Beamten der Gestapo und alle diejenigen, die bei der Entnazifizierung als »Hauptschuldige« eingestuft worden waren. In vier Gesetzesnovellen sowie durch einige höchstrichterliche Urteile wurde diese Regelung jedoch so aufgeweicht, dass auch die meisten der zunächst ausgeschlossenen Personen unter das Gesetz fielen. Auch für die ehemaligen KdS-Funktionäre erwies sich diese Gesetzgebung in vielen Fällen als willkommene Einstiegshilfe.

Ähnliches galt für die Gesetze, die in der frühen Bundesrepublik gemacht worden waren, um das Schicksal von Kriegsgefangenen und ihren

7 Friedrich, Amnestie, S. 283. Zu den Hingründen der »131er-Gesetzgebung« siehe auch: Frei, Vergangenheitspolitik, S. 69-99, und Herbert, Best, S. 483-490.

Angehörigen zu erleichtern. Hierzu zählen unter anderen das »Heimkehrergesetz« von 1950 und das »Kriegsgefangenenentschädigungsgesetz« von 1954 samt ihren diversen Durchführungsverordnungen.[8] Sie gewährten den aus der Kriegsgefangenschaft heimkehrenden Männern zahlreiche Förderungen, wie etwa die Zahlung von Entlassungs- und Übergangsgeldern, die Gewährung von Entschädigungen, die Zuteilung von Wohnraum oder den Ausgleich von erlittenen Nachteilen bei der Sozialversicherung. In der allgemein vorherrschenden Stimmung der Indifferenz, die in den fünfziger Jahren auch aus schwer belasteten NS-Verbrechern »Kriegsverurteilte« machte, gelang es nicht wenigen der früheren Sipo/SD-Funktionären, auch von diesen Regelungen zu profitieren.

Doch waren die Bedingungen für den beruflichen Wiedereinstieg und eine zweite Karriere nicht für alle Männer der Untersuchungsgruppe gleich. Während es den meisten der ehemaligen Verwaltungsbeamten relativ schnell gelang, ihre vor dem Krieg eingeschlagene Laufbahn im öffentlichen Dienst in der Bundesrepublik weiterzuführen, stieß die Gruppe der genuin nationalsozialistischen Elite auf Schwierigkeiten. Schließlich lässt sich eine dritte Gruppe von besonders belasteten ehemaligen Sipo/SD-Funktionären ausmachen. Die Taten, die diese Männer zu verantworten hatten, waren so gravierend, dass sie ihnen keine Chance auf ein normales Weiterleben in Deutschland ließen, geschweige denn auf eine zweite berufliche Karriere. Einige begingen Selbstmord, andere tauchten unter einer falschen Identität ab oder flüchteten ins Ausland.

Die Schwerstbelasteten: Selbstmord, Leben im Untergrund und Flucht

Nur wenige Männer aus dem in Frankreich installierten Sipo/SD-System sahen sich nach 1945 in einer so verzweifelten Lage, dass sie Selbstmord begingen. Wie bereits erwähnt, waren es mit Friedrich Suhr, August Meier und Helmut Tanzmann insgesamt drei ehemalige Kommandeure, die sich angesichts der drohenden Strafverfolgung durch die alliierten Gerichte das Leben nahmen.[9] Alle drei waren nicht nur durch ihre Tätigkeit in Frankreich belastet, sondern hatten auch andernorts Verbrechen

8 Die Gesetzestexte sind gesammelt in: Heimkehrergesetz und Kriegsgefangenen-Entschädigungsgesetz (Becksche Textausgaben). München 1954. Einen zeitgenössischen Überblick gibt Draeger, Heimkehrer-Recht.

9 Vgl. Kap. 3.

begangen. So auch Theodor Dannecker: Der immer wieder als besonders brutal und fanatisch beschriebene »Judenberater« hatte sich einige Monate nach Kriegsende verborgen gehalten, konnte aber im Dezember 1945 von den Amerikanern festgenommen werden. In einer Haftzelle in Bad Tölz nahm er sich kurz nach der Verhaftung das Leben.[10] Festzuhalten ist hierbei, dass es sich bei allen vier um nicht nur extrem belastete Männer handelte, sondern dass sie erst Hand an sich legten, als sie bereits inhaftiert waren. Dies legt die Vermutung nahe, dass die Motive für den Selbstmord in erster Linie in der Angst vor der bevorstehenden Strafverfolgung und ihren Konsequenzen zu sehen sind.

Zwei anderen, ähnlich stark belasteten Männern gelang rechtzeitig die Flucht ins Ausland: Klaus Barbie und Alois Brunner. Barbie war nach Kriegsende zunächst abgetaucht, war jedoch bereits 1946 wieder durch einen dreisten Juwelenraub in Kassel aufgefallen, bei dem er sich als Polizist ausgegeben hatte.[11] Mindestens von 1947 bis 1951 stand er dann im Dienst des amerikanischen Geheimdienstes CIC, für den er »antikommunistische Abwehrarbeit« verrichtete. Die Identität Barbies war dem CIC dabei ebenso bekannt wie seine Vergangenheit, doch stellten die amerikanischen Verantwortlichen etwaige moralische Bedenken hinter praktischen Erwägungen zurück. Barbie erhielt nicht nur Wohnung und Auskommen, sondern wurde vom CIC auch vor den französischen Behörden geschützt. Diese hatten nämlich den Aufenthalt des »Schlächters von Lyon« in Erfahrung gebracht und verlangten seine Auslieferung. Zwar wurde es dem französischen Geheimdienst Sûreté zweimal gestattet, Barbie 1948 unter amerikanischer Aufsicht zu verhören, doch blieben alle Bemühungen der Franzosen um die Auslieferung des Verbrechers vergeblich.[12] Zu diesem Zeitpunkt wohnte Barbie mit seiner Familie in einem von den Amerikanern beschlagnahmten Haus in Augsburg. Er fühlte sich dort offenbar sehr sicher: Eine angeheiratete Schwägerin erinnerte sich später, um das Jahr 1948 gemeinsam mit ihrem Mann von Barbie zu einem Familientreffen nach Augsburg eingeladen worden zu sein. Dort habe er

10 Vgl. Steur, Dannecker, S. 147. Steuer kommt nach eingehender Prüfung der Fakten zu dem Ergebnis, dass es sich bei dem Selbstmörder in Bad Tölz tatsächlich um Dannecker gehandelt hat. Mehrfach war die Vermutung geäußert worden, es habe sich um eine andere Person gehandelt, während Dannecker selbst nach Australien geflohen sei.

11 Zu Barbies Nachkriegsbiographie vgl. vor allem Vermerk StA Kassel vom 19.2.1965, in: ZStL 114 AR 17/86, Bl. 65, auch Bower, Klaus Barbie, S. 133 ff.

12 Dazu näher: Heß, Kriegsverbrecher, S. 60 ff.

mit seiner Arbeit für den amerikanischen Geheimdienst geprahlt.[13] Diese Tätigkeit, die im Zusammenhang mit dem 1983 in Lyon gegen Barbie geführten Prozess bestätigt wurde, endete erst 1951, als dem CIC die Situation zu prekär wurde und sich der Dienst entschloss, Barbie nach Südamerika zu schleusen.[14] Unter dem Decknamen »Altmann« wurden Barbie und seine Familie auf der »Rattenlinie« über Österreich nach Italien gebracht, um von dort nach Südamerika weiterzuflüchten. Dabei handelte es sich um eine seit Kriegsende bestehende Fluchtroute für NS-Verbrecher, die sich vor allem auf katholische Klöster stützte.[15] Auf seiner Flucht wurde Barbie von dem aus Kroatien stammenden katholischen Priester Draganovich tatkräftig unterstützt. Wie Adolf Eichmann bekam er vom Roten Kreuz ein Reisedokument ausgestellt, mit dessen Hilfe es der Familie »Altmann« gelang, von Genua aus nach Bolivien zu entkommen. Barbie lebte dort als Geschäftsmann, stand führenden Politikern nahe und war in diverse kriminelle Machenschaften verwickelt. Die bundesdeutschen Staatsanwaltschaften ermittelten zwar gegen ihn, doch stellten sie ihre Ermittlungsverfahren 1971 ein. Wie in Kapitel 7 näher ausgeführt wird, legte die »Nazijägerin« Beate Klarsfeld gemeinsam mit Gleichgesinnten neue Beweismittel vor und konnte so die Wiederaufnahme des Verfahrens erzwingen. Schließlich fand sie Barbie 1972 in Südamerika. Es gelang jedoch erst 1983, seine Auslieferung aus Bolivien nach Frankreich zu erreichen. Im Jahr 1987 wurde er in einem spektakulären Prozess in Lyon zu lebenslanger Haft verurteilt.

Alois Brunner entkam seinen Verfolgern dauerhaft. Zwar war er 1945 in tschechische Gefangenschaft geraten, wo er sich unter dem Namen seines Vetters Anton Schmaldienst als Zivilist ausgab. Diese Legende hielt auch, als er in amerikanische Haft überstellt wurde. Nach seiner Entlassung im März 1946 arbeitete Brunner zunächst als Landwirtschaftshelfer und trat dann in Schleißheim bei München als Kraftfahrer in den Dienst der amerikanischen Armee. Im Jahr 1947 zog er nach Essen, wo er sich unter seinem Aliasnamen polizeilich meldete und als Bergmann unter Tage arbeitete. Als ihn einige Kollegen zum Betriebsrat

13 Richterliche Vernehmung von Carola B., zusammengefasst in Vermerk StA Kassel vom 19.2.1965, in: ZStL 114 AR 17/86, Bl. 65.

14 Das Gericht beauftragte den amerikanischen Rechtsanwalt Allan A. Ryan jr. mit der Aufklärung der Zusammenhänge. Dieser legte im August einen 217-seitigen Bericht vor. Dazu kritisch: Sánchez/Reimann, Barbie, S. 133 ff.

15 Zur »Rattenlinie«: Aarons, Ratlines. Aufschlussreich sind auch die Erinnerungen des österreichischen Bischofs Hudal, eines der Organisatoren der Fluchthilfe: Hudal, Tagebücher.

wählen wollten, fürchtete er die Enttarnung, kündigte und nahm in einem Essener Café einen Job als Kellner an. Im Jahr 1954 entschied er sich jedoch, Deutschland zu verlassen. Mit dem Pass eines Bekannten namens Dr. Georg Fischer flüchtete er über Amsterdam nach Rom, von wo er, wahrscheinlich ebenfalls mit Hilfe der katholischen Kirche, zunächst nach Kairo ging, dann weiter nach Damaskus.[16] Brunner, neben Eichmann »unter den noch lebenden Verbrechern zweifellos der Schlimmste«, betätigte sich dort als Geschäftsmann.[17] Als Inhaber der Firma »Katar Office« betrieb er ein Im- und Exportgeschäft. Einer seiner Geschäftspartner war Adolf Eichmann, der damals unter dem Namen »Ricardo Clemens« lebte.[18] Inwieweit Brunner an den Geschäften der in Syrien als Auffangbecken ehemaliger NS-Größen fungierenden »Orient Trading Company« (OTRACO) beteiligt war, ist nicht völlig geklärt. Einer der Geschäftsführer dieser Gesellschaft war der ehemalige Kommandeur des Wachbataillons »Großdeutschland« Otto Ernst Remer. Remer, der wegen seiner führenden Rolle bei der Niederschlagung des gegen Hitler gerichteten Putsches vom 20. Juli 1944 im »Dritten Reich« höchstes Ansehen genoss und auf Grund seiner Verdienste bei der Ardennen-Offensive zum Generalmajor befördert worden war, hatte 1949 die nationalistische »Sozialistische Reichspartei« (SRP) gegründet, die nach bemerkenswerten Wahlerfolgen in Niedersachsen 1952 als verfassungsfeindlich verboten wurde. Da Remer wegen seiner rechtsradikalen Äußerungen als Politiker gerichtlich verfolgt wurde, war er zusammen mit seinem Mitagitator Ernst Wilhelm Springer nach Syrien geflohen, wo beide in der OTRACO ein Auskommen fanden. Nach seinen eigenen Angaben war Brunner auch als Handelsvertreter der »Dortmunder Aktienbrauerei« (DAB) tätig. Angeblich arbeite er nebenbei auch für den Bundesnachrichtendienst (BND) beziehungsweise dessen Vorgängerorganisation, die »Organisation Gehlen«. Offiziell jedoch war sein Aufenthalt unbekannt, so dass Brunner sich sicher fühlen konnte, obwohl er sowohl 1954 von einem Militärgericht in Paris als auch von einem in Marseille zum Tode verurteilt worden war.

Doch im Jahr 1960 wurde die Situation für Brunner gefährlich: Angeblich hatte ihn ein israelische Agent namens Elie Cohn aufgespürt und sich in seine Nähe vorgearbeitet – ein alarmierender Umstand, zumal im gleichen Jahr Adolf Eichmann vom israelischen Geheimdienst entführt wurde. Als Brunner alias Fischer vom syrischen Geheimdienst verhaftet wurde, schien sein Spiel zu Ende. Den Syrern war das merkwürdige Ge-

16 Zur Flucht Brunners siehe Hafner/Schapira, Akte, S. 178 ff.

17 Wiesenthal, Recht, S. 288.

18 Im Folgenden nach Hafner/Schapira, Akte, S. 236 ff.

schäftsgebaren Brunners aufgefallen, sie verdächtigten ihn deshalb des Drogenhandels. Nachdem Brunners wahre Identität daraufhin offen zu Tage trat, wurde er jedoch nicht vor Gericht gestellt oder ausgeliefert, sondern als erprobter Feind der Juden in den Dienst des syrischen Geheimdiensts gestellt, der fortan seine schützende Hand über ihn hielt. So schien die Gefahr gebannt, doch verletzte eine anonyme Briefbombe Brunner 1961 schwer, die ihm aller Wahrscheinlichkeit nach vom israelischen Geheimdienst zugesandt worden war. Offiziell verneint die syrische Regierung bis heute, Informationen über den Aufenthalt des Massenmörders zu besitzen. Nicht nur in Frankreich, sondern auch in der Bundesrepublik und in Österreich liefen mehrere Verfahren gegen Brunner, die allerdings, gekennzeichnet durch zahllose Ungereimtheiten und Pannen, ohne jeden Erfolg blieben. Bis zu seinem – offiziell immer noch unbestätigten – Tod im Jahr 2001 lebte der Massenmörder in Syrien. Auch die in Kapitel 8 geschilderten jahrelangen Bemühungen des Ehepaars Klarsfeld scheiterten an der sturen Haltung der syrischen Regierung, die bis in die neunziger Jahre behauptete, keine Informationen über den Aufenthalt Brunners zu besitzen.[19]

Brunner und Barbie waren gemeinsam mit dem bereits erwähnten ehemaligen stellvertretenden Kommandeur von Angers Hermann Span die einzigen Angehörigen der Kontrollgruppe, die sich durch Tarnung und Flucht ins Ausland erfolgreich der Strafverfolgung entziehen konnten. Brunner und Span, der 1959 unter seinem Falschnamen im damaligen Jugoslawien starb, gelang dies völlig, Barbie immerhin bis in die achtziger Jahre.

Diese drei waren zwar die einzigen aus der Untersuchungsgruppe, die aus Deutschland unter falschem Namen flüchteten, aber keineswegs die einzigen, die zumindest zeitweise unter einem Decknamen lebten. Wie in Kapitel 3 ausgeführt, nahmen mindestens sieben weitere ehemalige Kommandeure beziehungsweise Stellvertreter zumindest kurzfristig eine falsche Identität an. Anders als die genannten drei flüchteten sie jedoch nicht ins Ausland. Identitätswechsel wie diese waren schließlich nach dem Krieg ein Massenphänomen. Nach nicht gesicherten Zahlen lebten in Deutschland zwischen 80 000 und 100 000 Menschen nach 1945 unter falschen Namen.[20] Der Großteil der zeitgenössisch verharmlosend als

19 Vgl. B. und S. Klarsfeld, Dossier Brunner.

20 Jörg Friedrich gibt die Zahl der unter falschem Namen lebenden Deutschen mit 100 000 an. Norbert Frei schätzt ihre Zahl auf rund 80 000. Vgl. Friedrich, Amnestie, S. 220 ff.; Frei, Vergangenheitspolitik in den 50er Jahren; ders., Identitätswechsel.

»U-Boote« oder »Braunschweiger« bezeichneten Männer kehrte in den ersten Nachkriegsjahren jedoch zu seiner wahren Identität zurück, was durch bundesdeutsche Amnestiegesetze erleichtert wurde. Allerdings gab es auch Fälle, in denen solche abgetauchten Männer in der Bundesrepublik ihre falsche Identität nicht freiwillig ablegten, da sie sich dies angesichts ihrer Taten schlicht nicht leisten konnten (Heyde/Sawade) oder aber weil ihnen die zweite, neue Identität zur neuen Natur geworden war (Schneider/Schwerte).[21] Wurde sie dann doch noch entdeckt, löste dies größtes Aufsehen und Verwunderung in der bundesdeutschen Öffentlichkeit aus, wie dies zuletzt in der Affäre um den vom SS-Offizier Schneider zum liberalen Germanisten und Rektor der Universität Aachen gewandelten Professor Schwerte der Fall war.

Auch unter den 22 ehemaligen Kommandeuren oder ihren Stellvertretern, deren Nachkriegsbiographien *in der Bundesrepublik* im Folgenden näher dargestellt werden, finden sich zwei, die ein solches zweites Leben versuchten. Hartmut Pulmer und August Moritz wurden allerdings wesentlich früher entdeckt als Schneider/Schwerte. Sie entstammten wie elf andere der »genuinen NS-Elite«. Unter den restlichen neun Männern, die zur Gruppe der »traditionellen Elite« gehörten, sah sich keiner zu solch drastischen Maßnahmen gedrängt.

August Moritz war es gelungen, die Entnazifizierung durch die Annahme einer falschen Identität zu unterlaufen. Wie in Kapitel 3 geschildert, hatte er sich nach seiner Flucht aus der Kriegsgefangenschaft das Pseudonym Rolf Müller zugelegt.[22] Der studierte Kunsthistoriker konnte auf keine praktischen Berufserfahrungen verweisen – außer auf die beim SD gemachten. Solange Moritz seine Tarnung aufrechterhielt, hatte er sowieso keine Chance, wie viele seiner ehemaligen Kollegen in den Genuss der Heimkehrergesetzgebung zu kommen oder gar vom Gesetz zu Artikel 131 Grundgesetz (GG) zu profitieren. Moritz versuchte deshalb, als Mitglied der »Bruderschaft« aus seinen alten Kontakten Kapital zu schlagen. Bei

21 Zu Heyde/Sawade: Klee, Was sie taten, S. 19 ff.; Godau-Schüttke, Heyde/Sawade-Affäre. Zum Fall Schneider/Schwerte: Jäger, Seitenwechsel; Leggewie, Schneider; Loth/Rusinek, Verwandlungspolitik; König: Fall Schwerte. Zu den Amnestiegesetzen: Frei, Vergangenheitspolitik, S. 29 ff.

22 Zu Moritz' Biographie siehe: BAB, P.K.- und R.u.S.-Akte August Moritz (ehemals BDC); Abschlussbericht des Landeskriminalamtes NRW vom 10.6.1974, in: HStAD, Außenstelle Kalkum, Rep. 158/1674-1679, S. 601; Vernehmung Moritz durch StA Köln am 23.6.1977, in: HStAD, Außenstelle Kalkum, Rep. 158/1574, Bl. 6917 ff.

der »Bruderschaft« handelte es sich um einen Zusammenschluss ehemaliger NS-Funktionäre, der sich 1949 um den ehemaligen Hamburger Gauleiter Karl Kaufmann gebildet hatte.[23] Als »Organisationsleiter« fungierte der frühere Generalstabsmajor der Division »Großdeutschland« Helmut Beck-Broichsitter, als »Ordenskanzler« der aus dem Kreis um Otto Strasser stammende Alfred Franke-Grieksch. Beide wurden als die eigentlich führenden Köpfe angesehen. Die »Bruderschaft« pflegte das Selbstverständnis einer Elite im Wartestand und hoffte auf das Ende der Deutschland von den Siegermächten »aufgezwungenen Gespensterdemokratie«. Dagegen setzte sie das Konzept einer »nationalen Front«, in der sich die nationalen Kräfte aus beiden Teilen Deutschlands versammeln sollten. Die Mitglieder des führenden »Bruderrates« bemühten sich deshalb auch um Kontakte nach Ostberlin. Allerdings boten sie ihre nachrichtendienstlichen Fähigkeiten auch sowjetischen und US-amerikanischen Stellen an. Wie schon Manfred Jenke bemerkt hat, zeigt dies, dass es mit der Ideologie des neutralistischen »Dritten Weges« nicht weit her war, eher ging es um die materiellen Interessen der in finanziellen Problemen steckenden Ex-Nazis.[24] Durch interne Führungskonflikte geschwächt, zerbrach die Organisation, als Franke-Grieksch 1951 in Ostberlin verhaftet wurde und ihm wegen Spionage für den Westen der Prozess gemacht wurde.[25] Auch im Westen war die Zeit der »Bruderschaft« abgelaufen: An Ostern 1952 wurden einige Mitglieder unter dem Verdacht der Ost-Spionage verhaftet, unter ihnen auch »Moritz« alias Rolf Müller. Während sich die davongekommenen »Brüder« an die Gründung von Nachfolgeorganisationen machten, allen voran Beck-Broichsitter, der sich nun der rechtsradikalen »Sozialistischen Reichspartei« (SRP) zuwandte, wurde der frühere SD-Mann Moritz wegen seiner Kontakte nach Ostberlin vor Gericht gestellt und wegen versuchten Landesverrates und Bestechung zu vier Jahren Zuchthaus verurteilt.[26] Bemerkenswerterweise wurde Moritz

23 Zu Kaufmann: Bajohr, Gauleiter. Zur »Bruderschaft«: Tauber, Eagle, S. 122 ff.; Jenke, Verschwörung, S. 284-287, auch: »National-Zeitung« (Basel) vom 22.2.1950: (»Die ›Brüderschaft‹. Enthüllungen über eine deutsche Geheimorganisation«); »Süddeutsche Zeitung« vom 19.9.1950 (»Die Brüder von der Brüderschaft. Was will der Kreis um Beck-Broichsitter? Die romantischen Visionen des Ex-Standartenführers Francke-Griecksch«).

24 Jenke, Verschwörung, S. 287.

25 Er soll nach Sibirien deportiert worden sein, von wo er nicht zurückkehrte, vgl. Jenke, Verschwörung, S. 287.

26 Urteil BGH-St 22/52 vom 22.12.1953, zusammengefasst in: HStAD, Außenstelle Kalkum, Rep. 158/1657, Bl. 62.

jedoch wegen seiner NS-Vergangenheit, die neben der Tätigkeit in Frankreich auch eine Beschäftigung im RSHA umfasste, nicht belangt. Leider bleibt im Dunkeln, welcher Art Moritz' Mitarbeit bei der Bruderschaft im Einzelnen war, doch darf die Rolle des Mannes, der während seiner NS-Karriere verheerende Beurteilungen erhalten hatte (»dick, klein, Schlappschwanz«[27]), ob des eher elitären Charakters der Organisation nicht zu hoch angesetzt werden. Aktenkundig ist jedoch, dass er mit ehemaligen SD-Kollegen aus Frankreich in Kontakt stand, unter anderem mit dem Ex-Obersturmbannführer Hans Sommer. Dieser hatte auf Befehl Knochens 1941 die Sprengstoffanschläge auf die Pariser Synagogen organisiert und lebte nun in Italien.[28] Vor seiner Verhaftung hatte Moritz seinen Lebensunterhalt als Mitarbeiter verschiedener Hamburger Zeitungen verdient und unterschiedliche Gelegenheitsjobs ausgeübt. Pikanterweise hatte er auch für die »Vereinigung der Verfolgten des Naziregimes« (VVN) gearbeitet, die ihn guten Glaubens unter seinem falschen Namen angestellt hatte.[29] Nach seiner Entlassung arbeitete er als Drucker in der Hausdruckerei der Vollzugsanstalt Fuhlsbüttel, anschließend als technischer Zeichner.[30] Nachdem seine erste Ehe 1945 in die Brüche gegangen war, heiratete er zehn Jahre später ein zweites Mal. Seiner Darstellung nach wandte er sich aus eigenem Antrieb an die ZRS; er wurde über die gegen ihn vorliegenden Abwesenheitsurteile informiert und vor etwaigen Reisen nach Frankreich gewarnt.[31] Trotz seiner Verurteilung hielt Moritz auch nach seiner Entlassung Kontakt zur DDR, er fiel von 1966 bis 1969 als regelmäßiger Empfänger von Druckerzeugnissen aus der

27 Beurteilungsbogen vom 21.12.1936 aus dem Ausbildungslager des NSStB Krössinsee in Pommern, in: BAB, ehemals BDC, PK Akte Moritz.

28 Vermerk StA Köln vom 24.7.1977 über die Auswertung der Staatsschutzakte Moritz, in: HStAD, Außenstelle Kalkum, Rep. 158/1657, Bl. 62.

29 Die von der VVN bestrittene Tätigkeit Moritz' für diese Vereinigung findet sich bestätigt im Zentralen Archiv der VVN, Ordner A/C 16, Frankreich L-M., hier vor allem Schreiben Gertrud Meyers an Karl Sauer vom 19.2.1973 und gleichlautende Schreiben Karl Sauers an verschiedene frz. Opferorganisationen vom 20.2.1973.

30 Vermerk StA Köln vom 24.7.1977 über die Auswertung der Staatsschutzakte Moritz' des BKA, in: HStAD, Außenstelle Kalkum, Rep. 158/1657, Bl. 62.

31 Vernehmung Moritz vom 23.6.1977, in: HStAD, Außenstelle Kalkum, Rep. 158/1574, Bl. 6859. In der Kartei der ZRS findet sich auf Moritz' Karteikarte unter dem Datum des 30.3.1957 jedoch der Vermerk »Weiß Bescheid lt. Hk Mühler«, was auf eine Unterrichtung durch Rolf Mühler hindeutet, in: BAK B 305/055027 (Kartei ZRS).

DDR auf.[32] Bis in die siebziger Jahre hinein spielte er in der linken Szene Hamburgs eine gewisse Rolle, beispielsweise wurde er 1973 dabei beobachtet, als er Klebezettel mit pazifistischen Aufrufen in Hamburg anbrachte.[33] Diese Aktivitäten endeten jedoch 1973, als er vom Ehepaar Klarsfeld ausfindig gemacht und seine Vergangenheit offenkundig wurde. Der Überraschungsbesuch, den Serge Klarsfeld gemeinsam mit zwei Freunden bei Moritz unternahm, wurde zu einem skurrilen Ereignis, da Moritz sich als linker Friedensaktivist begriff und die Nazijäger zunächst als Mitkämpfer behandelte.[34] Es ist durchaus fraglich, ob Moritz eine echte Konversion durchlaufen hatte, ob es sich, wie Serge Klarsfeld glaubt, um eine besonders aufwändige Tarnung handelte, oder aber um eine umfassend angelegte Selbsttäuschung und Lebenslüge. Jedenfalls war Moritz' NS-Vergangenheit nach diesem Besuch wieder präsent, da die Klarsfelds für ein entsprechendes Medienecho sorgten.[35] Den deutschen Staatsanwaltschaften waren Moritz' Anschrift und Vergangenheit allerdings schon seit 1965 bekannt gewesen, ohne dass sie ihn angeklagt hätten. In den folgenden Jahren wurde intensiv gegen Moritz ermittelt. Er wurde mehrfach vernommen, doch kam es zu keiner Anklage. Das letzte Verfahren stellte die Staatsanwaltschaft Hamburg Anfang der neunziger Jahre ein.[36]

Hartmut Pulmer war nach seiner Tätigkeit als KdSer Leiter der Stapoleitstelle in Nürnberg geworden. Beim Herannahen der alliierten Truppen hatte er die Erschießung ausländischer Zwangsarbeiter befohlen, weshalb die Staatsanwaltschaft Nürnberg seit 1948 gegen ihn ermittelte.[37] Pulmer tauchte unter und lebte unter dem Aliasnamen Hans Petersen in Wilmshausen (jetzt Teil von Bensheim/Hessen). In den letzten Kriegstagen hatte er sich ein auf den Falschnamen ausgestelltes Soldbuch besorgt,

32 Vermerk StA Köln vom 24.7.1977 über die Auswertung der Staatsschutzakte Moritz', in: HStAD, Außenstelle Kalkum, Rep. 158/1657, Bl. 62.

33 Ebd.

34 Nachdem sie Moritz' Anschrift herausgefunden hatten, suchten ihn Serge und Beate Klarsfeld am 13.3.1973 in Hamburg auf. Vgl. B. Klarsfeld, Wherever, S. 281-283.

35 Die Enttarnung wurde in einem Zeitungsartikel öffentlich gemacht: »Le Monde« vom 13.2.1973 (»Le policier nazi qui aurait arrêté Victor Bach est retrouvé par M. Klarsfeld«). Nach dem Besuch erschienen auch in der Bundesrepublik zahlreiche Artikel.

36 Dazu: Grabitz, Täter, S. 149 ff.

37 StA Nürnberg 3 c 266/48. Erwähnt in: ZStL 114 AR-Z 519/67, Bl. 24.

mit dessen Hilfe er sich später einen auf »Petersen« lautenden Personalausweis verschafft hatte.[38] Auf diese Weise entging er nicht nur der Strafverfolgung, sondern auch der Entnazifizierung. Auch seiner Familie zwang Pulmer den Identitätswechsel auf, seine Frau und die drei Kinder führten ebenfalls den Namen »Petersen«. Pulmers Sohn leistete den Wehrdienst bei der Bundeswehr unter falschem Namen.[39] Getarnt konnte Pulmer naturgemäß keine Ansprüche nach dem Gesetz zu Artikel 131 erheben, sondern war gezwungen, als Angestellter zu arbeiten. Spätestens 1969 wurde er berufsunfähig und lebte von einer schmalen Rente.[40] Natürlich blieb der Identitätswechsel einer ganzen Familie nicht unbemerkt, doch fand sich zunächst niemand zur Anzeige bereit. Ein Medizinalrat aus Darmstadt, der wie Pulmer vor dem Krieg der Studentenverbindung »Corps Teutonia Gießen« angehört hatte, sagte später aus, er habe den Bundesbruder 1945 in Bensheim wieder getroffen und auch erkannt, doch habe er ihn nicht gefragt, warum er nun einen anderen Namen führe.[41] Diese Solidarität hatte gleichwohl ihre Grenzen. Im Jahr 1965 ging bei der Zentralen Stelle der Landesjustizverwaltungen in Ludwigsburg ein anonymes Schreiben ein, das Pulmer denunzierte.[42] Er wurde daraufhin von der Staatsanwaltschaft Nürnberg/Fürth vernommen und enttarnt. Statt ihn jedoch wegen der Personenstandsfälschung zu verfolgen, wurde ihm die Selbstanzeige nahe gelegt.[43] Pulmer kam der Aufforderung nach und wandte sich an die Staatsanwaltschaft Darmstadt, wo gegen ihn wegen unterschiedlicher NS-Gewaltverbrechen ermittelt wurde.[44] Die Anzeige löste heftige Betriebsamkeit aus. Weitere Verfahren wurden eingeleitet und forciert. Auch wegen seiner falschen Identität wurde Pulmer nun verfolgt, doch kam die Staatsanwaltschaft Darmstadt zu dem Ergebnis, dass die Personenstandsfälschung sowie die sich daraus ergebenden Folgedelikte verjährt seien.[45] Lediglich wegen »mittelbarer

38 Strafbefehl des AG Darmstadt gegen Pulmer vom 9.11.1968, in: ZStL 114 AR-Z 519/67, Bl. 89.

39 Ebd.

40 Vernehmung Pulmer vom 29.8.1969, in: ebd., Bl. 103, ff.

41 Erklärung des Obermedizinalrates Dr. Axel G. aus Darmstadt vom 25.4.1967, in: ebd., Bl. 25 ff.

42 Anonymes Schreiben an ZStL vom 9.11.1965, in: ZStL 2 AR-Z 1999/59, Bl. 363. Die ZStL leitete das Schreiben an die Staatsanwaltschaften in Nürnberg/Fürth und Göttingen weiter.

43 Notarielle Erklärung Pulmers vom 25.4.1967, ebd.

44 Pulmer an OStA Darmstadt am 25.5.1967, in: ebd., Bl. 24.

45 Einstellungsverfügung StA Darmstadt vom 31.1.1968, in: ebd., Bl. 86 ff.

Falschbeurkundung« erhielt Pulmer einen Strafbefehl über 150 DM.[46] Erst 1974 kam es zu einem ersten großen Strafprozess gegen den ehemaligen Leiter der Stapoleitstelle Zichenau und zehn seiner früheren Untergebenen. Das Gießener Landgericht musste jedoch bereits am ersten Verhandlungstag den Verfahrensteil gegen den mittlerweile 66 Jahre alten Pulmer einstellen, da er aus gesundheitlichen Gründen als verhandlungsunfähig eingestuft wurde. Acht Verhandlungstage später brach dann das ganze Verfahren zusammen, da sich ein Schöffe als befangen herausgestellt hatte. Auch die Neuauflage des Prozesses im darauf folgenden Jahr musste ohne den nach wie vor verhandlungsunfähigen Pulmer auskommen,[47] so dass nur seine früheren Untergebenen verurteilt werden konnten.[48] Durch seine Atteste auch vor allen anderen Verfahren geschützt, verstarb Pulmer 1978 in Bensheim.

Entnazifizierung und beruflicher Neueinstieg der Gruppe der genuinen NS-Elite

Der erste aus der Gruppe der genuinen NS-Elite, der aus alliierter Haft entlassen wurde, war *Herbert Hagen*. Am 4. März 1946 wurde er nach einer Irrfahrt durch englische und französische Kriegsgefangenenlager von den Engländern entlassen.[49] Hagen, der 1943 die ehemalige Sekretärin Danneckers geheiratet hatte, fand dank seiner Sprachkenntnisse noch 1946 Arbeit bei der englischen Firma RDR, die sich mit der Demontage von Industrieanlagen im besiegten Deutschland beschäftigte.[50] Allerdings sah er sich 1947 mit einem Entnazifizierungsverfahren konfrontiert, das für die ehemalige Spitzenkraft aus dem Reichsicherheitshauptamt zunächst eine echte Gefahr darzustellen schien. Das Spruchgericht Stade vernahm Hagen seit Ende 1947 mehrfach.[51] Da dem Gericht die von den Franzosen und Engländern angefertigten Vernehmungsprotokolle vorlagen, war es über Hagens Vergangenheit detailliert informiert und warf ihm nicht nur die »Judenevakuierung« vor, sondern auch die

46 Strafbefehl AG Darmstadt vom 9.11.1968, in: ebd., Bl. 89.

47 Siehe »Frankfurter Allgemeine Zeitung« vom 7.10.1975 (»NS-Prozess gegen acht Angeklagte«).

48 Urteil 5. Große Strafkammer des Landgerichts Gießen vom 6.10.1975, in: ZStL 2 AR-Z 1999/59, Band 8.

49 Urteil AG Köln vom 11.2.1980 – 59-44/78 –, S. 11.

50 HStAD, Außenstelle Kalkum, Rep. 267/332.

51 Siehe Personalakte Hagen, HStAD, Außenstelle Kalkum, Rep. 267/291.

»Geiselerschießungen«. Hagen räumte Letztere zwar ein, behauptete aber, sonst nur mit »nachrichtendienstlichen Tätigkeiten« beschäftigt gewesen zu sein. Auch bezüglich des Judenmordes stellte Hagen sich dumm: Er habe den Begriff »Endlösung« nicht gekannt und im Übrigen geglaubt, die Juden würden zu Arbeitskommandos nach Deutschland gebracht. Dem Gericht erschien dies wenig glaubhaft, lagen ihm doch auch Hagens antisemitische Aufsätze aus den frühen vierziger Jahren vor, in denen er eine endgültige Lösung des »Judenproblems« gefordert hatte. Da Hagen aber bereits eingehend von den Engländern vernommen worden war, ohne dass diese ihn bestraft hatten, wollte das Gericht hier nicht zu einer anderen Bewertung kommen. In weiteren Vernehmungen räumte Hagen dann zwar ein, an der Internierung der französischen Juden beteiligt gewesen zu sein und auch von der Existenz der Konzentrationslager gewusst zu haben, nicht aber von der Massenvernichtung. Die Strafe fiel gering aus: Das Spruchgericht Stade verurteilte Hagen am 5. Mai 1948 zu einem Jahr und sechs Monaten Haft, die mit der bereits erlittenen Internierungshaft als verbüßt galten.[52] Mit diesem Urteil war Hagen ein freier Mann. Weitere Verfahren gab es vorerst nur in Frankreich. Am 3. Mai 1950 wurde ein französisches Verfahren gegen ihn eingestellt, doch wurde er am 18. März 1955 in Abwesenheit zum Tode verurteilt. Dies brauchte Hagen jedoch nicht zu beunruhigen, da er ja durch das Grundgesetz vor der Auslieferung geschützt war. Allerdings ließ ihn die Vergangenheit auch jetzt nicht ruhen, da er bereits 1953 von Hans Gawlik aufgefordert wurde, in der »Rechtsschutzsache Luther« eine entlastende Aussage zu machen, was er auch tat. Hagen, nun als kaufmännischer Angestellter in Dinslaken wohnend, gab dem dortigen Amtsgericht daraufhin zu Protokoll, dass die Verfolgung der Juden in Frankreich von deutscher Seite vor allem von der Militärverwaltung und der deutschen Botschaft in Paris betrieben worden sei, von französischer Seite jedoch durch die Polizei. Die Kommandeure der Sipo und des SD seien dagegen nicht damit beschäftigt gewesen; wo ihre Dienststellen doch involviert gewesen seien, da sei dies auf das RSHA zurückzuführen gewesen, das seine Befehle an den Kommandeuren vorbei direkt an die Leiter der Abteilung IV gegeben habe. Der Kommandeur habe lediglich Kontrollaufgaben wahrgenommen.[53] Mit dieser falschen Behauptung eines direkten Befehlsweges errichtete Hagen eine Verteidigungslinie, welche die deutschen Gerichte

52 Urteil Spruchgericht Stade vom 5.5.1948, ebd.

53 Zeugenaussage Hagen vor dem AG Dinslaken vom 30.3.1953, in: BAK B 305/2418 (ZRS: Rechtsschutzsache Luther).

noch lange beschäftigen sollte und die erst im Jahr 1979 endgültig widerlegt wurde.[54] Hagen ging mit seiner Vergangenheit in den ersten Jahren durchaus offen um. So wandte er sich 1954, nun als Angestellter der Firma Hespe und Woelm im nordrhein-westfälischen Heiligenhaus, an Gawlik mit der Bitte, ihm doch eine Liste der noch in Frankreich Inhaftierten zuzusenden, da einige Ortsverbände der SS-Nachfolgeorganisation »Hilfsgemeinschaft auf Gegenseitigkeit« (HIAG) eine Hilfsaktion planten.[55] Hagen wechselte bald darauf zu einer Apparatebaufirma nach Warstein, wo er 1964 zum Geschäftsführer aufstieg.[56] Er und seine Frau bekamen drei Kinder und führten ein bürgerliches Leben. Zunächst blieb Hagen von den deutschen Staatsanwaltschaften unbehelligt. Ab Mitte der sechziger Jahre geriet er allerdings sowohl wegen seiner Tätigkeit im RSHA als auch wegen seiner Vergangenheit als Kommandeur in den Fokus der Staatsanwaltschaften. Diese vernahmen ihn zwar mehrfach, klagten ihn aber nicht an. Das geschah erst 1979, nachdem Hagen von Serge und Beate Klarsfeld ob seiner Vergangenheit an den Pranger der medialen Öffentlichkeit gestellt worden war. Zusammen mit Ernst Heinrichsohn und Kurt Lischka wurde ihm in Köln der Prozess gemacht, der für alle drei mit langjährigen Haftstrafen endete. Hagen, der wegen der Beihilfe zum Mord zu zwölf Jahren verurteilt worden war, wurde 1985 aus der Strafhaft entlassen, er starb Anfang der neunziger Jahre.

Für den Ex-Hauptsturmführer und Kommandeur von Nancy *Rudolf Schmäling* war die französische Strafverfolgung glimpflich ausgegangen. Zwar musste er 1946 vor das Militärgericht Lyon treten, doch lehnte dieses die Eröffnung der Hauptverhandlung ab und überführte Schmäling stattdessen in den Status der Kriegsgefangenschaft, aus der er alsbald entlassen wurde. Er kehrte daraufhin nach München zurück, wo er offenbar unter Berufung auf den Artikel 131 des Grundgesetzes eine Wiedereinstellung in den Polizeidienst erreichte, zumindest aber Versorgungsansprüche nach dieser Regelung durchsetzte.[57] Als pensionierter Polizeirat lebte er in München, ein Ermittlungsverfahren gegen ihn wurde wegen Verhandlungsunfähigkeit 1969 eingestellt.[58] Schmäling verstarb 1976.

54 Dies geschah 1979 im Kölner »Lischka-Prozeß« durch ein Gutachten des historischen Sachverständigen Wolfgang Scheffler.

55 Hagen an Gawlik am 20.5.1954, in: BAK B 305/308.

56 Urteil AG Köln vom 11.2.1980 – 59-44/78 –, S. 12.

57 Der Freistaat Bayern versuchte Schmäling die Leistungen abzuerkennen. Vgl. ZStL I 110 AR 1166/71.

58 Einstellungsverfügung der StA München vom 26.5.1971 (113 JS 2-4/71 StA München I), in ZStL 114 AR-Z 8/67.

Dagegen blieb für *Fritz Hinrichs* nur der Weg in die Privatwirtschaft. Da er 1935 direkt hauptberuflich beim SD angefangen hatte, war er einer der wenigen ehemaligen Gestapobeamten, die auch nach den Novellierungen des 131er-Gesetzes keinen Anspruch auf Wiedereinstellung in den Staatsdienst hatten. Der ehemalige stellvertretende Kommandeur von Châlons-sur-Marne, Rouen, Orléans, Montpellier und stellvertretende Chef des »Sonderkommandos Tanzmann« war 1945 in amerikanische Kriegsgefangenschaft geraten, doch war es ihm dort gelungen, seine Tätigkeit zu verschweigen, ja er hatte sogar die französischen Behörden getäuscht, die ihn später vernommen und ohne Anklage entlassen hatten. Anschließend war Hinrichs als landwirtschaftlicher Arbeiter tätig und fand dann eine Anstellung in der Fleischwarenindustrie.[59] Ob und mit welchem Ergebnis eine Entnazifizierung stattgefunden hat, ließ sich nicht eruieren. Hinrichs wurde noch 1985 als Zeuge vernommen, doch das gegen ihn eingeleitete Ermittlungsverfahren wurde im selben Jahr eingestellt.[60]

Kurt Lischka war als ehemaliger Gestapochef von Köln zu bekannt, als dass er seine Vergangenheit einfach hätte verschweigen können, doch hatte er, zumindest was die Entnazifizierung anbetraf, Glück. Das Spruchgericht Bielefeld ermittelte zwar gegen den ehemaligen RSHA-Mann, doch stellte die Spruchkammer das Verfahren am 20. November 1950 ein, als sie von den britischen Besatzungsbehörden über Lischkas Auslieferung an die Tschechoslowakei informiert wurde.[61] Lischka war allerdings bereits am 22. September 1950 aus der tschechischen Haft entlassen worden, so dass der Grund für die Einstellung eigentlich entfiel, das Verfahren wurde jedoch offenbar nicht wieder aufgenommen. Nach seiner Entlassung fand Lischka eine Anstellung als kaufmännischer Angestellter bei dem Getreidegroßhändler Krücken in Köln, wo er 1957 zum Prokuristen aufstieg. Es ist zu vermuten, dass er zumindest in den ersten Jahren versuchte, in den öffentlichen Dienst der Bundesrepublik zu gelangen, zumindest gab er 1953 als Beruf »Oberregierungsrat zur Wiederverwendung« an, als auch er in der »Rechtsschutzsache Luther« vor dem Amtsgericht Köln eine Aussage machte. Das deutet darauf hin, dass er nach dem Gesetz zu Artikel 131 GG Übergangsgeld bezog oder sich zumindest darum bemühte. Zuvor hatte Gawlik dem Amtsgericht seine Liste

59 Vernehmung Hinrichs vom 21.6.1977 durch StA Köln, in: HStAD, Außenstelle Kalkum, Rep. 158/1574, Bl. 6945 ff.

60 Ermittlungsverfahren StA Oldenburg vom 6.6.1985, in: ZStL 114 AR 209/80.

61 Spruchkammerakten Lischka, StA Bielefeld, Einstellungsverfügung vom 20.11.1950, in: HStAD, Außenstelle Kalkum, Rep. 267/296.

von suggestiv formulierten Beweisfragen übersandt, anhand deren das Gespräch geführt werden sollte. Gawlik war sich dabei Lischkas Vergangenheit wohl bewusst, er bat deshalb das Gericht, »mit Rücksicht darauf, daß der Zeuge während des Krieges selbst in Frankreich eingesetzt war, von der Angabe seiner Anschrift im Protokoll abzusehen«.[62] Dergestalt angeleitet, schob Lischka bei seiner Vernehmung vornehmlich der französischen Polizei und der Vichy-Regierung die Verantwortung für die Judendeportationen zu. Seine Einlassung zur Rolle der Kommandeure folgte der schon von Hagen eingeschlagenen Verteidigungslinie: Diese hatten laut Lischka »in dieser Angelegenheit weder mit der Festnahme noch mit der Befehlsgabe an die französische Polizei etwas zu tun. Sie erhielten lediglich die Berichte der französischen Präfekturen im Rahmen der allgemeinen Berichterstatterpflicht«.[63] In der weiteren Vernehmung stellte Lischka seinem früheren Kollegen Luther nicht nur ein glänzendes Charakterzeugnis aus und sprach ihn von jeder Schuld frei, sondern er stärkte auch das Argument der gegen ihren Willen in diese Posten eingerückten Verwaltungsbeamten. Luther sei, so Lischka, »gemeinsam mit anderen Militärverwaltungsbeamten zur Dienstleistung bei der Sicherheitspolizei abkommandiert [worden], ohne daß er aber dadurch beamtenrechtlich Angehöriger der Sicherheitspolizei wurde«.[64] Diese Abkommandierung sei nur eine Vorläufige gewesen, die sich aus dem Mangel an Führungskräften ergeben habe – eine Aussage, die zwar richtig war, über die Beteiligung dieser Männer an den NS-Verbrechen jedoch nichts aussagte. Lischka wurde vom Roten Kreuz über die gegen ihn ergangenen französischen Abwesenheitsurteile unterrichtet und so vor einer Reise nach Frankreich gewarnt, so dass er jegliche Probleme von dieser Seite umgehen konnte.[65] Seit den sechziger Jahren wurde er jedoch immer wieder von verschiedenen Staatsanwaltschaften vernommen, ohne allerdings angeklagt zu werden. Auch geriet er in das Fadenkreuz der DDR-Propaganda, die ihn wegen seiner Beteiligung an der auf das Hitler-Attentat vom 20. Juli 1944 folgenden »Säuberungsaktion« anprangerte.[66]

62 Gawlik an AG Köln am 12.3.1953, in: BAK B 305/2419 (Rechtsschutzsache Hans Luther).

63 Zeugenschaftliche Aussage Lischkas in der Rechtsschutzsache Luther vor dem AG Köln vom 23.3.1953, in: BAK 305/117.

64 Ebd.

65 Vernehmung Lischkas vom 23.3.1971, in: HStAD, Außenstelle Kalkum, Rep. 287/1277, Bl. 10.

66 Mitteilungsblatt der »Arbeitsgemeinschaft ehemaliger Offiziere« vom 31.3.1965, in: BAK N 1470/ 681 (Nachlass Robert Kempner).

Dennoch führten Lischka und seine Frau im Kölner Stadtteil Hohnweide ein ruhiges und angepasstes Leben, das erst endete, als eine kleine Gruppe französischer Aktivisten um Beate Klarsfeld 1971 versuchte, ihn aus Köln zu entführen und ihn der französischen Justiz zu überstellen. Doch das Unterfangen schlug fehl, und Beate Klarsfeld musste sich deshalb vor Gericht verantworten. Wie noch zu zeigen sein wird, führte unter anderem diese Aktion letztlich zu dem 1979/1980 in Köln durchgeführten Prozess, bei dem Hagen und Lischka verurteilt wurden. Von der zehnjährigen Haftstrafe, die er erhielt, verbüßte er nur fünf Jahre. Im Jahr 1989 verstarb er in einem Altersheim.[67]

Auch *Friedrich Busch*, der ehemalige stellvertretende KdS von Angers, saß in alliierter Haft. Er wurde 1952 entlassen, nachdem ein französisches Militärgericht die Eröffnung einer Hauptverhandlung in Anwesenheit abgelehnt hatte.[68] Busch, der es vor dem Krieg zum Kommissar bei der Stapo gebracht hatte, fand zunächst keine neue Anstellung und blieb einige Jahre arbeitslos. Auch privat gab es Probleme: Noch während er in Haft saß, hatte seine Frau einen Selbstmordversuch unternommen, an dessen Folgen sie später starb. Schließlich wurde er über einen alten Kontakt für die »Organisation Gehlen« angeworben. Unter dem ehemaligen RSHA-Mann Felfe arbeitete er dort bis 1961, bis er zusammen mit Felfe stürzte. Felfe hatte gemeinsam mit Hans Clemens, ebenfalls einem ehemaligen Mitarbeiter des RSHA, für die Sowjetunion spioniert und war im November 1961 verhaftet worden.[69] Zwar beschäftigte der BND Busch nach der Affäre noch eineinhalb Jahre bei seiner Stuttgarter Außenstelle, doch dann ging er vorzeitig in Rente. Busch wurde zwar mehrfach als Zeuge vernommen, gegen ihn wurde jedoch kein Verfahren mehr angestrengt.

Die imposanteste zweite Karriere gelang *Rudolf Bilfinger*. Nachdem er 1953, wie geschildert, aus der französischen Haft entlassen worden war, kehrte der promovierte Jurist in den Justizdienst der Bundesrepublik zurück, wo er bis zum Oberverwaltungsgerichtsrat beim Verwaltungsgerichtshof des Landes Baden-Württemberg in Mannheim aufstieg. Allerdings war der ehemalige RSHA-Spitzenmann schon seit Anfang der sechziger Jahre Gegenstand mehrerer, wenngleich ergebnisloser bundesdeutscher Ermittlungsverfahren. Als seine Vergangenheit zusätzlich durch

67 Sterbeurkunde vom 5.4.1989, in: HStAD, Außenstelle Kalkum, Rep. 267/274.

68 Bericht der Sonderkommission des LKA NRW vom 25.6.1974 (HStAD, Außenstelle Kalkum, Rep. 158/1674-1679, S. 466.

69 Zur Felfe-Affäre: Wagner, SS-Männer, S. 179.

die »Braunbuchkampagne« der DDR publik gemacht wurde, wurde er 1965 in den Ruhestand versetzt.[70] Bis Ende der achtziger Jahre wurden mehrere Verfahren gegen Bilfinger geführt, ohne dass es jemals zu einer Verurteilung kam.

Gemeinsam mit Bilfinger wurde auch der ehemalige stellvertretende Kommandeur von Toulouse und Bordeaux *Hellmuth Retzek* im Jahr 1953 aus französischer Haft entlassen. Dem gelernten Kriminalbeamten gelang es, in seinem alten Beruf Fuß zu fassen. Er stieg 1963 als Kriminalhauptkommissar zum Chef der Wasserschutzpolizei in Duisburg auf, als der er vier Jahre später pensioniert wurde.[71] In dem Verfahren gegen Erich Wenger (siehe unten) wurde Retzek wegen der Ermordung französischer Zivilisten schwer belastet, die eine von ihm beim Rückzug der deutschen Truppen geführte »Kampfgruppe« in den Vogesen zu verantworten hatte. Doch obwohl die Zentrale Stelle der Landesjustizverwaltungen spätestens seit 1965 Retzeks volle Anschrift ebenso wie seine berufliche Tätigkeit ermittelt hatte[72], sah sich die Staatsanwaltschaft Köln noch 1973 nicht in der Lage, »dessen Nachkriegsschicksal und Verbleib« aufzuklären, sondern konnte erst 1983 nur seinen Tod feststellen.[73]

Zwar war auch Lischkas Nachfolger als KdS von Paris *Hans Henschke* wie dieser Volljurist, doch auch in seinem Fall war an eine weitere Laufbahn im öffentlichen Dienst nicht zu denken. Im Jahr 1948 von einem britischen Gericht wegen verschiedener NS-Verbrechen zu zwölf Jahren Haft verurteilt, wurde er schon 1955 durch den gemeinsamen Gnadenausschuss entlassen.[74] Von 1956 bis zu seiner Pensionierung 1974 arbeitete er für die Versicherungsfirma Herbert E. Hofer in Mülheim an der Ruhr.[75] Auch gegen ihn wurde seit Beginn der sechziger Jahre ermittelt. Im Jahr 1986 wurde er von der Staatsanwaltschaft Hannover angeklagt, jedoch verstarb er, bevor das Hauptverfahren eröffnet werden konnte.[76]

70 Braunbuch 1968, S. 80 ff.

71 Abschlussbericht der ZStL im Verfahren 104 AR-Z 1670/61, S. 151. Hafner/Shapira, Akte, S. 221.

72 Abschlussbericht der ZStL vom 26.11.1965 im Verfahren 104 AR-Z 1670/61, S. 151.

73 Einstellungsverfügung StA Köln vom 8.6.1973 im Verfahren 120 (24) Js 439/68, Bl. 18, in: ZStL 114 AR-Z 107/68, Bl. 335 ff. Bericht der ZStK vom 1.3.1983-31.8.1983 (Anlage 35).

74 BAK B 305/722 (ZRS-Akte Henschke).

75 Anklageschrift StA Hannover vom 30.6.1986 – 11 Js 4288/84 –, in: ZStL: 114 AR 32/84.

76 Ebd.

Die Firma Hofer bot auch dem ehemaligen KdS von Marseille *Rolf Mühler* ein Auskommen. Mühler war 1955 vom Militärgericht Lyon zu 20 Jahren Zwangsarbeit verurteilt worden, war jedoch schon ein Jahr später »bedingt entlassen« worden. Anschließend setzte er sich in enger Zusammenarbeit mit der ZRS dafür ein, dass ihm und den restlichen noch in Frankreich inhaftierten NS-Funktionären nach ihrer Rückkehr der Status der »Kriegsheimkehrer« zugestanden wurde. Da Mitte der fünfziger Jahre einige Änderungen eingeführt worden waren, die die Anwendung des Gesetzes auf Kriegsverbrecher erschweren sollten, war dieses Unterfangen nicht ohne Schwierigkeiten. Am Grenzübergang Kehl, wo die Franzosen die meisten entlassenen Kriegsverbrecher nach Deutschland überstellten, hatten sich die Behörden geweigert, solchen Männern eine entsprechende »Kriegsheimkehrerbescheinigung« auszustellen. Um diese vermeintlichen Missstände abzustellen, begab sich Mühler im Dezember 1956 in das Arbeitsministerium nach Stuttgart, das als übergeordnete Behörde für die Ausstellung solcher Bestätigungen zuständig war, und setzte sich dort bei den zuständigen Referenten für die Anerkennung der Sipo/SD-Angehörigen ein. Er stieß auf offene Ohren und konnte erreichen, dass man die Frage der Anerkennung nicht länger von dem französischen Urteil abhängig machte, vielmehr wollte man die Einstufung der Entlassenen von ihrer Beurteilung durch Gawlik abhängig machen.[77] Einmal mehr wurde somit Gawliks Auffassung über Recht und Gesetz gestellt. Mühler wandte sich daraufhin an die ZRS und bat um die positive Beurteilung der noch einsitzenden 16 Männer. In seinen Augen rechtfertigten beispielsweise die »menschlichen Qualitäten« von Oberg und Knochen deren Anerkennung als Kriegsheimkehrer. Auch Mühler wurde zu Beginn der sechziger Jahre von den bundesdeutschen Behörden strafrechtlich verfolgt, wenn auch ohne Folgen. Er starb im Jahr 1967.

Helmut Knochen hatte sich nach seiner Begnadigung 1962 an den Wohnort seiner Frau nach Hahnenklee im Landkreis Clausthal-Zellerfeld begeben. Unmittelbar nach seiner Entlassung hatte er tatsächlich einen so genannten Heimkehrer-Ausweis erhalten, nun versuchte er, aus diesem Status Gewinn zu schlagen. Zunächst stellte er beim Versorgungsamt Hildesheim einen Antrag auf Versorgung als Kriegsheimkehrer. Dabei nahm er für sich den Status des Kriegsgefangenen in Anspruch, der als Angehöriger der Wehrmacht gefangen genommen worden war. In

77 Bericht Mühlers vom 10.12.1956 über die vom 6. bis 8.12.1956 dauernden Verhandlungen mit dem Arbeitsministerium in Stuttgart, in: BAK B 305/312.

seinem Antrag gab er an, im Zusammenhang mit dem Hitler-Attentat am 20. Juli 1944 degradiert worden zu sein.[78] Tatsächlich war Knochen 1944 zur Waffen-SS eingezogen worden, doch lagen die Gründe dafür in einer Auseinandersetzung mit dem damaligen Chef des RSHA Kaltenbrunner und keinesfalls an der Beteiligung am Widerstand gegen Hitler. Die Lüge flog schnell auf, da das Versorgungsamt Hildesheim die Angaben bei der 1958 gegründeten Zentralen Stelle der Landesjustizverwaltungen zur Aufklärung nationalsozialistischer Gewaltverbrechen überprüfen ließ. Die ZStL wusste über Knochens Vergangenheit Bescheid und teilte ihr Wissen auch mit; Knochens Antrag wurde daraufhin zurückgewiesen.[79] Auch der Versuch, eine Entschädigung für die in Frankreich erlittene Haft nach dem Kriegsgefangenengesetz zu erhalten, scheiterte an der ZStL. In seinem an den Landkreis Zellerfeld gerichteten Antrag hatte Knochen angegeben, als Wehrmachtsangehöriger in Kriegsgefangenschaft geraten zu sein, und er hatte seine Funktion in Frankreich mit der Angabe »Sicherheitsbeauftragter des Militärbefehlshabers Frankreich« verschleiert. Informiert durch ein umfangreiches Schreiben der ZStL, wies der Landkreis alle Ansprüche zurück.[80] Knochen gab auf, nachdem er vergeblich Widerspruch eingelegt hatte; offenbar konnte er auf die Unterstützung verzichten. Er arbeitete nämlich seit 1962 wie Henschke und Mühler bei der Firma Hofer, später lebte er bis in die neunziger Jahre als wohlhabender Pensionär in Offenbach. Zwar war Knochen als Zeuge in zahlreiche Verfahren wegen nationalsozialistischer Gewaltverbrechen verwickelt, er selbst jedoch galt wegen der in Frankreich abgebüßten Strafe als nicht verfolgbar.

Die Rückkehr des ehemaligen HSSPF *Carl Oberg* aus Frankreich zu seiner Familie nach Flensburg wurde von der Presse aufmerksam verfolgt. Auch als er Ende Dezember 1962 einen Antrag auf Anerkennung als Spätheimkehrer stellte, war das dem »Flensburger Tageblatt« eine Meldung wert. Ein Vertreter des Ministeriums erklärte in einer eigens einberufenen Pressekonferenz, dass man trotz der schwierigen rechtlichen Lage nicht die Absicht habe, Oberg eine Entschädigung zuzuspre-

78 Versorgungsamt Hildesheim an ZStL am 16.1.1963, in: HStAD, Außenstelle Kalkum, Rep. 158/1637, Bl. 5.

79 ZStL an Versorgungsamt Hildesheim vom 28.1.1963 und 27.2.1963, beide in: HStAD, Außenstelle Kalkum, Rep. 158/1637, Bl. 10 und 58. Ablehnungsbescheid Versorgungsamt Hildesheim an Knochen vom 21.2.1963. Ebd., S. 56.

80 Ablehnungsbescheid vom 29.3.1963, in: HStAD, Außenstelle Kalkum, Rep. 158/1637, Bl. 68.

chen.[81] Durch Pressemeldungen aufmerksam geworden, versorgte die ZStL auch die Flensburger Behörden mit Informationen über Obergs Vergangenheit. Schließlich wurde Obergs Antrag abgelehnt.[82] Zwar legte sein Anwalt Aschenauer Widerspruch gegen diese Entscheidung ein, er hatte jedoch damit keinen Erfolg.[83] Ohne wieder berufstätig geworden zu sein, verstarb Oberg im Jahr 1965.

Entnazifizierung und beruflicher Neueinstieg der Verwaltungsbeamten

Hatten die Angehörigen der genuinen NS-Elite aufgrund ihrer Belastung oftmals Schwierigkeiten mit ihrem beruflichen Neueinstieg, so gestaltete sich dies bei den ehemaligen Verwaltungsbeamten ganz anders.

Der erste der ehemaligen NS-Funktionäre dieser Gruppe, der nach Deutschland zurückkehrte, war der frühere stellvertretende Kommandeur von Paris *Kurt Illers*. Er wurde 1945 aus ungarischer Kriegsgefangenschaft entlassen. Über seine ersten Jahre ist wenig bekannt, jedenfalls wurde er bei der Entnazifizierung als Mitläufer eingestuft.[84] Bis 1951 hatte er kein Staatsamt inne, bezog aber als »131er« Wartegeld. Anfang Oktober 1951 gelang ihm dann der erneute Einstieg in den öffentlichen Dienst. Er wurde beim Oberversicherungsamt in Braunschweig eingestellt. Illers heiratete im selben Jahr, das Ehepaar bekam später eine Tochter. Anfang 1954 wurde er zum Gerichtsrat der damals neu geschaffenen Sozialgerichtsbarkeit ernannt. Bereits vier Jahre später erreichte er eine Spitzenposition im bundesdeutschen Justizwesen. Er wurde zum Senatspräsidenten am Landessozialgericht in Celle befördert, als der er 1972 pensioniert wurde.[85] Zwar wurde er im »Braunbuch« der DDR erwähnt, was aber seiner Karriere offenkundig nicht schadete.[86] Diese wurde bis

81 »Flensburger Tageblatt« vom 16.2.1963 (»Rechtslage im Fall Oberg wird geklärt«).

82 Bescheid der Stadt Flensburg an Oberg vom 26.3.1963, in: HStAD, Außenstelle Kalkum, Rep. 158/1637, Bl. 93.

83 Bescheid des Ministeriums für Soziales, Arbeit und Vertriebene vom 20.8.1963, ebd., S. 95.

84 Dies geht aus einem Zeitungsartikel hervor: »Frankfurter Neue Presse«, Stadtausgabe vom 5.10.1972 (»Ich war nicht Gestapo-Chef. Niedersächsischer Minister entlastet Illers«).

85 Anklageschrift StA Aurich – 9 Js 909/83 – vom 2.9.1985, in: ZStL 104 AR-Z 31/83.

86 Braunbuch 1968, S. 382.

Anfang der sechziger Jahre nur ein einziges Mal aktenkundig, als auch er von Gawlik um eine Aussage für Hans Luther gebeten wurde, die er vor dem Amtsgericht Braunschweig machte.[87] Wie noch zu zeigen sein wird, geriet er erst nach seiner Pensionierung unter Druck, als das Ehepaar Klarsfeld seine Vergangenheit an die Öffentlichkeit brachte. Dennoch wurde er nicht vor Gericht gestellt. Illers verstarb im Jahr 1986.

Für die ehemaligen Juristen war der Wiedereintritt in den öffentlichen Dienst keine Besonderheit. Dies zeigt auch der Fall des ehemaligen KdS von Dijon und Orléans *Friedrich Merdsche.* Nach dem »Zusammenbruch« hatte er sich vom oberbayerischen Reit im Winkl bis zu seiner Frau nach Frankfurt am Main durchgeschlagen.[88] Der Jurist, dem ohne Entnazifizierungsbescheid der Weg in den öffentlichen Dienst zunächst noch verschlossen war, fand eine Anstellung in der Kanzlei eines niedergelassenen Rechtsanwaltes. 1949 fand die Entnazifizierung durch die Spruchkammer Frankfurt statt. Der öffentliche Kläger stellte den Antrag, Merdsche als »Hauptbeschuldigten« einzustufen. Grund war unter anderem ein Urteil wegen »Rassenschande«, das der ehemalige Richter am Landgericht Frankfurt gegen den jüdischen Kaufmann Sally Kneip unterzeichnet hatte.[89] Die Kammer stufte ihn jedoch als »entlastet« ein. Das Urteil löste zwar den Protest der Anklage aus, doch wurde es auch von der Berufungskammer bestätigt. Sie befand, dass Merdsche »nur Recht gesprochen habe, ohne die Politik zu berücksichtigen«.[90] Als ehemaliger KdS wurde Merdsche natürlich von den französischen Behörden gesucht. Das 1949 gestellte Auslieferungsbegehren blieb jedoch ohne Erfolg: Das dafür zuständige »extradition board« verweigerte die Auslieferung.[91] Dem Militärgericht Lyon blieb deshalb nur das Abwesenheitsverfahren, in dem es Merdsche 1950 zum Tode verurteilte. Fünf Jahre später kam das Militärgericht Paris zum selben Urteil.[92] Wegen der Führung des Sonderkommandos während der »Rundstedt-Offensive« stand Merdsche jedoch

87 Zeugenaussage Illers vom 13.4.1953, in: BAK B 305/2423.

88 Vernehmung Merdsches durch StA Köln vom 8.2.1977, in: HStAD, Außenstelle Kalkum, Rep. 158/1573, Bl. 6623 ff.

89 Urteil LG Frankfurt vom 11.6.1939 gegen Sally Kneip – 6 b KLs 6/38 –; ZStL 114 AR 437/66 (StA Frankfurt/Main Js 832/61).

90 Vernehmung Merdsches vom 5.2.1972, in: HStAD, Außenstelle Kalkum, Rep. 158/1609, Bl. 1525.

91 Am 23.1.1951, in: ebd.

92 Bericht der Sonderkommission des LKA NRW vom 25.6.1974 (HStAD, Außenstelle Kalkum, Rep. 158/1674-1679, S. 601.

auch auf der Liste der von Luxemburg gesuchten Kriegsverbrecher. Nachdem ihm freies Geleit zugesagt worden war, sagte er Ende 1950 als Zeuge vor dem Luxemburger Gerichtshof aus, ihn selbst bewahrte das zugesicherte freie Geleit vor einer Anklage.[93] Merdsche wurde trotz dieser Verfahren 1960 in den Justizdienst des Landes Hessen wiederaufgenommen.[94] Ausgerechnet im örtlichen Zuständigkeitsbereich des Frankfurter Generalstaatsanwaltes Fritz Bauer – unter den deutschen Juristen der entschiedenste Verfechter von NS-Prozessen – erlangte er erneut das Richteramt und war als Vorsitzender einer Kammer für Handelssachen tätig.[95] Wie andere Staatsanwaltschaften, so ermittelte auch die Bauer unterstellte Anklagebehörde in Frankfurt gegen Merdsche. Während einige Verfahren bei anderen Staatsanwaltschaften weiterliefen, musste Fritz Bauer selbst ein Verfahren gegen Merdsche wegen der Verhängung von Todesurteilen am Sondergericht Frankfurt einstellen, da dem Kollegen im Richteramt kein schuldhaftes Verhalten nachzuweisen war.[96] Merdsche ließ sich jedoch im Anschluss daran aus »gesundheitlichen Gründen« vom Richteramt pensionieren. Ein direkter Zusammenhang der Pensionierung mit der NS-Vergangenheit lässt sich nicht nachweisen, liegt aber sehr nahe, da zu dieser Zeit die Ermittlungen der Zentralen Stelle Ludwigsburg das ganze Ausmaß seiner Belastungen zu Tage zu fördern begannen. Zudem zeigte Merdsche keinerlei Anzeichen einer die Erwerbstätigkeit hindernden Erkrankung: Nach seiner Pensionierung wurde er für den C.H. Beck-Verlag tätig, wo er in der Frankfurter Redaktion der einflussreichen juristischen Fachzeitschrift »Neue juristische Wochenschrift« als Schriftleiter arbeitete.[97] Merdsche behielt diesen Posten bis zu seiner endgültigen Pensionierung im Jahre 1974, doch sah auch er sich einer Kampagne der Klarsfelds ausgesetzt, die in Kapitel 8 näher beschrieben wird. Er starb im Jahr 1985.

Der ehemalige stellvertretende Kommandeur von Nancy und Vichy *Josef Gallinger* saß von Juni 1945 bis Sommer 1947 im Internierungslager

93 Merdsches Aussage vor dem Gerichtshof am 14.11.1950 geht aus dem Ermittlungsverfahren der StA Frankfurt/Main – 4 Js 71/65 – hervor, in: ZStL 124 AR-Z 51/65.

94 Handbuch der Justiz, 1960, S. 80.

95 Vernehmung Merdsches durch StA Köln vom 8.2.1977, in: HStAD, Außenstelle Kalkum, Rep. 158/1573, Bl. 6623 ff.

96 Einstellungsverfügung vom 6.12.1961 – StA Ffm 4 Js 832/61 –.

97 Vernehmung Merdsches durch StA Köln vom 8.2.1977, in: HStAD, Außenstelle Kalkum, Rep. 158/1573, Bl. 6623 ff.

Hammelburg.[98] Über seine Entnazifizierung und die ersten Jahren nach seiner Entlassung konnte nichts in Erfahrung gebracht werden, doch wurde der Regierungsrat 1952 in den bayerischen Staatsdienst wiedereingestellt, was mit einiger Sicherheit durch die 131er-Gesetzgebung erleichtert worden war. Der promovierte Jurist stieg bis 1971 zum Regierungsdirektor bei der Regierung von Oberbayern auf. Gallinger, der 1950 durch ein französisches Militärgericht in Abwesenheit zum Tode verurteilt worden war, ging, anders als das Gros seiner ehemaligen Kollegen, zur »Rechtsschutzsache Luther« auf Distanz. Da er vor der eigenen Strafverfolgung Angst hatte, untersagte er Gawlik ausdrücklich, seine Adresse an Luther oder ein französisches Gericht weiterzugeben.[99] Dennoch wurde auch er zum Gegenstand der Strafverfolgung, jedoch wurde das Verfahren gegen ihn 1971 eingestellt. Er starb 1975 in Garmisch-Partenkirchen.

Dietmar Westphal, Regierungsdirektor a. D. und früherer KdS von St. Quentin, hatte eine Odyssee hinter sich, bevor er 1951 wieder in Deutschland Fuß fassen konnte. Ursprünglich in englische Haft genommen, konnte er in die sowjetische Zone flüchten, wo er ein zweites Mal festgenommen wurde. Aber auch hier gelang ihm die Flucht, 1946 kehrte er in den Westen zurück. Über seine Entnazifizierung ist nichts bekannt. Ähnlich wie Merdsche arbeitete der Jurist 1950/51 zunächst in der Kanzlei eines Notars, dann als selbständiger Bezirksinspektor in Ostfriesland und Oldenburg – offenbar in einer Tätigkeit im Versicherungswesen. Im Jahr 1953 meldete er sich zur Wiederverwendung im öffentlichen Dienst nach Artikel 131, wobei er allerdings seine Vergangenheit als Kommandeur verschwieg. Er wurde in der niedersächsischen Finanzverwaltung eingestellt und arbeitete im Finanzamt Osnabrück. Nach seiner Verbeamtung stieg er 1960 zum Leiter der Steuerfahndungsstelle Osnabrück auf. Durch einen Zufall kam seine Vergangenheit jedoch ans Licht: Als er ein Jahr später zum Chef einer Prüfstelle für Großbetriebe gemacht werden sollte, zu deren Zuständigkeit auch einige Rüstungsfirmen gehörten, wurde er einer Sicherheitsüberprüfung unterzogen, bei der seine KdS-Vergangenheit offenbar wurde. Zwar hatte diese Entdeckung keine unmittelbaren strafrechtlichen Folgen, doch wurde die geplante Beförderung zurückgenommen. Westphal wurde stattdessen stellvertretender

98 Vermerk ZStL vom 2.2.1967 – 114 AR 1669/61 – in: ZStL 114 AR-Z 8/67, Bl. 76 ff..

99 Schreiben des Bundesrichters Heck an Gawlik vom 8.1.1953, in: BAK B 305/2413.

Leiter des Finanzamts Osnabrück.[100] Er verstarb 1982, bevor eine der gegen ihn ermittelnden Staatsanwaltschaften Anklage erheben konnte.[101]

Dem früheren stellvertretenden Kommandeur von Bordeaux *Walter Nährich* war es gelungen, die russische Kriegsgefangenschaft unter dem Mädchennamen seiner Frau und in falscher Uniform zu überstehen. Nach einem Arbeitsunfall wurde er 1947 entlassen. Er fand seine Frau im fränkischen Streitberg wieder, wohin sie aus Bonn geflüchtet war. Gemeinsam kehrten sie nach Bonn zurück, wo Nährich sich ein halbes Jahr lang von Haft und Unfall erholen musste. Er meldete sich dort unter seinem richtigen Namen an. Von den Folgen der Kriegsgefangenschaft und des Unfalls genesen, begann er im Baugeschäft seines Schwiegervaters zu arbeiten.[102] Zuvor hatte er sich einem Entnazifizierungsverfahren zu stellen, in dem er lediglich als »Mitläufer« eingestuft wurde.[103] Es ist zu vermuten, dass Nährich die Tätigkeit im Baugeschäft aufgeben wollte. Er bemühte sich nämlich über Gawlik um eine Bescheinigung darüber, dass er nicht freiwillig in den Dienst des BdS getreten war. Zudem machte er im Jahr 1950 den juristischen Doktor.[104] Auf die Bitte Gawliks hin sagte auch er zugunsten Luthers aus, wobei auch er den »Leitfragen« getreulich folgte.[105] Doch auch nach seiner Promotion blieb Nährich im schwiegerväterlichen Geschäft und übernahm 1956 dessen Leitung.[106] Im Jahr 1965 wurde Nährich, wie in Kapitel 2 beschrieben, auf einer Urlaubsreise in Frankreich erkannt und festgenommen, konnte sich dem drohenden Prozess jedoch entziehen, indem er in die Bundesrepublik flüchtete. Zwar forderte ihn das deutsche Justizministerium im Zuge der Amtshilfe auf, sich seinem Prozess in Bordeaux zu stellen, doch Nährich folgte dem Rat seines früheren Vorgesetzten bei der Sipo Bordeaux Hans Luther und

100 Vernehmung Westphal durch StA Köln o.O., o.J. [1977] in: HStAD, Außenstelle Kalkum, Rep. 158/1570, Bl. 5984 ff.

101 Einstellungsverfügung StA Frankfurt a. M. vom 6.3.1985 – 50 Js 12797/80 – in: ZStL 114 AR 84/80.

102 Vernehmung Nährich vom 12.4.1977, in: HStAD, Außenstelle Kalkum, Rep. 158/1574, Bl. 680 ff.

103 Anklageschrift StA Köln vom 4.2.1983 – 130 Js 1/83 (z) –.

104 Zur Bescheinigung eines Ministerialrates Haug siehe ein Schreiben Gawliks an Haug vom 28.2.1951, in: BAK B 305/2418. Anders als Luther beschäftigte sich Nährich in seiner Dissertation nicht mit seiner eigenen Vergangenheit, sondern mit einem kriminologischen Thema. Vgl. Nährich, Kriminalität.

105 Zeugenaussage Nährich vom 21.3.1953, in: BAK B 305/2418.

106 Vernehmung Nährich vom 12.4.1977, in: HStAD, Außenstelle Kalkum, Rep. 158/1574, Bl. 6801 ff.

blieb in Deutschland.[107] Selbst wenn das Justizministerium ein Interesse an Nährichs Erscheinen in Bordeaux gehabt hätte, ausliefern konnte ihn die Behörde nicht, und so musste der Prozess erneut in Abwesenheit stattfinden. Er endete mit Nährichs Verurteilung zu drei Jahren Haft.[108] Mittlerweile war er jedoch auch in den Fokus der westdeutschen Staatsanwaltschaft geraten, die ihn 1966 erstmalig vernahm. Nährich war zuvor von dem ebenfalls vernommenen Illers über die Ermittlungen vorab informiert worden und leugnete alles.[109] Auch wenn zunächst keine gerichtlichen Maßnahmen gegen ihn ergriffen wurden, so liefen die Ermittlungen gegen den Bauunternehmer weiter. Im Jahr 1969 löste er das Baugeschäft auf und zog mit seiner Familie ins Saarland. Um seine Pension sicherzustellen, bemühte er sich bei seinem ehemaligen Dienstherrn, dem Innenministerium des Saarlandes, um die Anerkennung seiner Pensionsansprüche als Regierungsrat gemäß Artikel 131 GG. Diese Bemühungen führten zwar erst 1976 zum Erfolg, doch bekam er die Pension rückwirkend zum 1. Januar 1971 ausgezahlt, so dass sein Auskommen gesichert war.[110] Da die Ermittlungen der Staatsanwaltschaft äußerst schleppend vorangingen, kam es erst 1983 zu einer Anklage.[111] Das Innenministerium des Saarlandes nahm dies zum Anlass, die Zahlung des Ruhestandsgehaltes um ein Drittel zu kürzen, und leitete zudem ein Disziplinarverfahren gegen Nährich ein. Der inzwischen 74 Jahre alte Nährich erwies sich allerdings als herzkrank, so dass er nicht verhandlungsfähig war.[112] Das Gericht stellte das Verfahren daraufhin ein.[113] Nach dem Ende des Verfahrens wurde auch das Disziplinarverfahren eingestellt, und auch die Kürzung der Pension wurde zurückgenommen.[114] Nährich verstarb

107 Ebd.

108 Ebd.

109 Vernehmung Nährich durch StA Köln am 18.7.1966, in: HStAD, Außenstelle Kalkum, Rep. 158/1510, Bl. 2.

110 Vernehmung Nährich vom 12.4.1977, in: HStAD, Außenstelle Kalkum, Rep. 158/1574, Bl. 6801 ff.

111 Anklageschrift StA Köln vom 4.2.1983 – 30 Js 1/83 (z) –, in: HStAD, Außenstelle Kalkum, Rep. 158/1510.

112 Medizinisches Gutachten zur Frage der Verhandlungsfähigkeit von Nährich vom 9.4.1984, in: HStAD, Außenstelle Kalkum, Rep. 158/1512; Bl. 513.

113 Beschluss LG Bonn über die Einstellung des Verfahrens gegen Nährich vom 8.11.1983 – 24 N 3/83 –. Auf sofortige Beschwerde der StA hob das OLG Köln den endgültigen Einstellungsbeschluss am 29.6.1984 auf und verfügte eine vorläufige Verfahrenseinstellung.

114 Beschluss des Verwaltungsgerichtshofes des Saarlandes vom 27.6.1991 – 7 (A) K / 7/80 –, in: HStAD, Außenstelle Kalkum, Rep. 158/1516, Bl. 1502 ff.

am 9. April 1993, ohne für seine Taten jemals zur Verantwortung gezogen worden zu sein.

Richard Freise, früherer stellvertretender Kommandeur von Poitiers und Nährichs Nachfolger in der Abteilung II pol des BdS, kam erst 1948 aus französischer Haft frei. Anders als Nährich hatte er jedoch vor einem französischen Gericht gestanden. Im Jahr 1948 war sein Verfahren vom Militärgericht Bordeaux durch ein »non lieu«, also durch eine Verfahrenseinstellung, beendet worden. Gegenstand des Verfahrens waren allerdings nicht die Judendeportationen gewesen, sondern einige Aktionen zur Bekämpfung des französischen Widerstandes.[115] Freise, der sich 1943 freiwillig aus dem Dienst in Frankreich an die Ostfront gemeldet hatte, war bei Kriegsende in amerikanische Gefangenschaft geraten, bevor er an die Franzosen ausgeliefert und vor Gericht gestellt worden war. Bis Mai 1949 lag er im Lazarett, anschließend bemühte er sich – zunächst vergeblich – um eine Anstellung im höheren Dienst, er selbst vermutete den Grund für die gescheiterten Bemühungen in seiner Vergangenheit.[116] Die Entnazifizierung überstand er allerdings ohne größere Probleme: Der Entnazifizierungsausschuss in Braunschweig stellte 1950 fest, er habe »den Nationalsozialismus unterstützt, ohne daß ihm eine wesentliche Förderung nachgewiesen werden [könne]«.[117] Seit 1950 war Freise beim Landesfürsorgeamt in Braunschweig als Aushilfe tätig, ohne in das Beamtenverhältnis übernommen zu werden.[118] Dies gelang ihm erst 1959, als er beim Landschaftsverband Rheinland als Landesverwaltungsrat eingestellt wurde. Dort stieg er bis zu seiner Pensionierung zum leitenden Landesverwaltungsdirektor auf. Mit seiner Vergangenheit wurde Freise erstmalig 1973 konfrontiert, als er im Auftrag der StA Köln durch die Kriminalpolizei Siegburg vernommen wurde, zunächst lediglich als Zeuge. Da die Ermittlungen langsam und schleppend verliefen, dauerte es bis 1981, bis Freise auch »verantwortlich« vernommen, also als möglicher

115 Anklageschrift StA Köln vom 4.2.1983 – 130 Js 1/83 (z) –, in: HStAD, Außenstelle Kalkum, Rep. 158/1510, Bl. 113 ff.

116 Vernehmung Freises vom 9.7.1981 durch StA Köln, in: HStAD, Außenstelle Kalkum, Rep. 158/1510, Bl. 69 ff.

117 Entnazifizierungsurkunde des Entnazifizierungsausschusses der Stadt Braunschweig vom 15.11.1950 – VE s/2992/50 –, in: HStAD, Außenstelle Kalkum, Rep. 158/1510, Bl. 86.

118 Anklageschrift StA Köln vom 4.2.1983 – 130 JS 1/83 (z) –, in: HStAD, Außenstelle Kalkum, Rep. 158/1510, Bl. 113 ff. und Vernehmung Freises vom 9.7.1981 durch StA Köln, in: HStAD, Außenstelle Kalkum, Rep. 158/1510, Bl. 69 ff.

Angeklagter angesehen und behandelt wurde.[119] Freise leugnete stets, von der Ermordung der von ihm deportierten Juden gewusst zu haben, doch wurde er zunehmend unsicher und verstrickte sich in Widersprüche. Im Jahr 1983 klagte ihn die Staatsanwaltschaft Köln gemeinsam mit drei anderen an.[120] Freise nahm sich daraufhin das Leben, bevor das Hauptverfahren eröffnet werden konnte.[121]

Im Jahr 1948 wurde auch der frühere KdS von Châlons-sur-Marne *Modest Alfred Leonhard Graf von Korff* aus der französischen Haft nach Deutschland entlassen. In Leverkusen fand er seine Frau wieder, die mit den drei Kindern dorthin geflüchtet war. Nachdem Korff zwei Monate als ungelernter Arbeiter in einem Werk des Bayer-Konzerns tätig gewesen war, war er anschließend mehr als ein Jahr lang arbeitslos.[122] Dann fand er eine Anstellung in der Forstwirtschaft und übte verschiedene andere Gelegenheitsjobs aus. Um die bei seiner Verteidigung in Frankreich entstandenen Kosten nicht selbst tragen zu müssen, stellte er bei der Stadt Leverkusen einen Antrag auf Zuerkennung des Armenrechts. Zusätzlich wandte sich der Sohn eines Oberkirchenrats an das Hilfswerk der evangelischen Kirche, welches die benötigten 30 000 (alten) Francs schließlich von der ZRS einforderte.[123] Im Jahr 1952 wurde der studierte Jurist, der als ehemaliger Verwaltungsbeamter zu den vom Artikel 131 Begünstigten gehörte, als Regierungsrat im Ministerium für Angelegenheiten des Bundes und der Länder eingestellt, wo er bis zu dessen Auflösung im Jahre 1969 blieb. Anschließend wurde er ins Bundeswirtschaftsministerium übernommen, wo er 1974 als Ministerialrat pensioniert wurde.[124] Seine Vergangenheit war fast vergessen, als die Zentrale Stelle der Landesjustizverwaltungen 1967 eine »starke Belastung des bisher nicht ermittelten

119 Verantwortliche Vernehmung Freises durch StA Köln vom 26.5.1981, in: HStAD, Außenstelle Kalkum, Rep. 158/1510, Bl. 69 ff.

120 Anklageschrift StA Köln vom 4.2.1983 – 130 Js 1/83 8 (z) –, in: HStAD, Außenstelle Kalkum, Rep. 158/1510, Bl. 113 ff.

121 Bericht der Kriminalwache Siegburg vom 19.8.1983, in: HStAD, Außenstelle Kalkum, Rep. 158/1511, Bl. 355.

122 Biographische Anamnese von Korffs in einem medizinischen Gutachten vom 19.7.1986, in: HStAD, Außenstelle Kalkum, Rep. 158/1514, Bl. 923.

123 Hilfswerk der evangelischen Kirchen in Deutschland an ZRS am 8.6.1949. Zahlungsanweisung des JM Baden-Württemberg am 3.12.1949, in: BAK B 305/3402 (ZRS-Akte Korff).

124 Anklageschrift StA Köln vom 4.2.1983 – 130 Js 1/83 (z) –, in: HStAD, Außenstelle Kalkum, Rep. 158/1510, Bl. 113 ff.

Korff« feststellte.[125] 1977 – zehn Jahre später – wurde der Graf erstmalig durch die Staatsanwaltschaft Köln verhört, wobei er seine frühere Tätigkeit als Kommandeur einräumte, aber leugnete, von der Ermordung der von ihm deportierten Juden gewusst zu haben.[126] Damit konnte er die Staatsanwaltschaft jedoch nicht überzeugen, sie klagte von Korff zusammen mit drei anderen früheren NS-Funktionären 1983 an.[127] Das Landgericht Bonn brauchte bis 1985 zur Eröffnung der Hauptverhandlung, brach die Verhandlung jedoch wegen einer Auseinandersetzung mit der Staatsanwaltschaft nach 20 Verhandlungstagen ab.[128] Erst 1987 fand die Kammer Gelegenheit zur Fortsetzung des Prozesses gegen den mittlerweile 78jährigen, der sich laut mehrerer Gutachten im Gegensatz zu den drei ehemals Mitangeklagten als verhandlungsfähig erwies. Das Gericht sprach ihn schließlich frei, obwohl es feststellte, »daß der Angeklagte, indem er mit ansah und daran mitwirkte, daß Säuglinge, Kranke und alte Menschen unter unzumutbaren, ja zumindest zeitweise unmenschlichen klimatischen und hygienischen Verhältnissen in den Osten deportiert wurden, im höchst Maße verwerflich handelte«.[129]

Als *Hans Luther* nach den im vorigen Kapitel geschilderten vereinten Anstrengungen 1954 entlassen wurde, waren die Weichen für seinen beruflichen Wiedereinstieg bereits gestellt. Nachdem er die von der ZRS in Auftrag gegebene Dokumentation über die französischen Kriegsverbrecher fertig gestellt hatte, promovierte er, wie geschildert, bis 1957 am Tübinger Institut für Besatzungsfragen. Mindestens seit 1957 war er bei einer Zivilkammer beim Landgericht Limburg an der Lahn erneut als Richter tätig,[130] von wo aus er die bei seiner »Rechtsschutzsache« entstandenen Kontakte, vor allem den zur Zentralen Rechtsschutzstelle, weiter pflegte.[131] Seit 1960 ermittelte der hessische Generalstaatsanwalt Fritz

125 Verfügung ZStL vom 10.8.1967, in: ZStL 114 AR-Z 3607/65, Bl. 15.

126 Vernehmung von Korffs vom 25.4.1977 durch StA Köln, HStAD, Außenstelle Kalkum, Rep. 158/1510, Bl. 52.

127 Anklageschrift StA Köln vom 4.2.1983 – 130 Js 1/83 (z) –, in: HStAD, Außenstelle Kalkum, Rep. 158/1510, Bl. 113 ff.

128 Bericht der StA Köln an JM-NRW vom 28.8.1985, in: Anklageschrift StA Köln vom 4.2.1983 – 130 Js 1/83 (z) –, in: HStAD, Außenstelle Kalkum, Rep. 158/1518, Bl. 314.

129 Urteil der 4. Großen Strafkammer des LG Bonn vom 17.11.1988 (24 N 3/83), in: HStAD, Außenstelle Kalkum, Rep. 158/1526. Bl.1 ff., Zitat S. 51.

130 Luther an ZRS vom 2.11.1957, in: BAK B 305/243.

131 So tauschte er beispielsweise mit seinem ehemaligen Verteidiger Erich Schwinge weiter Dokumente aus. Dies geht hervor aus Luthers Schreiben an die ZRS

Bauer wegen seiner Kommandeursvergangenheit gegen ihn, doch offenbar ohne Erfolg.[132] Im Jahr 1966 sah Luther sich mit den Fragen der Zentralen Stelle der Landesjustizverwaltungen in Ludwigsburg konfrontiert. Der nun als Landgerichtsrat tätige Ex-KdS verwies auf das inzwischen eingestellte Verfahren der Staatsanwaltschaft Frankfurt und verweigerte weitere Auskünfte.[133] Zwei Jahre später wurde er auch im »Braunbuch« der DDR als ehemaliger »Landgerichtsrat am Sondergericht in Frankfurt« geoutet.[134] Luther verstarb 1970 in Mainz, bevor diese Enthüllungen Folgen zeitigen konnten.[135]

Der letzte aus der Untersuchungsgruppe, der aus der Kriegsgefangenschaft entlassen wurde, war *Hans Dietrich Ernst*. Er wurde erst 1956 aus der sowjetischen Haft entlassen, in die er neun Jahre zuvor geraten war. Ernst kehrte zu seiner Frau ins ostfriesische Leer zurück. Im Gegensatz zu den anderen »Spätheimkehrern«, die erst nach der Einstellung der Entnazifizierung bundesdeutschen Boden betreten hatten und sich ihr deshalb nicht mehr aussetzen mussten, bekam Ernst mit der Überprüfung Probleme: Seine Frau, die ihren Ehemann in der Sowjetunion verloren geglaubt hatte, hatte 1951 ein Entnazifizierungsverfahren angestrengt, in dem sie als »Abwesenheitspflegerin«, also in Vertretung ihres Mannes aufgetreten war. Ohne Entnazifizierungsbescheid hatte sie keinen Anspruch auf die Bezüge, die ihr als Ehefrau eines ehemaligen Regierungsrates aufgrund der 131er-Gesetzgebung zustanden. Ohne sich selbst verteidigen zu können und vor allem ohne die üblichen »Persilscheine« wurde Ernst als »Unterstützer des Nationalsozialismus« klassifiziert. Zur Strafe wurde er von dem 1943 erreichten Rang eines Oberregierungsrates zum Regierungsrat zurückgestuft und erhielt zudem für den Fall seiner Wiedereinstellung in den öffentlichen Dienst eine fünfjährige Beförde-

vom 2.11.1957, in: Ebd. Auch Walter Nährich stand nach dem Krieg mit Luther in Kontakt. Vgl. Aussage Nährich vor dem Landgericht Köln vom 4.12.1979 im Prozess gegen Lischka, Hagen und Heinrichsohn, Berichterstatterprotokoll, 14. Verhandlungstag, in: HStAD, Außenstelle Kalkum, Rep. 1267/332.

132 Gawlik forderte über die deutsche Botschaft Paris vom französischen Außenministerium Auszüge aus dem Urteil gegen Luther an, da ein Staatsanwalt ihn im Auftrage Fritz Bauers dazu aufgefordert hatte. Das Verfahren hatte das Aktenzeichen Js 45/60. Gawlik an DBP am 15.4.1961, in: BAK B 305/243.

133 Vernehmung Luthers vom 19.6.1966, in: HStAD, Außenstelle Kalkum, Rep. 267/228, Bl. 1304.

134 Braunbuch 1968, S. 168.

135 Bericht der Sonderkommission des LKA NRW vom 25.6.1974, in: HStAD, Außenstelle Kalkum, Rep. 158/1674 – 1679, S. 438.

rungssperre.[136] Diese Einstufung reichte jedoch aus, um Ernsts Ehefrau den Empfang der geforderten »131er«-Bezüge zu ermöglichen.[137] Nach seiner Rückkehr benötigte Ernst zwei Jahre, um sich von den Strapazen des russischen Lagers zu erholen. Er erhielt 5520 DM Entschädigung für die erlittene Haft.[138] Nach seiner Genesung bemühte er sich um eine Anstellung in der staatlichen Verwaltung, die ihm aber mit Hinweis auf das Ergebnis der Entnazifizierung verweigert wurde. Doch wurde er seit Anfang 1956 als Oberregierungsrat »zur Wiederverwendung« geführt und erhielt entsprechende Bezüge, die sich freilich verringerten, als er in den vorzeitigen Ruhestand ging.[139] Schließlich erreichte Ernst seine Zulassung als Rechtsanwalt, als der er sich 1958 in Leer niederließ. Diese hatte er allerdings nur bekommen, weil er seine Vergangenheit verschleiert hatte. In seinem Antrag auf Zulassung zum »anwaltlichen Anwärterdienst« war ihm sein »Kriegsdienst in Frankreich« lediglich zwei Zeilen wert gewesen. Nachfragen gab es jedoch keine, auch nicht als er 1964 auch als Notar zugelassen wurde.[140] Doch die Vergangenheit ließ ihn nicht los. Im Herbst 1956 tauchte ein ehemaliger Untergebener aus Angers bei Ernst auf. Sein früherer Stellvertreter als KdS von Angers Anton Brückle berichtete »seinem Kommandeur« von mehreren französischen Prozessen, in denen er und Ernst gemeinsam angeklagt worden waren, allerdings mit dem Unterschied, dass Brückle sich in persona vor Gericht verantworten musste, während gegen seinen Chef in Abwesenheit befunden wurde. Ernst war zum Tode verurteilt worden.[141] Der ebenfalls verurteilte Brückle war 1955 begnadigt worden, hatte von Ernsts Rückkehr erfahren und suchte ihn nun auf, um ihn zu warnen. Wie bereits geschildert, informierte auch die ZRS Ernst über das französische Urteil. Zu diesem

136 Entnazifizierungsbescheid vom 14.12.1951, in: HStAD, Außenstelle Kalkum, Rep. 158/1573, Bl. 6779 und Anklageschrift StA Aurich vom 26.5.1981 – 9 Js 282/80 – in: ZStL 114 AR 3605/65.

137 Präsident OLG Oldenburg an Ernst vom 10.2.1977, in: HStAD, Außenstelle Kalkum, Rep. 158/1573, Bl. 1304.

138 Bescheid über die Feststellung der Entschädigung nach dem Kriegsgefangenengesetz ausgestellt vom Landkreis Leer am 26.3.1956, in: HStAD, Außenstelle Kalkum, Rep. 158/1573, Bl. 6779.

139 Präsident OLG Oldenburg an Ernst vom 10.2.1977, in: HStAD, Außenstelle Kalkum, Rep. 158/1573, Bl. 1304.

140 Ebd. und Anklageschrift StA Aurich vom 26.5.1981 – 9 Js 282/80 –, in: ZStL 114 AR 3605/65.

141 Ernst an StA Aurich vom 20.10.1977, in: ZStL 114 AR 3605/65 sowie Vernehmung durch AG Rosenheim – Zweigstelle Bad Aibling – vom 3.5.1978, in: Ebd.

Zweck hatte sie dessen Aufenthalt über das Bundesamt für Verfassungsschutz und den »Verband der Heimkehrer« (VdH) ermittelt und ließ ihm eine Warnung dann durch einen Vertrauensmann des VdH zukommen. Ab 1965 waren Ernsts Vergangenheit und sein Aufenthalt der Zentralen Stelle der Landesjustizverwaltungen bekannt, zusätzlich sah auch er sich durch eine Aktion der Klarsfelds unter Druck gesetzt[142] (vgl. Kapitel 8). Nachdem mehrere Ermittlungsverfahren gegen ihn eingestellt worden waren, klagte die Staatsanwaltschaft Aurich Ernst 1981 wegen der Judendeportationen an.[143] Das Landgericht Aurich lehnte die Eröffnung des Hauptverfahrens jedoch ab.[144] Alle weiteren Versuche, Ernsts Taten gerichtlich zu ahnden, scheiterten an seinem schlechten Gesundheitszustand. Er verstarb im Jahr 1991.

Dass solche über die Zäsur von 1945 fortgesetzten Biographien keine Ausnahmen waren, zeigen die Lebensgeschichten zweier weiter Militärverwaltungsbeamter, die nach ihrer Übernahme in den Dienst des RSHA zwar nicht Kommandeure wurden, die jedoch entscheidende Rollen bei der Durchführung der »Sühnemaßnahmen« gespielt hatten. Es handelt sich dabei um den Leiter der Abteilung II pol. Horst Laube und seinen Stellvertreter Karl Kübler. Beide waren zunächst als Militärverwaltungsbeamte des MBF mit der »Geiselfrage« betraut gewesen und dann mit dem Übergang der sicherheitspolizeilichen Kompetenzen an den HSSPF zum BdS gewechselt.

Horst Laube, der seinen »Angleichungsdienstgrad« als SS-Sturmbannführer auch nach dem Ende dieses Dienstes gerne behalten hätte,[145] geriet nach Kriegsende in alliierte Gefangenschaft und durchlief verschiedene Haftstätten.[146] Im Nürnberger Prozess gegen die Hauptkriegsverbrecher

142 Vermerk ZStL vom 14.8.1967, in: ZStL 114 AR 30605/65.

143 Anklageschrift StA Aurich vom 26.5.1981 – 9 Js 282/80 –, in: ZStL 114 AR 3605/65.

144 Einstellungsbeschluss des LG Aurich in Sachen Ernst vom 27.5.1983, in: ZStL 114 AR 3605/65.

145 Da Laube es in seiner nebenamtlichen SS-Laufbahn nur bis zum Untersturmführer gebracht hatte, hatte er bei seinem Übertritt in den Dienst des RSHA den Angleichungsdienstgrad »Sturmbannführer« erhalten. Seine Bemühung um diesen Rang geht aus einem Schreiben des RSHA-Chefs Kaltenbrunner an Staatssekretär Stuckart im Reichsministerium des Inneren vom 29.7.1944 hervor. Dieser hatte sich zuvor bei Kaltenbrunner für Laubes Wunsch eingesetzt. Kaltenbrunner schlug den Wunsch jedoch ab, in: BAB, SSO-Akte Laube.

146 Vgl. hierzu und zum Folgenden: Vernehmung Laubes in ZStL 104 AR-Z 40/67, Bl. 362.

wurde er als Zeuge zu Fragen des Verhältnisses zwischen NSDAP und Beamtenschaft herangezogen. Er selbst wurde nicht angeklagt, doch blieb er bis 1948 in Haft, in der er mehrfach von den französischen Behörden verhört wurde. Das von ihnen gegen Laube angestrengte Verfahren wurde jedoch eingestellt.[147] Nach seiner Entlassung wurde er zunächst Büroleiter des französischen Kommandanten des Internierungslagers in Bietigheim-Bissingen. Später fand er erneut Aufnahme in den Justizdienst des Landes Baden-Württemberg, wo er es bis zum Senatspräsidenten am Landessozialgericht in Stuttgart brachte.[148] Wie so viele andere half auch er Luther bei seinem Prozess: Auf Bitten Gawliks erklärte er schriftlich, sich erinnern zu können, dass Luther gegen angeordnete Geiselerschießungen protestiert habe.[149] Da die Rolle Laubes an den Geiselerschießungen sich in den überlieferten Akten außerordentlich gut spiegelte, wurde die Zentrale Stelle bereits 1961 auf ihn aufmerksam.[150] Doch die komplizierte Rechtslage bei »Sühnemaßnahmen« und ein ausgeprägter Zuständigkeitsstreit verschiedener Staatsanwaltschaften führten zu mehreren Verfahrenseinstellungen und Wiederaufnahmen, ohne dass Laube jemals angeklagt wurde.[151]

Sein ehemaliger Vertreter als Leiter der Abteilung II pol. *Karl Kübler*, war nach dem Einsatz in Frankreich im August 1944 zur Wehrmacht abkommandiert worden. Bei der Kapitulation der Heeresgruppe Süd war er in französische Kriegsgefangenschaft geraten, aus der er aber flüchten konnte.[152] Seine Entnazifizierung erfolgte problemlos, so dass der Weg in eine zweite Karriere frei war. Nachdem er eine Zulassung als Rechtsan-

147 Einstellungsbeschluss StA Stuttgart 86 Js 80/73, in: JM BW 411 E 22/70.

148 Handbuch der Justiz 1956, S. 180.

149 Gawlik an Laube vom 17.1.1951 und Laube an Gawlik am 3.2.1951, beide in: BAK B 605/2418.

150 Vermerk ZStL vom 30.11.1961, in: ZStL 104 AR-Z 40/67. Zu Laubes Rolle siehe Meyer, Deutsche Besatzung, S. 99 ff.

151 Das von der ZStL eingeleitete Untersuchungsverfahren landete zunächst bei der Zentralstelle Köln (StA Köln 130 Js 10/73), die es am 28.3.1973 an die StA Reutlingen abgab, da Laube dort wohnte. Diese fühlte sich aber nicht zuständig und gab das Verfahren zurück. Schließlich führte die StA Stuttgart das Verfahren (86 Js 80/73) gegen Laube und die Mitbeschuldigten Karl Kübler und Illers und stellte das Verfahren am 15.1.1974 ein. Aufgrund massiver Proteste der StA Aurich, die das Verfahren gegen Illers weiterführen sollte, wurde das Verfahren wieder aufgenommen und am 24.3.1975 nach umfangreichen Ermittlungen erneut eingestellt. Vgl. JM BW 411 E 22/70 und ZStL 104 AR-Z 40/67.

152 Vernehmung Kübler vom 17.1.1986, in: ZStL 104 AR-Z 17/83, Bl. 81 ff.

walt beantragt und auch erhalten hatte, arbeitete er zunächst in einer Anwaltssozietät in Bad Cannstatt, wechselte dann aber als Regierungsrat in das baden-württembergische Innenministerium, wo er es bis zum Ministerialdirigenten der Abteilung Verkehr brachte, die 1972 in das Ministerium für Wirtschaft und Verkehr übernommen wurde. Wie bei seinem ehemaligen Vorgesetzten Laube wurde die Zentrale Stelle der Landesjustizverwaltungen schon 1961 auf ihn aufmerksam.[153] Die Ermittlungen gegen beide wurden gemeinsam geführt und schließlich eingestellt,[154] doch ermittelten die Staatsanwaltschaften Köln und später wieder Stuttgart wegen der möglichen Beteiligung an den Judendeportationen weiter. Im Jahr 1979 wurde Kübler im Kölner Lischka-Prozess als Zeuge geladen, verweigerte aber die Aussage. Die Ermittlungen gegen Kübler wurden 1987 schließlich eingestellt, obwohl konstatiert wurde, »dass der Beschuldigte objektiv an Maßnahmen, welche letztendlich zum Tode vieler der Betroffenen führten, beteiligt [war]«.[155]

Fazit: Die Wiedereingliederung der früheren NS-Eliten

Überblickt man die Gesamtheit der geschilderten Biographien und fragt nach ihrer Aussagekraft für den Umgang der frühen Bundesrepublik mit den NS-Tätern, so ergibt sich folgendes Bild: Generell boten sich den ehemaligen NS-Eliten in der frühen Bundesrepublik außerordentlich gute Lebensbedingungen. Außer der kleinen Gruppe von Schwerstbelasteten, die sich durch Flucht oder Selbstmord einer Ahndung ihrer Verbrechen entzogen, kamen alle untersuchten Männer mehr oder weniger gut unter. Angesichts der weiteren Lebensläufe so schwer belasteter Männer wie Bilfinger stellt sich allerdings die Frage, ob die Selbstmorde und Fluchten überhaupt nötig gewesen wären. Im Hinblick auf die noch zu schildernde Rechtslage wäre es bis Mitte der siebziger Jahre sehr unwahrscheinlich gewesen, dass beispielsweise ein Mann wie Klaus Barbie für seine in Frankreich verübten Gewaltverbrechen hätte vor Gericht gestellt werden können.

Zudem fallen die Gemeinsamkeiten zwischen den beiden Gruppen der ehemaligen Verwaltungsbeamten und der genuinen NS-Elite auf. Dies gilt in erster Linie für die Entnazifizierung. Dass sie für keinen der

153 Vermerk ZStL vom 30.11.1961, in: ZStL 104 AR-Z 40/67.
154 Vgl. Anm. 160.
155 Einstellungsverfügung StA Stuttgart vom 10.11.1987 – (2,7) Js 602/83 –, in: ZStL 104 AR-Z 18/83, Bl. 141.

Männer eine ernsthafte Schwierigkeit darstellte, hatte mehrere Gründe: Zum einen mussten sich einige der schwer belasteten Männer den Verfahren nie stellen, da sie erst nach der endgültigen Einstellung der Entnazifizierung im Jahr 1952 aus der alliierten Haft auf freien Fuß gesetzt wurden. Dies traf auf den früheren Verwaltungsbeamten Luther sowie aus der anderen Gruppe auf Bilfinger, Retzek, Henschke, Mühler, Knochen und Oberg zu. Da sich auch Pulmer und Moritz durch ihre Tarnungen entzogen, mussten sich insgesamt neun von 22 Männern dem Verfahren nicht stellen. Doch auch diejenigen Ex-Kommandeure, die dies mussten, hatten keine Probleme: Merdsche (»entlastet«), Nährich (»Mitläufer«), Freise (»Unterstützer«) und Ernst (»Unterstützer«) kamen mit glimpflichen Einstufungen davon. Kann man zumindest bei den in Anwesenheit der Beschuldigten geführten ersten drei Verfahren noch annehmen, dass es diesen gelang, ihre wahre Tätigkeit zu verschleiern und vom Ausmaß ihrer Schuld durch »Persilscheine« und geschickte Verteidigung abzulenken, so traf das auf die beiden »Prominenten« Lischka und Hagen nicht zu, da ihre Vergangenheit weiten Kreisen in der Bundesrepublik bekannt war. So ist denn auch Hagen der einzige, der nicht in eine der beiden untersten Kategorien eingestuft wurde. Er wurde vielmehr zu einer Haftstrafe verurteilt, die allerdings wegen der Anrechnung der Internierung im Augenblick ihrer Verhängung bereits verbüßt war. Noch mehr als dieses Urteil gegen Hagen zeugt die Einstellung des Verfahrens gegen Lischka »sine die« von den Nachlässigkeiten der Entnazifizierung. Als entscheidend erwiesen sich dabei nicht nur die Vielzahl der von fast allen eingereichten »Persilscheine« und anderer Exkulpationsdokumente, sondern die ebenso in den Entnazifizierungskammern wie auch in weiten Teilen der Bevölkerung vorhandene Überzeugung, die Verbrechen des »Dritten Reiches« seien im Wesentlichen von einer überschaubaren Gruppe »wirklicher« Verbrecher verübt worden. Diese, so die lange nach den fünfziger Jahren noch beschworene Formel, seien anhand typischer Merkmale wie etwa einem einschlägigen Vorstrafenregister zu erkennen. Wie gezeigt, entsprachen jedoch nur die wenigsten der NS-Funktionäre diesem Bild – die »Säuberung« der deutschen Gesellschaft musste deshalb zwangsläufig scheitern.

In welchem Umfang die Männer von der »Heimkehrergesetzgebung« im weiteren Sinn profitierten, lässt sich anhand der Aktenlage nicht vollständig erschließen. Aufgrund der von Mühler gestarteten Aktion ist jedoch zu vermuten, dass die Anerkennung eher der Normal- als der Ausnahmefall war. Auch wenn Knochen und Oberg letztlich mit ihrem Versuch scheiterten, eine Haftentschädigung zu erhalten, hatte zumindest

Knochen zunächst einen »Heimkehrerausweis« erhalten. Ohne das entschiedene Eingreifen der Zentralen Stelle der Landesjustizverwaltungen und den öffentlichen Druck, der zumindest im Falle Oberg gegen die Anerkennung seiner Forderungen stand, wäre die Entschädigung nicht ausgeschlossen gewesen. Allerdings gab es solche Interventionen der ZStL nur im Fall der beiden ehemals ranghöchsten Männer, ihre wesentlich weniger prominenten früheren Untergebenen hatten solches Sperrfeuer nicht zu erwarten.

Bemerkenswert ist die Bedeutung der Zentralen Rechtsschutzstelle. Mindestens 14 der 22 Männer standen mit ihr in Kontakt. Mühler, Bilfinger, Knochen, Oberg und Luther wurden während ihrer Haft betreut; bei Korff bemühte sich die Stelle um die Rückerstattung der Anwaltskosten. Hagen, Lischka, Illers und Nährich sagten auf Bitte Gawliks für Luther aus und verhalfen ihm so zu einem glimpflichen Urteil. Die Abwesenheitsverurteilten Ernst, Merdsche und Lischka wurden vom Roten Kreuz oder vom VdH im Auftrag der ZRS gewarnt. Diese Aktivitäten unterstreichen zum einen erneut die undifferenzierte Haltung auch staatlicher Institutionen gegenüber den vom Ausland strafverfolgten Männern. Man unterstützte auch diejenigen Männer, von denen man genau wusste, dass sie sich tatsächlich an Verbrechen beteiligt hatten. Generell haben natürlich auch hochgradig Verdächtige und Schuldige, die im Ausland verfolgt werden, Anspruch auf Rechtshilfe – doch die Aktionen der ZRS reichten weit darüber hinaus. Die ZRS fungierte auch als zentrale Clearing-Stelle für ehemalige NS-Funktionäre und half ihnen nicht nur, sich miteinander zu vernetzen, sondern auch beim Aufbau ihrer neuen Karrieren.

Unterschiede zwischen den beiden Tätergruppen zeigten sich vor allem bei den zweiten Karrieren der Männer. Diese begannen schon mit dem Ausmaß, in dem es ihnen gelang, von Artikel 131 GG zu profitieren. Von den hier vorgestellten neun ehemaligen Verwaltungsbeamten gelang immerhin sieben die Rückkehr in den öffentlichen Dienst. Auch Nährich und Ernst, denen der Wiedereinstieg nicht gelang, profitierten von der Gesetzgebung, da sie und ihre Familien zumindest zeitweise Ruhegelder oder Pensionsansprüche geltend machen konnten. Während Nährich zunächst im Baugeschäft seines Schwiegervaters eine auskömmliche Beschäftigung gefunden hatte und wohl aus diesem Grund zunächst nicht in den öffentlichen Dienst zurückstrebte, wurde Ernst die Rückkehr verwehrt. Offensichtlich war – in erster Linie durch das von seiner Frau in Abwesenheit durchgeführte Entnazifizierungsverfahren – die Sachlage in seinem Fall den Behörden zu bewusst, um den Ex-Kommandeur noch Ende der fünfziger Jahre wieder einzustellen. Dies kann als Indiz für den in dieser Zeit allmählich einsetzenden Gesinnungswandel genommen werden. Allerdings: Mit seiner Zulassung als Anwalt und Notar wurde Ernst trotzdem der Weg in eine besondere gesellschaftliche Vertrauensposition eröffnet.

Angesichts der Biographien kann konstatiert werden, dass die Karrieren der ehemaligen Verwaltungsbeamten und Juristen durch das biographische Intermezzo als Kommandeure, Kampfgruppenführer und »Blutrichter« nicht nennenswert litten. Die neu gegründete Bundesrepublik bot ihnen nicht nur Schutz und Beistand vor der alliierten Strafverfolgung, sondern verzichtete zumindest bis in die siebziger Jahre auf eine eigene Strafverfolgung. Ja, mehr als das: Die zweite deutsche Republik bot diesen Männern wirksame finanzielle Hilfen und praktische Wiedereingliederungsmaßnahmen, die ihnen eine gute Ausgangsposition für berufliche Laufbahnen bis hinein in teilweise hohe Positionen des öffentlichen Lebens ermöglichte.

Zusammenfassend lässt sich also feststellen, dass alle hier behandelten Verwaltungsjuristen ihre Karrieren fortsetzen konnten, ganz so, als ob ihre Tätigkeit als KdS eine herkömmliche Kriegsteilnahme gewesen wäre. Wie sah dies nun bei der Gruppe der genuinen NS-Sicherheitsbeamten aus?

Von den 13 Angehörigen der genuinen Sipo/SD-Männer fanden mit Bilfinger, Schmäling und Retzek nur drei in den Staatsdienst zurück. Zwar bezog wohl auch Lischka Bezüge nach den Gesetzen zu Artikel 131 GG oder strebte diese wenigstens an, doch landete auch er in der Privatwirtschaft. Da auch diese Männer bis Ende der siebziger Jahre zu beträchtlichem Wohlstand und Ansehen gelangten, kann man hier schwerlich von einer Behinderung der Wiedereingliederung sprechen, eher von einer »Ausgrenzung in den Wohlstand«.[156] Allerdings: Retzek und Schmäling wurden in den Polizeidienst der Bundesrepublik übernommen, Busch, ehemals stellvertretender KdS von Angers, arbeitete für den Bundesnachrichtendienst und Rudolf Bilfinger gelang eine eindrucksvolle zweite Karriere im Justizdienst, die allerdings abbrach, als seine Vergangenheit in der Öffentlichkeit bekannt wurde. Sind diese Biographien Einzelfälle, die sich aus besonderen Situationen erklären lassen? Im Falle Retzek liegt eine Erklärung auf der Hand: Der ehemalige Sipo-Kommandeur von Nizza war seit 1967 Leiter der Wasserschutzpolizei in Duisburg.

156 Vgl. Herbert, Best; ders., NS-Eliten (1998).

Der Wiedereintritt in den Polizeidienst mag dadurch erleichtert worden sein, dass Retzek tatsächlich nur »Uniformträger« war, also nur für die Dauer seiner Tätigkeit in die SS übernommen worden war.[157] Da gegen ihn zwar ein französisches Abwesenheitsurteil, aber kein bundesdeutsches Urteil vorlag, war es ihm ein Leichtes, seine Ansprüche auf Wiedereinstellung nach den Ausführungsgesetzen zu Artikel 131 GG durchzusetzen.

Wie den ehemaligen Verwaltungsbeamten scheint es auch *Rudolf Schmäling* gelungen zu sein, seine Tätigkeit als KdS von Nancy damit zu erklären, dass er als Polizeibeamter lediglich nach Frankreich abkommandiert worden sei. Da der 1898 geborene Polizist bereits seit 1919 bei der Polizeidirektion München beschäftigt gewesen war, konnte er das 131er-Gesetz für sich in Anspruch nehmen. Dieses schloss nämlich nur diejenigen Beamten aus, die ihre erste Dienststelle bei der Gestapo gehabt hatten, was hier nicht der Fall war. Als Kriminalbeamter war er allerdings unmittelbar nach der »Machtergreifung« zur Gestapo gewechselt und hatte sich dort bis zum Kriminalrat in der Stapoleitstelle München hochgedient. Dass Schmäling dem NS-Staat keinesfalls fremd gegenüberstand, zeigt der Umstand, dass er 1937 der SS beigetreten war und es dort immerhin bis zum Sturmbannführer gebracht hatte. Auch war seine Tätigkeit in Frankreich alles andere als unbedeutend gewesen. Von 1941 bis 1944 war er nicht nur Kommandeur von Nancy gewesen, sondern auch Abteilungsleiter beim BdS. Dass jemand wie er dennoch die Karriere fortführen und rechtliche Ansprüche an den neuen Staat stellen konnte, unterstreicht einmal mehr die Fragwürdigkeit der »131er-Gesetzgebung«.

Die in der Forschung bereits mehrfach herausgearbeitete, besonders starke personelle Kontinuität im Bereich der Polizei findet sich auch durch eine weitere, bisher nicht erörterte Personalie bestätigt.[158] Es handelt sich dabei um *Friedrich Beck*, der 1942/43 der Adjutant Obergs war. Der 1914 in Ichenhausen geborene Beck hatte zunächst eine Ausbildung bei der Schutzpolizei durchlaufen; 1940 war er Adjutant des »Kommandeurs der Ordnungspolizei« (KdO) in Radom geworden. Im Mai 1942 wurde der bereits zum Oberleutnant aufgestiegene Beck als Obergs Adjutant nach Paris abkommandiert, von dort kehrte er im November 1943 an die Ostfront zurück. Dort führte er zunächst im Raum Minsk eine Kompanie des Polizeiregiments 2, das sich mit dem »Bandenkampf«

157 In den SS-Personalakten zu Retzek findet sich lediglich eine Karteikarte, auf der der Vermerk »Uniformträger« angebracht ist. BAB, SSO-Akte Retzek (ehemals BDC).

158 Vgl. Klemp, Freispruch.

beschäftigte. Oktober 1944 wurde Beck dann als so genannter 1a-Offizier bei der berüchtigten »Kampfgruppe Gottberg« tätig.[159] Bei der Kampfgruppe handelte es sich um eine für den »Partisaneneinsatz« gebildete Einheit, die der zum »Sonderbevollmächtigten des RFSS für die Bandenbekämpfung« ernannte HSSPF Erich von dem Bach-Zelewski gebildet hatte und die in besonders grausame Massaker verstrickt war.[160] Nach überstandener Kriegsgefangenschaft wurde Beck wieder in den bayerischen Polizeidienst aufgenommen, wo er zeitweise zum kommissarischen Leiter der bayerischen Grenzpolizei aufstieg.[161] Ähnlich wie im Fall des als früherer Einsatzgruppenführer enttarnten Leiters des Landeskriminalamtes Rheinland-Pfalz, Georg Heuser, der von seinem einstigen Chef angezeigt worden war,[162] wurde auch Beck von einem früheren Kollegen denunziert. Anonym schrieb dieser an die Zentrale Stelle, dass er unter Beck habe Partisanen erschießen müssen, da dieser verboten habe, sie gefangen zu nehmen.[163] Diese Anzeige war Anlass für ein gegen Beck gerichtetes Ermittlungsverfahren, auch das LKA in München als sein Dienstherr überprüfte diskret die Vita des Spitzenbeamten. Da jedoch weder die Aktenlage noch die Vernehmungen den konkreten Nachweis von Verbrechen zuließen, litt Becks Karriere keinen Schaden, er stieg bis zum Regierungsdirektor und Polizeidirektor auf.[164] Das letzte Verfahren gegen Beck wurde erst 1995 aufgrund seines Todes gegenstandslos.[165]

Ebenso bemerkenswert wie diese Polizeikarriere ist Buschs Tätigkeit für den Bundesnachrichtendienst, da dieser ebenso wie der Verfassungsschutz eine besonders sensible Rolle innerhalb des Staates einnimmt.

159 Zu Becks Biographie siehe vor allem: Vernehmung Beck vom 12.4.1975 im Verfahren StA Hamburg – 147 Js 11/71 U –, in: ZStL 202 AR 509/70. Bl. 36-327, sowie das gegen Beck gerichtete Vorermittlungsverfahren ZStL 202 AR-Z 167/67.

160 Dazu näher: Krausnik/Wilhelm, Truppe, S. 505 ff.

161 Vermerk ZStL vom 29.21.1965, in: ZStL 202 AR-Z 167/67, Bl. 73.

162 Georg Heuser war Leiter des EK 14. Nach seiner Enttarnung wurde er vom Schwurgericht Koblenz wegen der Tötung von Juden in Minsk zu 15 Jahren Gefängnis verurteilt, nicht aber wegen der als Einsatzkommandoführer begangenen Verbrechen. Vgl. Rüter, Justiz, Band XIX, Nr. 552. Siehe auch »Der Spiegel« vom 12. 8.1959, S. 27 (»Ohne Schelle im Wald«).

163 Anonymes Schreiben an die ZStL vom 4.12.1964, in: ZStL 202 AR-Z 167/67, Bl. 1.

164 Dies geht aus der Vernehmung vom 12.4.1973 hervor.

165 Einstellungsverfügung StA Hamburg vom 6.8.1995, in: ZStL II 202 AR 509/70, Bl. 1110.

Dennoch war die Treue zum Grundgesetz der Bundesrepublik vom Beginn beider Dienste an nicht das entscheidende Kriterium für die Einstellung. Mehr als eine »saubere Weste« zählten Erfahrung in der nachrichtendienstlichen Arbeit und eine antikommunistische Einstellung. Vor allem die vom früheren Leiter der Abteilung »Fremde Heere Ost« des Generalstabes der Wehrmacht Reinhard Gehlen gegründete »Organisation Gehlen«, die später zum BND wurde, beschäftigte deshalb Hunderte von früheren SD-Männern.[166] Aber auch in dem 1950 gegründeten Bundesamt für Verfassungsschutz (BfV)gehörte es zur Personalpolitik, ehemalige Gestapo- und SD-Angehörige einzustellen. 1963 arbeiteten 16 ehemalige Gestapo- oder SD-Männer beim BfV.[167] Angesichts dieser bei den Nachrichtendiensten herrschenden Haltung scheint das Schicksal Buschs kein Einzelfall gewesen zu sein. Bestätigt wird der Befund durch drei weitere Lebensläufe ehemals in Frankreich tätiger Männer. Es handelt sich dabei zum einen um den früheren Leiter der so genannten Passagierscheinstelle der deutschen Botschaft in Paris und späteren Einsatzkommandoführer *Erich Wenger*, der es bis zum Gruppenleiter im BfV brachte. Wenger hatte die ersten Nachkriegsjahre unter falschem Namen »überwintert« und war im September 1950 zur Vorgängerorganisation des BfV, der »Dienststelle Köln«, gekommen. Erst seit 1954 wurde er unter seinem richtigen Namen geführt.[168] 1963 wurde seine Vergangenheit durch einen Artikel im »Stern« öffentlich gemacht.[169] Die daraufhin einsetzende Untersuchung der Biographie Wengers führte zwar zu keinerlei strafrechtlichen Konsequenzen, doch wurde Wenger zum Bundesverwaltungsamt versetzt.[170] Der bei den Untersuchungen vernommene Kurt Lischka gab an, Wenger in den fünfziger Jahren mehrfach getroffen zu haben und auch von dessen Tätigkeit für den Verfassungsschutz gewusst zu haben.[171] Wenger starb als pensionierter Beamter 1978 in Lindlar.

166 Reese, Organisation Gehlen. Zur Einstellung früher SD-Männer vgl. vor allem S. 21 ff.

167 Die Einstellung von Gestapo- oder SD-Angehörigen wurde 1954 formell durch den damaligen Bundesinnenminister gebilligt. Vgl. Wagner, SS-Männer, S. 171.

168 Ebd., S. 172. Siehe auch Vernehmung Wengers durch StA Köln vom 25.3.1971 – 24 Js 439/68 –, in: ZStL 114 AR-Z 107/68, Einstellungsverfügung StA Köln vom 8.6.1973 – 120 (24) Js 439/68 – in: Ebd., Abschlußvermerk ZStL vom 22.8.1968, in: ZStL I 114 AR-Z 107/68.

169 Vgl. Wagner, SS-Männer, S. 181.

170 Ebd., S. 196.

171 Vernehmung Lischka in Sachen Wenger vom 13.1.1966, in: ZStL 114 AR-Z 107/68.

Auch *Gustav Halswick*, ehemaliger Sturmbannführer beim KdS in Paris, fand im Bundesamt für Verfassungsschutz eine neue Anstellung. Obwohl er 1951 vom Militärgericht in Paris zu zehn Jahren Haft in Abwesenheit wegen der Teilnahme an Plünderungen verurteilt worden war, beschäftigte ihn das Kölner Amt als »Sicherheitsbeauftragten«.[172] Zwar veranlasste seine Vergangenheit 1963 eine Anfrage des Innenministeriums bei der Zentralen Stelle der Landesjustizverwaltungen,[173] doch führten die Ergebnisse offenbar nicht zu einer Versetzung oder gar zu Strafverfolgung.[174] Halswick starb 1974 in Köln, das letzte Ermittlungsverfahren wegen des Verdachtes der Beteiligung an Geiselerschießungen wurde erst 1981 durch seinen Tod gegenstandslos.[175]

Der Leiter der Außenstelle Hannover des BfV *Walter Odewald* war vor 1945 ebenfalls beim BdS eingesetzt gewesen. Der 1902 in Satuelle, Landkreis Haldensleben, geborene Kriminaldirektor und SS-Obersturmführer war nach zahlreichen Posten im Reich 1941 nach Paris abgeordnet worden, wo er beim BdS die Abteilung V (Kriminalpolizei) leitete und in dieser Funktion die Weisungsbefugnis über die französische Polizei ausübte. Odewald stellte die zweifelhafte Behauptung auf, dass ihm im Juni 1943 der Posten des KdS Bordeaux angeboten worden war, er dies aber ausgeschlagen habe.[176] Nach dem Abzug aus Frankreich, bei dem Odewald wie Wenger ein Spezialkommando leitete, wurde er zum Leiter der Kripo in Prag bestellt. Odewald wurde nach Kriegsende dreimal in Haft genommen, und von den englischen, französischen und tschechischen Behörden verhört.[177] Seine zweite Karriere beim Verfassungsschutz wurde 1958 durch einen Artikel im »Spiegel« publik, der durch Odewalds rüdes Vorgehen als Verfassungsschützer ausgelöst wurde.[178] Doch auch wenn Odewald zunächst in den Schlagzeilen blieb, hatten diese offenbar

172 Dies geht aus einem Vermerk der ZStL vom 9.8.1974 hervor, in: ZStL 114 AR 578/74.

173 Ebd.

174 Die VVN behauptete 1974, Halswick sei bis zu seiner Pensionierung »Leiter im Bundesamt für Verfassungsschutz gewesen.« Vgl. die 1974 vom Präsidium der VVN verbreitete Broschüre: »Lebensläufe deutscher Biedermänner«, o.O., o.D.

175 Einstellungsverfügung StA Dortmund vom 17.12.1981 – 45 Js 29/75 –.

176 Vgl. den von Odewald am 16.1.1947 in Prager Haft angefertigten »Lebenslauf und Tätigkeitsbericht«, in: VVN-Zentralarchiv Hamburg, Ordner Frankreich sch-z.

177 Ebd.

178 Wagner, SS, S. 177.

keine negativen Folgen, noch 1965 wurde er von der ZStL als Oberregierungsrat geführt.[179]

Abgesehen von dem fast vollständigen Ausfall der bundesdeutschen Justiz in den fünfziger Jahren, stellt sich die Frage, von welchen Faktoren das Wohl oder Wehe der beruflichen Reintegration abhing. Sieht man davon ab, dass ohne wirksame Strafverfolgungsmaßnahmen jedem der Männer aufgrund von Verbindungen und Fähigkeiten eine Laufbahn in der Privatwirtschaft offen stand, so sind hier in erster Linie die Laufbahnen im Staatsdienst von Interesse. Der signifikante Unterschied zwischen der Gruppe der ehemaligen Verwaltungsbeamten und der der RSHA-Leute führt dabei auf die richtige Spur: Entscheidend war nicht, was einer wirklich getan hatte, sondern als was er nach dem Krieg in der Bundesrepublik angesehen wurde. In dem bis in die siebziger Jahre vorherrschenden Bild vom Nationalsozialismus und seinen Verbrechen war für oberflächlich »anständige« Täter bürgerlicher Prägung kein Platz. Wer sich auf einen bürgerlichen Beruf wie Jurist oder Polizist berufen konnte und noch dazu eine passable Erklärung dafür zur Hand hatte, wie er in die Nähe der »echten« Täter geraten war, der hatte ausgezeichnete Chancen, wieder aufgenommen zu werden. Der ehemalige KdS von St. Quentin brachte diese Haltung in einer Vernehmung auf den Punkt: Er, Westphal, stamme ja schließlich aus einem gottesfürchtigen und »untadeligen Milieu«. Als Angehöriger dieses Milieus sei er gegen den Nationalsozialismus immun gewesen.[180]

Wie wirkungsmächtig diese verbreitete Wahrnehmungsstörung war, zeigt der Umstand, dass der »Judenberater« Dannecker auch nach seinem Selbstmord stets zu Recht als eine der treibenden Kräfte des Judenmordes galt, sein Nachfolger aber, der nicht minder belastete ehemalige Militärverwaltungsbeamte Heinz Röthke, bis zu seinem Tod 1966 unbehelligt als Rechtsberater in Wolfsburg leben konnte und zudem seit 1961 vom Freistaat Bayern ein Ruhegehalt als »Beamter im Ruhestand« erhielt, ob-

179 Abschlußbericht ZStL vom 26.11.1965 – 104 AR-Z 1670/61 –.

180 Zeugenvernehmung Dietmar Westphal in HStAD, Außenstelle Kalkum, Rep. 158/1570, Bd. 28, Bl. 5960 ff. Auch Röthkes Stellvertreter *Horst Ahnert* lebte offenbar in der Bundesrepublik, ohne dass er strafverfolgt wurde. Ab 1977 setzten intensive Bemühungen der Klarsfelds, der VVN und der Staatsanwaltschaften ein, ihn zu finden, doch ohne Ergebnis (vgl. Anlage zum Tätigkeitsbericht der StA Köln vom 2.3.1987 über die Einstellung des Verfahrens gegen Ahnert – 130 Js 10/84 (z) –, in: HStAD, D II a 30).

wohl er die ihm während des Krieges zugeteilte Stelle als Regierungsrat in Traunstein niemals angetreten hatte.[181]

Das eher affirmative als kritische Klima der fünfziger Jahre und die sich relativ schnell vollziehende Wiedereingliederung bestärkten die ehemaligen NS-Funktionäre noch in ihrer Überzeugung, selbst mehr Opfer der Umstände als Täter gewesen zu sein. Sie, die nun in der Mehrzahl in gutbürgerlichen und geordneten Verhältnissen lebten, glaubten in zunehmendem Maß selbst an ihre »Anständigkeit«, die ihnen nun auch von außen, insbesondere auch von staatlichen Stellen wie der ZRS zugesprochen wurde. Die Bedeutung der Arbeit der ZRS kann nicht hoch genug eingeschätzt werden. Zum einen ist die Effektivität ihrer Maßnahmen hervorzuheben. Wie gezeigt, konnten Gawlik und seine Mitarbeiter fast allen »verfolgten« Männern wirkungsvolle Hilfe zukommen lassen. Zum anderen war die psychologische Wirkung der Stelle und ihrer Arbeit groß. Indem sie ehemalige NS-Funktionäre in ihrer »Opferrolle« bestärkte, zementierte sie deren Selbstverständnis als Unschuldige.

Offensichtlich wurden die Bedingungen für die früheren Kommandeure Mitte der sechziger Jahre jedoch schwieriger. Das Interesse der Justiz war nunmehr geweckt. Vor allem durch die neu gegründete Zentrale Stelle der Landesjustizverwaltungen wurden zahlreiche Untersuchungsverfahren eingeleitet. Mit Bilfinger (1965), Merdsche (1966) und Illers (1972) quittierten immerhin drei der hier behandelten Männer den öffentlichen Dienst, wobei dieser Schritt bei Illers jedoch mit dem Erreichen der Pensionsgrenze zusammenfiel. Zusätzlich erlebte Westphal 1961 einen – leichten – Karriereknick, da die geplante Beförderung an seiner Vergangenheit scheiterte. Dies zeigt, dass sich die Bundesrepublik hinsichtlich der NS-Vergangenheit allmählich zu wandeln begann. Dennoch klagte die Justiz nur die wenigsten dieser Männer auch an, und wenn, dann erst Jahrzehnte später. Warum wurden mit Pulmer (1974), Hagen und Lischka (1979), Ernst (1981), Nährich, Freise und Korff (alle 1983) nur insgesamt acht der Kommandeure angeklagt, warum so spät und warum mit Lischka und Hagen nur zwei jemals verurteilt? Es gehört zu den weiteren Aufgaben der Studie, diesen Umstand zu erklären.

181 StA Köln an ZStL am 3.6.1967, in: ZStL 114 AR-Z 1670/61, Bl 1143; Siehe auch S. Klarsfeld, Vichy – Auschwitz, S. 594. Röthke erhielt seit dem 1.10.1961 vom Freistaat Bayern monatlich 521,57 DM Ruhegehalt. Vgl. Bericht der ZStK an JM NRW vom 8.7.1966, in: JM NRW 4110 E III B 7732, Bd. 1, Bl. 42 ff, hier Bl. 59.

5. Der Beginn der Strafverfolgung und ihre Blockade

Ende der fünfziger Jahre, als sich die hier behandelten Männer bis auf wenige Ausnahmen erfolgreich in die bundesdeutsche Gesellschaft integriert hatten, veränderte sich allmählich das für sie bis dahin eher freundliche und unterstützende gesellschaftliche Klima. Das Interesse an der NS-Vergangenheit und ihren Verbrechen wurde erstmals geweckt. Durch eine Reihe von Skandalen und Prozessen traten die Defizite der bisherigen Strafverfolgung zutage, was endlich zu ihrer Intensivierung führte. Die zu diesem Zweck in Ludwigsburg gegründete »Zentrale Stelle der Landesjustizverwaltungen zur Aufklärung nationalsozialistischer Verbrechen« (ZStL) begann mit systematischen Ermittlungen, die bald auch die in Frankreich begangenen Verbrechen erfassten. Relativ schnell wurden die dortigen Ermittler auf die ehemaligen Kommandeure und ihre Stellvertreter aufmerksam und bedrohten durch ihre Tätigkeit deren berufliche und soziale Eingliederung. Bevor die Ermittlungen jedoch erste Folgen zeitigen konnten und etwa zu Anklagen führten, wurden sie durch höchstrichterliche Urteile gestoppt. In diesem Kapitel wird die Geschichte dieser Ermittlungen geschildert und die Frage untersucht, was hinter den entgegenstehenden Entscheidungen des Bundesgerichtshofs (BGH) stand.

Wie von der historischen Forschung oft beschrieben, wurde die vergangenheitspolitische Wende der frühen sechziger Jahre durch eine Reihe verschiedener Faktoren ausgelöst.[1] Zum einen markierten die »Kölner Hakenkreuz-Schmierereien« und ihre fast 500 Nachfolgetaten eine neue antisemitische Welle. Riefen diese Vorfälle vor allem die noch bestehende Gefahr durch »unbewältigte« Ideologeme ins Bewusstsein, so gab es zum anderen in der gleichen Zeit mehrere Hinweise auf bestehende personelle Kontinuitäten zwischen dem »Dritten Reich« und der Bundesrepublik. An erster Stelle sind hier die Provokationen zu nennen, die von den »Blutrichter«- und »Braunbuch«-Kampagnen der DDR ausgingen. Ab 1957 veröffentlichte Ostberlin insgesamt 1000 Namen ehemaliger NS-Juristen, die sich nun im westdeutschen Staatsdienst befanden, und versuchte auf diese Weise, die Legitimität der Bundesrepublik zu untergraben.[2] Da die Vorwürfe meist zutrafen und sich deshalb nicht einfach als reine Propaganda abtun ließen, brachten sie das westdeutsche Justiz-

1 So zuletzt Siegfried, Aufarbeitung, S. 78.

2 Bästlein, Nazi-Blutrichter; Lemke, Kampagnen.

wesen in ernste Verlegenheit, die durch die 1959 in Karlsruhe organisierte Ausstellung »Ungesühnte Nazijustiz« noch verstärkt wurde.[3] Am Ort des Verfassungsgerichtes präsentierten die Westberliner Studenten Reinhold Strecker und Wolfgang Koppel aus verschiedenen Ländern des Ostblocks stammende Beweise für das Wüten der NS-Justiz und fragten nach den bisher ausgebliebenen strafrechtlichen Konsequenzen dieses Tuns.

Dass das Interesse an der NS-Zeit erwacht war, zeigen auch die Erfolge von Filmproduktionen und Buchpublikationen zu diesem Thema: Hier ist vor allem an Wolfgang Staudtes Film »Rosen für den Staatsanwalt« zu erinnern (1959), an die mehrteilige Dokumentation »Das Dritte Reich«, die 1960/61 große Teile der Bevölkerung vor das neue Medium Fernsehen brachte, oder an Günter Grass' Roman »Die Blechtrommel« (1959).[4] Mit dem 1961 beginnenden Prozess gegen Adolf Eichmann erhielten die Medien zudem Gelegenheit, ausführlich über ein spektakuläres Verfahren zu berichten und NS-Verbrechen darzustellen, was insbesondere dadurch begünstigt wurde, dass das Jerusalemer Gericht sich nicht auf den individuellen Schuldnachweis Eichmanns beschränkt, sondern eine systematische Darstellung des gesamten Judenmordes versucht hatte.

Doch schon vor dem Eichmann-Prozess waren in der Bundesrepublik durchgeführte NS-Prozesse auf gesteigertes Interesse gestoßen. Vor allem der »Ulmer Einsatzgruppenprozess« führte der bundesdeutschen Öffentlichkeit in aller Deutlichkeit die bisherigen Versäumnisse der Justiz vor Augen. Ende August 1958 wurde Bernhard Fischer-Schweder, ein ehemaliger Angehöriger der Einsatzgruppe A, wegen seiner Beteiligung an Massenerschießungen von litauischen Juden vom Ulmer Landgericht zu einer zehnjährigen Haftstrafe verurteilt. Wie sicher sich der NS-Mörder in der Bundesrepublik gefühlt hatte, illustriert der Umstand, dass der ehemalige Polizeibeamte von sich aus auf seine Wiedereinstellung in den Polizeidienst geklagt hatte, wodurch die Justiz überhaupt erst auf ihn aufmerksam geworden war.[5] Dieser Prozess gegen Fischer-Schweder und andere Angehörige des »Einsatzkommandos Tilsit« der Einsatzgruppe A wird im Allgemeinen als der Durchbruch in der justitiellen Aufarbeitung der NS-Verbrechen angesehen. Tatsächlich stellte er eine Meisterleistung

3 Bästlein, Nazi-Blutrichter, S. 415.

4 Siegfried, Aufarbeitung, S. 86; zu der TV-Serie »Das Dritte Reich« vgl. Christoph Classen: Bilder der Vergangenheit. Die Zeit des Nationalsozialismus im Fernsehen der Bundesrepublik Deutschland. 1955-1965. Köln 1999. Zitiert nach Siegfried, Aufarbeitung, S. 86, Anm. 26.

5 Greve, Umgang, S. 47.

des Anklagevertreters, des Stuttgarter Oberstaatsanwaltes Erwin Schüle, dar. Wie sich erst später herausstellen sollte, war Schüle selbst ein ehemaliges Partei- und SA-Mitglied. Dies hinderte ihn jedoch nicht daran, sich im Lauf des Prozesses zu einem Fachmann für NS-Verfahren zu entwickeln. In der Vorbereitung des Prozesses wertete er als erster deutscher Staatsanwalt überhaupt einschlägige Archive aus, suchte den Kontakt zu Opferorganisationen und bediente sich der in dieser Zeit vor allem aus Reitlingers »Endlösung« (1956) bestehenden zeitgeschichtlichen Forschungsliteratur. Mit diesem Wissen verwandelte er den von der Presse stark beachteten Ulmer Prozess in eine Geschichtsstunde, in der er der Bevölkerung die Verbrechen der Einsatzkommandos und -gruppen drastisch vor Augen führte und nach dem Verbleib der Täter fragte. Trotz der unbestrittenen Bedeutung des Ulmer Prozesses hatte er allerdings auch seine Schattenseiten. So waren die ausgesprochenen Strafen im Verhältnis zu den nachgewiesenen Verbrechen lächerlich gering, vor allem aber waren in der Urteilsbegründung die Weichen für die »Beihilferechtsprechung« gestellt worden, nach der lediglich Hitler, Himmler oder Heydrich als Mörder anzusehen waren, die Taten von Männern wie Fischer-Schweder aber lediglich als Beihilfe zum Mord gewertet wurden, und zwar auch dann, wenn diese eigenhändig geschossen hatten. Diesem Rechtsverständnis sollte in Zukunft ein Großteil der angeklagten NS-Verbrecher ihre geringen Strafen oder gar Straffreiheit verdanken.[6]

Die Justizminister, zu diesem Zeitpunkt durch die »Blutrichterkampagne« der DDR unter Druck, folgten auf ihrer im Juni 1958 stattfindenden Konferenz einem Vorschlag des baden-württembergischen Justizministers Haußmann und beschlossen die Gründung einer Zentralen Stelle zur Ermittlung von NS-Verbrechen.[7] Sie wurde als »Zentrale Stelle der Landesjustizverwaltungen zur Aufklärung von nationalsozialistischen Gewaltverbrechen« Ende 1958 in Ludwigsburg eröffnet. Ihr erster Leiter wurde Erwin Schüle. Trotz der bescheidenen personellen Ausstattung – bis Ende 1960 verfügte die Zentrale Stelle neben Schüle über maximal neun Volljuristen sowie einige Hilfskräfte – leistete sie Erstaunliches. Im Jahr 1964 hatte sie bereits 701 Vorermittlungsverfahren eingeleitet, von denen immerhin 545 an verschiedene Staatsanwaltschaften abgegeben

6 Ebd., S. 155 ff.

7 Zur Gründung der ZStL siehe Rückerl, NS-Verbrechen; Greve, Umgang, S. 43 ff.; zur Geschichte auch Rondholz, Zentralstelle. Jetzt ausführlich: von Miquel, Ahnden.

worden waren.[8] Spektakuläre Fahndungserfolge wie die Verhaftung des Chefs des rheinland-pfälzischen Landeskriminalamtes Georg Heuser, vormals Führer eines Einsatzkommandos, machten die bei der Ludwigsburger Bevölkerung verhassten »Vergangenheitsschnüffler« bald bekannt.[9] Erst in letzter Zeit ist deutlich geworden, dass diese Effektivität von einem Teil der Justizminister nicht unbedingt geplant gewesen war.[10] Statt einer dauerhaften und kraftvollen Institution hatte man eigentlich eine zeitlich befristete Übergangslösung beabsichtigt, die mehr dem Ausland den guten Willen der Bundesrepublik unter Beweis stellen als die unentdeckten Verbrechen tatsächlich aufklären sollte. So hatte beispielsweise die Bundesanwaltschaft eine an sich ja nahe liegende Beteiligung an der Zentralen Stelle abgelehnt. Bundesanwalt Güde hatte von der Zentrale Stelle sogar als von einer »Briefkastenfirma« gesprochen, eine Bezeichnung, die seine Geringschätzung deutlich zum Ausdruck brachte.[11] Zudem war die personale Ausstattung bewusst knapp gehalten worden, und die grundlegenden Verwaltungsvereinbarungen waren so unbestimmt geblieben, dass zahlreiche Friktionen mit anderen Behörden vorprogrammiert waren. Vor allem hatte man die Zentrale Stelle nicht mit den weitreichenden Befugnissen einer Staatsanwaltschaft ausgestattet. Sie sollte sich auf »Vorermittlungen« beschränken und durfte nicht selbst anklagen, sondern war gezwungen, die Verfahren an reguläre Staatsanwaltschaften abzugeben. Diese Bestimmung war insbesondere deshalb unsinnig, weil die meisten Staatsanwaltschaften über keine vertiefte Sachkenntnis verfügten und oft nicht motiviert waren, die komplizierten und in ihrem Sinn undankbaren Verfahren weiterzuführen. Zudem standen viele Staatsanwälte solchen Verfahren ablehnend gegenüber, was auch dazu beitrug, dass der größere Teil der abgegebenen Verfahren niemals zur Anklage gelangte.

Allerdings hatte es für eine solche Zuteilung der Kompetenzen auch handfeste organisatorische Gründe gegeben. Die Ausstattung der Zentralen Stelle mit staatsanwaltlichen Befugnissen hätte nämlich bedeutetet, die Zuständigkeit der Länder für die Judikative zu durchbrechen. Dazu aber hätte man das Grundgesetz ändern müssen, wozu man wiederum die Zustimmung der Länder benötigt hätte, eine Zustimmung, die über-

8 Rückerl, NS-Verbrechen, S. 161.

9 Greve, Umgang, S. 56 ff.

10 Ebd., S. 52 ff.

11 Mitteilung von Reinhold Strecker gegenüber dem Verfasser am 18.11.2002 in Köln.

aus unsicher war. Zudem hätte gegen eine zentrale staatsanwaltliche Vorermittlungsinstanz eingewendet werden können, dass diese den Rechtsgrundsatz durchbreche, nach dem Ermittlungen nur bei einem konkreten Tatverdacht angestellt werden dürfen. Hätte dieser Einwand verfangen, so hätte auch die Strafprozessordnung geändert werden müssen, um eine flächendeckende und verdachtsunabhängige Überprüfung leisten zu können.

Es wäre den politisch Verantwortlichen jedoch durchaus möglich gewesen, diese Probleme zu umgehen, indem sie auf eine alternative Konstruktion zurückgegriffen hätten. Beispielsweise wäre es ohne weiteres möglich gewesen, in jedem Bundesland eine auf NS-Verbrechen spezialisierte Schwerpunktstaatsanwaltschaft zu schaffen, die dann ein bestimmtes Tatgebiet oder eine Tatgruppe bearbeitet hätte. Zwei solcher Schwerpunktstaatsanwaltschaften wurden 1961 in Nordrhein-Westfalen tatsächlich gegründet (siehe Kapitel 6), allerdings *zusätzlich* zur Zentralen Stelle, und hätten als Modell dienen können. Eine solche Lösung hätte zwar das Kompetenz-Problem vermieden, doch hätte sie nicht dem Gedanken eines länderübergreifenden, zentralen Kompetenzzentrums entsprochen. Zudem – und das dürfte für die politisch Verantwortlichen schwerer gewogen haben – hätte sich diese Lösung wesentlich schlechter vor der nationalen und internationalen Öffentlichkeit darstellen lassen, da sie weniger plakativ war. Im Nachhinein betrachtet, hätte die optimale Lösung in der systematischen Ergänzung der Zentralen Stelle durch solche von den Ländern getragene Spezialstaatsanwaltschaften bestanden. Jedes Ludwigsburger Dezernat hätte dann eine staatsanwaltschaftliche Entsprechung in einem der Länder gehabt, die Spezialisten in Ludwigsburg hätten dann ebenso spezialisierten Kollegen in den Ländern zugearbeitet und auch sonst engen Kontakt mit diesen gehalten.[12] Die hohe Rate der bei überforderten oder auch unwilligen »normalen« Staatsanwaltschaften versandeten Verfahren hätte auf diese Weise sicher vermieden werden können.

Immerhin verfügte die Zentrale Stelle aber auch so über das Recht, Vernehmungen durchzuführen, und sie konnte sich auf die Zusammenarbeit mit verschiedenen bei den Landeskriminalämtern errichteten Sonderkommissionen stützen, die aus auf ihre Vergangenheit besonders überprüften Polizeibeamten bestanden. Als ungemein nützlich erwies sich die enge Zusammenarbeit mit den zeitgeschichtlichen Forschungs-

12 Für diese Überlegungen danke ich Herrn Richter a. D. Herbert Schneider.

einrichtungen wie dem Institut für Zeitgeschichte in München und der Kontakt zu den Opferverbänden. Zum zunehmend wichtigen Instrument wurden die schnell wachsenden Karteien, mit deren Hilfe die Ermittler die einzelnen Informationsfetzen zu verknüpfen suchten. Um sich in die von Tatort zu Tatort unterschiedlichen historischen Gegebenheiten, Befehlsstrukturen und Verantwortlichkeiten einarbeiten zu können, spezialisierten sich einzelne Ludwigsburger Juristen auf bestimmte geographische Gebiete. Dabei lag der Schwerpunkt der Ermittlungen weitestgehend im Osten, wo die Einsatzgruppen gewütet hatten. Doch richtete sich die Aufmerksamkeit auch auf die im Westen gelegenen Länder, unter anderem gab es unter der Leitung des späteren Oberstaatsanwalts Heinz Artzt auch eine Frankreich-Abteilung.[13] Von hier drohte den bis dahin so erfolgreich integrierten Kommandeuren Gefahr, da Artzt mit dem so genannten Frankreich-Komplex ein sich von da an explosionsartig ausweitendes Sammelverfahren führte, in dessen Verlauf die Vergangenheit jedes einzelnen Kommandeurs ermittelt wurde.

Der Frankreich-Komplex

Am 4. Juni 1960 zeigte Thomas Harlan, Sohn des Nazi-Regisseurs Veit Harlan, fünf Personen, darunter auch Klaus Barbie, beim Frankfurter Generalstaatsanwalt Fritz Bauer an.[14] Dieser erkannte sofort die Zuständigkeit der Zentralen Stelle. Um sicherzustellen, dass Harlan dort auch ernst genommen würde, fuhr Bauer persönlich mit ihm nach Ludwigsburg und wandte sich direkt an Schüle. Anschließend erstattete Harlan dort eine wesentlich erweiterte Anzeige, die sich nun gegen 96 Personen richtete.[15] Durch seine Kindheit in der Nähe der NS-Prominenz war Harlan mit vielen NS-Größen und deren Rolle im Hitler-Staat vertraut und hatte mit einem gewissen Entsetzen den Wiederaufstieg einer Reihe dieser Männer in der Bundesrepublik mit ansehen müssen. Harlan hatte sich in scharfer Abgrenzung zur Vergangenheit seines Vaters der poli-

13 1966 hatte die ZStL insgesamt fünf Abteilungen mit jeweils mehreren Referaten. In der Abteilung 1 waren die Referate I (Paris) und II (restliches Frankreich) Frankreich zugeordnet. Vgl. Rückerl, NS-Verbrechen, S. 180 ff.

14 Dies ist vermerkt in: Thomas Harlan an ZStL am 5.10.1960, in: ZStL, Generalakten, 1-36/45.

15 Persönliche Mitteilung von Thomas Harlan gegenüber dem Verfasser am 21.11.1999. Die Anzeige erfolgte am 5.10.1960, sie findet sich in: ZStL, Generalakten, 1-36/45.

tischen Linken zugewandt und sich insbesondere mit den NS-Verbrechen auseinander gesetzt. Ein Schlüsselerlebnis war dabei der 1949 durchgeführte spektakuläre Prozess gegen seinen Vater wegen »Verbrechen gegen die Menschlichkeit« gewesen, bei dem Veit Harlan sich in erster Linie wegen seines antisemitischen Hetzfilms »Jud Süß« verantworten musste. Zwar war er freigesprochen worden, doch blieb er das Symbol der antisemitischen NS-Propaganda.[16] Thomas Harlan, der sich der Rolle seines Vaters schmerzlich bewusst war, war sich allerdings auch über die Straffreiheit von NS-Tätern ganz anderen Zuschnitts im Klaren. Selbst der Vorsitzende Richter im Prozess gegen seinen Vater stellte sich als ehemaliger »Blutrichter« heraus.[17] Wohl aus Empörung über diese Ungerechtigkeit bemühte Thomas Harlan sich fortan darum, derartige Personen an den Pranger zu stellen. Bei einer Aufführung seines Theaterstückes »Ich selbst und kein Engel« über den Aufstand im Warschauer Ghetto verlas er einen Aufruf an den Bundestag, in dem er einige besonders belastete ehemalige NS-Spitzenfunktionäre wie den bereits mehrfach erwähnten ehemaligen SS-Standartenführer Six öffentlich beschuldigte und ihre Bestrafung forderte.[18]

Mit dieser Anklage hatte Harlan ins Schwarze getroffen: Der SD-Professor Six war 1948 im Fall IX der Nürnberger Nachfolgeprozesse, dem Einsatzgruppen-Prozess, zu 20 Jahren Haft verurteilt worden, von denen er allerdings nur vier hatte absitzen müssen. Nach seiner Begnadigung war er zunächst bei *Ernst Achenbach* untergekommen, der nun in Essen eine gut gehende Anwaltskanzlei unterhielt. Wie bereits erwähnt, war der ehemalige Leiter der politischen Abteilung der Botschaft in Paris inzwischen zur Zentralfigur im Netzwerk ehemaliger Nazis geworden. Im Jahr 1944 zur Wehrmacht abkommandiert, war er in Kattowitz in Kriegsgefangenschaft geraten, aus der er aber geflüchtet war.[19] Zurück in Westdeutschland, hatte der Anwalt sich sofort die Sache der NS-Verbrecher zu Eigen gemacht. Obwohl ihm der stellvertretende amerikanische Chef-

16 Noak, Harlan, S. 293-315.

17 Der Vorsitzende Richter hatte während des Krieges zwei polnische Mädchen wegen des Diebstahls eines Halstuches zum Tode verurteilt. Als Thomas Harlan dies bekannt wurde, habe er mit seinem Engagement gegen Nazis begonnen. (Persönliche Mitteilung von Thomas Harlan gegenüber dem Verfasser am 21.11.1999.) Dazu auch Noak, Veit Harlan, S. 300.

18 Harlan, Engel. Knapp zur Entstehungsgeschichte des Stücks: Noak, Harlan, S. 352. Zum Aufruf siehe »Frankfurter Allgemeine Zeitung« vom 28.11.1959.

19 »Westdeutsche Allgemeine Zeitung« vom 9.4.1959 (»Anwalt und Politiker. Ernst Achenbach wird heute fünfzig Jahre«).

ankläger Robert Kempner auf der Spur war, war er im Nürnberger Prozess als Verteidiger eines ehemaligen IG-Farben-Managers sowie eines ehemaligen Kollegen aus dem Auswärtigen Amt aufgetreten,[20] und er hatte auch den früheren Chef der Militärverwaltung von Belgien und Nordfrankreich Eggert Reeder vor einem Brüsseler Tribunal verteidigt.[21] Während er zum »Modeanwalt der Ruhrmetropole« avancierte,[22] machte er im rechtslastigen nordrhein-westfälischen FDP-Landesverband eine politische Karriere und vertrat die Partei von 1950 bis 1957 als Abgeordneter im Landtag und von da an bis 1976 im Bundestag. Neben dieser Laufbahn als Außenpolitiker, die ihn über das Amt des außenpolitischen Sprechers seiner Partei, den Posten des Berichterstatters des Auswärtigen Ausschusses des Bundestages und die Mitgliedschaft im europäischen Parlament beinahe auf den Posten eines EU-Kommissars führte und ihm das Bundesverdienstkreuz einbrachte,[23] verfolgte er jedoch mit Entschiedenheit sein eigentliches Anliegen, nämlich die Lobbyarbeit für ehemalige NS-Größen. Noch 1949 hatte Achenbach begonnen, sich für ein Ende der Strafverfolgung einzusetzen.[24] Dabei machte er aus seiner Überzeugung keinen Hehl und verwendete sich für die in Frankreich inhaftierten Männer. Vor allem aber arbeitete er seit Beginn der fünfziger Jahre gemeinsam mit dem ebenfalls im ehemals besetzten Frankreich tätig gewesenen Strafrechtsprofessor Friedrich Grimm an einer Kampagne, deren Ziel die generelle Amnestierung aller NS-Verbrecher war. Grimm stellte eine einflussreiche Figur im konservativ-nationalen Lager dar. Der prominente Anwalt hatte zunächst Achenbachs Bemühungen um eine Einstellung des Münchener Verfahrens gegen Best, Oberg und Dietrich wegen der Röhm-Morde mit einem juristischen Gutachten unterstützt und sich auch als Anwalt ehemaliger NS-Größen einen Namen gemacht. Nun verwandte er Sachverstand und Einfluss auf Achenbachs Amne-

20 Kempner wusste um die Rolle Achenbachs in Paris, war jedoch nicht in der Lage, ihm eine strafrechtlich relevante Beteiligung an den Verbrechen nachzuweisen. Vgl. Interrogation of Rudolf Schleier by Dr. Robert Kempner vom 22.8.1947, in: BAK B 141/88307. Zu Achenbachs Rolle im Nürnberger Prozess siehe: Hachmeister, Gegnerforscher, S. 306; Frei, Vergangenheitspolitik, S. 106.

21 Wie Anm. 16.

22 So die »Zeit«, zitiert nach Hachmeister, Gegnerforscher, S. 306.

23 Hachmeister, Gegnerforscher, S. 310.

24 Bereits 1949 hatte Achenbach Robert Murphy, dem politischen Berater des amerikanischen Militärgouverneurs Lucius Clay, vorgeschlagen, das »Kriegsverbrecherproblem« im Interesse der deutsch-amerikanischen Freundschaft »großzügig zu lösen«. Zitiert nach Frei, Vergangenheitspolitik, S. 165, Anm. 12.

stiekampagne.[25] Koautor war dabei Werner Best, der nach seiner Begnadigung und Entlassung aus der dänischen Haft in Achenbachs Anwaltsbüro eine inoffizielle »Nebenkanzlei« unterhielt, von der aus er vergangenheitspolitische Lobbypolitik betrieb.[26] Mit Hilfe des 1951 gegründeten »Vorbereitenden Ausschusses zur Herbeiführung einer Generalamnestie« versuchten Grimm, Best und Achenbach die Verhandlungen zu den Deutschland-Verträgen unter dem Motto: »Kein Generalvertrag ohne Generalamnestie« zu beeinflussen, wobei ihr besonderes Augenmerk auf dem bereits erwähnten »Überleitungsvertrag« lag. Achenbach und seine Gesinnungsgenossen bedienten sich dabei einer Doppelstrategie. Zum einen versuchten sie mit großem Aufwand, die Öffentlichkeit durch Aufrufe und Unterschriftensammlungen für eine solche Amnestie zu mobilisieren und auf diesem Weg Druck auf die Alliierten auszuüben, zum anderen brachten sie ihre Überzeugungen und Forderungen den bundesdeutschen Politikern nahe.[27] Achenbach verstand es, sich bei einflussreichen Politikern wie Justizminister Dehler und Erich Mende Gehör zu verschaffen, zudem verfügte er seit seiner Tätigkeit für das Auswärtige Amt und als Verteidiger in Nürnberg über ausgesprochen gute Kontakte, beispielsweise zu Hans Gawlik von der ZRS. Das Unternehmen »Generalamnestie« scheiterte jedoch am klaren Nein der Amerikaner.[28] Best und Achenbach konzentrierten sich deshalb nun vor allem darauf, die lahmende bundesdeutsche Strafverfolgung endgültig zu stoppen. Von einer ursprünglich durchaus beabsichtigten wesentlich aggressiveren Einflussnahme auf die Bundesrepublik durch das um die beiden gebildete Netzwerk ehemaliger NS-Funktionäre hatten sie seit der so genannten Naumann-Affäre Abstand nehmen müssen.

Im Jahr 1953 hatte die britische Militärpolizei einige frühere NS-Offizielle, die sich um Goebbels' ehemaligen Staatssekretär Werner Naumann geschart hatten, verhaftet. Wie sich herausstellte, hatte dieser Naumann-Kreis ernsthaft versucht, dem Nationalsozialismus zu neuem politischen Einfluss zu verhelfen, und zu diesem Zweck die nordrhein-westfälische

25 Zu Grimm vgl. Herbert, Best, S. 449 ff. Siehe auch dessen durch und durch apologetische Erinnerungen »Mit offenem Visier«.

26 Herbert, Best, S. 491 ff.

27 Vgl. Frei, Vergangenheitspolitik, S. 234 ff.; Herbert, Best, S. 454 ff.; Hachmeister, Gegnerforscher, S. 306 ff.

28 Aufgrund des wachsenden politischen Drucks erteilte John McCloy im Juni 1952 auf einer Pressekonferenz jeder Form einer Generalamnestie eine klare Absage. Vgl. Herbert, Best, S. 459.

FDP unterwandert, eine Idee, die von Ernst Achenbach stammte, der sich für den Fall der Übernahme der Partei den Posten eines Generalsekretärs erhoffte.[29] Auf diese Weise als »Doppeldecker« bloßgestellt und politisch diskreditiert, musste Achenbach das Ende seiner politischen Karriere befürchten, zumal er auch noch die Chuzpe besaß, mit Friedrich Grimm zusammen die Verteidigung Naumanns zu übernehmen.[30] Achenbach verlor zunächst einige wichtige Posten, wie den des Vorsitzenden des außenpolitischen Ausschusses der FDP, und auch sein geplanter Aufstieg in den Bundestag platzte zunächst. Aber schon 1954 schaffte er mit Hilfe einer größeren Spende der deutschen Industrie sein politisches Comeback, da die Spender ihre Gabe an seine Wiedereingliederung in die Partei geknüpft hatten; Dehler und seine Partei nahmen daraufhin die gegen Achenbach erhobenen und durchaus bewiesenen Vorwürfe zurück. Bald war er wieder einer der wichtigsten Männer im Landesvorstand, im Jahr 1957 wurde er in den Bundestag gewählt.

Wie Ulrich Herbert und Norbert Frei betonen, markierte der Naumann-Skandal eine klare Grenze für die früheren NS-Eliten. Künftig wurde ein offenes Bekenntnis zum Nationalsozialismus nicht mehr toleriert. Eine zumindest verbale Abkehr vom Nationalsozialismus war nun die Minimalbedingung, um weiterhin im öffentlichen und politischen Leben eine Rolle spielen zu können. Politisch wurde diese Zäsur vor allem durch das Verbot der rechtsradikalen SRP und durch die Bundestagswahl 1953 markiert, bei der die verbliebenen rechtsradikalen Parteien starke Verluste erlitten. Achenbach hatte diesen verbalen Kotau gegenüber Parteiführung und Öffentlichkeit geleistet und sich 1953 zumindest räumlich von Werner Best getrennt, der nun für Hugo Stinnes als Justitiar arbeitete.[31] Auch Six, der seit 1952 für den Amnestieausschuss tätig gewesen war, wechselte 1953 in die Privatwirtschaft und wurde zunächst für den Verlag C. W. Leske in Darmstadt tätig.[32] Nun äußerlich auf Distanz zu den ehemaligen Führern des Nationalsozialismus, fügte sich auch Achenbach in die Einsicht, dass es unmöglich sein würde, die alten Machtstrukturen wieder aufleben zu lassen. Aus der Perspektive der ehe-

29 Zur Naumann-Affäre: Herbert, Best, S. 467; Frei, Vergangenheitspolitik S. 351 ff.; Tauber, Eagle, S. 132 ff.

30 »Der Spiegel« 14/1970 (»Achenbach: Langjähriger Doppeldecker«). Zum Verfahren gegen Naumann siehe auch Grimms Kampfschrift »Unrecht im Rechtsstaat«.

31 Herbert, Best, S. 474 ff.

32 Hachmeister, Gegnerforscher, S. 305.

maligen Funktionäre erschien dies auch nicht länger erstrebenswert, da ihnen die Bundesrepublik ausreichende Chancen bot, Wohlstand und auch politischen Einfluss zu erlangen, was allerdings voraussetzte, dass die Justiz weiterhin untätig blieb.

In erster Linie galt es nun, die von der Zentralen Stelle initiierte Strafverfolgung abzuwenden. Darüber hinaus musste verhindert werden, dass die Öffentlichkeit, welche die straflose Fortexistenz dieser Männer nun zunehmend als falsch empfand, sich über das Ausmaß der bereits erfolgten Wiedereingliederung klar wurde. Das war es, was der öffentlichen Anklage Thomas Harlans Brisanz verlieh. Wie das Beispiel Achenbach zeigt, fanden die Betroffenen jedoch durchaus wirksame Gegenmittel: Im Jahr 1960 erschien ein kritischer Artikel in der Illustrierten »Revue«. Unter dem Titel »Die Bestie will nicht schweigen« wiesen zwei Journalisten auf Achenbachs Vergangenheit hin und forderten seine Ausschaltung aus dem politischen Leben.[33] Gefährlich war dieser Artikel für Achenbach vor allem deshalb, weil er auf jenem Telegramm basierte, in dem er im Februar 1943 dem Auswärtigen Amt die Deportation von 2000 Juden als »Sühnemaßnahme« angekündigt hatte – ein Dokument, das seine von ihm stets geleugnete Verstrickung in »Judenmaßnahmen« bewies und so durchaus geeignet war, ihn zu diskreditieren.[34] Achenbach bemühte sich nun darum herauszustellen, dass er nur einen andernorts gefällten Beschluss weiterberichtet habe. Dazu überprüfte er zunächst im Politischen Archiv des Auswärtigen Amtes, welche eventuell brisanten Unterlagen aus jener Zeit dort überhaupt vorhanden waren. Bemerkenswerterweise stieß er dabei, anders als wenig später die Strafverfolger der Zentrale Stelle, offenbar auf keine Zugangsschwierigkeiten. Schließlich erstattete der Politiker dann Strafanzeige gegen die verantwortlichen Redakteure bei der Staatsanwaltschaft München I. Der daraufhin befragte Leiter der Zentralen Stelle in Ludwigsburg Schüle teilte dem bayerischen Justizministerium 1960 Folgendes mit:

> »Zweifellos hat Dr. Achenbach an der ›Endlösung der Judenfrage‹ in Frankreich mitgewirkt. Es besteht auch der Verdacht, daß er genau gewusst hat, was mit den aus Frankreich deportierten Juden geschieht. Dies ist insbesondere daraus zu schließen, daß er zweimal an einer Besprechung teilgenommen hat, bei der der Judenberater SS-Obersturmführer Dannecker das Wort führte. Dannecker ist tot, weshalb es bis

33 »Revue« vom 26.11.1960.

34 Vgl. Kapitel 1.

jetzt nicht möglich war, das Vorbringen von Achenbach zu widerlegen, daß er geglaubt habe, die Juden würden im Osten angesiedelt.«[35]

Nach einer »persönlichen Besprechung« mit dem für das Verfahren verantwortlichen Oberstaatsanwalt und dem bearbeitenden Staatsanwalt am 19. Dezember 1960 war Achenbach mit seiner Anzeige dennoch erfolgreich.[36] Von nun an wies Achenbach andere Journalisten, die auf das Thema »aufgesprungen« waren, auf dieses Verfahren und seine dort »erwiesene Unschuld« hin und drohte mit weiteren Verfahren.[37] Bis 1980 wurde er zwar mehrmals wegen seiner Rolle in Frankreich angezeigt, so etwa von der »League of Human Rights«, doch wurden alle Verfahren mit Hinweis auf den Ausgang des Münchner Verfahrens eingestellt.[38] Achenbach galt als nicht belangbar und konnte sich umso erfolgreicher für andere ehemalige Funktionäre einsetzen.

Im Fall von Six, den Achenbach auch in einem Rechtsstreit mit dem Auswärtigen Amt vertrat,[39] versuchte er zunächst, Thomas Harlan zum Stillschweigen zu bewegen, indem er ihn in einem überaus arroganten Brief zur Ordnung rief und ihm mit einem Verfahren wegen übler Nachrede drohte. Darin bestritt Achenbach jede Beteiligung von Six an NS-Verbrechen und führte weiter aus:

> »Da wir selbstverständlich unterstellen, daß Sie aus höheren Motiven, aus einer echten Sorge um das Recht und die Rechtsstaatlichkeit in Deutschland gehandelt haben, können wir Ihr Vorgehen zunächst nur dadurch erklären, daß Sie falschen Informationen zum Opfer gefallen sind. Das ändert allerdings nichts daran, daß Sie den Tatbestand der üblen Nachrede (§ 186 StGB, s. Anlage) verwirklicht haben. […] Der Umstand aber, daß wir davon ausgehen, daß honorige Motive der vorerwähnten Art Sie zu Ihrem Verhalten veranlaßt haben, ferner die sichere Erwartung, daß Sie bereit sein werden, unbewußt begangenes Unrecht wieder gut zu machen, hat uns veranlaßt, zunächst von der Einleitung gerichtlicher Maßnahmen abzusehen.«[40]

35 Schüle an bayer. JM vom 10.5.1960, in: ZStL 1 AR 729/1961.
36 Vgl. Schriftwechsel Achenbachs mit der StA München I in: ZStL 1 104 AR 373/80 Bl. 31 ff.
37 Vgl. ZStL 104 AR 374/80, Bl. 85.
38 StA Essen an League of Human Rights vom 20.9.1979, in: Ebd., Bl. 13.
39 Ebd., S. 311.
40 Achenbach an Harlan am 10.2.1959 und weiterer Schriftwechsel, in: JM BW 4111 b – IV/106 ff. Nach Harlans Erinnerung suchten ihn im Auftrag Achenbachs drei

Abschließend folgte eine Aufforderung an Harlan, eine Gegendarstellung zu veröffentlichen. Dieser ließ sich jedoch nicht einschüchtern, sondern blieb bei seinen Vorwürfen. Angesichts der damals mehr als dürftigen Literatur zu diesem Thema konnte er sich jedoch nur auf den von Léon Poliakov und Joseph Wulf herausgegebenen Band »Das Dritte Reich und seine Diener« (1956) berufen sowie auf die beim Nürnberger Prozess gegen Six gemachten Zeugenaussagen.[41] Nun tatsächlich verklagt, machte sich Harlan auf die Suche nach weiterem Belastungsmaterial, wobei ihm seine Kontakte nach Ostberlin und insbesondere zur polnischen Hauptkommission zur Aufklärung von NS-Verbrechen zugute kamen. Er dürfte der erste Westdeutsche gewesen sein, der Zugang zu dortigen Archiven erhielt. Aus diesen Anfängen erwuchs eine jahrelange systematische Recherchetätigkeit in Sachen NS-Verbrechen, die sich bald nicht mehr auf Six beschränkte. Harlan übersandte der Zentralen Stelle die aufgefundenen Dokumente und erstattete zugleich Anzeige gegen die dadurch belasteten Männer. Mehrfach arbeitete er dabei mit dem hessischen Generalstaatsanwalt Fritz Bauer zusammen. Im Laufe dieser Aktivitäten wurden Harlan und Bauer 1965 mit einem – ergebnislosen – Verfahren wegen Landesverrates überzogen, das aufgrund einer von Harlan gestalteten Sendung im polnischen Rundfunk eingeleitet wurde.[42] Die Tätigkeit endete erst, als die Öffentlichkeit und damit auch Harlan von der NSDAP- und SA-Vergangenheit Erwin Schüles erfuhr und dieser vom Posten des Leiters der Zentralen Stelle auf den des Stuttgarter Generalstaatsanwalts weggelobt worden war. Wie Harlan betont, war der damit verbundene Vertrauensverlust in die deutschen Justiz so groß, dass er seine Bemühungen anschließend aufgab.[43]

Harlan unterfütterte seine Anzeigen mit Kopien von Dokumenten, die er in polnischen, später auch in französischen Archiven anfertigte. Dies war für die Zentrale Stelle besonders deshalb wichtig, weil sie an diese

junge Männer in Berlin auf, versuchten ihn zu einem Widerruf zu bewegen und luden ihn zu einem Jagdausflug ein. Harlan empfand die Situation als bedrohlich und lehnte ab. Daraufhin wurde er von Achenbach verklagt. Persönliche Mitteilung von Thomas Harlan gegenüber dem Verfasser am 21.11.1999.

41 Thomas Harlan an Anwaltsgemeinschaft Achenbach am 7.3.1959, in: JM BW 411 b IV, Bl. 360. Poliakov/Wulf (Hg.), Das Dritte Reich und seine Diener. Zur Rolle Wulfs siehe nun: Berg, Außenseiter; ders., Holocaust.

42 Persönliche Mitteilung von Thomas Harlan gegenüber dem Verfasser am 21.11.1999.

43 Ebd.

Dokumente selbst sehr schwer herankam, da ein Großteil in den Archiven der Ostblockländer, vor allem Polens, lag. Mitten im Kalten Krieg hatte die Bundesregierung die Auswertung der dortigen Archive untersagt, entsprechende Angebote der polnischen Regierung wurden ausgeschlagen.[44] Daher waren Harlans gute Kontakte vor allem zur polnischen Hauptkommission zur Untersuchung von NS-Verbrechen äußerst wertvoll, aber auch politisch brisant. Ende 1960 gestattete die Regierung Adenauer dann zwar in Einzelfällen die Akteneinsicht, zu einem generellen Kurswechsel gelangte man aber erst unter Bundeskanzler Erhard im Februar 1965. Erst jetzt erlaubte man unter dem Eindruck der nahenden Verjährung der NS-Verbrechen die generelle Auswertung der Ostblock-Archive.[45]

Doch die für den Frankreich-Komplex relevanten Dokumente lagen nicht im Ostblock, sondern vor allem in Frankreich und fielen von daher nicht unter das Verbot. Oberstaatsanwalt Artzt bemühte sich folglich noch 1961 um den Zugang zu den relevanten französischen Archiven. Dabei stieß er auf zwei verschiedene Arten von Unterlagen: Einmal auf die von den Besatzern in Frankreich zurückgelassenen NS-Dokumente, die im privaten »Centre de Documentation Juive Contemporaine« (CDJC) in Paris gesammelt waren. Darunter befanden sich auch die Akten der »Judenabteilung« des BDS. Zum anderen handelte es sich um die Akten der französischen Militärgerichte, die sich als reichhaltige Quelle von Informationen herausstellten. Doch auch Artzts Bemühungen erwiesen sich als politisch überaus heikel, da die Regierung Adenauer ja zur gleichen Zeit erheblichen Druck auf Frankreich ausübte, ebendiese Gerichtsverfahren zu beenden und die in Frankreich verurteilten Deutschen freizulassen. Die deutschen Diplomaten konnten daher nur wenig Verständnis dafür aufbringen, dass nun bundesdeutsche Behörden von sich aus das Thema erneut auf die Agenda setzten. Das Auswärtige Amt ließ folglich der Zentralen Stelle mitteilen, die deutsche Botschaft in Paris würde es »aus begreiflichen Gründen« begrüßen, wenn von der geplanten Akteneinsicht Abstand genommen würde.[46] Die Zentrale Stelle blieb in diesem Punkt jedoch fest und konnte erreichen, dass zwei ihrer Mitarbeiter 1964 und 1965 sowohl einige Gerichtsakten als auch die Unterlagen des CDJC auswerten konnten. Das erhobene Material erwies sich als überaus wertvoll, doch konnte auf den beiden Reisen zunächst nur ein kleiner Teil ausgewertet werden.

44 Greve, Umgang, S. 290 ff.
45 Vgl. »Der Spiegel« 11/1965 und Rückerl, NS-Verbrechen, S. 157 ff.
46 JM BW an ZStL am 3.10.1963, in: ZStL 114 AR-Z 1670/61, Bl. 159a.

Artzts Ermittlungen hatten mit einem von Harlan übersandten Dokument begonnen, das eine der Geiselerschießungen beleuchtete und in erster Linie Militärverwaltungsbeamte belastete.[47] Durch weitere Dokumente aus dem CDJC auf das Ausmaß der Judenverfolgung in Frankreich aufmerksam gemacht, fokussierte Artzt die weiteren Ermittlungen auf diese Verbrechen, so dass die Ermittlungen der ersten Jahre ganz im Zeichen der Deportationen standen. Erst 1965 fasste er die zu den »Geiselerschießungen« gewonnenen Erkenntnisse dann zu einem zweiten Sammelverfahren zusammen und begann mit den Ermittlungen.[48] Dem Beispiel Schüles im Ulmer Einsatzgruppenprozess folgend, wertete er die Aktenbestände einschlägiger Archive aus. Außer mit den französischen Unterlagen arbeitete Artzt mit den Unterlagen des Berlin Document Center, in dem die überlieferten SS-Personalakten lagen, der Berliner »Wehrmachtsauskunftsstelle«, die Informationen über den Verbleib ehemaliger Wehrmachts- und SS-Angehöriger sammelte, dem Bundesarchiv-Militärarchiv in Freiburg, in dem die wichtigsten erhaltenen Akten der Wehrmacht aufbewahrt werden, und den Akten des Nürnberger Prozesses. Darüber hinaus hielt er Kontakt mit dem World Jewish Congress und arbeitete mit einem Spezialstab der israelischen Polizei zusammen sowie mit diversen Opferorganisationen. Durch die 1962 erfolgte Entlassung Knochens und Obergs aus der französischen Haft auf diese beiden aufmerksam geworden, beschäftigte er sich zunächst ausführlich mit deren Rollen, verhinderte ihre Anerkennung als »Spätheimkehrer« und befasste sich auch mit Werner Best sowie mit einigen der ehemaligen KdS. Bedingt durch den Umstand, dass gegen die ehemaligen Mitarbeiter des BDS mit Abstand die meisten Belastungsdokumente vorlagen, konzentrierten sich die Ermittlungen in erster Linie auf die Pariser Mordzentrale, die Kommandeure in der französischen Provinz gerieten dabei zunächst aus dem Blickfeld. Knochen und Lischka wurden vernommen, doch trugen ihre unklaren und verschleiernden Aussagen nur wenig zur Aufklärung bei.[49] Auch die verschiedenen Anzeigen von Privatpersonen, die sich meist gegen Werner Best richteten, lieferten keine weiterführenden Hinweise. Diese objektiven Schwierigkeiten des Verfahrens wurden jedoch schon bald von den juristischen Hemmschuhen

47 ZStL 104 AR-Z 1670/61, Bl. 3-5.

48 Verfügung ZStL vom 8.12.1965, in: ZStL 104 AR-Z 40/67, Bl. 66.

49 Vernehmung Lischka vom 23.4.1963 und Knochen 20.2.1964, in: ZStL 104 AR-Z 1670/61, Bl. 128-139 und 202-205.

übertroffen, die dem Verfahren unter tatkräftiger Mithilfe Achenbachs angelegt wurden. Als zentraler Punkt erwies sich dabei die Ausdeutung des »Überleitungsvertrags«.

Die Auslegung des »Überleitungsvertrags«

Wie bereits dargestellt, hatte die Bundesrepublik ihre vollständige Souveränität auch im Bereich des Rechts erst mit dem 1955 in Kraft getretenen so genannten Überleitungsvertrag erhalten. Das offiziell »Vertrag zur Regelung aus Krieg und Besatzung entstandener Fragen« benannte Abkommen hatte auch die deutsche Zuständigkeit für NSG-Verfahren auf eine neue Grundlage gestellt und die bis dato geltende Beschränkung der bundesdeutschen Justizbehörden aufgehoben. Bei den langwierigen Verhandlungen hatten die westalliierten Unterhändler aber danach getrachtet, die bereits ergangenen Urteile der Alliierten für die bundesdeutsche Justiz unangreifbar zu machen, da sie eine umfassende Revision ihrer Rechtsprechung befürchteten. Die deutsche Verhandlungsdelegation unter der Führung des Abteilungsleiters aus dem Justizministerium Walter Roemer versuchte dagegen, Einschränkungen jeglicher Art zu vermeiden, da diese als Souveränitätsverlust gewertet wurden.[50] Das Ergebnis der zähen Verhandlungen fand sich schließlich vor allem in Artikel 3 des Vertrages. Danach durften deutsche Gerichte die Gerichtsbarkeit ausüben

> »in Strafverfahren gegen natürliche Personen, es sei denn, daß die Untersuchung wegen angeblichen Straftat von den Strafverfolgungsbehörden der betreffenden Macht oder Mächte endgültig abgeschlossen war«.

Diese Regelung ließ großen Spielraum für Interpretationen.[51] Grund dafür war weniger der Aufbau des fraglichen Artikels selbst: In *positiver* Hinsicht gestattete er die Ausübung der Gerichtsbarkeit durch die Bundesrepublik, er machte jedoch – dies war die zweite, *negative* Bedeutung – entscheidende Ausnahmen, indem er bestimmte Verfahren von der bundesdeutschen Strafverfolgung ausschloss. Kompliziert wurde die Deutung der Bestimmung durch den Umstand, dass diese ihrerseits wieder in eine »umständlich verschachtelte Konstruktion aus Grundsatz, Ausnahmen und Gegenausnahmen« eingebettet waren. Vor allem aber

50 Zu den Verhandlungen siehe den Aktenvermerk des BMJ »Entstehungsgeschichte von Art. 3 Abs. (2) des Ersten Teils des Überleitungsvertrages« vom 26. 10.1967, in: BAK B 141/88302, Bl. 173 ff.

51 Vgl. Rumpf, Gerichtsbarkeit.

stellte sich angesichts der unterschiedlichen Rechtssysteme und der unterschiedlichen Rechtspraxis der Vertragspartner die Frage, was unter einer »Untersuchung« (im englischen Vertragstext »investigation«, im französischen »enquête«) zu verstehen sei und wann diese als »endgültig abgeschlossen« (»finally completed« bzw. »complètement terminé«) gelten sollte. Für den vorauszusehenden Fall der Unklarheit in konkreten Fällen war allerdings im nächsten Absatz eine einfache Lösungsmöglichkeit vorgesehen: Das betroffene deutsche Gericht könne sich vom Botschafter des Landes, das den Fall bearbeitet hatte, eine Bescheinigung ausstellen lassen, ob das Verfahren als abgeschlossen gelte oder nicht.

Die Unbestimmtheit dieser Regelung bedeutete eine Rechtsunsicherheit und bedurfte deshalb der juristischen Klärung. Diese war letztlich Aufgabe des Bundesgerichtshofes (BGH), des höchsten Gerichts Westdeutschlands für ordentliche Gerichtssachen. Sie verlief in einer Weise, welche die Strafverfolgung von NS-Verbrechern insgesamt behinderte und insbesondere die Ermittlungen im Frankreich-Komplex massiv blockierte. Dies geschah in drei justizpolitischen Schritten: Erstens wurde die Gültigkeit des Verfolgungsverbotes, das zunächst nur für abgeschlossene *Ermittlungsverfahren* der Alliierten angenommen worden war, auch auf Verfahren ausgedehnt, in denen ein Urteil vorlag. Dieser Schritt bedeutete zwar eine Verkehrung der bisherigen Lesart, war juristisch jedoch logisch und nachvollziehbar, da die Untersuchung tatsächlich durch ein Urteil abgeschlossen war. Wie jedoch noch deutlich werden wird, steckten hinter diesem Kurswechsel handfeste politische Interessen. Noch bedenklicher war der nächste Schritt: Dabei wurde die im Vertrag vorgesehene Möglichkeit der Gerichte, »Botschafterbescheinigungen« einzuholen, aus generellen politischen Erwägungen suspendiert. Im dritten Schritt wurde die Sperrklausel dann auch noch auf die französischen Abwesenheitsurteile ausgedehnt. Das Ergebnis war, dass nur noch ein Bruchteil der ehemals in Frankreich tätigen NS-Funktionäre verfolgt werden konnte, nämlich diejenigen, gegen die weder ein Anwesenheits- noch ein Abwesenheitsurteil vorlag.

Die erste Stufe: Die Ausdehnung des Artikels 3 auf NS-Täter, gegen die bereits ein alliiertes Urteil vorlag

Unmittelbar nach dem Inkrafttreten des Überleitungsvertrages spielte der BGH die dort enthaltenen Einschränkungen der bundesdeutschen Rechtshoheit herunter. Dem in Berlin angesiedelten 3. Senat wurde 1956 die Klage eines Mannes vorgelegt, der von einem alliierten Gericht verurteilt worden war und nun die Wiederaufnahme seines Falles vor der westdeutschen Justiz forderte, da er sich ein günstigeres Urteil erhoffte. Der Gerichtshof entschied, dass die Bundesrepublik sehr wohl zur Wiederaufnahme der alliierten Verfahren berechtigt sei, da sie die Rechtsnachfolge der Besatzungsmächte angetreten habe. Die Sperrklausel des Artikels 3 gelte außerdem nur für abgeschlossene *Ermittlungsverfahren*, nicht für Verfahren, in denen es zu einer Gerichtsverhandlung oder gar zu einem Urteil gekommen war.[52] Nach der damaligen Interpretation fielen abgeschlossene Ermittlungsverfahren unter die positive Regelung des Artikels 3, die Strafverfolgung war also zugelassen.

Die Justiz der fünfziger Jahre hatte jedoch an einer Wiederaufnahme der alliierten Verfahren gar kein Interesse. Im Gegenteil: Sie fürchtete, gegen die gerade mit so großem politischen und propagandistischen Aufwand aus den alliierten Gefängnissen befreiten Kriegs- und NS-Verbrecher erneut ermitteln zu müssen. Für solche Verfahren fehlte nach der vorherrschenden Meinung aber die Rechtsgrundlage. Diese stütze sich auf den Grundsatz des »ne bis in idem«, der besagt, dass niemand für die gleiche Tat mehr als einmal belangt werden darf. Da die betreffenden Personen bereits vor den alliierten Gerichten gestanden hätten, sei die »Strafklage« bereits »verbraucht« und erneute Ermittlungen seien damit unzulässig.

Diese bequeme Rechtslage wurde jedoch 1958 gestört: Der in Berlin angesiedelte 5. Senat des BGH bestätigte in einer weiteren Entscheidung zum Thema, dass die Sperrklausel des Überleitungsvertrages lediglich für abgeschlossene Ermittlungsverfahren gelte, er setzte jedoch den »Strafklageverbrauch« teilweise außer Kraft.[53] Der Hintergrund des Beschlusses

52 Beschluss des 3. Senates des BGH vom 13.7.1956 – 3 ARs 5/56 – abgedruckt in: NJW 1956, S. 1766.

53 NJW 1958, S. 169. Die tief greifenden Folgen des Urteils sind erst auf den zweiten Blick ersichtlich, da der 5. Strafsenat im konkreten Fall ein Verfahren gegen einen NS-Täter ermöglichte. Der Mörder eines französischen Kriegsgefangenen war am 13.11.1947 vom Obergericht der französischen Militärregierung in Rastatt zu lebenslanger Haft verurteilt worden. 1953 entwich er aus der Strafanstalt Wittlich und kehrte zu seiner Familie zurück. Die französischen Behörden verlangten daraufhin die Überstellung, was die Deutschen verweigerten. Stattdessen strengten sie ein eigenes Verfahren an. Doch das Schwurgericht Oldenburg stellte das Verfahren am 21.11.1957 unter Verweis auf Artikel 7 Abs. 1 des Überleitungsvertrags ein. Der BGH kassierte diese Entscheidung, indem er die Anwendung der vom Schwurgericht Oldenburg verwendeten Argumentation ablehnte, und verwies das Verfahren zurück an das Gericht. Der Flüchtige wurde daraufhin am 15.5.1959 zu vier Jahren Gefängnis verurteilt, die mit der früheren Haft in Wittlich als verbüßt galten. Für den Hinweis auf dieses Urteil danke ich Marc von Miquel.

war politischer Natur: Die Bundesrepublik weigerte sich nämlich, diejenigen alliierten Urteile anzuerkennen, die aufgrund des Tatbestandes des »Verbrechens gegen die Menschlichkeit« ergangen waren.[54] Dieser von den Besatzungsmächten nachträglich, das heißt nach Begehung der Tat, also entgegen dem strafprozesslichen Rückwirkungsverbot, eingeführte Tatbestand war die Grundlage der meisten Urteile in Nürnberg gewesen und war deshalb zum roten Tuch der Gegner solcher Verfahren geworden. Bei der Beratung des Überleitungsvertrages hatte der DP-Abgeordnete von Merkatz es beispielsweise für nötig befunden, die Ablehnung dieses Tatbestandes »als Stück unserer deutschen Würde« herauszuheben.[55] Der 5. Senat trachtete nun danach, die Ablehnung auch rechtswirksam werden zu lassen, und schrieb sie fest.[56] Die Konsequenz dieser Entscheidung war allerdings, dass das Argument des »ne bis in idem« für die große Gruppe der aufgrund dieses Tatbestandes Verurteilten entfiel, denn wo es kein anerkanntes Urteil gab, da konnte die Strafklage auch nicht verbraucht sein.

Der damalige Bundesanwalt und spätere Generalbundesanwalt Wolfgang Fraenkel wandte sich im Jahr 1958 auf einer Tagung der Generalstaatsanwälte in Karlsruhe mit Entschiedenheit gegen die Wiederaufnahme der alliierten Verfahren. Er kritisierte beide Urteile und vertrat die Auffassung, dass der Grundsatz des »ne bis in idem« auch für Verfahren gelte, die aufgrund des Tatbestandes »Verbrechen gegen die Menschlichkeit« durchgeführt worden waren.[57] Um die Rechtslage zu ändern, wollte er dem BGH einen weiteren Fall zu dem Problem vorlegen. Wie man nämlich nicht nur im baden-württembergischen Justizministerium alarmiert registrierte, begann die gerade gegründete Zentrale Stelle damit, Verfahren gegen bereits Verurteilte einzuleiten, und auch das bayerische Justizministerium ließ verlauten, man habe bereits die Anschriften sämtlicher entlassener »Landsberger« festgestellt.[58]

54 Eigentlich »Verbrechen an der Menschheit« (»Crime against humanity«).

55 Stenographische Berichte des deutschen Bundestages, 1. WP., S. 9827.

56 Die politische Stoßrichtung wird insbesondere dadurch deutlich, dass der Senat Merkatz' Zitat in die Urteilsbegründung mit aufnahm.

57 Der Inhalt des Referates von 1958 ist zusammengefasst im Protokoll der Tagung der Generalstaatsanwälte vom 21.5. bis 23.5.1959 in Hamburg, in: JM BW 9160a, Bl. 56 ff.

58 Die Folgen des Urteils sind festgehalten in einem Vermerk des baden-württembergischen Justizministeriums vom April 1959, in: JM BW 4110 B-IV/74, Bl. 48.

Tatsächlich trug der nun mit der Sache befasste 2. Senat des BGH den Bedenken Fraenkels Rechnung. Im dritten BGH-Urteil zum Thema richtete er sich in erster Linie gegen den Spruch des 3. Senates von 1956 und erklärte die dort eingeräumte Wiederaufnahme alliierter Verfahren für ausgeschlossen. Den »Verbrechen gegen die Menschlichkeit« aber räumte der BGH abermals eine Sonderstellung ein, diese seien weiterhin nicht blockiert.[59]

Wie die Generalstaatsanwälte auf ihrer Jahrestagung 1959 erfreut feststellten, habe der BGH einen »peremptorischen Schlußstrich unter die ganze Wiederaufnahmefrage gezogen«.[60] Unzufrieden zeigten sie sich aber mit der Sonderstellung der »Verbrechen gegen die Menschlichkeit«, angeblich weil diese die Gefahr in sich barg, dass aufgrund dieses Tatbestandes verurteilte Personen nun deutsche Gerichte etwa durch eine Selbstanzeige zwingen konnten, ihren Fall wieder aufzurollen, und so »Aussicht auf Freispruch« hätten.[61] Die Generalstaatsanwälte schlugen deshalb vor, dem BGH ein weiteres einschlägiges Verfahren vorzulegen, damit »offene Fragen« geklärt werden konnten.

Ganz abgesehen davon, dass die Anklagevertreter der eigenen Justiz etwa die Verurteilung eines Einsatzkommandoführers nicht zutrauten, stellte sich das Problem der sich selbst anzeigenden NS-Verbrecher nicht. Vielmehr erwies sich die nun vorherrschende Rechtssituation als wirksames Mittel zur Verhinderung solcher Verfahren. Diese hatte sich beispielsweise Franz Alfred Six nach der Anzeige durch Thomas Harlan zu Nutze gemacht. Über einen Anwalt hatte er sich an Generalbundesanwalt Max Güde gewandt und ihn gebeten, dem Leiter der Zentralen Stelle das Argument des »ne bis in idem« für seinen Fall nahe zu bringen. Tatsächlich hatte sich Güde vor den Karren des verurteilten NS-Verbrechers spannen lassen und Schüle auf den Fall angesprochen. Dieser, so berichtete Güde Six' Anwalt, sei »mit mir einer Meinung, daß neue deutsche Verfahren in solchen Fällen nicht zulässig [seien]«, jedoch sei die Rechtslage bekanntlich noch strittig.[62] Achenbach, von Six über diese Aktion sogleich in Kenntnis gesetzt,[63] erkannte sogleich den exemplarischen Charakter des Falles. Er wandte sich in seiner Funktion als Bundes-

59 BGH 5 STR 64/57, abgedruckt in NJW 59, 1690 und BGHSt 12, S. 326.

60 Protokoll der Tagung der Generalstaatsanwälte vom 21.5. bis 23.5.1959 in Hamburg. In: JM BW 9160a, Bl. 56 ff.

61 Ebd.

62 Max Güde an Six' Rechtsanwalt Keller am 16.6.1959, in: JM BW, 4010 B IV/106.

63 Six an Achenbach am 16.6.1959, in: ebd.

tagsabgeordneter direkt an den baden-württembergischen Justizminister Haußmann, informierte ihn über den Hintergrund der Anzeige und bat unter Hinweis auf die »Propagandaaktionen des ostzonalen Regimes«, gemeint war die Braunbuchkampagne, um eine Besprechung mit Haußmann und dem Leiter der Zentralen Stelle, bei der die »grundsätzlichen Fragen der weiteren Strafverfolgung lange zurückliegender Tatbestände« erörtert werden sollten.[64]

Tatsächlich war nämlich eingetreten, was Achenbach und andere Lobbyisten der NS-Verbrecher befürchtet hatten. So erstattete der Berliner Innensenator unter Hinweis auf den BGH-Beschluss eine Strafanzeige gegen den ehemaligen Führer der Einsatzgruppe und Chef der Abteilung SD Ausland im RSHA SS-Brigadeführer Jost, der bis dahin der deutschen Strafverfolgung wegen des vermeintlichen Strafklageverbrauches entgangen war.[65] Der Leiter der Zentralen Stelle schrieb daraufhin an das Justizministerium Baden-Württemberg, dass die Strafanzeige gegen Jost zur »Festlegung von Richtlinien der Landesjustizverwaltungen« in der umstrittenen Rechtsfrage Anlass gebe. Es sei dabei zu bedenken, dass andernfalls viele von alliierten Gerichten abgeurteilte Fälle wieder aufgegriffen werden müssten. Dies ließe sich wohl kaum mit den Bemühungen im alliierten Gnadenausschuss vereinbaren, der ja gerade die Freilassung dieser Männer intensiv betrieb.[66] Tatsächlich liefen daraufhin im ganzen Bundesgebiet solche Verfahren an. Unter den Beschuldigten befanden sich mehrere ehemalige Einsatzgruppen- und Kommandoführer, darunter mit Martin Sandberger, Eugen Steimle und Waldemar Klingelhöfer allein drei, die in Baden-Württemberg wohnten, wie Schüle seinem Justizministerium warnend mitteilte.[67] Ein weiteres Problem sei, so der Leiter der Zentralen Stelle einige Tage später, dass in Nürnberg seinerzeit nur die Kommandoführer der Einsatzgruppen abgeurteilt worden seien. Auf einen Kommandoführer kämen aber acht bis zwölf Unterführer, deren Verhalten »nicht ohne weiteres als strafrechtlich unbedenklich angesehen werden könne«. Immerhin hätten einige Zeugen in einschlägigen Verfahren angegeben, dass Unterführer bei Massenerschießungen

64 Achenbach an Haußmann am 27.6.1959, in: JM BW 4010 B IV/106.

65 Der Senator für Inneres von Berlin hatte anlässlich eines Spruchkammerurteils gegen Jost vom 14.1.1950, das sich auf die Argumentation des Strafklageverbrauchs stützte, bei der Oberstaatsanwaltschaft Düsseldorf Strafanzeige gegen Jost gestellt. Siehe: Schüle an JM BW am 22.1.1959, in: ZStL, Generalakten 40-3.

66 Ebd.

67 Schüle an JM BW am 3.9.1959, in: ebd.

kleine Kinder in die Luft geworfen und mit Pistolen nach ihnen geschossen hätten. Selbst dann, »wenn in einer innerministeriellen Vereinbarung Einigkeit darüber erzielt werden könnte, daß von einer Verfolgung der durch von alliierten Gerichten bereits abgeurteilten Kommandoführer abgesehen werden könnte, dann müßte immer noch die Frage geklärt werden, was mit den verantwortlichen Unterführern zu geschehen hätte«.[68]

Hier musste eine schnelle Lösung gefunden werden. Eine Möglichkeit hatte ein Urteil des Oberlandesgerichts Schleswig gewiesen. Es hatte bereits 1957 die Wiederaufnahme eines Verfahrens gegen die ehemalige Lagerärztin des Konzentrationslagers Ravensbrück Herta Oberhäuser mit der Begründung verworfen, dass Oberhäuser schon in einem alliierten Prozess verurteilt worden sei. Dabei hatte das Gericht sich aber nicht auf den Strafklageverbrauch berufen, sondern auf Art. 3. Abs. 3 des Überleitungsvertrages.[69] Das Gericht behauptete, die Sperrklausel beziehe sich nicht alleine auf Untersuchungsverfahren, sondern auch auf Verfahren, die, wie das gegen Oberhäuser, mit einem Urteil geendet hatten. Anders als alle bisherigen BGH-Urteile interpretierte das Gericht den Terminus »abgeschlossene Untersuchung« also dahingehend, dass nicht nur Ermittlungsverfahren, sondern auch Verfahren mit einem Urteil gemeint waren.

Mitte Juni 1959 fand in Stuttgart ein zweitägiges Treffen der für die NS-Gewaltverbrechen zuständigen Sachbearbeiter der Landesjustizverwaltungen statt, das die bisherige Tätigkeit der Zentralen Stelle zum Thema hatte.[70] Dort berichtete ein Referent des baden-württembergischen Ministeriums über die Problematik und wies auf den Ausweg hin, den das OLG Schleswig mit dem Urteil aufgezeigt hatte. Daraufhin beschlossen die anwesenden Justizjuristen einstimmig, »daß die Zentrale Stelle sich in Hinblick auf die Vordringlichkeit der Aufklärung und Ahndung der nationalsozialistischen Verbrechen mit den Komplexen zu befassen habe, die noch keiner gerichtlichen Ahndung zugeführt sind«[71] – mit

68 Schüle an JM BW am 9.3.1959, in: ebd.

69 Urteil OLG Schleswig vom 5.9.1957 – WS 101/57 –, in: NJW 1958, S. 112.

70 Die Besprechung fand vom 18. bis 20.6.1959 im Justizministerium in Stuttgart statt. Vgl. Einladungsschreiben in: JM BW 4410 b IV/74. Zur Erörterung der Problematik sprach Schüle vorher im baden-württembergischen Justizministerium vor. Dies ist in einem Protokoll des JM BW über eine Unterredung mit Schüle vom 14.4.1959 festgehalten (4110 B-IV/74).

71 Dieser Beschluss ist in einem Schreiben Haußmanns an Achenbach vom 2.9.1959 zitiert. In: JM BW 4010 B IV/106.

anderen Worten: Die anderen Fälle sollten dilatorisch behandelt werden. Wie Haußmann seinem Parteifreund Achenbach nach dem Treffen schrieb, drohe Six deshalb keine Gefahr. Zwar sei die Frage, ob das Verfahren zulässig sei oder nicht, nach wie vor offen, er persönlich vertrete aber die Auffassung, dass dies wegen des Artikels 3 nicht der Fall sei. Er habe Schüle deshalb schon im Frühjahr angewiesen, »sein Augenmerk vordringlich auf solche Tatkomplexe zu richten, welche noch nicht Gegenstand eines besatzungsgerichtlichen Verfahrens gewesen sind«.

Auch das Bundesjustizministerium folgte nun dieser Argumentation. Bisher war es mit dem BGH der Meinung gewesen, die Sperrklausel des Überleitungsvertrages gelte lediglich für Ermittlungsverfahren, doch nun änderte es »aufgrund nicht unerheblicher Bedenken aus Kreisen der Praxis« seinen Kurs und vertrat die Auffassung, dass mit der strittigen Klausel auch Verfahren mit Gerichtsurteil gemeint seien und somit jede Wiederaufnahme unzulässig sei.[72]

Der Lösungsvorschlag setzte sich nunmehr auch bei den Gerichten durch. Am 21. Dezember 1959 machte sich das Oberlandgericht Bremen die Argumentation zu Eigen. Es lehnte eine Beschwerde gegen eine Verfahrenseinstellung gegen den ehemaligen Führer eines Einsatzkommandos mit der Begründung ab, dieser sei schon vom Nürnberger Tribunal verurteilt worden und das Verfahren sei durch den Artikel 3 des Überleitungsvertrages blockiert.[73] Kurz darauf verhinderte auch der ehemalige Staatssekretär im NS-Justizministerium Schlegelberger, einer der Hauptverantwortlichen für die »Euthanasie«-Morde, mit derselben Begründung die Eröffnung eines Verfahrens vor dem Landgericht Flensburg gegen ihn.[74] Die Staatsanwaltschaft am Landgericht München I wollte bei

72 Vortragsmanuskript eines nicht namentlich bekannten Oberstaatsanwalts aus Hessen vom 16.11.1959. Im Zusammenhang mit den dortigen Ermittlungen gegen Eichmann u.a. – 4 Js 1017/59 – war hinsichtlich der Beschuldigten Veesenmayer und Grell dieselbe Problematik aufgetaucht; der OStA wandte sich entschieden gegen diesen Positionswechsel des BMJ, in: ZStL, Generalakten 40-3, Blatt 15 ff. Auch: BMJ an Landesjustizverwaltungen am 4.10.1959, in: JM BW 9160a, Bd. 22., Bl. 50.

73 ZStL an StA Ulm am 27.9.1961, in: ZStL, Generalakten 40–3/17.

74 Das Verfahren gegen Schlegelberger hatte in der Öffentlichkeit erhebliches Aufsehen erregt. Die SPD stellte mehrere Anfragen im Bundestag, in denen sie die Strafverfolgung Schlegelbergers forderte und sich dagegen aussprach, dass dieser wie bisher das volle Ruhegehalt eines ehemaligen Staatssekretärs nach Art. 131 GG beziehen sollte. Der Oberstaatsanwalt am LG Flensburg beantragte am 1.4.1959 die Eröffnung einer Voruntersuchung gegen Schlegelberger (LG Flens-

der gezielten Anwendung des Vertrages sogar noch einen Schritt weiter gehen: Sie beabsichtigte, ein ursprünglich von der Zentrale Stelle eingeleitetes Verfahren gegen die Angehörigen der Einsatzgruppe D einzustellen. In diesem Verfahren waren unter anderen der ehemalige Generalfeldmarschall von Manstein und die Generalobersten von Salmuth und Wöhler erfasst, da sie Vernichtungsaktionen gegen die russische und jüdische Bevölkerung befohlen hatten. Da beide bereits in Nürnberg verurteilt worden waren, entsprach die Einstellung der neuen Anwendungspraxis. Darüber hinaus war aber auch eine Reihe von ehemals hohen Wehrmachtsdienstgraden belastet, die nun hohe Positionen in der Bundeswehr einnahmen, gegen die aber keine alliierten Urteile vorlagen. Wohl war die Tätigkeit dieser Männer den alliierten Gerichten bekannt gewesen, teilweise hatten sie auch als Zeugen ausgesagt, doch waren sie nicht angeklagt oder verurteilt worden. Der zuständige Oberstaatsanwalt am Landgericht München I sah nun alle weiteren Ermittlungen gegen diese Männer als blockiert an, da die Ermittlungen gegen sie ja durch diese Einbeziehung »abgeschlossen« seien. Wolle man seiner Rechtsauffassung nicht folgen, so würde die Rechtslage »praktisch eine Neuauflage des gesamten, vor den Nürnberger und sonstigen alliierten Tribunalen abgeurteilten Prozeßstoffes bedeuten, allerdings mit einer heute noch nicht zu überschauenden Ausweitung des Personenkreises«.[75]

Doch dieser extrem erweiterten Auslegung des Artikels 3 wollte die Zentrale Stelle nicht zustimmen. Diese Auffassung, so die Zentrale Stelle, sei bisher »ernstlich nur von einigen Verteidigern vertreten worden«.[76] Dabei stützte sie sich auf ein Gutachten des Instituts für ausländisches und internationales Strafrecht der Universität Freiburg, dem späteren

burg 2 Js 304/59) wegen der Tötung des Markus Luftglas. Schlegelberger hatte ihn als Staatssekretär Ende Oktober 1941 auf Verlangen Hitlers durch die Gestapo exekutieren lassen, da Hitler die vom Sondergericht Kattowitz für das illegale Horten von Eiern ausgesprochene Strafe von 2 ½ Jahren Gefängnis als zu gering erschien. Der Untersuchungsrichter hatte gegen die Eröffnung des Verfahrens jedoch Bedenken und legte sie der 1. Großen Strafkammer des LG Flensburg zur Entscheidung vor. Diese lehnte die Eröffnung des Verfahrens unter Hinweis auf Art. 3. Satz 3 des ÜV am 14. 4.1959 ab. Die Entscheidung wurde am 1.2.1960 vom Strafsenat des OLG Schleswig bestätigt (WS 176/59). Ein knapper Hinweis auf die Verfahrenseinstellung findet sich bei Hoffmann, Verfolgung, S. 181.

75 Bayerisches Staatsministerium der Justiz an JM BW am 25.6.1962, in: ZStL, Generalakten 40-3/20.

76 ZStL an LJM Bayern am 10.8.1962, in: ZStL, Generalakten 40-3/21.

Max-Planck-Institut für Internationales Strafrecht.[77] Die Münchener Oberstaatsanwaltschaft hielt dagegen: Die Frage sei, was unter einem »abgeschlossenen Verfahren« zu verstehen sei.[78] Sie konnte nur durch eine höchstrichterliche Entscheidung entschieden werden.

Die zweite Stufe: Keine Botschafterbescheinigungen

Einfach wäre es gewesen, den im Überleitungsvertrag vorgesehenen Weg zu gehen und im jeweiligen Einzelfall bei der Botschaft des betreffenden Staates der Weltkriegsalliierten anzufragen, ob eine Wiederaufnahme zulässig sei oder nicht. Diese so genannten Botschafterbescheinigungen waren allerdings politisch äußerst umstritten. Sie stießen im Bundesjustizministerium vor allem deshalb auf Ablehnung, weil eine solche Anfrage eines deutschen Gerichtes bei einer Botschaft der Westmächte als Einschränkung der deutschen Gerichtshoheit verstanden worden wäre.[79] Das Bundesjustizministerium weigerte sich deshalb in Abstimmung mit dem Auswärtigen Amt grundsätzlich, solche Botschafterbescheinigungen einzuholen,[80] und der BGH verbot den Gerichten im Jahr 1960 ihre Beschaffung mit der Begründung, ihre Einholung verletze die Souveränität der Bundesrepublik.[81] Das Justizministerium fand sich stattdessen bereit, die Bemühungen derjenigen Staatsanwaltschaften zu unterstützen, die Einsicht in alliierte Unterlagen nehmen wollten, um im Bedarfsfall die Frage nach dem Status vorangegangener alliierter Verfahren selbst zu klären. Im Frankfurter Auschwitzprozess, in dem sich ein Angeklagter darauf berufen hatte, wegen desselben Tatbestandes von den amerikanischen Behörden außer Verfolgung gesetzt worden zu sein, war dieses Verfahren erfolgreich: Die amerikanischen Behörden legten die Akten vor, das Gericht konnte feststellen, dass die Behauptung des Beschuldigten falsch war; er wurde verurteilt.[82]

77 ZStL an LJM Bayern am 10.8.1962, in: ZStL. Generalakten 40-3/21. Gutachten des Instituts für ausländisches und internationales Strafrecht der Universität Freiburg vom 19.7.1962, in: ebd., Anlage zu ZStL 40-3/18.

78 OStA am LG München I an den GStA München am 7.9.1962. ZStL, Generalakten 40-3/32.

79 So Meffert, Bedeutung; dazu auch Rumpf, Gerichtsbarkeit.

80 AA an BMJ am 11.1.1963, in: BAK B 141/25629, Bd. IV, Bl. 66.

81 BHG 2 StR 576/58 (3.2.1960); NJW 1960, S. 1116 ff.

82 Vortrag Schätzler auf der 3. Arbeitstagung der in der Bundesrepublik Deutschland mit NSG-Sachen befassten Staatsanwälte vom 27. bis 30.9.1966, in: JM BW, 4110 b – IV 641, Bl. 132 ff.

Außer dem Souveränitätsgedanken gegenüber den ehemaligen Besatzern sprach noch etwas anderes gegen die Botschafterbescheinigungen: Von ihnen ging eine kaum voraussehbare Einwirkungsmöglichkeit seitens der Beschuldigten und ihrer Verteidiger aus. Dies zeigt der Fall Karl Wolff: Am 24. Juli 1962 hatte der ehemalige Leiter des persönlichen Stabes Heinrich Himmlers versucht, ein Verfahren gegen ihn unter Hinweis auf den Überleitungsvertrag zu blockieren, indem er die Beschaffung einer solchen Bescheinigung ankündigte. Sie sollte zeigen, dass ein bundesdeutsches Verfahren gegen ihn nach dem Überleitungsvertrag unzulässig war. Doch dies wusste der ehemalige stellvertretende Chefankläger im Nürnberger Prozess Robert Kempner zu verhindern. Er und der frühere Chefankläger Telford Taylor waren vom hessischen Generalstaatsanwalt Fritz Bauer auf die Problematik angesprochen worden und hatten sich auf einen restriktiven Umgang mit solchen Bescheinigungen geeinigt.[83] Die Regelung sollte sich nicht zum Blankoscheck für Angeklagte entwickeln, Wolff wurde das Papier deshalb verweigert.

Wie schon Six hatte also auch Wolff versucht, den Überleitungsvertrag zu seinen Gunsten in Anschlag zu bringen. Die Sperrklausel, ursprünglich von den Alliierten zur Sicherstellung der Strafverfolgung gedacht, wurde zunehmend zu einer wirkungsvollen Waffe gegen bundesdeutsche NSG-Verfahren. Die nächste Stufe wurde im spektakulären Fall um den ehemaligen Vortragenden Legationsrat im Auswärtigen Amt Horst Wagner genommen.

Die dritte Stufe: Die Ausweitung der Blockade auf die Kontumazverfahren im »Beschluss Hempen«

Wagner war von 1943 bis 1945 im Auswärtigen Amt als Leiter der »Gruppe Inland II« unter anderem für die »Unterstützung der Judenmaßnahmen« zuständig gewesen. Außerdem fungierte er als »Verbindungsführer« zwischen dem »Reichsführer-SS« und dem Auswärtigen Amt. Als einer der Hauptverantwortlichen für die »Endlösung« aus den Reihen des Auswärtigen Amtes wurde er 1945 von den Allliierten interniert, doch war es ein deutsches Gericht, das 1948 ein Verfahren gegen ihn wegen des Mordes

83 Aktenvermerk der Staatsanwaltschaft München I vom 26.7.1962, in: ZStL, Generalakten 40-3/22, und Rundverfügung des GStA Hessen (Fritz Bauer) vom 10.9.1962, in: ZStL, Generalakten 40-3/31.

an drei Millionen Menschen eröffnete.[84] Wagner gelang jedoch mit Hilfe einer NS-Hilfsorganisation die Flucht ins Ausland. Bis 1956 hielt er sich in Italien, Argentinien, Chile und Spanien auf. Da er dort in finanzielle Schwierigkeiten geriet, versuchte er, an seinen in Deutschland zurückgelassenen Besitz zu kommen. Nachdem die Ansprüche abgewiesen worden waren, die Wagner auf das in der NS-Zeit unter seinem Namen mit Reichsmitteln erworbene Gut »Tanneck« im Kreis Bergheim erhoben hatte, versuchte er über die Gesetzgebung zu Paragraph 131 GG zu Geld zu kommen. Wagner und sein Anwalt – auch er wurde von Ernst Achenbach vertreten – forderten von der Bundesrepublik eine steuerfreie Abfindung von 317 000 DM, die ihm allerdings verweigert wurde. Wagner hoffte nun auf eine lukrative Anstellung in der Privatwirtschaft. Nicht unbegründet, wie beispielsweise die zweite Karriere seines ehemaligen Kollegen aus dem Auswärtigen Amt, von Thadden, bewies: Nachdem es Achenbach gelungen war, den im gleichen Verfahren wie Wagner als Beschuldigten Geführten außer Verfolgung setzen zu lassen, wurde dieser Vorstandsmitglied der Düsseldorfer Gollnow-Industriewerke. Allerdings war Wagner die Rückkehr in die Bundesrepublik versperrt, da ein Haftbefehl gegen ihn vorlag. Achenbach versuchte deshalb zunächst, die Abgabe des bei der Generalstaatsanwaltschaft Berlin geführten Verfahrens gegen Wagner auf das Gebiet der Bundesrepublik zu erreichen. Zu diesem Zweck verhandelte er mit dem Justizminister Schleswig-Holsteins, um eine Übernahme in dessen für seine großzügige Haltung gegenüber ehemaligen NS-Funktionären bekannten Justizbereich zu erreichen. Doch fand sich eine bessere Lösung: Es gelang Achenbach nach Verhandlungen mit dem Staatssekretär im nordrhein-westfälischen Justizministerium Krille, das Verfahren in seinen unmittelbaren Einflussbereich nach Essen zu holen.[85] Der Haftbefehl wurde außer Kraft gesetzt, und Wagner konnte einreisen. Anfang 1958 verschaffte Achenbach ihm eine Tätigkeit

84 Am 5.9.1948 wurde von der StA in Nürnberg gegen vier Angehörige des Auswärtigen Amtes eine Voruntersuchung wegen des Verdachtes der Beteiligung an judenfeindlichen Maßnahmen eröffnet (Rademacher, Wagner, Klingenfuss und von Thadden). Das Verfahren gegen von Thadden wurde Ende 1956 vom GStA in Köln eingestellt. Mit Beschluss der 1. Strafkammer des Landgerichts Nürnberg-Fürth vom 12.5.1954 wurde die örtliche Unzuständigkeit festgestellt und das Verfahren nach Berlin abgeben. Vgl. Achenbach an AG Essen am 6.2.1958. In: BAK B 141/25629, Bd. 4. Bl. 43 ff.

85 Die Voruntersuchung wurde am 18.11.1958 am Landgericht Essen eröffnet. Vgl. BAK B 141/25629, Bd. 1, Bl. 1.

beim Stifterverband für die Deutsche Wissenschaft in Essen.[86] Auch sonst bemühte er sich um die gesellschaftliche Wiedereingliederung Wagners, indem er dessen kurz zuvor angetraute zweite Frau in seiner Kanzlei als Sekretärin beschäftigte und darüber hinaus dem Ehepaar eine Wohnung in seinem Bürohaus überließ.[87] Allerdings war der Staatsanwaltschaft Essen diese allzu enge Verbindung des Rechtsanwaltes mit seinem Mandanten ebenso klar wie die gemeinsame zweifelhafte Vergangenheit als NS-Diplomaten; sie hatte deshalb gegenüber dem Landesjustizministerium zur »besonders vorsichtigen Zurückhaltung« geraten.[88] Wagner wurde deshalb mit der Eröffnung des Vorverfahrens am 18. November 1958 in seiner Wohnung verhaftet. Nun begann ein zähes Ringen um die Freiheit Wagners, der in der Folgezeit mehrfach auf freien Fuß gesetzt und wieder verhaftet wurde. Inzwischen war mit der Beteiligung Wagners an der Ermordung des französischen Generals Mesny ein weiterer Anklagepunkt hinzugekommen. Mesny war als Kriegsgefangener auf direkten Befehl Hitlers Mitte Januar 1945 hinterrücks ermordet worden. Wagner und sein Mitangeklagter Meurer sollten am 20. November 1961 zunächst deswegen vor das Schwurgericht Essen gestellt werden.

Kurz vor der Eröffnung des Hauptverfahrens gegen Wagner rief Achenbach den zuständigen Sachbearbeiter im Bundesjustizministerium Johann-Georg Schätzler in dessen Büro an. Beide kannten sich aus ihrer Zeit als Verteidiger bei den Nürnberger Prozessen. Er habe in Erfahrung gebracht, so Achenbach, dass bereits ein französisches Gericht gegen Wagner in der gleichen Sache im Jahr 1952 in Abwesenheit verhandelt habe. Dann las Achenbach Schätzler den Wortlaut des Artikels 3 des Überleitungsvertrages vor. Ob damit nicht auch die Strafverfolgung gegen Wagner blockiert sei? Handelte es sich bei dem französischen Abwesenheitsurteil nicht auch um ein abgeschlossenes Verfahren?[89] Schätzler war die generelle Problematik ebenfalls bereits aufgefallen, er bejahte also

86 Wagner nahm seine Tätigkeit dort am 1.1.1958 auf. Vgl. Achenbach an AG Essen am 6.2.1958, in: BAK B 141/ 25629, Bd. 4., Bl. 43 ff. Inwieweit diese Tätigkeit nur pro forma erfolgte, um Wagner vor der Untersuchungshaft zu schützen, ist unklar. Am 8.1.1959 sprach der Untersuchungsrichter am LG Essen davon, dass Wagner seit dem 10.11.1958 als freier Mitarbeiter tätig und Anfang 1959 bereits gekündigt worden war. Vgl. Haftbefehl des Untersuchungsrichters am LG Essen vom 8.1.1959, in: BAK B 141/ 25629, Bd. 1, Bl. 58 ff.

87 Vgl. Achenbach an AG Essen am 6.2.1958, in: BAK B 141/ 25629, Bd. 4., Bl. 43 ff.

88 OStA am LG Essen an JM NW am 13.11.1958, in: BAK B 141/ 25629, Bd. 1., Bl. 1.

89 Vermerk BMJ vom 8.12.1961, in: BAK B 141/ 25629, Bd. 4., Bl. 17.

Achenbachs Frage unter den gebotenen Vorbehalten.[90] Achenbach kündigte daraufhin an, sich bei seinem Freund, dem französischen Botschafter in Deutschland Seydoux, umgehend um eine Botschafterbescheinigung bemühen zu wollen, die den Abschluss des Verfahrens beweisen und so den Ausschluss der bundesdeutschen Strafverfolgung feststellen sollte. Diese Ankündigung wirkte angesichts der Problematik um diese Bescheinigungen wie eine Drohung. Schätzler beeilte sich deshalb, Achenbach darauf hinzuweisen, dass das Gericht auch jeden anderen Nachweis der Strafverfolgung anerkennen müsse.

Tatsächlich setzte das Gericht die Eröffnung der Verfahren gegen Wagner ab, als Achenbach den entsprechenden Beschluss des französischen Militärgerichts präsentierte. Tags darauf wurde auch der Verteidiger des Mitangeklagten Meurer im Justizministerium vorstellig und wies darauf hin, dass auch gegen seinen Mandanten ein französisches Abwesenheitsurteil vorlag. Außerdem kündigte er an, dass er sich, falls der Prozess gegen Meurer stattfinden würde, gezwungen sehe, angebliche französische Verstöße gegen das Völkerrecht vor Gericht zu thematisieren. Insofern trage der Prozess politischen Sprengstoff in sich.[91] Natürlich wurde der Verteidiger umgehend darauf hingewiesen, dass das Ministerium keinen Einfluss auf den Verfahrensgang nehmen könne. Immerhin wurde er aber über die Rechtsprechung zu Artikel 3 des Überleitungsvertrages informiert.

Schätzler setzte sich auf dieses Gespräch hin mit den zuständigen Referenten des Auswärtigen Amtes, darunter auch Hans Gawlik, in Verbindung und informierte sie über den Fall. Daraufhin fand Anfang Dezember 1961 eine Besprechung zwischen Vertretern der Essener Staatsanwaltschaft, des Bundesjustizministeriums und des Auswärtigen Amtes statt, bei der die Problematik erörtert wurde. Gawlik, der als Vertreter der Zentralen Rechtsschutzstelle teilnahm, erklärte sich mit dem Wunsch der Essener Staatsanwälte einverstanden, bei den französischen Behörden um die kompletten Akten zu dem Fall zu bitten, damit das Gericht diese einsehen könne.[92]

Offenbar in der Folge dieser Akteneinsicht stellte das Landgericht Essen Anfang Januar 1962 das Verfahren gegen Wagner und Meurer endgültig ein.[93] Allerdings waren von dieser Einstellung die Beschuldigun-

90 Persönliche Mitteilung Schätzlers an den Verfasser am 5.12.1999.

91 Vermerk BMJ vom 8.12.1961, in: BAK B 141/ 25629, Bd. 4., Bl. 17.

92 Ebd.

93 Einstellungsbeschluß 2. Strafkammer des LG Essen am 18. Mai 1962 – 29 KS 1/ 60 – (BAK B 141/25629, Bd. 2, Bl. 130). Gegen eine im Januar erfolgte Einstel-

gen gegen Wagner wegen der Teilnahme am Judenmord nicht erfasst. Doch auch hier blieb Wagner straffrei, da es ihm in einer beispiellosen Justizgroteske durch zahllose medizinische Atteste und strategisch günstig gelegte medizinische Operationen gelang, die Eröffnung einer Hauptverhandlung immer wieder zu verhindern.[94] Auch der gezielte Wechsel des Verteidigers, nämlich von Achenbach zu dem profilierten NS-Verteidiger Laternser, verzögerte den Verfahrensgang erheblich[95], so dass das Verfahren schließlich wegen Verhandlungsunfähigkeit im Jahr 1974 eingestellt werden musste.[96] Bis zu seinem Tod drei Jahre später blieb Wagner ohne Urteil.

Doch unabhängig davon hatte die Einstellung des Verfahrens wegen der Ermordung des Generals Mesny eine nicht unerhebliche Rechtsunsicherheit erzeugt, zumal die Auffassungen sowohl hinsichtlich der »Botschafterbescheinigungen« als auch der möglichen Blockadewirkung durch Abwesenheitsurteile auseinander gingen.[97] So sah das nordrhein-westfälische Justizministerium, in dessen Zuständigkeit das Verfahren gegen Wagner und Meurer fiel, die Strafverfolgung Wagners durch den Überleitungsvertrag durchaus nicht gehemmt, doch war man im Bonner Justizministerium, wie geschildert, zum gegenteiligen Ergebnis gekommen.[98] Die Auslegung des neuralgischen Artikels 3 des Überleitungsvertrages erwies sich als derart kompliziert, dass man den seinerzeit mit den

lung des Verfahrens hatte die Staatsanwaltschaft Beschwerde eingelegt, da die Verfahrenskosten der Staatskasse auferlegt wurden (Sofortige Beschwerde vom 26.1.1962, in: BAK B 141/25629, Bd. 4, Blatt 143). In dem Beschluss vom 18. Mai wurden die Verfahrenskosten den Beschuldigten auferlegt, wogegen wiederum Achenbach eine erfolglose Beschwerde einreichte.

94 Vgl. »Der Spiegel« vom 9.10.1972 (»Schmerzen nicht meßbar. Seit Jahren versteht es ein ehemaliger Legationsrat im Auswärtigen Amt sich immer wieder seinem Prozeß wegen der Beihilfe zum tausendfachen Judenmord zu entziehen«). Siehe auch Lichtenstein, Namen, S. 91-98.

95 Vgl. »Die Welt« vom 15.5.1968 (»Verteidiger legt Mandat nieder. Prozeß gegen Wagner verschoben«).

96 Verfahrenseinstellung vom 1.7.1974, in: BAK B 141/25629, Bd. 4.

97 GStA Frankfurt am 10.9.1962 an LJM, in: BAK B 141/25629 Bd. 4., Bl. 34. Auf die Bitte des hessischen Generalstaatsanwalts Fritz Bauer hatte das Auswärtige Amt sich daraufhin an das Hauptquartier der amerikanischen Streitkräfte gewandt und dort die Auskunft erhalten, dass eine Botschafterbescheinigung überhaupt nicht notwendig sei, um ein solches Verfahren durchzuführen. Bauer vertrat unter anderem deshalb die Ansicht, dass der Überleitungsvertrag den Ermittlungen gar nicht im Wege stünde.

98 Vermerk BMJ, Referat II 9 vom 21.12.1961, 22.12.1961 und 27.12.1961, in: BAK B 141/25629, Bd. IV, Bl. 22 ff.

Verhandlungen beauftragten Ministerialdirektor Roemer um eine Erläuterung bat. Dieser räumte gegenüber den angereisten Vertretern des Düsseldorfer Justizministeriums und der Staatsanwaltschaft Essen sowie gegenüber seinen Bonner Kollegen ein, dass man vor allem auf die Gleichstellung der Vertragspartner bedacht gewesen sei und die juristische Problematik wohl nicht ganz überblickt habe.[99] Die nordrhein-westfälischen Juristen gaben ihre Haltung daraufhin auf. Achenbachs Interpretation des strittigen Überleitungsvertrags hatte sich durchgesetzt und sorgte nun für eine Reihe von für die ehemaligen Funktionäre des »Dritten Reiches« äußerst günstigen Urteilen.

Am 9. Oktober 1962 stellte die Zentralstelle bei der Staatsanwaltschaft Dortmund das Verfahren gegen den ehemaligen Kommandeur der SS-Panzergrenadierdivision »Das Reich« Lammerding, unter anderem mit der Begründung ein, dieser sei in Abwesenheit von einem französischen Militärgericht verurteilt worden, somit sei die bundesdeutsche Strafverfolgung blockiert.[100] Lammerding und seiner Einheit wurden neben zahlreichen anderen Kriegsverbrechen die Massaker von Tulle und Oradour zur Last gelegt, er war mehrfach von französischen Militärgerichten in Abwesenheit verurteilt worden und lebte nun, vom Auslieferungsverbot des Grundgesetzes geschützt, als wohlhabender Bauunternehmer in Düsseldorf.

Zwei Jahre später bemühte das Schwurgericht Oldenburg die gleiche Begründung, um das Verfahren gegen den ehemaligen Gestapo- und jetzigen Kripoangehörigen Georg Hempen wegen sechsfachen Mordes an französischen Gestapohäftlingen einzustellen. Dieser hatte sich als ehemaliger Kommandant des SS-Sonderlagers Fort Göben nahe Metz durch besondere Grausamkeit ausgezeichnet.[101] Da er wusste, dass ihn die französischen Behörden suchten, tauchte er nach Kriegsende unter, folglich konnte gegen ihn nur in Abwesenheit verhandelt werden – das Urteil des Militärtribunals Metz lautete auf Todesstrafe. Im September 1954 tauchte Hempen bei seiner Familie im niedersächsischen Wardenburg auf, wohl wissend, dass ihm das kurz zuvor vom Bundestag verabschiedete Zweite Straffreiheitsgesetz zumindest wegen der Annahme einer falschen Iden-

99 Vermerk BMJ, Referat II 9 über die Besprechung vom 13.1.1962, in: BAK B 141/25629, Bd. IV, Bl. 104 ff.

100 Einstellungsverfügung der ZStL im Verfahren 45 JS 2/62 vom 9.10.1962, in: ZStL, Generalakten 40-3/35.

101 Zum Folgenden und zu weiteren Hintergründen des Falles Hempen siehe Moisel, Frankreich, S. 196 ff.

tität amnestierte. Ohne genauere Auskünfte über seine Tätigkeit im »Dritten Reich« oder über seinen Verbleib über die letzten zehn Jahre zu geben, erstritt er sich Versorgungsleistungen sowie seine Wiedereinstellung in den Polizeidienst gemäß der 131er-Gesetzgebung, wobei ihm alte Seilschaften innerhalb der Polizei mit Gefälligkeitsaussagen und »Persilscheinen« zur Seite sprangen. Erst 1962 zeigte die »Vereinigung der Verfolgten des Naziregimes« (VVN) Hempen bei der Zentralen Stelle in Ludwigsburg an. Nach relativ kurzen Ermittlungen fand Frankreichdezernent Artzt die gegen Hempen erhobenen Vorwürfe bestätigt. Er gab die Ermittlungen an die Staatsanwaltschaft Oldenburg ab, da Hempen mittlerweile bei der dortigen Kriminalpolizei tätig war. Trotz der klaren Schuld des Angeklagten stellte das Gericht das Verfahren mit Hinweis auf Artikel 3 des Überleitungsvertrages ein, obwohl der damalige Direktor des Instituts für ausländisches und internationales Strafrecht der Universität Freiburg, Professor Jeschek, in einem Gutachten zu einem anderen Ergebnis gekommen war.[102]

Ein ganz ähnlicher Fall war zur gleichen Zeit beim Landgericht Waldshut in Baden anhängig. Dort hatte die Staatsanwaltschaft Anklage gegen einen Mann namens Kurt Rahäuser erhoben, der im April 1945 als Bannführer der Hitlerjugend und Volkssturmführer mehrfach die Ermordung von Zwangsarbeitern befohlen hatte und deshalb von einem französischen Gericht in Abwesenheit verurteilt worden war. Der zuständige Generalstaatsanwalt in Karlsruhe vertrat die Ansicht, dass die Anklage deshalb zurückgenommen werden müsse, und bat das Justizministerium in Stuttgart um eine Stellungnahme. Dort entschied man sich abzuwarten, wie die Sache gegen Hempen entschieden würde. Diese lag inzwischen beim Bundesgerichtshof. Um die durch die vorliegenden widersprüchlichen Entscheidungen entstandenen Unklarheiten ein für alle Mal auszuräumen, entschied sich der 5. Strafsenat, das Verfahren dem Großen Senat für Strafsachen vorzulegen. Auch die Bundesanwaltschaft hoffte auf eine Regelung der offenen Fragen in ihrem Sinn. Sie vertrat, wie erwähnt, vor dem BGH die Auffassung, dass eine Wiederaufnahme besatzungsgerichtlicher Verfahren generell nicht möglich sei, da der Artikel 3 dies untersage, und zwar gleichgültig, ob es sich um eingestellte

102 Jeschek an Ersten Oberstaatsanwalt Oldenburg am 19.2.1964, in: JM BW 9160 A-IV/21. Jeschek änderte später seine Meinung und schloss sich in dem von ihm verfassten Kommentar zum BGH-Urteil Hempen der Auffassung des Großen Strafsenats an. Vgl. JZ 1966, S. 808.

alliierte Untersuchungsverfahren, Verfahren mit Urteil oder um Abwesenheitsverfahren handele.

Der Große Senat entsprach den Einlassungen des Generalbundesanwalts und zog in seinem Beschluss vom 14. Februar 1966 einen endgültigen Schlussstrich unter die Debatte. Dieser bestand im Wesentlichen aus fünf Punkten. Erstens stellte der Große Senat fest, dass die Regelungen des Überleitungsvertrages sich auch auf alliierte Urteile erstreckten, die außerhalb Deutschlands ergangen seien, was sich eindeutig auf die französischen Militärgerichtsverfahren bezog, da Frankreich als einzige westliche Siegermacht solche Verfahren auf seinem Territorium durchgeführt hatte. Zweitens dekretierte das Gericht, dass die Sperrwirkung des Artikels immer dann gelte, wenn das Verfahren bereits auf ein »erkennendes Gericht« übergegangen sei. Im Klartext bedeutete diese Regelung einen Bruch mit allen anderen zuvor ergangenen BGH-Entscheidungen. Hatten diese stets festgehalten, dass der Artikel nur für abgeschlossene Ermittlungsverfahren gelte, schloss diese Regelung nun auch die Verfahren mit Urteilen ein. Die erwähnten Einsatzgruppenführer waren damit ebenso sicher wie der ehemals in Frankreich inhaftiert gewesene Helmut Knochen. Am brisantesten an diesem Punkt aber war, dass er in Kombination mit der ersten Feststellung auch die in Abwesenheit Verurteilten unantastbar machte. Der Große Strafsenat war nämlich der Ansicht, dass es nicht notwendig sei, »auf Sinn und Bedeutung eines französischen Abwesenheitsurteils einzugehen«.[103] Viertens bestätigte der BGH, dass die deutschen Gerichte sich nicht von sich aus um Botschafterbescheinigungen bemühen dürften, sondern die Staatsanwaltschaften die Möglichkeit der alliierten Strafverfolgung vor Erhebung der Anklage zu überprüfen hatten – ein Punkt, der erhebliche Probleme aufwerfen sollte. Gewissermaßen als Feigenblatt verfügte der Senat – fünftens –, dass die bundesdeutschen Verfahren deswegen nicht endgültig, sondern nur vorübergehend eingestellt werden dürften, da der Überleitungsvertrag die Möglichkeit einer »besonderen Vereinbarung« zwischen der Bundesrepublik und den Siegermächten offen ließ, in der die Sperrwirkung aufgehoben werden könne.

Aus heutiger Sicht muss dieser Beschluss als glatte Fehlentscheidung betrachtet werden, da er weder juristisch zwingend gewesen war noch

103 Beschluss des Großen Senats für Strafsachen vom 14.2.1966 – GSSt1/65, in: NJW 66/1371. Entgegen seiner ursprünglichen Rechtsauffassung begrüßte Hans Heinrich Jeschek dieses Urteil nun, da es »Rechtsklarheit und Rechtssicherheit« schaffe. Siehe JZ 1966, S. 808.

dem Geist des Überleitungsvertrages entsprach. Immerhin aber hatte er die bis dahin bestehende Rechtsunsicherheit zugunsten einer klaren Linie beseitig – allerdings war diese kategorisch zugunsten der ehemaligen Funktionäre ausgefallen und stellte somit den Abschluss der geschilderten Bemühungen um die Beschneidung der Möglichkeiten zur Strafverfolgung von NS-Tätern dar. Auch wenn der Große Senat vorgab, im »höheren Sinn der Vertragsvorschriften« entschieden zu haben, so bleibt doch festzustellen, dass es niemals die Absicht der französischen Regierung gewesen sein konnte, die in Abwesenheit verurteilten Männer zu schützen. Vielmehr hatte sie diese Verfahren ja gerade deshalb durchgeführt, weil sich die Bundesrepublik und zuvor das »extradition board« geweigert hatten, die betroffenen Personen nach Frankreich auszuliefern. In Kombination mit dem Auslieferungsverbot des Grundgesetzes bedeutete dieser unanfechtbare Beschluss die Straffreiheit für Hunderte NS-Täter. Angesichts der generellen negativen Einstellung zur französischen Strafjustiz und der Vorgeschichte dieses Urteils lässt sich das Urteil als Todesstoß für die französischen Ahndungsbemühungen verstehen. Zumindest aber muss man feststellen, dass die Richter des Großen Senats die Straffreiheit einer großen Zahl von Tätern weniger kümmerte als die mögliche Abhängigkeit der deutschen Strafjustiz von der des Nachbarstaates. Unter den Richtern befanden sich mit dem Senatspräsidenten Dr. Paulheinz Baldus und mit Dr. Rudolf Börker immerhin zwei, die in der Braunbuchkampagne der DDR wegen ihrer Vergangenheit als Kriegsgerichtsräte als »NS-Juristen« bezeichnet worden waren.

Den Senat jedoch deswegen pauschal auf eine Ebene mit Achenbach und seinen Mitstreitern zu stellen, wäre indes verfehlt: Immerhin gehörte ihm mit Elsa Koffka auch ein Opfer des NS-Staates an. Zudem zählte sein Vorsitzender, Professor Werner Sarstedt, zu denjenigen Juristen, die im April 1966 auf dem Richtertag in Königstein im Taunus eine Erklärung unterzeichnet hatten, in der ein entschiedeneres Vorgehen gegen NS-Verbrecher gefordert wurde.[104] Insgesamt galt der Große Senat in dieser Besetzung als verhältnismäßig liberal. Offenbar ging es ihm bei seinem Beschluss in Sachen Hempen in erster Linie darum, die bestehende Rechtsunsicherheit zugunsten einer klaren Linie auszuräumen und – das darf gemutmaßt werden – die Politik zu einer eindeutigen Stellungnahme herauszufordern.

104 Zur Königsteiner Erklärung: Just-Dahlmann/Just, Gehilfen, S. 216 ff.

6. Der Frankreich-Komplex nach dem »Beschluss Hempen«

Mit dem »Beschluss Hempen« war der Frankreich-Komplex praktisch zum Einsturz gebracht worden. Alle Verfahrensteile, die sich gegen in Frankreich verurteilte Personen richteten, mussten nun vorläufig eingestellt werden. Wie sich heute feststellen lässt, waren von den 119 Personen der erweiterten Untersuchungsgruppe 61 in An- oder Abwesenheit verurteilt worden, also mehr die als Hälfte. Aufgrund ihrer prominenten Stellung war die Quote bei der aus den Kommandeuren, ihren Stellvertretern und dem HSSPF Oberg gebildeten engeren Untersuchungsgruppe wesentlich höher. Von den 55 Männern war gegen 41 vor französischen Gerichten verhandelt worden, sie konnten deshalb nicht mehr verfolgt werden. Doch auf welche Männer traf das zu und auf welche nicht? Statt die Klärung dieser Frage der Verteidigung des jeweiligen Beschuldigten zu überlassen, hatte der BGH diese Aufgabe den Staatsanwaltschaften und der Zentralen Stelle in Ludwigsburg zur Pflicht gemacht. Konnten diese nicht definitiv ausschließen, dass die Tat eines Verdächtigen nicht schon von einem französischen Gericht behandelt worden war, so durften sie nicht gegen ihn ermitteln. Naturgemäß konnte diese Überprüfung nur durch die Auswertung der französischen Gerichtsakten erfolgen, ein Verfahren, das angesichts der bis dahin guten Zusammenarbeit zwischen der Zentralen Stelle und den französischen Behörden machbar erschien.

Doch nach dem »Beschluss Hempen« verweigerten die Behörden des Nachbarlandes in dieser Sache jede weitere Zusammenarbeit: Ein von Ludwigsburg nach Paris entsandter Staatsanwalt wurde nicht mehr in die entsprechenden Archive der Justiz eingelassen und musste unverrichteter Dinge wieder abreisen.[1] Wie Claudia Moisel herausgearbeitet hat, stand dieser Kurswechsel in direktem Zusammenhang mit dem »Beschluss Hempen«.[2] Man hatte das Verfahren vor dem Landgericht Oldenburg

1 Die Auswertungsreise fand vom 23. bis 27.10.1966 statt. Aus dem Bericht des Staatsanwalts geht hervor, dass es unter den verschiedenen französischen Dienststellen der Militärjustiz und dem frz. Verteidigungsministerium zu Auseinandersetzungen gekommen war. Die bisherige Praxis, den deutschen Ermittlern Einsicht in die Unterlagen der französischen Militärtribunale zu gewähren, wurde daraufhin eingestellt. Vgl. Bericht vom 8.10.1966, in: ZStL, Generalakten 9-30/19 Bl. 6-13.

2 Moisel, Frankreich, S. 213 ff.

mit wachsender Sorge und steigender Ablehnung beobachtet; der Richterspruch hatte zu scharfer Kritik aus den Reihen der französischen Militärjuristen geführt. In einer ausführlichen Expertise wurde festgestellt, dass die Oldenburger Auslegung des Überleitungsvertrages gänzlich verfehlt sei, da es sich bei den französischen Abwesenheitsurteilen keineswegs um abgeschlossene Verfahren gehandelt habe.[3] Vor allem Armeeminister Pierre Messmer, ein ehemals führender Angehöriger der Résistance, drängte die Regierung unter Ministerpräsident Pompidou dazu, die Bundesregierung dahingehend unter Druck zu setzen, derartigen Tendenzen Einhalt zu bieten. Er forderte, ein Auslieferungsgesuch für Georg Hempen an die Bundesrepublik zu stellen und auf diese Weise zu demonstrieren, dass die französische Republik nach wie vor ein ausgeprägtes Interesse an der Bestrafung solcher Männer hatte. Das französische Außenministerium unter Maurice Couve de Murville riet jedoch davon ab, den rechtsrheinischen Partnerstaat auf diese Weise unter Druck zu setzen. Man beließ es deshalb dabei, die deutschen Behörden auf diplomatischem Weg auf den vorläufigen Charakter der französischen Abwesenheitsurteile hinzuweisen.[4] Da den französischen Prozessbeobachtern jedoch nicht entgangen war, dass die Bereitstellung der französischen Militärgerichtsakten im Fall Hempen weniger zu dessen Verurteilung als vielmehr zur Einstellung des Verfahrens geführt hatte, entschloss man sich, den deutschen Ermittlern den Aktenzugang von nun an generell zu verweigern.[5] Im Jahr 1967 wurde zudem in Frankreich die für diese Art Akten geltende Sperrfrist auf 100 Jahre ausgedehnt.[6] Der Zentralen Stelle blieb also nichts anderes übrig, als zumindest den Versuch zu unternehmen, die aufgeworfenen Fragen ohne die Mithilfe der Franzosen zu klären. Was lag näher, als sich dabei der Akten der Zentralen Rechtsschutzstelle des Auswärtigen Amtes zu bedienen, die ja seit 1949 alle erreichbaren Informationen gesammelt hatte? Angesichts der geschilderten Aktivitäten dieser Stelle war hier allerdings ein Konflikt vorprogrammiert.

3 Note sur le bien-fondé des motifs de la décision de non-lieu rendue par la Cour d'Assise d'Oldenburg, o.D., zitiert nach Moisel, Frankreich, S. 213.

4 Ebd., S. 214.

5 »Neue Zürcher Zeitung« vom 9.5.1966. Dazu auch Vermerk BMJ vom 26.6.1967, in: BAK B 141/88302, Bl. 141-149.

6 Vgl. Vermerk BMJ vom 21.10.1968, in: BAK B 141/88303, Bl. 10-12.

Die »Warndienst West«-Affäre und die Auseinandersetzung um die Akten der Rechtsschutzstelle

Anfangs erwies sich die Zentrale Rechtsschutzstelle noch als kooperativ und ließ Ludwigsburg im Jahr 1965 eine Liste mit in Abwesenheit verurteilten Personen zukommen. Diese war jedoch unvollständig und reichte für die notwendige umfassende Überprüfung nicht aus. Es handelte sich dabei um Teile einer Liste, welche die französische Regierung dem Auswärtigen Amt nach einem Aufruf von Bundeskanzler Erhard 1964 übergeben hatte, also nicht um internes Material des Auswärtigen Amtes.[7] Der Zugriff auf weiteres Material der Rechtsschutzstelle wurde den Ludwigsburgern jedoch verwehrt. Zwar durften sie 1967 die Akten des Politischen Archivs des Auswärtigen Amtes auswerten, welche die NS-Zeit dieser Behörde betrafen, aber der Versuch, auch die relevanten Akten der Zentralen Rechtsschutzstelle einzusehen, scheiterte an Gawlik. In einer heftigen Auseinandersetzung vertrat der im Auswärtigen Amt zum Abteilungsleiter aufgestiegene Jurist gegenüber einem Ludwigsburger Mitarbeiter die Ansicht, dass eine Zusammenarbeit zwischen der Rechtsschutzstelle und den Strafverfolgungsbehörden prinzipiell ausgeschlossen sei, da die Rechtsschutzstelle die Aufgabe der Strafverteidigung, Ludwigsburg aber die der Anklage vertrete.[8] Nach einigem Hin und Her bot Gawlik dem Vertreter der Zentralen Stelle schließlich Einsicht in die Akten solcher Personen an, deren Angehörige eine entsprechende Zustimmung gegeben hatten, er behielt sich zudem die Genehmigung von Kopien vor. Damit war der Zentralen Stelle nicht geholfen, denn dies hätte ja bedeutet, am Beginn von Ermittlungen die Tatverdächtigen oder ihre Angehörigen um eine entsprechende Genehmigung bitten zu müssen und sie so auf die Ermittlungen aufmerksam zu machen. Die so ent-

7 Angesichts der damals drohenden Verjährung der NS-Verbrechen hatte Erhard an alle ausländischen Staaten appelliert, bis dato unbekannte NS-Dokumente den deutschen Behörden zugänglich zu machen. Vgl. Aufruf des Bundeskanzlers Erhard, zitiert in: »Der Spiegel«, 11/1965, S. 42, siehe auch Greve, Umgang, S. 291 ff.

8 Dabei konnte er sich auf einen Brief des ehemaligen Außenministers von Brentano aus dem Jahr 1958 stützen, in dem dieser gegenüber dem damaligen Bundesjustizminister eine ähnliche Haltung eingenommen hatte und Bedenken gegen die Verwendung von Unterlagen aus der Zentralen Rechtsschutzstelle zur Einleitung von Strafverfahren angemeldet hatte. Vgl. Brentano an BMJ am 29.9.1958, in: BAK B 141/30542.

standene Spannung zwischen den beiden staatlichen Stellen eskalierte wenige Wochen später durch die Affäre um den »Warndienst West«.

Am 21. März 1968 erschien Simon Wiesenthal in der Zentralen Stelle. Der arrivierte »Nazi-Jäger« legte dem nunmehrigen Leiter, Oberstaatsanwalt Adalbert Rückerl, eine Ausgabe des »Linzer Turm« vor.[9] In diesem Mitteilungsblatt eines österreichischen Veteranenverbandes befand sich eine Nachricht der Österreichischen Gesellschaft vom Roten Kreuz. Dort wurde zehn Männern, angeblich alles ehemalige Angehörige der Wehrmacht, »aus politischen Gründen nahegelegt, französischen Boden nicht mehr zu betreten, da sie sonst mit Schwierigkeiten zu rechnen hätten«. Unter diesen Personen befanden sich mit Alois Brunner und Heinz Pfanner (einem ehemaligen Angehörigen des »Sonderkommandos Brunner«) zwei NS-Verbrecher, die sowohl in Deutschland als auch in Österreich zur Fahndung ausgeschrieben waren. Vor allem der nach Syrien geflüchtete Brunner stellte ein Politikum ersten Ranges dar: Im Jerusalemer Eichmann-Prozess war sein Name häufig gefallen, Justiz und Öffentlichkeit waren dadurch auf die entscheidende Rolle des Österreichers beim Judenmord aufmerksam geworden. Nach Wiesenthals Erinnerung war es ihm Mitte der sechziger Jahre erstmals gelungen, Brunner in Damaskus zu lokalisieren.[10] Dieser wollte im Jahr 1967 wegen einer medizinischen Behandlung in die Schweiz kommen. In Absprache mit Rückerl war eine Verhaftung vorbereitet worden, doch Brunner war nicht erschienen. Wiesenthal glaubte nun zu wissen, warum: Die Botschaft im »Linzer Turm« war nicht die einzige Warnung an Brunner gewesen, vielmehr war dessen Familie schon zuvor informiert worden. Wie Wiesenthal herausfand, hatte das österreichische Rote Kreuz im Auftrag des Deutschen Roten Kreuzes gehandelt, der Auftrag und die Namenlisten waren vom Suchdienst des Roten Kreuzes in Hamburg gekommen. Gegenüber dieser Einrichtung war für Wiesenthal größte Vorsicht angebracht, da ihr ehemaliger Leiter Bischof im Jahr 1965 als Angehöriger des Einsatzkommandos 5 enttarnt und verhaftet worden war.[11] Da die Aktion beim Roten Kreuz unter dem Terminus »Warndienst West« lief, glaubte Wie-

9 Eine Schilderung der Affäre um den Warndienst West findet sich in der Autobiographie Wiesenthals, vgl. Wiesenthal, Recht, S. 288 ff.

10 Ebd.

11 Nach Wiesenthals Angaben handelte es sich um den ehemaligen Obersturmbannführer Bischof, der seit 4.5.1965 wegen seiner Tätigkeit beim EK 5 in Untersuchungshaft saß. Vgl. dazu Rückerl an JM B-W am 25.3.1968, in: ZStL 114 AR 504/68.

senthal nun die Umrisse einer großen Hilfsorganisation für NS-Verbrecher zu erkennen, welche die Einrichtungen des Roten Kreuzes missbrauchte. Er erstattete Anzeige bei der Generalstaatsanwaltschaft in Hamburg.[12] Auch das österreichische Bundesministerium der Justiz leitete umfassende Ermittlungen ein.[13]

Der stellvertretende Generalsekretär des Deutschen Roten Kreuzes, Kurt Wagner, gab daraufhin eine Erklärung ab: Ja, der Suchdienst des Roten Kreuzes habe von der Zentralen Rechtsschutzstelle eine Liste mit von Frankreich in Abwesenheit verurteilten Personen erhalten, verbunden mit dem Auftrag, diese Männer über die Urteile in Kenntnis zu setzen. Da sich darunter auch österreichische Staatsbürger befunden hätten, habe man auch die Schwesterorganisation des Nachbarlandes eingeschaltet – eine Darstellung, die von einem Sprecher des Auswärtigen Amtes bestätigt wurde.[14] Während die Zentrale Rechtsschutzstelle also die Zusammenarbeit mit den Staatsanwaltschaften verweigerte, gab sie die begehrten Informationen an das Rote Kreuz weiter. Wie weitere Untersuchungen zeigten, hatte die Rechtsschutzstelle den Hamburgern insgesamt 895 Namen genannt, von denen bis Ende 1967 294 Personen durch den Suchdienst Hamburg unterrichtet worden waren, weitere 26 durch die österreichische Schwesterorganisation der Hilfsorganisation.[15] Bei der Abgabe der Namen nach Österreich hatte der Suchdienst Hamburg darauf hingewiesen, dass es aus Gründen der Diskretion Praxis des Hamburger Suchdienstes war, die zu warnenden Personen nicht anzuschreiben, sondern sie durch Vertrauenspersonen persönlich zu unterrichten.[16]

Die von Wiesenthal alarmierte Presse zeigte sich schockiert: »Kundendienst für flüchtige NS-Verbrecher. Herr Brunner, reisen Sie nicht nach

12 Rückerl an JM B-W vom 27.3.1968, in: ZStL 115 AR 504/68.

13 Wiesenthal an das österreichische Bundesjustizministerium vom 26.3.1968, in: ZStL 115 AR 504/68. Am 27.3.1968 eröffnete die Staatsanwaltschaft Wien ein Verfahren wegen des Verdachtes der »Vorschubleistung«. Darüber gibt ein umfangreiches Schreiben des österreichischen Bundesministeriums für Inneres an den Leiter der ZStL vom 10.4.1968 Auskunft, in: BAK B 141/30542.

14 Presseerklärung Dr. Wagner vom 27.3.1968 in Bonn. Zitiert nach Wiesenthal an Bundeskanzler Kiesinger vom 29.3.1968, in: ZStL 114 AR 504/68.

15 Rotes Kreuz, Suchdienst Hamburg, an ÖGvRK am 16.11.1967 – Vertraulich –, in: BAK B 141/30542.

16 Auch entsprechende Formblätter, welche von den Gewarnten zur Bestätigung unterschrieben werden sollten, lagen dem Schreiben als Muster bei. Rotes Kreuz, Suchdienst Hamburg an ÖGvRK am 30.11.1967 – Vertraulich –, in: BAK B 141/30542.

Frankreich« titelten beispielsweise die »Stuttgarter Nachrichten«, und sie fragten nach den Hintergründen.[17] Auch Wiesenthal selbst ließ nicht locker. Er schrieb eine Reihe von Briefen an einflussreiche Personen: Warum, so fragte er beispielsweise Bundeskanzler Kiesinger, würden nicht auch Scheckfälscher oder Rauschgifthändler vor Auslandsreisen gewarnt?[18] Er warnte vor den verheerenden außenpolitischen Folgen, die diese Aktion für das Ansehen der Bundesrepublik haben würde, sollte sich herausstellen, dass die Warnaktion mit der Billigung offizieller Stellen geschehen sei.

Die Leitung des österreichischen Roten Kreuzes versuchte, die Affäre durch das Fehlverhalten unterer Funktionäre zu erklären, von dem sie nichts gewusst habe.[19] Das traf nicht zu, denn der Generalsekretär der Organisation hatte einige Namen nebst Instruktionen persönlich vom stellvertretenden Generalsekretär des DRK erhalten.[20] Auch mit der von beiden Verbänden angeführten Erklärung, man habe die betreffenden Männer für einfache Soldaten gehalten und nichts von deren Taten gewusst, war es nicht weit her, da die Listen nicht nur die Namen enthielten, sondern auch Angaben zu den ehemaligen Einheiten und in mehreren Fällen auch das verhängte Strafmaß, so dass offensichtlich war, hier handelte es sich nicht um »Kriegsteilnehmer«, sondern um Verbrecher.

Natürlich bemühte sich auch Gawlik um Beschwichtigung. Auf eine Anfrage des alarmierten Bundeskanzleramtes behauptete er, die Rechtsschutzstelle sei zu solchen Warnungen rechtlich verpflichtet gewesen. Wiederholt seien Deutsche auf Reisen nach Frankreich aufgrund eines Abwesenheitsurteils verhaftet worden. Einer von ihnen, der 1964 inhaftierte Fernfahrer Heinrich Gath, habe gedroht, das Auswärtige Amt auf Schadenersatz zu verklagen. Um mögliche Ansprüche dieser Art zu vermeiden, habe die Rechtsschutzstelle mit der Unterrichtungsaktion begonnen, aber nur, wenn »das Urteil ungerecht war«.[21] Abgesehen davon, dass Gath seine Drohung niemals wahr gemacht hatte, bedeutete diese Begründung, dass Gawlik sich eine Art Kontrollfunktion über die fran-

17 »Stuttgarter Nachrichten« vom 28.3.1968.

18 Wiesenthal an Bundeskanzler Kiesinger vom 29.3.1968, in: ZStL 114 AR 504/68.

19 FS Präsidium der ÖGvRK an Bundesministerium für Inneres vom 28.3.1968, in: ZStL 115 AR 504/68.

20 Dies sagte er in einer Vernehmung vom 27.3.1968 aus, in: ZStL, 115 AR 504/68. Abschriften der Listen finden sich in ZStL 114 AR 504/68, Bl. 64 ff.

21 Zentrale Rechtsschutzstelle an Chef des Bundeskanzleramtes o.D., in: BAK 141/30542.

zösische Gerichtsbarkeit anmaßte. Außerdem war diese Behauptung objektiv falsch, da die Zentrale Rechtsschutzstelle, wie geschildert, schon vor Gaths Festnahme NS-Verbrecher unterrichtet hatte. Vollends unglaubhaft aber war die Behauptung Gawliks, auch die Rechtsschutzstelle habe die gegen die Gewarnten vorliegenden Beschuldigungen nicht gekannt und deshalb im guten Glauben gehandelt. Dass Gawlik nach seiner Tätigkeit in den Nürnberger Prozessen und seiner nun fast 20 Jahre andauernden hauptberuflichen Tätigkeit bei der Zentralen Rechtsschutzstelle nicht gewusst haben wollte, was Männer wie Alois Brunner und Klaus Barbie vorgeworfen wurde, war absurd. Indes gab es weitere Gründe, an Gawliks Darstellung zu zweifeln. Bei seinem Besuch in der Zentralen Stelle war Simon Wiesenthal nämlich aufgefallen, dass sich auf denjenigen Listen, die bereits aus dem Auswärtigen Amt vorlagen, handschriftliche Vermerke befanden, die von der geschilderten langjährigen Praxis der Warnungen zeugten. Bald recherchierte auch der »Spiegel« in dieser Sache und veröffentlichte die Geschichte unter dem Titel »Ist unterrichtet«, in dem er das Rote Kreuz und namentlich den Leiter des Suchdienstes Wagner ebenso scharf angriff wie die Zentrale Rechtsschutzstelle.[22]

Nach diesem Artikel, vor allem aber angesichts des laufenden Ermittlungsverfahrens standen die bundesdeutschen Behörden nun unter erheblichem Rechtfertigungsdruck. Ende April 1968 trafen sich deshalb Vertreter der Zentralen Rechtsschutzstelle und des Bundesjustizministeriums. Als offiziellen Anlass nahm man ein empörtes Schreiben des nordrhein-westfälischen Justizministers Josef Neuberger an Bundesjustizminister Heinemann, in dem er vom »Mißbrauch des Roten Kreuzes« sprach.[23] Auf der Suche nach einer gemeinsamen Sprachregelung setzte sich Gawlik durch: Tatsächlich habe es aufgrund der »Rechtsschutzsache Heinrich Gath« eine Rechtspflicht zur Warnung gegeben. Wie Gawlik nun allerdings einräumte, habe seine Stelle schon »seit Anfang der 50er Jahre in Einzelfällen deutsche Staatsangehörige auf das Vorliegen ausländischer Abwesenheitsurteile hingewiesen [...], wenn das Urteil sachlich unrichtig erschien«.[24] Allerdings habe man die Betroffenen gar nicht in erster Linie aufsuchen lassen, um sie zu warnen, sondern weil man ihre Identität klären wollte. Dabei seien sie aber zwangsläufig informiert

22 »Der Spiegel« vom 15.4.1968.
23 Neuberger an Heinemann am 10.4.1968, in: BAK B 141/30542, Bd. 10.
24 Protokoll des BMJ über das Treffen vom 14.5.1968, in: BAK B 141/30542, Bd. 10.

worden. Wichtiger als diese Rechtfertigungsrabulistik waren jedoch die beiden folgenden Feststellungen: Erstens habe die Zentrale Stelle der Landesjustizverwaltungen bereits alle Informationen erhalten, die ihr zugänglich gemacht werden konnten; alle weiteren in der Zentralen Rechtsschutzstelle vorhandenen Daten über Personen und Taten unterlägen einem »besonderen Vertrauensschutz«. Zweitens liege eine Strafbarkeit von Angehörigen des Auswärtigen Amtes wegen Begünstigung nicht vor, zumal die französischen Urteile aus einer »von Emotionen nicht freien Zeit« stammten.

Mit dieser abwiegelnden Darstellung konnten tatsächlich unmittelbare Konsequenzen aus dem Skandal vermieden werden. Zwar hatten die Briefe Wiesenthals auch in Israel und beim World Jewish Congress Irritationen hervorgerufen, doch setzte sich die Auffassung durch, es »habe sich um eine bedauerliche Entgleisung der routinemäßigen Beamtenreaktionen auf drohende Amtshaftung« gehandelt.[25] Der eigentliche Kern des Skandals, die überbordende Tätigkeit der Zentralen Rechtsschutzstelle, blieb der Öffentlichkeit also weiterhin verborgen. Auch das Ermittlungsverfahren der Generalstaatsanwaltschaft Hamburg wurde eingestellt. Zunächst war es an die Generalstaatsanwaltschaft Bonn abgegeben worden, da es sich nicht länger gegen das Rote Kreuz, sondern nun wegen des »Verdachts des Geheimnisbruches« gegen die Angehörigen der Zentralen Rechtsschutzstelle richtete. Zu solchen Ermittlungen gegen eine staatliche Stelle benötigte die Staatsanwaltschaft aber die Einwilligung des Dienstherrn, also in diesem Fall des Außenministers. Der mit der Angelegenheit befasste Leitende Oberstaatsanwalt Werner Pfromm hatte auch beim Staatssekretär im Auswärtigen Amt Carl Carstens angefragt, der wiederum Gawlik um eine Stellungnahme gebeten hatte.[26] Wie nicht anders zu erwarten, sah dieser für das Auswärtige Amt »keine

25 Generalkonsulat der Bundesrepublik Deutschland in New York an AA am 17.4.1968, in: BAK B 141/30542, Bd. 10.

26 LOStA Werner Pfromm an StS Carstens am 16.7.1968. Pfromm wollte das Verfahren zunächst ohne die Prüfung der Unterlagen des Auswärtigen Amtes per Verfügung vom 29.4.1968 beenden, doch hatte die Generalstaatsanwaltschaft diesbezüglich Bedenken angemeldet (GStA Köln am 12.6.1968). Die endgültige Einstellung erfolgte am 1.1.1969. Das Verfahren der StA Hamburg 141 Js 285/68 war mit Verfügung vom 15.4.1968 an die StA Bonn (8 Js 147/68) abgegeben worden mit der Begründung, wenn überhaupt ein hinreichender Tatbestand gegeben sei, könne sich dieser nur gegen Angehörige des AA richten. Alle in: BAK B 141/30542, Bd. 10.

Veranlassung, eine Ermächtigung zur Einleitung einer strafrechtlichen Untersuchung auszustellen«.[27] Dass die Entscheidung über den Fortgang eines Ermittlungsverfahrens dem Hauptverdächtigen überlassen wird, ist sicherlich eine seltene Erscheinung in der bundesdeutschen Justizgeschichte, außerdem weist das Verfahren auch sonst einige Merkwürdigkeiten auf. In einem Vermerk der Zentralen Stelle ist ein Telefonat mit dem ermittelnden Bonner Staatsanwalt festgehalten.[28] Der Ludwigsburger Jurist protestierte gegen die beabsichtigte Verfahrenseinstellung. Sein Einwand, dass es ja gerade die Mitarbeiter der Zentralen Rechtsschutzstelle gewesen seien, welche die Warnungen in Auftrag gegeben hätten, und zumindest Gawlik doch aufgrund seiner Vorgeschichte »eine begründete Vorstellung von der Strafbarkeit z. B. Brunners und Barbies gehabt« haben müsse, stieß auf kein Gehör; frustriert konstatierte der Ludwigsburger Staatsanwalt, die Staatsanwaltschaft Bonn sei »nicht gewillt, weitere bzw. überhaupt Ermittlungen zu führen«, geschweige denn sei an eine Vernehmung Gawliks gedacht.

Tatsächlich aber waren sich die meisten Beteiligten darüber im Klaren, dass es sich beim »Warndienst West« nicht um eine besondere Art des »Betriebsunfalls« aus Unkenntnis und Übereifer handelte, sondern dass sie es hier mit den sichtbaren Ausprägungen eines grundsätzlichen Konflikts zu tun hatten. Hier standen die Interessen zweier staatlicher Institutionen gegeneinander. Denn in einem hatte Gawlik recht: Die Zentrale Stelle und die Zentrale Rechtsschutzstelle konnten nicht zusammenarbeiten. Sie waren mit ganz widersprüchlichen Absichten gegründet worden. Die Zentrale Rechtsschutzstelle fußte – insbesondere unter der ausgreifenden Interpretation ihrer Dienstgeschäfte durch Gawlik – auf dem Bewusstsein und den Einstellungen der unmittelbaren Nachkriegszeit. Diese nahmen die alliierte Strafverfolgung als Strafmaßnahmen oder Siegerjustiz wahr und waren nicht zu einer Differenzierung unter den Beschuldigten nach deren tatsächlicher Belastung gewillt. Demgegenüber war die Zentrale Stelle gerade aus der Überzeugung heraus geschaffen worden, dass die mangelnde Strafverfolgung ein Fehler gewesen sei, der die Gerechtigkeit im juristischen, aber auch im höheren Sinn beschädigt hatte.

Zumindest lautete so die offizielle Begründung, denn wie inzwischen deutlich geworden ist, muss das primäre Motiv zur Gründung der Stelle

27 Entwurf eines Antwortschreibens in: ebd.
28 Vermerk ZStL vom 20.8.1968, in: ZStL 114 AR 504/68.

in der Absicht gesehen werden, den aus der DDR stammenden Anwürfen hinsichtlich unaufgeklärtem oder gedecktem NS-Erbe etwas entgegenzusetzen. Dennoch markierte die Ludwigsburger Gründung einen Kurswechsel. Milde und Schonung oder gar Hilfe für NS-Täter entsprach nicht mehr dem Geist der Zeit und war von staatlichen Stellen nicht mehr zu erwarten. Das gegenläufige Amtsverständnis im Engagement Hans Gawliks und seiner Mitstreiter im Auswärtigen Amt entsprach dieser gewandelten Auffassung nicht mehr. Insofern war es von geradezu symbolischer Bedeutung, dass Gawlik Ende 1969 pensioniert wurde. Offenbar aus dieser Einsicht heraus begnügten sich die beiden beteiligten Ministerien mit der gemeinsam abgefassten Darstellung und sorgten dafür, den von Wiesenthal entfachten Skandal aus den Schlagzeilen zu bringen. Doch sie wussten genau, dass der Nazi-Jäger zumindest auf der richtigen Spur war. Ein vertraulicher Vermerk für den Ministerialdirigenten Dreher aus dem Bundesjustizministerium über ein Gespräch mit Ministerialdirektor Thierfelder aus dem Auswärtigen Amt lässt daran keine Zweifel: Die Rechtsschutzstelle des Auswärtigen Amtes habe in Übereinstimmung mit der politischen Leitung sowohl des Auswärtigen Amtes als auch des Bundesjustizministeriums lange Zeit hindurch die fraglichen Informationen lediglich zum »Zwecke der Verteidigung der Betroffenen benutzt, absichtlich aber nicht zum Zwecke der Verfolgung«, dies solle man Wiesenthal in geeigneter Weise beibringen.[29] Wiesenthal ließ sich zwar nicht beschwichtigen, doch gelang es ihm weder, die Affäre aufzuklären, noch, das Verfahren gegen die Mitarbeiter der Zentralen Rechtsschutzstelle erneut in Gang zu bringen.[30]

Auch wenn die Affäre damit aus der Presse verschwunden war, blieben die Probleme der Ludwigsburger Ermittler bestehen. Oberstaatsanwalt Artzt versuchte nun, die nötigen Informationen vom »Suchdienst Hamburg« zu bekommen, wobei er vor allem auf die Anschriften der bisher nicht ermittelten Verdächtigen hoffte.[31] Doch der Versuch scheiterte, da das DRK sich auf ein besonderes »Schweigerecht« berief[32] und Artzt an

29 Vermerk des Leiters der UA II B im BMJ vom 22.6.1968, in: BAK B 141/30542.

30 Vgl. deutsche Botschaft Wien an AA am 26.6.1968, in: BAK B 141/30542, auch Wiesenthal, Recht, S. 310.

31 ZStL an Suchdienst Hamburg am 25.4.1968, in: ZStL 115 AR 504/68, Bl. 90 und BAK B 141/30542.

32 Das DRK berief sich dabei auf einen Aufsatz des Bundesrichters Max Kohlhaas (»Rotes Kreuz und Schweigerecht«, in: NJW 1967, S. 666 ff.). Dieser Standpunkt war jedoch äußerst umstritten. So hatte die Bundesjustizministerkonfe-

das Auswärtige Amt zurückverwies.[33] Nach einigem Hin und Her drohte dieser dem Suchdienst schließlich mit der gewaltsamen Beschlagnahme der Unterlagen.[34] Daraufhin trafen sich Vertreter des Bundesjustizministeriums, der Zentralen Rechtsschutzstelle und des Suchdienstes zu einer Krisensitzung.[35] Im Ergebnis bot das DRK einen Kompromiss an. Es erklärte sich bereit, die Namen derjenigen Männer an die Zentrale Stelle weiterzuleiten, die bereits verstorben waren. Bei den Übrigen, die noch am Leben seien, solle die Zentrale Stelle zuvor angeben, warum gegen sie ermittelt werde oder ob sie nur als Zeugen gesucht würden. Dann werde der Suchdienst entscheiden, ob die Vorwürfe so gravierend seien, dass der »Vertrauensschutz« durchbrochen werden könne.

Damit konnte sich die Zentrale Stelle nicht einverstanden erklären. Zum Einen konnte sie gar nicht im Voraus sagen, wer als Zeuge und wer als Beschuldigter geführt werden würde, zum Anderen war es schon aus juristischen Erwägungen undenkbar, die Bewertung eines Tatvorwurfes dem Roten Kreuz zu überlassen. Adalbert Rückerl hatte nun genug: Er schlug dem Bundesjustizministerium vor, auf die Auseinandersetzung mit dem Suchdienst ganz zu verzichten und stattdessen die Anschriften erneut von der Zentralen Rechtsschutzstelle einzufordern.[36] Außerdem verlangte er umfassende Aufklärung über die bisherigen Kontakte der Rechtsschutzstelle zu den ehemaligen NS-Verbrechern und bestand nach wie vor auf Einsicht in die Unterlagen der Rechtsschutzstelle sowie in die von Luther angelegte Dokumentation.

Gawlik reagierte mit dem Gegenvorwurf, die Zentrale Stelle habe ihre Dienstpflicht verletzt, indem sie Wiesenthal Einblick in die vertraulichen Namenlisten gewährt habe.[37] Dann schwieg er trotz mehrfacher Nachfragen. Erst ein Jahr später, Ende August 1969, erreichte das Bundes-

renz vom 27. bis 28.4.1965 die Auffassung vertreten, dass den Suchdiensten kein Schweigerecht zustünde und sie auch dann Unterlagen herausgeben müssten, wenn das bei den Betroffenen zu Nachteilen führen würde. Vgl. dazu ZStL an DRK, Suchdienstleitstelle Bonn, vom 14.6.1968, in: BAK B 141/30542, Bd. 10. Wagner ließ jedoch seinen Standpunkt durch ein rotkreuzinternes Gutachten untermauern. Vgl. Gutachten vom 8.6.1968, in: BAK B 141/30542, Bd. 10.

33 Suchdienstleitstelle des DRK an ZStL am 24.6.1968, in: BAK B 141/30542, Bd. 10.

34 ZStL an Suchdienstleitstelle des DRK Bonn am 4.7.1968, in: ZStL 115 AR 504/68.

35 BMJ an ZStL am 2.8.1968, in: ebd.

36 ZStL an BMJ am 27.8.1968, in: ebd.

37 Zentrale Rechtsschutzstelle an BMJ am 10.10.1968, in: BAK B 141/30542, Bd. 10.

justizministerium endlich seine Stellungnahme.[38] Der Bitte der Zentralen Stelle um die Mitteilungen der Anschriften der vom Suchdienst Hamburg ermittelten Personen werde er nicht nachkommen. Auch die Forderungen, den Strafverfolgern das Archiv der Zentralen Rechtsschutzstelle zu öffnen, wies er zurück. Immerhin räumte er aber die systematische Warnung der Abwesenheitsverurteilten ein: Die Zentrale Rechtsschutzstelle habe, so Gawlik, »im Rahmen ihrer Aufgaben [...] vom Beginn ihrer Tätigkeit im Jahre 1949 an die Betroffenen oder ihre Anwälte über ihnen unbekannte Verurteilungen im Ausland unterrichtet«. Damit war bestätigt, dass Wiesenthals Behauptungen im Kern richtig waren. Zwar hatte sich sein Verdacht, es handele sich beim »Warndienst West« um ein Netzwerk von alten Nazis, ähnlich der Fluchthilfeorganisation »ODESSA«, nicht bewahrheitet. Jedoch war Wiesenthal auf die Spuren der Aktivitäten einer bundesdeutschen staatlichen Institution gestoßen, deren Leiter bis Ende der sechziger Jahre ungehindert seine eigene Auffassung von Recht und Unrecht vertreten konnte. Wie im Einzelnen dies stattgefunden hatte, blieb unbekannt, denn Gawlik wollte die überaus heiklen Rückfragen Rückerls über die Herkunft und die Bedeutung der handschriftlichen Vermerke auf den Listen und die Art und Weise, wie seit 1949 Warnungen durchgeführt worden waren, nicht beantworten. Dagegen bestünden »Bedenken rechtlicher und politischer Art«. Auch auf die Zusammenarbeit mit Hans Luther ging Gawlik mit keinem Wort ein, obwohl Rückerl ausdrücklich danach gefragt hatte.

Damit war Ludwigsburg immer noch nicht geholfen, zumal auch das Rote Kreuz weiter mauerte. Rückerl benannte daraufhin zwei Ermittler, welche die Auswertung vornehmen sollten.[39] Das Justizministerium versuchte nunmehr, die »ablehnende Haltung des Auswärtigen Amtes«[40] bei einem erneuten Treffen aufzuweichen. Doch auch in dieser Besprechung konnten keine Fortschritte erzielt werden. Gawlik war inzwischen pensioniert worden, stattdessen waren zwei nur unzureichend informierte Vertreter des Auswärtigen Amtes erschienen, die sich trotz des sich nun schon über zwei Jahre hinziehenden Streites nicht im Stande sahen, konkrete Angaben über Art und Umfang des vorhandenen Materials zu machen. Sie erklärten, dass die Unterlagen sich vermutlich in einem Keller befänden, der vor einiger Zeit von einer Überschwemmung heimgesucht

38 Zentrale Rechtsschutzstelle an BMJ am 26.8.1969, in: ebd.
39 Bericht ZStL an BMJ vom 2.7.1970, in: BAK B 141/30543.
40 Vermerk BMJ vom 2.10.1970, in: BAK B 141/30543.

worden sei. Hinsichtlich der Anschriften aus den Warndienstaktionen des Roten Kreuzes gaben sie an, nicht zu wissen, ob die Zentrale Rechtsschutzstelle diese Anschriften überhaupt besitze. Dies wollten sie erst einmal überprüfen.[41] Kurz darauf teilte das Auswärtige Amt dem Justizministerium mit, man habe noch einmal mit Wagner vom DRK gesprochen, der nun einen neuen Standpunkt einnahm: Die Zentrale Stelle sollte erst dann Auskunft über diejenigen Personen erhalten, die in Abwesenheit in Frankreich verurteilt worden waren, wenn das zu dieser Zeit verhandelte deutsch-französische Zusatzabkommen zum Überleitungsvertrag[42] vom Bundestag ratifiziert worden sei.[43]

Das Auswärtige Amt aber sah sich nach der Pensionierung Gawliks aus »technischen und personellen Gründen« nicht in der Lage, Auskunft über die Abwesenheitsverurteilten zu erteilen.[44] Daraufhin gab Rückerl auf. Er resümierte, dass er eine weitere Auseinandersetzung mit dem Auswärtigen Amt angesichts des unkooperativen Verhaltens für sinnlos halte. Da der Frankreich-Komplex inzwischen bei der Staatsanwaltschaft Köln liege, möge sich diese notfalls mit »strafprozessualen« Methoden, also per Beschlagnahme, mit dem Roten Kreuz auseinander setzen.[45] Auch das Bundesjustizministerium fand die Weigerung des Auswärtigen Amtes »unverständlich«.[46] Die Staatsanwaltschaft Köln unternahm im Jahr 1972 noch einmal einen Versuch, die Akten der ZRS einzusehen – ohne Erfolg.[47]

Schließlich lenkte aber DRK-Präsident Wagner doch noch ein und erklärte sich bereit, einige der gewünschten Adressen herauszugeben.[48] Das Archiv der Zentralen Rechtsschutzstelle jedoch blieb unausgewertet, auch wurden Details und der Umfang der Warnaktivitäten der Zentralen Rechtsschutzstelle nie offiziell untersucht.[49] Die Erkenntnisse der Zen-

41 Verhandlung vom 26.11.1970. Eine Zusammenfassung der Ergebnisse findet sich in: ZStL an JM BW vom 13.1.1972, in: ZStL, Generalakten, 9-30/94.

42 Siehe dazu Kapitel 7.

43 AA an BMJ am 8.4.1971, in: BAK B 141/30542.

44 AA an BMJ am 30.8.1971, in: BAK B 141/30542, Bd. 11.

45 ZStL an JM BW am 13.1.1972, in: ZStL, Generalakten, 9-30/94.

46 BMJ an AA am 10.2.1972, in: ZStL, Generalakten, 9-30/94.

47 ZStK an AA am 10.2.1972; BMJ an JM NRW vom 26.4.1972, AA – ZRS – an JM NRW am 25.2.1972, alle in JM NRW, 4110 E III b 7732, Bd. II, Bl. 210 ff.

48 AA an BMJ am 25.2.1972, in: ZStL, Generalakten, 9-30/99.

49 Vermerk über eine Besprechung vom 17.3.1972 und ZStL an BMJ am 14.4.1974, in: BAK B 141/30542, Bd. 11.

tralen Rechtsschutzstelle flossen deshalb niemals systematisch in die Ermittlungen ein. Angesichts der Tatsache, dass Gawlik die Unterlagen mehrfach zugunsten ehemaliger NS-Größen verwendet hatte, ein Skandal, über den sich aber niemand beklagte.[50]

Aus heutiger Sicht ist das Verhalten des Auswärtigen Amtes ebenso inakzeptabel wie aufschlussreich. Immerhin verweigerte hier ein Ministerium anderen staatlichen Stellen nicht nur die Amtshilfe, sondern wirkte sowohl mit in juristischer als auch in moralischer Hinsicht fragwürdigen Argumenten in die Gegenrichtung. Der Hintergrund dieses Verhaltens war dabei nicht wie behauptet die angeblich besonders heikle juristische Lage, sondern vielmehr der Umstand, dass sich Teile des Auswärtigen Amtes, insbesondere die Zentrale Rechtsschutzstelle, fest in der Hand einer Seilschaft befanden, die sich – teils aus persönlicher Betroffenheit heraus, teils aus grundsätzlicher Gegnerschaft zur Verfolgung von NS-Tätern – nach Kräften bemühte, Sand in das Getriebe der Strafverfolgung zu streuen. Allerdings muss die Einstellung der Betreffenden von der politischen Elite dieser Zeit mit einer gewissen Sympathie betrachtet worden sein, denn anders ist es nicht zu erklären, dass es dieser relativ kleinen Gruppe von Männern gelang, ihren Kurs trotz der heftigen Proteste der Zentralen Stelle durchzusetzen. Immerhin – und auch das spricht für den Rückhalt, den Gawlik und seine Mitstreiter genossen – überstanden sie auch die »Warndienst West«-Affäre schadlos.

Eine Mauer aus Schweigen

Noch vor dem »Beschluss Hempen« hatte die Zentrale Stelle ihre Erkenntnisse zum Thema »Judendeportationen aus Frankreich« in einem Abschlussbericht zusammengefasst und das Verfahren an die Staatsanwaltschaft Köln abgegeben. Dieser Schritt ergab sich aus der Tatsache, dass die Zentrale Stelle selbst nicht das Recht hatte, Anklagen zu erheben. Als einziges Bundesland hatte Nordrhein-Westfalen im Jahr 1961 zwei Schwerpunktabteilungen bei bestehenden Staatsanwaltschaften eingerichtet, die sich ausschließlich mit NS-Verbrechen beschäftigen und die alle in Nordhein-Westfalen geführten NS-Sachen bearbeiten sollten. Während die Staatsanwaltschaft in Köln die Verfahren wegen der in Konzentrationslagern begangenen Verbrechen verfolgte, befasste sich die

50 Vgl. auch Bests Pläne zum Aufbau einer »Dokumentenhilfe«, vgl. Herbert, Best, S. 503-507.

Schwerpunktstaatsanwaltschaft in Dortmund mit »NS-Massenverbrechen außerhalb des Bundesgebietes«.[51] Anders als die Zentrale Stelle der Landesjustizverwaltungen in Ludwigsburg waren diese »Zentralstellen« jedoch regelrechte Staatsanwaltschaften und verfügten über alle entsprechenden Befugnisse, konnten also auch Anklagen erheben und diese vor Gericht vertreten. Wie ihre Ludwigsburger Kollegen erlebten die hier tätigen Staatsanwälte eine rapide Zunahme von Verfahren. Sie drohten bei dauernder Personalknappheit in Arbeit zu ersticken, so dass ihnen die Übernahme eines so komplizierten und umfangreichen Verfahrens wie des Frankreich-Komplexes nicht gerade willkommen war.[52] Allerdings waren sie schon zuvor in Kontakt mit der Materie gekommen, da sie 1965 ein Verfahren gegen Werner Best von der Staatsanwaltschaft Duisburg übernommen, dieses aber wegen »mangelnden Tatverdachtes« eingestellt hatten.[53] Da Best jedoch in Nordrhein-Westfalen wohnte und auch im Frankreich-Komplex als Hauptverdächtiger galt, entschied das Düsseldorfer Justizministerium, dass Köln die Ermittlungen aus Ludwigsburg übernehmen müsse.[54] Daraufhin übergab die Zentrale Stelle in Ludwigsburg ihr umfangreiches Material, darunter den 210 Seiten starken Abschlussbericht.[55] Der Kern dieses Berichts bestand aus einer Liste von 20 Hauptverdächtigen, deren Tätigkeit und Belastung genauestens geschildert wurden. Darüber hinaus führte der Bericht 224 Personen als Zeugen an, von denen ein guter Teil ebenso als Beschuldigte in Frage kam.[56]

51 Zur Gründung der beiden Schwerpunktstaatsanwaltschaften siehe die beiden Erlasse des JM NRW vom 25.9.1961 (Gründung Zentralstelle Dortmund zum 1.10.1961) und vom 21.10.1961 (Gründung Zentralstelle Köln zum 1.11.1961), in: JM NRW, 4010 – II A. 97 bzw. A 99. Dazu auch Thamer, Justiz, sowie den Abschlussbericht der vom Landtag NRW eingesetzten Untersuchungsgruppe zu diesem Thema.

52 Die Klage über zu wenig Personal zieht sich durch die Tätigkeitsberichte der beiden nordrhein-westfälischen Zentralstellen. Vgl. HStAD D II 30 (Köln) und D II 29 (Dortmund).

53 Verfahren 24 Js 41/64 (z), vgl. Tätigkeitsbericht ZStK vom 11.1.1964 bis 15.7.1964, in: HStAD, D II A.

54 Verfügung vom 8.6.1962, in: JM NRW 4110 E II B 7732, Bd. 1.

55 Zur Übernahme des Verfahrens durch die StA Köln siehe den Tätigkeitsbericht der ZStK vom 1.1.1966 bis 30.6.1966, hier Punkt 19. zum Verfahren 24 Js 1/66 (z), in: HStAD, D II a 30.

56 ZStL: »Vorläufiger Abschlußbericht über die Teilnahme des Militärverwaltungsstabes beim Militärbefehlshaber in Frankreich und der Sipo- und SD-Stellen in Paris an Festnahmen und Deportationen von Juden in Frankreich« vom 26.11.1965 im Verfahren ZStL 104 AR-Z 1670/61.

Hatte die Zentrale Stelle in Ludwigsburg schon die »Geiselerschießungen« und die Judendeportationen voneinander getrennt, so nahmen die Kölner Staatsanwälte eine zweite, die entscheidende Weichenstellung vor. Sie beschlossen, sich in den weiteren Ermittlungen auf die Sipo/SD-Funktionäre zu konzentrieren, nicht aber auf die Angehörigen der Botschaft und der Militärverwaltung. Von den besonders belasteten ehemaligen Botschaftsangehörigen war mit Rudolf Rahn nur noch ein einziger am Leben, der jedoch auch in andere NS-Verfahren verwickelt war; von Ermittlungen gegen andere Angehörige der Botschaft sah die Staatsanwaltschaft ab. Die Gruppe der Militärverwaltungsbeamten profitierte vor allem von der Abtrennung des »Geiselverfahrens«. Ohne den historischen Zusammenhang zwischen den »Sühnemaßnahmen« und den Deportationsverbrechen blieb die wahre Rolle der Militärverwaltung für die Staatsanwälte undurchsichtig. Für sie war lediglich die Beteiligung der Sipo/SD-Funktionäre an den Deportationen offensichtlich. Die Staatsanwälte betrachteten mit Lischka, Hagen, Röthke, Heinrichsohn und Knochen allerdings fünf Männer als Hauptverantwortliche, deren Taten bekanntermaßen bereits in Frankreich abgeurteilt worden waren, so dass die Strafverfolgung blockiert war. Im Fall Knochen, der ja lange Jahre in französischer Haft gesessen hatte, war die bundesdeutsche Strafverfolgung aussichtslos und wurde auch als nicht dringlich angesehen. Doch wenn auch die anderen vier bisher straffrei gebliebenen Männer nicht vor ein deutsches Gericht gestellt werden könnten, resümierte die Staatsanwaltschaft, würden »voraussichtlich allenfalls einige Randfiguren wegen der Beteiligung an der ›Endlösung der Judenfrage‹ angeklagt werden können. Ein solches Ergebnis wäre in hohem Maße unbefriedigend und würde von der Öffentlichkeit nicht verstanden werden.« Sie bat deshalb das Justizministerium zu prüfen, ob es nicht möglich sei, einen Vertrag zwischen der Bundesrepublik und Frankreich abzuschließen, der die Strafverfolgung dieser Männer trotz des »Beschlusses Hempen« ermöglichen würde.[57] Diese Anregung wurde tatsächlich aufgenommen und führte – wie im nächsten Kapitel geschildert wird – zum Abschluss des »Zusatzabkommens zum Überleitungsvertrag«, das die Strafverfolgung der Abwesenheitsverurteilten wieder ermöglichte. Da es allerdings erst im Jahr 1975 in Kraft trat und zudem nach wie vor in den meisten Fällen unklar war, welche Verdächtigen in Abwesenheit verurteilt worden waren und welche nicht, konzentrierten sich die Staatsanwälte vorerst auf das

57 Siehe dazu Kapitel 8.

juristische Hauptproblem: den Nachweis, dass die Deporteure auch von der Ermordung der Juden gewusst hatten.

Dieser Nachweis war zum kritischen Punkt eines jeden NS-Verfahrens geworden. Er hatte sich aus dem Zusammenwirken der so genannten Beihilferechtsprechung und der Verjährung ergeben: Gemäß dem geltenden Strafgesetzbuch wäre die Strafverfolgung von Mordverbrechen nach 20 Jahren verjährt. Angesichts der unbefriedigenden Ahndung der NS-Mordverbrechen war diese Verjährung in einem politisch komplizierten Meinungsbildungsprozess seit 1960 mehrfach hinausgezögert und schließlich 1979 endgültig aufgehoben worden; Mord und Beihilfe zum Mord sollten nun nicht mehr verjähren.[58] Doch mit der seit dem Ulmer Einsatzgruppenprozess üblichen Einstufung von nationalsozialistischen Schreibtischtätern als »Gehilfen« öffnete sich hier eine Tür, die im Mai 1968 mit einer ganz offensichtlich manipulativen Gesetzesänderung weit aufgestoßen wurde. Dem Bundestag wurde damals eine Ergänzung des Strafrechtes zur Bestrafung der Beihilfe in einem so genannten Artikelgesetz untergeschoben. Bis dahin galten für Gehilfen dieselben Strafandrohungen wie für die Haupttäter, eine Milderung war aber *möglich*. Der Bundestag verabschiedete jedoch am 10. Mai 1968 ein Gesetz, das dem Strafgesetzbuch den Artikel 50 II hinzufügte. Dieser veränderte die Rechtslage dahingehend, dass das Strafmaß, das für Mord angedroht wurde, nur noch dann auch für den Gehilfen galt, wenn diesem die objektiven Mordmerkmale wie etwa Grausamkeit nachgewiesen werden konnten. Hinsichtlich der persönlichen Mordmerkmale wie etwa Rassenhass genügte es von nun an jedoch nicht mehr, den Haupttätern (also den Befehlsgebern, in NS-Prozessen in letzter Reihe meist dem RSHA) nachzuweisen, dass sie aus niedrigen Beweggründen gehandelt hätten, sondern das musste nun auch den Gehilfen bewiesen werden. War dies nicht möglich, so fehlte ein entscheidendes Merkmal für Mord oder eben die Beihilfe dazu, und die Tat erschien nur noch als Totschlag. Dieser war jedoch seit dem 9. Mai 1960 verjährt.

In der Konsequenz mussten Hunderte Schreibtischtäter freigesprochen werden. Der überwiegende Teil der Bundestagsabgeordneten war sich der gravierenden Folgen dieser Gesetzesergänzung bei der Abstimmung allerdings nicht bewusst gewesen. Denn die ursprünglich als Teil der anstehenden Strafrechtsreform geplante Einfügung des Artikels 50 II StGB war vor der Abstimmung aus seinem Kontext herausgetrennt

58 Hirsch, Anlass; Greve, Umgang, S. 304 ff.

worden und dem Bundestag in einem ganz anderen Gesetzpaket, dem »Einführungsgesetz zum Ordungswidrigkeitengesetz« (EGOWiG) vorgelegt worden. Als die durch dieses Artikelgesetz hervorgerufene Straffreiheit für Hunderte ehemaliger NS-Größen jedoch vor allem im Zusammenhang mit dem damals in Berlin geführten großen Prozess gegen die Führungsgruppe des RSHA offenbar wurde, wurde in der Presse schon damals der Verdacht geäußert, es handele sich um eine »Amnestie durch die Hintertür«, was verantwortliche Ministerialen, an erster Stelle der hauptverdächtige Ministerialdirigent Eduard Dreher, vehement verneinten. Die historische Forschung straft Dreher jedoch Lügen: Der von Ulrich Herbert erstmals hergestellte Zusammenhang zwischen den von Best und Achenbach betriebenen Amnestiebestrebungen und dieser Gesetzgebung[59] wurde inzwischen von Michael Greve dahingehend differenziert, dass die strittige Formulierung des Artikels 50 II kaum auf den Einfluss der beiden zurückgehen könne, da er bereits seit 1955 nahezu unverändert in den Entwürfen zur Strafrechtsreform vorhanden war. Seine amnestierende Wirkung erhielt er jedoch erst, als er aus dem Gesamtzusammenhang gerissen wurde und ohne einen vorgesehenen ergänzenden Artikel (Art. 127 Abs. 3) durch den Bundestag gebracht wurde. In diesem Ergänzungsparagraphen war nämlich ausdrücklich vorgesehen gewesen, dass die durch den Artikel 50 II StGB vorgesehene Strafmilderung für Gehilfen die Frage der Verjährung nicht berühren sollte. Die Trennung beider Paragraphen voneinander und die Einfügung des Artikels 50 II in das EGOWiG geht aller Wahrscheinlichkeit nach sehr wohl auf Dreher zurück, der als *der* Fachmann für diese Problematik die Wirkung der Änderung kaum verkannt haben kann.[60] Bemerkenswerterweise verbaute der BGH den Gerichten mit einem am 20. Mai 1969 verkündeten Urteil die letzte Möglichkeit, die Wirkung der angeblichen »gesetzgeberischen Panne« zu umgehen,[61] was die These stärkt, dass die damit erreichte Teilamnestie für Gehilfen durchaus willkommen war.[62]

Für die Staatsanwaltschaften bedeutete diese Änderung der Gesetzeslage nun konkret, dass sie den Hunderten von »Schreibtischtätern« nach-

59 Vgl. Herbert, Best, S. 495 ff.

60 Greve, Amnestierung; ders., Umgang, S. 358 ff.

61 Vgl. ebd., S. 376.

62 Zu den allgemeinen Problemen der juristischen Beweisführung siehe: Hey, NS-Prozesse; Just-Dahlmann/Just, Gehilfen; Greve, Umgang. Zur manipulativen Änderung des Strafrechts vgl. Müller, Juristen, S. 250 ff.; Friedrich, Amnestie. S. 353 ff.; Baumann, Problematik.

weisen mussten, von der bevorstehenden Ermordung der von ihnen deportierten Juden auch gewusst zu haben. Erst dann konnte die Tat als heimtückisch und grausam gelten und als Beihilfe bestraft werden. Gelang dies nicht, musste das erkennende Gericht auf Totschlag entscheiden, der dann verjährt war. Den geforderten Nachweis zu führen, war jedoch ein fast aussichtsloses Unterfangen. Die Behauptung, dass der Judenmord von den zahlenmäßig kleinen Spitzen des NS-Regimes klandestin durchgeführt worden sei, gehörte zu den Lebenslügen der Bundesrepublik. Seit 1945 haben unzählige Deutsche öffentlich und privat bekundet, vom Massenmord erst in den letzten Kriegsmonaten und -wochen erfahren zu haben. Auch wenn diese Bekundungen in vielen Fällen und gerade bei einfachen Soldaten zutreffend sein mögen, so waren sie bei hochrangigen ehemaligen Funktionären des Regimes allzu oft lediglich eine Schutzbehauptung.[63] So hatte sich beispielsweise der dubiose Staatssekretär im Bundesfinanzministerium Friedrich Karl Vialon vor Gericht und unter Eid hinter dieser Behauptung versteckt und behauptet, niemals »dienstlich« Kenntnis vom Judenmord erlangt zu haben, sondern höchstens aus dem privaten Umfeld Hinweise erhalten zu haben, die aber kein »Gesamtbild« ergeben hätten.[64] Schon die Angeklagten in den Nürnberger Prozessen hatten sich erfolgreich dieses Argumentes bedient. Sie wie alle Nachfolgenden wiesen darauf hin, dass der Judenmord als »geheime Reichssache« klassifiziert worden war und der Zugang zu einschlägigen Dokumenten und Unterredungen entsprechend eingeschränkt gewesen sei. Zudem waren die entsprechenden Dokumente in einer Tarnsprache abgefasst, die von »Evakuierungen«, »Sonderbehandlungen«, »Arbeitseinsatz im Osten« und »Umsiedlung« sprach. Mit einigen seltenen Aus-

63 Zur Frage der »Kenntnis« vgl. Mommsen, Was haben die Deutschen; Laqueur, Niemand; Wilhelm, »Endlösung?«

64 Der am 1.12.1966 als Staatssekretär ausgeschiedene Friedrich Karl Vialon war während des Krieges als Leiter der Finanzabteilung des Reichskommissariats Ostland in Riga tätig gewesen und hatte sich unter anderem mit der Ausplünderung der aus den baltischen Staaten deportierten Juden befasst. In einem NS-Prozess hatte er 1963 unter Eid ausgesagt, vom Judenmord nichts gewusst zu haben. Diese Behauptung war angesichts der überlieferten Dokumente so unglaubwürdig, dass Vialon von der Staatsanwaltschaft wegen Meineides angeklagt wurde. Das zuständige Gericht lehnte die Eröffnung des Verfahrens jedoch ab. Siehe zu dieser sehr eigenwilligen Gerichtsentscheidung: Gerhard Mauz in »Der Spiegel« 9/1969 (»Ein Gedränge ohne Ausweg«). Neben anderen zementierte diese öffentliche und eidesstattliche Aussage die generelle, juristisch unverbindliche Verteidigungslinie, zwar geahnt, aber nicht mit Sicherheit gewusst zu haben.

nahmen behaupteten auch diejenigen Männer, die ihre Unterschrift unter solche Schriftstücke gesetzt hatten, dass ihnen die eigentliche Bedeutung dieser Worte verborgen geblieben war.[65]

Auch die Kommandeure und die anderen Angehörigen der Untersuchungsgruppe wollten selbstverständlich nicht gewusst haben, zu welchem Ziel und Zweck sie Juden in den Osten transportiert hatten. So hatte Herbert Hagen schon 1948 sein Entnazifizierungsverfahren mit der Behauptung bestritten, er habe geglaubt, die Deportierten kämen zum Arbeitseinsatz in den Osten,[66] Helmut Knochen hatte dies als Zeuge vor Gericht sogar unter Eid ausgesagt. Angesichts seiner Vorgeschichte überzog ihn die betreffende Staatsanwaltschaft deshalb mit einem Verfahren wegen Meineides, das jedoch eingestellt wurde.[67] Diese Einstellung wurde später allerdings gerichtlich widerlegt.[68] Aufschlussreich waren die Einlassungen Kurt Lischkas im Jahre 1953. Hatte er sich in seiner Aussage in

65 Siehe dazu das in dem Verfahren gegen Graf Korff vor dem LG Bonn am 27.10.1988 von Wolfgang Scheffler erstattete Gutachten: »Zur Problematik der Kenntnis über die Judenvernichtungsmaßnahmen im deutschen Machtbereich«, in: HStAD, Außenstelle Kalkum, Rep. 158/1525, Bl. 103-170. Eine ausführliche Untersuchung des Verhaltens der Täter gegenüber der bundesdeutschen Justiz, ihrer Aussagestrategien und Selbstdarstellungen hat nach Drucklegung der Erstausgabe dieses Buches Ahlrich Meyer vorgelegt. (Vgl. Meyer, Täter)

66 Vernehmung Hagen durch Spruchkammer Stade am 6.1.1948, in: HStAD, Außenstelle Kalkum, Rep. 267/291, Bl. 311.

67 Knochen hatte 1967 als Zeuge in einem NS-Prozess geschworen, von der Ermordung der Juden nichts gewusst zu haben. Er sei der Meinung gewesen, sie würden im Osten umgeschult, um dann im heutigen Israel angesiedelt zu werden. Daraufhin strengte die Staatsanwaltschaft Baden-Baden ein Meineidsverfahren gegen ihn an, das sie jedoch trotz »erheblicher Belastung« einstellte. Einstellungsverfügung StA Baden-Baden vom 27.2.1970 im Verfahren Js 1592/67, in: HStAD, Außenstelle Kalkum, Rep. 267/245, Bl. 5206. Der hinter den Kulissen seine Fäden ziehende Werner Best hatte dieses Verfahren als »kleine Generalprobe« für kommende NS-Verfahren bezeichnet. Vgl. Herbert, Best, S. 500.

68 Bei der Einstellung hatte die Staatsanwaltschaft die Vorgeschichte Knochens weitgehend außer Acht gelassen. Als einziges schlagendes Argument für eine Kenntnis ließ sie den Bericht Danneckers über die mit Heinrichsohn gemeinsam unternommene Reise durch Südfrankreich gelten, in dem dieser offen von der »restlosen Vernichtung des Judentums« gesprochen hatte. Auf der der Staatsanwaltschaft vorliegenden Kopie des Berichts fehlte jedoch die Paraphe Knochens, woraus die Staatsanwaltschaft den Schluss zog, dieser habe den Bericht nicht gekannt. Bei den Ermittlungen zum Lischka-Prozess fand sich im Pariser CDJC jedoch eine von Knochen abgezeichnete Version des Berichtes. Das Landgericht Köln bezeichnete die Einstellung des Baden-Badener Verfahrens deshalb als »unverständlich«. Zur Auffindung des Berichtexemplars mit Knochens Paraphe vgl.

der »Rechtsschutzsache Luther« noch ausgiebig über die Deportationen ausgelassen,[69] so behauptete er zwölf Jahre später, 1965: »Ich wußte von den Judenmaßnahmen wirklich nichts. Ich weiß nichts von einer Deportation.«[70] Dieser Positionswechsel war natürlich durch den mittlerweile angelaufenen Frankreich-Komplex bedingt, der aus dem Entlastungszeugen Lischka einen Beschuldigten gemacht hatte.

Generell wuchs mit dem Rang in der NS-Hierarchie auch das Wissen um den Judenmord. Oberg beispielsweise war mit dieser Kenntnis nach Frankreich gekommen. Als ehemaliger SSPF Radom hatte er zu den Empfängern der bemerkenswert deutlichen Tätigkeitsberichte der Einsatzgruppen gehört und war später auch zum Zeugen von Himmlers berüchtigter »Posener Rede« geworden, in der dieser im Oktober 1943 vor der versammelten Führungsspitze der SS offen vom systematischen Judenmord gesprochen hatte.[71] Aber auch bei Männern wie Knochen, Lischka und Hagen konnte es aufgrund ihrer Karriere eigentlich keinen Zweifel geben. Dennoch bereitete der Nachweis den Strafverfolgungsbehörden größte Schwierigkeiten. Bei der Hierarchieebene darunter, den Kommandeuren, waren die Beweisprobleme noch größer, zumal der Staatsanwaltschaft Köln gleich nach der Übernahme der Ermittlungen ein entscheidender Fehler unterlaufen war: Im Jahr 1966 war es gelungen, den Aufenthalt von Danneckers Nachfolger Heinz Röthke in Wolfsburg zu ermitteln. Vom ehemaligen »Judenberater« wäre entscheidende Aufklärung zu erwarten gewesen, doch anstatt ihn auf der Stelle verhaften zu lassen und ihn zu vernehmen, unternahm die Staatsanwaltschaft nichts. Röthke verstarb kurz darauf, am 14. Juli 1966, in Wolfsburg eines natürlichen Todes, und die Chance, mit Röthke einen Mann in das Verfahren zu ziehen, der aufgrund der Aktenlage sein Wissen um die »Endlösung« nicht leugnen konnte und auch viel über die Kenntnis seiner ehemaligen Kollegen hätte aussagen können, war vertan.[72]

So konnten die ersten drei von der Staatsanwaltschaft vernommenen Kommandeure ungehindert jedes Wissen um den Judenmord abstrei-

Bericht ZStK an JM NRW vom 3.3.1975, in: JM NRW, 4110 E III B 7732, Bd. II, Bl. 323-431, hier Bl. 382.

69 Zeugenaussage Lischka vom 23.3.1953, in: HStAD, Außenstelle Kalkum, Rep. 267/296.

70 Zeugenaussage Lischka in dem Verfahren gegen Rahn vor dem AG Köln vom 6.8.1965, in: ebd.

71 Dazu Scheffler, Kenntnis, S. 116, 136, 147.

72 Vgl. Bericht ZStK an JM NRW für den Zeitraum vom 1.1. bis 30.6.1967, in: HStAD, D II a 30.

ten.[73] Wie alle anderen Kommandeure hatten auch Nährich, Kübler und Jähnig für die Deportation der Juden aus ihrem Zuständigkeitsbereich gesorgt und dabei eine Vielzahl von Dokumenten hinterlassen. Doch auch sie gaben an, sie hätten an den Arbeitseinsatz im Osten geglaubt. So sagte Walter Nährich beispielsweise aus:

> »Ich weiß aus der damaligen Zeit, daß Juden aus Frankreich deportiert worden sind. Mir ist allerdings nicht erinnerlich, daß Juden nach dem Osten, sondern nur, daß sie ins Reich deportiert wurden. [...] Auch den Begriff ›Endlösung der Judenfrage‹ im Sinne der physischen Vernichtung habe ich erst nach dem Kriege kennengelernt. [...] Von den Vernichtungsaktionen großen Stils habe ich ebenfalls bis zu meiner Entlassung aus russischer Kriegsgefangenschaft nie etwas erfahren.«[74]

Als der vernehmende Staatsanwalt ihm daraufhin Protokolle einer Besprechung vorlegte, die Dannecker zum »Judenproblem« abgehalten hatte und die Nährichs Teilnahme auswiesen, erklärte dieser die Dokumente kurzerhand für falsch.

Tatsächlich waren solche Tagungen und Besprechungen eines der wichtigsten Argumente, die gegen die Ahnungslosigkeit der Kommandeure sprachen. So hatte Ende Juni 1942 in der Pariser Zentrale eine Sitzung der »Judensachbearbeiter« der jeweiligen KdS zum »allgemeinen Stand des Judenproblems« stattgefunden. Dort war als »Fernziel« die »absolute Reinigung der Provinz von Juden, später nur noch Juden in Paris, von dort schließlich der Abtransport der Reste« festgelegt und der »Abschub der Juden aus dem besetzen Gebiet nach Auschwitz« angekündigt worden.[75] Dies stellte eine zu wichtige Entscheidung dar, als dass die Judensachbearbeiter es unterlassen haben konnten, ihre vorgesetzten Kommandeure darüber zu unterrichten. Einige Monate später hatten alle

73 Vernehmung Ernst Kübler vom 5.7.1966, in: HStAD, Außenstelle Kalkum, Rep. 158/1509, Bl. 45 ff.; Vernehmung Walter Nährich vom 8.7.1966, in: HStAD, Außenstelle Kalkum, Rep. 158/1502, Bl. 26 ff.; zur Vernehmung von Werner Jähnig und der Bewertung aller drei Aussagen siehe den Bericht der ZStK für den Zeitraum vom 1.7. bis 31.12.1966, in: HStAD, D II a 30.

74 Vernehmung Walter Nährich vom 8.7.1966, in: HStAD, Außenstelle Kalkum, Rep. 158/1502, Bl. 26.

75 Protokoll der Besprechung vom 30.6.1942, abgedruckt in: Einstellungsverfügung StA Hildesheim gegen Dietmar Westphal und Friedrich Bauckloh vom 4.2.1982 (17 Js 331/80), in: ZStL 114 AR 210/80, Bl. 20 ff.

Sipo/SD-Kommandos ein Telegramm des BdS Knochen erhalten, in dem dieser »im Rahmen der Endlösung der Judenfrage« die Festnahme von Juden anordnete und ausdrücklich hinzufügte: »Die Festnahmeaktion erstreckt sich auf Männer, Frauen und Kinder, ohne Rücksicht auf das Alter.«[76] Tatsächlich hatten die Kommandos von nun an auch Frauen, arbeitsunfähige Greise und Kinder deportiert, was sich wohl kaum mit der Mär vom »Arbeitseinsatz« vertrug. Die mehr oder weniger standardisierte Antwort, welche die Staatsanwälte auf diese Feststellung zu hören bekamen, war, dass es sich hierbei um »Familienzusammenführungen« gehandelt habe. Dies jedoch war absurd, denn die Kinder, das jüngste war ein 16 Tage alter Säugling, wurden von ihren Familien getrennt und dabei nicht etwa durch Namensschilder gekennzeichnet, so dass eine »Zusammenführung« kaum möglich gewesen wäre.[77] Zudem wurden die Juden so grausam behandelt, dass ein erheblicher Teil den Transport im Viehwaggon über das Sammellager Drancy oder auch direkt »in den Osten« gar nicht überlebte. Um die Fluchtgefahr zu mindern, wurden beispielsweise im Jahr 1944 einige Transporte mit unbekleideten Menschen auf den Weg geschickt, was die Überlebenschancen erheblich minderte.[78] Darüber gab es Dokumente, in denen die gängige Sprachregelung ganz oder teilweise fallen gelassen worden war. Am deutlichsten ist dabei der bereits zitierte Bericht Danneckers über die gemeinsam mit Heinrichsohn durchgeführte Inspektionsreise durch Südfrankreich. Der »Judenberater« hatte damals seiner Sekretärin Marianne B. in die Maschine diktiert, dass die Juden ihrer »restlosen Vernichtung« entgegengingen.[79] Frau B. wurde nach dem Krieg die Ehefrau Herbert Hagens, sie behauptete, dieses und weitere Diktate dieser Art für »Spinnereien« gehalten zu haben, die Dannecker für sich selber produzierte.[80] Ein weiterer Anhaltspunkt für die Kenntnis war die Aufklärungs- und

76 FS Knochen an alle Sipo/SD-Kommandos vom 5.10.1942, abgedruckt in: Serge Klarsfeld, Vichy – Auschwitz, S. 470. Zur strafrechtlichen Bewertung siehe Einstellungsverfügung StA Hildesheim gegen Dietmar Westphal und Friedrich Bauckloh (Anm. 69).

77 Vgl. dazu die Zeugenaussage des Überlebenden Georges Wellers vom 28.11.1979 im Kölner Lischka-Prozess. Berichterstatterprotokoll vom 12. Verhandlungstag, in: HStAD, Außenstelle Kalkum, Rep. 267/322, Bl. 108 ff.

78 Vgl. Bargatzky, Hotel Majestic, S. 127.

79 Siehe Kapitel 1.

80 Vernehmung Marianne Hagen, geborene B. durch StA Köln am 8.11.1977, in: HStAD, Außenstelle Kalkum, Rep. 158/1575, Bl. 7079 ff.

Propagandaarbeit des französischen Widerstandes und des Auslandes. Seit Herbst 1942 berichteten vor allem englische Rundfunkstationen vom Judenmord. Da auch die Überwachung der »Feindpropaganda« zu den Aufgaben der KdS-Dienststellen gehörte, hätten sie schon auf diesem Weg von den Verbrechen hören müssen.[81]

Aufgrund dieser Indizien hatten die Kölner Staatsanwälte am Beginn ihrer diesbezüglichen Untersuchung durchaus Hoffnung, die Mauer aus Schweigen zu durchbrechen. So hatte ein Zeuge ausgesagt, man »habe sich nach den Gerüchten, die in Paris umliefen, [...] ein Bild machen« können. Weiter hatte er einen Vorfall geschildert, in dem Dannecker bei einer Besprechung mit den Worten begrüßt worden sei: »Sie sind also der berühmte Judentöter«, was der ohne Widerspruch hingenommen habe.[82] Ein ehemaliger Militärverwaltungsbeamter hatte zudem angegeben, im Jahr 1942 von einem aus dem Osten nach Frankreich versetzten Kollegen über den Judenmord informiert worden zu sein.[83] Beide Aussagen reichten freilich nicht aus, um die Sipo/SD-Funktionäre zu widerlegen. Aussichtsreicher war da der Verlauf eines ganz ähnlichen Verfahrens, das die Staatsanwaltschaft München wegen der Ermordung der niederländischen Juden führte. Die Hauptangeklagten, der ehemalige BdSNiederlande Wilhelm Harster und sein »Judenreferent« Wilhelm Zoepf, hatten dabei eingeräumt, dass ihnen das Schicksal der Juden mit dem Beginn der Massentransporte, also Mitte 1942, deutlich geworden war; sie wurden deshalb im Jahr 1967 zu langjährigen Haftstrafen verurteilt.[84] Die Staatsanwaltschaft ging davon aus, dass die Informationslage auch in Frankreich dieselbe gewesen war, und hoffte, dies mit weiteren, zwingenderen Aussagen zu belegen. Da von dem solidarischen Zirkel der Verdächtigen und ihrer Sympathisanten eine klärende Aussage nicht zu erwarten war, befragten die Staatsanwälte die ehemals erklärten Feinde der RSHA-Männer.[85]

81 Vgl. Scheffler, Kenntnis, S. 158.

82 Zeugenaussage des ehemaligen Botschaftsangehörigen Eugen Feihl vom 19.4.1961, in: HStAD, Außenstelle Kalkum, Rep. 267/226, Bl. 932 ff.

83 Zeugenaussage Bernhard Reismann o.D., in: ZStL 104 AR-Z 1670/61, Bl. 860 ff.

84 Dazu auch die Einlassungen der beiden im Kölner Lischka-Prozess, Protokoll vom 13. Verhandlungstag vom 30.11.1979, in: HStAD, Außenstelle Kalkum, Rep. 267/310, Bl. 262 ff.

85 StA München II an StA Köln vom 18.4.1966, in: HStAD, Außenstelle Kalkum, Rep. 267/227 Bl. 1151.

Davon gab es einige, denn Paris war ein wichtiges Zentrum der Verschwörung des 20. Juli 1944 gewesen, deren gefährlichste Gegner vor Ort die hitlertreuen Männer Obergs gewesen waren. Die Staatsanwaltschaft setzte vor allem große Hoffnungen auf Walter Bargatzky, den oben bereits im Zusammenhang mit dem Fall Michel vorgestellten ehemaligen Kriegsverwaltungsrat in der Gruppe Justiz, der inzwischen zum Staatssekretär im Bundesgesundheitsministerium und Vizepräsidenten des Deutschen Roten Kreuzes aufgestiegen war. Obwohl ihn die DDR-Propaganda wegen seiner Vergangenheit als SA-Mann und Blockleiter der NSDAP mehrfach als »Nazi« bezeichnet hatte, hatte er in Paris zu dem weiteren Kreis der Anti-Hitler-Verschwörer gehört.[86] Nach seiner eigenen Darstellung hatte er vorgeschlagen, Oberg, Knochen, Hagen und andere nach der geplanten Beseitigung Hitlers kurzerhand zu erschießen. Stattdessen war er jedoch von den führenden Männern des Widerstandes damit beauftragt worden, eine Anklageschrift für einen Gerichtsprozess gegen diese Männer vorzubereiten, und er hatte deshalb alle erdenklichen Beweise zusammengetragen. Daher musste er besonders gut informiert sein.[87] Doch Bargatzky erfüllte die Hoffnungen nicht, konnte sie nicht erfüllen, zumal auch er sich in der Abwehr der alliierten »Siegerjustiz« in diesem Punkt bereits festgelegt hatte: Im Nürnberger Prozess hatte er eine eidesstattliche Erklärung zugunsten des ehemaligen Staatssekretärs im Auswärtigen Amt Ernst von Weizsäcker abgegeben. Um diesen zu entlasten, hatte er ausgesagt, dass der Militärverwaltung selbst 1944 kein

86 Bargatzky gehörte vom 1.11.1933 bis zum 19.8.1937 der SA an und war am 1.5.1937 in die NSDAP eingetreten (Mitgliedsnummer 4140825). Er betätigte sich als Blockleiter in Karlsruhe und erhielt die Beurteilung »politisch zuverlässig«. Vgl. BAB (ehemals BDC), PK-Akte Bargatzky sowie den Überprüfungsvorgang der Staatssicherheit der DDR in: BStU PA 1071. Zur DDR-Propaganda gegen seine Ernennung zum Staatssekretär vgl. die ADN-Meldung vom 10.1.1963 (»Nazi Bargatzky wird Staatssekretär im Gesundheitsministerium«) sowie »Sächsische Zeitung« (Dresden) vom 4. 8.1967 (»Westdeutscher DRK-Präsident mit brauner Vergangenheit«) und andere Meldungen dieser Art in: BStU PA 1071, Bl. 97 ff. Da Bargatzky vor seiner Tätigkeit im Bundesgesundheitsministerium im Bundesministerium des Inneren maßgeblich am Aufbau des Bundesgrenzschutzes beteiligt gewesen war, war er für die DDR-Kampagne zur Delegitimierung der Bundesrepublik besonders geeignet. Sein 1966 erfolgter Rücktritt als Staatssekretär war angeblich jedoch nicht die Folge dieser Kampagne, sondern hatte politische Gründe. Vgl. »Die Welt« vom 8.12.1966 (»Staatssekretär Bargatzky begründet sein Ausscheiden«).

87 Bargatzky, Hotel Majestic, S. 127 ff.

»definitiver« Beweis für den Judenmord vorgelegen habe.[88] Um diese Erklärung nicht als Gefälligkeitsaussage zu desavouieren, hielt er sie nun aufrecht: Bis 1944 habe es keine »unwiderlegbaren schriftlichen Beweise« gegeben. Doch habe spätestens seit 1942 ein »Verdacht« bestanden. Bereits im Dezember habe ein von der Ostfront nach Paris versetzter Kriegsverwaltungsrat über die Massenerschießungen in Babi-Jar berichtet. Zudem habe Heydrich am 7. Mai 1942 bei der Amtseinführung Obergs einem kleinen Kreis von Spitzenfunktionären vom Stand des Massenmordprogramms detailliert berichtet, darunter auch Bargatzkys Vorgesetztem Bälz, der die Nachrichten empört weitererzählt habe. Im Sommer 1943 habe dann ein weiterer Militärverwaltungsbeamter von einer Zugfahrt berichtet, während der ihm ein SS-Offizier ganz offen von den Schwierigkeiten erzählt habe, Säuglinge durch Genickschüsse »fachgerecht« zu töten. Trotz dieser klaren Aussagen beharrte Bargatzky allerdings darauf, dass dies nicht den »beweiskräftigen allgemeinen Schluß erlauben [würde], die Dienststelle des Höheren SS- und Polizeiführers habe von der Absicht der systematischen Vernichtung deportierter Juden Kenntnis gehabt« – womit er seine Aussage der juristischen Durchschlagskraft beraubte.[89] Dieser »Ja-aber«-Darstellung blieb Bargatzky bis zu seinem Tod 1998 in mehreren Darstellungen und Vernehmungen treu.[90] Allerdings wurde er in seinem über 20 Jahre nach dieser Aussage veröffentlichten Erinnerungsbericht »Hotel Majestic« deutlicher. Nachdem der Bericht über Babi-Jar im Dezember 1941 eingetroffen sei, heißt es dort, habe es auch im »Majestic« kein Nichtwissen mehr gegeben.[91]

Auch bei anderen Prominenten hatten die Staatsanwälte keinen Erfolg. Weder der Schriftsteller Ernst Jünger noch der mittlerweile zum General der Bundeswehr und Oberbefehlshaber der Nato-Streitkräfte in Mitteleuropa aufgestiegene Hans Speidel fanden sich zu einer deutlichen Aussage bereit. Während Speidel sich sogar zu der Behauptung verstieg, er habe erst nach 1945 vom Judenmord erfahren,[92] äußerte Jünger die

88 Eidesstattliche Erklärung Bargatzky vom 18.7.1948 (IMT, Weizsaecker Exhibit 439, Dok. Nr 472.) in: BSTU PA 1071, Bl. 106.

89 Aussage Bargatzkys vom 7.6.1966, in: BAK B 141/88307 bzw. HStAD, Außenstelle Kalkum, Rep. 158/1547 Bl. 783 ff.

90 Vgl. Bargatzky, Runde; »Frankfurter Allgemeine Zeitung« vom 14.7.1984 (»Zwei Stunden und eine vertane Chance. Der 20. Juli 1944 in Paris. Aus unveröffentlichten Aufzeichnungen von Walter Bargatzky«).

91 Bargatzky, Hotel Majestic, S. 103.

92 Vgl. Bericht ZStK an JM NRW für den Zeitraum vom 1.1.1967 bis 30.6.1967, in: HStAD, D II a 30.

»persönliche Überzeugung«, »dass den Angehörigen des BdS das Schicksal der Juden bekannt gewesen« sei. In der etwas kuriosen Vernehmung, in welcher der Chronist dieser Jahre (»Strahlungen«) vom Staatsanwalt auch gefragt wurde, ob sein Tagebuchbericht nun »Dichtung oder Wahrheit« sei, konnte oder wollte der Schriftsteller jedoch nicht konkreter werden. Auch konnte er die von ihm in seinen Tagebüchern erwähnten geheimen Aufzeichnungen über die Geiselerschießungen aus dieser Zeit unter seinen Unterlagen nicht mehr finden.[93] Ganz offensichtlich wollte er die in dieser Hinsicht raunende Darstellung (»Lemurenwälder im Osten«) seines »Pariser Tagebuches« nicht in konkrete Anklagen umgesetzt wissen.[94] Noch unergiebiger verlief die Vernehmung des als ehemaliger Ic-Offizier des MBF in die Geiselerschießungen verstrickten Hans Crome, der nun bereits pensionierter General der Bundeswehr war. Er war Zeuge der von Bargatzky geschilderten Heydrich-Rede in Paris gewesen, leugnete aber, dass Heydrich dabei den Judenmord auch nur erwähnt habe.[95] Ergebnislos blieb auch die Einvernahme eines weiteren ehemaligen hohen Militärs. Es handelte sich dabei um den ehemaligen Generalleutnant Otto Kohl, einen Mann, der für die Bereitstellung der Züge nach Auschwitz zuständig gewesen war und über den Dannecker seiner Sekretärin Folgendes diktiert hatte:

> »Ich habe ihm einen Überblick über die Judenfrage und die Judenpolitik in Frankreich gegeben. Dabei konnte ich feststellen, daß er ein kompromißloser Judengegner ist und einer Endlösung der Judenfrage mit dem Ziel der restlosen Vernichtung des Gegners 100prozentig zustimmt.«[96]

Kohl war zur Vernehmung zunächst einfach nicht erschienen und wurde daraufhin an seinem Wohnsitz, einem Altenheim, aufgesucht. Dort behauptete er, mit der Judenfrage nie etwas zu tun gehabt zu haben und außerdem ein »großer Freund der Juden« zu sein. Alle weiteren Fragen

93 Zeugenvernehmung Ernst Jünger vom 7.7.1966 in Wilfingen. Leider sah die StA Köln von einer förmlichen Vernehmung ab und fertige das sehr knappe Protokoll erst am 12.7.1966 an, in: HStAD, Außenstelle Kalkum, Rep. 267/228, Bl. 1201-1399.

94 Jünger, Strahlungen I, S. 324.

95 Vernehmung Crome o.D. (1967) in: ZStL 104 AR-Z 1670/61, Bl. 823.

96 Vermerk Danneckers vom 13.5.1942, zitiert nach S. Klarsfeld, Vichy – Auschwitz, S. 377.

beantwortete er mit einem Wortschwall, der so zusammenhanglos war, dass die Beamten die Vernehmung schließlich abbrachen.[97]

Trotz dieser Aussagen bleiben keine Zweifel, dass in den führenden Kreisen des Militärs und der Militärverwaltung spätestens seit Frühjahr 1942 jedermann wusste, was im Osten geschah. Dabei spielt es keine Rolle, ob auch die Details vollständig bekannt waren. Die Massenerschießungen der Einsatzgruppen, die Gaswagen und schließlich die Gaskammern in Auschwitz und anderswo machten da keinen Unterschied. Wolfgang Scheffler hat in einem Gerichtsgutachten die Begriffe »Informationsmöglichkeit« und »Informationswillen« eingeführt.[98] Diese Kategorien benutzend, lässt sich feststellen, dass mehr als genug Informationen vorlagen, die auf den Massenmord hinwiesen. Sie waren so deutlich, dass es schon eines ausgeprägten Willens zur Ignoranz bedurfte, um diese Informationen nicht auch zu einem Gesamtbild zusammenzusetzen. Ein offizielles Dokument, eine amtliche Bestätigung über den Massenmord, nach der die Staatsanwälte fragten, brauchte es gar nicht. Warum aber scheuten Jünger, Bargatzky und viele andere davor zurück, eine definitive und beweiskräftige Aussage in dieser Richtung zu machen, wenn sie doch die Sipo/SD-Männer (die Jünger'schen »Lemuren«) so sehr verachteten?

Zum Einen hing die Messlatte der Gerichte sehr hoch. Wie sich in dem Meineidsverfahren gegen Knochen gezeigt hatte, war es eine Sache, sich selbst das Wissen aufgrund verschiedener Informationsquellen zu erschließen, aber eine andere, vor Gericht den Nachweis zu führen, dass jemand anderer dieses Wissen auch gehabt habe. Tatsächlich sollten noch rund 15 Jahre vergehen, bis ein bundesdeutsches Gericht diesen Nachweis anerkannte. Zum Anderen hatten einige der Militärs guten Grund, sich dumm zu stellen, wollten sie nicht selbst in Schwierigkeiten geraten. Dies galt für den dementen Kohl ebenso wie für den in die Geiselerschießungen verstrickten Crome. Auch dem gerade auf dem Höhepunkt seiner zweiten Karriere stehenden General Speidel wäre das Eingeständnis, vom Judenmord gewusst zu haben, wohl nicht sehr zupass gekommen, zumal er als ehemaliger Chef des Kommandostabes beim MBF auch mit den Geiselhinrichtungen zu tun gehabt hatte. Drittens spielte die in den fünfziger Jahren gegen die alliierte Strafverfolgung entwickelte Abwehrhaltung eine große Rolle. Am Beispiel Bargatzkys, der noch 1987 das Nürn-

97 Vernehmung Otto Kohl vom 10.11.1971, in: HStAD, Außenstelle Kalkum, Rep. 267/234, Bl. 2437 ff.

98 Scheffler, Kenntnis, S. 211.

berger Tribunal als »halsbrecherische Konstruktion«[99] bezeichnete, lässt sich das besonders deutlich zeigen. In seiner eidesstattlichen Erklärung für von Weizsäcker hatte er das definitive Wissen um die Endlösung verneint und sich so festgelegt – nun konnte er von dieser Äußerung nicht mehr abrücken. Das Gleiche galt für zahlreiche andere Aussagen, die von ehemaligen Militärverwaltungsbeamten für die Zentrale Rechtsschutzstelle, vor allem in der »Rechtsschutzsache Luther«, gemacht worden waren. So war beispielsweise der ehemalige Chefrichter beim MBF Boetticher Zeuge jener Heydrich-Konferenz gewesen, die nach Bargatzkys Aussage eine so entscheidende Rolle gespielt hatte. Im Jahr 1949 hatte er jedoch zugunsten Luthers ausgesagt und dabei nur erwähnt, dass Heydrich die Geiselerschießungen als »Bankrotterklärung der Polizei« bezeichnet hatte. Dies traf zu, doch hatte diese Feststellung Heydrich als Begründung der Deportationsmaßnahmen gedient. Davon hatte Boetticher allerdings nichts gesagt.[100] Nun erneut vernommen, blieb er bei dieser Aussage: Heydrich habe nur von den Geiselerschießungen gesprochen, was Bargatzkys Aussagen weiter entwertete.[101] Von über 40 vernommenen ehemaligen Angehörigen der Militärverwaltung sah sich keiner in der Lage, den Staatsanwälten bei diesem Problem weiterzuhelfen.[102] Der Kampf gegen die alliierte Justiz hatte eine Art Aussagekartell geschaffen, das sogar die tiefe Kluft zwischen den ehemals feindlichen Parteiungen überbrückte. So hatte ja beispielsweise Lischka für Luther ausgesagt, dass dieser wie die anderen Kommandeure nichts mit der Verhaftung von Juden zu tun gehabt habe, und er hatte die Militärverwaltung generell in Schutz genommen.[103] Bargatzkys Nürnberger Aussage kam umgekehrt wieder Lischka zugute, auch wenn Bargatzky dies sicherlich niemals intendiert hatte. Zudem hatte ja Luthers Dissertation ein bestimmtes Geschichtsbild vermittelt, das auf die Entlastung der Militärverwaltungsbeamten abzielte und dabei auch diejenigen einschloss, die wie Luther zum HSSPF gewechselt waren. Die ehemals in Frankreich eingesetzten Männer waren offenbar der Ansicht, dass sich die Situation jener Jahre im Nachhinein und von außen nicht ermessen oder nachvollziehen ließ.

99 Bargatzky, Hotel Majestic, S. 124.
100 Eidesstattliche Erklärung Boettichers vom 20.10.1949, in: BAK B 305/117.
101 Vernehmung Boetticher o.D. in: ZStL 104 AR-Z 1670/61, Bl. 810.
102 Vgl. Bericht ZStK an JM NRW für den Zeitraum vom 1.7.1966 bis 31.12.1966, in: HStAD, D II a 30.
103 ZRS, Luther-Dokumente, BAK B 305/117, Dok. 896 und Kartei, Kalkum, Rep. 267/269.

Sie selbst fällten das Urteil, welche der Männer sich strafbar gemacht hatten und welche »anständig« geblieben waren. So nahm Bargatzky noch in den achtziger Jahren die wegen ihrer Rolle bei den Geiselerschießungen verfolgten früheren Militärverwaltungsbeamten Waldemar Ernst und Karl Kübler mit der Bemerkung in Schutz, sie seien ihm als »anständig« im Gedächtnis geblieben. Er erinnere sich dagegen

> »sehr gut an Angehörige der Militärverwaltung und des SD, von denen ich der Meinung war, daß sie Verbrechen auf sich geladen hatten. Nach solchen Leuten habe ich gleich nach Kriegsende, vor allem in meiner Eigenschaft als Polizeidirektor von Baden-Baden, [...] gefahndet.«[104]

Wie er in seinen Erinnerungen ausführt, meinte er damit unter anderem den Judensachbearbeiter Röthke.[105] Das Kriterium der »Anständigkeit« war bezeichnenderweise seit den frühen fünfziger Jahren auch in der politischen Diskussion beliebt.[106] Entscheidend für Bargatzky und seine ehemaligen Kollegen war, ob sich der Betreffende dem Korpsgeist und dem militärischen Ehrenkodex jener Jahre verpflichtet gefühlt hatte, zu dem auch eine innere Distanz zum Nationalsozialismus und seinem pathologischen Judenhass gehörte. Nicht dass der Militärverwaltung das Schicksal der Juden besonders am Herzen lag – die Beamten sahen die Juden vielmehr als potentiell gefährliches und lästiges Problem an, das einer »Lösung« bedurfte.[107] Bei dieser unerfreulichen Aufgabe war jedoch eine gewisse »Ritterlichkeit« und vor allem eben der Abstand zu dem brennenden Antisemitismus der RSHA-Leute gefordert. Wer sich wie Röthke oder auch Ahnert mit allzu offensichtlicher Begeisterung der Judenverfolgung gewidmet und in die Arme des SD geworfen hatte, war aus der Solidargemeinschaft des »Majestic« ausgetreten. Wer sich jedoch wie Waldemar Ernst mit »antijüdischen Maßnahmen« (einschließlich der Einrichtung von Konzentrationslagern, der massenhaften Verhaftung

104 Zeugenaussage Bargatzky im Verfahren StA 3 Js 658/83 (ZStL 104 AR-Z 17/83, Bl. 31-33.)

105 Vgl. Bargatzky, Hotel Majestic, S. 108.

106 Siehe dazu auch die Überlegungen Ulrich Herberts zu der von Adenauer eingeführten Kategorie der »wirklichen Verbrecher« in: Herbert, NS-Eliten (1997), sowie die Inanspruchnahme des Entlastungsarguments der »Anständigkeit« durch die ehemaligen KZ-Kommandanten, vgl. Orth, SS-Täter.

107 Vgl. Herbert, Best, S. 313.

von Juden sowie deren Abtransport nach Auschwitz) beschäftigt hatte,[108] ohne dabei den geforderten distanzierten Habitus abzulegen und ohne sich mit den »Lemuren« gemein zu machen, sondern gewissermaßen entschlossen aus Einsicht in die höheren Zusammenhänge gehandelt hatte, ohne dabei besondere Grausamkeit oder Übereifer zu zeigen, galt allenfalls als tragische Gestalt. Es liegt auf der Hand, dass sich dieses subjektive Kriterium der »Anständigkeit« nicht mit den objektiven Kriterien des Strafgesetzbuches vertrug.

Der Abgleich von Erinnerungen und Bewertungen dauerte auch nach dem Ende der französischen Strafverfolgung an, da viele der ehemaligen Militärverwaltungsbeamten auch nach dem Krieg in beruflichem und privatem Kontakt zueinander standen. So war der seit 1966 als ehemaliger Kommandeur enttarnte und deshalb als Beschuldigter geführte Graf Korff seit den frühen fünfziger Jahren als Regierungsrat im Ministerium für Angelegenheiten des Bundes und der Länder tätig, bevor er Ende der sechziger Jahre in das Wirtschaftsministerium wechselte,[109] während beispielsweise Bargatzky im Innen- und dann im Gesundheitsministerium tätig war. Sein Freund aus Pariser Zeiten Rudolf Thierfelder arbeitete im Auswärtigen Amt, wo er als Abteilungsleiter in der Rechtsabteilung ausgerechnet zu der Zeit der Vorgesetzte Gawliks war, als dieser der Zentralen Stelle Ludwigsburg die Akteneinsicht erschwerte.[110] Außerdem hatte es nach der Entlassung Michels ein »Ehemaligentreffen« in Bonn gegeben, dessen Teilnehmerliste immerhin acht Seiten umfasst und viele Ministerialbeamte nennt.[111] Die Kölner Staatsanwaltschaft stellte frustriert fest: »Anläßlich der Vernehmung ehemaliger deutscher Militärverwaltungsbeamter hat es sich wiederholt herausgestellt, daß viele der Zeugen noch miteinander Kontakte haben und sich vor und nach den Vernehmungen gegenseitig unterrichten.«[112] Und auch die Hauptverdächtigen kommunizierten miteinander. Noch bevor die Staatsanwalt-

108 Vgl. die Einstellungsverfügung der StA Stuttgart gegen Waldemar Ernst vom 10.1.1987 – 3 Js 658/83 – in: ZStL 104 AR 17/83, Bl. 147 ff.

109 Vgl. Vernehmung von Korff vom 10.1.1968, in: HStAD, Außenstelle Kalkum, Rep. 158/1503 Bl. 20.

110 Vgl. den Bericht der ZStL über die Verhandlungen mit dem AA am 3.11.1967, in: ZStL IV AR 3606/65, Bl. 36 ff.

111 Das Treffen fand am 25.10.1954 im »Haus Vaterland« in Bonn statt. Vgl. Einladungsschreiben von Dankmar Seibt vom 16.10.1954, in: HStAD, Außenstelle Kalkum, Rep. 267/ 231, S. 1881.

112 Tätigkeitsbericht der ZStK für den Zeitraum vom 1.7. bis 31.12.1966, in: HStAD, DD II a 30.

schaft Köln überhaupt mit ihrer Vernehmung begann, waren sie bereits vorbereitet: So hatte Rudolf Bilfinger seine Zeugenaussage schon im Berliner RSHA-Prozess mit Werner Best abgesprochen und planmäßig Zeugenaussagen organisiert, welche die Unkenntnis selbst der RSHA-Spitzenkräfte beweisen sollten.[113] Zudem fanden sich bei einer Durchsuchung des Hauses von Bests ehemaligem Stellvertreter Fritz Tichy Unterlagen aus dem Frankreich-Komplex. Tichy war nun für den Bundesnachrichtendienst tätig, nach seiner Aussage waren ihm die Akten von einem anonymen BND-Mitarbeiter zugeleitet worden. Weitere Auskünfte verweigerte der Geheimdienstmann, doch war klar, dass Best auf diese Weise von den gegen ihn gesammelten Vorwürfen informiert war.[114]

Schließlich vernahmen die Staatsanwälte die ehemaligen Angehörigen der Transportkommandos, welche die Deportationszüge aus Frankreich begleitet und bewacht hatten. Aber auch das blieb ohne nennenswerte Ergebnisse, auch diese Männer, die in der Regel an der deutsch-französischen Grenze ausgewechselt worden waren, wollten von Auschwitz und der Ermordung der Juden nichts gewusst haben, auch konnten und wollten sie keine Aussagen darüber machen, wie viel andere gewusst hatten.[115]

113 Vgl. Vermerk der StA Berlin vom 12.12.1968, in: ZStL 104 AR-Z 1670/61, Bl. 1359. Zu Bests umfassenden Aktivitäten gehörte die Akquisition von entlastenden Aussagen, vgl. Herbert, Best, S. 498 ff.

114 Die Akten stammten von der ZSt bei der StA Dortmund, welche die Ermittlungen im Geiselverfahren übernommen hatte (s. u.). Der anonyme BND-Mann hatte jedoch angenommen, es gehe um die Judendeportationen. Die Hausdurchsuchung bei Tichy war im Zusammenhang mit dem Verfahren gegen den Minister für Arbeit und Soziales des Landes Schleswig-Holstein Hans Adolf Asbach durchgeführt worden, gegen den die StA Kiel wegen seiner Vergangenheit als Kreishauptmann von Brzezany ermittelte (vgl. ZStL 204 A-Z 76/61). Sie hatte noch andere Dokumente dieser Art zutage gefördert, die eine enge Zusammenarbeit der ehemaligen Angehörigen der Bezirksverwaltung Galizien bewies. So hatte Tichy seine Aussagen in dem Verfahren mit dem zum Leiter des »Deutschen Industrie-Instituts« aufgestiegenen Ludwig Losacker abgesprochen und die Zusammenfassung an Asbachs Nachfolger als Kreishauptmann, den nunmehr als Verwaltungsgerichtsrat tätigen Werner Becker weitergeleitet. Die Verbindung zum BND ist auch deshalb interessant, weil mit dem leitenden Regierungsdirektor im BND Hansgeorg Naumann ein weiterer ehemaliger Angehöriger der Bezirksverwaltung Galizien für diese Organisation tätig war. Vgl. Vermerk der StA Kiel vom 9.9.1966, in: HStAD, Außenstelle Kalkum, Rep. 158/1603, Bl. 155. Eine kurze biographische Skizze zu Losacker findet sich bei Herbert, NS-Eliten (1997), S. 10.

115 Vgl. Bericht ZStK an JM NRW für den Zeitraum vom 16.9.1971 bis 31.3.1972, in: HStAD, D II a 30.

Angesichts dieser Entwicklung ließen die Staatsanwälte das Verfahren ab 1968 unter Hinweis auf die Blockade ruhen, trafen aber Vorbereitungen zur Festnahme von Hagen, Lischka und Heinrichsohn, da man damit rechnete, nach Freigabe der Ermittlungen binnen weniger Monate Anklage erheben zu können.[116]

Inzwischen zeigten jedoch auch Vertreter verschiedener Opferorganisationen lebhaftes Interesse an den Verfahren. So fragte die »Vereinigung der Verfolgten des Naziregimes« (VVN) seit Mitte der sechziger Jahren mehrfach nach dem Gang der Ermittlungen. Größere Bedeutung als der als Instrument der DDR-Propaganda geschmähten Organisation wurde dem Interesse der israelischen Polizei zugemessen, die einen speziellen Stab für Ermittlungen wegen NS-Verbrechen unterhielt. Major Lengsfelder, der Chef dieser Abteilung, hatte sich in Köln persönlich nach dem Verfahrensstand erkundigt und bemühte sich um Zeugen und Unterlagen, und auch der World Jewish Congress benannte mehrfach Anschriften potentieller Zeugen.[117] Angesichts dieses Interesses und der Tatsache, dass Ludwigsburg 17 weitere Ermittlungsverfahren nach Köln abgegeben hatte, in denen die Taten der einzelnen KdS-Dienststellen nun gesondert untersucht wurden, intensivierte die Kölner Stelle ihre Bemühungen wieder und konzentrierte sich auf die Beschaffung und Auswertung von Dokumenten.[118] Da die Akten der französischen Militärarchive nach wie vor nicht erreichbar waren, konzentrierte man sich dabei auf die deutschen Archive sowie auf das Pariser CDJC. Zudem wurde die bereits 1966 begonnene Zusammenarbeit mit dem Landeskriminalamt Nordrhein-Westfalen verstärkt, wo eine Sonderkommission mit der Auswertung der erhobenen Dokumente beauftragt wurde. Tatsächlich gelang es, 53 Tatverdächtige herauszufiltern, die nicht bereits in Frankreich verurteilt worden waren. Die Kölner Staatsanwälte machten sich jedoch wenig Hoffnung, diese vor Gericht bringen zu können, da auch sie jede Kenntnis vom Mordgeschehen abstritten. Diese niedrige Erwartungshaltung hing unter anderem mit zwei vorausgegangen, Verfahrenseinstellungen in der gleichen Sache zusammen: Die Staatsanwaltschaft München hatte

116 Das Verfahren ruhte vom 15.1.1968 bis zum 14.7.1969. Vgl. Berichte ZStK an JM NRW für den Zeitraum vom 15.1. bis 14.7.1968 und 15.1. bis 14.7.1969, beide in: HStAD, D II a 30.

117 Vgl. Bericht ZStK an JM NRW für den Zeitraum vom 1.2. bis 15.7.1970, in: HStAD, D II a 30.

118 Vgl. Bericht ZStK an JM NRW für den Zeitraum vom 15.1. bis 14.7.1969, in: HStAD, D II a 30.

1971 ihr Verfahren gegen Klaus Barbie mit der Begründung eingestellt, er habe von der Ermordung der Juden nichts gewusst, da diese vor der Öffentlichkeit geheim gehalten worden sei – eine Entscheidung, die sie aufgrund öffentlichen Druckes später jedoch revidieren musste.[119] Auch ein dort geführtes Verfahren gegen die beiden ehemaligen Kommandeure Schmäling und Gallinger wurde mit der gleichen Begründung eingestellt.[120]

Das Geiselverfahren

Auch die Ermittlungen wegen der Geiselerschießungen verliefen alles andere als erfolgversprechend. Sie lieferten ein Musterbeispiel für den Prozess, den Fritz Bauer als »Atomisierung und Parzellierung« bezeichnete:[121] Zunächst hatte die Zentrale Stelle der Landesjustizverwaltungen große Mühe, überhaupt eine Staatsanwaltschaft zu finden, die bereit war, das Verfahren zu führen. Mehrere Staatsanwaltschaften ließen das politisch und juristisch heikle Verfahren zirkulieren und zerteilten es dabei in immer kleinere Teile. Dies hatte den entscheidenden Nachteil, dass dabei der Gesamtzusammenhang verloren ging und zudem mehrere hochrangige Beschuldigte aus den Ermittlungen verschwanden.[122] In keinem Einzelverfahren kam es jemals zu einer Anklage.

Wie erwähnt, hatte die Zentrale Stelle in Ludwigsburg 1965 die bis dato zurückgestellten Ermittlungen in Sachen Geiselerschießungen forciert und das Verfahren einer Vereinbarung folgend nach Köln abgegeben.[123] Dort wurde die Sache vier Jahre lang kaum bearbeitet, da man auch in diesem Fall ein Verfahrenshindernis durch den Überleitungsvertrag annahm und sich zudem nicht zuständig fühlte.[124] Im Jahr 1975, kurz vor dem Inkrafttreten des Zusatzabkommens, versuchte Köln das Verfahren zunächst an die Staatsanwaltschaft Aurich abzugeben, da in deren

119 Einstellungsverfügung StA München I vom 22.6.1971 (113 Js 5/71), in: HStAD, Außenstelle Kalkum, Rep. 267/233. Zu dieser Einstellungsverfügung und dem heftigen Protest siehe Kapitel 8.

120 Einstellungsverfügung StA München I vom 26.5.1971 – 113 Js 1-4/7 – in: ZStL 114 AR-Z 8/67, Bl. 353 ff.

121 Bauer, Namen, S. 133 ff.

122 Siehe dazu ZStL an JM BW vom 9.10.1975, in: ZStL 104 AR-Z 40/67, Bl. 490.

123 Die Ermittlungen wurden 1965 von der ZStL forciert (104 Ar 3603/65) und 1967 als Vorermittlungsverfahren eingetragen (104 AR-Z 40/67).

124 Vgl. Vermerk ZStK vom 6.6.74, in: ZStL 104 AR-Z 40/67, Bl. 276.

Zuständigkeitsbereich mit Kurt Illers einer der Hauptverdächtigen wohnte. Als dies misslang, teilte man das Verfahren in drei Teile auf: Ein erster Teil, der den Angehörigen der Militärverwaltung gewidmet war, wurde an die Staatsanwaltschaft München abgegeben. Er richtete sich unter anderem gegen ehemalige Angehörige des Ic-Stabes, namentlich genannt waren an erster Stelle der bereits erwähnte Bundeswehrgeneral Hans Crome, aber auch Werner Best, Waldemar Ernst, Karl Kübler, Hans Luther und der unter so großer Mühe vor dem französischen Gericht bewahrte Elmar Michel.[125] Die Staatsanwaltschaft München übernahm das Verfahren auch, ermittelte jedoch nur gegen Crome und stellte das Verfahren ein, da sie in den Geiselerschießungen keine Straftat erkennen konnte. Zwar hatte sie in Einzelfällen durchaus Zweifel, doch waren diese Tatbestände als Totschlag verjährt.[126] Gegen die anderen Mitbeschuldigten des Verfahrens wurde einfach nicht ermittelt. Eine Beschwerde des baden-württembergischen Justizministeriums blieb ohne Erfolg.[127]

Im zweiten Verfahrensteil fasste die Kölner Staatsanwaltschaft alle Beschuldigten zusammen, die dem Dienstbereich des HSSPF angehört hatten. Nach dem Wohnort des nunmehr zum Hauptbeschuldigten erhobenen Horst Laube sollte das Verfahren zunächst von der Staatsanwaltschaft Reutlingen übernommen werden, die sich aber weigerte. Schließlich übernahm Stuttgart das Verfahren, führte es jedoch nicht in seiner Gesamtheit, sondern ermittelte nur gegen die beiden in Baden-Württemberg wohnenden Beschuldigten Laube und Kübler. Nach vier Monaten stellte sie das Verfahren gegen die beiden ein und überwies die Ermittlungen gegen die restlichen Verdächtigen mit Hinweis auf Kurt Illers' Wohnsitz an die Staatsanwaltschaft Aurich.[128] Diese gab ihrerseits

125 Schreiben der ZStL an LM BW vom 9.10.1975 in: ZStL 104 AR-Z 40/67, Bl. 490.

126 Einstellungsverfügung der StA München I im Verfahren gegen Hans Crome vom 6.2.1975, in: ZStL 104 AR-Z 40/67, Bl. 451.

127 Siehe Schreiben StA München I an ZStL vom 29.7.1975, in dem diese mitteilte, dass das Verfahren nur gegen Crome in das Justizregister eingetragen wurde. Von der Eintragung weiterer Beschuldigter sei abgesehen worden, da keine hinreichenden Anhaltspunkte für eine noch verfolgbare Straftat vorlagen (ZStL 104 AR-Z 40/67, Bl. 537). Das bayerische Ministerium der Justiz teilte dem baden-württembergischen Justizministerium auf dessen Beschwerde mit Schreiben vom 9.2.1976 mit, dass es keinen Anlass sehe, dagegen vorzugehen. Vgl. JM BW an ZStL am 16.2.1976, in: ZStL 104 AR-Z 40/67, Bl. 547.

128 Einstellungsverfügung der StA Stuttgart gegen Laube und Kübler vom 15.1974 – 86 Js 80/73 –, in: JM BW 411 E 22/73.

die Ermittlungen an die Generalstaatsanwaltschaft Oldenburg ab, welche die Einstellung der Stuttgarter als reines Entlastungsmanöver bezeichnete und die Akten kurzerhand dorthin zurücksandte.[129] Angesichts dieser Widerstände und der auch inhaltlichen Kritik an der Einstellung ordnete der mittlerweile zum Generalstaatsanwalt aufgestiegene ehemalige Leiter der Zentralen Stelle Erwin Schüle die Wiederaufnahme an. Im Jahr 1975 wurde das Verfahren endgültig eingestellt, wobei nur gegen Nährich und Laube, nicht aber gegen die anderen Beschuldigten ermittelt worden war.[130] Wie im Münchener Teil des Verfahrens waren also auch hier Angeschuldigte aus dem Verfahren verschwunden. Der dritte Verfahrensteil, in dem die 1944 verübten Verbrechen bei der »Bandenbekämpfung« untersucht werden sollten, verblieb zunächst in Köln.

Die Zentrale Stelle in Ludwigsburg sah diese Zerfaserung mit einer gewissen Verzweiflung, da sie sich um die Früchte ihrer Arbeit betrogen sah. Heinz Artzt war 1975 pensioniert, jedoch bereits zuvor von dem Ersten Staatsanwalt Starke als Frankreichdezernent abgelöst worden. Seit 1974 führte Herbert Schneider das Dezernat. Angesichts der bevorstehenden Ratifizierung des Zusatzabkommens versuchte dieser nun die Kölner Staatsanwaltschaft dazu zu bewegen, die Ermittlungen erneut in Gang zu bringen. Da das jedoch ohne Erfolg blieb, fasste er das Schwarze-Peter-Spiel der Staatsanwaltschaften für sein Ministerium zusammen und warnte:

> »Man mag die Auffassung vertreten, daß gegen einige der als potentiell beteiligten Personen Ermittlungen nicht angezeigt sind. Es dürfte sich jedoch verbieten, dies in der Öffentlichkeit gegenüber etwa bezüglich Best oder Lischka zu vertreten. Der Vorwurf, daß mit der Aufsplitterung der Verfahren hochrangige Tatverdächtige aus der Liste der Beschuldigten verschwinden, könnte erhoben werden.«[131]

Schließlich beauftragte das nordrhein-westfälische Justizministerium die Zentralstelle bei der Staatsanwaltschaft Dortmund mit der Führung eines Verfahrens, in dem sowohl hinsichtlich der »Bandenkampfverbrechen« als auch hinsichtlich der unter der Zuständigkeit des HSSPF erfolgten Geiselerschießungen ermittelt wurde. Die politisch heiklen Geiseler-

129 Vermerk JM BW vom 6.5.1975, in: ebd.
130 Einstellungsverfügung StA Stuttgart vom 24.3.1975, in ebd., zur Kritik siehe: ZStL an JM BW vom 9.10.1975, in: ZStL 104 AR-Z 40/67, Bl. 490.
131 ZStL an JM BW vom 9.10.1975, in: ZStL 104 AR-Z 40/67, Bl. 490.

schießungen unter der Ägide des Militärbefehlshabers blieben somit ausgeblendet. Die Zentralstelle in Dortmund führte das Verfahren mit größtem Aufwand, jedoch ohne auch nur zu einer Anklage zu kommen. Als der Leiter der Dortmunder Stelle, Oberstaatsanwalt Klaus Schacht, 1981 einen Großteil des Verfahrens einstellte, war es bereits so aufgebläht, dass die eigentlich Beschuldigten unter buchstäblich tausenden Namen von Randfiguren verschwanden.[132]

132 Einstellungsverfügung StA Dortmund 45 Js 29/75 vom 17.12.1981.

7. Die beginnende Ausgrenzung der NS-Funktionäre

Das Jahr 1966 markierte einen Wendepunkt im Umgang mit der NS-Vergangenheit. Der bis dahin aufgebaute Verfolgungsschutz für die ehemals in Frankreich eingesetzten NS-Täter begann zu zerfallen. Dies war allerdings kein plötzlicher, sondern ein langsamer Vorgang, bei dem jeder einzelne Schritt gegen starke und zähe Widerstände durchgesetzt werden musste. Am Beginn dieser Entwicklung stand eine Initiative der Staatsanwaltschaft Köln. Am 4. September 1966 fragte der in Köln mit dem Frankreich-Komplex betraute Oberstaatsanwalt Keppler beim nordrhein-westfälischen Justizministerium an, ob man nicht bei der Bundesregierung anregen solle, mit Frankreich eine Vereinbarung abzuschließen, welche die Weiterführung der Verfahren trotz des »Beschlusses Hempen« ermögliche.[1] Trotz seines bisher eher restriktiven Kurses griff das Bundesjustizministerium die Anregung auf und strebte ein solches Abkommen an. Allerdings gelang es den Gegnern dieses Unterfangens, an erster Stelle einmal mehr Ernst Achenbach, das Inkrafttreten dieses »Zusatzabkommens zum Überleitungsvertrag« bis 1975 zu verhindern, so dass die juristischen Konsequenzen der Vergangenheit weiterhin auf sich warten ließen. Die soziale und berufliche Wiedereingliederung der ehemaligen Sipo/SD-Männer wurde deshalb noch nicht ernstlich bedroht, was aber auch daran lag, dass die Öffentlichkeit noch keine Notiz von ihren Karrieren genommen hatte. Dies begann sich jedoch Anfang der siebziger Jahre zu ändern. Die durch die »Kiesinger-Ohrfeige« bekannt gewordene Beate Klarsfeld setzte gemeinsam mit ihrem Ehemann Serge eine Kampagne in Gang, in der sie die Vergangenheit einiger dieser Männer an die Öffentlichkeit brachten und in deren Verlauf schließlich auch der FDP-Politiker Achenbach kaltgestellt wurde, so dass das Abkommen endlich in Kraft gesetzt werden konnte.

Das Zusatzabkommen

Das Bundesjustizministerium zeigte sich von der Anregung der Kölner Staatsanwälte zum Abschluss einer »besonderen Vereinbarung« mit Frankreich nicht überrascht. Das für den Fall Georg Hempens zuständige niedersächsische Justizministerium hatte bereits 1964, als sich die Problematik dieses Strafverfahrens abzuzeichnen begann, dem Bundesjustiz-

1 Bericht OStA Keppler an JM NRW vom 4.8.1966, in: BAK B 141/25640.

ministerium eine ähnliche deutsch-französische Vereinbarung vorgeschlagen. Die Sache war jedoch im Sande verlaufen. Das Bundesjustizministerium hatte damals die politische Brisanz eines solchen Abkommens herausgehoben, da bei Abschluss des Abkommens auch der mutmaßliche Hauptverantwortliche für die Massaker in Tulle und Oradour, der ehemalige General der Waffen-SS Heinz Lammerding, hätte verfolgt werden müssen. Dieser lebte, durch den »Beschluss Hempen« geschützt, als wohlhabender Bauunternehmer in Düsseldorf, ein Umstand, der in den Augen des Ministeriums im Falle eines Prozesses dem Ansehen der Bundesrepublik ebenso abträglich gewesen wäre wie die Thematisierung dieser Verbrechen überhaupt.[2] Vor allem aber wollte man – noch vor dem »Beschluss Hempen« – nicht in die laufende Auslegung des Überleitungsvertrages eingreifen und hatte sich aus diesen beiden Gründen entschlossen abzuwarten, ob Frankreich gegen die Einstellung des Verfahrens gegen Hempen protestierte, was aber nicht geschah.[3] Wider Erwarten erfolgte jedoch aus Frankreich auch nach dem Spruch des BGH kaum Protest, obwohl die Entscheidung dort bekannt war und Frankreich bereits gegen die vorausgegangene Einstellung des Verfahrens gegen Horst Wagner protestiert hatte. Folglich hatte man im Ministerium hinsichtlich eines Abkommens nichts unternommen.[4]

Generell war man dort aber bereit zu handeln. Zwar hatte das Ministerium selbst auf eine restriktive Ausdeutung des Überleitungsvertrages hingearbeitet und den »Beschluss Hempen« als Schlussstrich begrüßt. So hatte der zuständige Dezernent des Hauses Johann-Georg Schätzler beispielsweise Achenbachs Hinweis auf die angebliche Blockadewirkung

2 Die Rolle Lammerdings war erstmals während des französischen Oradour-Prozesses offenkundig geworden. Als bekannt wurde, dass Lammerding sich in Düsseldorf aufhielt, forderten die französischen Behörden 1953 von den britischen Besatzungsbehörden seine Auslieferung. Diese behandelten das Begehren jedoch dilatorisch und gaben Lammerding so die Gelegenheit zur Flucht. Er tauchte erst 1958 wieder auf, als die Rechtsprechung zum Überleitungsvertrag eine Strafverfolgung unwahrscheinlich gemacht hatte. Lammerding leitete in Düsseldorf eine gut gehende Baufirma und spielte in der HIAG eine führende Rolle. Vgl. »Der Spiegel« 48/1968 (»Telephon aus Tulle«) und Brochhagen, Nürnberg, S. 183-188.

3 Vermerke BMJ vom 26.6.1967 und 28.7.1967, in: BAK B 141/88302, Bl. 141 ff. und 131 ff.

4 »Neue Zürcher Zeitung« vom 9.5.1966. Zudem hatten die Ermittler der ZStL dem auf französischer Seite zuständigen Oberst Bourély am 23.6.1966 eine Abschrift des Urteils übergeben. Vgl. Vermerk BMJ vom 26.6.1967, in: BAK B 141/88302, Bl. 141.

des Überleitungsvertrages für die Abwesenheitsurteile aufgegriffen und die juristische Zementierung dieses Arguments durch den BGH willkommen geheißen.[5] Doch als im Jahr 1966 der Hilferuf der Kölner Staatsanwälte eintraf, zeigte sich, dass die Übereinstimmung der ehemaligen Verteidiger in den Nürnberger Prozessen Achenbach und Schätzler eher strategischer Natur gewesen war und nun an ihre Grenzen stieß. Während Achenbach und seine Mitstreiter den Überleitungsvertrag als Mittel benutzten, die Strafverfolgung ehemaliger NS-Funktionäre generell zu hintertreiben, hatte der Kurs des Bundesjustizministeriums vor allem die vollständige Wiederherstellung der deutschen Rechtshoheit beabsichtigt. In erster Linie sollte mit der ausgreifenden Interpretation des Überleitungsvertrages der Einfluss der französischen Strafverfolgung auf das deutsche Justizwesen ausgeschaltet werden, die Straffreiheit von Schwerverbrechern wie Kurt Lischka war dabei als »Nebenwirkung« in Kauf genommen worden. Nun, nachdem dieses Ziel erreicht worden war, war Schätzler bereit, etwas gegen die »Nebenwirkungen« zu tun. Er griff deshalb die Kölner Anregung auf, mit Frankreich noch eine Regelung zu finden, welche die weitere Strafverfolgung doch noch ermöglichen sollte. Angesichts der nicht zu übersehenden politischen Dimension eines solchen Abkommens wollte er zunächst jedoch die Meinungen der in der Praxis mit solchen Verfahren beschäftigten Juristen einholen. Eine gute Gelegenheit dazu bot sich auf der Ende September 1966 in Konstanz angesetzten Tagung der mit nationalsozialistischen Gewaltverbrechen befassten Richter und Staatsanwälte. Diese trafen sich seit 1964 im Jahresrhythmus, um mit Vorträgen und in Arbeitsgruppen die anstehenden theoretischen und praktischen Fragen ihrer Arbeit zu diskutieren.[6] Bei der 1965 in Stuttgart veranstalteten Tagung hatte der im Frankreichdezernat der ZStL tätige Staatsanwalt Richter bereits über die »Probleme des Art. 3 Abs. 3 des Überleitungsvertrages« berichtet und dabei die Sperrwirkung des Vertrages auf die Abwesenheitsverurteilungen mit Entschiedenheit verneint – eine Auffassung, die vom BGH aber nicht geteilt worden war.[7] Im darauf folgenden Jahr hielt Schätzler nun einen inhaltlich völlig

5 Vermerk BMJ vom 8.12.1961, in: BAK B 141/25629, Bd. 4, Bl. 17. Dazu auch das Interview Johann-Georg Schätzler mit dem Verfasser vom 5.12.1999.

6 Verstärkt wurde dieses Forum durch Vertreter der Justizministerien, der Zentralen Stelle Ludwigsburg und der in den Sonderkommissionen tätigen Mitarbeiter der Landeskriminalämter. Die Protokolle dieser Tagungen finden sich in: BAK B 141 33707-33710.

7 Der Vortrag Richters ist abgedruckt in: ZStL, Vorläufiger Abschlussbericht im Verfahren 104 AR-Z 1670/61, S. 175.

konträren Vortrag, in dem er den »Beschluss Hempen« ausdrücklich begrüßte und die Frage nach einer Zusatzvereinbarung mit Frankreich aufwarf.[8] Die mit Blick auf das Kölner Verfahren anschließend geführte Diskussion brachte ein eindeutiges Ergebnis: Die Juristen, an erster Stelle Oberstaatsanwalt Artzt von der Zentralen Stelle, sahen das Ansehen der deutschen Justiz gefährdet, wenn Männer wie Lischka straflos bleiben würden. Zudem förderte die Diskussion zu Tage, dass zahlreiche in Abwesenheit verurteilte NS-Funktionäre selbst Zeugenaussagen unter Hinweis auf den Überleitungsvertrag verweigerten, wozu sie keinesfalls berechtigt waren – höchste Zeit also, diesem Treiben einen Riegel vorzuschieben.[9] Besonderes Interesse am Abschluss eines solchen Zusatzvertrages bekundete das baden-württembergische Justizministerium, das die erzwungene Straflosigkeit des badischen Werwolf-Führers Kurt Rahäuser und einiger ehemaliger Wachmänner des elsässischen Konzentrationslagers Natzweiler nicht hinnehmen wollte.[10]

Nach diesem Votum begann das Justizministerium zunächst mit der gründlichen Prüfung der Risiken. Die dortigen Juristen verfolgten dabei ihre bisherige Linie weiter und wollten vor allem vermeiden, dass die geltenden rechtspolitischen Weichenstellungen angetastet wurden. Weder sollten die französischen Urteile die bundesdeutsche Justiz unter Zugzwang setzen, noch sollte die politisch besonders heikle Frage der Verjährung davon berührt werden. Der Hintergrund war folgender: Nachdem der Bundestag die 1960 eintretende Verjährung von Verbrechen wie Totschlag und Freiheitsberaubung mit Todesfolge – im »Dritten Reich« besonders häufig begangenen Verbrechen – nicht gestoppt und einen entsprechenden Antrag der SPD-Fraktion zurückgewiesen hatte, war es 1964 zu einer großen Verjährungsdebatte gekommen.[11] Es ging dabei um die Verjährung von Mordverbrechen, die nach den im Strafgesetzbuch genannten Fristen in diesem Jahr eingetreten wäre. Auf einen entsprechenden Antrag des CDU-Abgeordneten und späteren Präsidenten des Bundesverfassungsgerichtes Ernst Benda war es zu einer grundsätzlichen Auseinandersetzung der Parlamentarier mit den NS-Verbrechen gekommen, wobei die Fronten quer durch die Fraktionen hindurchliefen. In

8 »Problem des Artikels 3 Abs. 3 des Überleitungsvertrages (Teil I) insbesondere nach der Entscheidung des Großen Senates für Strafsachen des Bundesgerichtshofes vom 14. Februar 1955«, in: JM BW 9350 E – 337/66, Bl. 132 ff.

9 Vermerk BMJ vom 12. 10. 1966, in: BAK B 141/88302, Bl. 81.

10 JM BW an BMJ am 3.11.1966, in: JM BW 9350 E 357/66.

11 Zu dem SPD-Antrag siehe Greve, Umgang, S. 91.

»einer der wichtigsten parlamentarischen Grundsatzdebatten der Bundesrepublik« hatten sich die Abgeordneten schließlich darauf geeinigt, die Verjährungsfrist bis 1969 hinauszuschieben.[12] Diese Frist lief nun, als die Frage eines möglichen Abkommens im Raum stand, in absehbarer Zeit ab, und obwohl aus heutiger Sicht die grundsätzlichen Entscheidungen gegen eine Verjährung bereits 1965 gefallen waren, war man sich in den Ministerien durchaus nicht sicher, wie die erneute Debatte ausgehen würde. Angesichts der durchweg vagen Vorstellungen von der französischen »Rachejustiz« bestand zudem die große Befürchtung, eine Prozesslawine loszutreten, welche Frankreich und der Welt die langjährige Untätigkeit der Justiz vor Augen geführt und so die bisherige »Vergangenheitspolitik« konterkariert hätte. Eine solche Häufung von Prozessen, wäre zudem, dessen waren sich die Beamten wohl bewusst, von der bundesdeutschen Öffentlichkeit nicht akzeptiert worden. Ein Mitarbeiter des baden-württembergischen Justizministeriums hatte deshalb sogar davor gewarnt, den »schlafenden Löwen« zu wecken.[13] Tatsächlich war die erste Kalkulation der möglichen Verfahren mit 1600 bis 2000 Fällen erschreckend hoch.[14] Diese ungenauen Angaben beruhten allerdings auf den unvollständigen Unterlagen, welche die Zentrale Rechtsschutzstelle nach langem Drängen herausgegeben hatte. Man wusste also nicht genau, was da auf die Bundesrepublik zukommen würde, doch hoffte man, die Probleme durch eine geschickte Vertragsgestaltung umgehen und die Zahl der Prozesse auf irgendeine Weise limitieren zu können. Anfang Juni 1967 teilte deshalb Horst Ehmke, damals Staatssekretär im Justizministerium, dem Auswärtigen Amt mit, dass das Justizministerium den Abschluss einer solchen Vereinbarung begrüßen würde.[15]

Das Auswärtige Amt tat sich mit seiner Entscheidungsfindung nicht leicht. So wies der Leiter der Rechtsabteilung Rudolf Thierfelder vorsorglich darauf hin, dass das Abkommen wahrscheinlich aus verfassungsrechtlichen Gründen nicht ohne die ausdrückliche Billigung des Bundestages in Kraft treten könne, was eine schwierige Debatte und erhebliches öffentliches Aufsehen erwarten ließ.[16] Auch die außenpolitische Beurteilung war schwierig. Wie der schon mehrfach erwähnte, für aus »Krieg

12 Zitiert nach Steinbach, Gewaltverbrechen. Zur Verjährungsdebatte siehe Hirsch, Anlass; Vogel (Hg.), Weg; Dubiel, Niemand.

13 Vermerk JM BW o.D. [15.6.1966], in: JM BW 9350 E-337/66.

14 Vermerk BMJ, Schätzler, vom 26.6.1967, in: BAK B 141/88302, Bl. 141 ff.

15 BMJ, Ehmke, an AA am 28.7.1967, in: AA-PA B 80 Bd. 1213.

16 Vermerk AA, Thierfelder, vom 4.9.1967, in: AA-PA B 80/1213.

und Besatzung entstandene Fragen« zuständige Vortragende Legationsrat Rumpf ausführte, sei zwar eine positive Reaktion der französischen Öffentlichkeit auf ein solches Abkommen zu erwarten, die sich allerdings schnell ins Gegenteil verkehren könnte, wenn die deutschen Urteile milder ausfallen würden als die vorausgegangenen der französischen Militärtribunale. Das allerdings sei angesichts der seit den Taten vergangenen Zeit und der unterschiedlichen Rechtssysteme absehbar. Auch könne das »Aufrühren alter Empfindungen« die deutsch-französischen Beziehungen belasten. Bleibe die Bundesregierung aber untätig, so könne ihr das später zum Vorwurf gemacht werden. Rumpf gab deshalb den schlauen Rat, doch inoffiziell bei den Franzosen anzufragen, was diese von einem solchen Abkommen hielten. Da er eine ablehnende Antwort erwartete, habe sich die Bundesregierung des Problems damit elegant entledigt.[17] Wie sich zeigen sollte, irrte er jedoch mit seiner Einschätzung der französischen Position. Thierfelders Einwand sollte sich dagegen erfüllen. Ein Rechtsgutachten des Bundesjustizministeriums bestätigte, dass ein umfassendes Abkommen mit Frankreich tatsächlich die Zustimmung des Bundestages erfordere, wogegen die französische Regierung nicht auf ein Votum der Assemblée Nationale angewiesen sein würde. Vor dem Gang vor den Bundestag aber warnte das Gutachten ausdrücklich, da angesichts der weit verbreiteten Ablehnung der französischen Strafverfolgung eine Zustimmung wahrscheinlich nicht zu erreichen war, ein Scheitern aber in außenpolitischer Hinsicht schädlich wäre.[18] Aus diesem Grund entschloss man sich, die an sich als besser angesehene generelle Lösung zurückzustellen und stattdessen nur eine Genehmigung für die acht dringendsten Einzelfälle anzustreben, wozu man Lischka, Hagen und Heinrichsohn ebenso zählte wie Lammerding, dessen Strafverfolgung man mittlerweile als unvermeidbar ansah. Der Vorteil einer solchen Einzelfallregelung war, dass sie ohne die Zustimmung des Bundestages machbar gewesen wäre.[19] Nachdem auch die deutsche Botschaft in Paris ein solches Abkommen für die deutsch-französischen Beziehungen als förderlich eingestuft hatte, leitete Rumpf am 22. April 1968 eine offizielle Sondierung bei der französischen Botschaft in Bonn ein.[20]

17 Vermerk AA, Rumpf, vom 7.9.1967, in: AA-PA B 80/1213.

18 »Man würde sich jedenfalls darüber im klaren sein müssen, daß ein derartiger Vertragstext wenn überhaupt, dann sicherlich nicht ohne politisches Aufsehen vom Parlament verabschiedet werden würde.« Vgl. Gutachten BMJ vom 2.10.1967, in: BAK B 141/88302, Bl. 169 ff.

19 Vermerk BMJ vom 5.1.1968, BAK B 141/88302, Bd. 192 ff.

20 Vgl. Gesprächsunterlage Rumpf vom 18.4.1968, in: AA-PA B 80 Bd. 1213.

Vier Monate später teilte die französische Regierung mit, dass sie durchaus zu solchen Beratungen bereit sei. Man werde zu diesem Zweck eine kleine Delegation nach Bonn entsenden.[21] Und so traf eine aus Rumpf und zwei weiteren Vertretern des Auswärtigen Amtes sowie Schätzler aus dem BMJ bestehende bundesdeutsche Delegation am 8. Oktober 1968 im Auswärtigen Amt mit einer dreiköpfigen französischen Abordnung zusammen. Sie wurde vom Botschaftsrat de la Gorce geleitet und bestand aus je einem Vertreter des Justizministeriums (Pierre Franck) und des Verteidigungsministeriums (Colonel A. Parte).[22] Die französischen Unterhändler machten zunächst klar, dass sie die deutsche Auslegung des Überleitungsvertrages für vollständig verfehlt hielten, und legten anschließend, von dem von den deutschen Juristen über dem Vertragstext errichteten komplizierten Gedankengebäude gänzlich unbeeindruckt, einen knappen Text vor, der den Deutschen global die Strafverfolgung aller in Abwesenheit verurteilten Männer gestattete. Eigentlich wäre damit das Ziel bereits erreicht gewesen, die deutsche Justiz hätte vollkommen freie Hand gehabt. Die deutschen Delegierten lehnten diesen Vorschlag jedoch als »zu unspezifisch« ab, da er ihre Befürchtungen vor einer umfassenden und gewissermaßen unkontrollierbaren Verfahrenswelle nicht beseitigte. Angesichts der überraschenden Kooperationsbereitschaft der Franzosen entschloss sich die deutsche Delegation jedoch, das Ziel der Einzelabkommen aufzugeben und nun doch ein generelles Abkommen anzustreben – den Gang vor den Bundestag nahm man nun in Kauf.

Ihr daraufhin erarbeiteter deutscher Gegenvorschlag war jedoch für die französische Delegation kaum annehmbar. Er sollte nämlich garantieren, dass die französische Justiz die dann von deutscher Seite strafverfolgten Männer nicht noch ein zweites (beziehungsweise drittes) Mal vor Gericht bringen werde. Für eine solche Zusage aber hätte es einer Änderung des französischen Gesetzes bedurft, die natürlich ohne die Nationalversammlung nicht machbar gewesen wäre. Den Gang vor das Parlament aber wollte auch die französische Delegation vermeiden, da der Verzicht des französischen Staates auf die Strafverfolgung der verhassten NS-Täter der Öffentlichkeit kaum nahe zu bringen gewesen wäre. Zudem sprachen auch parteitaktische Überlegungen gegen einen solchen Schritt, da das politische Feld der Aufarbeitung der NS-Besatzung im weiteren Sinn

21 Verbalnote der frz. Botschaft an AA vom 12.8.1968, in: BAK B 141/88302, Bl. 222.

22 Aufzeichnung des AA über die Verhandlungen am 8.10.1968 in Bonn, in: BAK B 141/88303, Bl. 2 ff.

traditionell von den französischen Linksparteien beherrscht wurde. Gerade die nach den Neuwahlen im Juni 1968 zwar gestärkte, durch die Maiunruhen von 1968 aber noch verunsicherte Regierung de Gaulles musste sich vor dem Vorwurf der Nachlässigkeit der Ahndung von NS-Verbrechen hüten. Wie heikel das Thema in der französischen Öffentlichkeit war, zeigte sich drei Tage nach der Verhandlungsrunde: Der Bürgermeister von Tulle und Abgeordneter der sozialistischen Section Française de l'Internationale Ouvrière (S.F.I.O.) Jean Montalat berichtete der Versammlung empört über die kurz zuvor unter Hinweis auf den Überleitungsvertrag erfolgte Verfahrenseinstellung der Zentralstelle Dortmund gegen Lammerding, dessen Verantwortung für die Massaker in Tulle und Oradour durch ein Buch des französischen Kriminologen und Historikers Jacques Delarue erneut deutlich geworden war. Aggressiv fragte Montalat die Regierung, was sie gegen den Zustand der Straffreiheit zu tun gedächte.[23] Zahlreiche Zeitungen berichteten in den darauf folgenden Tagen von der Anfrage. Zum großen Ärger der Bonner Ministerialen hatte der gaullistische Staatssekretär im Quai d'Orsay Jean de Lipkowski in seiner Antwort auf die Verhandlungen verwiesen und diese als französische Initiative ausgegeben.[24]

In Deutschland schlugen die Wogen noch nicht so hoch. Zwar hatte der »Spiegel« pünktlich zum Beginn der Verhandlungen am Beispiel Kurt Rahäusers auf das Vorhaben hingewiesen, doch hatten sich die Reaktionen auf einige Anfragen bei den Behörden beschränkt.[25] Allerdings drohte das Abkommen nun an den verschärften Bonner Forderungen zu scheitern. Das Auswärtige Amt legte nämlich Ende 1968 eine überarbeitete Fassung des Vertragstextes für die kommende zweite Verhandlungsrunde vor.[26] Nachdem unter anderem Gawlik als Leiter der Strafrechtsabteilung Hand an den Text gelegt hatte, war die Forderung nach einem französischen Verzicht auf Strafverfolgung nun zum festen Bestandteil

23 Delarue, Trafics. Protokoll der Assemblée-Nationale-Sitzung vom 11.10.1968, S. 3284 ff.

24 Siehe Vermerk AA vom 11.10.1968, in: AA-PA B 80/1213. Das AA beschwerte sich umgehend bei der französischen Botschaft in Bonn.

25 »Der Spiegel« 9/11968 (»Besatzungs-Urteil. Urlaub ohne Reue«). So erkundigte sich beispielsweise Herman Langbein, der Sekretär des Comité international des camps direkt bei Justizminister Heinemann nach dem Stand der Verhandlungen. Vgl. Langbein an Heinemann vom 28.10.1968, in: BAK B 141/88303, Bl. 40.

26 Der Vertragsentwurf findet sich im Bericht des AA vom 28.11.1968, in: BAK B 141/88303, Bl 32 ff.

geworden.[27] Da der Entwurf zudem jede Verfolgungsverpflichtung von deutscher Seite umging, lehnte die französische Delegation den Vorschlag bei einem zweiten Treffen am 12. November 1968 ab.[28] Sie forderte stattdessen, dass sich die Bundesrepublik verpflichten solle, die betreffenden Männer auch zu verfolgen und Frankreich über ihre diesbezüglichen Schritte auf dem Laufenden zu halten, was wiederum von der deutschen Seite zurückgewiesen wurde. Ein zweites Mal ging man unerledigter Dinge auseinander, vereinbarte aber für Ende des Monats ein drittes Treffen. Inzwischen drängte die Zeit: Die bundesrepublikanische Verjährungsfrist für Mordverbrechen drohte im Dezember 1969 abzulaufen, und noch war völlig offen, ob der Bundestag die Frist noch einmal ausweiten würde.

Angesichts der Verjährungsdebatte meldete die politische Abteilung des Auswärtigen Amtes nun doch ernstliche politische Bedenken gegen das Abkommen an und kritisierte die mangelnde »Gegenseitigkeit« der Entwürfe. Damit war nun nicht mehr länger der umfassende Verzicht der Franzosen auf ihre Strafverfolgung gemeint. Vielmehr sollten auch französische Verbrechen an deutschen Staatsbürgern verfolgt werden können, wobei man in erster Linie an die nach 1945 begangenen angeblichen Verbrechen der Franzosen während ihrer Zeit als Besatzer dachte. Diese standen natürlich in keinem Verhältnis zu den nationalsozialistischen Verbrechen, spielten jedoch in der bundesdeutschen Öffentlichkeit eine gewisse Rolle. So hatte beispielsweise der CDU-Abgeordnete Herbert Czaja das geplante Abkommen zum Anlass genommen, um in einem Leserbrief in scharfer Form die deutschen mit den französischen Besatzungsverbrechen aufzurechnen.[29] Czaja hatte sich als engagierter Vertriebenenfunktionär einen Namen gemacht und durchblicken lassen, dass er ein solches Abkommen mit der Vertriebenenfrage und den damit zusammenhängenden Verbrechen an Deutschen verbinden wolle.[30] Die politische Abteilung des Auswärtigen Amtes folgerte daraus, dass ohne eine

27 Vgl. Vermerk AA – Gawlik – vom 25.10.1968, in: AA-PA B 80, Bd. 1213.

28 Vgl. Vermerk des AA vom 22.11.1968 über den Verlauf der Verhandlungen vom 12.11.1968, in: AA-PA B 80/1213.

29 »Die Welt« vom 9.12.1968.

30 Herbert Czaja, geboren 5.11.1914, gestorben am 14.4.1997, war einer der engagiertesten Funktionäre der Vertriebenen. Von 1953 bis 1990 für die CDU im Bundestag, war er unter anderem Vorsitzender der »Landsmannschaft Oberschlesien« und Präsident des »Bundes der Vertriebenen«. Zu seinem Verhalten als unbequemer Fragesteller im Bundestag siehe die Erinnerungen des früheren parlamentarischen Staatssekretärs im AA Karl Moersch: Moersch, Kursrevision, S. 152-153.

solche »Gegenseitigkeit« des Vertrages die Ablehnung im Bundestag gewiss sei.[31] In Wirklichkeit wurde diese Forderung dann lediglich von der kleinen Fraktion der NPD lauthals erhoben, die im baden-württembergischen Landtag saß.[32] Der Leserbrief Czajas war dem Auswärtigen Amt jedoch ein willkommener Anlass, den eigenen grundsätzlichen Bedenken Ausdruck zu verleihen. Welcher Art diese waren, zeigt ein Formulierungsvorschlag Hans Gawliks. Er hatte gewarnt, im Bundestag werde sich Kritik daran erheben,

> »daß die Bundesregierung so lange nach Kriegsende mit Frankreich eine Vereinbarung zur Verfolgung deutscher Staatsangehöriger, darunter zahlreicher Angehöriger der Deutschen Wehrmacht, schließt, die – in der weit überwiegenden Mehrzahl – auf Grund von Sondergesetzen unter Annahme einer Kollektivschuld lediglich wegen der Zugehörigkeit zu bestimmten Einheiten verurteilt worden sind. Hinzu kommt, daß Frankreich seinerzeit erwiesene Straftaten französischer Staatsangehöriger gegen deutsche Staatsangehörige längst unter Amnestie gestellt hat.«[33]

Angesichts dieser und ähnlicher Einreden entschloss sich das Auswärtige Amt, zunächst den Verlauf der anstehenden Verjährungsdebatte abzuwarten und daraus Hinweise über die Frontstellung im Bundestag zu entnehmen.[34] Zudem hätte eine Entscheidung der Parlamentarier für die Verjährung der Mordverbrechen das geplante Abkommen obsolet gemacht, da die betroffenen Taten dann als verjährt gegolten hätten.

Das Thema einfach wieder fallen zu lassen, wurde ebenfalls erwogen, erwies sich aus außenpolitischen Rücksichtnahmen jedoch als unmöglich. Gustav Heinemann, bis Ende März 1969 Justizminister, hatte nämlich im November 1968 bei einem offiziellen Besuch in Israel die unzureichende

31 Vgl. Vermerke AA, Referat I A I/ I A 3 vom 12.3.1969 und 1.4.1969, beide in: AA-PA B 80/1213.

32 Kleine Anfrage der NPD im baden-württembergischen Landtag vom 3.2.1971 (Drs. V-4052). Sie nahm den – nicht aufgeklärten und den französischen Besatzern angelasteten – Tod des NS-Bürgermeisters von Freiburg Franz Kerber im Mai 1945 zum Anlass, die Landesregierung zu fragen, ob sie der Auffassung sei, dass »die Verfolgung von Mord auch in denjenigen Fällen Gegenstand der bevorstehenden Vereinbarung […] sein sollte, in denen deutsche Staatsbürger nach dem Einmarsch der französischen Besatzungstruppen von deren Angehörigen ermordet wurden«.

33 Vermerk AA – Gawlik – vom 5.3.1969 in: AA-PA B 80/1213.

34 Vermerk AA IA 3 vom 19.5.1969, in: ebd.

Ahndung des NS-Unrechts unter anderem mit der durch den Überleitungsvertrag blockierten Strafverfolgung erklärt, und zwar ausgerechnet am Beispiel Lammerdings. Nach einem Besuch der Gedenkstätte Yad Vashem hatte er bei einer von der drohenden Verjährung der NS-Verbrechen bestimmten Debatte im Rechtsausschuss der Knesseth den guten Willen der Bundesregierung zur Strafverfolgung mit Hinweis auf die deutsch-französischen Verhandlungen unterstrichen, so dass ein Rückzieher kaum mehr möglich war.[35] Auch gegenüber Frankreich galt es, den Willen zur Strafverfolgung unter Beweis zu stellen, zumal die französische Regierung ihr Interesse am Zustandekommen des Abkommens bei deutsch-französischen Konsultationen auf höchster Ebene bestätigte.[36]

Nachdem der Bundestag 1969 die Verjährung von Mordverbrechen um weitere zehn Jahre herausgeschoben hatte, konnte es sich die Bundesrepublik kaum erlauben, von dem eingeschlagenen Kurs abzuweichen und einer politisch bedeutsamen Tätergruppe Straffreiheit zu gewähren. Um nun trotz der zwischen den Delegationen strittigen Fragen zu einem baldigen Ergebnis zu kommen, verfiel man auf die Lösung, zunächst eine grundsätzliche Einigung über die generellen Ziele anzustreben und die strittigen Punkte aus dem Abkommenstext auszuklammern. Die Detailregelungen sollten dann nachträglich in Form diplomatischer Briefwechsel geklärt werden.[37]

Am 25. und 26. September 1969 traf die deutsche Delegation eine neu zusammengesetzte französische Abordnung zu einer dritten Verhandlungsrunde, die sich jedoch ein weiteres Mal als schwierig erwies.[38] Der von den Franzosen diesmal vorgeschlagene Text enthielt nämlich den an sich zutreffenden Gedanken, dass sich der Ausschluss der deutschen Gerichtsbarkeit bei den Abwesenheitsverurteilten nicht zwingend aus den Buchstaben des Überleitungsvertrages ergebe, sondern auf einer »einseitigen Interpretation des Überleitungsvertrages durch die deutschen Gerichte beruhe«, was die deutsche Delegation allerdings vehement zurückwies. Dennoch gelang es beiden Seiten in dieser Verhandlungsrunde, sich

35 Bericht der deutschen Botschaft in Tel Aviv an AA vom 11.11.1968, in: AA-PA B 80, Bd. 1213.

36 Aufzeichnung über den Verlauf der deutsch-französischen Konsultationen: AA – V1 – vom 9.7.1969 -VS -NfD-, in: AA-PA B 80, Bd. 1213.

37 Vgl. Vermerk über die Vorbesprechung der dritten Verhandlungsrunde zwischen BMJ und AA vom 23.9.1969, in: AA PA B 80/1213.

38 Protokoll über den Verlauf der Verhandlungen am 25.9.1969, in: AA PA B 80/1213.

auf eine Fassung des Grundtextes zu einigen. Noch geklärt werden musste allerdings die deutsche Forderung nach einem französischen Verzicht auf weitere Strafverfolgung sowie die nach der Nichtvollstreckung möglicher Todesstrafen. Während die Todesstrafe in der Bundesrepublik durch das Grundgesetz längst abgeschafft worden war, war ihre Verhängung in Frankreich damals noch möglich. Die deutsche Delegation wollte bundesdeutsche Bürger davor schützen. Auch die besonders heikle Forderung nach einer Strafverfolgung französischer Besatzungsverbrechen erhob Rumpf als Verhandlungsleiter, ließ sie jedoch angesichts der entschiedenen Ablehnung der Franzosen fallen. Es dauerte noch über ein Jahr, bis über diese und andere Detailfragen – so weigerte sich die französische Seite kurzzeitig, die Dokumente unentgeltlich zu Verfügung zu stellen – Einigkeit erzielt werden konnte. Im Dezember 1969 war das Abkommen schließlich unterzeichnungsreif.

Da »die Gerechtigkeit nicht immer ihren Lauf habe nehmen können«, wie es in der Präambel des »Abkommens zwischen der Regierung der Bundesrepublik und der Regierung der Französischen Republik über die deutsche Gerichtsbarkeit für die Verfolgung bestimmter Verbrechen« hieß, wurde den deutschen Gerichten die Strafverfolgung der Abwesenheitsverurteilten ausdrücklich gestattet (Art. 1). Der deutschen Forderung teilweise nachkommend, verzichtete Frankreich auf die weitere Strafverfolgung derjenigen Personen, die aufgrund des Abkommens vor ein deutsches Gericht gebracht wurden. Dies sollte allerdings nur dann der Fall sein, wenn die zu Grunde liegende Tat auf dem Hoheitsgebiet der Bundesrepublik verübt worden war (Art. 2), was nichts anderes bedeutete, als dass die zur Disposition stehenden Taten, die ja auf französischem Territorium begangen worden waren, von dieser Regelung nicht erfasst waren. In Artikel 3 verpflichteten sich beide Länder zu gegenseitiger Unterstützung bei der Strafverfolgung. Der 4. Artikel verwies auf die Notwendigkeit der Ratifikation durch den Bundestag.[39] Der Text sollte als Regierungsabkommen vom Staatssekretär im Auswärtigen Amt Hans Frank und dem französischen Botschafter in Deutschland Jean Sauvenarques unterzeichnet werden, eine Rechtsform, die es im Gegensatz zu dem von deutscher Seite vorgeschlagenen »Einfachen Staatsvertrag« den Franzosen ermöglichte, das Verfahren ohne die Beteiligung der Nationalversammlung in Kraft zu setzen.[40]

39 BGBl. II vom 15.4.1975, S. 432 ff.

40 Siehe Vermerk AA – V7 – vom 29.9.1969 in: AA-PA B 80/1213 und Vermerk AA – V1 – vom 9.10.1969 in: BAK B 141/88303, Bl. 95 ff.

Dazu gehörte ein Briefwechsel, der am Tag der Unterzeichnung ausgetauscht werden sollte. Dieser enthielt vier Detailregelungen: Erstens wurde festgeschrieben, dass die begehrten französischen Akten auf diplomatischem Wege und, wie im internationalen Rechtshilfeverkehr üblich, unentgeltlich zur Verfügung gestellt werden sollten. Sollte dies nicht ausreichen, so räumte die französische Regierung – zweitens – den deutschen Richtern und Staatsanwälten den Zugang zu den entsprechenden Akten ein. Drittens sicherte die deutsche Seite zu, die französischen Behörden über den Gang der Strafverfolgung in denjenigen Fällen auf dem Laufenden zu halten, in dem sie französische Aktenhilfe in Anspruch genommen hatte oder – viertens – von Frankreich Hinweise auf ein bis dato unbekanntes Verbrechen erhalten habe, ein deutsches Zugeständnis, das verhindern sollte, dass die bundesdeutsche Justiz ihr gemeldete Verbrechen einfach ignorierte.

Noch bevor das Abkommen am 2. Februar 1971 unterzeichnet werden konnte, erregte es sowohl in Frankreich als auch in Deutschland heftige Emotionen. Im November 1970 hatte der Generalstaatsanwalt von Hamm Ernst Heimeshoff die Einstellung des Verfahrens gegen Karl-Theodor Molinari bekannt gegeben. Der pensionierte Kommandeur einer Panzergrenadierdivision der Bundeswehr und Vorsitzende des »Deutschen Bundeswehrverbandes« galt neben Lammerding als Hauptverantwortlicher für das Massaker von Tulle. Diese Einstellung hatte zunächst zu einer weiteren erregten Debatte in der französischen Nationalversammlung geführt.[41] Wenig später kam es zu einer Protestdemonstration in Tulle selbst. Rund 5000 Menschen, darunter zahlreiche Abgeordnete und Vertreter von Résistance-Verbänden, forderten vehement die Strafverfolgung Lammerdings. Vor allem die unverkennbar große Rolle der kommunistischen Gruppierungen bei dieser Demonstration setzte die französische Regierung unter Druck. Auch die DDR hatte eine Solidaritätsadresse entsandt, in der sie auf die »faschistischen Tendenzen in der BRD« hinwies, so dass das Auswärtige Amt einmal mehr die Alarmglokken des Kalten Krieges läuten hörte.[42] Lammerding, der sich vor dem Presserummel ins bayerische Bad Tölz zurückgezogen hatte, starb wenige Tage später. Sein Tod nahm dem aktuellen Aufruhr etwas von seiner

41 Assemblée nationale, Sitzung vom 20.11.1970 (Journal officiel, S. 5841).

42 Vgl. Bericht des Deutschen Generalkonsulates in Bordeaux an deutsche Botschaft Paris vom 4.12.1970 und Bericht DBP an AA vom 22.1.1971, in: AA-PA, B 86/1366.

Brisanz.[43] Der Umstand allerdings, dass die Ikone der Waffen-SS-Veteranen mit großem Pomp und der Rede eines ehemaligen SS-Offiziers in Düsseldorf zu Grabe getragen wurde, war indes weniger geeignet, die Wogen zu glätten: Die französische Öffentlichkeit forderte den Abschluss des Abkommens.[44]

In der Bundesrepublik stieß das Abkommen hingegen auf Ablehnung. Nachdem einige deutsche und französische Zeitungen Anfang Dezember 1969 erneut über das Unterfangen berichtet hatten, hatte es bereits kritische Stimmen gegeben, die auf eine gegen das Abkommen gerichtete Stimmung hinwiesen.[45] So hatte der CDU-Bundestagsabgeordnete Hans Dichgans im Außenministerium angefragt, ob da nicht »perfektionistische Kräfte am Werk [seien], die Gerechtigkeit um jeden Preis erstreben, ein Ziel, das auf dieser unvollkommenen Erde wohl kaum zu erreichen ist?«[46] Und auch sein Kollege Günter Geissler hatte an Außenminister Scheel geschrieben: »Glauben Sie oder die zuständigen Herren des Auswärtigen Amtes wirklich, daß auf diese Weise das ›alte Europa‹ befriedet und ein ›neues Europa‹ als Gemeinschaft des Rechts geschaffen werden kann?«[47] Ein pfälzischer Sektproduzent hatte angefragt, ob die Vereinbarung denn »ein Analogon werden solle zu der Dekoration des Herrn Kempner mit dem Großen Verdienstkreuz mit Stern?«[48] Unmittelbar vor der Unterzeichnung des Abkommens setzte eine regelrechte Kampagne dagegen ein. Den Auftakt bildete eine Initiative der »Hilfsgemeinschaft auf Gegenseitigkeit« (HIAG) der ehemaligen Angehörigen der Waffen-SS. Der Verband, in dem sich seit seiner Gründung Anfang der fünfziger Jahre rund 20 000 der rund 500 000 überlebenden früheren Soldaten der Waffen-SS organisiert hatten, hatte sich trotz seines martialischen Auftretens vor allem auf die soziale Absicherung der ehemaligen Elitesoldaten des »Dritten Reiches« konzentriert. Diese waren als Angehörige einer durch die Nürnberger Prozesse als »Verbrecherische Organisation« gebrandmarkten Gruppe von verschiedenen Sozialleistungen der Bundes-

43 Siehe »Frankfurter Allgemeine Zeitung« vom 15.1.1971 (»Lammerdings Tod beschäftigt Frankreich«).

44 Ebd.

45 Vgl. »Frankfurter Allgemeine Zeitung« vom 8.12.1969 (»Abkommen verhandlungsreif«); 8.12.1969 (»Rechtshilfe Bonn – Paris auf Kriegsverbrecher ausgedehnt«), »Le Monde« vom 10.12.1969.

46 Dichgans an Bundesaußenminister vom 30.12.1969, in: AA-PA B 80/1213.

47 Geissler an Scheel am 29.12.1969, in: ebd.

48 Otto K. an Bundeskanzler am 8.12.1969, in: BAK B 141/88303, Bl. 117.

republik ausgeschlossen, vor allem von den Segnungen des Artikels 131 GG. Die HIAG versuchte deshalb durchzusetzen, dass die Waffen-SS als Teil der Wehrmacht angesehen und behandelt werde, was ihr Ende Juli 1961 auch gelungen war. Daneben hatte sich der Verband für die Freilassung der inhaftierten Kriegs- und NS-Verbrecher eingesetzt und als »Suchdienst« für vermisste SS-Kameraden fungiert. Auch wenn hinter dem legalistischen Kurs des von ehemaligen SS-Größen wie dem früheren Waffen-SS-General Kurt Meyer geleiteten Verbandes immer wieder SS-Ideologie aufgeschienen war, so hatte der Verband sich doch als nicht unbedeutendes Wählerreservoir der Aufmerksamkeit der großen Parteien erfreut.[49] Anfang Januar 1971 bat nun der nunmehrige Vorsitzende der HIAG, der frühere SS-Brigadeführer Karl Cerff, Justizminister Gerhard Jahn (SPD) um ein »informatorisches Gespräch«. Zur Ehrenrettung des verstorbenen Lammerding werde er darlegen, wie ungerechtfertigt die französischen Vorwürfe gegen die Waffen-SS seien, was auch der ehemalige Kommandeur der SS-Division »Das Reich« Otto Weidinger gerne bestätigen werde. Zudem fürchte er wegen des geplanten Abkommens um die deutsch-französische Freundschaft. Der Verlauf des für den 18. Februar 1971 geplanten Gesprächs wird aus den Akten leider nicht deutlich, doch ist festzuhalten, dass Cerff sich zuvor bereits einmal in ähnlicher Weise beim Justizminister für den in Italien wegen Kriegsverbrechen inhaftierten Kappler eingesetzt hatte.[50]

Auch der »Verband der Heimkehrer« machte mobil. Schon während der Verhandlungen hatte der VdH-Präsident Ernst Heimeshoff einen juristisch orientierten Gegenartikel im Verbandsblatt »Der Heimkehrer« veröffentlicht. Es handelte sich bei dem Autor um ebenjenen Generalstaatsanwalt aus Hamm, der die Ermittlungen gegen Molinari eingestellt hatte.[51] Nachdem Heimeshoff die juristischen Argumente geliefert hatte, folgte ein reißerischer, anonymer Artikel mit dem Titel »Gift für unsere Freundschaft mit Frankreich«, in dem noch einmal die gesamte Palette der antifranzösischen Propaganda der fünfziger Jahre auflebte.[52] Größere Aufmerksamkeit erregte Heimeshoff mit einem längeren Leserbrief in der »Frankfurter Allgemeinen Zeitung«, in der wenig später auch der Ex-

49 Zur HIAG siehe Jenke, Verschwörung, S. 311-320; Tauber, Eagle, S. 332-362.

50 Vermerk über Anruf Cerffs im BMJ vom Januar 1971 und Schreiben Cerff an Bundesjustizminister Jahn vom 14.1.1971, in: BAK B 141/ 88303, Bl. 2, Antwortschr. Bl. 4.

51 »Der Heimkehrer« vom 15.4.1970.

52 Ebd. vom 30.1.1971.

SS-Mann Otto Weidinger gegen das Abkommen wetterte.[53] Das Blatt selbst hatte die Vereinbarung in einem anonymen Kommentar als »Rückschritt in den Beziehungen zwischen den beiden Völkern« bedauert und es als »Triumph der Kommunisten« bezeichnet, der in der Bundesrepublik den Rechtsradikalismus fördern werde.[54] Einige Zuschriften an die Ministerien schlugen in die gleiche Kerbe. So rechnete ein Rechtsanwalt und Notar aus Unna in einem Schreiben an Bundeskanzler Brandt unter der alliierten Besatzung verübte Delikte gegen die NS-Verbrechen auf und bezeichnete dabei die alliierten Zonenbefehlshaber als die im »Vergleich zu Eichmann schlimmeren Schreibtischmörder«.[55] Verschärft wurde die aus den meisten Beiträgen zum Thema herauslesbare Angst vor einer umfassenden Welle der Strafverfolgung durch zwei Listen, die die antifaschistische Zeitschrift »Die Tat« der VVN veröffentlichte. Sie enthielt zahlreiche Namen nun von der Verfolgung bedrohter NS-Funktionäre, verbunden mit der Ankündigung weiterer Listen.[56] Die Zentrale Stelle in Ludwigsburg trat solcherlei Spekulationen mit einer Analyse entgegen, gemäß der nach Abschluss des Abkommens theoretisch 312, maximal jedoch 555 Personen verfolgt werden könnten, wobei sie die Zahl der tatsächlichen Verfahren weit darunter sah.[57] Nach dieser Erklärung erschien tatsächlich eine Reihe erläuternder Berichte, die sich mit den Hintergründen des Abkommens beschäftigten und eine realistischere Abschätzung seiner Folgen lieferten.[58]

Die trotz dieser Widerstände erfolgte Unterzeichnung des Abkommens am 2. Februar 1971 wurde von der internationalen Presse mit Zustimmung bedacht, auch das deutsche Fernsehen berichtete positiv.[59] Jedoch war das Abkommen noch nicht in Kraft, denn es fehlte die Zustimmung des Bundestages. Hier war der Punkt, an dem die Gegner des

53 »Frankfurter Allgemeine Zeitung« vom 25.1.1971 (Heimeshoff) und 27.1.1971 (Weidinger).

54 »Frankfurter Allgemeine Zeitung« vom 13.1.1971 (»Rückschritt«).

55 Wolfgang Sch. an den Bundeskanzler vom 29.1.1971, in: AA-PA, B 86/1366.

56 »Die Tat« vom 3.2.1971.

57 Vgl. ZStL an JM BW vom 18.1.1971, in: AA-PA BA 86/1366.

58 »Frankfurter Allgemeine Zeitung« vom 23.1.1971 (»Von französischen Gerichten in Abwesenheit verurteilt. Einiges zum Verständnis des deutsch-französischen Kriegsverbrecher-Abkommens«).

59 Vgl. z. B. »Le Monde« vom 4.2.1971 (»Allemagne de l'Ouest: L'accord déférant aux tribunaux allemandes certains criminels de guerre doit être ratifié par la Bundestag«) und »International Herald Tribune« vom 8.2.1971 (»Bonn and Paris Sign Accord on Nazi War-Crimes Trials«), »Panorama«-Sendung vom 26.4.1971.

Abkommens ansetzen konnten. So veröffentlichte VdH-Präsident Heimeshoff in seiner Eigenschaft als Generalstaatsanwalt einen Aufsatz in der »Deutschen Richterzeitung«, in dem er seine politischen Bedenken hinter juristischen Erwägungen verklausulierte und vor der Ratifizierung des Abkommens warnte.[60] Dennoch sah es zunächst so aus, als ob das Abkommen schnell durch den Bundestag gehen könne. Im April 1971 erhielt es die Zustimmung des Kabinetts und wurde dem Bundesrat zugeleitet, der ebenfalls zustimmte, genauso wie der Rechtsausschuss, der die Annahme ohne Diskussion empfahl.[61] Die Gesetzesvorlage gelangte jedoch nicht wie geplant in den Bundestag, da sie auf Intervention von Staatssekretär Hans Frank vom Bundeskanzleramt so gesteuert wurde, dass vor der Sommerpause nicht mehr verhandelt werden konnte. Grund dafür waren »politische Bedenken«, die offensichtlich Ernst Achenbach hießen.[62] Offenbar hatte der in der sozialliberalen Regierung Brandt sehr einflussreiche Außenpolitiker seinen entschiedenen Widerstand gegen die Ratifikation angekündigt, jedenfalls vermerken die Akten, dass sich Außenminister Scheel bei seinem Fraktionskollegen um ein Gespräch in dieser Sache bemühte.[63]

Offenbar mit geringem Erfolg. Als das Abkommen schließlich am 22. September 1971 doch in den Bundestag gelangte, herrschte Uneinigkeit bei den Parteien, wie es zu behandeln sei. Da also erhöhter Diskussionsbedarf bestand, beschloss der Ältestenrat, die Beratungen erst einmal bis Januar des kommenden Jahres zu vertagen, was auch geschah: Statt es dann jedoch zu beraten, wurde das Abkommen am 1. September 1972 zurück an den Rechtsausschuss und den Auswärtigen Ausschuss des Bun-

60 »Deutsche Richterzeitung« vom März 1971, S. 85 (»Das deutsch-französische Kriegsverbrecherabkommen«).

61 Das Kabinett stimmte dem Zusatzabkommen am 16.4.1971 zu (Bundeskanzleramt an AA am 16.4.1971, in: AA-PA B 86/1366), der Rechtsausschuss am 22.7.1971 (Protokoll der 370. Sitzung), der Bundesrat am 9.7.1971 (BT Drs. 203/71).

62 Vermerk AA – V7 – vom 27.4.1971, in: AA-PA, B 86/1366. »Es wird hierzu bemerkt, daß die Vorlage des Ratifizierungsgesetzes auf Weisung von Herrn Staatssekretär Frank nach Absprache mit dem Bundeskanzleramt von dort so gesteuert wurde, daß sie nicht vor dem Zuleitungstermin des 28. Mai an den Bundesrat gelangt. Dieser Schritt hatte politische Gründe.«

63 In einem Vermerk des AA für Staatssekretär Hans de With vom Mai 1971 heißt es: »Es müßte noch mal mit H. Dr. Achenbach gesprochen werden. Die Weiterleitung der Vorlage an den Bundesrat ist vorläufig gestoppt.« In: AA-PA B86/1385.

destages überwiesen, wobei zunächst dem Rechtsausschuss die Federführung zugesprochen wurde. Eine Woche später wurde Achenbach zum Berichterstatter für das Abkommen im Auswärtigen Ausschuss benannt, wodurch ihm die Möglichkeit gegeben war, den Zeitpunkt der Beratungen zu bestimmen. Inwieweit diese Entwicklung von den turbulenten Ereignissen um das am 27. April 1972 abgestimmte Misstrauensvotum der Union gegen Bundeskanzler Brandt beeinflusst war, muss hier offen bleiben, sicher ist jedoch, dass die FDP für Brandt nach seinem äußerst knappen Sieg wichtiger denn je war – auch der Wert Achenbachs war damit entscheidend gestiegen.[64]

Zunächst kam es jedoch zu einer Verzögerung anderer Art: Im November 1972 standen die Wahlen zum 7. Bundestag an, die einen überwältigenden Erfolg für Bundeskanzler Brandt brachten. Zwar blieb das Kabinett des erneuten Wahlsiegers Brandt in den hier entscheidenden Positionen unverändert, doch blieb das Abkommen wie auch andere Gesetzesvorhaben erst einmal liegen. Erst Mitte Januar des darauf folgenden Jahres stimmte das neue Kabinett dem Abkommen wiederum zu, und auch der Bundesrat erhob keine Einwände.[65] Am 22. Februar 1973 kam es erneut vor den Bundestag, der es ein weiteres Mal dem Auswärtigen Ausschuss und dem Rechtsausschuss zur Beratung überwies, allerdings mit dem entscheidenden Unterschied, dass die Federführung diesmal dem Auswärtigen Ausschuss übertragen wurde, wo Achenbach ja als Berichterstatter saß. Dieser weigerte sich nun bis zu seinem erzwungenen Rücktritt von diesem Posten im Juli 1974, die Beratung des Abkommens auf die Tagesordnung zu setzen, und verzögerte auf diese Weise die Ratifikation erheblich. Dass das Abkommen schließlich am 30. Januar 1975 nach zähen Verhandlungen doch noch angenommen wurde, war nicht zuletzt der Erfolg von Serge und Beate Klarsfeld, die durch außergewöhnliche Aktionen das eher unentschlossene Meinungsbild der deutschen Politiker und der Öffentlichkeit entscheidend beeinflussten, so dass sich die noch einmal verstärkten Kampagnen der Abkommensgegner nicht durchsetzen konnten.

64 Zum Misstrauensvotum siehe Winkler, Weg, S. 298 ff.

65 Vgl. den Bericht des Berichterstatters des Auswärtigen Ausschusses Bangemann vom 15.1.1975. Bt-Drucksachen 7/3169.

Als Ernst Achenbach zum offenen politischen Kampf gegen das Abkommen überging, konnte er auf eine bemerkenswerte Karriere als Außenpolitiker zurückblicken. Obwohl anfangs offenbar schwankend, hatte er als Mitglied des Bundesvorstandes der FDP nach der Bundestagswahl 1969 den Kurs des Parteivorsitzenden und designierten Außenministers Walter Scheel unterstützt und den rechten Parteiflügel in die sozialliberale Koalition unter Brandt geführt. Als Verfechter der neuen Ostpolitik hatte er den Bundeskanzler auf den beiden wichtigen Reisen nach Polen und in die Sowjetunion begleitet und in der schwierigen Auseinandersetzung um die Ratifizierung der Ostverträge für diese gestimmt. Für diesen Einsatz war er mit dem Bundesverdienstkreuz ausgezeichnet worden. Doch der Konflikt um das Zusatzabkommen brachte nun das Ende seiner Karriere. Durch die Auseinandersetzung delegitimiert und als Ewiggestriger bloßgestellt, wurde er von seinen politischen Freunden fallen gelassen. Er schied im Jahr 1976 aus allen Ämtern und dem Bundestag aus, um sich künftig ganz seiner Anwalts- und Notarskanzlei in Essen zu widmen.

Es stellt sich die Frage, warum dem ehrgeizigen und wendigen Achenbach der Kampf gegen das Abkommen wichtiger war als seine politische Karriere, zumal er selbst, wie er genau wusste, wegen seiner Tätigkeit bei der Botschaft nicht mehr verfolgt werden konnte. Die Gründe finden sich einmal in Achenbachs persönlichen Überzeugungen und Loyalitäten. Der »Doppeldecker«, wie ihn sein Gegenspieler in der FDP Karl Moersch einmal genannt hat, hatte während seiner gesamten Politikerkarriere alles ihm Mögliche getan, um die Strafverfolgung von NS-Verbrechern zu hintertreiben. Es war ihm ernst mit diesem Anliegen, und es ist zu vermuten, dass er bei seinen Freunden wie Werner Best ebenso im Wort stand wie bei seinen Klienten. Andererseits hatte er auch kaum eine andere Möglichkeit, da sich die Diskussion um das Abkommen auch zu einer Debatte um seine Person entwickelt hatte. Zwar war die Karriere des FDP-Mannes schon seit der »Naumann-Affäre« immer wieder durch die Vergangenheit gehemmt worden, dennoch hatte er gehofft, trotz dieses Stigmas in noch höhere politische Gefilde aufsteigen zu können, was ihm offenbar auch als Gegenleistung für seine Kooperation von der Regierung Brandt/Scheel in Aussicht gestellt worden war. Der frühere FDP-Vorsitzende Erich Mende behauptete später sogar, Achenbach sei allein mit einer solchen Zusicherung für das Zusammengehen mit der SPD »gekauft« worden, doch handelt es sich hierbei wohl um eine Überzeichnung, da sich Achenbachs außenpolitische Vorstellungen durchaus mit den Zielen Brandts vertrugen.[66] Sicher ist jedoch, dass Achenbach als Gegenleistung für seine Kooperation von Brandt und Scheel den Posten eines der beiden bundesdeutschen EWG-Kommissare in Brüssel gefordert und auch zugesagt bekommen hatte. Dies erwies sich allerdings als nicht durchsetzbar. Wie weiter unten dargestellt, hatte Beate Klarsfeld seit Dezember 1968 von Paris aus eine politische Kampagne gegen die Wiederwahl des damaligen Bundeskanzlers Kurt Georg Kiesinger geführt und war dabei auch auf den Namen Achenbach gestoßen.[67] Durch einen kritischen Artikel in der »Süddeutschen Zeitung« war die Deutschfranzösin auf Achenbachs Kandidatur aufmerksam geworden und hatte begonnen, im Pariser CDJC systematisch nach Spuren von Achenbachs Tätigkeit vor 1945 zu suchen.[68] Dort schnell fündig geworden, hatte sie die aussagekräftigsten Dokumente in einem »Dossier Achenbach« zusammengestellt und eine Kampagne begonnen, die sie innerhalb von 48 Stunden in die Hauptstädte von vier der sechs EWG-Mitgliedsländer, Paris, Bonn, Den Haag und Brüssel, führte. Nach Rom und Luxemburg schickte sie nur die Unterlagen. Sie wurde von einer ganzen Reihe führender Politiker empfangen, darunter der französische Außenminister Maurice Schumann, der Generalsekretär der NATO Joseph Luns sowie der Sprecher der Bundesregierung Conrad Ahlers.[69]

Kerndokument der Kampagne war jenes von Achenbach im Februar 1943 verschickte Telegramm, in dem er dem Auswärtigen Amt die Deportation von 2000 Juden angekündigt hatte. Achenbach hatte das Dokument mit dem Hinweis zu entschuldigen versucht, er habe nur weitergemeldet, was andernorts beschlossen worden war, außerdem habe man eben »bramarbasieren müssen und so tun als ob«, doch war er als Kandidat unmöglich geworden. Der zweite amtierende EWG-Kommissar Willy Haferkamp (SPD) hatte für den Fall von Achenbachs Ernennung mit Rücktritt gedroht. Auch verschiedene von Achenbach beigebrachte »Persilscheine« und selbst eine »Ehrenerklärung« des Bundeskanzlers konnten seine Kandidatur nicht retten.[70] Er musste seine Bewerbung zurückziehen und sich mit dem Posten des Vorsitzenden des FDP-Arbeitskreises für Außen-, Deutschland- und Sicherheitspolitik zufrieden

66 Vgl. Baring, Machtwechsel, S. 268 u. 710.
67 Vgl. B. Klarsfeld, Politik, S. 168.
68 Vgl. B. Klarsfeld, Wherever, S. 92.
69 B. Klarsfeld, Politik, S. 168.
70 Vgl. »Der Spiegel« 14/1970 (»Achenbach. Langjähriger Doppeldecker«) und 17/1970 (»Achenbach. Unrecht geschehen«).

geben.[71] Seine eigentliche politische Karriere, nämlich die als Außenpolitiker, war also unvollendet geblieben, und es liegt nahe, dass er die Schuld daran nicht seinem früheren Engagement für das NS-Regime gab, sondern der umtriebigen Beate Klarsfeld. Nachdem auch sein zweites großes Anliegen, die Straffreiheit der NS-Funktionäre auf dem Wege einer Generalamnestie, sich als nicht vollkommen durchsetzbar erwiesen hatte, war es nur logisch, dass er zumindest die restriktive Ausdeutung des Überleitungsvertrages verteidigte.

Nach ihrem Engagement gegen Achenbach richtete *Beate Klarsfeld* ihre Aktivitäten nun nämlich auf die Ratifizierung des Abkommens. Geboren 1939 als Beate Künzel in Berlin, hatte sie eine unpolitische Jugend erlebt, dann aber eine rapide und für ihre Generation untypische Politisierung durchlaufen. Begonnen hatte Alles mit einem Parisaufenthalt als Au-Pair-Mädchen, an den sich eine mehrjährige Tätigkeit für das deutsch-französische Jugendwerk »Office franco-allemand pour la jeunesse« (OFAJ) anschloss.[72] Im Jahr 1963 hatte sie Serge Klarsfeld geheiratet, dessen Familie, Juden rumänischer Herkunft, selbst zu Opfern der »Endlösung« geworden war. Serges Vater Arno war 1943 in Nizza unter dramatischen Umständen von einem Kommando Alois Brunners festgenommen und anschließend in Auschwitz ermordet worden. Noch als Angestellte des OFAJ hatte sich Beate Klarsfeld im mehreren Zeitungsartikeln gegen die Kanzlerkandidatur Kurt Georg Kiesingers gewandt, der sich in ihren Augen durch seine frühere Tätigkeit im NS-Propagandaministerium für ein solches Amt diskreditiert hatte, worauf sie von der Leitung des Jugendwerkes entlassen worden war. Den Höhepunkt der Kampagne hatte die Ohrfeige dargestellt, die Beate Klarsfeld am 7. November 1968 auf dem CDU-Parteitag in Berlin mit dem Ruf »Nazi – Nazi« Kiesinger verabreicht hatte. Sie war dafür noch am gleichen Tag von einem Einzelrichter im Schnellverfahren zu zwölf Monaten Haft ohne Bewährung verurteilt worden. Indes wurde dieses Urteil niemals vollstreckt, vielmehr wurde das Verfahren auf Antrag Beate Klarsfelds noch einmal in zweiter Instanz verhandelt. Sie erschien in der festen Absicht, den Prozess zu einem Prozess gegen Kiesinger zu machen, und brachte zur Untermauerung ihrer Behauptungen den Historiker Joseph Billig mit – das Verfahren wurde daraufhin auf unbestimmte Zeit verschoben.[73] Zwar

71 Vgl. »Der Spiegel« 20/1970 (»Berufliches: Ernst Achenbach«).

72 Zum OFAJ siehe Ménudier, L'Office.

73 Interview mit Beate Klarsfeld am 8.8.2003.

musste Beate Klarsfeld ihre Haftstrafe niemals antreten, doch hatte die Tat ebenso wie das Urteil bei den bundesdeutschen Intellektuellen einen starken Widerhall ausgelöst.[74] Günter Grass hatte 1966 vor der Wahl Kiesingers zum Bundeskanzler in einem offenen Brief gewarnt, nach der Ohrfeige protestierten auch Erich Fried und Heinrich Böll, der Beate Klarsfelds Anti-Kiesinger-Buch »Die Geschichte des PG 2633930 Kiesinger« mit einem Vorwort versah und Beate Klarsfeld 50 rote Rosen schickte.[75]

Es ist nicht überzogen, diese Anti-Kiesinger-Kampagne als Auftakt zur »zweiten Entnazifizierung« der Bundesrepublik anzusehen, in deren Folge eine wachsende Gegenöffentlichkeit zu der in den fünfziger Jahren entwickelten verzeihenden Einstellung zur NS-Vergangenheit entstand. Die in erster Linie von den damals recht isoliert dastehenden Klarsfelds ab Anfang der siebziger Jahre begonnene systematische Skandalisierung von Biographien war zuvor nur von der DDR im Zusammenhang des Kalten Krieges betrieben worden. Diese Kampagnen hatten zwar einige Karrieren erschwert und beendet, jedoch angesichts des allzu deutlichen politischen Hintergrundes nicht zu einem Umdenken in der bundesdeutschen Gesellschaft geführt. So war beispielsweise Rudolf Bilfinger 1965 als Oberverwaltungsgerichtsrat am Verwaltungsgericht Baden-Württemberg pensioniert worden, als die DDR-Propaganda zu stark wurde, doch war er niemals vor Gericht gebracht worden. Der in der Privatwirtschaft beschäftigte Kurt Lischka hingegen hatte die seit 1965 gegen ihn gerichteten Angriffe aus der DDR einfach an sich abprallen lassen, ohne dass er zu beruflichen oder privaten Veränderungen genötigt wurde. Er blieb unter der in der DDR-Broschüre genannten Adresse wohnen und übte wei-

74 Anklageschrift gegen Serge und B. Klarsfeld der StA Köln vom 11.4.1973 – 120 (24) Js 251/71 –, in: HStAD, Außenstelle Kalkum, Rep. 1281/1281, Bl. 855-878.

75 Der Hinweis auf die von Böll gesandten Rosen entstammt einem am 8.8.2003 vom Verfasser geführten Interview mit Beate Klarsfeld. Weitere Informationen finden sich in B. Klarsfeld, Geschichte. Grass' offener Brief findet sich abgedruckt in der »Frankfurter Allgemeinen Zeitung« vom 1.12.1966; vgl. auch B. Klarsfeld, Wherever, S. 45 ff. Neben Fried, der sich mit der Kiesinger-Ohrfeige in dem Gedicht »Politische Ästhetik« beschäftigte (vgl. Erich Fried: Die Beine der größeren Lügen. Berlin 1969), widmeten auch Peter Schütt, Helmut Lamprecht, Agnes Hüfener, Joachim Fuhrmann, Guntram Vesper und Arnfried Astel dem Vorfall Gedichte. Eine Zusammenstellung der Texte findet sich in »Der Spiegel« 38/1969. Zum Engagement Grass' und Bölls siehe auch Baring, Machtwechsel, S. 39-40.

terhin denselben Beruf aus.[76] Doch 25 Jahre nach Ende des Zweiten Weltkrieges waren Teile der Gesellschaft nicht mehr länger bereit, die wohl behütete Existenz dieser Männer hinzunehmen, sondern sie empfanden sie zunehmend als Skandal. Dieses Umdenken erfolgte jedoch nur schrittweise und niemals vollständig. So befürworteten noch 1978 zwar 34 Prozent der westdeutschen Bevölkerung weitere NS-Prozesse, doch waren fast doppelt so viele, 62 Prozent, für einen »Schlußstrich«.[77] Es handelte sich demnach weniger um eine Zäsur und einen echten Umbruch, sondern mehr um einen langsamen, hart umkämpften Einstellungswandel, in dem sich gegenläufige Tendenzen überlagerten.

Beate Klarsfeld hatte ihre Aktivitäten nach der »Kanzler-Ohrfeige« erheblich ausgeweitet. Im Wahlkampf 1969 hatte sie Kiesingers Auftritte durch eine Serie von Gegenveranstaltungen konterkariert, wobei sie als erste Bundestags-Kandidatin der »Aktion Demokratischer Fortschritt« (ADF) auftrat, einer Art »Mini-Volksfront« (»Der Spiegel«) aus westdeutschen Linksparteien.[78] Die ADF war zwar ohne Erfolg geblieben, doch hatte die Aktion Kiesingers Popularität geschadet. Auch dies hatte dazu beigetragen, dass die CDU die Wahl verloren und der sozialliberalen Regierung Brandts und Scheels hatte weichen müssen. Zunächst stand Beate Klarsfeld dabei in gutem Einvernehmen mit der DDR.[79] Ostberlin hatte ihre Kampagnen durch die Übernahme von Reisekosten und die Herstellung der zahlreichen Broschüren unterstützt und wohl auch den Wahlkampf der ADF finanziert. Schließlich verlieh die DDR Beate Klarsfeld 1969 sogar eine Ehrenmedaille.[80] Doch die Unterstützung endete, als Beate Klarsfeld in Warschau und Prag gegen den dort herrschenden Antisemitismus demonstrierte und deshalb verhaftet und dann ausgewiesen wurde.[81]

76 Vgl. den Aufruf der »Arbeitsgemeinschaft ehemaliger Offiziere« vom 31.3.1965, in BAK NL Robert Kempner N-1470, Bl. 681.

77 Zitiert nach Hey, NS-Prozesse (1981), S. 333.

78 Vgl. »Der Spiegel« 41/1969 (»Parteien. ADF: So arm«) und B. Klarsfeld, Wherever, S. 75 ff.

79 Die Ausführungen stützen sich auf ein Interview mit Beate Klarsfeld vom 8.8.2003.

80 Auf der 20. Jahrestagung des »Kommunistischen Weltfriedenrates« war der (abwesenden) Beate Klarsfeld die Grigorios-Lambrakis-Medaille zuerkannt worden, die an einen linken griechischen Parlamentsabgeordneten erinnerte. Vgl. »Der Spiegel« 48/1969 (»Personalien: Beate Klarsfeld«). Zu den Vereinnahmungsversuchen durch die DDR vgl. auch B. Klarsfeld, Wherever, S. 112 ff.

81 Anklageschrift Serge und Beate Klarsfeld vom 11.4.1973, HStAD, Außenstelle Kalkum, Rep. 287/1281, Bl. 855 ff. sowie B. Klarsfeld, Wherever, S. 121 ff.

Keine Unterstützung erhielten die Klarsfelds bemerkenswerterweise von den führenden Vertretern der »Außerparlamentarischen Opposition«. Als Beate Klarsfeld Rudi Dutschke in Berlin aufsuchte und ihn um Unterstützung für ihr Projekt bat, erhielt sie die Antwort, er sehe in der Straffreiheit von Männern wie Lischka »kein Problem«.[82] Diese Antwort ist für einen Meinungsführer der 68er, die schließlich auch den Antifaschismus auf ihre Fahnen geschrieben hatten, befremdlich. Sie zeigt aber sehr deutlich, dass dieser Bewegung weniger an einer konkreten, personenzentrierten Auseinandersetzung mit der NS-Vergangenheit gelegen war als vielmehr an einer systemischen, abstrakten und letztlich entpersonalisierten Kritik, die sich bei dem ganz konkreten Anliegen der Klarsfelds als nutzlos erwies.

Die Opfer mussten sich selber helfen: Im Jahr 1971 veröffentlichte der an der Berliner Friedrich-Wilhelm-Universität (heute Humboldt-Universität) promovierte und als Jude nach Frankreich emigrierte Historiker Joseph Billig in »Le Combat« einen Artikel, in dem er auf die ausstehende Ratifizierung des Zusatzabkommens hinwies und die Zusammenhänge einer breiteren Öffentlichkeit aufzeigte.[83] Beate und Serge Klarsfeld besorgten sich daraufhin von der Direction de la Justice Militaire eine umfangreiche Liste mit den Namen derjenigen Deutschen, die wegen der Beteiligung an NS-Verbrechen gesucht wurden, und begannen mit gezielten Unternehmungen gegen diese Männer.[84] Kurz darauf veröffentlichte auch »Die Tat«, die Zeitschrift der VVN, die Namen der Hauptbegünstigten der Verzögerung der Ratifizierung des Zusatzabkommens.[85] Ihre nun einsetzende Kampagne war genau kalkuliert und folgte einem »plan d'action«, den das Ehepaar im selben Jahr entwickelt hatte:[86] Ausgehend von der Überzeugung, dass die bundesdeutsche Justiz nicht ernstlich bereit und in der Lage war, von sich aus die ehemaligen NS-Funktionäre zu bestrafen, kamen die Klarsfelds zu dem Schluss, dass die Ahndung der Verbrechen nur über äußeren Druck zu erreichen war. Dieser sollte in erster Linie durch die Skandalisierung der andauernden Straffreiheit der Funktionäre erzeugt werden. Zu diesem Zweck wollten

82 Interview mit Beate Klarsfeld vom 8.8.2003.

83 Dazu die Erklärung von Beate Klarsfelds Verteidiger Jürgen Stange am 26.6.1974, in: HStAD, Außenstelle Kalkum, Rep. 287/1285, Bl. 1479.

84 Interview mit Beate und Serge Klarsfeld am 9.8.2003.

85 »die tat« vom 13.2.1971 (»Mit falschem Paß im Bundesamt für Verfassungsschutz. Verurteilte Verbrecher abgeschirmt – ›tat‹ druckt zweite Namensliste«).

86 Plan d'action, o.D. [1971], Privatarchiv Klarsfeld.

Beate und Serge Klarsfeld zunächst die französischen Militärarchive auswerten und einschlägiges Belastungsmaterial gegen die einzelnen Sipo/SD-Funktionäre sammeln. In einem zweiten Schritt sollten dann Kampagnen die öffentliche Meinung in Frankreich und Deutschland aktivieren. Erklärtes Ziel der Aktion war es, die bundesdeutsche Justiz zu einem Prozess zu bewegen, der »dem französischen Wunsch nach Gerechtigkeit Genüge tue«. Gemeint war dabei allerdings nicht die systematische Bestrafung aller Schuldigen, denn diese erschien angesichts ihrer großen Anzahl kaum erreichbar, sondern »ein möglichst aufsehenerregender Prozeß gegen die Hauptverantwortlichen«. Gelänge es, die bundesdeutsche Justiz zu einem solchen Prozess zu bewegen, so solle ihr im Gegenzug »zugestanden« werden, mit den »Komparsen« – also den Männern der zweiten und dritten Reihe – nach eigenem Gutdünken zu verfahren. Wie das aussehen werde, daran habe der Prozess gegen Georg Hempen keinerlei Zweifel gelassen. Dieser habe im Wesentlichen dazu gedient – so das Papier weiter –, Hempen zu rehabilitieren, und dadurch einem allgemeinen Bedürfnis der Deutschen entsprochen. Zudem habe man in seinem Verlauf die französischen Zeugen lächerlich gemacht und die Lothringer durch den Freispruch ihres Foltermeisters nur noch mehr verbittert. Angesichts dieser Lage der Dinge könne nur ein anhand der zahlreichen aussagekräftigen Akten herbeigeführtes Urteil gegen die Hauptverantwortlichen der Gerechtigkeit Genüge tun und die öffentliche Meinung in beiden Ländern von der Berechtigung der französischen Ansprüche überzeugen. Vor allem müsse, so die Überlegungen der Klarsfelds weiter, die deutsche Justiz von der Argumentation abgebracht werden, die Deporteure hätten nicht vom wahren Schicksal der ergriffenen Juden gewusst und könnten somit nicht mehr bestraft werden. Notfalls müsse die französische Regierung Druck auf das deutsche Justizsystem ausüben, der zudem durch eine »action extérieure« – welche Maßnahme hier genau gemeint war, ließ das Papier offen – verstärkt werde.

Dieses Papier ist vor allem wegen der realistischen Einschätzung der Lage bemerkenswert. Zutreffend hatten die Klarsfels erkannt, dass sich die Haltung der bundesdeutschen Gesellschaft, der Politik und des Justizwesens am ehesten durch eine Doppelstrategie verändern ließ: Zum einen durch die Widerlegung der von den Juristen festgeschriebenen Auffassung vom quasi heimlich durchgeführten Massenmord. Da jedoch der Ausgang dieser Auseinandersetzung offen war und die Folgen im Falle eines »Sieges« begrenzt oder zumindest unabsehbar waren, sollte zum anderen die öffentliche Meinung in Dienst genommen werden. Ebenso wirklichkeitsnah war das Ziel, statt einer umfassenden Strafverfolgung nur *einen* möglichst spektakulären Prozess anzustreben, der dann – konkret anhand der ausgewählten Einzelfälle wie auch allgemein – das geschehene Unrecht anprangern sollte.

Von nun an verfolgten die Klarsfelds diesen Plan konsequent. Da die Akten in erster Linie Hagen und Lischka belasteten, wendeten sie ihre Aufmerksamkeit zunächst diesen beiden Männern zu. Zur Überraschung der Klarsfelds waren die Anschriften der beiden durch simple Anrufe bei der Telefonauskunft in Erfahrung zu bringen – auch wenn Hagen die Staatsanwaltschaft einmal gebeten hatte, ihn aus Gründen der Diskretion nicht an seinem Wohnort in Warstein zu vernehmen, hatten sich beide Männer nicht ernstlich um eine Tarnung bemüht. Begleitet von dem Kameramann Harry Zvi Dreyfuss suchten die Klarsfelds Mitte Februar 1971 Lischka auf, stellten sich als französisches Reporterteam vor und ließen sich von dem Verdutzten ins Wohnzimmer bitten. Dort legten sie ihm eine Reihe belastender Dokumente vor, die Lischkas Paraphe oder Unterschrift trugen. Lischka verteidigte sich mit dem Satz, er habe die Dokumente nicht nach dem Inhalt, sondern »nur verwaltungstechnisch« gelesen, und verweigerte jede weitere Auskunft nach seiner Rolle im besetzten Frankreich.[87] Als ihn die Besucher aufforderten, sich der französischen Justiz zu stellen, entgegnete er, dass er sich nur vor der deutschen zu verantworten habe, und wies dem Team die Tür.[88] Da es ihnen nicht gelungen war, Lischka zu filmen, holten Serge Klarsfeld und der Kameramann dies tags darauf auf der Straße nach. Lischka ergriff die Flucht. Auch Herbert Hagen wurde telefonisch mehrfach aufgefordert, »Le Combat« ein Interview über seine Zeit vor 1945 zu geben. Als er das ablehnte, filmte ihn dasselbe »Reporterteam« am nächsten Tag beim Verlassen seines Hauses und forderte ihn ebenfalls auf, sich der französischen Justiz zu stellen, was er von sich wies. Hagen, der schnell herausfand, dass es sich dabei um eine Aktion der Klarsfelds handelte, verständigte zunächst seinen Anwalt Ernst Achenbach und meldete den Vorfall der Polizei, erstattete aber zunächst keine Anzeige, um sich nicht peinlichen Fragen ausgesetzt zu sehen.[89] Erst als er seinen »Steckbrief«, wie er es ausdrückte, also sein Foto nebst Hinweisen auf seine Vergangenheit, in der örtlichen Presse wiederfand, erstattete er Anzeige wegen Nötigung und

87 Interview mit B. und S. Klarsfeld am 9.8.2003.

88 B. Klarsfeld, Protest, S. 170.

89 Vermerke Polizeidienststelle Arnsberg vom 24.3.1971 und 25.3.1971, in HStAD, Außenstelle Kalkum, Rep. 287/1299, Bl. 5 bzw. 8 und 10.

»Zugehörigkeit zu einer kriminellen Vereinigung«.[90] Hinter der Aktion steckte das Kalkül, die straffreie Existenz dieser Männer in die Presse zu bringen und auf diese Weise Politik und Justiz unter Zugzwang zu setzen. Doch die beiden Aktionen blieben ohne die erhofften Folgen. Die Presse erregte sich nicht über die Taten von Hagen und Lischka, sondern stellte die kleine Gruppe um Serge und Beate Klarsfeld als eine kriminelle Bande dar, die sie gelegentlich in Analogie zur »Baader-Meinhof-Bande« als »Klarsfeld-Bande« bezeichnete. Die Klarsfelds entschlossen sich deshalb zu einem noch spektakuläreren Coup. Sie versuchten, Kurt Lischka gewaltsam nach Frankreich zu entführen und ihn dort vor Gericht zu bringen.

Dieses Vorgehen folgte einem Vorbild: Im Jahr 1963 war Antoine Argoud vom französischen Geheimdienst aus München entführt und nach Paris gebracht worden, wo er vor Gericht gestellt und verurteilt wurde. Argoud hatte sich während des Algerienkriegs an gegen Frankreich gerichteten terroristischen Akten beteiligt und war vor der französischen Justiz nach Deutschland geflüchtet. Französische Gerichte hatten damals entschieden, dass ein Prozess gegen Argoud zulässig sei, obwohl er auf widerrechtliche Weise in französischen Gewahrsam gelangt sei.[91] Warum also, so die Überlegung der Klarsfelds, sollte die Rechtslage im Fall von Lischka und den anderen ehemaligen NS-Funktionären eine andere sein?

Tatsächlich zeigt ein bereits nach dem gescheiterten Prozess gegen Georg Hempen entstandenes Papier, dass die Entführung von ehemaligen NS-Funktionären von den Klarsfelds schon damals in Erwägung gezogen worden war. Empört über den Freispruch des Oberlandesgerichtes Oldenburg hatten sie einen Aufruf verfasst, in dem es hieß:

> »Von jetzt ab werden wir diese Verbrecher über die Grenzen schaffen, hinter denen sie wieder ihre wahre Gestalt annehmen müssen und nicht mehr die deutsche Justiz verhöhnen können. Die Prozesse dieser Verbrecher beweisen, wie gut sie sich in diese deutsche Gesellschaft integriert haben, eine Gesellschaft, die sich in ihnen erkennt und uns mit

90 Vgl. z. B. »Westfalenpost« vom 26.3.1971 (»Beate Klarsfeld plant privaten Kampf gegen 300 Kriegsverbrecher. Herbert Hagen 1954 zum Tode verurteilt«). Strafanzeige Hagens vom 2.4.1971, in: HStAD, Außenstelle Kalkum, Rep. 287/1299, Bl. 1.

91 B. Klarsfeld, Protest, S. 170, siehe auch »Rheinische Post« vom 26.3.1971 (»Beate Klarsfeld: Neue Aktion«)

Bundestagsdebatte über Außenpolitik: Rede von Ernst Achenbach.
© dpa-Bildarchiv

Kurt Lischka wird auf dem Weg zu seiner Kölner Wohnung gefilmt.

allen Mitteln auszuschalten versucht. Wir haben auf unserer Seite die moralische Legalität und in ihrem Namen leisten wir Widerstand.«[92]

Diesem Text folgte eine Liste mit den Namen von zehn Deutschen, deren Entführung angestrebt werden sollte – darunter auch Prominente wie Hermann Abs und Theodor Oberländer. Lischka und seine ehemaligen Kollegen fehlten hier noch, doch führte nun, Anfang 1971, sein Name die Liste an.

Am Morgen des 22. März 1971 lauerte eine fünfköpfige Gruppe dem ehemaligen Gestapo-Mann vor seiner Haustür im Kölner Stadtteil Holweide auf. Während Beate Klarsfeld Schmiere stand, wollten drei Männer Lischka in einen bereitgestellten Mietwagen zwingen, ihn dort narkotisieren und über die belgische Grenze nach Frankreich verschleppen. Die Entführer planten, Lischka schließlich in seinen ehemaligen Pariser Diensträumen der französischen Polizei zu übergeben. Zwar war die ganze Aktion gut geplant, doch spielte der Zufall nicht mit. Als Lischka gegen 7.30 Uhr auf dem Weg zur Arbeit das Haus verließ, waren bereits zu viele Passanten auf der Straße. Die Gruppe brach den Versuch ab, kehrte aber mittags in den Kölner Vorort zurück, da sie wusste, dass Lischka seine Mittagspause zu Hause zu verbringen pflegte. Diesmal griff die »Klarsfeld-Bande« zu. Während zwei Männer ihn unter dem Arm fassten und zu dem Auto zu zerren versuchten, schlug Serge Klarsfeld mit einem Schlagstock auf Lischkas Kopf ein. Die Entführer hatten aber die Kraft des fast zwei Meter großen Mannes unterschätzt, der sich unter lauten Hilferufen ihren Anstrengungen widersetzte. Als ein zufällig anwesender Bahnpolizist Lischka mit dem Ruf »Polizei« zur Hilfe kam, ergriffen sie die Flucht.[93] Lischka blieb leicht verletzt zurück.

Nachdem die Entführung gescheitert war, hofften die Klarsfelds, dass die Aktion wenigstens die bundesdeutsche Presse in Aufruhr versetzen würde. Das straflose, gutbürgerliche Leben Lischkas und anderer in der Bundesrepublik werde, so die Überlegung, von der Presse endlich als Skandal begriffen. Indem sie ausführlich darüber berichtete, würde eine kritische Öffentlichkeit aktiviert, die einen starken Druck auf Politik und Justiz ausüben würde, den Zustand zu beenden. Doch nichts davon ge-

92 B. Klarsfeld/Serge Klarsfeld: Aufruf in deutscher und französischer Sprache, o.D., in: Dossier Hempen, Privatarchiv Klarsfeld.

93 Vgl. Vernehmung Lischka vom 23.3.1971 durch Polizeikommissariat Köln, in HStAD, Außenstelle Kalkum, Rep. 287/1277, Bl. 10 ff.; Anklageschrift StA Köln gegen Serge und Beate Klarsfeld 11.4.1973, in: HStAD, Außenstelle Kalkum, Rep. 1281/1281, Bl. 855 sowie B. Klarsfeld, Wherever, S. 141 ff.

schah: Die Presse nahm kaum Notiz von dem Entführungsversuch und griff auch das Thema der Wiedereingliederung der NS-Eliten nicht auf. »Daher denunzierten wir uns selbst vor der deutschen Presse«, berichtete Beate Klarsfeld später.[94]

Von Paris aus übernahm Beate Klarsfeld die Verantwortung für die Tat, was, nach anfänglichem Zögern der Presse, eine Flut von Artikeln hervorbrachte, in denen natürlich auch von Lischkas Vergangenheit berichtet wurde.[95] So informierte der »Spiegel« unter der Überschrift »Entführung Nr. 1«, wobei er auch auf die Rolle Achenbachs hinwies, und »konkret« kam sogar mit einer Extranummer heraus, die mit »Beate Klarsfeld: Noch 312 Nazis entführen. Ex-Obersturmbannführer sollte der erste sein« überschrieben war. Die Kölner Polizei konnte zunächst kaum glauben, was da über die Vergangenheit Lischkas verbreitet wurde, zumal die meist aus derselben Straße stammenden Zeugen des Überfalls betonten, dass Herr Lischka ein guter Nachbar sei, von dessen Vergangenheit sie nie etwas gehört hatten, während Lischka lediglich angab, in Frankreich »Sicherheitsbeauftragter« gewesen zu sein.[96] Die Beamten ließen sich erst durch ein langes Telegramm der Zentralen Stelle in Ludwigsburg überzeugen.[97] Während sich Lischka eilig auf einen Kurzurlaub begab, stellte das Amtsgericht Köln Haftbefehle aus – wegen versuchter Freiheitsberaubung gegen die Klarsfelds.[98]

Beate Klarsfeld stellte sich am 1. April 1971 der Kölner Justiz. Zusammen mit dem ehemaligen Résistancekämpfer Raphael Feigelsohn, der KZ-Kleidung trug, erschien sie im Dienstzimmer des in der Zentralstelle Köln tätigen Staatsanwaltes Dr. Bellinghaus und übergab diesem ein Bündel Aktenkopien aus dem CDJC, das Lischkas Vergangenheit beleuchtete. Vor den Augen der zuvor informierten Pressevertreter verlas sie ein kurzes Statement und ließ sich dann festnehmen.[99] In ihrer Verneh-

94 B. Klarsfeld, Politik, S. 171, vgl. auch: »Kölner Expreß« vom 25.3.1971: (»Beate Klarsfeld gesteht: Mein Mann war der Kidnapper!«).

95 »Le Combat« 1971 (»Beate Klarsfeld: Pourquoi nous avons voulu enlever Kurt Lischka«)

96 Vernehmung Lischka vom 23.3.1971 (wie Anm. 80).

97 ZStL an LKA Düsseldorf vom 25.3.1971, in: HStAD, Außenstelle Kalkum, Rep. 287/1277, Bl. 69. Aus der Sicht der Polizei berichtet über die Ereignisse Vollmer, Herz, S. 32-33.

98 Haftbefehl gegen Serge Klarsfeld vom 24.3.1971, gegen Beate Klarsfeld vom 31.3.1971, in: HStAD, Außenstelle Kalkum, Rep. 287/1277, Bl. 24 bzw. 112.

99 Festnahmebericht der Kripo Köln vom 1.4.1971, in: HStAD, Außenstelle Kalkum, Rep. 287/1277, Bl. 120.

mung erklärte sie, sie wünsche durchaus einen Prozess gegen sich, da sie dabei auf die ausbleibende Strafverfolgung der NS-Täter hinweisen könne.[100] Tatsächlich stellte die Aussicht einer solchen Verhandlung mit Beate Klarsfeld als Angeklagter und Kurt Lischka als Geschädigtem eine wirksame Provokation dar, wie sich an den Reaktionen zeigte. Während die internationale Presse über den Vorfall eher neutral berichtete, bezogen zahlreiche Privatpersonen in Briefen an das Gericht oder an Beate Klarsfeld selbst deutlicher Stellung. Der geringere Teil, darunter vor allem Stimmen aus Frankreich und Israel, forderte ihre Freilassung und die Strafverfolgung Lischkas und mahnte Gerechtigkeit an. Doch aus der deutschen Bevölkerung kamen Kommentare, die keineswegs von einem gewandelten Bewusstsein zeugten. Sie reichten von der höhnischen (und unzutreffenden) Feststellung, dass nun ja wohl die zur Bewährung ausgesetzte Strafe wegen der Kiesinger-Ohrfeige fällig sei, über die Klage, dass jetzt »von Wahnsinnigen geführte Verbrecherbanden aus den Nachbarländern willkürlich über Bürger dieses Landes herfallen«, bis zu unflätigen und anonymen Morddrohungen.[101] Unterstützung fand Beate Klarsfeld vor allem bei einigen Intellektuellen, beispielsweise rief Heinrich Böll zu einer Geldsammlung auf, damit sie gegen Kaution entlassen werden könne.[102] Das Projekt kam jedoch nicht zu Stande, da das Gericht die Haftentlassung auf Kaution verweigerte, weil es bei Beate Klarsfeld eine »ausgesprochen negative Einstellung zur deutschen Justiz« erkannt hatte.[103] Erst auf weiteres Drängen der Verteidiger und der Öffentlichkeit wurde sie schließlich gegen Kaution, die ein Kölner Privatmann stellte, bis zum Beginn des anstehenden Prozesses entlassen.[104]

Juristisch wurde Beate Klarsfeld von einem offiziell von der israelischen Regierung bestellten Anwalt vertreten.[105] Kurz nach ihrer vor-

100 Vernehmung Beate Klarsfeld durch StA Köln vom 7.4.1971 – 24 Js 251/71 –, in: HStAD, Außenstelle Kalkum, Rep. 1277, Bl. 168-93.

101 Siehe dazu HStAD, Außenstelle Kalkum, Rep. 287/1278 Bl. 224-397.

102 Siehe »Neue Rhein-Zeitung« vom 14.4.1971 (»30 000 Mark für Beate Klarsfeld. Verteidiger wollen Journalistin freibekommen«).

103 StA Köln an LG Köln, 1. Große Strafkammer vom 8.4.1971, HStAD, Außenstelle Kalkum, Rep. 287/1277, Bl. 181.

104 Haftverschonungsbeschluss des AG Köln vom 16.4.1971, in: HStAD, Außenstelle Kalkum, Rep. 287/1277, Bl. 258.

105 Zuvor war Beate Klarsfeld durch ein Kölner Anwaltsbüro vertreten worden. Der Berliner Anwalt Horst Mahler, der sie nach der »Kiesinger-Ohrfeige« vertreten hatte, verbüßte zu dieser Zeit eine Haftstrafe wegen seiner Beteiligung an Aktionen der RAF. Horst Mahler trat in den neunziger Jahren zur neonazistischen NPD über.

läufigen Entlassung drängte sich auch der Ostberliner Strafrechtsprofessor Friedrich Kaul als Verteidiger in den Prozess.[106] Kaul war für die Justiz ein rotes Tuch, da der sowohl für West- als auch für Ostdeutschland zugelassene Rechtsanwalt bundesrepublikanische NS-Verfahren auch als Podium für DDR-Propaganda zu nutzen pflegte. Als Kommunist und – in der NS-Terminologie – »Halbjude« zählte er selbst zu den Opfern der NS-Verfolgung und verfügte deshalb über eine gewisse moralische Autorität, die er im Verein mit seinen großen juristischen Fähigkeiten beispielsweise im Frankfurter Auschwitz-Prozess eingesetzt hatte, um auf die Unterlassungssünden der westdeutschen Justiz wie des Staates überhaupt hinzuweisen.[107] Würde es Kaul gelingen, in der Hauptverhandlung aufzutreten, so könnte er für noch mehr Schlagzeilen sorgen.

Alles deutete nun darauf hin, dass sich der Prozess großer Aufmerksamkeit erfreuen würde. Ende April hatte das ARD-Fernsehmagazin »Panorama« die von dem Kameramann Harry Zvi Dreyfuss geschossenen Bilder Lischkas gezeigt. In einem »Klarsfeld kontra Lischka« betitelten Beitrag hatte der CJDC-Historiker Joseph Billig dem deutschen Fernsehpublikum die Rolle Lischkas im besetzten Frankreich dargelegt; Adalbert Rückerl hatte die strafrechtliche Seite der Angelegenheit beleuchtet und gefordert, nicht nur die unteren Glieder der Befehlskette zu bestrafen; ein unentschlossener Alfred Grosser hatte einerseits die Straflosigkeit Lischkas bedauert, andererseits aber darauf hingewiesen, dass Frankreich auch nicht genau wisse, wie man mit dem Mann hätte umgehen müssen, wäre die Entführung gelungen. Vor allem aber hatte Beate Klarsfeld klar gemacht, dass nicht der Entführungsversuch der Skandal sei, sondern die andauernde Straffreiheit für NS-Verbrecher. Sie hatte angekündigt, dafür zu sorgen, dass der bevorstehende »Prozeß nicht der Prozess der Entführung wird, sondern der Prozeß von Kurt Lischka«.[108]

Wer nun gedacht hatte, Beate Klarsfeld würde sich nach ihren immerhin 16 Tagen Haft und vor dem anstehenden Prozess mit weiteren Aktionen zurückhalten, wurde eines Besseren belehrt. Die Kampagne ging weiter. Am 12. Mai 1971 störten vier junge Franzosen eine Bundestagssit-

106 Kaul an StA Köln am 28.5.1971, in: HStAD, Außenstelle Kalkum, Rep. 287/1279, Bl. 408.

107 In enger Abstimmung mit der DDR-Regierung und der Staatssicherheit trat er bis zu seinem Tod 1981 in über zwanzig bundesdeutschen Prozessen auf, darunter dem Auschwitz-Prozess. Vgl. Rosskopf, Anwalt; dies., Friedrich Karl Kaul.

108 »Panorama« Nr. 238 vom 26.4.1971, Wortprotokoll in HStAD, Außenstelle Kalkum, Rep. 287/1278.

zung. Während ein Abgeordneter über Sicherheitsfragen redete, ließen sie mit den Rufen »Achenbach-Nazi« und »Kiesinger-Nazi« Flugblätter von der Zuschauertribüne regnen, die auf Achenbachs Vergangenheit hinwiesen und die Ratifizierung des Zusatzabkommens forderten. Nachdem Ordner die Störer festgenommen hatten, stellte sich heraus, dass diese Mitglieder der »Internationalen Liga gegen Rassismus und Antisemitismus« (LICA) waren, einer mitgliederstarken französischen Vereinigung, die kurz zuvor Beate Klarsfeld in ihr Zentralkomitee gewählt hatte.[109] Wenig später, am 24. Juni, stürmten einige von Beate Klarsfeld geführte junge Mitglieder der LICA Achenbachs Anwaltskanzlei in Essen, beklebten die Wände mit Hakenkreuz-Plakaten und verteilten an die zuvor informierten Journalisten und an Passanten Flugblätter und eine Dokumentation über Achenbachs NS-Vergangenheit. Dieser selbst war nicht anwesend, doch erstattete der Büroleiter Anzeige wegen Sachbeschädigung.[110] Achenbach, der seit den fünfziger Jahren jedem öffentlichen Angriff wegen seiner Vergangenheit mit Verleumdungsklagen entgegengetreten war, erstattete weder hier noch später Anzeige, wohl wissend, dass ein Prozess ihm auf jeden Fall geschadet hätte.

Die Presse berichtete aber nun ausführlich. Der nächste Coup richtete sich gegen die Einstellung des Verfahrens gegen Klaus Barbie durch die Staatsanwaltschaft München I. Diese war ja – wie in Kapitel 6 geschildert – mit der Begründung erfolgt, dass selbst Barbie nicht gewusst habe, dass die von ihm deportierten Juden ermordet werden würden.[111] Nach dieser Logik waren Barbies Taten nur noch als Totschlag zu werten, der nach der bestehenden Rechtslage als verjährt galt. Als Beate Klarsfeld diese Begründung zu Gesicht bekam, organisierte sie eine Delegation aus Vertretern verschiedener Résistancekämpferverbände und junger Juden, die am 30. September 1971 von Lyon, Barbies alter »Wirkungsstätte«, nach

109 Vernehmung Beate Klarsfeld vom 19.7.1971, in: HStAD, Außenstelle Kalkum, Rep. 287/1279, Bl. 592; Vernehmung Serge Klarsfeld vom 19.7.1971, in: HStAD, Außenstelle Kalkum, Rep. 287/1280, Bl. 655, und »Der Spiegel« 21/1971 (»Wir kommen wieder«); B. Klarsfeld, Wherever, S. 208 ff.

110 Vgl. Anklageschrift StA Köln gegen Serge und Beate Klarsfeld vom 11.4.1973, in: HStAD, Außenstelle Kalkum, Rep. 287/1281, Bl. 855 ff.; Tatortbericht 14. Kommissariat Polizei Essen vom 24.7.1971, in: HStAD, Außenstelle Kalkum, Rep. 287/1279, Bl. 469; auch: B. Klarsfeld, Wherever, S. 209 ff.

111 Einstellungsverfügung StA München I vom 22.6.1971 (113 Js 5/71), in: HStAD, Außenstelle Kalkum, Rep. 267/233.

Junge Franzosen stürmen Achenbachs Anwaltskanzlei in Essen und verteilen Flugblätter

München fuhr, um gegen das Ende des Verfahrens zu protestieren.[112] Dort kam es allerdings zum Bruch zwischen den Veteranen, die es bei einem förmlichen Protestbesuch belassen wollten, und den jungen, radikaleren Juden. Schließlich blieb Beate Klarsfeld gemeinsam mit der Auschwitz-Überlebenden Fortuneé Benguiui in München zurück. Diese hatte drei Kinder im jüdischen Kinderheim in Izieu gehabt – keines hatte Barbies Zugriff überlebt. Am nächsten Tag stellten sich beide Frauen mit Protestplakaten vor das Gebäude der Staatsanwaltschaft und blieben den ganzen Tag dort stehen – die Presse berichtete ausführlich. Schließlich versprach der Leiter der Staatsanwaltschaft Ludolf, das Verfahren wieder aufzunehmen, wenn ihm eine eidesstattliche Aussage vorgelegt würde, die Barbies Wissen vom Judenmord bewies. Nun setzten die Klarsfelds alles daran, Barbie zu finden und ihn vor Gericht zu stellen. Barbie hatte aus mehreren Gründen einen besonderen Stellenwert: Erstens stellte er durch die Ermordung des Résistance-Führers Jean Moulin und durch die überaus grausame Aushebung des Kinderheims von Izieu und die mitleidlose Deportation der 44 dort lebenden Kinder nach Auschwitz eine Symbolfigur des deutschen Terrors gegen Juden dar;[113] zweitens bestand die Gefahr, dass sich andere Staatsanwaltschaften und Gerichte der Argumentation der Münchner Einstellungsverfügung mit der Begründung anschließen würden, dass auch die anderen Angehörigen des SS-Führungskorps keine positive Kenntnis vom wahren Charakter der »Endlösung« gehabt hätten. In diesem Fall war selbst dann nicht mit Verurteilungen zu rechnen, wenn das Zusatzabkommen endlich ratifiziert war. Aus diesem Grund setzten die Klarsfelds nun alles daran, eine Wiederaufnahme des Verfahrens zu erreichen und Barbie selbst ausfindig zu machen. Zunächst gelang es, die Münchener Staatsanwaltschaft zu überzeugen, da die Klarsfelds eine Zeugin fanden, die glaubhaft bestätigen konnte, dass Barbie von dem systematischen Judenmord gewusst haben musste. Kurz danach tauchten Hinweise auf, dass Barbie sich unter dem falschen Namen »Klaus Altmann« in Bolivien aufhielt. Auch ein Foto existierte, das ein Deutscher in Lima gemacht hatte. Ein biometrisches Gutachten zeigte ein hohes Maß an Übereinstimmung zwischen dem Foto und den aus der NS-Zeit stammenden Bildern Barbies. Um die Identität beider Männer nachzuweisen, reiste Beate Klarsfeld daraufhin nach Bolivien, wo sie ihren Verdacht bestätigt fand. Versuche, den damals dort regierenden General Banzer zur Auslieferung Barbies zu be-

112 Vgl. B. Klarsfeld, Wherever, S. 215 ff.
113 Zu Izieu: S. Klarsfeld, Kinder.

Beate und Serge Klarsfeld präsentieren im Oktober 1972 auf einer Pressekonferenz in Bonn Belastungsmaterial gegen Heinrich Illers. Serge Klarsfeld wurde im Anschluss an die Aktion von den beiden Polizisten auf dem Bild festgenommen, jedoch nach einigen Tagen gegen Kaution wieder freigelassen.

Heinrich Illers

wegen, schlugen jedoch fehl. Auch eine zweite Reise Beate Klarsfelds nach Bolivien in dieser Sache blieb ohne Erfolg. Um die Wirkung ihrer dort geführten Kampagne zu steigern, hatte sie sich von Frau Halaunbrenner begleiten lassen, die nicht nur zwei ihrer Kinder durch die Aushebung des Kinderheims von Izieu verloren hatte, sondern deren Sohn und Mann zudem von Barbie in Lyon festgenommen und deportiert worden waren. Nachdem auch diese Kampagne fehlgeschlagen war, plante Serge Klarsfeld die Entführung »Altmanns« nach Frankreich, doch auch dieses Unternehmen scheiterte. Erst 1983 – das Regime Banzers war längst Geschichte – gelang es mit der Unterstützung François Mitterrands, die Auslieferung Barbies nach Frankreich zu erreichen. Er wurde 1987 in Lyon vor Gericht gestellt und verurteilt.[114]

Bei einem weiteren flüchtigen ehemaligen Sipo/SD-Angehörigen schlugen ähnliche Bemühungen der Klarsfelds allerdings fehl.[115] Es handelte sich dabei um Alois Brunner, der, wie in Kapitel 4 beschrieben, in Syrien Unterschlupf gefunden hatte. Ihn vor Gericht zu bringen, stellte aus mehreren Gründen ein primäres Ziel der beiden »Nazijäger« dar. Zum einen handelte es sich bei Brunner um den nach der Verurteilung und Hinrichtung Eichmanns mit Abstand am schwersten belasteten und noch unbestraft lebenden Funktionär der »Endlösung«. Zum anderen gab es aber auch ein persönliches Motiv: Wie in Kapitel 2 dargestellt, hatte Brunner mit seinem Sonderkommando die Verhaftung und Deportation von Serge Klarsfelds Vater Arno nach Auschwitz zu verantworten. Und drittens verhielt sich der offiziell noch immer »unauffindbare« Brunner geradezu provokant. Obwohl Brunner nach dem bereits erwähnten ersten Briefbombenattentat auf ihn von 1961 im Jahr 1980 eine zweite Paketbombe zugesandt worden war, die ihm die rechte Hand zerfetzt hatte – Absender war erneut der israelische Geheimdienst –, ging er mit seiner Geschichte an die Öffentlichkeit. Während die deutsche Staatsanwaltschaft offiziell noch immer keinen Hinweis auf seinen Aufenthaltsort hatte, suchte ihn 1985 ein Reporter der »Bunten« in seiner Wohnung in Damaskus auf. Brunner leugnete seine Identität nicht und fand sich sogar zu einem ausführlichen Interview bereit. Als die »Bunte« das Ergebnis unter dem Titel »Er ist, was er war, ein Feind der Juden« abdruckte, war

114 Zur Jagd nach Barbie: B. Klarsfeld: Wherever; dies., Protest, sowie Schreiben Beate Klarsfeld an den Verfasser vom 25.8.2003 sowie die im Zeitraum vom 8. bis 11.8.2003 geführten Gespräche mit dem Verfasser.

115 Vgl. hierzu und im Folgenden S. Klarsfeld/B. Klarsfeld: Dossier Brunner, Bd. I-III. Privatarchiv Klarsfeld.

der Skandal perfekt.[116] Der damalige israelische Botschafter bei der UNO, der spätere Ministerpräsident Benjamin Netanjahu, beschwerte sich in dem Völkergremium über Syriens Schutz für Brunner, allerdings ohne damit etwas zu erreichen.[117] Brunner gab im Jahr 1987 einem Journalisten aus Chicago ein weiteres Interview, der ihn mit den Worten »Ich bedauere nichts, und ich würde es heute wieder tun« zitierte.[118] Diese Interviews waren umso erstaunlicher, als Brunner klar sein musste, dass die Klarsfelds alles Erdenkliche unternahmen, um ihn vor Gericht zu bringen. Beate Klarsfeld war im Januar 1974 ein erstes Mal in Syrien gewesen, wo sie für die Freilassung einiger dort inhaftierter israelischer Staatsbürger demonstriert hatte. Diese Aktion hatte sie in Konflikt mit dem Regime Assads gebracht – sie war ausgewiesen worden. Im Jahr 1977 hatten die Klarsfelds Brunners Familie in Wien observieren lassen und auf diesem Weg Sicherheit darüber erlangt, dass dieser sich tatsächlich unter dem Namen »Georg Fischer« in Damaskus aufhielt. 1982 sorgte Serge Klarsfeld zunächst dafür, dass das inzwischen eingeschlafene Verfahren der Kölner Justiz gegen Brunner wieder in Gang gebracht wurde. Noch im selben Jahr reiste er nach Damaskus. Dort machte er auf den Skandal um den untergetauchten NS-Verbrecher aufmerksam und versuchte, die syrische Regierung zu dessen Auslieferung zu bewegen. Diese wollte jedoch von Brunners Aufenthalt im Land offiziell nichts wissen und verwies Serge Klarsfeld des Landes. Immerhin erzeugte die Aktion aber ein großes Echo in der internationalen Presse. Die Klarsfelds versuchten nun, auf diplomatischem Wege Druck auf das Regime in Damaskus auszuüben. Sie konnten das Auswärtige Amt 1985 dazu veranlassen, den inzwischen von der Staatsanwaltschaft Köln ausgestellten Haftbefehl gegen Brunner in einer Verbalnote an die syrische Regierung in Erinnerung zu rufen. Im selben Jahr wies auch die österreichische Regierung Assad auf den in der Alpenrepublik bestehenden Haftbefehl gegen Brunner hin. Der Versuch, auch den französischen Premierminister Jacques Chirac zu einem offiziellen Auslieferungsgesuch Frankreichs zu bewegen, schlug zunächst fehl, da dieser zwar volles Verständnis für das Anliegen zeigte, es jedoch aus zwingenden außenpolitischen Rücksichtnahmen zurückstellte.[119] Immerhin gelang es

116 »Bunte« 45/1985, S. 26.

117 Hafner/Schapira, Akte, S. 273.

118 »Chicago Sun-Times« vom 1.11.1987 (»Nazi Butcher in Syria Haven«), zitiert nach: ebd., S. 275.

119 Jacques Chirac an Serge Klarsfeld am 6.8.1986, in: S. Klarsfeld/B. Klarsfeld: Dossier Brunner, Bd. I. Privatarchiv Klarsfeld.

dem Ehepaar, Brunner mit Hilfe des Bundesjustizministeriums auf die internationale Fahndungsliste von Interpol setzen zu lassen – eine Maßnahme, die die syrische Regierung ebenfalls ignorierte. Nachdem ein weiterer Interventionsversuch – diesmal verwandte sich der damalige amerikanische Präsidentschaftsbewerber Jesse Jackson bei Assad für das Anliegen der Klarsfelds – gescheitert war, änderten die Klarsfelds ihre Strategie. Da Syrien ganz offensichtlich nicht bereit war, die Protektion, die Brunner genoss, einzugestehen und ihn auszuliefern, hofften sie, eine inoffizielle Lösung des Problems herbeizuführen. In dieser Absicht wandten sie sich an die Behörden der DDR. In mehreren Gesprächen, die sich über einen Zeitraum von 1988 bis 1990 erstreckten, überzeugten sie die Ostberliner Behörden, ihre guten Verbindungen zu Syrien dahingehend geltend zu machen, dass Syrien Brunner ohne weitere diplomatische Umstände per Direktflug von Damaskus nach Ostberlin schicke. Erich Honecker selbst stimmte diesem Vorgehen zu; schließlich versprach ein in Ostberlin geführter, groß angelegter Prozess gegen Brunner eine hervorragende Gelegenheit, die Bundesrepublik zu brüskieren und gleichzeitig das eigene antifaschistische Image aufzupolieren. Doch auch dieser Plan scheiterte an der syrischen Regierung, die einmal mehr erklärte, sie habe keinerlei Hinweise, dass Brunner sich im Land aufhalte. Immerhin konnte die DDR-Diplomatie jedoch erreichen, dass auch die Tschechoslowakei – auch dort war Brunner als Judendeporteur in Erscheinung getreten – ein offizielles Auslieferungsgesuch für Brunner an Syrien stellte. Die DDR, die Gleiches für das Frühjahr 1990 plante, konnte dieses Vorhaben nicht mehr durchführen.

Inzwischen lief die Zeit davon. Der durch die beiden Bombenattentate gesundheitlich schwer angeschlagene Brunner wurde 1990 78 Jahre alt – die Wahrscheinlichkeit, dass er sich im Falle eines Prozesses als verhandlungsfähig erweisen sollte, schwand zusehends. Serge Klarsfeld reiste deshalb 1990 zum zweiten Mal nach Syrien, um – begleitet von einer gut vorbereiteten Pressekampagne – erneut Druck auf Assad auszuüben. Einmal mehr stieß er auf taube Ohren und wurde des Landes verwiesen. Auch die Aktivierung des amerikanischen Kongresses, in dem sich ein Kongressangehöriger für eine Resolution zur Auslieferung Brunners stark machte, blieb ebenso erfolglos wie eine deutliche Demarche der französischen Regierung. Im Dezember 1991 unternahm Beate Klarsfeld einen letzten Versuch. Unter falschem Namen reiste sie nach Syrien und demonstrierte vor dem syrischen Innenministerium. Die Syrer reagierten verärgert, warfen Beate Klarsfeld aus dem Land und sagten den geplanten Besuch des französischen Außenministers in Damaskus ab.

Überhaupt wurde der »Fall Brunner« für Syrien zunehmend zu einem außenpolitischen Problem. Das europäische Parlament erwog, eine hohe Finanzhilfe für Syrien zu blockieren, und ein Staatsbesuch Assads im Jahr 1998 in Paris litt unter heftigen Kundgebungen protestierender Franzosen.

Doch all dies änderte nichts an der Straffreiheit Brunners; auch ein von den Staatsanwaltschaften Frankfurt und Köln ausgesetztes Kopfgeld in Höhe von 500 000 DM zeitigte keinen Erfolg.

Um wenigstens eine symbolische Verurteilung zu erreichen und die »Rechtsprechung nicht der Biologie zu überlassen«, strengten die Klarsfelds im März 2001 ein weiteres Abwesenheitsverfahren gegen Brunner an. Da die Todesstrafe in Frankreich mittlerweile abgeschafft war, lautete das Urteil des Pariser Gerichtes diesmal auf »lebenslänglich«.[120]

Andere Exfunktionäre waren leichter zu erreichen: Am 12. Januar 1972 kam Beate Klarsfeld mit einigen Mitgliedern der LICA nach Warstein, um vor dem Haus der Familie Hagen zu demonstrieren, wobei sie eine Art Steckbrief Hagens und einen »Aufruf an die Einwohner von Warstein« verteilten, in dem diese aufgefordert wurden, Hagen ab sofort nicht mehr als ehrbaren Bewohner ihrer Stadt zu betrachten.[121] Diese, soweit zufällig Augenzeugen, reagierten auf die »Ruhestörung« aber abweisend. Auch an Hagens Arbeitsplatz verhielten sich die Menschen ähnlich. Schließlich versuchte die Gruppe noch, Warsteins Bürgermeister zu sprechen, wurde jedoch nur von einem subalternen Beamten empfangen. Dieser versah sie mit einem Bildband, in dem die gewissenhafte Pflege der jüdischen Gräber in Warstein herausgestellt wurde.[122]

Der nächste der ehemaligen Sipo/SD-Kommandeure, deren Vergangenheit publik gemacht wurde, war Kurt Illers. Serge Klarsfeld, der wegen seiner Beteiligung an der versuchten Entführung Lischkas ebenfalls zur Fahndung ausgeschrieben war, veranstaltete am 3. Oktober 1972 eine

120 »Süddeutsche Zeitung« vom 2.3.2001 (»Die blutige Spur des Alois B. Naziverbrecher Brunner hat europaweit die Deportation von mehr als 128 000 Juden organisiert«) und vom 3./4.3.2001 (»Lebenslange Haft für NS-Verbrecher Brunner«). Zu Prozessverlauf und Urteil siehe S. Klarsfeld/B. Klarsfeld: Dossier Brunner, Bd. III.

121 Zum Ablauf: Bericht der Polizeistation Warstein vom 14.1.1972, in: HStAD, Außenstelle Kalkum, Rep. 287/1280, Bl. 8305, »Steckbrief« ebd., Bl. 713, Aufruf ebd. Bl. 714.

122 »Westfälische Rundschau« vom 13.1.1972 (»Bevölkerung nahm Demonstration unterkühlt auf. ›Klarsfeld-Gruppe‹ in Warstein. Wieder eine spektakuläre Aktion«).

Pressekonferenz, deren einkalkulierter Höhepunkt seine Verhaftung war. Zuvor hatte er den Reportern jedoch umfangreiches Material über den Senatspräsidenten am Landessozialgericht Niedersachsen übergeben. Illers, der in diesem Jahr 64 Jahre wurde, war wenige Tage zuvor in den Ruhestand getreten. Kurz nach der Konferenz verzog er aus Hannover in den Nordsee-Badeort Greetsiel. Von der Presse, die von den Klarsfelds entsprechendes Material erhalten hatte, zur Rede gestellt, machte Illers jedoch keinen schuldbewussten Eindruck. Schließlich habe er nur »verwaltungspolizeiliche Aufgaben« erledigt, außerdem seien eben Geiseln erschossen worden, »wie in jedem Krieg«.[123]

Serge Klarsfeld wurde noch am Tag seiner Verhaftung gegen Kaution entlassen und fuhr fort, nach Tätern und Beweisen zu suchen. Am 15. November 1972 folgte die nächste Aktion: Unter der Führung Beate Klarsfelds demonstrierten 15 Franzosen vor dem Bonner Bundeshaus. Auf dem Weg zu einer Sitzung sahen sich die Abgeordneten mit Transparenten »SS-Verbrecher Ernst Achenbach, Aktivist der Judendeportation aus Frankreich, raus aus dem Bundestag« und »SS-Verbrecher Kurt Lischka ins Gefängnis« konfrontiert. Da die Demonstration jedoch innerhalb der »Bannmeile« stattfand, wurde die Gruppe von der Polizei umgehend festgenommen und noch am selben Tag über die belgische Grenze abgeschoben, was den zuständigen Leitenden Oberstaatsanwalt Werner Pfromm aber nicht von der Einleitung eines Strafverfahrens abhielt.[124]

Anfang Dezember 1972 sorgte die bereits geschilderte Enttarnung des in der linken Szene Hamburgs aktiven August Moritz als eines ehemaligen Sipo/SD-Kommandeurs für einige Aufregung im Stadtstaat, ohne allerdings überregionale Wellen zu schlagen.

Auch eine weitere Kampagne brachte keinen Erfolg. Sie richtete sich gegen den ehemaligen SS-Obersturmbannführer Karl-Heinz Müller. Dieser war selbst nie zum Kommandeur oder Stellvertreter aufgestiegen und zählt deshalb nicht zur Kerngruppe dieser Untersuchung. Müller hatte sich in seiner Eigenschaft als Leiter der Abteilung IV beim KdS Toulouse den Ruf eines besonders grausamen NS-Funktionärs erworben. Insbesondere soll er am 27. Juni 1944 den Befehl zur Erschießung von 15 Franzosen in der Ortschaft Castellmaurou gegeben haben.[125] Müller war

123 Vgl. »Der Spiegel« 43/1972 (»Vermerk: Geheim«).

124 Vgl. den im Rahmen des Forschungsprojektes »Die nordrhein-westfälische Justiz und ihr Umgang mit der nationalsozialistischen Vergangenheit« angefertigten Bericht über Pfromm von Hans-Eckhard Niermann.

125 Vgl. hierzu und zum Folgenden Dossier Müller, in: Privatarchiv Klarsfeld.

GESUCHT FÜR MASSENMORD

SS-Sturmbannführer

HERBERT HAGEN

Warstein - Wilhelmstr. 32 - Tel. 32 59

Direktor der Industrie — Apparatebau GmbH, Warstein — Tel. 23 22

- Leiter des Judenreferates des Sicherheitsdienstes von 1937 - 1939 und Vorgesetzter von Adolf Eichmann
- Kommandeur der Sicherheitspolizei und des Sicherheitsdienstes in Bordeaux (Frankreich) von 1940 - 1941
- Politischer Referent des Höheren SS- und Polizeiführers in Frankreich, Paris, von 1943 - 1943

wurde in Abwesenheit in Paris im September 1954 zu

lebenslänglicher Zwangsarbeit verurteilt.

Der von den Demonstranten in Warstein verteilte »Steckbrief«.
Im Hintergrund des Fotos Serge Klarsfeld.

am 19. Juni 1953 in Bordeaux in Abwesenheit zum Tode verurteilt worden. Nach dem Krieg hatte er bei der Kriminalpolizei Karriere gemacht, wo er bis 1971 als Hauptkommissar und Leiter der Kriminalpolizei in Celle fungiert hatte. Ein Ermittlungsverfahren war von der Zentralstelle Köln im Jahr 1976 an die Staatsanwaltschaft Lüneburg abgegeben worden. Zwei Jahre später machten die Klarsfelds in einer Pressekampagne Müllers Vergangenheit öffentlich. Dergestalt aus der Deckung getrieben, reagierte Müller, indem er die Vorwürfe als »Sauerei«, »Skandal« und »Rufmord« pauschal zurückwies und jede Beteiligung an NS-Verbrechen leugnete.[126] Nach weiteren Ermittlungen stellte die Staatsanwaltschaft Lüneburg das Verfahren gegen Müller am 23. August 1982 wegen Verhandlungsunfähigkeit ein.[127] Da es mehrere Hinweise darauf gegeben hatte, dass Müllers Gesundheitszustand wesentlich besser war als die der Einstellungsverfügung zugrunde liegenden Gutachten suggeriert hatten, ließ die Staatsanwaltschaft Ermittlungen über sein Privatleben anstellen, ohne jedoch zu einem anderen Ergebnis zu kommen. Auf eine erneute Vorladung durch die Kriminalpolizeiinspektion Celle im Jahr 1985 reagierte Müller mit einer ausführlichen Stellungnahme, die das fehlende Schuldbewusstsein exemplarisch zum Ausdruck bringt:

> »Wenn die von den Franzosen internierten und nach der Niederlage wieder laufen gelassenen Juden, die von Deutschen wieder in Drancy interniert wurden, dort schlecht behandelt oder gar verschleppt wurden, dann fehlt jeglicher kausaler Zusammenhang mit der Internierung. Die Juden wurden interniert zur Verhinderung deutschfeindlicher Betätigung und nicht um ihnen in der Internierung schweres Leid zuzufügen. Im übrigen hat sich das aufgrund meiner Isolierung auf der Dienststelle alles hinter meinem Rücken abgespielt. Kenntnis von dem Wiedereinfangen und Neu-Internierung bekam ich nur, wenn ich gelegentlich, wenn kein anderer da war, Begleitschreiben mit Unterschrift versehen mußte, und das ist auf der ganzen Welt nicht anders. Und letztlich wollen wir nicht vergessen, daß ich mich im Kriegseinsatz befand, wo kein Mensch gefragt wurde, ob er will. […] Ich habe meine Existenz, das Wohl meiner Familie, ja vielleicht sogar das Leben eingesetzt, indem ich Juden half, sie versteckte und ihnen

126 »Hannoversche Allgemeine« vom 14.01.1978 (»Klarsfelds: Gestapo-Chef von Toulouse lebt in Celle«); »Hannoversche Allgemeine« vom 16.01.1978 (»Müller weist Klarsfeld-Vorwürfe mit Entschiedenheit zurück«).

127 StA Lüneburg 14 Js 1538/81.

> zur Flucht verhalf! Ich kenne keinen, der das gemacht hat oder hätte. Die Folgen?: AV-Block, Herzrhythmusstörungen, Pulsfrequenz 30-34 statt 60-80 (!!!) Vernehmungsunfähigkeit, daß ich nicht mehr in der Lage bin, mich zu beherrschen bei diesem Hohn auf den Artikel 1 der Verfassung [und] mit Sicherheit Amok laufen werde.«[128]

Damit endeten die Versuche, den ehemaligen Obersturmbannführer noch vor Gericht zu bringen – Müller blieb straffrei.

Überhaupt stellte sich langsam die Frage, ob diese Art der Skandalisierung tatsächlich erfolgversprechend war. Zwar hatte das »Outing« dieser Männer in allen Fällen zu Pressemeldungen geführt. Was die Klarsfelds und ihre Unterstützer jedoch wollten, waren Gerichtsverfahren, die indes ohne die Ratifikation des Zusatzabkommens nicht zu erreichen waren. Als Serge Klarsfeld der Zentralstelle Köln ein weiteres Bündel mit Dokumenten zukommen ließ, diesmal persönlich, fragte er deshalb, was er denn noch alles tun müsse, um die allgemeine Aufmerksamkeit auf die Straffreiheit dieser Männer zu lenken, es scheine ihm, dass allenfalls nur noch die Erschießung Lischkas übrig bleibe.[129] Es war jedoch Kurt Lischka, der eine Waffe zog: Als im Mai 1973 erneut eine Gruppe junger französischer Juden bei ihm auftauchte, zückte er einen Revolver und hielt einen der Demonstranten so lange in Schach, bis die Polizei eintraf.[130] Der Ex-Gestapochef mit einer Waffe, der französische Jude an der Wand, das war eine Situation, die vor allem in der französischen Presse beklemmende Erinnerungen weckte. Serge Klarsfeld revanchierte sich damit, dass er Lischka auf offener Straße auflauerte, ihm einen Revolver vorhielt und, als Lischka in Todesangst die Arme hochriss, abdrückte – ohne Folgen, denn der Revolver war nicht geladen.[131] Die Aktion sollte demonstrieren, wie leicht ein Mordanschlag gegen einen der Kommandeure gelingen könnte und dass die Aktivisten tatsächlich Recht und nicht Rache wollten.

Die Justiz war mit alldem überfordert. Gefangen zwischen dem Zwang, die demonstrative Missachtung von Recht und Gesetz ahnden zu müssen, und der Furcht, ebendadurch zu einer weiteren Skandalisierung

128 Müller an Kriminalpolizeiinspektion Celle vom 5.10.1985, in: Privatarchiv Klarsfeld.

129 HStAD, Außenstelle Kalkum, Rep. 158/1603, Bl. 553.

130 Siehe Urteil LG Köln gegen Beate Klarsfeld vom 9.7.1974, in: HStAD, Außenstelle Kalkum, Rep. 287/1285, Bl. 1543 ff.

131 Serge Klarsfeld an LG Köln vom 4.12.1972, in: HStAD, Außenstelle Kalkum, Rep. 287/1282, Bl. 1000, Urteil LG Köln gegen Serge Klarsfeld vom 9.2.1976, in: HStAD, Außenstelle Kalkum, Rep. 287/1291, Bl. 1359.

ihrer selbst beizutragen, wagte das Landgericht in Köln es zunächst nicht, die beiden auf Kaution auf freien Fuß gesetzten Aktivisten wieder zur Festnahme auszuschreiben.[132] Erst als zu dem für den 5. Februar 1974 angesetzten Prozess keiner der beiden Klarsfelds erschien, wurde der Haftbefehl erneuert.[133] Die Klarsfelds wollten sich dem Verfahren jedoch nicht entziehen, wie das Gericht sofort unterstellte, sondern benötigten mehr Zeit für die Vorbereitung. Sie hatten das Gericht deshalb um einen späteren Hauptverhandlungstermin gebeten, was aber abgelehnt worden war.

Bereits Ende 1973 hatte sich Beate Klarsfeld mit Erfolg um israelische Unterstützung bemüht, im März 1974 reiste das Ehepaar erneut nach Jerusalem, wo Beate Klarsfeld von Ministerpräsidentin Golda Meir empfangen wurde und aus den Händen des Gesundheitsministers die Ehrenmedaille der Warschauer Ghetto-Kämpfer erhielt.[134] Dergestalt gestärkt, stellte sich Beate Klarsfeld der deutschen Justiz. Am 17. April 1974 ließ sie sich publikumswirksam in Begleitung zweier ehemaliger KZ-Häftlinge, die ihre Häftlingsbekleidung trugen, auf dem Gelände des ehemaligen Konzentrationslagers Dachau festnehmen.[135] Diesmal war das Gericht entschlossen, sie »wegen der gezeigten Unzuverlässigkeit« bis zum Prozessbeginn in Untersuchungshaft zu behalten, doch sah es sich erneut erheblichem Druck ausgesetzt.[136] In Tel Aviv kam es zu einer Demonstration, und sogar die Knesseth besprach den Fall in einer kurzen Sondersitzung und forderte die Freilassung. Der deutsche Botschafter in Tel Aviv warnte das Auswärtige Amt vor einer zunehmend antideutschen Stimmung.[137] Vor dem Bonner Pressehaus demonstrierten rund 40 ehemalige Résistancekämpfer, und in »Le Monde« forderten zahlreiche Prominente in einer ganzseitigen Anzeige »Libérez Beate Klarsfeld«, darunter François

132 Beschluss LG Köln vom 12.6.1973, in: HStAD, Außenstelle Kalkum, Rep. 287/1280, Bl. 904.

133 Urteil LG Köln im Verfahren gegen Beate Klarsfeld vom 9.7.1974, in: HStAD, Außenstelle Kalkum, Rep. 287/1285, Bl. 1543 ff.

134 B. Klarsfeld, Wherever, S. 298 ff.

135 Siehe Urteil LG Köln gegen Beate Klarsfeld vom 9.7.1974, in: HStAD, Außenstelle Kalkum, Rep. 287/1285, Bl. 1543 ff.

136 Beschluss LG Köln vom 6.12.1973, in: HStAD, Außenstelle Kalkum, Rep. 287/1292, Bl. 477.

137 »Frankfurter Allgemeine Zeitung« vom 3.5.1974 (»Israelische Politiker setzten sich für Beate Klarsfeld ein«); »Kölner Stadt-Anzeiger« vom 19.4.1974 (»Seit Donnerstag in Untersuchungshaft«); deutsche Botschaft Tel Aviv an AA am 21.5.1974, in: HStAD, Außenstelle Kalkum, Rep. 287/1292, Bl. 672.

Mitterrand und Jean-Paul Sartre.[138] Als sich schließlich auch noch der ehemalige Richter im Eichmann-Prozess und Likud-Abgeordnete Benjamin Halevi für die Inhaftierte verbürgte, setzte das Gericht Beate Klarsfeld erneut bis zum Prozessbeginn auf freien Fuß. Im Gegenzug verzichtete sie auf Professor Kaul als Verteidiger und ließ sich nur noch von einem israelischen Anwalt vertreten, so dass mit dem DDR-BRD-Antagonismus wenigstens *ein* Konflikt aus dem Prozess verschwand.

Dennoch wurde der am 25. Juni 1974 endlich beginnende Prozess zu einer explosiven Veranstaltung, die nach sieben Verhandlungstagen am 9. Juli 1974 mit einem harten Urteil endete: Zwei Monate Haft ohne Bewährung. Damit war das Gericht sogar über die Forderung der Staatsanwaltschaft hinausgegangen, die lediglich eine Bewährungsstrafe verlangt hatte. Das Urteil war in erster Linie dem Vorsitzenden Richter Victor de Someskoey zu verdanken, der schon zuvor als besonders autoritärer »Schrecken vom Appellhofplatz« bekannt geworden war.[139] Da Serge Klarsfeld nicht erschienen war, musste das Verfahren gegen Beate Klarsfeld allein geführt werden. Der durch das Hin und Her im Vorfeld bereits erzürnte Richter de Someskoey hatte seinen Konfrontationskurs schon vor dem Prozess begonnen, als er die psychologische Begutachtung der Angeklagten anordnete. Als diese sich weigerte, beschloss das Gericht, Beate Klarsfeld gegen ihren Willen durch einen Psychologen während des Prozesses beobachten zu lassen, ein Vorgehen, das ihr israelischer Verteidiger als »Ostblock-Methode« bezeichnete. Trotz solcher harschen Maßnahmen taten Beate Klarsfeld, ihre Verteidiger sowie zahlreiche aus Frankreich angereiste Unterstützer weiterhin alles, um das Verfahren in ein Tribunal gegen Lischka zu verwandeln und letztlich die deutsche Justiz an den Pranger zu stellen. Provokativ patriotisch erklärte Beate Klarsfeld:

> »Ich ersuche im Namen des deutschen Volkes, das moralische Verpflichtungen zu erfüllen hat, eine moralische Basis zu setzen, um diesem Deutschland, an dessen Einheit ich glaube, moralische Werte zu setzen. Dabei habe ich mir drei Punkte gesetzt:
> 1. ein Nazi kann keine Bedeutung im öffentlichen Leben haben (Kiesinger, Achenbach),
> 2. als Deutscher muß man die Rehabilitierung des Nazismus verhindern,

138 »Kölnische Rundschau« vom 3.4.1974 (»Antideutsche Klarsfeld-Demonstration«); »Le Monde« vom 8.5.1974.

139 Siehe »Stern« 42/1976 (»Der Schrecken vom Appellhofplatz«).

3. es ist für uns Deutsche eine Verpflichtung, daß wir gegen den Antisemitismus kämpfen müssen.«[140]

Diese Erklärung »im Namen des deutschen Volkes« war eine offene Provokation. Einerseits konnte ihr ein offizielles bundesdeutsches Organ, wie das Gericht es war, kaum offen widersprechen, da sie eigentlich ganz auf der Linie der offiziellen Rhetorik lag, die in der Bundesrepublik seit ihrer Gründung üblich war. Wer hätte nicht eingeräumt, dass Antisemitismus und Nazismus katastrophale Ideologeme seien, die es zu bekämpfen galt, und dass die Verantwortlichen für die Gräuel des »Dritten Reiches« bestraft werden müssten, zumindest jedoch aus dem politischen Leben fern gehalten werden sollten? Doch wer war auf der anderen Seite bereit, in diesem Zusammenhang so einflussreiche und verdienstvolle Männer wie Achenbach oder gar Kiesinger zu nennen? Der Affront lag also vor allem darin, aus der abstrakten Erkenntnis konkrete Forderungen abzuleiten, etwas, was seit Adenauers »wirklichen Kriegsverbrechern« vermieden worden war. Dass ausgerechnet die als »Skandalmädchen« oder brutaler als »Judenhure« (so ein anonymes Schreiben ans Gericht) bezeichnete Beate Klarsfeld für sich in Anspruch nahm, als »anständige Deutsche« »moralisch« zu handeln, um die »Deutschen zu rehabilitieren«, stellte die moralische Fundierung der Bundesrepublik in Frage. Nicht umsonst bemühten sich Gericht und Staatsanwaltschaft, hinter den Aktionen der Nazijägerin krankhafte (daher die psychologische Begutachtung), habgierige oder ideologische Motive (die Überprüfung durch den Verfassungsschutz auf heimliche Verbindungen zum Ostblock) zu finden.[141] Schon einmal war diese Deutung zutage getreten: Nach der Kiesinger-Ohrfeige hatte der CDU-Berlin-Beauftragte Ernst Lemmer sie als »unbefriedigte junge Frau« bezeichnet, und ein Polizeibeamter hatte auf »Sexualpsychose« getippt und so versucht, den Blick auf die offensichtlich politische Tat durch ein in den Vordergrund geschobenes persönliches und vor allem krankhaftes Motiv zu verstellen.[142] Solche Deutungsmuster zeugten von einem ganz offensichtlichen Man-

140 HStAD, Außenstelle Kalkum, Rep. 287/1285, Bl. 1377 ff.

141 Vgl. Anfrage StA Köln beim Innenministerium NRW vom 14.7.1971, in: HStAD, Außenstelle Kalkum, Rep. 287/1291, Bl. 231.

142 Siehe dazu die zahlreichen Zuschriften an das Gericht in: HStAD, Außenstelle Kalkum, Rep. 287/1286 und 1287. Zu Lemmers Kommentar vgl. »Der Spiegel« 46/1968 (»Ganz hübsch«) und (»Den Bundeskanzler mißhandelt«). Zur Überprüfung durch den Verfassungsschutz siehe StA Köln an Innenministerium NRW vom 14.7.1971, in: HStAD, Außenstelle Kalkum, Rep. 287/1291, Bl. 231 ff.

Protest vor dem Büro Lischkas in Köln. Der Auschwitz-Überlebende Henry Pudeleau hat sich in seiner KZ-Kleidung an das Fenstergitter gekettet.

Beate Klarsfeld vor Gericht

gel an Vorstellungskraft. Dieser Mangel machte es offenbar selbst Mitte der siebziger Jahre einem erheblichen Teil der Deutschen unmöglich zu verstehen, dass die Tatsache der straffreien Reintegration von Männern wie Lischka Skandal genug war, um auf die Barrikaden zu gehen und dabei die eigene Freiheit aufs Spiel zu setzen. Auch im Urteil fanden sich solche Überlegungen. Zwar hatte der gerichtlich bestellte Psychologe ausdrücklich festgestellt, dass bei Beate Klarsfeld »kein Anhaltspunkt und auch nicht der geringste Grad von Wahrscheinlichkeit für eine seelische Störung« vorliege,[143] doch lieferte das Gericht seine eigene Deutung: Es räumte zwar ein, dass der »erhebliche Verdacht« bestehe, dass Lischka an der »Endlösung« beteiligt gewesen sei, und insofern ein realer Grund für die Empörung bei den Überlebenden anzunehmen sei, doch gehöre die Angeklagte ja nicht zu den Betroffenen, es habe also offensichtlich eine »Übertragung fremden Erlebens auf die Angeklagte stattgefunden«. Zudem diagnostizierte das Gericht, dass Beate Klarsfeld einem Rollenzwang unterlegen sei, und es charakterisierte sie als undankbare Tochter. So ärgerlich solche Sätze in einem politischen Verfahren auch sein mögen, eigentlich bedenklich war eine Passage in der Begründung des Strafmaßes:

> »Auch dieses Strafverfahren hat wieder gezeigt, wie groß zu allen Zeiten die Gefahr ist, die in den Jahren von 1933 bis 1945 in allzu trauriger Weise Gestalt gewonnen hat, nämlich Menschen in zwei Gruppen einzuteilen, in die Mehrzahl vollwertiger Bürger einerseits, und in eine Minderheit entrechteter Kreaturen andererseits, denen gegenüber aus irgendwelchen Gründen jederzeit Selbstjustiz geübt werden darf und die nicht einmal im Kernbereich ihres Menschseins unantastbar sind. Um dem Aufkommen solcher gefährlicher Ansichten entgegenzuwirken, bedurfte es ebenfalls der Verhängung einer Freiheitsstrafe.«[144]

Das war eine perfide Verkehrung der Fronten. Der ehemalige Gestapochef wurde mit den entrechteten und verfolgten Juden im »Dritten Reich« gleichgesetzt, die Aktivisten mit den Verfolgern, und das Gericht demonstrierte, dass es im Gegensatz zur Angeklagten, die angeblich nichts dazugelernt hatte, die Lehren aus der Vergangenheit gezogen hatte, indem es Beate Klarsfeld zu einer derart hohen Strafe verurteilte.

143 Protokoll vom 6. Verhandlungstag vom 6.6.1974, in: HStAD, Außenstelle Kalkum, Rep. 287/ 1285, Bl. 1520 ff.

144 Urteil LG Köln im Verfahren gegen Beate Klarsfeld vom 9.7.1974, in: HStAD, Außenstelle Kalkum, Rep. 287/1285, Bl. 1543 ff.

Das Urteil war allerdings auch das Ergebnis eines Prozessverlaufes, den das Gericht als sich steigernde Provokation wahrgenommen hatte. Am dritten Verhandlungstag war bekannt geworden, dass der französische Staatspräsident Giscard d'Estaing beim Auswärtigen Amt offiziell für eine Anhörung französischer Überlebender eingetreten war, was das Gericht bis dahin abgelehnt hatte. Das Auswärtige Amt hatte diese Demarche natürlich als Eingriff in die Unabhängigkeit des Gerichts zurückgewiesen, doch übte allein die Nachricht erheblichen Druck auf das Gericht aus, der noch durch die demonstrative Anwesenheit des israelischen Botschafters erhöht wurde. Auch die Vernehmung Lischkas hatte für Aufsehen gesorgt. Nachdem er aus Sicherheitsgründen durch einen Nebeneingang in den Gerichtssaal geführt worden war, war bereits Unruhe unter den Zuschauern entstanden. Er hatte jede Aussage zu seiner Vergangenheit verweigert, doch erklärt, seit 1950 ein ruhiges Leben geführt zu haben und gesellschaftlich akzeptiert gewesen zu sein, keinesfalls habe er sich als Ausgestoßener gefühlt. Unter den französischen Besuchern war daraufhin Tumult entstanden, einige waren auf die Bänke gesprungen und hatten die Marseillaise gesungen. Die Sitzung musste abgebrochen werden.[145] Hatte es das Gericht hier noch bei einer Verwarnung belassen, so griff es bei der nächsten Störung zu scharfen Gegenmaßnahmen. René Clavel, Überlebender des Konzentrationslagers Buchenwald und Vorsitzender der nichtjüdischen »Union Nationale des Déportés, Internés et Victimes de Guerre« (UNDVIG), hatte seine Zeugenaussage zu einem flammenden Appell für die Ratifikation des Zusatzabkommens benützt und seine diesbezüglichen Bemühungen geschildert. Briefe an den Außenminister und den Bundeskanzler seien mit lauen Antworten bedacht worden, schließlich habe er Achenbach persönlich aufgesucht. Dieser habe sich ihm als Vorreiter der deutsch-französischen Verständigung präsentiert. Als Clavel entgegnet habe, dass er sich von seiner Verantwortung nicht freikaufen könne, sei Achenbach »feuerrot« geworden und habe angekündigt, dass er alles in seiner Macht Stehende tun werde, um die Ratifizierung das Zusatzabkommens zu verhindern, es sei zu viel Zeit vergangen, die Toten könnten durch das Abkommen nicht wiederkommen.[146] Als Clavel daraufhin vereidigt werden sollte, hatte der in Rage geratene Zeuge die Hand zum Hitlergruß erhoben. Das Gericht

145 Protokoll vom 3. Verhandlungstag vom 1.7.1974, in: HStAD, Außenstelle Kalkum, Rep. 287/1285, Bl. 1437.

146 Protokoll vom 5. Verhandlungstag vom 3.7.1974, in: HStAD, Außenstelle Kalkum, Rep. 287/1285, Bl. 1445 ff.

hatte daraufhin die Verhandlung abgebrochen und beschlossen, Zuschauer und Öffentlichkeit vom weiteren Verfahren auszuschließen, nur einigen ausgewählten Journalisten war weiterhin die Anwesenheit gestattet.[147] Gegen diesen ungewöhnlichen Beschluss hatten nicht nur die Zuschauer protestiert, sondern auch der Journalistenverband, allerdings ohne Erfolg.

Trotz alledem hielt das Urteil aber vor dem Bundesgerichtshof stand.[148] Es wurde allerdings nie vollstreckt. Man ließ Beate Klarsfeld nach Frankreich ausreisen und stellte keinen Haftbefehl aus. In Anbetracht der Zeit, die sie bereits in Untersuchungshaft gesessen hatte, wurde auf Antrag des nordrhein-westfälischen Justizministers Posser ein Gnadenverfahren eingeleitet und ihr 1977 die Strafe erlassen.[149]

Politisch gesehen war dies sicherlich eine geschickte Lösung, zumal der Ablauf des Verfahrens und das Urteil schwer kritisiert worden waren. Der ehemalige Justizminister des Landes Nordrhein-Westfalen Josef Neuberger hatte öffentlich von einer »gespenstischen Verhöhnung des Rechtes gesprochen«, und auch in Frankreich wurde scharfe Kritik geübt, wobei man besonders heraushob, dass die Urteilsverkündung ausgerechnet mit dem deutsch-französischen Gipfel zusammengefallen war, mit dessen Hilfe die neue Regierung Schmidt die Zusammenarbeit der beiden Nachbarn anzukurbeln gedachte.[150] Bissig hatte der Schriftsteller Pierre Emmanuel, Mitglied der Académie Française, kommentiert: »Das gegenwärtige Deutschland will keine Vergangenheit haben. Das gestattet ihm heute, sich für eine Musterdemokratie zu halten.« Der nun entschlossenere Alfred Grosser zog gar eine Parallele zwischen Beate Klarsfeld und dem wegen seiner Systemkritik in den sibirischen Gulag verbannten Alexander Solschenizyn.[151]

Vor allem aber erregte man sich nun über die Person Achenbachs. Durch den Prozess in die Enge getrieben, war er zur offenen Konfrontati-

147 Protokoll vom 6. Verhandlungstag vom 5.7.1974, in: HStAD, Außenstelle Kalkum, Rep. 287/1218, Bl. 1445 ff.

148 Beschluß BGH vom 27.7.1975, in: HStAD, Außenstelle Kalkum, Rep. 287/1288, Bl. 2243.

149 Erlaß des JM NRW vom 4.5.1979, in: HStAD, Außenstelle Kalkum, Rep. 287/1297, Bl. 68.

150 »Süddeutsche Zeitung« vom 11.7.1974 (»Scharfe Reaktionen wegen Klarsfeld-Urteil. Düsseldorfer Ex-Justizminister: Gespenstische Verhöhnung des Rechts«).

151 Zu Emmanuel: »Süddeutsche Zeitung« vom 11.7.1974 (»Blick in die Presse«), Alfred Grosser in »Le Monde«, abgedruckt in »Die Welt« vom 18.7.1974.

on übergegangen und hatte seine alte Forderung nach einer Generalamnestie für NS-Verbrecher wieder aufleben lassen. Einem Reporter des Westdeutschen Rundfunks gegenüber hatte er geäußert:

> »Bestellen Sie Ihren Leuten, sie sollen gefälligst die Finger davon lassen, einmal muß Schluß sein. Wir fordern eine Generalamnestie, sowohl aus humanitären als auch aus christlichen Gründen. Sollte der Entwurf dieses Abkommens den Rechtsausschuß passieren, so werde ich das als Berichterstatter zu prüfen haben, und das wird sorgfältig gemacht und lange dauern, sehr lange. Wir wollen frei und unbeschwert in das nächste Vierteljahrhundert gehen.«[152]

Dieses Statement hatte er im ZDF und sogar im französischen Fernsehen wiederholt.[153] Bisher war Achenbachs Ränkespiel hinter den Kulissen in Bonn toleriert und gestützt, zumindest war es nicht gestoppt worden. Auch die Regierung Schmidt hatte Achenbach als Berichterstatter des Auswärtigen Ausschusses akzeptiert, und noch zu Beginn des Jahres hatten FDP-Abgeordnete wie Jürgen Möllemann, Burkhard Hirsch und Gerhard Baum die ihnen von den Klarsfelds übersandten einschlägigen NS-Dokumente mit der Bemerkung abgetan, sie könnten daraus keine Belastung für den Berichterstatter erkennen.[154] Doch nach diesen Äußerungen war Achenbach endgültig untragbar geworden. Die Jungliberalen forderten seine Ablösung im Auswärtigen Ausschuss, und prominente FDP-Politiker wie Ralf Dahrendorf (damals EG-Kommissar) und Außenminister Hans-Dietrich Genscher forderten ihn auf, auch sein Mandat im Europäischen Parlament niederzulegen.[155] Diesem politischen Druck – auch in Brüssel kam es zu Protesten – konnte Achenbach nicht mehr widerstehen. Er legte den Posten des Berichterstatters nieder, nicht ohne die Forderung nach einer Generalamnestie noch ein weiteres Mal im Fernsehen zu wiederholen.[156] Sein Bundestagsmandat und den Sitz im

152 WDR, »Kritisches Tagebuch« vom 27.6.1974, in: HStAD, Außenstelle Kalkum, Rep. 287/1285, Bl. 1514.

153 ZDF »Kennzeichen D« vom 16.7.1974; zu den Äußerungen im frz. ORTF siehe Alfred Grosser in »Le Monde«, abgedruckt in »Die Welt« vom 18.7.1974.

154 »Frankfurter Rundschau« vom 15.7.1974 (»Ein Fall von Vergangenheitsbewältigung in der FDP«).

155 »Frankfurter Rundschau« vom 17.7.1974 (»Achenbach wird Rücktritt nahegelegt«); »Neue Rhein-Zeitung« vom 17.7.1974.

156 Vgl. »Süddeutsche Zeitung« vom 23.7.1974 (»Achenbach zieht Konsequenzen«).

Europaparlament behielt er jedoch bis zu seinem 1976 erfolgten endgültigen Rückzug aus der Politik bei, zu dem auch beigetragen hatte, dass Joseph Billig Achenbachs Rolle im besetzten Frankreich in einer Sondernummer des Periodikums »Le Monde Juif« noch einmal gründlich beleuchtet hatte.[157]

Der Rücktritt Achenbachs stellte ohne Zweifel einen Teilsieg der Klarsfelds und ihrer Mitstreiter dar, doch wollten sie in erster Linie die Strafverfolgung der ehemaligen NS-Funktionäre erreichen. Sie wollten mithin Anstoß geben zu einem gesellschaftlichen Heilungs- oder Reinigungsprozess, in dem die vergangenheitspolitischen Fehlentwicklungen der ersten Jahrzehnte korrigiert werden sollten. Das wurde im Februar 1976 noch einmal deutlich, als sich Serge Klarsfeld, dessen Beteiligung am Entführungsversuch Lischkas ja noch nicht vor Gericht verhandelt worden war, der Justiz stellte. Pressewirksam in eine Anwaltsrobe gehüllt – er hatte inzwischen ein Jurastudium absolviert und war als Anwalt zugelassen –, legte er der Kölner Staatsanwaltschaft weitere Dokumente über die Verfolgung der Juden in Frankreich vor und ließ sich dann verhaften. Dabei formulierte er den beschriebenen Anspruch der Klarfelds so: »Das Problem [der illegalen Aktionen, der Verf.] kann gelöst werden, wenn diese Verbrecher aus der deutschen Gesellschaft herausgenommen werden.« Die Kölner Justiz ging auf dererlei Argumentationen jedoch nicht ein, sondern trachtete in erster Linie danach, einen zweiten (beziehungsweise dritten) Klarsfeld-Prozess zu vermeiden; unbeachtet von der Öffentlichkeit verurteilte man ihn noch am selben Tag in einem Schnellverfahren zu zwei Monaten Haft auf Bewährung.[158]

Die Ratifizierung

Nachdem Achenbach den Posten des Berichterstatters aufgegeben hatte, zeigte sich allerdings, dass er keineswegs der einzige Gegner des Abkommens gewesen war. Wie eine Meinungsumfrage zeigte, vertrat er vielmehr die Auffassung der Mehrheit der bundesdeutschen Bevölkerung. Anlässlich des Prozesses gegen Beate Klarsfeld hatte das Emnid-Institut über 1000 Bürger gefragt: »Sollten während der NS-Zeit begangene Verbre-

157 Joseph Billig: Achenbach et la »solution finale« en France, in: »Le Monde Juif« 76/1974.

158 Protokoll der Sitzung der 1. Großen Strafkammer des LG Köln vom 9.2.1976 – 31-38/73 – und Urteil vom gleichen Tag, beide in: HStAD, Außenstelle Kalkum, Rep. 287/1289, Bl. 2267 ff. und 2276 ff.

chen weiterverfolgt werden oder sollte man jetzt einen Schlußstrich unter die Vergangenheit ziehen?« Nur 25 Prozent hatten die weitere Strafverfolgung befürwortet, wogegen 60 Prozent einen »Schlußstrich« forderten.[159] Es war deshalb wenig erstaunlich, dass sich die Beratungen um das Abkommen sowohl im Rechtsausschuss als auch im Auswärtigen Ausschuss zu komplizierten Debatten auswuchsen, bei denen sich keineswegs nur die Vertreter der FDP als Bremser erwiesen. Im Rechtsausschuss war es vor allem der CDU-Abgeordnete Benno Erhard aus Bad Schwalbach, der als Berichterstatter massive Bedenken anmeldete. Er hatte die Beratungen am 18. September 1974 mit den Worten eröffnet:

> »Es muß uns darum gehen, was in den Fällen eigentlicher, typischer NS-Verbrechen wie Judenmord [...] geschehen kann. Diese Fälle sehen wir übereinstimmend als lösungsbedürftig an. Ich meine hier nicht die Vorgänge, die damit zusammenhängen, daß die deutsche Armee in Frankreich Besatzungsarmee war. Es hat in Frankreich auch Partisanen gegeben, und es sind – wechselseitig – Übergriffe der verschiedensten Art vorgekommen. Wir wollen das weder aufwärmen noch vergessen. Dies ist eine bedauerliche Hypothek, über die wir uns noch Gedanken machen müssen.«[160]

Diese Ankündigung bedeutete im Klartext, dass die Geiselerschießungen und die Übergriffe der Wehrmachtseinheiten sowie der Waffen-SS nicht thematisiert werden sollten, was insbesondere wegen der Massaker von Tulle und Oradour in den Ohren der französischen Öffentlichkeit eine brisante Forderung war. Erhard warnte zudem vor einer Verschlechterung der deutsch-französischen Beziehungen und vor einer unübersichtlichen Prozessflut. Der SPD-Rechtsexperte Rudolf Schöfberger hatte sich dagegen uneingeschränkt für die schnelle Verabschiedung des Abkommens ausgesprochen, wobei er auf den Fall Lischka Bezug genommen hatte. Wie Erhard hatte jedoch auch er einige juristische Bedenken. Die erste Sorge war, ob das Abkommen nicht den in der Verjährungsdebatte erreichten Status quo berühren würde, die ja nur noch die Verfolgung von Mordverbrechen erlaubte. Diese Bedenken konnten zumindest teilweise durch die Anhörung Johann-Georg Schätzlers sowie der Staatsanwälte der Zentralstelle Köln ausgeräumt werden. Sie korrigierten die Erwartungen deutlich herunter und wiesen darauf hin, dass keinesfalls eine »Prozessflut« zu erwarten sei. Der Leiter der Zentralstelle Köln legte

159 Hey, NS-Prozesse, S. 345; Zimmermann, NS-Täter, S. 48.
160 Protokoll der 40. Sitzung des Rechtsausschusses des BT vom 18.9.1974.

sich dabei hinsichtlich des »Deportationsverfahrens« auf eine Maximalzahl von 23 Personen fest, die nach Inkrafttreten des Abkommens noch verfolgt werden könnten.[161]

Bei den detaillierten Beratungen kam auch die Affäre um den »Warndienst West« zur Sprache. Auf eine entsprechende Nachfrage Benno Erhards rechtfertigte der anwesende Vertreter des Auswärtigen Amtes Rumpf dieses Vorgehen mit der erprobten Sprachregelung als »Gewährleistung der diplomatischen Schutzpflicht«, die Simon Wiesenthal missverstanden habe. Dabei erwähnte er allerdings keine Details, wie etwa jenes, dass die Warnungen seit der Gründung der ZRS und damit lange vor dem Fall Gath Usus gewesen waren. Mit dieser verkürzten Erklärung fand er die Zustimmung Adolf Arndts (SPD), der das »Vorgehen des Auswärtigen Amtes als völlig korrekt« bezeichnete, wogegen der CDU/CSU-Abgeordnete Stark es zumindest »merkwürdig« fand. Die Angelegenheit wurde jedoch nicht weiter erörtert.[162] Schließlich stellte Erhard zwei Änderungsanträge. Der erste sollte noch einmal deutlich festschreiben, dass nur Mordverbrechen künftig verfolgt werden sollten, der zweite sollte den Verteidigern das Recht einräumen, wie die Staatsanwaltschaft die französischen Militärgerichtsunterlagen auszuwerten. Der letzte Antrag war daraufhin kalkuliert, ein erneutes Verfahrenshindernis zu schaffen, etwa wenn ein Verteidigeranwalt reklamiert hätte, ihm seien wichtige französische Akten vorenthalten worden. Beide Anträge wurden jedoch abgelehnt, wozu auch der überzeugende Auftritt des Leiters der Zentralen Stelle Ludwigsburg Adalbert Rückerl und seines Frankreichdezernenten Herbert Schneider beigetragen hatte sowie ein umfangreiches juristisches Gutachten des Wissenschaftlichen Dienstes der Bundesregierung.[163] Die im ersten Antrag zum Ausdruck gebrachten Befürchtungen, dass mit dem Abkommen die bereits getroffenen Verjährungsregelungen berührt würden und somit auch andere Verbrechen als Mord wieder verfolgbar würden, konnten durch den Hinweis auf ein älteres Urteil des Bundesverfassungsgerichts gemildert werden.[164]

161 Anhörung der Vertreter der ZStK siehe: Protokoll der 42. Sitzung des RA des BT vom 9.10.1974; Anhörung der Vertreter der ZStL: Protokoll der 45. Sitzung des RA des BT vom 7.11.1974.

162 Protokoll der 43. Sitzung des RA vom 16.10.1974.

163 Protokoll der 45. Sitzung des RA 7.11.1974. Das Gutachten wurde später veröffentlicht: Maier, Abkommen.

164 Das BVerfG war 1969 von einem NS-Täter angerufen worden, der nach der vom Bundestag beschlossenen Verlängerung der Verjährungsfristen seine Grund-

Am 7. November 1974 stimmte der Rechtsausschuss dem Zusatzabkommen ohne Gegenstimmen, aber mit einer Enthaltung zu.

Im Auswärtigen Ausschuss gab es ähnliche Probleme. Soweit sich das heute feststellen lässt – die Protokolle sind als vertraulich eingestuft und bisher nicht zugänglich –, war es neben Achenbach, der dem Ausschuss als einfaches Mitglied nach wie vor angehörte, vor allem der SPD-Abgeordnete und ehemalige Brigadegeneral der Bundeswehr Beermann, der sich gegen das Abkommen stellte. Er wollte vermeiden, dass die Rollen der Wehrmacht und der Waffen-SS erneut thematisiert wurden, und ließ zu diesem Zweck die ZStL eine detaillierte Auflistung aller möglichen vom Abkommen betroffenen Personen anfertigen, aus der hervorging, wie viele Angehörige der Wehrmacht und der Waffen-SS darunter waren.[165] Erst als deutlich wurde, dass sich die möglichen Verfahren aller Wahrscheinlichkeit nach nur auf die Deportationsverbrechen beziehen würden, lenkte er ein. Auch hier scheiterte die CDU/CSU-Opposition mit den beiden schon im Rechtsausschuss gestellten Anträgen. Schließlich nahm der Ausschuss das Abkommen am 15. Januar 1975 an.[166]

Nun fehlte noch die Zustimmung des Bundestages. Die Abstimmung war für den 31. Januar 1975 angesetzt. Am Tag zuvor beschloss der Ältestenrat jedoch überraschend, das Abkommen noch in der Nacht zu diskutieren, offenbar um einer weiteren Aktion von Beate Klarsfeld im Bundestag vorzubeugen. Diese schaffte es jedoch, anwesend zu sein, was einen Abgeordneten der CSU so provozierte, dass er ihren Hinauswurf verlangte. Die Zustimmung galt als alles andere als sicher, da die geschlossene Ablehnung der CDU/CSU-Fraktion als ausgemacht galt. Vieles hing also vom Verlauf der Diskussion ab. Anders als erwartet, verzichtete Achenbach auf eine persönliche Erklärung, er hatte es stattdessen vorgezogen, zur Abstimmung nicht zu erscheinen. Sein Nachfolger Martin Bangemann trat für die FDP entschlossen für die Ratifikation

rechte verletzt sah (Verstoß gegen das Rückwirkungsverbot). Das Gericht hatte daraufhin nicht nur entschieden, dass die Verlängerung der Verjährungsfristen für Mord verfassungskonform sei, sondern auch, dass die Berechnung der Verjährungsfristen durch die alliierten Verfolgungsvorbehalte nicht gehemmt worden sei. Diese Entscheidung ließ den Schluss zu, dass auch die Blockade durch den Überleitungsvertrag keine hemmende Wirkung auf die Verjährungsfristen gehabt hatte. (Entscheidung des BVerfG, 2. Senat – 2 BvL 15,23/68 – vom 26.2.1969, abgedruckt in Entscheidungen des BVerfG, Bd. 25, S. 269, Nr. 25.)

165 Vermerk ZStL vom 27.9.1974, in: ZStL 114 AR-Z 578/74, Bl. 26.

166 Zum Verlauf der Beratungen des Auswärtigen Ausschusses siehe den Bericht des Berichterstatters Bangemann BT – Drucksache 7/3169 (7. WP).

des Abkommens ein, wenn er auch den Vorwurf, seine Partei habe das Abkommen verschleppt, entschieden zurückwies. Der Name Achenbachs fiel in der ganzen Debatte nicht. Auf der Klaviatur der fünfziger Jahre spielten andere: Der zur CSU gehörende ehemalige Justizminister Richard Jaeger versuchte nachzuweisen, dass das Abkommen vom damaligen Staatssekretär Ehmke der Regierung Kiesinger untergeschoben worden sei, ohne dass diese davon gewusst hatte, und stellte die Frage, ob sich die »deutsche Seite unbedingt in die Verantwortung habe drängen müssen«. Außerdem zweifelte er generell den Sinn des Abkommens an. Er wie andere Gegner des Abkommens konnten sich dabei auf zwei hohe Richter stützen, die öffentlich dagegen Stellung bezogen hatten. Dabei handelte es sich einmal mehr um den nun pensionierten Generalstaatsanwalt Ernst Heimeshoff, dessen Artikel aus dem »Heimkehrer« der VdH in einer Broschüre unter dem Titel »Mahnung in letzter Stunde. Gefahr für Europa« zusammengestellt und an alle Bundestagsabgeordneten verteilt hatte.[167] War sie als Lobbyarbeit für die Abgeordneten klar zu erkennen und einzuordnen, so war dies mit dem zweiten Einspruch wesentlich schwieriger. Der ehemalige Bundesrichter Günther Willms hatte in einem Zeitungsartikel dargelegt, dass das gesamte Zusatzabkommen politisch und auch juristisch verfehlt sei. Sein Grundgedanke dabei war, dass es die Franzosen seit dem Inkrafttreten des Überleitungsvertrages über 20 Jahre lang in der Hand gehabt hätten, durch eine einfache diplomatische Note an die Bundesregierung klarzustellen, dass sie eine Strafverfolgung der Abwesenheitsverurteilten wünschten. Da sie das aber nicht getan hätten, sei es nicht Sache der deutschen Justiz, das Versäumnis zu korrigieren. Die Ausführungen gipfelten in der Forderung, Beate Klarsfeld und ihre Gesinnungsfreunde sollten in Paris demonstrieren, statt in Köln und Bonn.[168] Was nur Eingeweihte wussten, war, dass Willms selbst als Richter im Großen Senat des BGH am »Beschluss Hempen« beteiligt gewesen war und nunmehr mit nicht sehr überzeugenden Argumenten versuchte, den damals gezogenen Schlussstrich zu verteidigen. Dem amtierenden Justizminister Hans-Jochen Vogel gelang es freilich, Jaegers Einwände fachlich zu widerlegen. Deutlicher und vor allem sachkundiger als die Einlassungen Jaegers war die Rede des CDU-Abgeordneten Erhard. Wie schon im Rechtsausschuss, so plädierte er

167 Verband der Heimkehrer (Hg.), Mahnung.

168 »Frankfurter Allgemeine Zeitung« vom 2.8.1974 (»Späte Aufregung in Paris. Strafverfolgung von Kriegsverbrechern hätte sich auch ohne Vertrag in Bonn erreichen lassen«).

auch hier für eine scharfe Trennung der NS-Verbrechen (deren Strafverfolgung man wolle) und der Taten, die »in den militärischen Bereich gehören«. »Vielleicht schuldig geworden«, so führte er aus, »seien diese Personen in der teilweise grausam und erbittert geführten Auseinandersetzung mit der französischen Résistance«, man müsse deshalb fürchten, daß sich das Abkommen als »Gesetz gegen die Landser des Zweiten Weltkrieges erweisen könne«. Obwohl er es besser wusste, malte er ein Schreckensszenario an die Wand, nach dem hunderte frühere Soldaten nun in Verfahren verwickelt würden, ohne dass sie »Schwerkriminelle seien«. Am Ende stimmte die CDU/CSU-Fraktion geschlossen gegen das Abkommen, was Herbert Wehner mit dem Zwischenruf »die Reihen fest geschlossen« kommentierte.[169]

Vergleicht man diese Debatte mit der am Eingang dieser Studie geschilderten Bundestagsdebatte um die Gründung der Zentralen Rechtsschutzstelle aus dem Jahr 1949, so lassen sich vor allem zwei Veränderungen feststellen: Hatte es damals eine Mehrheit für den Schutz der beschuldigten Männer gegeben, so sprach sich jetzt die Mehrheit für ihre Verfolgung aus. Die andere Änderung betraf den rhetorischen Aufwand, den die Gegner eines solchen Unterfangens betreiben mussten. Wie das Schicksal Achenbachs gezeigt hatte, war es in der Bundesrepublik der Ära Schmidt eben nicht mehr möglich, in der Öffentlichkeit einfach eine Amnestie zu fordern: Selbst Jaeger, ein mehrfach ausgewiesener Gegner der Strafverfolgung von NS-Verbrechern, betonte, dass er im Grunde für ein Abkommen sei, nur eben nicht in dieser Form. Die Argumente der Gegner aber waren nach wie vor dieselben: Die französische Strafverfolgung sei illegitim gewesen, so lange nach den Taten seien gerechte Urteile nicht mehr zu erwarten, die deutsch-französische Freundschaft sei gefährdet, die Mehrzahl der involvierten Männer seien in einem entfesselten Krieg in Grausamkeiten hineingezogen worden, die sie nicht gewollt hätten. Aus diesem Grunde wollte man die »als Taten aus dem militärischen Bereich« bezeichneten Verbrechen auch nicht verfolgt sehen, sondern nur die Judendeportationen.

Die Opposition versuchte, das Abkommen dann noch im Bundesrat zu stoppen, wo Rheinland-Pfalz erneut den Antrag stellte, festzuschreiben, dass auf keinen Fall andere als Mordverbrechen verfolgt werden sollten, weshalb der Vermittlungsausschuss angerufen werden sollte. Bemer-

169 Verhandlungen des BT vom 30.1.1975, 7. WP, 146. Sitzung, S. 10122 ff.

kenswerterweise war es gerade der Ministerpräsident des Landes Baden-Württemberg Filbinger, der für die CDU-regierten Länder diesen Gang verhinderte, indem er das rheinland-pfälzische Manöver als unnötig bezeichnete. Das Abkommen konnte in Kraft treten. In rechtsradikalen Kreisen wurde die Zustimmung Filbingers, der selbst seit 1972 wegen seiner Vergangenheit als Marinerichter in der Kritik stand und 1978 deswegen schließlich zurücktreten musste, offenbar als Verrat empfunden. Er erhielt eine Morddrohung, in der er gefragt wurde: »Wollten Sie mit Ihrer Ja-Stimme Ihre Vergangenheit bewältigen, oder haben die Franzosen Sie unter Druck gesetzt?«[170]

170 Anonymes Schreiben an Staatsministerium Baden-Württemberg vom 24.2. 1975, in JM BW 9361 F2 IV/50.

8. Ermittlungen und Prozesse

Nach der Ratifizierung des Zusatzabkommens war der Weg für die Strafverfolgung frei. Die Befürchtungen der Gegner traten jedoch nicht ein, es kam zu keiner umfassenden Welle der Strafverfolgung. Im Gegenteil: Entgegen ihren Ankündigungen benötigte die Staatsanwaltschaft nicht wenige Monate, um zu einer Anklage zu gelangen, sondern noch vier Jahre. Erst 1979 wurden diejenigen drei Männer angeklagt und nach einem bemerkenswerten Prozess auch verurteilt, die während der gesamten Debatte um das Zusatzabkommen immer wieder als Hauptbelastete genannt worden waren: Herbert Hagen, Kurt Lischka und Ernst Heinrichsohn. Alle anderen blieben straffrei. Zwar wurden noch sieben weitere Männer wegen ihrer Beteiligung an der »Endlösung in Frankreich« angeklagt, es kam jedoch zu keiner weiteren Verurteilung. Dies war zum einen dem Umstand geschuldet, dass die mehrheitlich zu Beginn des Jahrhunderts geborenen Männer zunehmend gesundheitlich hinfällig wurden. Die Angeklagten und ihre Verteidiger wussten das sehr wohl zu instrumentalisieren und legten den Gerichten eine Vielzahl von entsprechenden medizinischen Attesten vor. Zum anderen verdankten einige Beschuldigte ihre endgültige Straflosigkeit den geschilderten juristischen Problemen, vor allem der Schwierigkeit, ihnen nachzuweisen, dass sie von der Ermordung der von ihnen deportierten Juden gewusst hatten.

Schon gar nicht erfüllte sich die Befürchtung des Abgeordneten Erhard und von Verbänden wie der HIAG oder dem VdH, dass sich nun Soldaten wegen der Verbrechen der Wehrmacht und der Waffen-SS verantworten müssten. Innerhalb des Frankreich-Komplexes hätten solche Verfahren nur aus dem bereits in seine Einzelteile zerlegten und damit aussichtslos gewordenen Verfahren wegen der Geiselerschießungen oder der im »Bandenkampf« verübten Verbrechen resultieren können, das bei der Zentralstelle Dortmund lag. Doch kam es hier, trotz umfangreicher Ermittlungen nicht zu einer einzigen Anklage – das Thema blieb bis heute von der öffentlichen Erörterung vor Gericht ausgespart.

Die Sipo/SD-Funktionäre nach der Ratifikation des Zusatzabkommens

Die dramatische Bedeutung des Faktors Zeit wird erst durch einen Blick auf die Untersuchungsgruppe wirklich deutlich. Von den 119 Männern der erweiterten Untersuchungsgruppe, die nach 1945 noch am Leben waren und deren Aufenthalt bekannt war, war 1974, unmittelbar vor

Inkrafttreten des Zusatzabkommens, fast die Hälfte (55) bereits verstorben. Damit konnten nicht nur einige schwer belastete Männer nicht mehr vor Gericht gebracht werden, sondern es waren auch Zeugen unwiederbringlich verloren – Zeugen, die gerade angesichts der geschilderten Beweisproblematik wichtig gewesen wären. Im Jahr 1987, als immer noch ermittelt wurde, waren sogar nur noch 17 Angehörige der erweiterten Untersuchungsgruppe am Leben.[1] Dieses Zahlenverhältnis spiegelt sich auch in der engeren Untersuchungsgruppe wider. Von 55 ehemaligen Kommandeuren und ihren Stellvertretern, die nach 1945 noch greifbar waren, waren 1974 nur noch 27 am Leben. Unter diesen waren 19, deren Lebensläufe bereits vorgestellt wurden und die auch hier im Mittelpunkt stehen sollen.

Acht dieser Männer waren ehemalige Militärverwaltungsbeamte. Fünf hatten ihr Berufsleben im öffentlichen Dienst der Bundesrepublik ganz regulär abgeschlossen: *Modest Graf von Korff* (geb. 1909, Ministerialrat im Bundeswirtschaftsministerium), *Kurt Illers* (geb. 1908, Senatspräsident am Niedersächsischen Landessozialgericht) und *Richard Freise* (geb. 1908, leitender Landesverwaltungsdirektor beim Landschaftsverband Rheinland) hatten in den Jahren 1972/1973 die Pensionsgrenze erreicht. *Dietmar Westphal* (geb. 1909) war als stellvertretender Leiter des Finanzamtes Osnabrück aus gesundheitlichen Gründen schon früher in Pension gegangen. Der 1919 geborene *Josef Gallinger* (Regierungsdirektor bei der Regierung Oberbayern) hätte zwar die Altersgrenze noch nicht erreicht gehabt, war jedoch bereits 1975 verstorben. Auch die Karriere der in die Privatwirtschaft abgewanderten ehemaligen NS-Beamten neigte sich dem Ende zu oder war bereits beendet. *Walter Nährich* (geb. 1909) hatte sein Baugeschäft bereits 1969 aufgelöst und lebte seitdem als Pensionär. *Friedrich Merdsche* (geb. 1906) ging als Redakteur der »Neuen Juristischen Wochenschrift« (NJW) 1974 in Pension. Nur der 1908 geborene *Hans-Dietrich Ernst* war als Anwalt und Notar weiterhin tätig.

Von den noch lebenden elf Angehörigen der NS-Sicherheitselite hatte offenbar alleine *Hellmuth Retzek* (geb. 1906, Leiter der Wasserschutzpolizei in Duisburg) eine Pensionierung im öffentlichen Dienst erlebt. *Friedrich Busch* (geb. 1905) war nach seiner Tätigkeit für den BND 1962 in Rente geschickt worden und nun als Hausmeister tätig. *Rudolf Schmäling* (geb. 1898), von dem sich nicht mit Sicherheit eruieren ließ, ob er tatsächlich

1 ZStK an LG Bonn vom 8.10.1987 und 19.11.1987, in: HStAD, Außenstelle Kalkum, Rep. 158/1515, Bl. 1048 und 1059.

wieder in den bayerischen Polizeidienst eingetreten war oder nur seine Versorgungsansprüche durchgesetzt hatte, hatte 1969 einen Schlaganfall erlitten und galt als berufs- und verhandlungsunfähig. Der 1903 geborene *Rudolf Bilfinger* war als Oberverwaltungsgerichtsrat am baden-württembergischen Verwaltungsgerichtshof, wie geschildert, bereits 1965 pensioniert worden. Die restlichen sieben waren in der Privatwirtschaft tätig gewesen oder waren es noch.

Hartmut Pulmer (geb. 1908) war nach seiner Enttarnung 1969 aus dem Berufsleben ausgeschieden; 1975 wurde er verhandlungsunfähig. *Hans Henschke* (geb. 1908) beendete regulär 1974 seine Tätigkeit im Versicherungswesen. *Kurt Lischka* (geb. 1909) schied 1975 nach dem Prozess gegen Beate Klarsfeld bei der Kölner Getreidegroßhandlung aus, für die er bis dahin gearbeitet hatte. Der jüngere *Herbert Hagen* (geboren 1913) war noch bis kurz vor Beginn seines Prozesses im Jahr 1979 als Geschäftsführer der Firma INAPP tätig. Wann *August Moritz* (geb. 1913) seinen Beruf als technischer Zeichner und *Fritz Hinrichs* (geb. 1908) die Tätigkeit in der Fleischwarenindustrie einstellten, ist den Akten nicht zu entnehmen, doch ist anzunehmen, dass das ebenfalls Mitte der siebziger Jahre geschah. Gleiches dürfte auf den 1910 geborenen *Helmut Knochen* zutreffen, der zuvor in der Versicherungswirtschaft tätig war.

Die Strafverfolgung dieser Männer wurde also erst zu einem Zeitpunkt forciert, als das Gros bereits pensioniert worden war oder kurz vor der Pensionierung stand. Allein der durch die DDR-Propaganda bloßgestellte Bilfinger hatte vor Beginn der Klarsfeld-Kampagne seinen Hut nehmen müssen, außerdem – mit Einschränkungen – der aus dem Dienst des BND entlassene Busch. Die Verhaftung August Moritz' hatte dagegen nicht direkt mit seiner Tätigkeit vor 1945 zu tun gehabt, sondern war durch seine Verbindungen zur DDR bedingt gewesen. Die aufgrund seiner Enttarnung als ehemaliger KdS ausgebliebene Beförderung des Dietmar Westphal kann dagegen wohl kaum als einschneidender Karriereknick gewertet werden. Zwar könnte seine Frühpensionierung ebenfalls im Zusammenhang mit seiner Vergangenheit gestanden haben, doch finden sich dafür in den Akten keinerlei Beweise, ebenso wenig wie bei Friedrich Merdsches Wechsel zur NJW, der eher einen Karrieresprung darstellte. Die in der zeitgeschichtlichen Forschung mehrfach beschriebene »vergangenheitspolitische« Wende der sechziger Jahre hatte sich auf die Untersuchungsgruppe also kaum ausgewirkt.[2]

2 So zuletzt Siegfried, Aufarbeitung.

Es stellt sich die Frage, ob der von den Klarsfelds angestoßene Prozess tatsächlich zur gesellschaftlichen Ausgrenzung der Täter und zu einem Umdenkungsprozess führen konnte und führte, zumal das Ende ihrer beruflichen Laufbahnen ja weit mehr durch das Alter als durch die NS-Belastung bedingt war oder zumindest damit zusammenfiel und diesem lebensgeschichtlichen Einschnitt so die Dramatik nahm. Von den beruflichen und strafrechtlichen Aspekten einmal abgesehen, ist jedoch zu konstatieren, dass die Kampagne der Klarsfelds auf die ehemaligen Sipo/SD-Funktionäre einen starken sozialen und psychischen Druck ausübte. Dieser lastete natürlich in erster Linie auf denjenigen Männern, deren Namen und Vergangenheit in die Presse geraten waren. Am Beispiel von *Friedrich Merdsche* wird das sehr deutlich. Dieser hatte nach seinem Ausscheiden aus dem Richteramt und dem Beginn der Tätigkeit als Schriftleiter bei der »Neuen Juristischen Wochenschrift« 1966 ein zweites Mal geheiratet und die Gelegenheit genutzt, sich in »Merdche« umzubenennen – angeblich um den französischen Ursprung des Namens deutlicher zu machen.[3] Es dürfte sich allerdings eher um den Versuch gehandelt haben, sich auf elegantem Weg des alten, befleckten Namens zu entledigen; zumindest stiftete die Namensänderung in den Registern der Justiz einige Verwirrung. Wie erwähnt, beendete er erst gegen Ende des Jahres 1974 mit 68 Jahren seine Tätigkeit als Schriftleiter der NJW. Inwieweit dieser Schritt mit der abzusehenden Ratifikation des Zusatzabkommens in Zusammenhang stand, muss offen bleiben, jedenfalls wusste Merd(s)che natürlich schon lange vorher von den gegen ihn laufenden Ermittlungen. Öffentlich wurde seine Vergangenheit jedoch erst, als Beate Klarsfeld in Orléans, seiner ehemaligen »Wirkungsstätte« als KdS, eine Protestveranstaltung abhielt und Serge Klarsfeld bei seiner Verhaftung in Köln Dokumente vorwies, die Merd(s)che schwer belasteten. Deutsche und französische Zeitungen griffen den Fall daraufhin auf. Der ehemalige Kommandeur trat den gegen ihn erhobenen Vorwürfen entgegen, indem er 1976 in einem Leserbrief in der »Frankfurter Allgemeinen Zeitung« seine Unschuld beteuerte und behauptete, von den in Frankreich gegen ihn ergangenen Urteilen noch nie etwas gehört zu haben.[4] Das allerdings war eine Lüge. Wie er zuvor einem Journalisten schriftlich bestätigt hatte, war er durch das Rote Kreuz 1962 mündlich von diesen Urteilen unter-

3 Vernehmung Merdsches durch StA Köln vom 8.2.1977, in: HStAD, Außenstelle Kalkum, Rep. 158/1573, Bl. 6623 ff.

4 »Frankfurter Allgemeine Zeitung« vom 5.2.1976 (»Unberechtigte Beschuldigung«).

richtet worden.[5] Kurz darauf erhielt er eine telefonische Entführungsdrohung, worauf er zeitweise unter Polizeischutz gestellt wurde – nach der versuchten Entführung Lischkas wurden solche Drohungen durchaus ernst genommen.[6] Im Jahr 1975 hatten zudem vorgebliche Résistance-Angehörige in Paris eine spektakuläre Pressekonferenz veranstaltet. Mit verhüllten Gesichtern hatten die angeblichen Widerstandskämpfer die Ermordung ehemaliger NS-Größen für den Fall angekündigt, dass die deutsche Justiz diese nicht endlich verfolge.[7] Tatsächlich steckte hinter der Aktion einmal mehr das Ehepaar Klarsfeld, was aber damals nicht ersichtlich war.[8]

Dass diese Drohungen dennoch nahe an der Realität waren, zeigt der Fall Joachim Peipers. Dieser, eine Symbolfigur der Waffen-SS, war nach Kriegsende wegen seiner Beteiligung an der Erschießung Kriegsgefangener zum Tode verurteilt worden, wurde später aber begnadigt und lebte ausgerechnet in Frankreich. Dort wurde er 1976 in seinem Haus auf spektakuläre Weise ermordet, was für erhebliches Aufsehen sorgte.[9] Kein

5 Merdsche an den Redakteur S. am 5.5.1975, in: Archiv der VVN-BdA Aktenordner a/m/133 Merdsche.

6 Vermerk ZStK vom 4.2.1976 und Kriminalkommissariat Bad Homburg vom 6.2.1976, in: HStAD, Außenstelle Kalkum, Rep. 158/1609, Bl. 1504 und 1529.

7 Am 18.4.1975 erklärten acht Männer, deren Gesichter mit Kapuzen verhüllt waren, vor Journalisten in einem Pariser Hotel, sie würden Kurt Lischka, Horst Wagner und Kurt Christmann »physisch eliminieren«, wenn die deutsche Justiz nicht bis 1.12.1975 gegen sie vorgehe. Bei Christmann handelte es sich um einen ehemaligen Führer eines Einsatzkommandos, das in Südrussland mindestens 150 Menschen ermordet haben soll. Christmann lebte unverfolgt als wohlhabender Immobilienkaufmann in der Bundesrepublik. Vgl. »Le Monde« vom 20./21.4.1975 (»Si le procès de Kurt Lischka ne s'ouvre pas avant le 1er décembre 1975: Un ›comité d'action résistance-déportation‹ s'engage à exécuter des criminels nazis«).

8 Mitteilung Beate Klarsfeld gegenüber dem Verfasser vom 9.8.2003.

9 Der ehemalige Adjutant Himmlers, Joachim Peiper, wurde 1946 wegen des so genannten Malmédy-Vorfalls in den Dachauer Prozessen von einem amerikanischen Gericht zum Tode verurteilt. 1951 wurde die Strafe in lebenslange Haft umgewandelt, jedoch wurde er schon 1957 entlassen. Nachdem er zunächst zwölf Jahre in Westdeutschland gelebt hatte, zog er 1969 mit seinem Familie legal nach Frankreich und ließ sich im Dorf Traves bei Vesoul nieder. Seinen Lebensunterhalt bestritt Peiper mit der Übersetzung deutscher Militärliteratur ins Französische. Im Juni 1976 erhielt er eine Morddrohung, worauf er seine Familie zurück nach Deutschland schickte. Er selbst blieb jedoch zurück, um das Haus gegen eventuelle Angreifer zu verteidigen. In der Nacht vom 14. auf den 15. Juni griffen Unbekannte Peipers Haus an und setzten es in Brand, wobei er ums Leben kam.

Wunder also, dass Merd(s)che Angst hatte. Er wandte sich an die Staatsanwaltschaft Köln: Die Aktionen der Klarsfelds hätten ihn gesundheitlich so sehr beeinträchtigt, dass er bitte, das Verfahren möglichst schnell abzuwickeln und ihn damit zu entlasten. Als Beweis seiner Unschuld fügte er ein Schreiben des amerikanischen »extradition board« bei, mit dem dieses in den fünfziger Jahren seine Auslieferung an Frankreich verweigert hatte.[10] Dieses Dokument hatte für die Ermittlungen jedoch keinerlei Bedeutung, da es nichts über die gegen den ehemaligen KdS erhobenen Tatvorwürfe aussagte. Die gingen folglich auch weiter, als Merd(s)che in den Schwarzwald verzog. Bis zu seinem Tod 1985 wurde sein Fall mehrfach von der Presse aufgegriffen, so dass es sehr unwahrscheinlich ist, dass er seinen Lebensabend im Schwarzwald ungestört genießen konnte.[11]

Es war durchaus typisch, dass die ehemaligen Sipo/SD-Funktionäre hofften, sich mit einem Rückgriff auf exkulpierende Dokumente der fünfziger Jahre aus der Affäre ziehen zu können. Die Bundesrepublik der siebziger Jahre war jedoch nicht mehr die der fünfziger, längst hatten »Persilscheine« und Ähnliches ihre Überzeugungskraft verloren. Auch *Ernst Heinrichsohn* machte diese Erfahrung. Der ehemalige Mitarbeiter Danneckers hatte nach dem Krieg in Würzburg sein abgebrochenes Jurastudium abgeschlossen und sich 1958 in der fränkischen Kleinstadt Miltenberg als Rechtsanwalt niedergelassen. Im Jahr 1946 hatte er geheiratet und sich am Wohnort seiner Frau, dem Nachbarort Bürgstadt, angesiedelt. Sechs Jahre später war er für die CSU zum zweiten (ehrenamtlichen) Bürgermeister gewählt worden, seit 1960 war er, ebenfalls nebenamtlich, als erster Bürgermeister tätig. In diesem Amt hatte er sich in den Augen der rund 3000 Bewohner des Ortes vor allem dadurch Meriten erworben, dass er in den siebziger Jahren die Gemeinde vor der Eingemeindung in das benachbarte Miltenberg bewahrte, zu dem eine ausgeprägte Rivalität besteht.[12] Als Heinrichsohns Vergangenheit 1976 nun, ebenfalls

Die Tat wurde nie vollständig aufgeklärt, löste jedoch in Frankreich wie in Deutschland erhebliche Unruhe aus. So wurde in Marseille auf ein jüdisches Gemeindezentrum von einem »Kommando Peiper« ein Brandanschlag verübt. Vgl. BAK B 141/25616. Zu Peipers Rolle im Dritten Reich und dem Malmédy-Prozess siehe Sigl, Interesse. Zur Ermordung Peipers: Martin, L'affaire Peiper.

10 Merd(s)che an ZStK am 6.2.1976, in: HStAD, Außenstelle Kalkum, Rep. 158/1572, Bl. 6096.

11 Beispielsweise »Stern« vom 6.11.1980 (»Die Leichen im Brunnen«).

12 Vgl. »Kölner Stadt-Anzeiger« vom 6.12.1979 (»Warum stört die Bürgstädter die NS-Vergangenheit ihres Bürgermeisters Heinrichsohn noch nicht?«).

auf Initiative von Serge Klarsfeld, von der Presse aufgegriffen wurde, wandte sich der ehemalige »Transportsachbearbeiter« an die Polizei und erklärte, nicht mit der in der Presse genannten Person identisch zu sein. Auch im Gemeinderat gab er eine entsprechende Ehrenerklärung ab.[13] Diese falsche Behauptung untermauerte er durch ein Schreiben des Bundesjustizministeriums aus dem Jahre 1952. Da Heinrichsohn damals offenbar die französische Strafverfolgung fürchtete, hatte er durch einen Studienfreund beim Justizministerium anfragen lassen, ob dort etwas über derartige Bestrebungen bekannt sei. Das Ministerium hatte fälschlicherweise Entwarnung gegeben, ein anhängiges Verfahren gegen ihn sei längst eingestellt worden. Gesucht werde aber ein »Gestapo-Agent« namens »Heinrichson«[!]. Sollte Heinrichsohn von den Franzosen aufgegriffen werden, so müsse er auf die unterschiedlichen Schreibweisen hinweisen.[14] Mit Hilfe dieses Schreibens verteidigte sich der Bürgermeister zu Beginn seines Prozesses in Köln mit Erfolg. Angesichts seiner angesehenen beruflichen und sozialen Stellung erschienen die erhobenen Vorwürfe den meisten Menschen in seiner Umgebung so unglaubwürdig, dass ihn sowohl seine Partei als auch große Teile der Einwohnerschaft stützten und er buchstäblich bis zum Tage seiner Verurteilung im Jahr 1980 im Amt bleiben konnte.[15] Als 1978 Neuwahlen anstanden – die Vorwürfe gegen den Bürgermeister waren zu dieser Zeit weithin bekannt – bekam Heinrichsohn noch immer 85 Prozent der Stimmen. Die konkurrierende SPD hatte nicht einmal einen Gegenkandidaten aufgestellt, da auch sie keine Zweifel an der »Ehrenerklärung« hatte.[16] Auch der Versuch Serge Klarsfelds, Heinrichsohn zuvor wenigstens die Zulassung zur An-

13 Die Ehrenerklärung Heinrichsohns vom 10.2.1976 findet sich abgedruckt in »Aschaffenburger Volksblatt« vom 15.11.1979. FS Polizeidienststelle Aschaffenburg u.a. an StA Köln vom 2.2.1976, in: HStAD, Außenstelle Kalkum, Rep. 158/1609, Bl. 1514.

14 BMJ – Dr. Grützner – an Erich Sch. vom 16.7.1952, in: HStAD, Außenstelle Kalkum, Rep. 158/1574, Bl. 6869.

15 So schrieb Edmund Stoiber, damals Generalsekretär der CSU, in Beantwortung eines an den bayerischen Ministerpräsidenten Strauß gerichteten Briefes, dass sich die zuständigen Gremien der Partei bereits mit Heinrichsohn befasst hätten und »zu der Auffassung gelangt [seien], daß man keine Maßnahmen gegen Herrn Heinrichsohn einleiten solle, bevor nicht das schwebende Gerichtsverfahren abgeschlossen ist«. Vgl. Stoiber an Kondruß am 15.11.1979, abgedruckt in: »Freie jüdische Stimme« 5/1980.

16 »Kölnische Rundschau« vom 12.2.1980 (»Kurt Lischka in Köln zu zehn Jahren Gefängnis verurteilt«).

waltschaft aberkennen zu lassen, verlief im Sande.[17] Daraufhin organisierten die Klarsfelds eine Demonstration, zu der rund 80 Franzosen anreisten. Diese besprühten Heinrichsohns Anwaltsbüro mit Hakenkreuzen, rissen das Kanzleischild ab und schlossen ihn so zumindest symbolisch aus dem Kreis der Juristen aus.[18] Einiges deutet darauf hin, dass seine Lebensqualität unter den Kampagnen erheblich litt. So sagte er später aus, er habe stets mit der Möglichkeit gerechnet, während der Verfolgung durch die »Gruppe Klarsfeld« zu Tode zu kommen, und das Oberlandesgericht Bayreuth sprach später sogar von dem »jahrelangen Druck des Strafverfahrens und der öffentlichen Meinung mit einschneidenden Folgen im familiären und vernichtenden Konsequenzen im beruflichen und gesundheitlichen Bereich«.[19]

Mehr Erfolg hatten Serge Klarsfelds Bemühungen im Fall des im ostfriesischen Leer ebenfalls als Rechtsanwalt und Notar tätigen *Hans Dietrich Ernst*. Nachdem Klarsfeld dem Oberlandesgericht Oldenburg Anfang 1977 entsprechende Dokumente hatte zukommen lassen, nahm dieses beide Zulassungen zurück. Ernsts Behauptung, er habe vom Judenmord nichts gewusst, ließ es dabei nicht gelten. Zwar habe er sich nach seiner Zulassung zur Anwaltschaft nichts zuschulden kommen lassen, doch beweise dies nicht seine Unschuld. Vielmehr sei »unauffälliges und angepasstes Verhalten nach dem Zusammenbruch des nationalsozialistischen Unrechtsregimes in vielen Fällen ein kennzeichnendes Charakteristikum von Personen [gewesen], die den damaligen Machthabern gedient hatten.«[20]

17 Serge Klarsfeld hatte Justizminister Hans-Jochen Vogel belastende Dokumente gegen die Anwälte Ernst Heinrichsohn und Hans Dietrich Ernst übergeben, die dieser an die entsprechenden Oberlandesgerichte in Bamberg (Heinrichsohn) und Oldenburg (Ernst) weiterleitete. Während Ernsts Zulassung aberkannt wurde, konnte Heinrichsohn weiter als Anwalt tätig sein, da sich das Gericht trotz der entschiedenen Stellungnahmen der ZStK nicht zu einem solchen Schritt bereit fand. Vgl. Vermerk OLG Bamberg über einen Besuch Serge Klarsfelds vom 1.3.1977, in: HStAD, Außenstelle Kalkum, Rep. 158/1574, Bl. 6822 und ZStK an OLG Bamberg vom 15.3.1977, in: HStAD, Außenstelle Kalkum, Rep. 158/1573, Bl. 6676.

18 FS Bundeskriminalamt vom 23.6.1978, in: HStAD, Außenstelle Kalkum, Rep. 158/1611, Bl. 18888.

19 Aussage Heinrichsohn beim Haftprüfungstermin vom 27.2.1980, in: HStAD, Außenstelle Kalkum, Rep. 267/312, Bl. 85 und Beschluss OLG Bayreuth vom 27.5.1982, in: HStAD, Außenstelle Kalkum, Rep. 267/305, Bl. 426.

20 Präsident OLG Oldenburg an Ernst vom 10.2.1977, in: HStAD, Außenstelle Kalkum, Rep. 158/1573, Bl. 6663.

Für Ernst bedeutete der Schritt eine massive Gefährdung seiner materiellen Existenz, zumal er nicht nur an der weiteren Berufsausübung gehindert wurde, sondern auch die Rückzahlung der nach 131 GG erhaltenen Leistungen fürchten musste.[21] Der Anwalt und Notar strengte deshalb ein Ehrengerichtsverfahren an, in dem er seine Zulassung zurückerhielt. Erst als er tatsächlich angeklagt wurde, gab er sie freiwillig ab.[22] Auch Ernst stand unter erheblichem sozialen Druck, zumal auch seine Vergangenheit durch eine Pressekampagne der Klarsfelds an die Öffentlichkeit gebracht worden war und es auch in seiner Heimatstadt Leer zu einer Protestkundgebung von Franzosen gekommen war.[23]

Die Ermittlungen

Erhöht wurde dieser Druck durch die nun deutlich intensivierte Ermittlungsarbeit der Zentralstelle in Köln. Bis zur Ratifikation waren die Ermittlungen eher zögerlich betrieben worden, was natürlich vor allem daran lag, dass die Ermittlungen gegen einen Großteil der Verdächtigen blockiert gewesen waren. Doch hatten sich auch die unklaren Rechtsverhältnisse lähmend ausgewirkt, was unter anderem dadurch zum Ausdruck gekommen war, dass die Zentralstelle Köln den kompletten Ermittlungskomplex seit 1968 hatte ruhen lassen – eine Entscheidung, die sich keinesfalls zwangsläufig aus dem »Beschluss Hempen« ergeben hatte.[24] Es lagen ja nur gegen einen Teil der Tatverdächtigen französische Urteile vor. Im Falle der 55 nach Kriegsende als lebend ermittelten ehemaligen Kommandeure waren gegen 21 gar keine französischen Urteile ergangen. Einige dieser Männer wie etwa Hans Henschke waren jedoch in andere NS-Verfahren verstrickt. Gegen andere war indes erst gar nicht ermittelt worden. Während der Beratungen des Zusatzabkommens im Rechtsauschuss hatte die spätere Justizministerin Herta Däubler-Gmelin dies auch erkannt und den Leiter der Kölner Zentralstelle damit konfrontiert, als dieser über die Ermittlungen berichtete. Er hatte jedoch nur ausweichend geantwortet.[25] Der Staatsanwaltschaft war die Tatsache aber

21 Landesverwaltungsamt Niedersachsen an ZStK am 7.4.1977, in HStAD, Außenstelle Kalkum, Rep. 158/1574, Bl. 6798.

22 »Süddeutsche Zeitung« vom 1.12.1979.

23 Fernschreiben ZStL an JM NRW vom 25.6.1975, in: HStAD, Außenstelle Kalkum, Rep. 158/1608, Bl. 1309.

24 Tätigkeitsbericht der ZStK vom 15.1. bis 14.7.1968 und 15.7.1968 bis 14.1.1969, in: HStAD, D II a 30/1968 bzw. 1968/1969.

25 Protokoll der 42. Sitzung des Rechtsausschusses vom 9.10.1974, S. 11 und 13.

durchaus bewusst, denn sie vermerkte 1974, dass man nun mit der Vernehmung der insgesamt 53 Tatverdächtigen beginnen werde, gegen die kein französisches Verfahren vorliege. Allerdings ging sie von vornherein davon aus, dass diesen Männern Kenntnis des Judenmords nicht nachzuweisen sei, und nahm den Ermittlungen so jede Ernsthaftigkeit. Unter diesen Männern befanden sich beispielsweise Kurt Illers und Werner Best.[26]

Die Ratifizierung des Zusatzabkommens hatte nun nicht nur die Ermittlungsblockaden gegen die übrigen Männer aufgelöst, sondern sie wirkte auch insgesamt ermutigend für die Staatsanwälte. Sie wussten nun, dass sie zwar gegen erhebliche politische und gesellschaftliche Widerstände ermittelten, dass aber eine Mehrheit der Politiker solche Verfahren durchaus wünschte. Das war vor der Ratifikation anders gewesen, und auch innerhalb der Justiz hatten Vorbehalte gegen die Ermittlungen bestanden. Dies war nicht nur an der lautstarken Kritik Ernst Heimeshoffs deutlich geworden, der bis zu seiner Pensionierung immerhin Generalstaatsanwalt des benachbarten Oberlandesgerichtsbezirkes Hamm gewesen war und somit entscheidenden Einfluss auf die weitere berufliche Laufbahn der bei der Zentralstelle Dortmund beschäftigten Juristen gehabt hatte. Sein Kölner Kollege Werner Pfromm hatte als ehemaliger NS-Führungsoffizier selbst eine »braune« Vergangenheit.[27] Zwar lässt sich daraus nicht automatisch eine gegenüber den NS-Ermittlungen ablehnende Haltung ableiten, doch handelte es sich bei dem Vorgesetzten der Kölner Staatsanwälte immerhin um denselben Mann, der die Ermittlungen gegen die Angehörigen der Zentralen Rechtsschutzstelle in der »Warndienst West«-Affäre abgebogen hatte. Wie sich zeigen sollte, nahm der noch bis 1980 amtierende Generalstaatsanwalt auf die Ermittlungen zentralen Einfluss, indem er sie dem überaus engagierten Staatsanwalt Rolf Holtfort entzog. Dieser war 1974 zur Zentralstelle Köln gestoßen und hatte sich als in besonderem Maße sachkundig und vor allem tatkräftig erwiesen.

Die neben der Beseitigung der Blockade und der Ermutigung der Staatsanwälte dritte Veränderung, die das Zusatzabkommen gebracht hatte, enttäuschte jedoch. Die nun endlich mögliche Auswertung der französischen Militärgerichtsunterlagen erwies sich als aufwändig, zeitraubend und letztlich unergiebig. Im Jahr 1976 unternahmen Staatsan-

26 Bericht ZStK vom 30.12.1974, in: HStAD, Außenstelle Kalkum, Rep. 158/1607, Bl. 890 ff. und Tätigkeitsbericht der ZStK vom 28.2.1974, in: HStAD, D II a 30, 1973/1974.

27 Entnazifizierungsakte Werner Pfromm, in: HStAD, NW 1049/79012.

wälte der beiden Zentralstellen in Köln und Dortmund und der Zentralen Stelle der Landesjustizverwaltungen gemeinsam fünf Auswertungsreisen, die sie nach Paris, Lyon und Bordeaux führten. Insgesamt verbrachten die Ermittler dabei zehn Wochen in französischen Archiven.[28] Dies erbrachte mehrere zehntausend Blatt Kopien, die jedoch erst einmal amtlich übersetzt werden mussten. Die französischen Unterlagen erwiesen sich jedoch als weniger hilfreich als gedacht, da die deutschen Staatsanwaltschaften durch das CDCJ längst über mehr einschlägige NS-Dokumente verfügten, als sie den französischen Militärtribunalen vorgelegen hatten. Immerhin aber war es nun endlich möglich, definitiv festzustellen, gegen welche Männer ein Abwesenheitsurteil vorlag und gegen welche nicht. Bei diesen Auswertungsarbeiten zeigte sich auch, dass das Zusatzabkommen einen schweren Mangel aufwies: Es ermöglichte ja nur die Strafverfolgung derjenigen Männer, gegen die ein Abwesenheitsurteil ergangen war. In vielen Fällen hatten die französischen Militärtribunale die Verfahren jedoch auch eingestellt, etwa wenn die Identität des Täters nicht klar feststellbar gewesen war oder die Beweise nicht ausgereicht hatten. In diesen Fällen war die Strafverfolgung auch weiterhin unmöglich, selbst dann, wenn die Probleme inzwischen mit Leichtigkeit hätten ausgeräumt werden können, da die Beschuldigten inzwischen längst ermittelt worden waren und auch neue Beweise vorlagen.[29] Immerhin führten die Auswertungen zur Einleitung von 22 neuen Verfahren wegen Gewalttaten, die im elsässischen Konzentrationslager Natzweiler verübt worden waren und somit in keinem direkten Zusammenhang mit den beiden zum Frankreich-Komplex gehörenden Verfahren standen.[30]

Vor allem aber erbrachten auch die französischen Akten keinen vor Gericht haltbaren Beweis, dass die beschuldigten Männer von der Ermordung der Juden gewusst hatten. Um nicht noch mehr Zeit zu verlieren, entschloss sich die Staatsanwaltschaft deshalb, entgegen ihren ursprünglichen Planungen mit der Vernehmung der Hauptverdächtigen noch vor Abschluss der Auswertungen zu beginnen.[31] Als Staatsanwalt

28 Tätigkeitsberichte der ZStK vom 2.3.1976, 1.9.1976, in: HStAD, D II 30/1975-1976 und 1976.

29 Vermerk ZStL vom 25.5.1977, in: HStAD, Außenstelle Kalkum, Rep. 158/1611, Bl. 1782 ff.

30 ZStK an JM NRW vom 28.6.1977, in: HStAD, Außenstelle Kalkum, Rep. 158/1611, Bl. 1803.

31 Bericht ZStK an JM NRW vom 1.2.1977 in: JM NRW 4110 E II B 7732, Bd. III, Bl. 542.

Holtfort sich im September 1976 diese Männer vornahm, stand er also weiterhin unter dem Zwang, ihnen die Kenntnis vom Judenmord nachzuweisen. Doch sie mauerten nach wie vor: So verweigerte der ehemalige BdS von Frankreich Helmut Knochen einfach die Aussage. Wie er der Staatsanwaltschaft schriftlich mitteilte, sei sein Erinnerungsvermögen so sehr getrübt, dass er keine konkreten Angaben mehr machen könne. Nach 18-jähriger Gefangenschaft in Frankreich habe er sich nur unter größten Schwierigkeiten wieder in das normale Leben eingliedern können, dies aber sei nur »unter bewußter Verdrängung aller Ereignisse aus der zurückliegenden Zeit gelungen«. Ganz offensichtlich steckte hinter dieser Erinnerungsschwäche die Erfahrung des Prozesses gegen Reinhard vor dem Landgericht Baden-Baden, der acht Jahre zuvor stattgefunden hatte. Seine damalige Beteuerung, er habe nichts vom Judenmord gewusst, hatte Knochen seinerzeit ein Verfahren wegen Meineides eingebracht. Das wollte der Versicherungskaufmann nicht noch einmal riskieren. Allerdings musste er nun aber erklären, wieso er sich im Baden-Badener Prozess noch hatte gut erinnern können. Er führte aus, der Meineidsprozess habe für ihn einen »schweren Rückschlag« bedeutet – wobei nicht ganz klar war, ob er nun seine persönliche psychische »Vergangenheitsbewältigung« meinte oder seine soziale Wiedereingliederung. Diese Krise habe er nur dadurch meistern können, dass er »die Erinnerung an die Kriegs- und Gefangenenzeit nach und nach völlig ausgeschaltet habe«. Das habe auch sein Arzt geraten. Knochen weiter: »Selbst wenn es mir gelingen würde, die jahrelang aufgebaute Sperre zu durchbrechen, so bestände keine Gewähr für die Zuverlässigkeit irgendwelcher Aussagen«, schließlich könne er sich nicht einmal daran erinnern, ob seine Aussage im Reinhard-Prozess richtig gewesen sei oder nicht.[32] Knochen, der ja in Anwesenheit in Frankreich abgeurteilt worden war und deshalb nicht mehr belangt werden konnte, kam allerdings nur als Zeuge in Frage. Als dem ehemaligen Vorgesetzten aller Beschuldigten und als RSHA-Spitzenmann wäre seine Vernehmung jedoch überaus wichtig gewesen, so dass die Staatsanwaltschaft ihn nicht mit derlei Ausflüchten davonkommen lassen wollte. Fortan stützte Knochen seine Aussageverweigerung auf medizinische Gutachten, die zwar von der Staatsanwaltschaft angefochten wurden, aber dennoch hielten. Noch in den achtziger Jahren erregte sein Fall Aufsehen, als Reporter den angeblich

32 Knochen an ZStK vom 23.6.1975, in: HStAD, Außenstelle Kalkum, Rep. 158/1568.

schwer kranken Knochen beim Autofahren und ausgiebigen Golfspielen beobachteten; aussagen musste er jedoch nicht mehr.[33]

Auch Herbert Hagen versuchte mit einer ähnlichen Begründung der Vernehmung zu entgehen. Er ließ über seinen neuen Anwalt – Achenbach hatte den Fall angesichts des drohenden Prozesses an einen anderen Verteidiger abgegeben, wohl um zu vermeiden, erneut im Zusammenhang mit NS-Verbrechen Schlagzeilen zu machen – mitteilen, dass er »keine konkrete Erinnerung habe an die Ereignisse, die er verdrängt habe und deren Ergebnisse er zutiefst verabscheue«. Zudem habe er inzwischen so viele historische Bücher zu diesem Thema gelesen, dass er nicht mehr sagen könne, was er erinnere und was er sich angelesen habe.[34] Als Holtfort sich damit aber nicht abspeisen ließ, sondern Hagen ausführlich vernahm, konnte der sich zwar wieder an seine Zeit in Frankreich erinnern, wollte jedoch damals nichts vom Judenmord gewusst haben.[35] Im Vergleich dazu trat Hans Dietrich Ernst geradezu schneidig auf. Der Anwalt kam zu seinem Vernehmungstermin zu spät und verwies den Staatsanwalt darauf, dass er als Anwalt selbst noch einen Gerichtstermin habe wahrnehmen müssen.[36] Er leugnete die Deportation der Juden nicht, doch habe er nur getan, was der Posten des KdS von Angers von ihm verlangt habe. Auch habe er nicht gewusst, dass die von ihm deportierten Juden ermordet werden würden, sondern angenommen, Auschwitz sei ein Arbeitslager. Außerdem seien die Züge nicht direkt dorthin, sondern zunächst nach Drancy gegangen, und von diesem Weitertransport habe er nichts geahnt. Problematisch wurde die Vernehmung erst, als Holtfort ihm anhand von Dokumenten nachwies, dass er eine bewusstlose Frau und Kleinkinder in einen Zug habe bringen lassen, der direkt nach Auschwitz gefahren war. Ernst behauptete daraufhin, von der Bestimmung des Zuges nichts erfahren zu haben.

Mit einer klassischen nationalsozialistischen Position rechtfertigte sich August Moritz: Er sei von der Vorstellung geprägt gewesen, das »Welt-

33 Vgl. »Unsere Zeit« (DDR) vom 22.12.1979 (»Lischka-Prozeß: Zeugen lügen«) und 27.12.1979 (»UZ Enthüllung im Lischka-Prozeß: Die wundersame Heilung des SS-Führers Dr. Knochen«).

34 Erklärung Rechtsanwalt C. im Auftrag Hagens vom 24.11.1977, in: HStAD, Außenstelle Kalkum, Rep. 158/1573, Bl. 6616.

35 Vernehmung Hagen vom 10.10.1977, in: HStAD, Außenstelle Kalkum, Rep. 158/1575, Bl. 1057 ff.

36 Vermerk ZStK vom 22.3.1977, in: HStAD, Außenstelle Kalkum, Rep. 158/1573, Bl. 6743.

judentum« habe dem »Dritten Reich« den Krieg erklärt, deshalb habe er die Internierung der Juden als »schlüssig« empfunden. Von ihrer Ermordung habe er keine Ahnung gehabt, als er nach dem Krieg Bilder aus Konzentrationslagern gesehen habe, habe er sie für Abbildungen des zerbombten Dresden gehalten.[37]

Rudolf Bilfinger wollte dagegen von der Judenverfolgung in seinem Zuständigkeitsbereich gar nichts mitbekommen haben. Wenn, so der ehemalige Kommandeur von Toulouse, die Bekämpfung der Juden eine der Hauptaufgaben der Sipo und des SD gewesen sei, wie das der vernehmende Staatsanwalt behaupte, dann hätte man ihn als KdS wohl darauf hingewiesen. Das war insofern eine erstaunliche Aussage, als das Internierungslager Gurs in Bilfingers Zuständigkeitsbereich gelegen hatte. Dieses hatte zwar unter französischer Kontrolle gestanden, doch konnte dem Kommandeur das dortige Massensterben der inhaftierten Juden nicht entgangen sein. Bilfinger behauptete zudem, er habe Anweisungen zur Inhaftierung der Juden »mit der stillschweigenden Zustimmung Knochens« einfach ignoriert.[38]

Modest Graf von Korff und Friedrich Merd(s)che gingen in ihren Aussagen sogar noch weiter und behaupteten, die Festnahme von Juden sogar verhindert zu haben, indem sie diese vor geplanten Verhaftungsaktionen hatten warnen lassen.[39] Beweise für diese Behauptungen konnten sie jedoch nicht erbringen. Vor allem Korff geriet in Erklärungsnot, als der Staatsanwalt ihm Namenlisten vorlegte, die bewiesen, dass der ehemalige Kommandeur auch Säuglinge deportiert hatte. Die Erklärung lautete auch in diesem Fall »Familienzusammenführungen«.

Schon diese Beispiele zeigen, dass der insistierende Staatsanwalt mehrfach drauf und dran war, die Verteidigungsstrategie der ehemaligen NS-Elite zu durchbrechen. Dies war vor allem den zahlreichen Belastungsdokumenten zu verdanken, welche eine präzise Rekonstruktion der Rolle der Tatverdächtigen ermöglichte. Anders als in den meisten anderen Ermittlungsverfahren konnten die Verdächtigen dem vernehmenden Beamten nicht einfach unüberprüfbare Lügengeschichte auftischen und

37 Vernehmung Moritz vom 2.6.1977, in: HStAD, Außenstelle Kalkum, Rep. 158/1574, Bl. 6859 ff.

38 Vernehmung Bilfinger vom 2.6.1977, in: HStAD, Außenstelle Kalkum, Rep. 158/1574, Bl. 6917 ff.

39 Vernehmung Merdsche vom 8.2.1977, in: HStAD, Außenstelle Kalkum, Rep. 158/1573, Bl. 6623 ff.;Vernehmung von Korff vom 25.4.1977, in: HStAD, Außenstelle Kalkum, Rep. 158/1574, Bl. 6833 ff.

etwa behaupten, sie hätten die fraglichen Positionen gar nicht innegehabt. Zudem zogen sich die Vernehmungen meist über viele Stunden, manchmal Tage hin und führten die Befragten an die Grenzen ihrer psychischen Widerstandskraft. So gab Fritz Hinrichs, nachdem er zunächst jede Beteiligung an den Deportationen abgestritten hatte, angesichts einer Reihe von ihm abgezeichneter Dokumente Folgendes zu Protokoll:

> »Ich räume ein, daß es absolut unglaubwürdig ist, wenn ich einerseits wie o.a. einen Abtransport von 1000 Menschen dem BdS Paris fernschriftlich angezeigt habe, ich andererseits den mir gemachten Vorhalt verneine. Der Vorwurf, daß ich offenbar zwar durch meine Unterschrift aktiv und objektiv die Deportation gefördert habe, andererseits aber subjektiv die Dinge nicht zur Kenntnis genommen habe, ist zwar berechtigt, ich bin aber heute nicht in der Lage, ihn zu entkräften. Ausweislich der Liste, die in dem Anschreiben vom 16. Oktober '42 dem BdS Paris übersandt wurde, sind anläßlich der am 9. und 10. im Bereich des Sicherheitspolizeikommandos Châlons-sur-Marne festgenommenen Juden auch Säuglinge und Greise aufgeführt. Es stellt sich die Frage, was diese Personen bei einem Arbeitseinsatz im Osten tun sollten.«[40]

Hinrichs, der »nur« stellvertretender Kommandeur von Orléans gewesen war, belastete seinen ehemaligen Chef Dietmar Westphal. Dieser erklärte natürlich ebenfalls, nichts gewusst zu haben. Als einer der in den Dienst des RSHA übernommenen Militärverwaltungsbeamten führte er aus, eigentlich gar kein Nationalsozialist gewesen zu sein, sondern aus »gottesfürchtigem und religiös untadeligem Milieu« zu stammen. Und er fuhr fort: »Alle diese inneren Bindungen und Verpflichtungen und die – ich möchte sagen abendländischen – Wertbegriffe lassen sich nicht einfach leugnen! Sie sind ins Blut sozusagen übergegangen, sie und nicht diese tönernen Phrasen vom Übermenschen.«[41] Für die anhand der vorliegenden Belastungen ermittelnde Staatsanwaltschaft erwiesen sich diese Unterscheidungen nach der Laufbahn allerdings genauso wenig signifikant, wie das für die Opfer der KdS der Fall gewesen war. Vor Gericht sollten sie allerdings noch eine gewisse Rolle spielen.

40 Vernehmung Hinrichs vom 21.6.1977, in: HStAD, Außenstelle Kalkum, Rep. 158/1574, Bl. 6945 ff.

41 Vernehmung Westphal o.D. [1977], in: HStAD, Außenstelle Kalkum, Rep. 158/1570, Bl. 5984.

Als kritischer Punkt in den Vernehmungen erwies sich immer wieder die sprachliche Unverblümtheit Danneckers. Der »Judenberater« selbst war zwar schon tot, doch mussten alle, die mit ihm näheren Umgang gehabt hatten, erklären, wieso sie nicht durch ihn vom Judenmord erfahren hatten. Wie im 6. Kapitel ausgeführt, erklärte Danneckers frühere Sekretärin Marianne B., sie habe die Diktate ihres ehemaligen Chefs für »Spinnereien« gehalten, die dieser »für sich selber« produziert habe. Andere schlugen in dieselbe Kerbe: Walter Nährich gab zwar zu, oft mit Dannecker zusammengetroffen zu sein, jedoch jedes Mal von einer solchen »Idiosynkrasie« befallen worden zu sein, dass er nicht habe kommunizieren können.[42] Solche Aussagen waren angesichts der mehrmonatigen Zusammenarbeit der beiden unglaubwürdig. Zwar wurde Dannecker übereinstimmend als unbeherrschter, ja als wutschnaubender Antisemit beschrieben, was aber nichts daran änderte, dass er ein »effektiver« und »erfolgreicher« Organisator der »Endlösung« gewesen war, der über weitreichende Befugnisse verfügt hatte und schon deshalb in seiner dienstlichen Umgebung ernst genommen werden musste.

Das größte Problem mit Danneckers offener Sprache jedoch hatte Ernst Heinrichsohn, der ihn im Sommer 1943 auf jener Inspektionsreise durch Südfrankreich begleitet hatte, von der Danneckers Vermerk über die »restlose Vernichtung des Judentums« stammte. Heinrichsohn erklärte dazu, er und Dannecker hätten sich ein paar schöne Tage in Südfrankreich machen wollen – mit der Bekämpfung der Juden habe das also nichts zu tun gehabt.[43]

Bei der Interpretation dieser Aussagen muss natürlich stets die Situation im Vordergrund stehen, in der diese entstanden: Sie dienten in erster Linie der Selbstexkulpation. Die Vernommenen standen unter enormem Druck, denn sie wussten sehr wohl, dass ihnen nach all den Jahren nun doch noch ein Prozess drohte. Zwar hatten nicht wenige, etwa Knochen, Bilfinger oder Lischka, jahrzehntelange Erfahrungen mit Vernehmungen und wussten genau, was und wie viel sie zugeben konnten. Doch auch sie merkten, dass ihre längst etablierten und bis dato erfolgreich angewandten Einlassungsstrategien nun nicht mehr griffen. Denn im Gegensatz zu früher hatten sie nun mit Staatsanwalt Holtfort einen Gegenspieler, der

42 Vernehmung Nährich vom 12.4.1977, in: HStAD, Außenstelle Kalkum, Rep. 158/1575, Bl. 6801 ff.

43 Vernehmung Heinrichsohn vom 23.5.1977, in: HStAD, Außenstelle Kalkum, Rep. 158/1509, Bl. 99.

sich nichts vormachen ließ. Er war gut vorbereitet, fragte nach, legte Widersprüche offen und konfrontierte die Beschuldigten immer wieder mit Dokumenten, die dunkle Schatten auf ihre »anständige« und gesetzestreue Erscheinung warfen. Zwar bekam der Staatsanwalt auf diese Weise kein umfassendes Geständnis, doch waren die Männer gezwungen, ihre standardisierten Narrative zu durchbrechen und so doch einen, wenn auch nur flüchtigen Blick auf ihr Innenleben freizugeben. Insofern lassen sich diese Texte unter Vorbehalt auch als Selbstzeugnisse lesen, denen in Ermangelung anderer Egodokumente einige Erklärungskraft hinsichtlich der Gedankenwelt der ehemaligen NS-Elite zukommt.

Besonders deutlich wird dabei der Wunsch, der eigenen Vergangenheit zu entkommen. Die ehemaligen Funktionäre wollten das aus der Sicht der Bundesrepublik in ihrem vierten Jahrzehnt nur schwer Vorstellbare nicht getan haben – auch weil es sich mit ihrem Selbstbild nicht vertrug. Das jahrzehntelange angepasste Leben als »anständige« Bürger hatte sie in ihrer Überzeugung bestärkt, nicht zu dem Kreis der nun allgemein verachteten NS-Verbrecher zu gehören. In diese Richtung geht etwa Knochens durchsichtige Einlassung, das »schmerzhafte Geschehen« verdrängt zu haben. Auch Hagens Stellungnahme gehört hierher. Indem er seinen »Abscheu« vor dem Judenmord zum Ausdruck brachte, signalisierte er Übereinstimmung mit der nun vorherrschenden Einstellung zur NS-Vergangenheit, war aber nicht bereit oder in der Lage, seine eigene Rolle darin zu reflektieren: Wie ein Unbeteiligter näherte er sich dem Geschehen (angeblich) durch das Studium von Geschichtsbüchern, was allerdings die aufgeworfene Frage nach den Verantwortlichen für den umständlich »Ergebnis jener Jahre« genannten Judenmord in keiner Weise beantwortete. Die nach dem Krieg eingeführte gedankliche Trennung von Tat und Täter war für diese Männer nicht zu überwinden. Andere operierten mit ihrer bürgerlichen und – bis auf die Ausnahmezeit des Krieges – tadellosen Lebensführung, vor der die Tatvorwürfe unglaubhaft wirkten. Letztlich steckte dahinter ein eingängiges, aber grundfalsches Argument: Wer so anständig lebte, konnte solche Verbrechen nicht begangen haben. Dieses Argument, das es auch den Einwohnern von Bürgstadt schwer machte, die Schuld ihres Bürgermeisters anzuerkennen, spiegelt sich am deutlichsten in der Aussage Westphals wider, die im Wesentlichen darauf hinauslief, dass er durch eine Art Cordon Sanitaire aus konservativ-christlicher Weltanschauung vor der Gedankenwelt des Nationalsozialismus geschützt gewesen sei und somit auch nicht zum Verbrecher geworden sein könne. Diese Behauptung, so es denn überhaupt zutraf, implizierte jedoch, dass zur Ausübung der Funktionen eines KdS eine besonders starke Übereinstimmung mit der NS-Ideologie notwendig gewesen wäre, was nicht der Fall war.

Die dritte Rechtfertigungsfigur, die von Merd(s)che und vom Grafen Korff bemüht wurde, nämlich zwar die Funktion wahrgenommen zu haben (was nicht zu leugnen war), dort aber nichts zur Verfolgung der Juden beigetragen, sondern im Gegenteil die angeordneten Verfolgungsmaßnahmen unterlaufen zu haben, stellte demgegenüber nur eine Erweiterung des vorgenannten Arguments dar, die sich in keinem Fall als wahr erwies. Hinter allen drei Rechtfertigungsfiguren aber steckte der Anspruch auf einen Opferstatus: Knochen und Hagen als Opfer der grausamen Zeit und (im Falle Knochens) der französischen »Rachejustiz«, Westphal und die anderen ehemaligen Militärverwaltungsbeamten als Opfer der »echten (und unbestimmt bleibenden) Nazis« oder, in den Worten Heinrichsohns, »als Opfer ihrer Generation«,[44] und alle zusammen als Opfer der Befehle aus Berlin. Demgegenüber nimmt sich die Einlassung Moritz', er habe eben an einen Krieg zwischen dem »Weltjudentum« und dem »Dritten Reich« geglaubt und sich entsprechend verhalten, als geradezu ehrlich aus, da Moritz wenigstens seine damalige Verblendung einräumte. Zusammengenommen zeigte sich hier, dass nicht nur die juristischen, sondern auch die ganz privaten Rechtfertigungsstrategien der Ex-Funktionäre offenkundig an ihr Ende gelangten. Die drohende Strafverfolgung bedeutete ebenso wie die Klarsfeld-Kampagne ja nicht nur einen Angriff auf die bürgerliche Existenz dieser Männer und ihre Selbstdarstellung, sondern auch auf ihre Identität als behauptete »Opfer« der Geschichte. Was ihnen blieb, war das immer unglaubwürdiger werdende starre Festhalten an ihrer Unschuldsbeteuerung, eine Haltung, die im kommenden Prozess ad absurdum geführt werden sollte.

Da die zusammengetragenen Belastungsdokumente vor allem Hagen, Heinrichsohn und Lischka (der die Aussage verweigerte) belasteten und diese drei Männer in der Diskussion über das Zusatzabkommen stets an erster Stelle gestanden hatten, entschloss sich die Staatsanwaltschaft, zunächst sie anzuklagen.[45] Ihre besonders starke Belastung erklärte sich aus dem Umstand, dass alle drei zumindest zeitweise in der Pariser Dienstelle

44 Heinrichsohn an H., Pfingstmontag 1980, in HStAD, Außenstelle Kalkum, Rep. 267/312, Bl. 233.

45 Anklageschrift vom 28.6.1978, in: HStAD, Außenstelle Kalkum, Rep. 267/251, Bl. 15 ff.

des »Befehlshabers der Sicherheitspolizei und des SD« tätig gewesen waren und sich dort in zentraler Funktion mit der Judenverfolgung beschäftigt hatten, wobei der rangniedere Heinrichsohn eher als Mitarbeiter Danneckers aufgefallen war. In der umfangreichen Anklageschrift beschuldigte die Staatsanwaltschaft die drei Männer deshalb »zu der vorsätzlichen und rechtswidrigen, grausamen, heimtückisch und aus niedrigen Beweggründen begangenen Tötung von Menschen vorsätzlich Hilfe geleistet zu haben«. Wie schon lange klar geworden war, bestand zu einer Anklage wegen Täterschaft keine ausreichende Grundlage. Da es sich bei den drei Männern um »Schreibtischtäter« handelte, musste ihnen entweder nachgewiesen werden, dass sie aus niedrigen, beispielsweise rassistischen Beweggründen oder heimtückisch gehandelt hatten oder aber von der Grausamkeit der Tötung Kenntnis hatten. Fehlten diese Merkmale, so waren die Taten allenfalls als Totschlag zu werten, der dann der Verjährung anheim gefallen wäre. Die Staatsanwaltschaft hob deshalb hervor, dass die Tötung der Opfer in den Gaskammern grausam gewesen sei – ein Faktum, das bis dato nicht von allen Gerichten so gesehen worden war, gelegentlich war dies auch als humane Tötungsart bezeichnet worden. Motiv der Judenverfolgung sei der als verwerflich anzusehende Rassenhass gewesen, weshalb niedere Motive vorlagen. Heimtückisch aber sei die Tat gewesen, da den Opfern vorgetäuscht worden sei, sie würden zum Arbeitseinsatz gebracht. Auch wenn keiner der drei ehemaligen Funktionäre geständig war, konstatierte die Anklageschrift doch anhand zahlreicher Dokumente, dass die

> »Beschuldigten hinreichend verdächtig [sind], die Pläne um die Vernichtung der jüdischen Menschen in Europa und die Bedeutung des Begriffes ›Endlösung der Judenfrage‹ gekannt, zumindest aber mit der Möglichkeit der Tötung der deportierten Juden ernsthaft gerechnet und trotzdem einverständlich an den Deportationsmaßnahmen mitgewirkt zu haben. Sie kannten das gewaltige Ausmaß der Deportationen und deren Begleitumstände, die deutlich machten, daß die Deportierten in Auschwitz, dem Endziel der Transporte, einem grausamen Schicksal entgegengingen.«[46]

Neben diesen Dokumenten stützte sich die Anklage vor allem auf ein ausführliches Gutachten des Berliner Historikers Wolfgang Scheffler, der im Auftrag der Staatsanwaltschaft in mehrjähriger Arbeit die Ermordung

46 Ebd. Siehe dazu auch Steinbach, Kölner Prozess, S. 30-32.

der französischen Juden erforscht und auf diese Weise den Juristen über ein auch noch Ende der siebziger Jahre bestehendes Forschungsdefizit hinweggeholfen hatte.[47]

Der Lischka-Prozess

Das Landgericht Köln ließ die umfangreiche und präzise Anklageschrift am 20. Juni 1979 zur Hauptverhandlung zu. Die 15. Große Strafkammer, die für das Verfahren zuständig wurde, plante lediglich 33 Verhandlungstage ein, was im Vergleich zu anderen NS-Prozessen dieser Zeit sehr wenig war. So schleppte sich der Majdanek-Prozess im benachbarten Düsseldorf bereits seit 1975 dahin.[48] Dieser Prozess, der sich nicht nur durch seine Länge – er wurde erst 1981 abgeschlossen –, sondern auch durch überaus milde Urteile »auszeichnete«, stand gewissermaßen als Negativfolie hinter dem von der Presse »Lischka-Prozess« getauften Kölner Verfahren.[49] Unter den Augen der Weltöffentlichkeit hatten in Düsseldorf einige rechtslastige Verteidiger als Zeugen geladene jüdische Überlebende in einer Weise angegangen, die nicht nur das Gericht, sondern die gesamte bundesdeutsche Justiz in Misskredit gebracht hatte. So hatte der Mannheimer Rechtsanwalt Ludwig Bock eine in den Zeugenstand gerufene Israelin wegen Beihilfe zum Mord angezeigt, nachdem sie auf erschütternde Weise geschildert hatte, wie sie gezwungen worden war, das Giftgas Zyklon B zur Gaskammer zu tragen. Zuvor war der Anwalt nach Israel gereist und hatte sich unter dem Vorwand, er sei an den Schicksalen der Überlebenden von Majdanek interessiert, deren Vertrauen erschlichen. Dahinter steckte die Absicht, sie zu Äußerungen hinzureißen, welche die zu erwartenden Aussagen der als Zeugen vorgesehenen

47 Wolfgang Scheffler: Zur Geschichte der »Endlösung der Judenfrage« in Frankreich unter besonderer Berücksichtigung der Aufgaben der Sicherheitspolizei und des SD 1940-1944. Unveröffentlichtes Gutachten für das Verfahren – 130 (24) Js 1/66 (z) – der Staatsanwaltschaft Köln. (HStAD NRW, Außenstelle Kalkum, Rep. 158/1508).

48 Zum Majdanek-Prozess siehe Lichtenstein, Majdanek; Zimmermann, NS-Täter.

49 Wie schon Adalbert Rückerl bemerkte, eigneten sich beide Verfahren eigentlich nicht zum Vergleich, da der Majdanek-Prozess in Ermangelung beweiskräftiger Dokumente fast vollständig auf die in vielerlei Hinsicht problematischen Zeugenaussagen angewiesen war, der Lischka-Prozess jedoch auf zahlreiche Dokumente aufbauen konnte. Vgl. Rückerl, NS-Verbrechen, S. 72 ff. Eine Kritik des Urteils bietet Kruse, Majdanek-Urteil.

Personen diskreditieren würde.[50] Wolfgang Scheffler, der auch in diesem Verfahren als Gutachter fungierte, wurde dagegen gezwungen, seine Unbefangenheit ausgiebig nachzuweisen. Die Verteidiger zweifelten diese an, da er bei dem jüdischen Gelehrten Ernst Fraenkel promoviert hatte. Weder die Rechtsanwaltskammer noch das Gericht sahen sich in der Lage, dieses unwürdige Treiben zu stoppen. So war es kein Wunder, dass es immer wieder zu Protestkundgebungen und tumultartigen Szenen kam.

Der in Köln anstehende Prozess lief durchaus Gefahr, das gleiche Schicksal zu erleiden, zumal er durch seine spektakuläre Vorgeschichte große Aufmerksamkeit auf sich gezogen hatte. Er fiel zudem mit der Ausstrahlung der amerikanischen Fernsehserie »Holocaust« zusammen, die das Interesse der westdeutschen Bevölkerung an dem Thema entfachte und den Begriff »Holocaust« im deutschen Sprachraum erst konstituierte. Weiter stimuliert wurde das allgemeine Interesse am Thema durch eine Ausstellung, die seit Ende September 1979 im Kölner Rathaus gezeigt wurde. Unter dem Titel »Die Deportation der Juden aus Frankreich« präsentierte die von den Klarsfelds organisierte Schau die wichtigsten Fakten dieses düsteren Kapitels deutsch-französischer Geschichte.[51] Noch vor der Eröffnung des Prozesses hatte Köln zudem eine Protestveranstaltung französischer Juden gesehen: Unter der Führung von Beate Klarsfeld waren rund 30 Angehörige der »Fils et Filles des Déportés Juifs de France« mit einem Reisebus nach Deutschland gekommen und hatten zuerst in Düsseldorf vor dem Majdanek-Prozess demonstriert, um anschließend in Köln auf die Eröffnung des Lischka-Verfahrens zu drängen.[52] Auch für den Tag der Eröffnung hatte die Vereinigung eine große Demonstration angekündigt. Tatsächlich organisierten die »Söhne und Töchter der deportierten Juden aus Frankreich« bis zum Prozessende die Reise von rund 3000 Personen von Paris nach Köln, was Serge Klarsfeld mit den Worten kommentierte: »Ici, pour la première fois, les Juifs

50 »Vorwärts« vom 30.3.1978 (»Die Unbewältigte Vergangenheit. Empörung in Israel über den Verlauf des Majdanek-Prozesses«); auch: Zeitzeugeninterview mit dem Vorsitzenden Richter am Landgericht a. D. Günter Bogen, in: Juristische Zeitgeschichte 4, S. 247-260.

51 Die Ausstellung war vom Wissenschaftsminister eröffnet worden. Aufgrund des großen Interesses wurde sie verlängert. Vgl. »Kölnische Rundschau« vom 4.1.1979 (»Ausstellung über Juden im Rathaus«).

52 FS Polizei Köln u.a. an JM NRW vom 6.6.1979, in JM NRW 4110 E B 378/78, Bl. 26.

viendront.«[53] Dabei dürfte es sich um die größte jüdische Demonstration gehandelt haben, die jemals in der Bundesrepublik stattfand.

Im Prozess selbst fungierte Serge Klarsfeld als Nebenkläger, wozu er als Sohn eines der Opfer legitimiert war. Zudem hatte das Gericht Friedrich Kaul als »Nebenklägervertreter« nun in der DDR wohnender Angehöriger von Opfern zugelassen, was ebenfalls erhöhte Aufmerksamkeit der Öffentlichkeit garantierte. In echte Bedrängnis wurde das Gericht jedoch erst gebracht, als sich in einer konzertierten Aktion mehr als 350 französische Überlebende als Nebenkläger meldeten, was eine zügige Verhandlung unmöglich gemacht hätte. Die Kammer schaffte es jedoch, die hinter der Aktion stehenden Opferverbände von dem Vorhaben abzubringen, und rettete so ihren Verhandlungsplan.

Dieser sah vor, das Verfahren bis Februar 1980 abzuschließen. Aufgrund der gründlichen Vorbereitung des Prozesses durch die Staatsanwaltschaft und der durchweg guten Aktenlage sollte sich die Beweisaufnahme weitgehend auf die überlieferten Dokumente sowie auf das Gutachten Schefflers stützen. Anders als im Majdanek-Prozess konnte das Gericht daher auf umfassende Zeugenaussagen von Opfern verzichten. Lediglich die Vernehmung vier besonders ausgewählter Überlebender war eingeplant, jedoch erwies sich eine Zeugin schließlich als zu krank, um von Israel nach Köln zu reisen. Ebenfalls vorgesehen war die Vernehmung einiger ehemaliger NS-Funktionäre.

Der Prozessauftakt am 23. Oktober 1979 ließ eher vermuten, dass sich die Zustände des Prozesses gegen Beate Klarsfeld wiederholen würden. Obwohl ein starker Besucherandrang zu erwarten gewesen war, tagte das Gericht in einem viel zu kleinen Sitzungssaal, so dass nur ein Teil der extra angereisten Franzosen Einlass fand. Dies hatte seinen Grund in der Tatsache, dass in dem einzigen größeren Saal des Gerichtsgebäudes zeitgleich ein anderer Prozess stattfand, der sich nicht ohne weiteres in einen anderen Saal verlegen ließ.[54] Diese lange absehbare Problematik sorgte für erhebliches Aufsehen und trug dem Landgericht den Vorwurf ein, es wolle die Zahl der Zuhörer möglichst klein halten. Vor allem aber führte die Ungeschicklichkeit zu heftigen Auseinandersetzungen der Polizei mit rund 200 Franzosen, die keinen Platz im Gerichtssaal gefunden hatten

53 Zur Organisation der Zugreisen siehe Procès de Cologne.

54 Es handelte sich um den Prozess gegen die Manager der Herstatt-Bank. Die Gerichtsverwaltung begründete die Unmöglichkeit, diesen Prozess in einem anderen Gerichtssaal abzuhalten, damit, dass das Verfahren auf die nur in diesem Saal installierten technischen Einrichtungen angewiesen war.

Französische Demonstranten fordern im Kölner Landgericht die Eröffnung des Prozesses gegen Hagen, Lischka und Heinrichsohn

Zur Eröffnung des Kölner Prozesses demonstrieren mehr als 3.000 französische Juden gegen die Straffreiheit der NS-Täter

und nun vor dem Gebäude lautstark ihrem Unmut Luft machten, wobei es auch zu Handgreiflichkeiten kam. Unter Sprechchören wie »Lischka, Heinrichsohn, Hagen – Mörder« störten frustrierte Zuschauer von außen den Prozess, und auch im Gerichtssaal selbst kam es zu Protestrufen.[55] Allerdings gelang es dem Vorsitzenden Richter Heinz Faßbender sehr schnell, sich Respekt zu verschaffen, indem er darauf hinwies, dass ein vernünftiger Prozessverlauf auch im Interesse der Opfer und ihrer Angehörigen liege.[56] Überhaupt wurde Faßbender zur bestimmenden Figur des Prozesses. Die Klarsfelds hatten ihm zu verstehen gegeben, dass auch die französischen Juden diesen Prozess wünschten und bereit seien, ihn zu unterstützen, solange er ihren Forderungen nach objektiver juristischer Aufarbeitung entspreche. Bereit, diese Forderungen zu erfüllen, gelang es ihm, das Verfahren so sachlich wie möglich durchzuführen, ohne dabei die Ungeheuerlichkeit der verhandelten Taten herunterzuspielen – eine schwierige Balance, an der zuvor viele andere deutsche Gerichte gescheitert waren. Aber auch die anderen Prozessbeteiligten trugen zu dem Gelingen des Verfahrens bei. Während Beate Klarsfeld sich völlig zurückhielt, gab sich Kaul trotz kleinerer propagandistischer Einlagen kooperativ, was vor allem daran lag, dass Faßbender ihn als Juristen ernst nahm, anstatt ihn, wie der Richter im Prozess gegen Beate Klarsfeld, zu provozieren. Auch ließ der Vorsitzende es nicht zu, dass die Verteidiger sich gegenüber den Zeugen oder dem Sachverständigen respektlos verhielten. Als Lischkas Anwalt – analog zum Majdanek-Prozess – den Versuch unternahm, die Glaubwürdigkeit Schefflers durch Rückfragen nach dessen akademischer Karriere in Frage zu stellen, bog der Vorsitzende die Frage ab.[57] Die Verteidiger betrugen sich allerdings von sich aus wesentlich gesitteter als diejenigen im Düsseldorfer Prozess – so griffen sie etwa die als Zeugen aussagenden Überlebenden nicht persönlich an –, doch konnte auch Faßbender zwei Verteidiger nicht davor bewahren, sich in peinlicher Weise zu exponieren. So hatte einer der beiden Verteidiger Hagens schon zu Beginn der Verhandlung Serge Klarsfeld »Schalom« [»Frieden«, der Verf.] angeboten und ihn und »seine Nation« (ob Frankreich oder Israel gemeint war, wurde nicht deutlich) zu einem Versöh-

55 FS ZStK an JM NRW vom 24.10.1979, in: HStAD, Außenstelle Kalkum, Rep. 267/253, Bl. 358 ff.

56 Vgl. auch Faßbenders Bericht über den Lischka-Prozess: Faßbender, Prozeß.

57 »Kölnische Rundschau« vom 8.1.1980 (»Angeblicher Arbeitseinsatz von Juden als Legende entlarvt. Mehrstündiges historisches Gutachten zur ›Endlösung‹ im Lischka-Prozeß«).

nungsgespräch aufgefordert.[58] In seinem Schlussplädoyer versuchte er dann den Eindruck zu erwecken, die Juden hätten die Verfolgung durch die bereits erwähnte ominöse »Kriegserklärung des Weltjudentums« selbst verschuldet und seien folglich zu Recht als Kriegsgegner angesehen worden. Faßbender kommentierte diese Ausführungen mit den Worten, er hoffe nicht, dass diese Passage aus der Diplomarbeit Hagens stamme.[59] Heinrichsohns Verteidiger Richard Huth hatte dagegen in seinem Schlussplädoyer dem in Rumänien geborenen Serge Klarsfeld das Recht abgesprochen, für die französischen Juden zu sprechen, was diesen zu heftigem Protest und den Vorsitzenden Richter zu scharfer Kritik veranlasste.[60] Auf diese Weise distanzierte sich die Kammer nachdrücklich von solchen Argumentationen.

Insgesamt blieben solche Auftritte jedoch die Ausnahme in einem Prozess, der weitestgehend durch eine sachliche und ruhige Atmosphäre bestimmt war. Höhepunkte stellten neben den Ausführungen Schefflers vor allem die Aussagen der Angeklagten dar. Während Lischka lediglich zu seiner Person aussagte und Ausführungen zu den Vorwürfen verweigerte, versuchten Hagen und Heinrichsohn, sich so gut wie möglich zu rechtfertigen. Heinrichsohn erklärte gleich zu Anfang, dass ihm »jedes Unrechtsbewußtsein fehle«, da er erst nach Kriegsende vom Judenmord gehört habe. Er habe an den Arbeitseinsatz der Deportierten geglaubt und fühle sich deshalb nur moralisch verantwortlich, nicht aber in strafrechtlicher Hinsicht. Im Lager Drancy sei er zwar gewesen, doch habe er auch Gutes getan, vor allem aber sei er niemals mit der Deportation von Kindern befasst gewesen. Er sei insofern das Opfer der Verwechslung mit »Heinrichson« oder, wie er später behauptete, mit Danneckers Nachfolger Horst Ahnert. Es sei sein »persönliches Schicksal« gewesen, dass er zur Judenabteilung gekommen war, doch habe er Dannecker nur als Aktenschlepper und als »Mädchen für alles« gedient, weshalb er auch von diesem auf die »Urlaubsreise« nach Südfrankreich mitgenommen worden sei.[61] Während des Prozesses fiel diese Selbstdarstellung als ein durch ein

58 »Kölnische Rundschau« vom 1.11.1979 (»Ich hätte den Mumm gehabt, gegen die Befehle zu handeln. Auch der SS-Angeklagte Hagen will von Massenmord nichts gewußt haben«).

59 »Frankfurter Rundschau« vom 13.2.1980 (»Auch mit den Anwälten ging der Richter ins Gericht. Vorsitzender beim Urteil im Lischka-Prozeß: ›Ich darf auch einmal persönlich werden‹).

60 Ebd.

61 Einlassungen Heinrichsohn vom 23.10.1979, 25.10.1979 und 29.10.1979, in: HStAD, Außenstelle Kalkum, Rep. 267/332.

hartes Schicksal an einen grausamen Ort verschlagener »Sunnyboy« (so das Gericht) jedoch in sich zusammen. Stattdessen zeigte sich, was Heinrichsohn in Wirklichkeit gewesen war: ein wenngleich noch unerfahrener und rangniederer, so doch überaus ehrgeiziger Funktionär des Massenmordes, der bei eifriger Erfüllung der ihm zugeteilten Aufgaben auch nicht davor zurückgeschreckt war, kleine Kinder und Kranke nach Auschwitz zu schicken. Entscheidend waren dabei vor allem die Aussagen zweier Überlebender, die sich an Heinrichsohn insbesondere im Zusammenhang mit den Deportationen von Kindern noch sehr genau erinnerten: Odette Daltroff-Baticle und Marie Husson hatten sich in Drancy um die vielen elternlosen Kinder gekümmert und miterleben müssen, wie diese von Heinrichsohn (»sehr jung, sehr elegant«) ohne Mitleid in die Züge gezwungen wurden.[62] Da beide Frauen den »Judenfachmann« auf zeitgenössischen Fotos identifizierten, war die von Heinrichsohn angeführte Verwechslung ausgeschlossen.[63] Zudem konnte ihm nachgewiesen werden, dass er mehrere greise und kranke Juden aus einem Altersheim hatte holen lassen, um einen Transport nach Auschwitz mit diesen Menschen »aufzufüllen«, was sich ebenso wie die Deportation der Kinder nicht mit der Mär vom »Arbeitseinsatz« vertrug. Heinrichsohns verhängnisvolle Rolle wurde zudem durch die Aussage des Mediziners und Historikers Georges Wellers bestätigt, der – ebenfalls selbst ein ehemaliger Insasse von Drancy – im Jahr 1946 einen historischen Bericht über das Lager veröffentlicht hatte und Heinrichsohns Funktion und Auftreten nun beschrieb.[64]

Auch Hagen leugnete in seinen Einlassungen nicht, an den Deportationen mitgewirkt zu haben, doch sei er davon ausgegangen, dass »man das Problem des Judenstaates weiterbetrieb«. Hätte er gewusst, dass die Juden nicht in Arbeitslager kämen, sondern ermordet würden, so hätte er »nicht weitermachen können«.[65] Angesichts der vielen von ihm abgezeichneten Belastungsdokumente, die dem Gericht vorlagen, bemühte er sich darum, sich als reinen Zuarbeiter Obergs ohne jede Entscheidungs-

62 Vernehmungen Daltroff-Baticle und Husson am 26.11.1979, in: HStAD, Außenstelle Kalkum, Rep. 267/332.

63 Urteil LG Köln vom 11.2.1980, in: HStAD, Außenstelle Kalkum, Rep. 267/277, Bl. 264 ff.

64 Wellers, Drancy; Aussage Wellers vom 28.11.1979, in: HStAD, Außenstelle Kalkum, Rep. 267/277, Bl. 264 ff.

65 Aussagen Hagen vom 23.10.1979, 29.10.1979, 2.11.1979 und 6.11.1979, in: HStAD, Außenstelle Kalkum, Rep. 267/332.

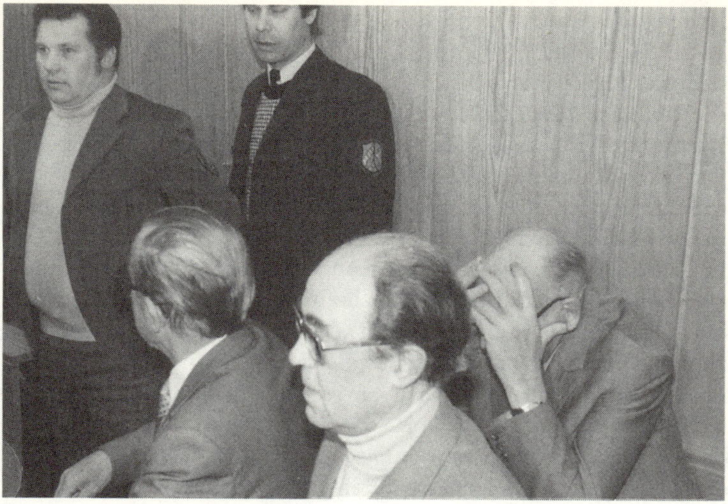

Lischka, Hagen und Heinrichsohn (sitzend v. l. n. r.) vor Gericht

befugnis darzustellen, der vor allem Büroarbeiten und Dolmetscherdienste geleistet habe.[66]

Erwartungsgemäß wenig Aufklärung brachten die Zeugenaussagen der ehemaligen Kollegen der Angeklagten. Mit Ausnahme von Wilhelm Harster und Wilhelm Zoepf, die wie schon in ihrem eigenen Prozess einräumten, seit Sommer 1942 das Wissen über den Judenmord gehabt zu haben, leugneten alle anderen diese Kenntnis. Besonders unglaubwürdig fiel der Auftritt von Walter Nährich aus. Noch bevor er mit seinen Ausführungen begann, hatte der Vorsitzende Richter an ihn als »Intellektuellen« appelliert, doch lieber wie vor ihm schon Karl Kübler, Kurt Illers oder Hans Henschke die Aussage zu verweigern, anstatt erneut ein Bild zu bieten, das Faßbender »allmählich leid« sei.[67] Nährich bekundete jedoch unverdrossen einmal mehr, vom Judenmord keine Ahnung gehabt zu haben. Er und die anderen Militärverwaltungsbeamten hätten unter den »echten« SS-Leuten einen »Fremdkörper« dargestellt und deshalb keinen persönlichen Kontakt zu diesen gehabt.[68]

Der Umstand, dass einige der vernommenen ehemaligen Kollegen der Angeklagten hohe Posten in der Bundesrepublik einnahmen oder eingenommen hatten und zudem unter Hinweis auf gegen sie anhängige Verfahren die Aussage verweigerten, erregte in der Presse einiges Aufsehen. So stürzten sich die Reporter etwa auf die Lebensgeschichte des Zeugen Erich Wiedemann, der als ehemaliger Angehöriger des »Sonderkommandos Brunner« inzwischen katholischer Geistlicher geworden war.[69] Der eigentliche Skandal der personellen Kontinuität zwischen dem »Dritten Reich« und der Bundesrepublik wurde jedoch kaum thematisiert, was auch daran lag, dass sich der Vorsitzende Richter nach Kräften bemühte, die Diskussion um die Nachkriegskarrieren aus dem Verfahren heraus-

66 Urteil LG Köln vom 11.2.1980, in: HStAD, Außenstelle Kalkum, Rep. 267/277, Bl. 228 ff.

67 »Kölner Stadt-Anzeiger« vom 5.12.1979 (»Gericht hat Schweigen lieber als Ausflüchte«). Diskutiert wurde die Frage der Kontinuität beispielsweise in einem Artikel Heiner Lichtensteins: »Vorwärts« vom 13.12.1979 (»Deutsche Karrieren von deutschen Juristen«).

68 Aussage Nährich vom 4.12.1979 in: HStAD, Außenstelle Kalkum, Rep. 267/332. Das Gericht hielt in seinem Urteil ausdrücklich fest, dass Nährich »es mit seiner Wahrheitspflicht offenbar nicht eben genau genommen hatte« (Urteil vom Urteil LG Köln vom 11.2.1980, Bl. 281).

69 »Kölner Stadt-Anzeiger« vom 7.12.1979 (»Ex-Nazi fand zum Kirchenamt. Richter in Ruhe schweigt: In Ermittlungen gegen ihn geht es um Massenhinrichtungen«).

zuhalten, obwohl vor allem Friedrich Kaul diese Fragen gerne breiter diskutiert hätte.

So nutzte er die Gelegenheit seines Abschlussplädoyers, um personelle Kontinuitäten am Beispiel der in das Verfahren verwickelten Männer eindrucksvoll darzustellen. Als einziger Redner wies er darauf hin, dass es sich bei der vom BGH vorgenommenen Ausdeutung des Überleitungsvertrages keinesfalls um eine vorgegebene Entwicklung gehandelt habe und dass die Alliierten die Blockade durch die französischen Abwesenheitsurteile nicht intendiert hätten. In einer Art Generalabrechnung legte er zudem die fragwürdigen Grundlagen der »Beihilferechtsprechung« bloß, forderte schließlich aber, wohl wissend, dass das Gericht aus dieser Tradition nicht aussteigen konnte, für alle drei Angeklagte die Höchststrafe von 15 Jahren Haft für Beihilfe zum Mord und den sofortigen Erlass von Haftbefehlen.[70] Auch Rolf Holtfort und Johann Cohnen hatten als Vertreter der Staatsanwaltschaft tags zuvor hohe Haftstrafen gefordert und Haftbefehle beantragt, und auch Serge Klarsfeld und die anderen Nebenklägervertreter schlossen sich der Forderung nach der sofortigen Verhaftung an.[71] In Klarsfelds eindrucksvollem Plädoyer wurde zudem noch einmal die Perspektive der Opfer deutlich, da er einen Brief eines in Drancy inhaftierten und später ermordeten Mädchens verlas.[72]

Die Verteidiger forderten dagegen Freispruch und versuchten, die Urteilsverkündigung durch mehrere Dutzend »Hilfsbeweisanträge« zu verzögern. Einer davon lautete, von dem Tübinger Rhetorikprofessor Walter Jens ein Gutachten darüber einzuholen, dass die »zeitgebundene Verwendung der Begriffe Vernichtung und Ausrottung nicht mit den heutigen Vorstellungsinhalten verbunden waren«.[73] Diese Anträge zielten vor allem darauf ab, die Urteilsverkündung weiter hinauszuzögern und eventuell einen Revisionsgrund zu konstituieren, eine Strategie, die allerdings nicht aufging. Während es im Gerichtssaal auch während der Verteidigerplädoyers zu keinen wesentlichen Störungen mehr kam – allerdings verließ Serge Klarsfeld den Verhandlungssaal, als ihn der Verteidiger Huth wegen seiner rumänischen Herkunft angriff –, manifestierte sich

70 Der Abschlussvortrag Kauls vom 25.1.1980 findet sich gedruckt in: HStAD, Außenstelle Kalkum, Rep. 267/262.

71 Abschlussvorträge der Vertreter der Staatsanwaltschaft Holtfort und Cohnen vom 23.1.1980. Abschlussvortag Rechtsanwalt Lahme vom 25.1.1980 und RA Ratz vom 29.1.1980, alle in: HStAD, Außenstelle Kalkum, Rep. 267/311.

72 Das Plädoyer findet sich abgedruckt in: Procès de Cologne.

73 Ebd.

der Protest von über 1000 französischen Juden in der Kölner Innenstadt in einem Schweigemarsch, der mit einem Gedenkgottesdienst in einer Synagoge endete.[74]

Am 11. Februar 1980, nach nur 30 Verhandlungstagen, sprach die Kammer alle drei Männer schuldig. Herbert Hagen, in dem das Gericht den Hauptbelasteten gesehen hatte, wurde zu zwölf Jahren Haft verurteilt, Kurt Lischka zu zehn und Ernst Heinrichsohn zu sechs Jahren. Anders als alle anderen Entscheidungen von Staatsanwaltschaften und Gerichten, die im Zusammenhang mit dem Frankreich-Komplex ergangen waren, hatte das Kölner Landgericht den Einlassungen der Männer, nichts vom Judenmord gewusst zu haben, keinen Glauben geschenkt. Stattdessen schrieb es fest, dass alle drei Angeklagte mit der »Tötung jedenfalls des großen Teils der Deportierten zumindest ernsthaft gerechnet und trotzdem einverständlich an den Maßnahmen mitgewirkt haben und dies somit billigend in Kauf genommen« hatten.[75] Als Mitarbeiter des BdS seien die drei eingeweiht gewesen, denn dort sei »die Kenntnis von dem wahren Ziel der Maßnahmen bereits zu einem Zeitpunkt vorhanden gewesen, als die Deportationen erst eingeleitet worden waren, noch ehe die Transporte im Frühsommer 1942 in dichter Aufeinanderfolge starteten«.[76] Insofern sei, so das Gericht, die Einstellung des Meineidverfahrens durch die Staatsanwaltschaft Baden-Baden gegen Knochen »unverständlich« gewesen.[77] Bezüglich der Mordmerkmale sahen die Richter die Heimtücke durch die Täuschung der Opfer und die Grausamkeit durch die Art der Transporte und die »Massenhaftigkeit« des Vorgangs als gegeben an, doch vermochte es allein bei Hagen, auch Rassenhass zu erkennen, was schließlich zu dem im Vergleich zu Lischka höheren Strafmaß führte. Insgesamt sei den Angeklagten zwar zugute zu halten, dass sie ohne das verbrecherische Regime wohl niemals zu Straftätern geworden wären und auch nach dem Krieg zu einem »geordneten und bürgerlichen Wertvorstellungen entsprechenden Leben zurückgefunden« hätten, doch hätte der nationalsozialistische Genozid gerade ohne Männer von solcher Denkart und solchem Charakter niemals stattfinden

74 U.a. »Kölner Stadt-Anzeiger« vom 1.2.1980 (»Rund 1200 Hinterbliebene französischer Nazi-Opfer bei Demonstration in der City. Schweigend fürs Recht demonstriert«).

75 Urteil LG Köln vom 11.2.1982 – 59-44/78 –, S. 273.

76 Ebd., S. 280.

77 »Kölner Stadt-Anzeiger« vom 12.2.1980 (»Allein Hagen wurde Rassenhaß angelastet«).

können. Insgesamt »entziehe sich der Umfang der Rechtsverletzung jeder Vorstellungskraft«, deren »Auswirkungen das deutsche Volk noch heute zu tragen habe«.[78] Das Gericht erkannte, dass eine Verurteilung wegen Beihilfe zum Mord kein »Äquivalent« für die Schwere der Tat sein könne, die Strafe diene vielmehr dazu, »daß die Verletzung der Rechtsordnung durch die Bestrafung der Schuldigen sichtbar bestätigt wird und daß das Gewissen des Volkes gegenüber einem derartigen Unrecht wachgerüttelt und wachgehalten wird«.[79] Der Vorsitzende machte deutlich, daß es sich bei den dreien keinesfalls um die erste Garde der Täter handelte, sondern dass diese vielmehr in Knochen und Oberg zu sehen sei.[80] Das im Gegensatz zu Lischka und Hagen deutlich geringere Strafmaß für Heinrichsohn begründete das Gericht mit dessen relativ niedrigem Rang und dem Umstand, dass er tatsächlich nur durch eine Reihe von Zufällen zum Judenreferat des BdS gelangt war – andererseits war er unter den dreien der einzige, der den Opfern im Lager Drancy von Angesicht zu Angesicht gegenübergestanden hatte und dennoch weder Gnade noch Mitleid gezeigt hatte. Hagens Zeit in englischer und französischer Gefangenschaft wurde auf die Gesamtstrafe angerechnet, Lischkas tschechische Haft dagegen nicht, da ihr ein Tatvorwurf zugrunde gelegen hatte, der mit seiner Tätigkeit in Frankreich nichts zu tun gehabt hatte. Die erheblichen Verfahrenskosten wurden, wie bei Schuldsprüchen üblich, den Verurteilten auferlegt.

Zum Befremden der Ankläger nahm das Gericht die drei Verurteilten jedoch nicht sofort in Haft, da es keine Fluchtgefahr erkennen konnte.[81] Da alle drei jedoch über ihre Anwälte Revision einlegten und bis zur Entscheidung einige Zeit vergehen konnte, wollte die Staatsanwaltschaft nicht das Risiko eingehen, dass die Verurteilten »demnächst aus Südamerika eine Ansichtskarte schicken«,[82] und beantragte deshalb erneut Haftbefehle, die allerdings erst von der übergeordneten Instanz, dem Oberlandesgericht, auch erlassen wurden.[83] In den Morgenstunden des

78 Urteil LG Köln vom 11.2.1982 – 59-44/78 –, S. 357.

79 Ebd., S. 357.

80 »Kölner Stadt-Anzeiger« vom 12.2.1980 (»Allein Hagen wurde Rassenhaß angelastet«).

81 Protokoll vom 11.2.1980 in: HStAD, Außenstelle Kalkum, Rep. 267/312. Bl. 4.

82 So der Erste Staatsanwalt Cohen laut »Der Spiegel« 8/1980, zitiert nach Steinbach, Kölner Prozess, S. 57.

83 Beschluss OLG Köln vom 15.2.1980, in: HStAD, Außenstelle Kalkum, Rep. 267/312, Bl. 19.

16. Februar 1980 wurden alle drei Männer verhaftet.[84] Allein Heinrichsohn gelangte noch einmal für kurze Zeit auf freien Fuß, wobei die Kaution von 200 000 DM bemerkenswerterweise von Einwohnern der Gemeinde Bürgstadt gestellt wurde.[85] Kurze Zeit später wurde der Haftbefehl jedoch auch in seinem Fall wieder in Kraft gesetzt und er erneut in Haft genommen.[86] Am 16. Juli 1981 schließlich bestätigte der BGH die Urteile in vollem Umfang, womit sie rechtskräftig wurden.[87] Lischka strengte zwar noch eine Verfassungsbeschwerde an, die jedoch nicht einmal zur Entscheidung angenommen wurde.[88]

Das Urteil war nicht nur in Bürgstadt eine Sensation, wo der stellvertretende Bürgermeister auf Heinrichsohns Anweisung einen dort hinterlegten Brief öffnete, mit dem dieser seinen Verzicht auf das Amt des Bürgermeisters und seinen Austritt aus der CSU erklärte.[89] Die Presse im In- und Ausland ging ausführlich auf den Fall ein. Schon während des ganzen Prozesses war das Interesse im Vergleich zu anderen NS-Prozessen überdurchschnittlich hoch gewesen.[90] Zwar hatten nur die lokalen Blätter durchgehend berichtet, doch hatten Höhepunkte wie etwa die Einlassungen der Angeklagten oder die Zeugenaussagen auch die Aufmerksamkeit der überregionalen und gelegentlich auch der ausländischen Presse erregt. Die weitgehend positive Berichterstattung kulminierte nun in einer Lobeshymne auf das Urteil, in der dieses als »Resultat eines Musterprozesses« in den Himmel gehoben wurde. Der »Lernprozeß Lischka«, so etwa der »Kölner Stadt-Anzeiger«, könne als Musterbeispiel für die juristische Bewältigung der NS-Vergangenheit gelten.[91] Etwas zurückhaltender gaben sich die überregionalen Tageszeitungen: In deutlicher Annäherung an Hannah Arendts Reportage über den Eichmann-Prozess porträtierte Dietrich Strothmann in der »Zeit« die Verurteilten als »Bürokraten

84 Festnahmeberichte vom 19.2.1980, in: HStAD, Außenstelle Kalkum, Rep. 267/312, Bl. 25-47.

85 Protokoll Haftprüfungstermin vom 29.2.1980, in: HStAD, Außenstelle Kalkum, Rep. 267/312, Bl. 25-47.

86 Beschluss OLG Köln vom 7.3.1980, in: HStAD, Außenstelle Kalkum, Rep. 267/312, Bl. 128.

87 Beschluss BGH vom 16.6.1981, in: HStAD, Außenstelle Kalkum, Rep. 267/256, Bl. 1269.

88 BVerfG Beschluss vom 6.10.1981, in: HStAD, Außenstelle Kalkum, Rep. 276/266, Bl. 8612.

89 »Kölner-Stadt Anzeiger« vom 13.12.1980 (»Urteil empört das ganze Dorf. Die Strafe für Heinrichsohn, nicht seine Tat gilt hier als Skandal«).

90 Siehe dazu Lichtenstein, NS-Prozesse und Öffentlichkeit.

91 »Kölnische Rundschau« vom 12.2.1980 (»Lern-Prozeß Lischka«).

des Bösen«, er rekapitulierte kurz die Bedeutung des Überleitungsvertrages, der die viel zu lange dauernde Straffreiheit »angeblich anständiger, in ihrer Umgebung wohlgelittener, wohlgeachteter Bürger« ermöglich habe.[92] Lothar Bewerunge kommentierte dagegen in der »Frankfurter Allgemeinen Zeitung« kritisch, dass es sich zwar um einen bemerkenswert zügigen Prozess gehandelt habe, doch dass dies nicht an den Richtern, sondern an der guten Beweislage gelegen habe. Zwar sei das »strafrechtliche Problem dieses Prozesses zumindest zeitweise von den vielen politisch emotionalen Begleiterscheinungen überlagert gewesen«, doch habe der Prozess der Öffentlichkeit noch einmal klar gemacht, was in Frankreich von 1940 bis 1944 geschehen sei.[93] Tiefer gehende Fragen, etwa die von dem WDR-Journalisten Heiner Lichtenstein angeschnittene Problematik der personellen Kontinuität, wurden nicht weiter verfolgt, auch die von Kaul in einem Interview noch einmal deutlich herausgestrichene Frage der Auslegung des Überleitungsvertrages wurde nicht aufgegriffen.[94]

Stattdessen konzentrierte sich die Presse zunehmend auf den Fall Heinrichsohn. Eine Reportage des ZDF-Magazins »Kennzeichen D« hatte bereits Ende 1979 über die Solidarität der Einwohner mit ihrem Bürgermeister berichtet und dabei erheblichen Wirbel ausgelöst, der schließlich bis zum offiziellen Protest der Gemeinde gegen die angeblich tendenziöse und überzeichnete Berichterstattung beim Intendanten des Senders geführt hatte. Da der Vorsitzende des CSU-Ortsverbandes Heinrichsohn im gleichen Atemzug aber gebeten hatte, im Amt zu bleiben und »die Flinte nicht ins Korn zu werfen, nachdem er so Großartiges für unsere Gemeinde getan hat«, hatte er der Presse eine Steilvorlage gegeben. Nachdem nun die Schuld Heinrichsohns amtlich bewiesen war, drängten mehrere Reporterteams in das Städtchen und forderten von den Bürgern Stellungnahmen vor laufenden Kameras und Mikrofonen, wobei der überwiegende Teil der Befragten Unverständnis für das Urteil und Mitleid mit Heinrichsohn zum Ausdruck brachte.[95] Während sich

92 »Die Zeit« vom 15.2.1980 (»Die Bürokraten des Bösen. Ein NS-Prozeß ging zu Ende: Die Mordgehilfen müssen sühnen«).

93 »Frankfurter Allgemeine Zeitung« vom 13.2.1980 (»Die Dokumente der SS sind die stärksten Zeugen«).

94 »die tat« vom 22.2.1980 (»Justiz wie ein Jagdhund, der zur Jagd getragen werden muß. Nach dem Lischka-Prozeß: ›tat‹-Interview mit Professor Friedrich Kaul«).

95 »Aschaffenburger Zeitung« vom 8.11.1979 (»Bürgstadter: ZDF wollte beweisen, wie schwachsinnig die Bevölkerung ist. ›Kennzeichen D‹ solidarisierte Einwohner mit ihrem Bürgermeister« und »Entsetzte jüdische Gemeinde«), »Miltenberger Tageblatt« vom 15.11.1979 (»Die Gemeinde Bürgstadt beschwert sich beim ZDF«).

die meisten Berichte zu Heinrichsohn in Skandalrufen erschöpften, sah beispielsweise die »Allgemeine Jüdische Wochenzeitung« in diesem Fall nachdenklich »mehr als nur ein Symptom«, begrüßte aber natürlich das Urteil.[96]

Bösartige und vor allem antisemitische Kritik am Verfahren kam freilich aus den Zeitungen des rechtsradikalen Münchener Verlegers Gerhard Frey, allen voran der »Deutschen Nationalzeitung«. Sie hatte unter dem Motto »Terror statt Recht« schon während des Prozesses vom »jüdischen Sturm auf das Kölner Landgericht« berichtet und davor gewarnt, die Zukunft in einer »antideutschen Propagandaschau« zu verspielen. Außerdem hatte sie einmal mehr eine Kampagne zur Generalamnestie betrieben, zu der nach Zeitungsmeldungen unter anderem Winifred Wagner und der Eichmann-Verteidiger Robert Servatius ihre Namen hergegeben hatten.[97] Diese Kritik wurde außerhalb deutschnationaler Kreise jedoch kaum wahrgenommen, stattdessen berichteten die bundesdeutschen Medien mit spürbarer Erleichterung von den durchweg sehr positiven Reaktionen des Auslandes, wobei naturgemäß Frankreich und Israel die größte Aufmerksamkeit zukam. Was Frankreich anbetraf, so hatte Serge Klarsfeld in seinem Schlussplädoyer bereits den Tenor vorgegeben. Dort hatte er Faßbender für sein Verständnis für die Opfer gedankt und dessen »meisterhafte Verhandlungsführung« hervorgehoben.[98] Auch Jean Pierre Bloch, der Präsident der »LICA«, erklärte den Prozess zu einem »Sieg der Bundesrepublik«,[99] ein Urteil, dem sich fast alle französischen Tageszeitungen anschlossen. Eine interessante Erklärung lieferte »Le Monde«: Der Prozess sei deshalb so gut gelaufen, weil sich die Richter nicht persönlich angegriffen gefühlt hatten. Anders als ihre älteren

96 »Allgemeine Jüdische Wochenzeitung« vom 30.11.1979 (»Nicht zuständig?«); vom 21.2.1979 (»Belastende Dokumente gegen Heinrichsohn«); vom 11.1.1980 (»Bayerische SPD fordert Disziplinarverfahren gegen Ernst Heinrichsohn«).

97 »Deutsche Nationalzeitung« u.a. vom 2.11.1979 (»Terror gegen Deutsche«); vom 9.11.1979 (»Verspielen wir Deutsche unsere Zukunft?«); »Deutscher Anzeiger« vom 7.12.1979 (»Hat Klarsfeld Narrenfreiheit?«); vom 7.12.1979 (»Kölner Richter unter Druck. Unter Führung von Serge Klarsfeld werden Angeklagte, Staatsanwaltschaft und Richter von französischen Juden lauthals geschmäht«). Hinweise auf die Amnestie-Kampagne finden sich in der »Frankfurter Rundschau« vom 9.11.1979 (»Volksbewegung will Amnestie«).

98 Abschlussplädoyer Klarsfeld, in: Procès de Cologne, auch »Kölner Stadt-Anzeiger« vom 26.1.1980 (»Im Lischka-Prozeß dankt Klarsfeld dem Richter«).

99 »Kölner Stadt-Anzeiger« vom 13.2.1980. (»Mit dem Kölner Urteil zufrieden. Reaktionen auf Strafe für Lischka in Frankreich und Israel«).

Kollegen, denen die Generationsgemeinschaft mit den Tätern immer eine gewisse Haltung aufnötigte, seien Faßbender und die Beisitzer davon frei gewesen.[100] Auf besonderes Interesse in Frankreich stießen naturgemäß Schefflers Ausführungen zur »Collaboration«, einem Thema, das bis dato in Frankreich noch nicht aufgearbeitet worden war und das nun zu einem neuen Schwerpunktthema der Klarsfelds wurde.[101]

Auch in Israel wurde das Urteil freundlich kommentiert. Da sich Johannes Rau, damals Ministerpräsident des Landes Nordrhein-Westfalen, dort gerade zu einem offiziellen Besuch aufhielt, konnte er die Reaktion des Ministerpräsidenten Begin selbst entgegennehmen. Dieser betonte, dass zwar kein menschliches Urteil den Schmerz aufwiegen könne, das Kölner Urteil stelle aber wenigstens *ein* Urteil dar. Nun müsse gegen die anderen NS-Verbrecher vorgegangen werden, die noch unbestraft geblieben seien.[102] Ein Regierungssprecher kommentierte, dass »das Urteil einen langen, unwürdigen Kreis von Vernachlässigung und Verzögerung durchbrochen« habe. Kritisch kommentierte dagegen die Tageszeitung »Jediot Acharonot« aus Tel Aviv das Verfahren. Sie schrieb: »Starker Druck der internationalen öffentlichen Meinung war notwendig, um die deutsche Justiz dazu zu bewegen, ihre Pflicht zu erfüllen.«[103]

In einem ähnlichen Tenor hatte der Journalist Rudolf Hirsch das Verfahren für die DDR-Zeitung »Wochenpost« mit einfühlsamen Reportagen begleitet, die später in einer Buchveröffentlichung aufgingen.[104] Im Jahr 1979 erschien zudem ein Bericht des Rechtsanwalts WilfriedMatthäus in der DDR-Fachzeitschrift »Neue Justiz«, in der auch Ausschnitte aus Kauls Plädoyer veröffentlicht wurden.[105] Bemerkenswerterweise ignorierten die bundesdeutschen juristischen Fachzeitschriften den Prozess und das Urteil zunächst völlig. Erst 1981, anlässlich des Todes Friedrich Kauls, veröffentlichte der prominente Anwalt Heinrich Hannover

100 Zitiert nach: »Kölnische Rundschau« vom 14.2.1980 (»Le Monde«).

101 Vgl. Steinbach, Kölner Prozess, S. 59.

102 »Ruhr-Nachrichten« vom 14.2.1980 (»Rau als Gast in Israel: Begin reagiert auf den Lischka-Prozeß«).

103 Generell zu den Pressereaktionen in Israel: dpa-Presseschau vom 12.2.1980, hier: »Kölnische Rundschau« vom 13.2.1980 (»Lischka-Prozeß als mustergültig gelobt«).

104 Hirsch, Endlösung. Auch »Wochenpost« 47/1979 (»Schreibtischtäter«); 45/1979 (»Herr Lischka fühlt sich hier nicht wohl«); 50/1979 (»Das Umfeld des Herrn Lischka«); 51/1979 (»Nordisch-Ostisch«); 52/1979 (»Wo kommen wir denn hin«).

105 Matthäus in: »Neue Justiz« 12/1979, S. 547 ff.; Kaul in: »Neue Justiz« 4/1980, S. 173 ff. Zitiert nach Steinbach, Kölner Prozess, S. 60.

Kauls Prozessbericht in voller Länge im »Strafverteidiger« unter dem Titel: »Das Lischka-Syndrom der BRD-Justiz«. Trotz des kräftigen Titels handelte es sich jedoch nicht um eine Propagandaschrift, sondern um eine ernsthafte, wenn auch etwas angeberische und sehr personalisierte Auseinandersetzung mit der gesamten Entwicklung des Verfahrens und der bundesrepublikanischen Rechtsprechung zum Thema. Kaul lobte dabei den Prozess ausdrücklich.[106]

Sieht man einmal von der chronisch antisemitischen Agitation der Frey-Presse ab, so erweckte die Kommentierung des Prozesses den Eindruck, als ob die Verurteilung der ehemaligen NS-Funktionäre im Sinne einer Mehrheit der deutschen Bevölkerung gewesen sei. Nach der Ausstrahlung der »Holocaust«-Serie waren jedenfalls keine ernst zu nehmenden Stimmen zu hören, die sich mit den Tätern solidarisierten und etwa erneut eine Generalamnestie forderten. Wie groß der Einstellungswandel der veröffentlichten Meinung seit der Gründung der Republik war, wird deutlich, wenn man sich die in den vorhergehenden Kapiteln zitierten früheren Äußerungen in der Presse zur Strafverfolgung in Erinnerung ruft – die noch lange nachwirkenden Reste an volksgemeinschaftlicher Verbundenheit hatten sich inzwischen verbraucht.

Dabei dürfen jedoch drei besondere Umstände des Prozesses nicht außer Acht gelassen werden. Erstens handelte es sich bei den Verurteilten, zumindest bei Hagen und Lischka, um Täter, die aufgrund ihre Herkunft aus der genuinen NS-Elite immer am Rand der Reintegrationspolitik der frühen Jahre gestanden hatten und gewissermaßen nur »mitgeschwommen« waren. Anders als die ehemaligen Militärverwaltungsbeamten, die in Köln nur als Zeugen in Erscheinung getreten waren, repräsentierten sie nicht die traditionelle Verwaltungselite, aus der in den fünfziger Jahren einige Wirbel im Rückgrat der Bundesrepublik gebildet worden waren. Ihr Verfahren warf daher weit weniger peinliche Fragen auf als das bei einem Prozess gegen einen jener Männer der Fall gewesen wäre. Zweitens war deutlich, dass sich die Justiz durch das Zusatzabkommen in die Pflicht genommen fühlte. Nach den hitzigen Debatten um das Zusatzabkommen und nach den Aktionen der Klarsfelds waren auch im Ausland Erwartungen geweckt worden, so dass die Verurteilung der beiden ranghöchsten noch anklagbaren Männer willkommen war. Drittens gibt die Analyse von Presseartikeln nicht wirklich einen tiefen Einblick in die Denkweise der Menschen.

106 Kaul, Lischka-Syndrom.

Diese ist nur mit demoskopischen Mitteln einigermaßen sicher zu analysieren, die jedoch in diesem Fall nicht angewendet wurden. Immerhin forderten nach der Ausstrahlung der »Holocaust«-Serie 50 Prozent der befragten Deutschen, mit den NS-Prozessen fortzufahren, doch 46 Prozent votierten weiterhin für einen »Schlußstrich«, so dass die Kampagne der »Deutschen Nationalzeitung« eigentlich auf einen gewissen Rückhalt in der Bevölkerung hätte stoßen müssen.[107] Zudem gab es auch andere Indizien, die auf eine ablehnende Haltung in der Bevölkerung hinweisen. Dazu zählte die Solidarität der Bürgstädter mit Heinrichsohn. Sie sollte zwar nicht überbewertet werden, da in dieser Auseinandersetzung auch andere Faktoren wie der Parteienkonflikt und eine Art kleinstädtischer Gefolgschaftstreue eine Rolle spielten, als Beispiel für einen verantwortlichen Umgang mit der NS-Vergangenheit und ihre Protagonisten kann sie jedoch gewiss nicht gelten. Bedenklich ist ebenfalls, dass während des Lischka-Prozesses unbekannte Täter einen jüdischen Friedhof in der Nähe Göttingens schändeten und die von ihnen umgestürzten Grabsteine mit Parolen wie »Lischka noch einmal« und mit Hakenkreuzen beschmierten.[108] Auch wenn es sich dabei aller Wahrscheinlichkeit nach um die Aktion von Einzeltätern handelte, so weist sie doch auf das Weiterleben judenfeindlicher und nationalsozialistischer Vorstellungen hin. Dies wird auch in den zahlreichen Zuschriften deutlich, die das Gericht während des Prozesses und danach erhielt. Neben einigen hundert gleichlautenden Briefen französischer Staatsbürger, die auf die Kampagne der Klarsfelds zurückgingen, erhielt das Gericht Briefe von über 50 Menschen, die sich zu dem Prozess äußern wollten. Unter ihnen fanden sich nur einige wenige zustimmende. Der weitaus größte Teil protestierte teilweise vehement gegen das Verfahren. Wie schon im Prozess gegen Beate Klarsfeld fanden sich darunter anonyme Morddrohungen und Beschimpfungen. Neben nicht zitierbaren Ausführungen über den Richter und die Klarsfelds war die Rede von »organisiertem Zeugentum«, und es wurde darauf hingewiesen, dass »die Juden immer der Feind des deutschen Volkes bleiben würden«.

Daneben erreichte das Gericht eine erstaunliche Anzahl von Schreiben mit Absendern, in denen offen antisemitisch gegen den Prozess polemi-

107 Vgl. Hey, NS-Prozesse, S. 48.

108 »Kölnische Rundschau« vom 24.1.1980 (»Zwölf Jahre Haft für Kurt Lischka gefordert«); »Frankfurter Rundschau« vom 26.1.1980 (»Heinrichsohn tut, als handelte es sich um ein Gentleman-Vergehen«).

siert wurde, etwa in einem wütenden Angriff auf »Klarsfeld und seine französischen Begleitkommandos«, dem es zu verdanken sei, dass »wieder drei Kriegsgefangene mehr« zu beklagen seien. Bei den Schreibern handelte es sich durchaus nicht nur um Angehörige ungebildeter Bevölkerungsschichten. So führte ein Mediziner aus, seiner Ansicht nach habe sich das Gericht dem »archaischen« Druck beugen müssen, womit er ein antisemitisches Schlüsselwort bemühte; ein Hochschullehrer forderte, man solle nun auch die britischen Offiziere verurteilen, die für die Übergabe deutscher Kriegsgefangener an die Sowjetunion verantwortlich gewesen seien. Schließlich habe es sich dabei ja auch um »Deportationen in den Osten« gehandelt.[109] Trotz der weitgehenden Zustimmung in der Presse stießen Prozess und Urteil also in der Bevölkerung durchaus auch auf Widerstand und teilweise erschreckende Ablehnung.

Keiner der drei Verurteilten verbüßte seine Strafe komplett. Wie im bundesdeutschen Strafvollzug üblich, wurden sie jeweils nach Verbüßung eines Strafteils, normalerweise von mindestens zwei Dritteln der Strafe, entlassen. Als Erster kam Heinrichsohn auf freien Fuß. Sein Anwalt stellte bereits vor Ablauf der Zweidrittelfrist einen Antrag auf Haftverschonung. Diesem wollte das zuständige Landgericht Bayreuth jedoch wegen des »besonderen Eifers, den Heinrichsohn gegen die Juden an den Tag gelegt« hatte, nicht zustimmen.[110] Das von Heinrichsohn daraufhin angerufene Oberlandesgericht kassierte diese Entscheidung jedoch und setzte Heinrichsohn am 3. Juni 1982 auf Bewährung frei. Dieser zog daraufhin in einen Nachbarort Bürgstadts und lebte zurückgezogen mit seiner zweiten Frau, einer ehemaligen Justizangestellten, die er nach seiner Verurteilung geheiratet hatte. Im Jahr 1987 wurde ihm die Reststrafe erlassen;[111] er verstarb 1994.

Herbert Hagen wurde ebenfalls nach wenigen Jahren und lange vor Ablauf der Zweidrittelfrist auf freien Fuß gesetzt. Das Landgericht Hagen setze schon am 7. Februar 1985 seine Reststrafe zur Bewährung aus, am 22. April wurde er nach Warstein entlassen.[112]

109 Die Briefe finden sich gesammelt in: HStAD, Außenstelle Kalkum, Rep. 267/279.

110 Beschluß LG Bayreuth vom 10.3.1982, in: HStAD, Außenstelle Kalkum, Rep. 267/305, Bl. 398 ff.

111 Beschluß LG Bayreuth vom 13.7.1987, in: HStAD, Außenstelle Kalkum, Rep. 267/277, Bl. 24.

112 Beschluß LG Hagen vom 7.2.1985 in: HStAD, Außenstelle Kalkum, Rep. 267/275. Bl. 2; Entlassungsmitteilung JVA Schwerte vom 22.4.1985, in: ebd., Bl. 9.

Auch Kurt Lischka bemühte sich schon vor Ablauf der Zweidrittelfrist um ein Ende seiner Haft. Im Jahr 1984 bat er unter Hinweis auf seine schlechte Gesundheit um Gnade, doch wurde das Gesuch zunächst abgelehnt. Gegen den Widerstand der Staatsanwaltschaft setzte das nun nach dem Haftort zuständige Landgericht Bochum Lischkas Reststrafe am 22. Mai 1985 zur Bewährung aus.[113] Lischka ging zunächst in seine alte Kölner Wohnung zurück und zog 1986 gemeinsam mit seiner Frau in ein Altersheim, in dem er 1989 verstarb.[114]

Keiner der drei Männer zeigte ein Schuldbewusstsein. Ernst Heinrichsohn sah sich weiterhin als Opfer seiner Generation und zog sich sogar noch ein Meineidsverfahren zu, da er weiterhin bei seiner Aussage blieb, vom Judenmord nichts gewusst zu haben.[115] Hagen empfand das ganze Verfahren als »rechtswidriges Wiederaufgreifen von Vorgängen wegen derer ihn ein französisches Gericht nicht belangt hätte«.[116] Von Lischka ist keine Stellungnahme bekannt, er verweigerte, wie schon bisher, jede Aussage.

Die Zerteilung des Deportationsverfahrens und die Folgeverfahren

Dass es sich bei den drei im Kölner Verfahren verurteilten Männern nur um einen Bruchteil derer handelte, gegen die wegen der in Frankreich begangenen Verbrechen ermittelt wurde, kam in der ganzen Diskussion nicht mehr ausdrücklich zur Sprache. Tatsächlich aber waren die Ermittlungen der Kölner Zentralstelle auch während des Prozesses weitergegangen.

Nach Lischka, Hagen und Heinrichsohn war in Köln nun Hans Dietrich Ernst neuer Hauptbeschuldigter, doch galten die Ermittlungen nach wie vor allen Kommandeuren aus der französischen Provinz, dazu kam noch eine große Anzahl ihnen ehemals unterstellter Männer. Insgesamt wurden noch 73 Männer als Beschuldigte geführt.[117] Die Erfolgsaussich-

113 Beschluß LG Bochum vom 22.5.1985, in: HStAD, Außenstelle Kalkum, Rep. 267/274.o.P.

114 Sterbeurkunde Standesamt Brühl vom 17.5.1989, in: HStAD, Außenstelle Kalkum, Rep. 267/276, Bl. 15.

115 Siehe Antrag StA Köln vom 22.10.1987, in: HStAD, Außenstelle Kalkum, Rep. 158/1524, Bl. 44.

116 JVA Schwerte an LG Köln vom 17.12.1984, in: HStAD, Außenstelle Kalkum, Rep. 267/306, Bl. 436.

117 Tätigkeitsbericht der ZStK vom 1.9.1979, in: HStAD, D II 30/1979.

ten der Ermittlungen wurden jedoch entscheidend gemindert: Noch während des Lischka-Prozesses hatte der Kölner Generalstaatsanwalt Werner Pfromm verfügt, dass die Ermittlungen nun nicht mehr zentral bei der Staatsanwaltschaft Köln geführt würden, sondern dass sie in zahlreiche Einzelverfahren aufgeteilt und dann an diejenigen Staatsanwaltschaften abgegeben werden sollten, die nach dem Wohnort des jeweiligen Beschuldigten zuständig waren.[118]

Diese Entscheidung folgte dem Grundsatz der Wohnsitzzuständigkeit der Strafprozessordnung, stand jedoch dem Sinn und der Praxis der Zentralstelle Köln diametral gegenüber, die ja gerade aus der Erfahrung heraus gegründet worden war, dass die Zerteilung von komplexen Handlungsabläufen die Ermittlungen erschwerte. Aus diesem Grund war bisher der Sachzusammenhang als das maßgebliche Kriterium für die Frage der Zuständigkeit angesehen worden, weshalb man auch den gesamten Komplex in Köln bearbeitet hatte. Pfromms Entscheidung brach nun mit diesem Prinzip. Bei dieser Entscheidung musste allen Beteiligten, natürlich auch Werner Pfromm, klar sein, dass ein solcher Schritt die Chancen auf weitere Verurteilungen verschlechtern würde. Saßen in Köln bestens eingearbeitete Fachleute, die mit den historischen Gegebenheiten und den juristischen Fallstricken vertraut waren, so verfügten die meisten der anderen Staatsanwaltschaften über keine derartigen Spezialisten für NS-Verfahren, geschweige denn über solche, die mit den Ereignissen in Frankreich vertraut gewesen wären. Verschärft wurde die Situation in Köln durch den wenig später verfügten Abzug Holtforts von dem Verfahren. Er wurde aus der Zentralstelle Köln zurück in eine Abteilung der Kölner Staatsanwaltschaft versetzt, die sich mit Jugenddelikten beschäftigte, angeblich, weil nun nicht mehr genug Arbeit anfiel. Er wurde jedoch in der Folgezeit noch einmal als Spezialist für den kommenden Prozess gegen den Grafen Korff freigestellt und für die Zentralstelle als Anklagevertreter vor Gericht eingesetzt. Pfromms Entschluss zur Zerstückelung des Verfahrens war auch insofern überraschend, als

118 Tätigkeitsbericht der ZStK vom 1.9.1979, in: HStAD, D II 30/1979. Nach diesem Bericht ist der Beschluss zur Austrennung der Verfahren Anfang Juli 1979 in einer Dienstbesprechung des damaligen Leiters der ZStK OStA Gehrling bei der Generalstaatsanwaltschaft gefasst oder mitgeteilt worden. Gegenüber Journalisten des TV-Magazins »Report« erklärte StA Holtfort, er habe während des Lischka-Prozesses einen Anruf des Generalstaatsanwaltes Pfromm erhalten, der ihm mitgeteilt habe, nun »sei es aber genug«; Pfromm habe deshalb die Austrennung verfügt (»Report« vom 20.2.1998).

sich unter den Beschuldigten des Verfahrens auch nach dem Lischka-Prozess noch einige Männer befanden, die ihren Wohnsitz in Nordrhein-Westfalen hatten, so dass sich die zugrunde liegende Situation durch den Prozess eigentlich nicht geändert hatte. Staatsanwalt Rolf Holtfort machte den Vorgang 1998 in einem Interview mit dem Fernsehmagazin »Report« öffentlich und löste damit erhebliche Unruhe aus.[119] Schon zuvor war Werner Pfromms braune Vergangenheit in der Presse diskutiert worden, zudem erregte es Misstrauen, dass der Jurist bei seiner Ernennung zum Generalstaatsanwalt als Kandidat der FDP gegolten hatte, ausgerechnet des Landesverbandes also, in dem Achenbach so großen Einfluss hatte.[120]

Da sich neben dieser Angelegenheit in Nordrhein-Westfalen auch andere Auffälligkeiten, wie etwa der in der Öffentlichkeit ausgetragene Konflikt zwischen dem Leiter der Zentralstelle Dortmund Oberstaatsanwalt Schacht und dem Schriftsteller Peter Finkelgruen um die von Schacht verfügte Verfahrenseinstellung gegen Anton Malloth, den Mörder von Finkelgruens Großvater, häuften,[121] richtete die Düsseldorfer Fraktion der Grünen 1998 eine Große Anfrage an die Landesregierung, in der sie umfassende Auskunft über die Arbeit der beiden Zentralstellen im Generellen und zu Detailfragen wie etwa zur Haltung Pfromms verlangte. Die Regierung gab daraufhin eine ausführliche Antwort und initiierte zusätzlich ein Forschungsprojekt, das unter der Leitung des Historikers Hans-Ulrich Thamer und des Strafrechtlers Reiner Schulze, beide von der Universität Münster, stand.[122] Wie schon die Antwort der Landesregierung brachte auch diese Untersuchung keinen Hinweis darauf, dass die Entscheidung Pfromms aufgrund dessen eigener Vergangenheit, eventueller Sympathie mit den ehemaligen NS-Funktionären, Korpsgeist oder unter der Einwirkung Achenbachs erfolgt war. Vielmehr zeigte sich, dass noch sieben andere den Zentralstellen vorstehende Leitende Oberstaatsanwälte und die Generalstaatsanwälte in Hamm und Köln ehemalige Parteigenossen gewesen waren – Pfromms Vergangenheit war also nichts

119 »report« vom 20.2.1998; »Der Spiegel« 31/2002 (»Der gejagte Jäger«).

120 Antwort der Landesregierung NRW vom 28.5.1998 auf eine Kleine Anfrage der Grünen vom 22.4.1998 (Drucksache 12/3114, 12. Wahlperiode).

121 Siehe dazu Finkelgruen, Haus Deutschland. Das Dortmunder Verfahren blieb eingestellt. Malloth wurde wegen des gleichen Tatbestandes jedoch 2001 vom Landgericht München verurteilt.

122 Abschlußbericht des Kommission: »Die nordrhein-westfälische Justiz und ihr Umgang mit der nationalsozialistischen Vergangenheit«.

Besonderes. Es ist eher zu vermuten, dass Pfromm die Zerteilung des Verfahrens angeordnet hatte, weil ihm die Aussicht auf weitere spektakuläre Demonstrationen und Prozesse in Köln missfiel. Gegen diese Vermutung spricht allerdings, dass er noch 1980 in Pension ging und somit für den noch zu erwartenden »Ärger« gar nicht mehr selbst verantwortlich gewesen wäre.

Die Folgen waren auf jeden Fall einschneidend: Bis 1985 trennte die Zentralstelle insgesamt 24 Verfahren ab und gab sie an die verschiedenen Staatsanwaltschaften weiter.[123] Dort wurden die meisten in den nächsten Jahren eingestellt, da die Staatsanwaltschaften sich nicht zur Überführung der Beschuldigten in der Lage sahen. Dies betraf neben vielen anderen die ehemaligen Kommandeure Friedrich Merd(s)che, August Moritz, Fritz Hinrichs, Dietmar Westphal und Karl Kübler.[124] Der bereits zitierte Einstellungsbeschluss der Staatsanwaltschaft Stuttgart im Verfahren gegen Karl Kübler ist hier beispielhaft: Die Behörde stellte ausdrücklich fest, dass Kübler zweifelsfrei an den Deportationsmaßnahmen beteiligt gewesen war, doch konnte sie seine Behauptung nicht widerlegen, von der Ermordung der von ihm deportierten Juden nichts gewusst zu haben.[125] Die lange eingeübte Verteidigungsstrategie erwies sich also auch nach dem Kölner Prozess als erfolgreich.

Lediglich Kurt Illers, Hans Henschke und Hans Dietrich Ernst wurden angeklagt, ohne dass es jedoch zu einer weiteren Verurteilung kam. So erhob die Staatsanwaltschaft Aurich 1981 Anklage gegen Hans Dietrich Ernst, da sie es als erwiesen ansah, dass Ernst mindesten 824 Juden, darunter einige, die über 70 Jahre alt waren, habe festnehmen und sie ohne ausreichende Bekleidung und Ernährung am 20. Juli 1942 nach Auschwitz habe transportieren lassen. Wie die Unterlagen der Gedenkstätte Auschwitz ergaben, waren 59 nach der Ankunft sofort »vergast« worden. Ernsts immer gleicher Behauptung, er habe von dem Bestim-

123 Bericht der ZStK vom 21.6.1985, in: HStAD, Außenstelle Kalkum, Rep. 158/1577, Bl. 7785.

124 Übersicht über die Verfahrensausgänge findet sich in ZStL, 114 AR-Z 1670/61, Bl. 3543.

125 Einstellungsverfügung StA Stuttgart vom 10.11.1987 – 2 (3,7) Js 602/83 –, in: ZStL 104 AR-Z 18/83. Ähnlich hatte zuvor die StA Hildesheim in ihrer Verfahrenseinstellung gegen Dieter Westphal vom 4.2.1982 argumentiert (17 Js 331/80), in: ZStL 114 AR 210/80, ebenso die StA Frankfurt a. M. in ihrer Einstellungsverfügung gegen Merd(s)che vom 6.3.1985 (50 Js 12797/80), in: ZStL 114 AR 184/80, und die StA Hamburg in ihrer Einstellung des Verfahrens gegen August Moritz, vgl. dazu Grabitz, Täter, S. 149 ff.

mungsort des Zuges ebenso wenig gewusst wie von der »Endlösung«, glaubte die Staatsanwaltschaft nicht: Nach dem Kölner Prozess sei gerichtlich bestätigt, dass man in der Pariser Zentrale über den Judenmord Bescheid gewusst habe. Ernst habe als KdS in engem Kontakt mit Knochen und Lischka gestanden und war, wie er selbst eingeräumt hatte, mehrfach zur Besprechung der »Judenfrage« mit diesen zusammengetroffen, außerdem sei er als Kommandeur von Angers nicht ein nachgeordneter »Befehlsempfänger im letzten Glied« gewesen, »sondern Dienststellenleiter, der es sich nicht im geringsten leisten konnte, Hauptaufgaben seines Amtes zu ignorieren«.[126] Die Staatsanwaltschaft ging dabei also von dem nahe liegenden Gedanken aus, dass das Kölner Urteil die standardisierte Ausrede des Sipo/SD-Personals, »nichts gewußt zu haben«, ein für alle Mal ad absurdum geführt hatte und dies auch auf die unter dem BDS liegende Hierarchieebene übertragbar sei, zumal, wenn die Beweislage wie im Fall Ernst relativ eindeutig war.

Doch damit hatte sie sich verschätzt. Das Landgericht Aurich lehnte die Eröffnung des Hauptverfahrens ab und zeigte in der Begründung, dass auch 1981 längst nicht alle Gerichte so kritisch gegenüber den ehemaligen Funktionsträgern des NS-Regimes eingestellt waren wie es die Schwurgerichtskammer des Landgerichts Köln gewesen war. Das Gericht rechnete vor, dass entgegen der Behauptung der Staatsanwaltschaft, nicht 59, sondern »nur 23« Juden unmittelbar nach der Ankunft vergast worden sein konnten. Doch auch das hielt das Gericht nicht für bewiesen.[127] Es hielt Ernst nämlich zugute, dass dieser theoretisch unter dem Druck der Vorgaben des BdS Festnahme und Deportation von mehr Juden nach Paris gemeldet habe könnte als er tatsächlich nach Auschwitz geschickt hatte. Die Forschungen von Serge Klarsfeld bestätigten später jedoch, dass tatsächlich 23 Juden direkt nach der Ankunft ins Gas geschickt worden waren.[128] Auch ohne diese makabre Debatte war die Argumentation des Gerichtes für die Beweisführung irrelevant, da es sich so oder so um eine Reise in den Tod gehandelt hatte: Nur 19 Menschen aus dem Transport waren 1945 noch am Leben.[129] Entscheidender war, dass das Gericht es weiterhin für nicht beweisbar hielt, dass Ernst von der geplanten Ermordung der Juden gewusst habe. Zwar habe der Kölner Prozess den Beweis erbracht, dass die

126 Anklageschrift StA Aurich vom 26.5.1981, – 9 Js 282/80 –, ZStL 114 AR 3605/65, Bl. 66 ff.

127 Beschluss LG Aurich vom 27.5.1981, in: ZStL 114 AR 3605/65, Bl. 151 ff.

128 Serge Klarsfeld, Vichy – Auschwitz, S. 330.

129 Ebd.

Mitarbeiter des BdS etwa ab Mai 1942 im Bilde gewesen seien, doch beweise das nicht, dass auch ein nachgeordneter Kommandeur dies im Juni 1942 gewusst habe. Natürlich legte die Staatsanwaltschaft gegen den Beschluss eine sofortige Beschwerde ein, doch ergab ein medizinisches Gutachten die inzwischen eingetretene Verhandlungsunfähigkeit Ernsts, so dass die Staatsanwaltschaft von der Durchsetzung dieses Rechtsmittels absah[130] und Serge Klarsfeld, auch hier als Nebenklägervertreter beteiligt, allein vor das Oberlandesgericht ziehen musste, das die Beschwerde prompt abwies.[131] Hans Dietrich Ernst starb im März 1991.[132]

Dieselbe Staatsanwaltschaft hatte auch das Verfahren gegen Kurt Illers übernommen, den ehemaligen Stellvertretenden Kommandeur von Paris und gleichzeitigen Leiter der für die »Judenfrage« zuständigen Abteilung IV. Im Jahr 1985 lag die Anklageschrift beim Gericht.[133] Diesmal bestand am »Wissen« des Angeklagten kein Zweifel, da Illers in Paris im Zentrum des Geschehens tätig gewesen war, diese Position bis 31. Januar 1943 innegehabt hatte und die Staatsanwaltschaft ihm die Deportation von insgesamt mindestens 827 Menschen nachweisen konnte. Doch der schlechte Gesundheitszustand des mittlerweile 77-jährigen verhinderte das Verfahren, das sein Ende mit Illers' Tod im Jahr 1986 fand.[134]

Das gleiche Ergebnis erbrachten die Bemühungen der Staatsanwaltschaft Hannover, den 1986 mittlerweile 78 Jahre alten Hans Henschke anzuklagen.[135] Um die Beweisproblematik möglichst gering zu halten, hatte die Staatsanwaltschaft Henschkes Tätigkeit als KdS Paris hintangestellt und die Anklage stattdessen auf seine Tätigkeit als Knochens Stellvertreter als BdS fokussiert. Doch es war zu spät: Henschkes Verteidiger drängte unter Verweis auf medizinische Gutachten auf eine Verfahrenseinstellung, die Staatsanwaltschaft hielt dagegen. So entspann sich ein »Gutachterkrieg«, der die Eröffnung der Hauptverhandlung bis zum Tod Henschkes am 12. Juni 1987 verhinderte.[136]

130 StA Aurich an JM Niedersachsen vom 28.11.1983, in: ZStL 114 AR 3605/65, Bl. 169.

131 Beschluß OLG Oldenburg in: ZStL 114 AR 3605/65, Bl. 181 ff.

132 Vgl. ZStL, Beschuldigtenkartei, Karteikarte H.D. Ernst.

133 Anklageschrift StA Aurich vom 2.9.1985 – 9 Js 909/83 –, in: ZStL 104 AR-Z 31/83.

134 StA Aurich an ZStL am 5.2.1987, in: ZStL 104 AR-Z 31/83.

135 Anklageschrift StA Hannover vom 20.6.1986 – 11 Js 4288/84 –, in: ZStL 114 AR 32/84.

136 »Hannoversche Allgemeine Zeitung« vom 25.7.1986 (»Dokumente sollen den früheren SD-Chef von Paris überführen. Der Beihilfe zum Mord in 10 000 Fäl-

Auch nach der Austrennung blieb die Zentralstelle Köln jedoch für diejenigen Beschuldigten zuständig, die ihren Wohnsitz in Nordrhein-Westfalen hatten. Die Ermittlungen konzentrierten sich nun auf vier Männer: die drei ehemaligen Kommandeure Richard Freise, Graf Korff und Walter Nährich sowie den ehemaligen Journalisten und jetzigen Rentner Rolf Bilharz, einen ehemaligen Angehörigen des »Sonderkommandos Brunner«. Letzterer wohnte zwar in Stuttgart, doch wurde er in das Verfahren einbezogen, da seiner Aussage eine besondere Bedeutung zukam und somit ein besonderer Sachzusammenhang bestand: Bilharz hatte sich schon bei früheren Vernehmungen relativ auskunftsfreudig gezeigt und unter anderem geschildert, wie ihm bei einem Besuch in Drancy vom damaligen Lagerleiter erklärt worden sei, dass die *arbeitsunfähigen* Insassen nach Auschwitz gebracht würden, was die Lüge vom Arbeitslager endgültig ad absurdum führte.[137] Als er nun erneut verhört wurde, räumte er ein, bereits mit dem Wissen um die Judenvernichtung nach Frankreich gekommen zu sein. Seit Anfang 1943 sei er im polnischen Zamość eingesetzt gewesen, dort habe er von der Tätigkeit von »Gaskommandos« gehört, die sich seit Ende 1941 mit zu »Gaswagen« umgebauten Lastkraftwagen am Massenmord beteiligt hatten.[138] Zwar habe er den vollen Umfang des Massenmordes erst 1944 in Italien erkannt, doch solle »damit nicht zum Ausdruck gebracht werden, daß mir das Schicksal der Juden bis zu diesem Zeitpunkt unbekannt war«.[139] Das war die freimütigste Äußerung, die ein Beteiligter an der »Endlösung der Judenfrage« in Frankreich jemals gemacht hat, sie unterstrich erneut, dass die Kenntnis vom Judenmord weiter verbreitet war als stets behauptet. Doch war dieses Geständnis rechtlich gesehen nicht ohne weiteres auf die anderen drei Beschuldigten übertragbar, die nicht wie Bilharz im Osten eingesetzt gewesen waren.

Die Staatsanwälte der Zentralstelle Köln hofften dennoch, mit Hilfe dieser Aussage auch die anderen Beschuldigten zu überführen, zumal de-

len angeklagt«) und vom 4./5.10.1986 (»Arzt entscheidet über Verhandlungsfähigkeit des früheren SS-Führers. Staatsanwaltschaft dringt auf Eröffnung des Hauptverfahrens/Anklage wegen Beteiligung an Judendeportationen«); Todesnachricht StA Hannover an ZStL vom 7.9.1987, in: ZStL 114 AR 32/84, Bl. 54.

137 Verantwortliche Vernehmung Bilharz vom 23.6.1975, in: HStAD, Außenstelle Kalkum, Rep. 158/1510, Bl. 94 ff.

138 Vgl. Gerlach, Morde, S. 764 ff.

139 Verantwortliche Vernehmung Bilharz vom 12.11.1981, in: HStAD, Außenstelle Kalkum, Rep. 158/1510.

ren Unschuldsbeteuerungen besonders unglaubwürdig waren. Nährich hatte sich schon zu seiner Zeit bei der Militärverwaltung intensiv mit der Judenverfolgung beschäftigt und an einer Reihe der wichtigsten Besprechungen teilgenommen, er hatte zudem in engem Kontakt mit Dannecker und Knochen gestanden, außerdem hatten alle drei Kommandeure aus ihren Zuständigkeitsbereichen auch Greise, Kranke und sogar Kleinkinder deportiert.[140] Anfang Februar 1983 klagte die Staatsanwaltschaft Köln die vier Männer an und beantragte bei dem nach dem Wohnort von Korffs zuständigen Landgericht Bonn die Eröffnung der Hauptverhandlung.[141] Das geplante Verfahren stieß anfangs auf relativ große Aufmerksamkeit in der bundesdeutschen Presse, zumal die kurz zuvor erfolgte Auslieferung Klaus Barbies aus Bolivien nach Frankreich das Interesse an dem Thema kräftig angeheizt hatte. Von der Pressestelle der Staatsanwaltschaft detailliert informiert,[142] berichteten regionale, aber auch überregionale Zeitungen, wobei die Beschuldigten mit vollem Namen genannt und die hohen Ämter, die Freise und Korff in der Bundesrepublik eingenommen hatten, herausgestrichen wurden.[143]

140 Wie die vorhandenen Dokumente ausweisen, waren unter Nährichs von März 1943 bis April 1944 dauerndem Kommando in Bordeaux mindestens 523 Juden verhaftet und über Drancy nach Auschwitz gebracht worden, worunter sich auch zahlreiche Kinder befunden hatten; unter Korffs Regime in Châlons-sur-Marne (Juni 1942 bis Mai 1943) 185 Juden, darunter ein einjähriges Kind und ein 74-jähriger Mann sowie eine 78 Jahre alte Frau, und während Freises Zeit als stellvertretender Kommandeur in Poitiers (Juni bis September 1942) 776 Juden, wobei Freise in einem Fernschreiben an den BdS vom 29. Juli 1942 die Festnahme von Kindern ausdrücklich herausgehoben hatte. Vgl. Anklageschrift vom 4.2.1983, in: HStAD, Außenstelle Kalkum, Rep. 158/1510, Bl. 74 ff, FS Freise an BDS vom 29.7.1942, in: ebd., S. 73.

141 Anklageschrift ZStK vom 4.2.1983, in: HStAD, Außenstelle Kalkum, Rep. 158/1510, Bl. 113 ff.

142 Am 28.3.1983 fand eine Pressekonferenz im LG Bonn statt, bei der den Pressevertretern detaillierte Informationen über die vier Angeklagten übergeben wurden. Vgl. Vermerk ZStK vom 28.2.1983, in: HStAD, Außenstelle Kalkum, Rep. 158/1517, Bl. 192, und Pressemitteilung vom gleichen Tag; ebd. Bl. 198.

143 Siehe »Der Spiegel« 13/1983 (»100 Frs. pro Jude«); »Kölner Stadt-Anzeiger« vom 29.3.1983 (»Neuer NS-Prozeß im Herbst vor dem Bonner Landgericht«); »Bonner Generalanzeiger« vom 29.3.1983 (»Prozeß gegen vier frühere SS-Angehörige beginnt im Herbst in Bonn. 73 000 Juden aus Frankreich wurden deportiert und starben in den Gaskammern von Auschwitz«); »Aufbau« (New York) vom 29.4.1983 (»Hohe Beamte unter Mordanklage«).

Anfang Juli 1983 ließ das Gericht die Anklage zu,[144] auch dieses Mal wurde Serge Klarsfeld als Nebenklagevertreter zugelassen.[145] Richard Freise nahm sich daraufhin das Leben.[146] In seinem Abschiedsbrief beteuerte der 73-jährige einmal mehr seine Unschuld: Er könne es nicht ertragen, nun vor Gericht gestellt zu werden, da er sich nichts habe zuschulden kommen lassen. Er habe keine Deportationen angeordnet, sondern nur ausgeführt, und er habe außerdem nicht ahnen können, dass die verschleppten Juden ermordet würden.[147]

Auch Walter Nährich geriet nun unter Druck. Das Innenministerium des Saarlandes wollte seine Bezüge, die ihm nach Paragraph 131 GG zugestanden worden waren, nicht länger zahlen und kürzte sie um ein Drittel.[148] Seine Chancen, nicht vor Gericht gestellt zu werden, standen dagegen gut, da ihn ein neurologisches Gutachten für verhandlungsunfähig erklärte.[149] Das Gericht stellte das Verfahren gegen ihn daraufhin ein,[150] doch erklärte ein auf Betreiben der Staatsanwaltschaft hinzugezogener Sachverständiger das Gutachten für fehlerhaft.[151] Indes ergab ein weiteres Gutachten der Verteidigung eine Herzschwäche, die jedoch durch einen Herzschrittmacher hätte beseitigt werden können.[152] Das Oberlandesgericht hob die endgültige Verfahrenseinstellung des Landgerichts Bonn daraufhin auf und beschloss stattdessen eine vorläufige Einstellung, da sich der Gesundheitszustand des Angeklagten ja wieder hätte verbessern

144 Beschluss LG Bonn vom 21.7.1983, in: HStAD, Außenstelle Kalkum, Rep. 158/1517, Bl. 200.

145 Beschluss LG Bonn vom 9.11.1983, in: HStAD, Außenstelle Kalkum, Rep. 158/438, Bl. 438.

146 Siehe Bericht der Kripo Siegburg vom 19.8.1983, in: HStAD, Außenstelle Kalkum, Rep. 158/1511, Bl. 355 ff.

147 Abschiedsbrief Freises vom 20.8.1983, in: HStAD, Außenstelle Kalkum, Rep. 158/1511, Bl. 355 ff.

148 Innenministerium des Saarlandes an ZStK vom 14.7.1983, in: HStAD, Außenstelle Kalkum, Rep. 158/1511, Bl. 319.

149 Gutachten Nährich vom 10.10.1983, in: HStAD, Außenstelle Kalkum, Rep. 158/1511, Bl. 365.

150 Beschluss LG Bonn vom 8.11.1983, in: HStAD, Außenstelle Kalkum, Rep. 158/1511, Bl. 424.

151 Sofortige Beschwerde vom 23.11.1983 und ZStK an LG Bonn vom 24.11.1983, beide in: HStAD, Außenstelle Kalkum, Rep. 158/1512, Bl. 443 bzw. 446, Gutachterliche Stellungnahme von Prof. Dr. H. in: HStAD, Außenstelle Kalkum, Rep. 158/1512, Bl. 473.

152 Gutachten vom 9.4.1984, in: HStAD, Außenstelle Kalkum, Rep. 158/1512, Bl. 513.

können.[153] Nährich dachte jedoch nicht daran, sich einer solchen Operation zu unterziehen, und konnte folglich bis zu seinem Tod am 9. April 1993 nicht vor Gericht gestellt werden.[154] Auch die Kürzung seiner Pension musste zurückgenommen werden.[155] Simon Wiesenthal sprach daraufhin von »medizinischer Verjährung«.[156]

Graf von Korff erwies sich dagegen als verhandlungsfähig, doch musste zunächst die Behauptung seiner Anwälte widerlegt werden, das Verfahren sei nicht rechtmäßig.[157] Im Gegensatz zu den anderen Angeklagten war Korff ja nicht in Abwesenheit in Frankreich abgeurteilt worden, sondern hatte in persona vor dem Militärgericht in Metz gestanden, das ihn freigesprochen hatte. Wenn das französische Verfahren auch die Judendeportationen zum Gegenstand gehabt hätte, wie Korffs Verteidiger behaupteten, wäre nach dem Überleitungsvertrag eine erneute Anklage unzulässig gewesen. Die Staatsanwaltschaft hatte dies jedoch bereits überprüft und in der Anklageschrift ausdrücklich darauf hingewiesen, dass dies nicht der Fall gewesen sei.[158] Die Kammer wollte das jedoch noch einmal selbst untersuchen und entsandte einen Richter in das entsprechende Archiv. Dieser kehrte mit dem Ergebnis zurück, dass in Metz lediglich Taten verhandelt worden seien, die im Zusammenhang mit der Bekämpfung der Résistance gestanden hatten.[159]

Zwei Jahre nach der Anklageerhebung wurde nun endlich der Beginn des Prozesses gegen die beiden verbleibenden Angeklagten von Korff und Bilharz auf den 22. April 1985 festgesetzt. Das Gericht hatte insgesamt nur zehn Verhandlungstage vorgesehen. Wie das Kölner Verfahren sollte auch dieser Prozess vor allem auf Dokumenten beruhen. Lischka, Hagen und Heinrichsohn sollten als Zeugen vernommen werden, außerdem

153 Beschluß OLG Bonn vom 29.6.1984, in: HStAD, Außenstelle Kalkum, Rep. 158/1512, Bl. 566.

154 Anwalt Nährichs an OLG Köln am 1.6.1984, in: HStAD, Außenstelle Kalkum, Rep. 158/1512, Bl. 558.

155 Beschluß des Verwaltungsgerichtshofes des Saarlandes vom 27.6.1991 – 7 (A) K/7/80 –, in: HStAD, Außenstelle Kalkum, Rep. 158/1516, Bl. 1502 ff.

156 Wiesenthal an JM NRW am 27.12.1983, in: JM NRW 4110 E – III B 378/78, Bl. 31.

157 Antrag der Anwälte Korffs vom 20.12.1983, in: HStAD, Außenstelle Kalkum, Rep. 158/1513, Bl. 574.

158 Anklageschrift StA Köln vom 4.2.1983, S. 6.

159 Beschluß LG Bonn vom 27.2.1984 über die Entsendung eines Richters, in: HStAD, Außenstelle Kalkum, Rep. 158/1513, Bl. 650, Bericht des Richter vom 2.7.1984, in: HStAD, Außenstelle Kalkum, Rep. 158/1529, Bl. 1.

eine Reihe anderer ehemaliger Angehörige der deutschen Besatzungsverwaltung in Frankreich, darunter Waldemar Ernst, Karl Kübler, Fritz Hinrichs sowie Werner Best.[160] Letzterem gelang es jedoch zunächst, das Gericht unter Hinweis auf ältere Atteste von seiner Vorladung abzubringen.[161]

Schließlich wurde der Prozess gegen Bilharz und von Korff am 22. April 1985 eröffnet, jedoch musste der Verfahrensteil gegen Bilharz kurz darauf eingestellt werden, da auch dieser nach einer Serie sich widersprechender Gutachten für verhandlungsunfähig erklärt wurde.[162]

Als einziger Angeklagter verblieb damit von Korff. Er verweigerte jede Aussage zu den gegen ihn erhobenen Vorwürfen. Wie erwartet, spitzte sich nun alles auf die Frage zu, wie viel der Graf vom Judenmord gewusst hatte. Erneut erwiesen sich die Aussagen der Zeugen als nicht hilfreich. Die Hoffnung der Staatsanwaltschaft, dass die drei in Köln verurteilten Männer nun zu einer offeneren Darstellung bereit seien, erfüllte sich nicht. Der kommissarisch vernommene Heinrichsohn blieb auch unter Eid bei seiner wohl bekannten Darstellung, nichts vom Judenmord gewusst zu haben, was ihm allerdings ein Verfahren wegen Meineides einbrachte, und Hagen und Lischka weigerten sich, überhaupt auszusagen.[163] Angesichts dieser Beweisnot schien einem Dokument große Bedeutung

160 Verhandlungsplan LG Bonn vom 5.3.1985, in: HStAD, Außenstelle Kalkum, Rep. 158/1513, Bl. 720.

161 Best an LG Bonn vom 29.3.1985, in: HStAD, Außenstelle Kalkum, Rep. 128/1518, Bl. 305.

162 Nachdem ihn seine Hausärztin für reise- und verhandlungsunfähig erklärt hatte (Attest für Bilharz vom 4.11.1983, in: HStAD, Außenstelle Kalkum, Rep. 158/1511, Bl. 419), ordnete das Gericht eine ausführliche Untersuchung an. Diese ergab, dass er durchaus in der Lage war, die Verhandlung durchzustehen, solange diese nicht länger als vier Stunden pro Tag dauern würde und ausreichend Pausen gemacht würden (Gutachten vom 22.12.1983, in: HStAD, Außenstelle Kalkum, Rep. 158/1512, Bl. 485). Ein weiteres auf Antrag der Verteidiger angefertigtes Gutachten jedoch zweifelte an diesem Befund (Gutachten vom 21.3.1985, in: HStAD, Außenstelle Kalkum, Rep. 158/1513, Bl. 729), und schließlich schrieb eine letzte medizinische Expertise Bilharz endgültig verhandlungsunfähig (Bilharz vom 11.4.1985, in: HStAD, Außenstelle Kalkum, Rep. 158/1513, Bl. 795). Das Gericht stellte das Verfahren gegen ihn daraufhin ein (Beschluß LG Bonn vom 15.4.1985, in: HStAD, Außenstelle Kalkum, Rep. 158/1513, Bl. 801). Vernehmungsprotokoll Heinrichsohn vom 12.6.1985, HStAD, Außenstelle Kalkum, Rep. 158/1540, Bl. 28.

163 Protokolle vom 24.5.1985 und 15.7.1985, in: HStAD, Außenstelle Kalkum, Rep. 158/1521.

zuzukommen, das Serge Klarsfeld gefunden hatte und in das Verfahren einbrachte. Es handelte sich dabei um eine bisher unbekannte Transportliste, die den Weitertransport der durch von Korff nach Drancy deportierten Juden nach Auschwitz bewies. Um sich auf diese neuen Vorwürfe einstellen zu können, forderte die Verteidigung von Korffs daraufhin die zeitweise Aussetzung des Verfahrens. Nach der Strafprozessordnung wäre eine Unterbrechung des Verfahrens um maximal zehn Tage möglich gewesen, jede längere Unterbrechung hätte das Ende des Verfahrens bedeutet. Die Verteidiger erklärten jedoch, mehr Zeit zur Vorbereitung zu benötigen, worauf das Gericht zustimmte. Es erklärte indes auch, dass es aufgrund seiner Geschäftslage nicht bereit sei, eine längere Unterbrechung durch etwaige zwischengeschaltete Verhandlungstage aufzufangen. Stattdessen forderte die Kammer die Staatsanwaltschaft auf, auf dieses Dokument als Beweismittel zu verzichten, andernfalls müsste die Hauptverhandlung auf unbestimmte Zeit vertagt und später gänzlich neu begonnen werden.[164] Darauf wollte sich die Staatsanwaltschaft jedoch nicht einlassen, da sie dem Dokument eine erhebliche Bedeutung zumaß und im Übrigen zehn Tage Vorbereitung für die Verteidigung für ausreichend hielt.[165] Wie angekündigt, ließ das Gericht das Verfahren daraufhin »platzen«.[166]

Dieser Verfahrensabbruch erzeugte erhebliche Unruhe. Der Journalist Heiner Lichtenstein konstatierte beispielsweise, dass der Verhandlungsplan der Kammer für September 1985 gar keine Termine vorgesehen hatte. Die »enge Geschäftslage« war vielmehr durch einen geplanten 30-tägigen Urlaub bedingt gewesen, auf den die Kammer aber nicht habe verzichten wollen.[167] Angesicht der Tatsache, dass beispielsweise die Düsseldorfer Strafkammer, vor der der Majdanek-Prozess stattgefunden habe, über fünf Jahre keinen Urlaub habe machen können, war das ein befremdliches Verhalten. Währenddessen diskutierten Staatsanwaltschaft, Generalstaatsanwaltschaft und das Justizministerium den juristischen Hintergrund der Entscheidung, ohne sich jedoch zu einer eindeutigen Beurteilung durch-

164 HStAD, Außenstelle Kalkum, Rep. 158/1521, Bl. 65 ff.

165 Erklärung der StA Köln vom 28. 8.1985, in: HStAD, Außenstelle Kalkum, Rep. 158/1540, Bl. 88.

166 ZStK an JM NRW vom 28.8.1985, in: HStAD, Außenstelle Kalkum, Rep. 158/1518, Bl. 314. Beschluß LG Bonn vom 26.8.1985 in: HStAD, Außenstelle Kalkum, Rep. 158/1521.

167 In »Echo des Tages«, (NDR/WDR) vom 29.8.1985 (»Nährich-Prozeß geplatzt«), Sendungsprotokoll in: LM NRW 4110 E-III B 378/78.

ringen zu können. Schließlich ordnete die Generalstaatsanwaltschaft an, darauf hinzuwirken, dass der neue Verhandlungstermin möglichst schnell anberaumt werde.[168]

Das Gericht allerdings zeigte keinerlei Eile. Auf mehrere Schreiben der Kölner Staatsanwaltschaft, man möge sich schon wegen des hohen Alters des Angeklagten etwas beeilen, antwortete das Landgericht, dass mit einer Terminierung der Sache vorläufig nicht zu rechnen sei, der Vorsitzende Richter scheide Anfang Februar 1986 aus dem Dienst, und solange kein Nachfolger bestimmt sei, sei es unmöglich, einen Termin festzusetzen. Im Übrigen habe sich aus dem Verhalten des Staatsanwaltes ergeben, dass »auch aus dortiger Sicht dem Verfahren gegen Herrn von Korff keine besondere Eilbedürftigkeit zukomme«.[169]

Die vierte Große Strafkammer beschloss stattdessen zunächst, von Korff auf erneuten Antrag seiner Verteidiger noch einmal ausgiebig medizinisch untersuchen zu lassen.[170] Der Graf versuchte, die Fertigstellung der Gutachten nach Möglichkeit hinauszuzögern, indem er mehrfach Termine versäumte,[171] und forderte einen Gutachter auf, ihn verhandlungsunfähig zu schreiben, da es für ihn doch sehr belastend sei, wenn der Prozess wieder aufgerollt würde. Wie er betonte, fürchte er sich nicht vor einer drohenden Haftstrafe, für deren Vollstreckung er schon zu alt sei, sondern vor den finanziellen Folgen einer Verurteilung: Der Staat habe bisher zwei Millionen Mark für den Prozess ausgegeben, wenn er verurteilt werde, dann müsse er wegen seines Alters nicht mehr in Haft, aber er müsse die Prozesskosten tragen, zudem werde seine Pension gestrichen und er müsse von Arbeitslosenhilfe leben. Wie das Gutachten weiter festhielt, führte er aus, »er sei ein alter Mann und habe alles so gut gemacht und es zum Ministerialrat gebracht, und jetzt werde er gefragt, was er am 10. November 1942 gemacht habe. Er fühle sich absolut unschuldig.«[172]

168 GSTA an ZStK am 3.9.1985, in: HStAD, Außenstelle Kalkum, Rep. 158/1518, Bl. 326.

169 LG Bonn an ZStK am 5.11.1985, in: HStAD, Außenstelle Kalkum, Rep. 158/1516, Bl. 341.

170 Beschluss LG Bonn vom 2.1.1986, in: HStAD, Außenstelle Kalkum, Rep. 158/1518, Bl. 352.

171 LG Bonn an Prof. H., Univ. Klinik Bonn vom 22.12.1986, in: HStAD, Außenstelle Kalkum, Rep. 158/1514, Bl. 970.

172 Gutachten von Korff vom 19.7.1986, in: HStAD, Außenstelle Kalkum, Rep. 158/1518, Bl. 383 ff.

Schließlich wurde der Prozeßbeginn für den 7. September 1987 festgesetzt, rund zwei Jahre nach der Aussetzung des ersten Verfahrens. 14 Verhandlungstage waren vorgesehen, jedoch sollte aus Rücksicht auf das Alter des Angeklagten immer nur an den ersten Wochentagen verhandelt werden.[173] Erneut wurde auch Serge Klarsfeld als Nebenklagevertreter zugelassen. Die Staatsanwaltschaft hatte jetzt große Mühe, noch kompetente Zeugen zu finden. Wie eine Recherche ergab, waren von den Kommandeuren nur noch sechs am Leben, von den Stellvertretern nur noch fünf.[174] Von den früheren Leitern der »Judenabteilungen« waren es noch sechs.[175] Schließlich sollten unter anderem Heinrichsohn, Lischka und Kübler kommissarisch an ihren Wohnorten vernommen werden. Angesichts der bisherigen Erfahrungen stand jedoch nicht zu erwarten, dass die Aussagen dieser Männer zur Aufklärung der offenen Fragen beitragen würden. Die Staatsanwaltschaft versuchte deshalb, auch die bisher selten oder gar nicht gehörten Männer vorladen oder vernehmen zu lassen. Dies betraf vor allem die als verhandlungsunfähig geltenden Werner Best und Helmut Knochen, aber auch Klaus Barbie, dessen spektakuläres Verfahren vor dem Gericht in Lyon gerade mit seiner Verurteilung zu lebenslanger Haft geendet hatte. Bei Best hatte das Unternehmen Erfolg: Ein von der Staatsanwaltschaft angefordertes Gutachten ergab, dass er durchaus in der Lage war, vor dem Bonner Gericht eine Aussage zu machen.[176] Best gab im Verfahren dann zwar vor, sich an nichts erinnern zu können, doch machte er einen so gesunden Eindruck, dass Staatsanwalt Holtfort eine umfassende medizinische Begutachtung anregte. Diese ergab tatsächlich seine Verhandlungsfähigkeit, doch verstarb Best, bevor eine Anklage auch gegen ihn erhoben werden konnte.[177]

Weniger Erfolg hatte die Staatsanwaltschaft bei ihrem Versuch, auch Helmut Knochen noch einmal vor Gericht zu zitieren. Zwar hatte ihn ein Gutachten des Gesundheitsamtes Offenbach wegen Bluthochdrucks für verhandlungsunfähig erklärt, dabei jedoch festgehalten, dass er täglich

173 Verhandlungsplan LG Bonn, in: HStAD, Außenstelle Kalkum, Rep. 158/1518, Bl. 444.

174 ZStK an LG Bonn vom 8.10.1987, in: HStAD, Außenstelle Kalkum, Rep. 158/1515, Bl. 1048.

175 ZStK an LG Bonn vom 19.11.1987, in: ebd., Bl. 1059.

176 Gutachten vom 1.9.1987, in: HStAD, Außenstelle Kalkum, Rep. 158/1528, Bl. 49; vgl. Herbert, Best, S. 520 f.

177 Herbert, Best, S. 520.

bis zu vier Stunden Golf spiele.[178] Die Staatsanwaltschaft zweifelte das Gutachten durch eine medizinische Expertise an, die im Wesentlichen darauf hinauslief, dass Knochen vor der Untersuchung die ihm verordneten blutdrucksenkenden Medikamente nicht eingenommen hatte. Dies wäre jedoch nur durch eine Blutprobe feststellbar gewesen, deren Entnahme Knochen indes vehement ablehnte.[179] Da er hierzu nicht gezwungen werden konnte, ebenso wenig zur Einnahme anderer Medikamente, erklärte ihn das Gericht schließlich zum »unerreichbaren Beweismittel«.[180]

Barbie dagegen musste aussagen, doch blieb auch er bei der Darstellung, die er schon während seines eigenen Prozesses gegeben hatte. Gegenüber einer extra nach Lyon gereisten Abordnung des Gerichtes erklärte er, von der systematischen Ermordung der Juden in Auschwitz und anderswo erst nach Kriegsende »aus der Presse« erfahren zu haben. Er sei davon ausgegangen, dass die Konzentrationslager lediglich der Internierung gedient hätten.[181]

Lischka und Heinrichsohn weigerten sich gänzlich, zur Sache auszusagen. Als er erneut nach seinem damaligen Wissensstand befragt wurde und mit der entsprechenden Passage des Urteils konfrontiert wurde, antwortete der kommissarisch vernommene Heinrichsohn, er halte das Kölner Urteil für falsch, wolle sich jedoch nicht weiter dazu einlassen, da er nicht noch ein Meineidverfahren riskieren wolle.[182] Die gleiche Reaktion zeigte der in einem Altenheim vernommene Lischka.[183]

Der mittlerweile 77-jährige Karl Kübler ließ sich demgegenüber noch einmal ausführlich aus und behauptete ein weiteres Mal, die Deportationen seien vor allem durch Dannecker und einige »echte SD-Männer« wie Hagen zu verantworten gewesen. Er selbst, der ja immerhin Abteilungsleiter des BDS unter Knochen gewesen war, habe davon nichts mitbe-

178 Vermerk ZStK vom 21.9.1987, in: HStAD, Außenstelle Kalkum, Rep. 158/1518, Bl. 458.

179 Protokoll vom 30. Verhandlungstag vom 20.6.1988, in: HStAD, Außenstelle Kalkum, Rep. 158/1521.

180 Beschluss vom 21.7.1988, in: HStAD, Außenstelle Kalkum, Rep. 158/1525, Bl. 33 ff.

181 Protokoll vom 38. Verhandlungstag, in: HStAD, Außenstelle Kalkum, Rep. 158/1521.

182 Vernehmung Heinrichsohn vom 10.3.1988, in: HStAD, Außenstelle Kalkum, Rep. 158/1516, Bl. 1353.

183 Vernehmung Lischka vom 28.9.1987, in: HStAD, Außenstelle Kalkum, Rep. 158/1516, Bl. 1312.

kommen, da Militärverwaltungsbeamte wie von Korff und er stets abseits gestanden hätten:

> »Wir waren eben Beamte, die anderen waren SS-Leute, ›Kämpfer‹ wie sie sich selbst einschätzten. [...] Dieser Unterschied zwischen uns ›Beamten‹ einerseits und den ›Kämpfern‹ vom SD andererseits führte dazu, daß wir bedeutend weniger Informationen erhielten als die übrigen Dienststellenangehörigen.«[184]

Von Korff selbst schwieg während des Prozesses über die Vorwürfe, doch hatte er am ersten Verhandlungstag seinen Anwalt eine persönliche Erklärung verlesen lassen, in der er erklärte, es »läge im fern, das Geschehen damals in Zweifel zu ziehen oder gar skandalös zu verharmlosen, wie dies in anderen NS-Prozessen geschehen sei«, zwar träfe ihn selbst keine juristische Schuld, wohl aber trage er eine moralische Verantwortung.[185]

Schließlich schenkte das Gericht solchen Ausführungen mehr Glauben als dem erneut als Gutachter gehörten Wolfgang Scheffler.[186] Dieser hatte noch einmal dargelegt, dass Männer in der Funktion von Korffs, also die KdS, Ende 1942, spätestens aber Anfang 1943 ausreichend Informationen zur Verfügung gehabt hätten, um zu wissen, welches Schicksal den von ihnen deportierten Juden drohte. Dennoch sprach das Gericht den Grafen am 17. November 1988 schließlich frei. In seiner Urteilsbegründung erklärte die Kammer, die »Endlösung« sei »nahezu perfektionistisch kaschiert« worden, gerade von Korff als »Angehöriger der Wehrmacht«, der nicht zum Kreis der »aktiven SS/SD-Mitglieder« gehört habe, sei eine gewisse Gutgläubigkeit zu unterstellen. Auch Schefflers Argument, dass das Nichtabhören der alliierten Sender, die ja regelmäßig vom Judenmord berichteten, einer »Dienstpflichtverletzung« gleichgekommen wäre, ließ es nicht gelten.[187] Damit hatte sich die seit Kriegsende eifrig genährte Legende von den »sauberen« Wehrmachtsangehörigen erneut in der deutschen Rechtsprechung manifestiert.

184 Vernehmung Kübler vom 25.9.1987, in: HStAD, Außenstelle Kalkum, Rep. 158/1524, Bl. 21.

185 »Westfälische Rundschau« vom 8.9.1987 (»NS-Angeklagter bekennt sich zur ›moralischen Verantwortung‹«).

186 Wolfgang Scheffler: Zur Problematik der Kenntnis über die Vernichtungsmaßnahmen im deutschen Machtbereich, Historisches Gutachten, erstattet am 27.10.1988 vor dem Landgericht Bonn, in: HStAD, Außenstelle Kalkum, Rep. 158/1525, Bl. 103.

187 Urteil LG Bonn, 4. Große Strafkammer, vom 17.11.1990 – 24 N 3/83 –.

Während der zweistündigen Urteilsverkündung kam es zu Tumulten. Rund 20 angereiste Franzosen störten mit »Assassin«-Rufen den Vortrag des Vorsitzenden Richters Martin Lickfett, so dass dieser den Saal räumen ließ.[188] Serge Klarsfeld, der bereits während des Plädoyers des Verteidigers von Korffs den Gerichtssaal verlassen hatte, kommentierte das Urteil mit den Worten: »So ist eben die deutsche Justiz.«[189] Es kam jedoch zu keiner weiteren großen Manifestation des Protestes, wie auch die Aufmerksamkeit der Presse insgesamt im Vergleich zum Lischka-Prozess gering gewesen war.

Angesicht der »recht dünnen Argumente des Gerichtes« gingen die Staatsanwaltschaft und die Nebenklägervertreter in die Revision.[190] Diese wurde jedoch durch den Umstand verzögert, dass das Gericht über acht Monate verstreichen ließ, bis es den Parteien die schriftliche Urteilsbegründung zukommen ließ.[191] Der Bundesgerichtshof bestätigte das Urteil schließlich, hob jedoch hervor, dass es nicht seine Aufgabe sei, die Meinungsbildung der Kammer zu überprüfen, sondern dass er sich auf die Suche nach Rechtsfehlern beschränken müsse, die das Urteil aber nicht aufweise.[192] Nachdem von Korff so der Verurteilung und dem finanziellen Ruin entkommen war, entschied das Oberlandesgericht Bonn im Sommer 1991 zudem, dass ihm auch die persönlich zur Verteidigung entstandenen Kosten von rund 35 000 DM aus der Staatskasse zu ersetzen seien.[193]

Mit diesem Urteil endeten die Versuche, die ehemaligen Führungsgruppe der Sipo/SD im besetzen Frankreich doch noch zur Rechenschaft zu ziehen. Das sensationelle Urteil im Lischka-Pozess blieb einzigartig. Es war nicht gelungen, die Erkenntnisse und Feststellungen des Landgerichts Köln hinsichtlich dessen, was ein Sipo/SD-Funktionär im besetzten Frankreich über den Judenmord in Auschwitz und anderswo hatte wissen müssen, von der Ebene des BdS auf die der KdS zu übertragen

188 »taz« vom 18.11.1988 (»Freispruch für NS-Verbrecher. Bonner Schwurgericht läßt SS-Hauptsturmführer straffrei ausgehen«).

189 Ebd.

190 Vermerk ZStK vom 17.11.1988, in: HStAD, Außenstelle Kalkum, Rep. 158/1518, Bl. 511.

191 Revisionserklärung der ZStK vom 26.9.1989, in: HStAD, Außenstelle Kalkum, Rep. 158/1516, Bl. 1336 ff.

192 Beschluss BGH vom 30.11.1990 – 2 StR 44/90 –, in: JM NRW 4040 E III B 77.

193 Beschluss OLG Bonn vom 23.12.1991, in: HStAD, Außenstelle Kalkum, Rep. 158/1525, Bl. 1528.

und die seit Kriegsende etablierte Legende vom geheim durchgeführten Judenmord zu widerlegen. Natürlich hatten die Gerichte die Verpflichtung, die »positive Kenntnis« in jedem einzelnen Fall nachzuweisen, doch machten die Kammern es den Angeklagten durch ihre stets vergebliche Suche nach einem eindeutigen Dokument oder der alles klärenden, »wasserdichten« Zeugenaussage auch relativ leicht, mit ihren alterprobten Schutzbehauptungen davonzukommen. Wie sich beispielsweise bei den Geständnissen von Harster und Zoepf gezeigt hatte, waren solche Erwartungen unhistorisch, da der Judenmord tatsächlich kaum explizit zur Sprache gekommen war. Das hieß aber nicht, dass die Kommandeure tatsächlich keine Kenntnis von den Taten hatten. Wie Scheffler ausgeführt hatte, hatten sie ab Ende 1942 zu viele Hinweise, um tatsächlich an die ausgegebenen Sprachregelungen zu glauben. Doch erlaubte ihnen dieses Fehlen eines expliziten Dokuments, die Informationen zu verdrängen und sich so selbst über ihre Rolle zu täuschen.

Bei dieser Bilanz darf nicht übersehen werden, dass die Verfahrenseinstellungen und Freisprüche in keinem Fall die Unschuld der ehemaligen NS-Funktionäre bewiesen, sondern nur deren Unüberführbarkeit unter den Bedingungen des bundesdeutschen Rechts gezeigt hatten. So hatte der Freispruch von Korffs nicht bedeutet, dass dieser zu Unrecht angeklagt worden war, sondern lediglich, dass dem Gericht die alten Schutzbehauptungen noch immer plausibler erschienen als die Vielzahl der dagegen stehenden Hinweise. Im Gegenteil, sein Prozess wie auch die anderen Verfahren hatten die Beteiligung dieser NS-Funktionselite am NS-Massenmord deutlich herausgestellt. Der Verlauf des Korff-Prozesses zeigte also vor allem, dass nun die Grenzen der Strafverfolgung erreicht waren.

Bilanz: Der Umgang der Bundesrepublik mit den in Frankreich verübten NS-Verbrechen

Die Bilanz dieser Untersuchung fällt zwiespältig aus. Auf der einen Seite ist der zu Recht als »Musterprozess« gefeierte Kölner Prozess gegen Lischka, Hagen und Heinrichsohn zu buchen, der die Verantwortlichkeiten für die in Frankreich verübten NS-Verbrechen herausstellte und der für drei der Hauptbelasteten mit hohen Freiheitsstrafen endete. Auf der anderen Seite steht der Umstand, dass es bis 1980 dauerte, bis ein solches Urteil gesprochen werden konnte, sowie das Wissen um die straffreien und wohl behüteten Nachkriegslebensläufe der meisten anderen Funktionäre. Sie führten trotz ihrer Beteiligung an Massenverbrechen nach 1945 ein ungestörtes Leben – nicht wenigen gelang sogar die Fortsetzung ihrer Karriere und der Aufstieg in Staatsämter.

Die wenigen Ausnahmen sind an einer Hand abzuzählen: Klaus Barbie etwa, der sofort nach Kriegsende wieder straffällig wurde und sich dann unter dem Schutz des amerikanischen Geheimdienstes und mit Hilfe der katholischen Kirche nach Südamerika absetzen konnte, Alois Brunner, der erfolgreich nach Syrien flüchtete, oder Theodor Dannecker, der sich ebenso das Leben nahm wie Friedrich Suhr. Als an bürgerlichen Parametern gemessen missglückt kann auch das Nachkriegsleben von August Moritz gelten, dem es nicht gelang, zwischen der Geheimbündelei mit ehemaligen NS-Kameraden und der Spionage im Dienst Ostberlins eine erfolgreiche zweite Existenz aufzubauen. Ebenfalls gescheitert ist der ehemalige HSSPF Oberg, der angesichts seines fortgeschrittenen Alters und seiner langen Haftstrafe relativ früh starb, ohne eine neue bürgerliche Existenz aufbauen zu können.

Lässt sich im Einzelfall auch noch weiter darüber spekulieren, ob die Nachkriegsleben der Übrigen als »gelungen« oder »erfolgreich« zu betrachten sind, grosso modo wurden sie jedoch ohne nennenswerte Schwierigkeiten in die Nachkriegsgesellschaft aufgenommen. Festzuhalten ist dabei der Unterschied zwischen denjenigen Männern, die eine traditionelle Elitenlaufbahn beschritten hatten und über die Militärverwaltung auf Posten im KdS-System gekommen waren, und denjenigen, die allein unter den Bedingungen und in den Institutionen des NS-Staates Karriere gemacht hatten. Auch wenn es sich bei dieser Trennung um einen reinen Laufbahnunterschied handelte, der aus der Sicht der Opfer irrelevant war, so zeitigte er doch nach 1945 und insbesondere nach der Gründung der Bundesrepublik große Wirkung und verschaffte den »Traditionellen« einen signifikanten Karrierevorsprung. Während der Großteil der aus den Reihen des RSHA stammenden Männer zwar ein Auskommen fand, jedoch keine Karriere im herkömmlichen Sinn machte, gelangten nicht wenige der ehemaligen Militärverwaltungsbeamten in hohe Positionen im Staatsdienst. Dies hatte mehrere Gründe: Erstens konnten sie sich auf den bekannten und seit dem Kaiserreich bewährten Typus des Karrierejuristen beziehen, der in der zunächst vor allem nach Orientierungsmustern in der vornationalsozialistischen Vergangenheit suchenden Nachkriegsgesellschaft als solide und vor allem als nicht nationalsozialistisch wahrgenommen wurde und deshalb willkommen war. Auch wenn dies ein grundlegender Irrtum war, so waren die Deutschen der Adenauer-Zeit doch der Meinung, die NS-Verbrechen gingen in erster Linie auf die Konten »wirklicher Verbrecher« (Konrad Adenauer), unter denen man sich manisch kriminelle Täter vom Schlage eines (damals freilich noch nicht bekannten) Klaus Barbie vorstellte. Karrierejuristen gehörten – jedenfalls bis zum Jerusalemer Eichmann-Prozess – nicht in diese Kategorie. Diese – wie die Forschung seitdem mehrfach unter Beweis gestellt hat – falsche Reduktion des Täterbildes machte es den aus traditionellen Laufbahnen stammenden Exfunktionären leicht, auf ihre Andersartigkeit gegenüber den Barbies und Danneckers hinzuweisen und sich so in ein besseres Licht zu setzen.

Ein weiterer Karrierevorteil der ehemaligen Angehörigen der Militärverwaltung bestand zweitens darin, dass ihre beruflichen Qualifikationen als Juristen auch in der Bundesrepublik gefragt waren und dass ihre bereits zur Weimarer Zeit eingeschlagenen Berufswege weiter vorhanden waren, ja beste Aufstiegschancen boten: Als Jurist konnte man in der Bundesrepublik schnell wieder etwas werden.

Schließlich, drittens, verstanden sich die ehemaligen Militärverwaltungsbeamten bestens auf die Bildung eines Netzwerkes, dessen Mitglieder sich gegenseitig stützen und fördern konnten. Dieses Netzwerk, das in dieser Studie am deutlichsten bei den Bemühungen um die Freilassung Elmar Michels sichtbar geworden ist, umfasste dabei nicht nur echte »Ehemalige«, sondern auch einen weit größeren Kreis von Sympathisanten, die selbst nicht belastet waren, sich jedoch mit den Belasteten solidarisierten. Hier ist vor allem eine Reihe von Entscheidungsträgern im Auswärtigen Amt und auch im Bundesministerium der Justiz zu nennen, die sowohl bei der Bekämpfung der französischen Strafverfolgung eine Rolle spielten als auch bei der Ausdeutung des Überleitungsvertrages und die auch bei der Auseinandersetzung um das Zusatzabkommen von Bedeutung waren.

Wie auch am Beispiel der »Rechtsschutzsachen« deutlich wurde, funktionierte dieses Netzwerk als Aussagekartell, es übte jedoch auch direkten Einfluss auf die relevanten politischen Entscheidungen aus. Es ist zwar schwer, den Einfluss des Netzwerkes genau zu bemessen, doch haben sich im Rahmen dieser Studie genug Hinweise gefunden, welche die These des direkten Einflusses untermauern. Hierzu ist das Verhalten Hans Gawliks zu zählen, der nicht nur in den konkreten »Rechtsschutzfällen« Aussagen koordinierte und höchst zweifelhafte Kontakte, etwa zu Werner Best, unterhielt, sondern der auch die Zusammenarbeit der Zentralen Rechtsschutzstelle mit den Ermittlern aus Ludwigsburg blockierte und schließlich auf die Form des Zusatzabkommens Einfluss nahm, indem er die »Gegenseitigkeit« des Abkommens forderte. Durchaus fragwürdig ist ferner auch die Rolle des – nach den Worten des ehemaligen Chefrichters in Frankreich Hans Boetticher – seinerzeit mit der Auswahl der zur Erschießung bestimmten Geiseln befassten Rudolf Thierfelder, der in der Bundesrepublik als Leiter der Rechtsabteilung des Auswärtigen Amts nicht nur der Vorgesetzte Gawliks war, sondern der auch mit der Abwiegelung der »Warndienst West«-Affäre befasst wurde und der schließlich auch als Erster darauf drängte, dass das Zusatzabkommen dem Bundestag zur Abstimmung vorgelegt werden müsse.[1] Ebenfalls der Nachfrage wert ist das Engagement des nach derselben Quelle auch einst mit der Auswahl der Geiseln beschäftigt gewesenen Staatssekretärs Walter Bargatzky, der in der Bundesrepublik nicht nur durch mehrere wichtige Zeugenaussagen Einfluss auf die Strafverfolgung nahm und mit seinen Erinnerungsberichten die Wahrnehmung der deutschen Besetzung Frankreichs mitbestimmte, sondern als Präsident des Deutschen Roten Kreuzes auch die Schweigepflicht der Organisation gegenüber der Zentralen Stelle bejahte: Auf einer Tagung der Justitiare des Deutschen Roten Kreuzes im August 1968, also nach Aufkommen der »Warndienst West«-Affäre und während des Streites zwischen der Zentralen Stelle Ludwigsburg, dem Roten Kreuz und der Zentralen Rechtsschutzstelle um die Herausgabe der Akten, hielt Bargatzky den Eröffnungsvortrag zum Thema: »Das Deutsche Rote Kreuz und das öffentliche Recht unter Berücksichtigung des DRK-Suchdienstens«.[2]

Wenn man vielleicht auch nicht immer derselben Meinung war, man kannte sich und konnte den »kurzen Weg« wählen. So waren Ernst

1 Vgl. Kapitel 3, Anm. 79; Kapitel 6, Anm. 26, Kapitel 7, Anm. 16.

2 Die Tagung fand in den Räumen der Universität Freiburg statt. Das Programm findet sich in BAK B 141/30544, Bd. 11a.

Achenbach und Hans Gawlik beispielsweise durch ihre Tätigkeit als Verteidiger bei den Nürnberger Prozessen miteinander bekannt, und es ist kein Zufall, dass der FDP-Politiker den Dezernenten des Bundesjustizministeriums Johann-Georg Schätzler in Zusammenhang mit seinem Mandanten Horst Wagner kurzerhand direkt anrief und ihm die damals alles entscheidende Auslegungsmöglichkeit des Überleitungsvertrages aufzeigte oder besser: sie ihm »androhte« – auch Schätzler hatte in Nürnberg verteidigt.

Tatsächlich handelte es sich jedoch nicht um eine Art Verschwörung, sondern um einen Elitenkonsens, ja um eine mehrheitliche gesellschaftliche Absprache, die in den fünfziger und sechziger Jahren kein Interesse an der Aufklärung und der Ahndung der in Frankreich verübten NS-Verbrechen aufkommen ließ und daher die Straffreiheit der Täter begünstigte. Den Mittelpunkt dieser »Interessengemeinschaft« bildeten die Belasteten selbst, sie waren umgeben von einem weiteren Kreis von Entscheidungsträgern, die entweder direkt mit den ehemaligen Funktionären sympathisierten oder das Thema der nationalsozialistischen Besatzung Frankreichs aus anderen, noch näher zu erläuternden Gründen nicht näher beleuchtet wissen wollten. Die Bildung dieser »Interessengemeinschaft« war allerdings nur möglich geworden, weil die eigentliche »Kerngruppe« mit ihrem Anliegen, nämlich der Forderung nach Straffreiheit und überhaupt der Aufarbeitung der NS-Besatzungsherrschaft über Frankreich, auf für sie außerordentlich günstige gesellschaftliche Umstände traf.

In erster Linie ist hier das weitgehende Brachliegen der bundesdeutschen Strafverfolgung in Sachen NS-Verbrechen bis zum Inkrafttreten des Überleitungsvertrages im Jahr 1955 beziehungsweise bis zur Gründung der Zentralen Stelle in Ludwigsburg und der Einleitung des Frankreich-Komplexes im Jahre 1961 zu nennen. Dies verschaffte den Belasteten zunächst genug Zeit, ihre Interpretation der Vergangenheit und ihre geklitterte Geschichtsdarstellung zu verbreiten, und garantierte ihnen Deutungshoheit. Diese beruhte in erster Linie auf der argumentativen Trennung von Wehrmachtsverwaltung einerseits und Sipo/SD andererseits, der ja auch die Aufteilung in »genuine« NS-Funktionäre und in ehemalige Angehörige der Wehrmachtsverwaltung entsprach. Diese Kategorisierung spiegelte zudem eine in der Bundesrepublik besonders stark und nachhaltig wirkende Legende, nämlich die von der »sauberen Wehrmacht«, die sich bestenfalls marginal an den Verbrechen der Nationalsozialisten beteiligt hatte. Die ehemaligen Militärverwaltungsbeamten versuchten dieses Wahrnehmungsmuster auch für sich selbst zu reklamieren, indem sie zwischen sich als den Angehörigen der nicht als nationalsozialistisch angesehenen Wehrmacht und den »Schuldigen«, den Sipo/SD-Leuten, unterschieden. Diese Argumentation war nicht zuletzt deshalb so wirkungsmächtig, weil ja einige Kreise der in Frankreich eingesetzten Wehrmacht eng mit dem Attentat auf Hitler verbunden waren und in Paris einen der Schwerpunkte des Widerstandes gebildet hatten – ein Umstand, der in keinem Erinnerungsbericht und keinem Geschichtsbuch fehlt und dessen Wirkung auf die ehemaligen Angehörigen der Militärverwaltung ausstrahlte. Solange es den aus der Militärverwaltung übernommenen KdS-Funktionären gelang, ihren Einsatz für das RSHA als kurze und möglichst unbedeutende Episode abzutun und sich als Wehrmachtsangehörige zu definieren, genossen sie einen entsprechenden Vertrauensvorschuss.

Kompliziert wurde die Lage für die ehemaligen Militärverwaltungsbeamten jedoch dadurch, dass die Trennung in unschuldige Wehrmacht und schuldige RSHA-Einheiten nicht nur durch die Existenz der in den Dienst des RSHA übernommenen Militärverwaltungsbeamten selbst in Frage gestellt wurde, sondern auch durch die Tatsache, dass die Wehrmacht selbst in die Verhaftung und Deportation der Juden verstrickt war. Wie gezeigt, betraf dies nicht nur die logistische Unterstützung der Aktionen des HSSPF und seiner Untergebenen, sondern auch die Planung und Durchführung der antisemitischen Maßnahmen bis zur Einsetzung Obergs, die ihren Höhepunkt in dem allein von der Wehrmacht zu verantwortenden ersten Deportationszug von Drancy nach Auschwitz am 27. März 1942 fand. Darüber hinaus stand die Praxis der »Sühnemaßnahmen«, eine von der Wehrmacht in Gang gesetzte und bis zur Einsetzung des HSSPF auch durchgeführte Orgie der Gewalt, in engem Zusammenhang mit der nationalsozialistischen Vernichtungspolitik. So gesehen, war die uneinheitliche Zusammensetzung der Untersuchungsgruppe keine Sonderentwicklung, sondern Ausdruck der gemeinsamen Täterschaft von Wehrmacht und RSHA-Einheiten. Aufgrund dieser gemeinsamen Täterschaft war es den ehemaligen Militärverwaltungsbeamten auch nicht möglich, sich nur für die Straffreiheit für ihresgleichen einzusetzen. So wie auch die französische Strafverfolgung nicht nach der Herkunft der Männer unterschied, so konnten auch die ergriffenen Maßnahmen nicht selektiv für eine der beiden Gruppen wirken – schließlich bedeutete jedes Strafverfahren eine Teilaufarbeitung der Vergangenheit, die den Mythos gefährdete.

Dazu kam, dass die deutsche Besatzungsherrschaft über Frankreich im Nachkriegsdeutschland als vergleichsweise milde angesehen wurde. In den Erinnerungsbüchern Ernst Jüngers, Walter Bargatzkys und Otto Abetz' findet sich ein Amalgam aus traditioneller deutscher Frankreichverehrung und dem Bewusstsein, dass in den okkupierten Gebieten Osteuropas oder gar an der Ostfront selbst andere, schlechtere und schrecklichere Bedingungen herrschten. In der menschenverachtenden nationalsozialistischen Nomenklatur nahmen die Franzosen eine übergeordnete Stellung ein und wurden entsprechend besser behandelt als beispielsweise die Bevölkerung Polens oder der Ukraine. Vor allem aber blendete die Erinnerungskultur sowohl in Frankreich als auch in der Bundesrepublik das Schicksal der zehntausenden deportierten und ermordeten Juden aus und konzentrierte sich auf militärische Aspekte. In diesem Zusammenhang galt es allerdings, die unstrittig von der Wehrmacht durchgeführten »Geiselerschießungen« zu rechtfertigen.

In der Epoche der Westorientierung der Bundesrepublik hatte die politische Klasse des Landes kein Interesse, das lieb gewonnene Geschichtsbild aufzugeben. Vor allem zu Zeiten Adenauers, de Gaulles und des EWG-Projektes bestand großes Interesse daran, die neue Partnerschaft beider Länder auszubauen, Einendes zu betonen und Trennendes unter den Tisch fallen zu lassen. Eine Thematisierung der dunkelsten Aspekte der Geschichte der beiden Nachbarländer schien störend und unpassend. Auch aus Frankreich kam ja kein entsprechender Impuls: Zwar sendeten die großen französischen Prozesse um die Verbrechen in Oradour, Natzweiler und anderswo verstörende Signale aus, doch bestand auch von Seiten der französischen Regierung kein gesteigertes Interesse an einer systematischen Aufarbeitung, vor allem nicht, was die Ermordung der nichtfranzösischen Juden anging. Diese erhielten, wie ausgeführt, in der französischen Erinnerungskultur erst Ende der siebziger Jahre einen Ort.

Richtig zusammengeschweißt wurde die »Interessengemeinschaft« jedoch durch die Abwehr der französischen Strafverfolgung. Die Bemühungen der französischen Justiz wurden mit einem aus der Zeit nach dem Ersten Weltkrieg stammenden Wahrnehmungsmuster interpretiert und gemeinschaftlich als unrechtmäßig und als Ausdruck von Siegerjustiz bekämpft. Dass die Abwehrfront dabei durch alle gesellschaftlichen Schichten und alle Parteien ging, hatte nicht zuletzt darin seinen Grund, dass vor den Gerichten vor allem Taten aus dem Zusammenhang der »Geiselerschießungen« und andere »Sühnemaßnahmen« verhandelt wurden, was auch Angehörige der Wehrmachtsverwaltung gefährdete. Damit drohten die Prozesse nicht nur die Mär von der vergleichsweise harmlosen deutschen Besatzung Frankreichs in Frage zu stellen, sondern sie kratzten auch am Mythos der »sauberen Wehrmacht«. Die einhellige

Ablehnung und Bekämpfung der französischen Verfahren gründete sich auf den Willen, die mittlerweile etablierte Sicht der Ereignisse zu verteidigen. Hier lag auch die Ursache dafür, dass die ehemaligen Verwaltungsbeamten bereit waren, mit ihren Zeugenaussagen auch die RSHA-Männer zu verteidigen, die sie ja – glaubt man ihren Erinnerungstexten und Zeugenaussagen – tatsächlich so sehr verachteten. Die historische Realität zwang die beiden ehemals zur Tätergemeinschaft verschmolzenen Gruppen erneut zur Solidarität. Bei diesen Bemühungen – sei es bei der Unterstützung der Arbeit der Zentralen Rechtsschutzstelle oder bei der geschickten Interpretation der Regelungen des Überleitungsvertrages – solidarisierten sich zudem auch solche politische Entscheidungsträger mit den Tätern, denen dies eigentlich fern lag. Im Ergebnis wurden die Bemühungen der französischen Justiz in ihr Gegenteil verkehrt, statt Ahndung und Aufarbeitung erzeugten sie unterschiedslose Solidarität mit den Beschuldigten. Voraussetzung für diese Verkehrung der Dinge war jedoch, dass jede genauere Analyse der französischen Vorwürfe unterblieb.

Insgesamt gesehen gab es in der bundesdeutschen Gesellschaft der fünfziger Jahre keine nennenswerten Antriebe, sich mit der juristischen Aufarbeitung der nationalsozialistischen Besetzung Frankreichs zu beschäftigen. Vielmehr gab es viele Gründe, diesen Teil der Geschichte der beiden Nachbarländer nicht näher zu thematisieren. Und da – wie oben schon gesagt – auch aus Frankreich kein Druck ausgeübt wurde, boten sich den ehemaligen Verantwortlichen beste Chancen, ihre Interessen mit Hilfe einer breiten Unterstützung von Sympathisanten durchzusetzen.

Diese Interessen bestanden zunächst in einer möglichst schnellen und umfassenden Beendigung der französischen Strafverfolgung. Nachdem dies auf einen breiten Konsens stieß, versuchten die deutschen Unterhändler, die französische Regierung im Rahmen der Bonner Verträge zur Einstellung ihrer Aktivitäten zu bewegen. Als das misslang, setzte man zunächst auf die geschilderten Einzelmaßnahmen, die in erster Linie von der Zentralen Rechtsschutzstelle koordiniert wurden und die gute Erfolge brachten: Mit Knochen und Oberg verließen 1962 die letzten inhaftierten NS-Verbrecher die französischen Gefängnisse. In der Bundesrepublik tauchten bis auf wenige Ausnahmen kaum Schwierigkeiten für die »Ehemaligen« auf; sie kamen verhältnismäßig schnell in Lohn und Brot; ihre apologetische Erinnerung an die deutsche Besetzung Frankreichs dominierte die Erinnerungskultur.

Nach der Gründung der Zentralen Stelle in Ludwigsburg und der Einleitung des Frankreich-Komplexes bekam das Erinnerungsmonopol

Konkurrenz: Den Ludwigsburger Ermittlern gelang es mittels der französischen Akten sehr schnell, die geschönten Darstellungen zu durchbrechen und die wahren Verantwortlichkeiten ans Licht zu bringen. Der »Interessenverbund« setzte nun alles daran, die bisher erzielte Straffreiheit zu verteidigen und die angestrebten deutschen Verfahren definitiv zu beenden. Den Hebel dazu hatte Achenbach gefunden: Er bestand in einer spezifischen Ausdeutung des Überleitungsvertrages – tatsächlich konnte sich Achenbachs juristisch keineswegs zwingende Lesart durchsetzen.

Allerdings war das durch die Straffreiheit der Täter entstandene Unrecht zumindest den Fachleuten in der Justiz deutlich geworden. Es waren die den Frankreich-Komplex bearbeitenden Staatsanwälte in Köln und Ludwigsburg, die das Projekt eines deutsch-französischen Zusatzabkommens anregten und mit der Unterstützung des Dezernenten im Justizministerium Schätzler auf den Weg brachten. Die Auseinandersetzung um die Durchsetzung oder den Abbruch der Verhandlungen wurde nun zum zentralen Kampfplatz der Gegner und der Befürworter eines solchen Unterfangens.

Doch mit der in der Forschung mehrfach herausgearbeiteten »vergangenheitspolitischen Wende«, die ab den sechziger Jahren eingeleitet wurde, wuchs auch die Zahl derjenigen, welche die bisherige Behandlung der Angelegenheit als mangelhaft und skandalös empfanden. Die Öffentlichkeit wurde zunehmend zu einem mitentscheidenden Faktor: Wie sich am Karriereende Achenbachs ablesen lässt, wurde es zunehmend unmöglich, sich öffentlich für ehemalige Judendeporteure einzusetzen. Vergangenheitspolitische Entscheidungen konnten immer weniger unter Ausschluss der Öffentlichkeit getroffen werden, vielmehr unterlagen sie einer zunehmend kritischen Observanz und drohten zudem, auch außenpolitische Friktionen zu produzieren.

Die Klarsfelds hatten diesen Umstand klar erkannt. Schon in ihrem 1971 verfassten »plan d'action« hatten sie auf die Mobilisierung der Öffentlichkeit gesetzt und diese auch konsequent durchgesetzt. Ihr bedingungsloser Einsatz für die Bestrafung der Täter war mitentscheidend für die späte Verabschiedung des Zusatzabkommens, und ohne ihren Einsatz hätte der Kölner Lischka-Prozess wohl kaum stattgefunden. Insofern kann Justiz und Gesellschaft der Bundesrepublik nicht bescheinigt werden, die Fehlstellungen der fünfziger und sechziger Jahre aus eigener Kraft beseitigt zu haben.

Abkürzungen

a. D.	außer Dienst
AA	Auswärtiges Amt
Abs.	Absatz
ADAP	Akten zur deutschen auswärtigen Politik
ADF	Aktion Demokratischer Fortschritt
ADN	Allgemeine Deutsche Nachrichtenagentur
AG	Amtsgericht
ARD	Arbeitsgemeinschaft der öffentlich-rechtlichen Rundfunkanstalten Deutschlands
Art.	Artikel
AV-Block	Arterio-venöser Block (Herzerkrankung)
BAB	Bundesarchiv Berlin
BAK	Bundesarchiv Koblenz
Bd.	Band
BDC	Berlin Document Center
BdS	Befehlshaber der Sicherheitspolizei und des SD
BfV	Bundesamt für Verfassungsschutz
BGBl	Bundesgesetzblatt
BGH	Bundesgerichtshof
Bl.	Blatt
BMJ	Bundesministerium der Justiz
BND	Bundesnachrichtendienst
BStU	(Archiv des)Beauftragte(r)(n) nach dem Stasi-Unterlagengesetz
BT	Bundestag
BVerG	Bundesverfassungsgericht
BW	Baden-Württemberg
bzw.	beziehungsweise
CDJC	Centre de Documentation Juive Contemporaine, Paris
CdP	Chef der Polizei
CDU	Christlich-Demokratische Union (Deutschlands)
CIC	Counter Intelligence Corps
CSU	Christlich-Soziale Union (Deutschlands)
DAB	Dortmunder Aktienbrauerei
DBP	deutsche Botschaft Paris
DBT	Deutscher Bundestag
DDR	Deutsche Demokratische Republik
DRiZ	Deutsche Richterzeitung
DRK	Deutsches Rotes Kreuz
Drs.	Drucksache
DVP	Deutsche Volkspartei
ebd.	ebenda
EG	Europäische Gemeinschaft
EGOWiG	Einführungsgesetz zum Ordnungswidrigkeitengesetz

EK	Einsatzkommando
EVG	Europäische Verteidigungsgemeinschaft
EWG	Europäische Wirtschaftsgemeinschaft
F.F.D.J.F.	Les Fils et Filles des Déportés Juifs de France
FS	Fernschreiben
FDP	Freie Demokratische Partei Deutschlands
GB/BHE	Gesamtdeutscher Bund/Bund der Heimatvertriebenen und Entrechteten
Gestapo	Geheime Staatspolizei
GFP	Geheime Feldpolizei
GG	Grundgesetz (der Bundesrepublik Deutschland)
GStA	Generalstaatsanwalt
HIAG	Hilfsgemeinschaft auf Gegenseitigkeit
HSSPF	Höhere SS- und Polizeiführer
HStA	Hauptstaatsarchiv
HZ	Historische Zeitung
IKRK	Internationales Komitee vom Roten Kreuz
IMT	Internationales Militär-Tribunal (Nürnberg)
JM	Justizministerium (eines Bundeslandes)
JZ	Juristenzeitung
KdS	Kommandeur der Sicherheitspolizei und des SD
Kripo	Kriminalpolizei
KZ	Konzentrationslager
LG	Landgericht
LGBz	Landgerichtsbezirk
LICA	Internationale Liga gegen Rassismus und Antisemitismus
LKA	Landeskriminalamt
LOStA	Leitender Oberstaatsanwalt
MBF	Militärbefehlshaber Frankreich
MfS	Ministerium für Staatssicherheit
MG	Militärgericht
NATO	North Atlantic Treaty Organization
NJW	Neue Juristische Wochenschrift
NL	Nachlass
NPD	Nationaldemokratische Partei Deutschlands
NRW	Nordrhein-Westfalen
NS	Nationalsozialismus
NSDAP	Nationalsozialistische Deutsche Arbeiterpartei
NSG	Nationalsozialistische Gewaltverbrechen
NSStB	Nationalsozialistischer Studentenbund
o.a.	oben ausgeführt
o.D.	ohne Datum
o.J.	ohne Jahr
OB	Oberbefehlshaber
OFAJ	Office franco-allemand pour la jeunesse
ÖGvRK	Österreichische Gesellschaft vom Roten Kreuz
OKH	Oberkommando des Heeres

OKW	Oberkommando der Wehrmacht
OLG	Oberlandesgericht
Orpo	Ordnungspolizei
OStA	Oberstaatsanwalt
OTRACO	Orient Trading Company
PA	Politisches Archiv (des Auswärtigen Amtes)
PG	Parteigenosse
RA	Rechtsauschuss (des Bundestages)
RAF	Rote Armee Fraktion
RFSS	Reichsführer SS
RMdI	Reichsminister des Inneren
RSHA	Reichssicherheitshauptamt
RuS-Akte	SS-Akte aus dem Rasse- und Siedlungshauptamt der SS (RuSHA)
SA	Sturmabteilung
SD	Sicherheitsdienst der SS
Sipo	Sicherheitspolizei
SPD	Sozialdemokratische Partei Deutschlands
SRP	Sozialistische Reichspartei
SSO-Akte	SS-Officer Akte (Offiziersakte der SS)
SSPF	SS- und Polizeiführer
StA	Staatsanwaltschaft
StGB	Strafgesetzbuch
stv.	stellvertretend
UNDVIG	Union Nationale des Déportés, Internés et Victimes de Guerre
UNO	United States Organization
ÜV	Überleitungsvertrag
VdH	Verband der Heimkehrer
VfZ	Vierteljahreshefte für Zeitgeschichte
vgl.	vergleiche
VLR	Vortragender Legationsrat
VVN-BdA	Vereinigung der Verfolgten des Naziregimes-Bund der Antifaschisten
WP	Wahlperiode
z. B.	zum Beispiel
z. T.	zum Teil
z.b.V.	zur besonderen Verfügung
ZDF	Zweites Deutsches Fernsehen
ZRS	Zentrale Rechtsschutzstelle (des Auswärtigen Amtes)
ZStD	Zentralstelle für die Bearbeitung von nationalsozialistischen Gewaltverbrechen bei der Staatsanwaltschaft Dortmund
ZStK	Zentralstelle für die Bearbeitung von nationalsozialistischen Gewaltverbrechen bei der Staatsanwaltschaft Köln
ZStL	Zentrale Stelle der Landesjustizverwaltungen zur Aufklärung nationalsozialistischer Verbrechen, Ludwigsburg

Quellen

I. Archivalien

Archiv der Vereinigung der Verfolgten des Naziregimes/Bund deutscher Antifaschisten, Hamburg (VVN)

A/C/9-22;	NS-Prozesse Frankreich
A/M/133	Allgemeine Unterlagen
B/C/fi	Geheimdienste
B/S/30	SS, HiAG, Bruderschaft

Archiv des Beauftragten nach dem Stasi-Unterlagengesetz, Berlin (BStU)
Verschiedene Unterlagen aus der Hauptabteilung IX des ehemaligen Ministeriums der Staatssicherheit der DDR zu während der deutschen Besetzung Frankreichs eingesetzten Deutschen

Bundesarchiv Berlin (BAB)
Verschiedene Unterlagen des ehemaligen Berlin Document Center, Personalakten des Rasse- und Siedlungshauptamtes der SS (RuS), Parteikorrespondenz (PK), SS-Offiziersakten (SSO), siehe Anhang I.

Bundesarchiv Koblenz (BAK)

B 141	Bundesjustizministerium
B 305	Zentrale Rechtsschutzstelle
N 1470	Nachlass Robert Kempner

Bundesarchiv-Militärarchiv, Freiburg i. Br. (BA-MA)

RW 35	Militärbefehlshaber Frankreich

Hauptstaatsarchiv Düsseldorf (HStAD)

D II 29	Tätigkeitsberichte der Zentralstelle Dortmund
D II a 30	Tätigkeitsberichte der Zentralstelle Köln
NW 1049/79012	Entnazifizierungsakte Werner Pfromm

Hauptstaatsarchiv Düsseldorf, Außenstelle Kalkum (HStAD, Außenstelle Kalkum)

Rep. 158	Frankreich-Komplex
Rep. 267	Verfahren gegen Lischka u.a.
Rep. 287	Verfahren gegen Beate Klarsfeld u.a.

Justizministerium des Landes Baden-Württemberg, Stuttgart (JM BW)

411 E 22/27	Verfahren gegen Laube u. Kübler, StA Stgt (86 Js 80/73)
9160a	Folgen des Überleitungsvertrages
9350 E 4677/78	Rechtsschutzverkehr mit Frankreich
99361 F2 –50	Deutsch-französisches Zusatzabkommen
	Verschiedene Verfahrensakten

Justizministerium des Landes Nordrhein-Westfalen, Düsseldorf (JM NRW)

4110 E III B 378/78	Verfahren gegen Lischka u.a.
4040 E III B 77	Verfahren gegen von Korff u. a.

Klarsfeld, Serge und Beate, Privatarchiv, Paris
Verschiedene Unterlagen

Politisches Archiv des Auswärtigen Amtes, Bonn (PA-AA)

B 2	Büro Staatssekretär, Kriegsverbrecherprozesse in Frankreich
B 10	Politische Abteilung II, Kriegsverbrechen in Frankreich
B 11	Länderabteilung III, Frankreich, Kriegsverbrecherprozesse in Frankreich
B 86	Referat 506/507/V7, Regelung der aus Krieg und Besatzung entstandenen Fragen
R	Aktengruppe Altes Amt, Französische Urteile nach dem 1. Weltkrieg

Nachlass Rudolf Schleier

Zentrale Stelle der Landesjustizverwaltungen, Ludwigsburg (ZStL)

9-30	Generalakten, Rechtshilfeverkehr mit Frankreich
40-3	Generalakten, Durch alliierte Gerichte ausgesprochene Verurteilungen in Nachkriegsprozessen
114 AR 504/64	Rechtshilfeersuchen und Dienstreisen nach Frankreich, »Warndienst West«
114 AR 578/74	Überprüfung der vom Überleitungsvertrag betroffenen Personen

Protokolle der Arbeitstagungen der in der Bundesrepublik mit der Strafverfolgung von NSG befassten Staatsanwälte
Verschiedene Verfahrensakten, siehe Anhang II

Zentralstelle bei der Staatsanwaltschaft Dortmund (ZStLD)

45 Js 29/75	Verfahren wegen der Erschießungen von Geiseln
45 Js 79/75	Behandlung der Frankreich-Verfahren

II. Zeitzeugeninterviews

Richter a. D. Herbert Schneider	Zahlreiche Gespräche in der Zeit vom 1999-2003
Thomas Harlan	am 21.11.1999 in Ludwigsburg
Staatsanwalt Rolf Holtfort	am 14.6.1999 in Köln
Heiner Lichtenstein	am 24.6.1999 in Köln
Prof. Dr. Wolfgang Scheffler	am 7.10.1999 in Berlin
Ministerialdirektor a. D. Johann-Georg Schätzler	am 5.12.1999 in Wustrau/Brandenburg
Prof. Dr. Dr. Hans-Heinrich Jeschek	am 20.3.2000 in Freiburg
Landgerichtspräsident a. D. Dr. Heinz H. Fassbender	am 18.11.2002 in Köln
Beate Klarsfeld	am 19.11.2002 in Köln
Beate und Maître Dr. Serge Klarsfeld	Gespräche in der Zeit vom 8.8. bis 11.8.2003 in Paris

Anhang I

Ausgewertete Personalakten im Bundesarchiv Berlin (ehemaliges Berlin Document Center)

Achenbach, Ernst
Ahnert, Horst
Barbie, Klaus
Bargatzky, Walter
Barnekow, Fritz
Bartels, Dr. Erich
Bauckloh, Friedrich
Bilfinger, Dr. Rudolf
Blunck, Adolf
Boemelburg, Karl
Brunner, Alois
Busch, Friedrich
Dauber, Dr. Anton
Detering, Heinz
Dierks, Karl
Doberschütz, Otto
Elissen, Horst
Ernst, Hans Dietrich
Ernst, Waldemar
Freise, Richard
Gallinger, Dr. Josef
Gawlik, Dr. Hans
Geissler, Hugo
Hagen, Herbert Martin
Heerdt, Dr. Hermann
Heger, Hans
Henschke, Hans
Herold, Hermann
Hinrichs, Fritz
Hofmann, Otto
Hollert, Heinz
Hoth, Franz
Huck, Heinrich
Hülff, Wilhelm
Illers, Dr. Heinrich
Jähnig, Dr. Werner
Jeewe, Dr. Paul
Jessen, Hans Nicolai
John, Josef
Keil, Dr. Gerhard
Knab, Dr. Werner
Knochen, Dr. Helmut
Koch, Alois
Korff, Modest Graf von
Kübler, Karl
Laube, Dr. Horst
Linn, Dr. Walter
Lischka, Kurt
Lüdcke, Dr. Karl
Luther, Dr. Hans
Machule, Dr. Walter
Marnitz, Fritz
Meier, August
Meier, Gustav
Merdsche, Dr. Friedrich
Moritz, August
Mühler, Rolf
Müller, Bruno
Nährich, Walter
Neifeind, Kurt
Nölle, Wilhelm
Peters, Dr. Hans-Joachim
Pfanner, Heinz
Pulmer, Hartmut
Retzek, Hellmuth
Röthke, Heinz
Schmäling, Rudolf
Span, Hermann
Stossberg, Karl Heinz
Suhr, Friedrich
Tanzmann, Dr. Helmut
Ulbing, Dr. Richard
Venter, Dr. Kurt
Westphal, Dietmar
Weyse, Dr. Adalbert
Wollbrandt, Fritz

Anhang II

Ausgewertete Verfahrensakten der Zentralen Stelle Ludwigsburg

Aktenzeichen	*Beschuldigte(r)*
2 AR 983/61	Brunner
2 AR-Z 199/59	Pulmer
2 AR-Z 21/58	Angehörige des EK 1 B
4 AR 1274/62	Odewald
4 AR-Z 390/59	Pulmer
6 AR-Z 28/60	Bilfinger
6 AR-Z 34/61	Bilfinger
9 AR 563/60	Wagner
10 AR 1201/63	Brunner
12 AR 186/65	Angehörige des AA
104 AR-Z 12/83	von Korff u. a.
104 AR-Z 12/85	Nährich u. a.
104 AR-Z 13/80	Merdsche
104 AR-Z 1670/61	Lischka u. a. (Frankreich-Komplex,Judendeportationen)
104 AR-Z 17/83	Ernst, H.D.
104 AR-Z 1736/65	Seif u.a.
104 AR-Z 18/83	Ernst, W. u. a.
104 AR-Z 31/83	Illers
104 AR-Z 40/67	Lischka u. a. (Frankreich-Komplex, Geiselerschießungen)
104 AR-Z 91/86	Knochen
107 AR-Z 164/75	Barbie
110 AR 373/80	Achenbach
110 AR 643/68	Abetz
110 AR 749/75	Greifelt u. a.
110 AR 850/68	Halswick
114 AR 121/81	Hüttemann
114 AR 17/86	Barbie
114 AR 184/80	Merdsche
114 AR 207/80	Barbie
114 AR 32/83	Henschke
114 AR 3515/65	KdS Limoges
114 AR 3605/65	KdS Angers

114 AR 3606/65	KdS Bordeaux
114 AR 3607/65	KdS Châlons-sur-Marne
114 AR 3608/65	KdS Dijon
114 AR 3609/65	KdS Nancy
114 AR 3610/65	KdS Orléans
114 AR 3611/65	KdS Poitiers
114 AR 3613/65	KdS Rouen
114 AR 3614/65	KdS St. Quentin
114 AR 3616/65	KdS Lyon
114 AR 3617/65	KdS Marseille
114 AR 3618/65	KdS Montpellier
114 AR 3619/65	KdS Toulouse
114 AR 3620/65	KdS Vichy
114 AR 3890/65	Kohl
114 AR 437/66	Merdsche
114 AR 457/67	KdS Paris
114 AR-Z 107/68	Wenger u.a.
114 AR-Z 155/77	Ernst, H.D.
114 AR-Z 210/80	Bauckloh
114 AR-Z 26/67	Wenger
114 AR-Z 27/83	Ahnert
114 AR-Z 390/59	Barbie
114 AR-Z 490/67	Merdsche
114 AR-Z 519/67	KdS Rennes
114 AR-Z 71/70	KdS Orléans
114 AR-Z 8/67	Gallinger u.a.
114 AR-Z 9/67	Brunner
114 AR-Z 90/70	Pulmer
124 AR-Z 51/65	Merdsche
201 AR-Z 285/67	Angehörige der BdS Krakau
202 AR 509/70	Angehörige der »Kampfgruppe Gottberg«
202 AR-Z 167/67	Beck
302 AR 1087/64	Pulmer
317 AR 1603/67	Personen, die sich im Nahen Osten aufhalten
414 AR 193/72	Jünger
415 AR 1310/63	Angehörige des RSHA

Literatur

Um das Auffinden der durchgehend abgekürzt zitierten Titel zu erleichtern, wurden Quellensammlungen, autobiographische Texte und Literatur in einem gemeinsamen Verzeichnis erfasst.

Aarons, Mark/Lofthus, John: Ratlines. How the Vatican's Nazi Networks Betrayed Western Intelligence to the Soviets. London 1991.

Abetz, Otto: Das offene Problem. Ein Rückblick auf zwei Jahrzehnte deutsche Frankreichpolitik. Köln 1951.

Abschlussbericht der Kommission »Die nordrhein-westfälische Justiz und ihr Umgang mit der Nationalsozialistischen Vergangenheit«, unter: http://www.justiz.nrw.de/JM/justizpolitik/zeitgeschichte.

Angrick, Andrej: Die Einsatzgruppe D, in: Klein (Hg.), Einsatzgruppen, S. 88-110.

Arbogast, Christine: Herrschaftsinstanzen in der württembergischen NSDAP. Funktion, Sozialprofil und Lebenswege einer regionalen NS-Elite. 1920-1960. München 1980.

Arendt, Hannah: Eichmann in Jerusalem. A Report on the Banality of Evil. New York 1994.

Arendt, Hannah: Elemente und Ursprünge totaler Herrschaft. München 1996.

Artzt, Heinz: Mörder in Uniform. Organisationen, die zu Vollstreckern nationalsozialistischer Verbrechen wurden. München 1979.

Artzt, Heinz: Zur Abgrenzung von Kriegsverbrechen und NS-Verbrechen, in: Rückerl, Adalbert (Hg.): NS-Verbrechen vor Gericht. Nach 25 Jahren Strafverfolgung. Möglichkeit – Grenzen – Ergebnisse. Karlsruhe 1971, S. 163-194.

Backes, Uwe/Jesse, Eckard/Zitelmann, Rainer (Hg.): Die Schatten der Vergangenheit. Impulse zur Historisierung des Nationalsozialismus. Frankfurt a. M. [2]1992.

Bacque, James: Der geplante Tod. Deutsche Kriegsgefangene in amerikanischen und französischen Lagern 1945-1946. [4]1994.

Baier, Stephan: Das Todesurteil des Kriegsgerichtsrats Dr. Schwinge, in: Redaktion kritische Justiz (Hg.), Aufarbeitung, S. 145-153.

Bajohr, Frank: Gauleiter in Hamburg. Zur Person und Tätigkeit Karl Kaufmanns, in: VfZ 43, 1995, S. 267-295.

Bakels, Floris B.: Nacht und Nebel. Der Bericht eines Christen aus deutschen Gefängnissen und Konzentrationslagern. Frankfurt a. M. 1979.

Banach, Jens: Heydrichs Elite. Das Führercorps der Sicherheitspolizei und des SD 1936-1945. Paderborn u.a. 1998.

Banach, Jens: Heydrichs Vertreter im Feld. Die Inspekteure, Kommandeure und Befehlshaber der Sicherheitspolizei und des SD, in: Paul/Mallmann (Hg.), Gestapo im Zweiten Weltkrieg, S. 82-99.

Bargatzky, Walter: Die letzte Runde – in Paris, in: Erich Zimmermann/Hans-Adolf Jacobson (Hg.): 20. Juli 1944. o. O. [3]1960.

Bargatzky, Walter: Hotel Majestic. Ein Deutscher im besetzten Frankreich. Freiburg 1987.

Baring, Arnulf: Machtwechsel. Die Ära Brandt-Scheel. Stuttgart [2]1982.

Bästlein, Klaus: »Nazi-Blutrichter als Stützen des Adenauer-Regimes«. Die DDR-Kampagne gegen NS-Richter und -Staatsanwälte, die Reaktionen der bundesdeutschen Justiz und ihre gescheiterte Selbstreinigung 1957-1968, in: Grabitz (Hg.): Normalität, S. 408-443.

Bauer, Fritz: Im Namen des Volkes. Die strafrechtliche Bewältigung der Vergangenheit, in: Joachim Perels/Imtraut Wojak (Hg.): Fritz Bauer: Humanität der Rechtsordnung. Ausgewählte Schriften. Frankfurt a.M./New York 1998, S. 77-90.

Bauernkämper, Arnd/Sabrow, Martin/Stöver, Bernd (Hg.): Doppelte Zeitgeschichte. Deutsch-deutsche Beziehungen 1945-1990. Bonn 1998.

Baumann, Jürgen: Die strafrechtliche Problematik der nationalsozialistischen Gewaltverbrechen; in: Henkys, Gewaltverbrechen, S. 267-322.

Beattie, John: Klaus Barbie. His Life and Career. London 1984.

Becker-Jakli, Barbara/Buhlau, Harald/Mazerath, Horst (Hg.): Versteckte Vergangenheit. Über den Umgang mit der NS-Zeit in Köln. Aufsätze und Essays. Wiesbaden 1986.

Benz, Wolfgang (Hg.): Die Geschichte der Bundesrepublik Deutschland. 4 Bde. Frankfurt a. M. 1989.

Benz, Wolfgang: Die Dimension des Völkermordes. Die Zahl der jüdischen Opfer des Nationalsozialismus. München 1991.

Benz, Wolfgang: Die Gründung der Bundesrepublik. Von der Bizone zum souveränen Staat. München 1984.

Berg, Nicolas: Der Holocaust und die westdeutschen Historiker. Erforschung und Erinnerung. Göttingen 2003.

Berg, Nicolas: Ein vergessener Außenseiter der Holocaustforschung: Joseph Wulf (1912-1974) im Historikerdiskurs der Bundesrepublik, in: Leipziger Beiträge zur jüdischen Geschichte und Kultur 1, 2003, S. 111-346.

Berghan, Volker R.: Unternehmer und Politik in der Bundesrepublik. Frankfurt a. M. 1985.

Besymenski, Lew: Auf den Spuren von Martin Bormann. Zürich 1994.
Billig, Joseph: Die Endlösung der Judenfrage. Studien über ihre Grundsätze im 3. Reich und in Frankreich während der Besatzung. Frankfurt a. M. 1979.
Billig, Joseph: Le commissariat général aux question juives 1941-1944, 3 Bde. Paris 1955-1960.
Birn, Ruth-Bettina: Die Höheren SS- und Polizeiführer. Himmlers Vertreter im Reich und in den besetzten Gebieten. Düsseldorf 1986.
Bochurberg, Claude: Entretiens avec Serge Klarsfeld. Paris 1997.
Böhm, Walter: Von der Schicksalsgemeinschaft zur politischen Kraft. Aus der Geschichte des Verbandes der Heimkehrer und Vermißtenangehörigen Deutschlands e.V. Bonn 2000.
Boissier, Pierre: Völkerrecht und Militärbefehl. Ein Beitrag zur Verhütung und Bestrafung von Kriegsverbrechen. Stuttgart 1953.
Bötsch, Christine: Die Nachbefolgung des Westalliierten Besatzungsrechtes im Lichte des Staats- und Völkerrechts. Frankfurt a. M. 2000.
Bower, Tom: Klaus Barbie – Karriere eines Gestapo-Chefs. Berlin 1984.
Bower, Tom: The Pledge Betrayed. America and Britian and the Denazification of Postwar Germany. Garden City 1982.
Bower, Tom: Verschwörung Paperclip – NS-Wissenschaftler im Dienst der Siegermächte. München 1987.
Braunbuch. Kriegs- und Naziverbrecher in der Bundesrepublik und Westberlin. Staat, Wirtschaft, Verwaltung, Armee, Justiz, Wissenschaft, hg. vom Nationalrat der nationalen Front des demokratischen Deutschlands. Dokumentationszentrum der staatlichen Archivverwaltung der DDR. Berlin (Ost) [2]1968.
Brechtken, Magnus: »Madagaskar für die Juden«. Antisemitische Idee und politische Praxis 1885-1945. München 1997.
Brochhagen, Ulrich: Nach Nürnberg. Vergangenheitsbewältigung und Westintegration in der Ära Adenauer. Hamburg 1994.
Broszat, Martin/Henke, Klaus-Dietmar/Woller, Hans: Von Stalingrad zur Währungsreform. Zur Sozialgeschichte des Umbruchs in Deutschland. München 1988.
Broszat, Martin: Nationalsozialistische Konzentrationslager 1933-1945, in: Hans Buchheim (Hg.): Anatomie des SS-Staates. Bd. 1. München 1965, S. 11-136.
Browning, Christopher R.: Ganz normale Männer. Das Reserve-Bataillon 101 und die Endlösung in Polen. Reinbek [2]1999.
Brunner, Bernhard: Auf dem Weg zu einer Geschichte des Konzentrationslagers Natzweiler. Forschungsstand – Quelle – Methode. Stuttgart 2000.

Brunner, Bernhard: Der »Frankreich-Komplex«: Die juristische Aufarbeitung der in Frankreich verübten Gewaltverbrechen, in: Klein/Wilhelm (Hg.): NS-Unrecht, S. 183-200.

Brunner, Bernhard: Lebenswege der deutschen Sipo-Chefs in Frankreich nach 1945, in: Herbert (Hg.), Wandlungsprozesse, S. 214-242.

Buchheim, Hans (Hg.): Konrad Adenauer und der Deutsche Bundestag (= Rhöndorfer Gespräche 8). Bonn 1986.

Büsch, Otto/Furth, Peter: Rechtsradikalismus im Nachkriegsdeutschland. Studien über die Sozialistische Reichspartei. Berlin/Frankfurt a. M. 1957.

Conan, Eric/Rousso, Henry: Vichy, Un passé qui ne passe pas. Paris 1996.

Conze, Eckart/Gabriel Metzler (Hg.): 50 Jahre Bundesrepublik Deutschland. Daten und Diskussionen. Mit einem einleitenden Essay von Hans Mommsen. Stuttgart 1999.

Danyel, Jürgen (Hg.): Die geteilte Vergangenheit. Zum Umgang mit Nationalsozialismus und Widerstand in beiden deutschen Staaten. Berlin 1995.

Delacor, Regina M.: Attentate und Repression. Ausgewählte Dokumente zur zyklischen Eskalation des NS-Terrors im besetzten Frankreich 1941/42. Stuttgart 2000.

Delarue, Jacques: Geschichte der Gestapo. Düsseldorf 1964 (zuerst Paris 1962).

Delarue, Jacques: Trafics et crimes sous l'occupation. Paris 1993 (zuerst 1968).

Doering-Manteuffel, Anselm: Die Bundesrepublik Deutschland in der Ära Adenauer. Außenpolitik und Innere Entwicklung. Darmstadt 1983.

Döscher, Hans-Jürgen: Das Auswärtige Amt im Dritten Reich. Berlin 1987.

Döscher, Hans-Jürgen: Verschworene Gesellschaft. Das Auswärtige Amt unter Adenauer zwischen Neubeginn und Restauration. Berlin 1995.

Draeger, Kurt: Heimkehrer-Recht. Heimkehrergesetz, Kriegsgefangenenentschädigungsgesetz, Häftlingshilfegesetz und sonstiges Heimkehrerrecht. Berlin 1956.

Dreßen, Willi: Die Zentrale Stelle der Landesjustizverwaltungen zur Aufklärung von NS-Verbrechen in Ludwigsburg, in: Dachauer Hefte 6, 1990, S. 85-93.

Dubiel, Helmut: Niemand ist frei von Geschichte. Die nationalsozialistische Herrschaft in den Debatten des Deutschen Bundestages. München/Wien 1999.

Dudek, Peter/Jaschke, Hans-Gerd: Entstehung und Entwicklung des Rechtsextremismus in der Bundesrepublik. Zur Tradition einer besonderen politischen Kultur. Opladen 1984.

Durth, Werner: Deutsche Architekten. Biographische Verflechtungen 1900-1970. Wiesbaden 1986.

Ebermayer, Ludwig: Fünfzig Jahre Dienst am Recht. Erinnerungen eines Juristen. Leipzig/Zürich 1930.

Edinger, Louis: Post-Totalitarian Leadership: Elites in the German Federal Republik, in: American Political Science Review 54, 1960, S. 58-82.

Epelbaum, Didier: Alois Brunner. Paris 1990.

Erker, Paul/Pierenkemper, Toni (Hg.): Deutsche Unternehmer zwischen Kriegswirtschaft und Wiederaufbau. Studien zur Erfahrungsbildung von Industrie-Eliten. München 1999.

Fait, Barbara: Die Kreisleiter der NSDAP – nach 1945, in: Broszat/Henke/Woller: Stalingrad, S. 213-299.

Farago, Ladislav: Scheintot. Hamburg 1975.

Faßbender, Heinz: Der Prozeß gegen Lischka, Hagen und Heinrichsohn aus der Sicht des damaligen Schwurgerichtsvorsitzenden, in: Klein/Wilhelm (Hg.), NS-Unrecht, S. 177-182.

Favez, Jean Claude: Das Internationale Rote Kreuz und das Dritte Reich. München 1988.

Favez, Jean Claude: Warum schwieg das Rote Kreuz? München 1994.

Fenske, Hans: Deutsche Parteiengeschichte. Von den Anfängen bis zur Gegenwart. Paderborn 1994.

Fest, Joachim: Das Gesicht des Dritten Reiches. Profile einer totalitären Herrschaft. München u. a. 1963.

Finkelgruen, Peter: Haus Deutschland oder Die Geschichte eines ungesühnten Mordes. Reinbek 1994.

Frankenberger, Günter: Vom Schweigen der Öffentlichrechtler und ihrer Verantwortung, dies bisweilen zu brechen, in: Kritische Justiz 1994, S. 354 ff.

Frei, Norbert (Hg.): Karrieren im Zwielicht. Hitlers Eliten nach 1945. Frankfurt a. M./New York 2001.

Frei, Norbert/Knigge, Volkhard: Verbrechen erinnern. Die Auseinandersetzung mit Holocaust und Völkermord. München 2002.

Frei, Norbert/van Laak, Dirk/Stolleis, Michael (Hg.): Geschichte vor Gericht. Historiker, Richter und die Suche nach Gerechtigkeit. München 2000.

Frei, Norbert: Die Rückkehr des Rechts. Justiz und Zeitgeschichte nach dem Holocaust. Eine Zwischenbilanz, in: Bauernkämper/Sabrow/Stöver (Hg.), Doppelte Zeitgeschichte, S. 417-431.

Frei, Norbert: Identitätswechsel. Die »Illegalen« in der Nachkriegszeit, in: König/Kuhlmann/Schwabe, Vergangenheit, S. 207-222.

Frei, Norbert: Vergangenheitspolitik in den 50er Jahren, in: Loth/Rusinek, Verwandlungspolitik, S. 79-92.

Frei, Norbert: Vergangenheitspolitik. Die Anfänge der Bundesrepublik und die NS-Vergangenheit. München 1996.

Freimüller, Tobias: Mediziner: Operation Volkskörper, in: Frei (Hg.), Karrieren, S. 13-69.

Freudiger, Kerstin: Die juristische Aufarbeitung von NS-Verbrechen (= Beiträge zur Rechtsgeschichte des 20. Jahrhunderts 33). Tübingen 2002.

Friedrich, Jörg: Die kalte Amnestie. NS-Täter in der Bundesrepublik. Frankfurt a. M. 1985.

Friedrich, Jörg: Freispruch für die Nazi-Justiz. Frankfurt a. M. 1984.

Fritz Bauer Institut (Hg.): »Gerichtstag halten über uns selbst ...«. Geschichte und Wirkung des ersten Frankfurter Auschwitz-Prozesses. Frankfurt a. M. 2001.

Fürstenau, Justus: Entnazifizierung. Ein Kapitel deutscher Nachkriegspolitik. Neuwied/Berlin 1969.

Garbe, Detlev: »In jedem Einzelfall ... bis zur Todesstrafe«. Der Militärstrafrechtler Erich Schwinge. Ein deutsches Juristenleben. Hamburg 1989.

Garbe, Detlev: Äußerliche Abkehr, Erinnerungsverweigerung und »Vergangenheitsbewältigung« in der frühen Bundesrepublik, in: Schildt/Sywottek (Hg.), Modernisierung, S. 693-716.

Garner, Curt: Der öffentliche Dienst in den 50er Jahren: politische Weichenstellungen und ihre sozialgeschichtlichen Folgen, in: Schildt/Sywottek, Modernisierung, S. 759-790.

Gerlach, Christian: Kalkulierte Morde. Die deutsche Wirtschafts- und Vernichtungspolitik in Weißrußland 1941 bis 1944. Hamburg 1999.

Giefer, Rena/Giefer, Thomas: Die Rattenlinie. Fluchtwege der Nazis. Eine Dokumentation. Frankfurt a. M. 1991.

Giordano, Ralph: Die Traditionslüge. Vom Kriegerkult der Bundeswehr. Köln 2000.

Giordano, Ralph: Die zweite Schuld oder von der Last, ein Deutscher zu sein. Hamburg/Zürich 1987.

Godau-Schüttke, Klaus Detlev: Die Heyde/Sawade-Affäre. Wie Juristen und Mediziner den NS-Euthanasieprofessor Heyde nach 1945 deckten und straflos blieben. Baden-Baden 1998.

Godau-Schüttke, Klaus Detlev: Ich habe nur dem Recht gedient. Die »Renazifizierung« der Schleswig-Holsteinischen Justiz nach 1945. Baden-Baden 1991.

Görtemaker, Manfred: Geschichte der Bundesrepublik Deutschland. Von der Gründung bis zur Gegenwart. München 1999.

Gosewinkel, Dieter: Politische Ahndung an den Grenzen des Justizstaats. Die Geschichte der nationalsozialistischen Justiz im Deutschen Richtergesetz von 1961, in: Frei/van Laak/Stolleis (Hg.), Geschichte vor Gericht, S. 60-71.

Götz, Albrecht: Bilanz der Verfolgung von NS-Straftaten. Köln 1986.

Grabitz, Helge (Hg.): Normalität des Verbrechens. Bilanz und Perspektiven der Forschung zu den nationalsozialistischen Gewaltverbrechen. Festschrift für Wolfgang Scheffler. Berlin 1994.

Grabitz, Helge (Hg.): Täter und Gehilfen des Endlösungswahns. Hamburger Verfahren wegen NS-Gewaltverbrechen 1946-1996. Hamburg 1999.

Grabitz, Helge: NS-Prozesse. Psychogramme der Beteiligten. Heidelberg [2]1985.

Graml, Hermann: Die verdrängte Auseinandersetzung mit der NS-Vergangenheit, in: Martin Broszat (Hg.): Zäsuren nach 1945. Essays zur Periodisierung der deutschen Nachkriegsgeschichte. München 1990, S. 169-183.

Greve, Michael: Amnestierung von NS-Gehilfen – eine Panne? Die Novellierung des § 50 Abs. II StGB und dessen Auswirkungen auf die Strafverfolgung; in: Kritische Justiz 3, 2000, S. 412-424.

Greve, Michael: Der justitielle und rechtspolitische Umgang mit den NS-Gewaltverbrechen in den sechziger Jahren. Frankfurt a.M. 2001.

Greve, Michael: Neuere Forschungen zu den NS-Prozessen. Ein Überblick, in: Kritische Justiz 32, 1999, S. 472-480.

Grewe, Wilhelm: Rückblenden 1976-1951. Aufzeichnungen eines Augenzeugen deutscher Außenpolitik von Adenauer bis Schmidt. Frankfurt a. M./Berlin/Wien 1979.

Grimm, Friedrich: Frankreich-Berichte 1934-1944. Bodenau 1972.

Grimm, Friedrich: Mit offenem Visier. Aus den Lebenserinnerungen eines deutschen Rechtsanwaltes, bearb. von Hermann Schild. Leoni 1961.

Grimm, Friedrich: Unrecht im Rechtsstaat. Tatsachen und Dokumente zur politischen Justiz dargestellt am Fall Naumann. Tübingen 1957.

Gutscher, Jörg Michael: Die Entwicklung der FDP von ihren Anfängen bis 1961. Meisenheim a. Glan 1967.

Hachmeister, Lutz: Der Gegnerforscher. Die Karriere des SS-Führers Franz Alfred Six. München 1998.

Hafner, Georg M./Schapira, Esther: Die Akte Alois Brunner. Warum einer der größten Naziverbrecher noch immer auf freiem Fuß ist. Frankfurt/New York 2000.

Hagen, Walter: Die geheime Front. Linz/Wien 1954.

Hankel, Gerd: Die Leipziger Prozesse. Deutsche Kriegsverbrechen und ihre strafrechtliche Verfolgung nach dem Ersten Weltkrieg. Hamburg 2003.

Harlan, Thomas Christoph: Ich selbst und kein Engel. Dramatische Chronik aus dem Warschauer Ghetto. Berlin (Ost) 1961.

Henke, Klaus Dietmar/Woller, Hans (Hg.): Politische Säuberung in Europa. Die Abrechnung mit Faschismus und Kollaboration nach dem Zweiten Weltkrieg. München 1991.

Henke, Klaus Dietmar: Die Trennung vom Nationalsozialismus. Selbstzerstörung, politische Säuberung, »Entnazifizierung«, Strafverfolgung, in: Henke/Woller (Hg.), Säuberung, S. 21-83.

Henke, Klaus Dietmar: Politische Säuberung unter französischer Besatzung. Die Entnazifizierung in Württemberg-Hohenzollern. Stuttgart 1981.

Henkys, Reinhard: Nationalsozialistische Gewaltverbrechen. Geschichte und Gericht. Stuttgart/Berlin ²1965 (zuerst 1964).

Herbert, Ulrich (Hg.): Wandlungsprozesse in Westdeutschland. Belastung – Integration – Liberalisierung. 1945-1980. Göttingen 2002.

Herbert, Ulrich/Grohler, Olaf: Zweierlei Bewältigung. Vier Beiträge über den Umgang mit der NS-Vergangenheit in den beiden deutschen Staaten. Hamburg 1992.

Herbert, Ulrich: Best. Biographische Studien über Radikalismus, Weltanschauung und Vernunft 1903-1989. Bonn ²1996.

Herbert, Ulrich: Die deutsche Militärverwaltung in Paris und die Deportation der französischen Juden, in: ders. (Hg.): Nationalsozialistische Vernichtungspolitik. 1939-1945. Neuere Forschungen und Kontroversen. Frankfurt a. M. 1998. S. 170-208.

Herbert, Ulrich: Drei deutsche Vergangenheiten. Über den Umgang mit der deutschen Zeitgeschichte, in: Bauernkämper/Sabrow/Stöver (Hg.), Doppelte Zeitgeschichte, S. 376-390.

Herbert, Ulrich: Fremdarbeiter. Politik und Praxis des »Ausländereinsatzes« in der Kriegswirtschaft des Dritten Reiches. Berlin/Bonn ²1986.

Herbert, Ulrich: NS-Eliten in der Bundesrepublik, in: Loth/Rusinek (Hg.), Verwandlungspolitik, S. 93-115. (1997)

Herbert, Ulrich: NS-Eliten in der Bundesrepublik. Bestrafung – Tolerierung – Integration, in: Karl Treppe/Hans-Ulrich Thamer (Hg.): 50 Jahre Nordrhein-Westfalen. Land im Wandel. Münster 1998, S. 7-22.

Herbert, Ulrich: Rückkehr in die Bürgerlichkeit? NS-Eliten in der Bundesrepublik, in: Bernd Weisbrod (Hg.): Rechtsradikalismus in der politischen Kultur der Nachkriegszeit. Die verzögerte Entwicklung in Niedersachsen. Hannover 1995, S. 157-173.

Herbst, Ludolf: Option für den Westen. Vom Marshallplan zum deutsch-französischen Vertrag. München 1989.

Herf, Jeffrey: Zweierlei Erinnerung. Die NS-Vergangenheit im geteilten Deutschland. Berlin 1998.

Heß, Regine: Deutsche Kriegsverbrecher in Frankreich. Politisierung einer juristischen Thematik in Frankreich und der Bundesrepublik Deutschland. München 1990 (ungedruckte Examensarbeit).

Hey, Bernd: Die NS-Prozesse – Probleme einer juristischen Vergangenheitsbewältigung, in: Weber/Steinbach (Hg.), Vergangenheitsbewältigung, S. 51-70.

Hey, Bernd: Die NS-Prozesse. Versuch einer juristischen Vergangenheitsbewältigung, in: Geschichte in Wissenschaft und Unterricht 32, 1981, S. 331-362.

Hilberg, Raul: Die Vernichtung der europäischen Juden. Die Gesamtgeschichte des Holocaust. Frankfurt a. M. 1990.

Hirsch, Günter E.: Strafzumessungen bei nationalsozialistischen Gewalt- und Kriegsverbrechen. Dargestellt und überprüft an Hand von 430 erstinstanzlichen unveröffentlichten Urteilen deutscher Gerichte aus der Zeit von 1945-1969. Erlangen/Nürnberg 1973.

Hirsch, Martin: Anlaß, Verlauf und Ergebnis der Verjährungsdebatten im Deutschen Bundestag, in: Weber/Steinbach (Hg.): Vergangenheitsbewältigung, S. 40-50.

Hirsch, Rudolf: Um die Endlösung. Prozeßberichte über den Lischka-Prozeß in Köln und den Auschwitz-Prozeß in Frankfurt/M. Rudolstadt 1983.

Hoffmann, Christa: Stunde Null? Vergangenheitsbewältigung in Deutschland 1945 und 1989. Mit einem Vorwort von Alfred Streim. Bonn/Berlin 1992.

Hoffmann, Friedrich: Die Verfolgung der nationalsozialistischen Gewaltverbrechen in Hessen. Baden-Baden 2001.

Höhne, Heinz: Der Orden unter dem Totenkopf. München 1984.

Hudal, Alois: Römische Tagebücher – Lebensbeichte eines alten Bischofts. Graz/Stuttgart 1976.

Hunt, Linda: Secret Agenda – The United States Government, Nazi Scientists and Projekt Paperclip 1945-1950. New York 1991.

Ihme-Tuchel, Beate: Fall 7: Der Prozess gegen die »Südost-Generale« (gegen Wilhelm List und andere); in: Uerberschär, Nationalsozialismus, S. 144-154.

Internationaler Militärgerichtshof (ITM): Der Prozeß gegen die Hauptkriegsverbrecher vor dem Internationalen Militärgerichtshof (14.11.1945 bis 1.10.1946). Amtlicher Text. Nürnberg 1947-1949.

Jäckel, Eberhard: Frankreich in Hitlers Europa. Die deutsche Frankreichpolitik im Zweiten Weltkrieg. Stuttgart 1966.

Jäckle, Renate: Die Ärzte und die Politik 1930 bis heute. München 1988.

Jaffré, Yves-Frédéric: Les Tribunaux d'exception. 1940-1962. Paris 1962.

Jäger, Herbert: Strafrecht und nationalsozialistische Gewaltverbrechen, in: Kritische Justiz 1, 1968, S. 143-157.

Jäger, Herbert: Verbrechen unter totalitärer Herrschaft. Studien zur nationalsozialistischen Gewaltkriminalität. Frankfurt a. M. 1982 (zuerst 1967).

Jäger, Ludwig: Seitenwechsel – Der Fall Schneider/Schwerte und die Diskretion der Germanistik. München 1998.

Jansen, Hans: Der Madagaskar-Plan. Die beabsichtigte Deportierung der europäischen Juden nach Madagaskar. München 1997.

Jenke, Manfred: Verschwörung von rechts? Ein Bericht über den Rechtsradikalismus nach 1945. Berlin 1961.

Jeschek, Hans-Heinrich: Kriegsverbrecherprozesse gegen deutsche Kriegsgefangene in Frankreich; in: Süddeutsche Juristenzeitung 1949, S. 107-116.

Jesse, Eckard (Hg.): Politischer Extremismus in Deutschland und Europa. München 1993.

Joly, Hervé: Großunternehmer in Deutschland. Soziologie einer industriellen Elite 1933-1989. Leipzig 1998.

Jünger, Ernst: Strahlungen I. Stuttgart ^{4}1998.

Just-Dahlmann, Barbara/Just, Helmut: Die Gehilfen. NS-Verbrechen und die Justiz nach 1945. Frankfurt a. M. 1988.

Kasten, Bernd: »Gute Franzosen«. Die französische Polizei und die deutsche Besatzungsmacht im besetzten Frankreich 1940-1944. Sigmaringen 1993.

Kasten, Bernd: Zwischen Pragmatismus und exzessiver Gewalt. Die Gestapo in Frankreich 1940-1944, in: Paul/Mallmann (Hg.), Gestapo im Zweiten Weltkrieg, S. 362-382.

Kaul, Friedrich: Das Lischka-Syndrom der BRD-Justiz, in: Der Strafverteidiger 6 (1981), S. 291-306.

Kempner, Robert: Ankläger einer Epoche. Lebenserinnerungen. In Zusammenarbeit mit Jörg Friedrich. Frankfurt a. M./Berlin 1983.

Kempner, Robert: Eichmann und Komplizen. Zürich/Wien/Stuttgart 1961.

Kettenacker, Lothar: Die Behandlung der Kriegsverbrecher als angloamerikanisches Rechtsproblem; in: Ueberschär (Hg.), Nationalsozialismus, S. 17-31.

Kißener, Michael/Scholtyseck, Joachim (Hg.): Die Führer der Provinz. Nationalsozialistische Biographien aus Baden und Württemberg. Konstanz 1997.

Kistler, Helmut (Hg.): Die Bundesrepublik Deutschland. Vorgeschichte und Geschichte 1945 bis 1983. Bonn 1990.

Kittel, Manfred: Die Legende von der »Zweiten Schuld«. Vergangenheitsbewältigung in der Ära Adenauer. Frankfurt a. M. 1993.

Klarsfeld, Beate/Klarsfeld, Serge: Die Kinder von Izieu. Eine jüdische Tragödie. Berlin 1991.

Klarsfeld, Beate/Klarsfeld, Serge: Dossier Brunner, 3 Bde. Paris o.D. (Unveröffentlichte Dokumentation).

Klarsfeld, Beate: Die Geschichte des PG 2633930 Kiesinger. München 1969.

Klarsfeld, Beate: Politik und Protest: Die Überlebenden und ihre Kinder, in: Klein/Wilhelm (Hg.): NS-Unrecht, S. 167-176.

Klarsfeld, Beate: Wherever They May Be! New York 1975 (zuerst unter dem Titel: Partout où ils seront. Paris 1972).

Klarsfeld, Serge (Hg.): Die Endlösung der Judenfrage in Frankreich. Deutsche Dokumente 1941-1944. Paris 1977.

Klarsfeld, Serge (Hg.): Remembering Georgy. Letters from the House of Izieu. New York 2001.

Klarsfeld, Serge: Le Livre des Ortages. Paris 1979.

Klarsfeld, Serge: Vichy – Auschwitz. Die Zusammenarbeit der deutschen und der französischen Behörden bei der »Endlösung der Judenfrage« in Frankreich (= Schriften der Hamburger Stiftung für Sozialgeschichte des 20. Jahrhunderts 9). Nördlingen 1989.

Klee, Ernst: Persilscheine und falsche Pässe. Wie die Kirchen den Nazis halfen. Frankfurt a. M. 1991.

Klee, Ernst: Was sie taten – was sie wurden. Ärzte, Juristen und andere Beteiligte am Kranken- und Judenmord. Frankfurt a. M. 1986.

Klein, Anne/Wilhelm, Jürgen (Hg.): NS-Unrecht vor Kölner Gerichten nach 1945. Köln 2003.

Klein, Peter (Hg.): Die Einsatzgruppen in der besetzten Sowjetunion 1941/1942. Die Tätigkeits- und Lageberichte des Chefs der Sicherheitspolizei und des SD (= Publikationen der Gedenk- und Bildungsstätte Haus der Wannseekonferenz 6). Berlin 1997.

Klemp, Stefan: Freispruch für das »Mord-Bataillon«. Die NS-Ordnungspolizei und die Nachkriegsjustiz. Münster 1998.

Koehl, Robert Lewis: The Black Corps. The Structure and Power Struggles of the Nazi SS. Wisconsin 1983.

Köhler, Otto: Unheimliche Publizisten. Die verdrängte Vergangenheit der Medienmacher. München 1955.

König, Christoph (Hg.): Internationales Germanistenlexikon, 3 Bde. Berlin/New York 2003.

König, Helmut (Hg.): Der Fall Schwerte im Kontext. Wiesbaden 1998.

König, Helmut/Kohlstruck Michael/Wöll, Andreas (Hg.): Vergangenheitsbewältigung am Ende des zwanzigsten Jahrhunderts. Opladen/Wiesbaden 1998.

König, Helmut/Kuhlmann, Wolfgang/Schwabe, Klaus (Hg.): Vertuschte Vergangenheit. Der Fall Schwerte und die NS-Vergangenheit der deutschen Hochschulen. München 1997.

Krausnik, Helmut/Wilhelm, Hans-Heinrich: Die Truppe des Weltanschauungskrieges. Die Einsatzgruppen der Sicherheitspolizei und des SD 1938-1942. Stuttgart 1981.

Kröger, Ullrich: Die Ahndung von NS-Verbrechen vor westdeutschen Gerichten und ihre Rezeption in der deutschen Öffentlichkeit 1958-1965, unter besonderer Berücksichtigung von »Spiegel«, »Stern«, »Zeit«, »SZ«, »FAZ«, »Welt«, »Bild«, »Hamburger Abendblatt«, »NZ«, »Neuem Deutschland«. Hamburg 1973.

Kruse, Falko: Das Majdanek-Urteil und die Grenzen deutscher Rechtsprechung, in: Redaktion kritische Justiz (Hg.), Aufarbeitung, S. 595-619.

Kwiet, Konrad: Die NS-Zeit in der westdeutschen Forschung 1945-1961, in: Ernst Schulin (Hg.): Deutsche Geschichtswissenschaft nach dem Zweiten Weltkrieg. München 1989, S. 181-198.

Lagrou, Pieter: Frankreich, in: Frei/Knigge (Hg.): Verbrechen, S. 163-175.

Langbein, Hermann: Im Namen des deutschen Volkes. Zwischenbilanz der Prozesse wegen nationalsozialistischer Verbrechen. Wien 1963.

Langbein, Hermann: NS-Prozesse in den siebziger Jahren, in: Redaktion Kritische Justiz (Hg.): Der Unrechts-Staat. Recht und Justiz im Nationalsozialismus. Frankfurt a. M. 1979, S. 162 ff.

Laqueur, Walter: Was niemand wissen wollte. Die Unterdrückung der Nachrichten über Hitlers »Endlösung«. Frankfurt a. M. 1982.

Le procès de Cologne, hg. von F.F.D.J.F./The Beate Klarsfeld Foundation. Paris/New York 1980.

Leggewie, Claus: Von Schneider zu Schwerte. Das ungewöhnliche Leben eines Mannes, der aus der Geschichte lernen wollte. München 1998.

Lemke, Michael: Kampagnen gegen Bonn. Die Systemkrise der DDR und die West-Propaganda der SED 1960-1963, in: VjZ 41, 1993, S. 153-174.

Lichtenstein, Heiner: Im Namen des Volkes? Eine persönliche Bilanz der NS-Prozesse. Köln 1984.

Lichtenstein, Heiner: Majdanek. Reportage eines Prozesses. Frankfurt a. M. 1979.

Lichtenstein, Heiner: Niemand spricht von den Zeugen: Medien, öffentliches Interesse und NS-Prozesse, in: Klein/Wilhelm (Hg.): NS-Unrecht, S. 158-164.

Lichtenstein, Heiner: NS-Prozesse und Öffentlichkeit, in: Juristische Zeitgeschichte 4, 1996, S. 227-232.

Lichtenstein, Heiner: NS-Prozesse. Zum Ende eines Kapitels deutscher Justizgeschichte, in: Heiner Lichtenstein/Otto R. Romberg (Hg.): Täter – Opfer – Folgen. Der Holocaust in Geschichte und Gegenwart. Bonn 1995.

Lichtenstein, Heiner: Verdunklungsgefahr! Die Kölner Justiz und die Verfolgung von NS-Verbrechen, in: Horst Matzerath/Harald Buhlan/Barbara Becker-Jákli (Hg.): Versteckte Vergangenheit. Über den Umgang mit der NS-Zeit in Köln (= Schriften des Dokumentationszentrums der Stadt Köln 1). Köln 1994, S. 233-243.

Linck, Stephan: Der Ordnung verpflichtet: Deutsche Polizei 1933-1949. Der Fall Flensburg. Paderborn u.a. 2000.

Longerich, Peter: Die Wannsee-Konferenz vom 20. Januar 1942. Planung und Beginn des Genozids an den europäischen Juden (= Publikationen der Gedenk- und Bildungsstätte Haus der Wannseekonferenz 7). Berlin 1998.

Longerich, Peter: Politik der Vernichtung. Eine Gesamtdarstellung der nationalsozialistischen Judenverfolgung. München/Zürich 1998.

Loth, Wilfried/Rusinek, Bernd-A. (Hg.): Verwandlungspolitik. NS-Eliten in der westdeutschen Nachkriegsgesellschaft. Frankfurt a. M. 1998.

Loth, Wilfried: Frankreich – Kollaboration, Résistance und Pragmatismus, in: Ulrich Herbert/Axel Schildt (Hg.): Kriegsende in Europa. Vom Beginn des deutschen Machtzerfalls bis zur Stabilisierung der Nachkriegsordnung 1944-1948. Essen 1998, S. 100-112.

Lozowick, Yaakow: Hitlers Bürokraten. Eichmann, seine willigen Vollstrecker und die Banalität des Bösen. Zürich/München 2000.

Lübbe, Hermann: Der Nationalsozialismus im deutschen Nachkriegsbewußtsein, in: HZ 236, 1983. S. 579-599.

Lübbe, Hermann: Verdrängung. Über ein Verhältnis zum deutschen Vergangenheitsverhältnis, in: Der Monat 2, 1979, S. 55-65.

Luther, Hans: Der französische Widerstand gegen die deutsche Besatzungsmacht und seine Bekämpfung (= Studien des Instituts für Besatzungsfragen in Tübingen zu den deutschen Besetzungen im 2. Weltkrieg 11). Tübingen 1957.

Luther, Hans: Zu den gegenwärtigen Kriegsverbrecherprozessen in Frankreich, in: NJW 10/1954, S. 376-377.

Maier, Bernhard: Das deutsch-französische Abkommen vom 2. Februar 1971. Rechtsentwicklung und Anwendungsbereich, in: NJW 11/1975, S. 465 ff.

Marrus, Michael R./Paxton, Robert O.: Vichy-France and the Jews. New York 1981.

Martin, Roger: L' affaire Peiper. Paris 1994.

Maunnoir, Jean-Piere: La répression des crimes de guerres devant les tribunaux français et alliés. Genf 1951.

Maunz, Theodor: Gestalt und Recht der Polizei. Hamburg 1943.

Maurach, Reinhart: Die Kriegsverbrecherprozesse gegen deutsche Gefangene in der Sowjetunion. Hamburg 1950.

Mayer, Georg: Soldaten ohne Armee. Berufssoldaten im Kampf um Standesehre und Versorgung, in: Broszat/Henke/Woller: (Hg.): Stalingrad, S. 82 ff.

Meffert, ?: Die Bedeutung des Art. 3. Abs. 3 des Ersten Teils des Überleitungsvertrages für die deutsche Rechtsprechung, in: NJW 56, 1996, S. 1468-1469 ff.

Ménudier, Henri: L' Office franco-allemand pour la Jeunesse. Une Contribution exemplaire à l'Unité de l'Europe. Paris 1988.

Meyer, Ahlrich: Die deutsche Besatzung in Frankreich 1940-1944. Widerstandsbekämpfung und Judenverfolgung. Darmstadt 2000.

Meyer, Ahlrich: Großraumpolitik und Kollaboration im Westen, in: Modelle für ein deutsches Europa. Ökonomien und Herrschaft im Großwirtschaftsraum (= Beiträge zur nationalsozialistischen Gesundheits- und Sozialpolitik 10). Berlin 1992, S. 29-76.

Meyer, Ahlrich: Täter im Verhör. Die »Endlösung der Judenfrage« in Frankreich 1940-1944. Darmstadt 2006.

Michel, Henri: Paris allemand. Paris 1981.

Miquel, Marc von: »Wir müssen mit den Mördern zusammenleben!«. NS-Prozesse und politische Öffentlichkeit in den sechziger Jahren, in: Fritz-Bauer-Institut (Hg.),Gerichtstag, S. 97-116.

Miquel, Marc von: Ahnden oder amnestieren? Westdeutsche Justiz und Vergangenheitspolitik in den sechziger Jahren. Göttingen 2004.

Miquel, Marc von: Juristen: Richter in eigener Sache, in: Frei (Hg.), Karrieren, S. 181-236.

Mitscherlich, Alexander/Mielke, Friedrich: Medizin ohne Menschlichkeit. Dokumente des Nürnberger Ärzteprozesses. Frankfurt a. M. 1960.

Moersch, Karl: Kursrevision. Deutsche Politik nach Adenauer. Frankfurt a. M. 1978.

Mohler, Armin: Der Nasenring. Die Vergangenheitsbewältigung vor und nach dem Fall der Mauer. München 1991.

Moisel, Claudia: Frankreich und die deutschen Kriegsverbrecher. Politik und Praxis der Strafverfolgung nach dem Zweiten Weltkrieg. Göttingen 2004.

Mommsen, Hans: Was haben die Deutschen vom Völkermord gewußt?, in: Walter H. Pehle (Hg.): Der Judenpogrom 1938. Von der »Reichskristallnacht« zum Völkermord. Frankfurt a. M. 1988, S. 176-200.

Moritz, Klaus/Noam, Ernst: NS-Verbrechen vor Gericht 1945-1955. Dokumente aus hessischen Justizakten. Wiesbaden 1978.

Morsey, Rudolf (Hg.): Konrad Adenauer und die Gründung der Bundesrepublik Deutschland. Bonn 1986.

Morsey, Rudolf: Die Bundesrepublik Deutschland. Entstehung und Entwicklung bis 1969. München 1995.

Müller, Ingo: Furchtbare Juristen. Die unbewältigte Vergangenheit unserer Justiz. München 1987.

Müller, Richard Matthias: Normal-Null und die Zukunft der deutschen Vergangenheitsbewältigung. Ein Essay. Schernfeld 1994.

Nährich, Walter: Die Kriminalität der unehelich Geborenen. Diss. jur. Bonn 1950.

Niermann, Hans-Eckard: Die nordrhein-westfälische Justiz und ihr Umgang mit der NS-Vergangenheit. Eine Projektskizze, in: Westfälische Forschungen 47, 1997, S. 739-754.

Niermann, Hans-Eckhard: Generalstaatsanwalt Werner Pfromm und die Arbeit der Zentralstelle Köln, in: Juristische Zeitgeschichte 9, 2001, S. 73-94.

Niethammer, Lutz: Die Mitläuferfabrik. Die Entnazifizierung am Beispiel Bayerns. Bonn/Berlin 1982.

Niethammer, Lutz: Zum Wandel der Kontinuitätsdiskussion, in: Ludolf Herbst (Hg.): Westdeutschland 1945-1955. München 1986, S. 65-84.

Noak, Frank: Veit Harlan. »Des Teufels Regisseur«. München 2000.

Noelle-Neumann, Elisabeth: The Theory of Public Opinion: The Concept of the Spiral of Silence, in: Communication Yearbook, 14, 1991, S. 256-287.

Opptiz, Ulrich-Dieter: Strafverfahren und Strafvollstreckung bei NS-Gewaltverbrechen. Dargestellt anhand von 542 rechtskräftigen Urteilen aus der Zeit von 1946-1975. Ulm ^{2}1979.

Orth, Karin: Das System der nationalsozialistischen Konzentrationslager. Eine politische Organisationsgeschichte. Hamburg 1999.

Orth, Karin: Die Konzentrationslager-SS. Sozialstrukturelle Analysen und biographische Studien. Göttingen 2000.

Orth, Karin: SS-Täter vor Gericht. Die strafrechtliche Verfolgung der Konzentrationslager-SS nach Kriegsende, in: Fritz Bauer Institut (Hg.): Gerichtstag, S. 43-60.

Ottosen, Kristian: Nuit et brouillard. Histoire des prisonniers du camp Natzweiler-Struthof. Bruxelles 1994.

Paul, Gerhard/Mallmann, Klaus-Michael (Hg.): Die Gestapo – Mythos und Realität. Darmstadt 1995.

Paul, Gerhard/Mallmann, Klaus-Michael (Hg.): Die Gestapo im Zweiten Weltkrieg. »Heimatfront« und besetztes Europa. Darmstadt 2000.

Paul, Gerhard: »Von Judenangelegenheiten hatte er bis dahin keine Ahnung.« Der Judenreferent aus Neumünster, in: ders.: Landunter. Schleswig-Holstein und das Hakenkreuz. Münster 2001, S. 201-215.

Paul, Gerhard: Die Täter der Shoah. Fanatische Nationalsozialisten oder ganz normale Deutsche? (= Dachauer Symposien zur Zeitgeschichte 2), Göttingen 2002.

Paul, Gerhard: Von Psychopathen, Technokraten des Terrors und »ganz gewöhnlichen« Deutschen. Die Täter der Shoah im Spiegel der Forschung, in: ders., Täter, S. 13-90.

Paul, Gerhard: Zwischen Selbstmord, Illegalität und neuer Karriere. Ehemalige Gestapo-Bedienstete in Nachkriegsdeutschland, in: Paul/Mallmann (Hg.), Die Gestapo – Mythos und Realität, S. 529-547.

Paxton, Robert O.: Vichy-France – Old Guard and New Order. New York 1972.

Perels, Joachim: Amnestien für NS-Täter, in: Redaktion Kritische Justiz (Hg.), Aufarbeitung, S. 677-687.

Plato, Alexander von: »Wirtschaftskapitäne«. Biographische Selbstkonstruktion von Unternehmern der Nachkriegszeiten, in: Schildt/Sywottek (Hg.), Modernisierung, S. 377-391.

Pohl, Dieter: Die Einsatzgruppe C, in: Klein (Hg.), Einsatzgruppen, S. 71-87.

Pohl, Dieter: Holocaust. Die Ursachen, das Geschehen, die Folgen. Freiburg 2000.

Pohl, Dieter: Nationalsozialistische Judenverfolgung in Ostgalizien 1941-1944. Organisation und Durchführung eines staatlichen Massenverbrechens. München 1996.

Poidevin, Raymond/Bartiérty, Jacques: Frankreich und Deutschland. Geschichte ihrer Beziehungen 1815-1975. München 1982.

Poliakov, Léon/Wulf, Joseph (Hg.): Das Dritte Reich und die Juden. Berlin ²1955.

Poliakov, Léon/Wulf, Joseph (Hg.): Das Dritte Reich und seine Diener. Berlin 1956.

Pötzsch, Horst: Deutsche Geschichte von 1945 bis zur Gegenwart. Die Entwicklung der beiden deutschen Staaten. München 1998.

Pradelle, Gueffre de la: La répression des crimes de guerre; in: Ecrits de Paris 5/1951, S. 74-80.

Pressac, Jean-Claude (Hg.): The Struthof Album. Study of the Gassing at Natzweiler – Struthof of 86 Jews Whose Bodies Were to Constitute a Collection of Skeletons. Paris 1985.

Pryces-Jones, David: Paris in the Third Reich. A History of German Occupation 1940-1944. New York 1981.

Rahn, Rudolf: Ruheloses Leben. Düsseldorf 1949.

Ratz, Michael u.a.: Die Justiz und die Nazis. Zur Strafverfolgung von Nazismus und Neonazismus seit 1945. Frankfurt a. M. 1979.

Rauh-Kühne, Cornelia/Ruck, Michael (Hg.): Regionale Eliten zwischen Diktatur und Demokratie. Baden und Württemberg 1930-1952. München 1993.

Ray, Roland: Annäherung an Frankreich im Dienste Hitlers? Otto Abetz und die deutsche Frankreichpolitik 1930-1942. München 2000.

Redaktion kritische Justiz (Hg.): Die juristische Aufarbeitung des Unrechts-Staats. Baden-Baden 1998.

Reese, Mary Ellen: Organisation Gehlen. Der Kalte Krieg und der Aufbau des deutschen Geheimdienstes. Berlin 1992.

Reichel, Peter: Vergangenheitsbewältigung in Deutschland. Die Auseinandersetzung mit der NS-Diktatur von 1945 bis heute. München 2001.

Renz, Ulrich: Lauter pflichtbewusste Leute. Szenen aus NS-Prozessen. Köln 1989.

Reuss, Peter Matthias: Die Mission Hausenstein (1950-1955). Ein Beitrag zur Geschichte der deutsch-französischen Beziehungen nach dem Zweiten Weltkrieg. Sinzheim 1995.

Roelleke, Gerd: Theodor Maunz und die Verantwortung des Öffentlichrechtlers, in: Redaktion kritische Justiz (Hg.), Aufarbeitung, S. 333-345.

Rondholz, Eberhard: Die Ludwigsburger Zentralstelle zur Aufklärung von NS-Verbrechen, in: Redaktion kritische Justiz (Hg.), Aufarbeitung, S. 669-676.

Rondholz, Eberhard: Dortmund zum Beispiel. Eine deutsche Zentralstelle für die Bearbeitung nationalsozialistischer Massenverbrechen, in: Blätter für deutsche und internationale Politik 11, 1996, S. 1339-1348.

Rosskopf, Annette: Anwalt antifaschistischer Offensiven. Der DDR-Nebenklagevertreter Friedrich Karl Kaul, in: Fritz Bauer Institut (Hg.), Gerichtstag, S. 141-162.

Rosskopf, Annette: Friedrich Karl Kaul. Anwalt im geteilten Deutschland 1906-1981 (= Berliner Juristische Universitätsschriften, Grundlagen des Rechts 19). Berlin 2002.

Rousso, Henry: Frankreich, in: Frei/Knigge (Hg.): Verbrechen, S. 253-261.

Rousso, Henry: Justiz, Geschichte und Erinnerung in Frankreich. Überlegungen zum Papon-Prozeß; in: Frei/van Laak/Stolleis (Hg.), Geschichte, S. 141-163.

Rousso, Henry: L'Epuration. Die politische Säuberung in Frankreich, in: Henke/Woller (Hg.), Säuberung, S. 192-240.

Ruck, Michael: Beharrung im Wandel. Neuere Forschungen zur deutschen Vergangenheit, Teil 1 in: Das neue politische Buch 1, 1997, S. 200-256; Teil 2 in: Das neue politische Buch 2, 1998, S. 67-112.

Ruck, Michael: Kontinuität und Wandel. Westdeutsche Verwaltungseliten unter dem NS-Regime und in der alten Bundesrepublik, in: Loth/Rusinek (Hg.), Verwandlungspolitik, S. 117-142.

Ruck, Michael: Korpsgeist und Staatsbewußtsein. Beamte im deutschen Südwesten 1928-1972. München 1998.

Ruck, Michael: Verwaltungsjuristen in der Nachkriegszeit – Wandlungen einer deutschen Funktionselite im interregionalen Vergleich, in: Franz-Josef Düwell/Thomas Vormbaum (Hg.): Themen juristischer Zeitgeschichte. Baden-Baden 1999, S. 71-98.

Rückerl, Adalbert: Die Strafverfolgung von NS-Verbrechen 1945-1978. Eine Dokumentation. Heidelberg/Karlsruhe 1979.

Rückerl, Adalbert: NS-Verbrechen vor Gericht. Versuch einer Vergangenheitsbewältigung. Heidelberg 1984.

Rumpf, Helmut: Deutsche Gerichtsbarkeit über Tatbestände mit Besatzungsberührung, in: JZ 21, 1957, S. 654-657.

Rüter, Christiaan/de Mildt, D. W.: Die westdeutschen Strafverfahren wegen nationalsozialistischer Tötungsverbrechen 1945-1997. Eine systematische Verfahrensbeschreibung mit Karten und Registern. Amsterdam/München 1998.

Rüter, Christiaan/Rüter-Ehlermann, Adelheid u. a.: Justiz und NS-Verbrechen. Sammlung deutscher Strafurteile wegen nationalsozialistischer Tötungsverbrechen 1945-1966. 22 Bde. Amsterdam 1968-1981.

Sánchez, Gustavo/Reimann, Elisabeth: Barbie in Bolivien. Köln 1987.

Sandkühler, Thomas: »Endlösung« in Galizien. Der Judenmord in Ostpolen und die Rettungsinitiative von Berthold Beitz 1941-1944. Bonn 1996.

Schanetzky, Tim: Unternehmer: Profiteure des Unrechts, in: Frei (Hg.), Karrieren, S. 73-126.

Scheffler, Wolfgang: Zur Geschichte der »Endlösung der Judenfrage« in Frankreich unter besonderer Berücksichtigung der Aufgaben der Sicherheitspolizei und des SD 1940-44. Unveröffentlichtes Gutachten. Berlin 1979.

Scheffler, Wolfgang: Zur Problematik der Kenntnis über die Vernichtungsmaßnahmen im deutschen Machtbereich. Unveröffentlichtes Gutachten. Berlin 1988.

Scheffler, Wolfgang: NS-Prozesse als Geschichtsquelle. Bedeutung und Grenzen ihrer Auswertbarkeit durch den Historiker, in: Wolfgang Scheffler/Werner Bergmann (Hg.): Lerntag über den Holocaust als Thema im Geschichtsunterricht und in der politischen Bildung. Berlin 1988, S. 13-27.

Schildt, Axel/Siegfried, Detlev/Lammers, Karl Christian (Hg.): Dynamische Zeiten. Die 60er Jahre in den beiden deutschen Gesellschaften (=Hamburger Beiträge zur Sozial- und Zeitgeschichte 37). Hamburg 2000.

Schildt, Axel/Sywottek, Arnold (Hg.): Modernisierung im Wiederaufbau. Die westdeutsche Gesellschaft der 50er Jahre. Bonn 1993.

Schildt, Axel: Der Umgang mit der NS-Vergangenheit in der Öffentlichkeit der Nachkriegszeit, in: Loth/Rusinek (Hg.), Verwandlungspolitik, S. 19-54.

Schildt, Axel: NS-Eliten in der Bundesrepublik, in: Geschichte, Politik und ihre Didaktik 24, 1996, S. 20-32.

Schmollinger, Horst W.: Die sozialistische Reichspartei, in: Richard Stoß (Hg.): Parteien-Handbuch. Die Parteien in der Bundesrepublik Deutschland 1949-1980. Opladen 1983, Sp. 2274-2336.

Schneider, Christian: Identität und Identitätswechsel der Deutschen nach 1945, in: Loth/Rusinek (Hg.), Verwandlungspolitik, S. 241-284.

Scholten, Jens: Offiziere: Im Geiste unbesiegt, in: Frei (Hg.), Karrieren, S. 131-177.

Schröm, Oliver/Röpke, Andrea: Stille Hilfe für braune Kameraden. Das geheime Netzwerk der Alt- und Neonazis. Berlin 2001.

Schulze, Rainer: Flüchtlinge und Vertriebene in der westdeutschen Nachkriegsgeschichte. Bilanzierung und Perspektiven für künftige Forschungsarbeiten. Hildesheim 1987.

Schwartz, Thomas Allan: Die Begnadigung deutscher Kriegsverbrecher. John McCloy und die Häftlinge in Landsberg, in: VfZ 38, 1990, S. 375-414.

Schwarz, Hans-Peter: Die Ära Adenauer. Gründerjahre der Republik 1949-1957. Stuttgart/Wiesbaden 1981.

Schwarz, Hans-Peter: Fragen an das 20. Jahrhundert, in: VfZ 48, 2000, S. 1.-36.

Schwengler, Walter: Völkerrecht, Versailler Vertrag und Auslieferungsfrage. Die Strafverfolgung wegen Kriegsverbrechen als Problem des Friedensschlusses 1919/20. Stuttgart 1982.

Schwinge, Erich: Ein Juristenleben im zwanzigsten Jahrhundert. (hg. von Ursula Schwinge-Stumpf). Frankfurt a. M. 1997.

Segev, Tom: Soldaten des Bösen. Zur Geschichte der KZ-Kommandanten. Reinbeck 1995.

Segev, Tom: The Commanders of Nazi Concentration Camps. Boston 1977.

Siegfried, Detlef: Zwischen Aufarbeitung und Schlußstrich. Der Umgang mit der NS-Vergangenheit in den beiden deutschen Staaten 1958 bis 1969, in: Schildt/Siegfried/Lammers (Hg.), Moderne Zeiten, S. 77-113.

Sigl, Robert: Im Interesse der Gerechtigkeit. Die Dachauer Kriegsverbrecherprozesse 1945-1948. Frankfurt a. M./New York 1992.

Simpson, Christopher: Der amerikanische Bumerang. Nazis im Sold der USA. Wien 1988.

Smelser, Ronald/Syring, Enrico (Hg.): Die Militärelite des Dritten Reiches. 27 biographische Skizzen. Berlin 1995.

Smelser, Ronald/Syring, Enrico/Zitelmann, Rainer (Hg.): Die braune Elite I + II. 22 biographische Skizzen (Bd. I) und 21 weitere biographische Skizzen (Bd. II). Darmstadt ^{3}1994/1993.

Smith, Bradley: Der Jahrhundertprozeß. Die Motive der Richter von Nürnberg. Anatomie einer Urteilsfindung. Frankfurt a. M. 1977.

Snyder, Louis L.: Hitler's Elite. Biographical Scetches of Nazis Who Shaped the Third Reich. Mewton Abbot 1989.

Sontheimer, Kurt (Hg.), Die verunsicherte Republik. Die Bundesrepublik nach 30 Jahren. München 1979.

Sontheimer, Kurt: Deutschlands politische Kultur. München 1990.

Sontheimer, Kurt: Die Ära Adenauer. Grundlegung der Bundesrepublik. München 1991.

Sontheimer, Kurt: Grundzüge des politischen Systems der Bundesrepublik Deutschland. München 1976.

Speidel, Hans: Aus unserer Zeit. Erinnerungen. Berlin 1977.

Speidel, Hans: Invasion 1944. Ein Beitrag zu Rommels und des Reiches Schicksal. Tübingen/Stuttgart 1949.

Spire, Antoine: Ces enfants qui nous manquent. Izieu, 6 avril. Paris 1990.

Steinbach, Almut: Der Kölner Prozess. Untersuchungen zur Verfolgung von NS-Verbrechen in der Bundesrepublik am Beispiel des Strafverfahrens gegen Kurt Lischka, Herbert Hagen und Ernst Heinrichsohn 1979/89 in Köln. Unveröffentlichte Examensarbeit. Bremen 1997.

Steinbach, Peter: Der Nürnberger Prozeß gegen die Hauptkriegsverbrecher; in: Ueberschär (Hg.): Nationalsozialismus, S. 32-44.

Steinbach, Peter: Nationalsozialistische Gewaltverbrechen in der deutschen Öffentlichkeit, in: Weber/Steinbach (Hg.), Vergangenheitsbewältigung durch Strafverfahren, S. 13-39. (1984)

Steinbach, Peter: Nationalsozialistische Gewaltverbrechen. Die Diskussion in der deutschen Öffentlichkeit nach 1945. Berlin 1981.

Steininger, Rolf: Deutsche Geschichte 1945-1961, 2 Bde. Frankfurt a. M. 1983.

Steur, Claudia: Theodor Dannecker. Ein Funktionär der »Endlösung«. Essen 1997.

Stockhorst, Erich: Fünftausend Köpfe. Wer war was im Dritten Reich. Velbert 1967.

Stolleis, Michael: The Law under the Swastika. Chicago 1998.

Stolleis, Michael: Theodor Maunz. Ein Staatsrechtslehrerleben, in: Redaktion kritische Justiz (Hg.): Aufarbeitung, S. 323-331.

Tauber, Kurt P.: Beyond Eagle and Swastika. German Nationalism since 1945, 2 Bde. Middeltown 1968.

Taylor, Telford: Die Nürnberger Prozesse. Kriegsverbrechen und Völkerrecht. Zürich 1951.

Thamer, Hans Ulrich: Die nordrhein-westfälische Justiz und ihr Umgang mit der Vergangenheit, in: Juristische Zeitgeschichte 8, 1999, S. 47-58.

Tolges, Georg (Hg.): Redliche Bemühungen um Frieden und Wiederaufbau. Außenpolitische Reden und Aufsätze von Ernst Achenbach. Opladen 1961.

Ueberschär, Gerd R. (Hg.): Nationalsozialismus vor Gericht. Die alliierten Prozesse gegen Kriegsverbrecher und Soldaten 1943-1952. Frankfurt a. M. 1999.

Ueberschär, Gerd R.: Die sowjetischen Prozesse gegen deutsche Kriegsgefangene 1943-1952; in: ders. (Hg.), Nationalsozialismus vor Gericht, S. 240-261.

Umbreit, Hans: Auf dem Weg zur Kontinentalherrschaft, in: Bernhard K. Kroener/Rolf-Dieter Müller/Hans Umbreit (Hg.): Das Deutsche Reich und der Zweite Weltkrieg, Bd. 5/1. Stuttgart 1988, S. 1-272.

Umbreit, Hans: Der Militärbefehlshaber in Frankreich 1940-1944. Boppard 1968.

Umbreit, Hans: Die deutsche Herrschaft in den besetzten Gebieten 1942-1945, in: Bernhard K. Kroener/Rolf-Dieter Müller/Hans Umbreit (Hg.): Das Deutsche Reich und der Zweite Weltkrieg, Bd. 2. Stuttgart 1999, S. 1-272.

Urselmann, Karin: Die Bedeutung des Barbie-Prozesses für die französische Vergangenheitsbewältigung. Frankfurt a. M. 2000.

Verband der Heimkehrer (Hg.): Mahnung in letzter Stunde. Gefahr für Europa. Der Verband der Heimkehrer warnt vor der Ratifizierung des deutsch-französischen Zusatzabkommens zum Überleitungsvertrag. Bonn 1974.

Vogel, Hans-Jochen: Nachsichten. Meine Bonner und Berliner Jahre. München/Zürich 1996.

Vogel, Rolf (Hg.): Ein Weg aus der Vergangenheit. Eine Dokumentation zur Verjährungsfrage und den NS-Prozessen. Frankfurt a. M./Berlin 1969.

Völklein, Ulrich: Die verweigerte Schuld. Gespräche mit einem Täter: Wie aus dem NS-Kreishauptmann Claus Volksmann der links-liberale Publizist Peter Grubbe wurde. Hamburg 2000.

Vollmer, Walter: »Ins Herz getroffen«. Einstellungswandel durch Erkenntniszuwachs, in: Buhlau, Harald/Jung, Werner (Hg.): Wessen Freund und wessen Helfer? Die Kölner Polizei im Nationalsozialismus. Köln 2000, S. 29-36.

Vollnhals, Clemens (Hg.): Entnazifizierung. Politische Säuberung und Rehabilitierung in den vier Besatzungszonen 1945-1949. München 1991.

Vollnhals, Clemens: Evangelische Kirchen und Entnazifizierung. Die Last der nationalsozialistischen Vergangenheit. München 1989.

Wachs, Philipp-Christian: Der Fall Oberländer (1905-1998). Ein Lehrstück deutscher Geschichte. Frankfurt a. M. 2000.

Wagner, Patrick: Die Resozialisierung der NS-Kriminalisten, in: Herbert (Hg.), Wandlungsprozesse, S. 179-213.

Wagner, Patrick: Ehemalige SS-Männer im »Schildhäuschen der Demokratie«? Die Affäre um das Bundesamt für Verfassungsschutz 1963/64, in: Gerhard Fürmetz/Herbert Reineke/Klaus Weinhauer (Hg.): Nachkriegspolizei. Sicherheit und Ordnung in Ost- und Westdeutschland 1945-1969. Hamburg 2001.

Wagner, Patrick: Hitlers Kriminalisten. Die deutsche Kriminalpolizei und der Nationalsozialismus. München 2002.

Wagner, Patrick: Volksgemeinschaft ohne Verbrecher. Konzeption und Praxis der Kriminalpolizei in der Zeit der Weimarer Republik und des Nationalsozialismus. Hamburg 1996.

Weber, Jürgen/Steinbach, Peter (Hg.): Vergangenheitsbewältigung durch Strafverfahren? NS-Prozesse in der Bundesrepublik Deutschland. München 1984.

Weber, Petra: Carlo Schmid 1896-1979. Eine Biographie. München 1996.

Weber, Wolfgang: Die Kölner Zentralstelle zur Aufklärung von NS-Verbrechen, in: Klein/Wilhelm (Hg.), NS-Unrecht, S. 57-71.

Weiß, Matthias: Journalisten: Worte als Taten, in: Frei (Hg.), Karrieren, S. 241-299.

Wellers, Georges: De Drancy à Auschwitz. Paris 1946.

Welzel, Christian: Demokratischer Elitenwandel. Die Erneuerung der ostdeutschen Elite aus demokratie-soziologischer Sicht. Opladen 1992.

Wember, Heiner: Umerziehung in Lagern. Internierung und Bestrafung von Nationalsozialisten in der britischen Besatzungszone Deutschlands. Essen 1992.

Wetzel, Juliane: Frankreich und Belgien, in: Wolfgang Benz (Hg.): Die Dimension des Völkermordes. Die Zahl der jüdischen Opfer des Nationalsozialismus. München [2]1996, S. 105-137.

Wiesenthal, Simon: Doch die Mörder leben. München/Zürich 1967.

Wiesenthal, Simon: Ich jagte Eichmann. Gütersloh 1961.

Wiesenthal, Simon: Recht, nicht Rache. Frankfurt a. M. 1989.

Wildt, Michael: Generation des Unbedingten. Das Führungskorps des Reichssicherheitshauptamtes. Hamburg 2002.

Wilhelm, Hans-Heinrich: Wie geheim war die Endlösung?, in: Wolfgang Benz (Hg.): Miscellanea. Festschrift für Helmut Krausnik. Stuttgart 1980, S. 131-148.

Winkler, Heinrich August: Der lange Weg nach Westen, Bd. 2: Vom »Dritten Reich« zur Wiedervereinigung. München 2000.

Winter, Loewy: NS-»Euthanasie« vor Gericht. Frankfurt a. M./New York 1996.

Wistrich, Robert: Wer war wer im Dritten Reich. Anhänger, Mitläufer, Gegner aus Politik, Wirtschaft, Militär, Kunst und Wissenschaft. München 1983.

Wojak, Imtrud: »Die Mauer des Schweigens durchbrochen«. Der erste Frankfurter Auschwitz-Prozeß 1963-1965, in: Fritz Bauer Institut (Hg.), Gerichtstag, S. 21-42.

Wojak, Imtrud: Eichmanns Memoiren. Ein historischer Essay. Frankfurt/New York 2001.

Wolffsohn, Michael: Ewige Schuld? 40 Jahre deutsch-jüdisch-israelische Beziehungen. München/Zürich 1987.

Woller, Hans: Gesellschaft und Politik in der amerikanischen Besatzungszone. Die Region Ansbach und Fürth. München 1986.

Zapf, Wolfgang: Wandlungen der deutschen Eliten. Ein Zirkulationsmodell deutscher Führungsgruppen 1919-1961. München 1965.

Zeller, Ron/Griffion, Pim: Judenverfolgung in den Niederlanden und in Belgien während des zweiten Weltkrieges. Eine vergleichende Analyse, Teil I in: 1999 3, 1996, S. 30-54. Teil II in: 1999 1, 1997, S. 29-48.

Zielinski, Bernd: Staatskollaboration. Vichy und der Arbeitskräfteeinsatz im Dritten Reich. Münster 1995.

Zimmermann, Volker: NS-Täter vor Gericht. Düsseldorf und die Strafprozesse wegen nationalsozialistischen Gewaltverbrechen (= Juristische Zeitgeschichte 10). Düsseldorf 2001.

Zlatin, Sabine: Mémoires de la »Dame d'Izieu«. Paris 1993.

Zur Verjährung nationalsozialistischer Verbrechen. Dokumentation der parlamentarischen Bewältigung des Problems 1960-1979, hg. vom Presse und Informationszentrum des Deutschen Bundestages, 3 Bde. Bonn 1980.

Personenregister

Dank

Die vorliegende Studie beruht auf meiner Dissertation, die im November 2002 von der Universität Freiburg angenommen wurde. Sie wurde für die Drucklegung überarbeitet.

Die dem Projekt zu Grunde liegenden Recherchen waren oftmals so kompliziert und zeitaufwändig und die offenen Fragen so vielgestaltig, dass das Projekt ohne engagierte Hilfe von vielen Seiten nicht realisierbar gewesen wäre.

In erster Linie gilt mein Dank Prof. Dr. Ulrich Herbert, der das Projekt angeregt, begleitet und unterstützt hat. Prof. Dr. Dr. Franz-Josef Brüggemeier danke ich für das Zweitgutachten.

Entscheidenden Anteil am Gelingen der Studie hatte Richter a. D. Herbert Schneider †, der als Frankreichdezernent der Zentralen Stelle in Ludwigsburg stets ein offenes Ohr für mich und meine Probleme hatte. Er ermöglichte mir nicht nur den Zugang zu Hunderten von Akten, sondern erklärte mir Nichtjuristen geduldig die rechtlichen Aspekte des Themas. Ihm verdanke ich Hinweise auf zentrale Dokumente, auch vermittelte er mir wichtige Kontakte. Zudem lektorierte er das Buchmanuskript vor allem hinsichtlich der juristischen Argumentation.

Zu danken habe ich auch denjenigen Zeitzeugen, die sich zu einem Interview bereit fanden. Hier sind Thomas Harlan zu nennen, der es sich trotz Krankheit nicht nehmen ließ, mir einen halben Tag Rede und Antwort zu stehen, Prof. Dr. Dr. Hans-Heinrich Jeschek, der für mich seine Akten durchwühlte, sowie StA Rolf Holtfort, Heiner Lichtenstein, Prof. Dr. Wolfgang Scheffler, Landgerichtspräsident a. D. Heinz H. Faßbender und Ministerialdirektor a. D. Johann-Georg Schätzler. Besonderer Dank gilt Beate und Maître Dr. Serge Klarsfeld, die mich nach Paris einluden, mir dort uneingeschränkten Zugang zu ihrem Privatarchiv gewährten und zudem die Drucklegung der Arbeit finanziell unterstützten.

Mehrfach hatte ich Gelegenheit, das Projekt in verschiedenen Stadien seiner Genese vorzutragen und zu diskutieren – Dank allen, die durch Kritik und Anregungen zu seinem Gelingen beigetragen haben. Besonders zu erwähnen sind in diesem Zusammenhang Claudia Moisel und Marc von Miquel, die ähnlich gelagerte Forschungsprojekte verfolgten und denen ich wichtige Anregungen verdanke.

In den zahlreichen Archiven, die ich während der dreijährigen Recherchephase aufsuchte, war ich ein schwieriger Gast mit zahlreichen Sonderwünschen. Trotzdem wurde ich überall zuvorkommend und freundlich behandelt. Herzlichen Dank also auch an die Damen und Herren dort.

Die Recherchen in den oft nicht allgemein zugänglichen Akten wurden mir durch einige Sondergenehmigungen ermöglicht. In diesem Zusammenhang danke ich den Ministern der Justiz a. D. Hans-Jochen Vogel und Herta Däubler-Gmelin sowie Ministerialrat Rabl aus dem Justizministerium des Landes Baden-Württemberg.

Dr. Jörg Später (Freiburg) und Hajo Gevers vom Wallstein Verlag danke ich für die Durchsicht und Bearbeitung des Manuskriptes, Eva Bürger für das Erstellen des Registers.

Ganz besonderer Dank geht an meine Eltern Roswitha und Horst Brunner, die das Projekt von Anfang bis Ende begleitet und mich in jeder Weise unterstützt haben.

Bernhard Brunner

Robert Antelme

Das Menschengeschlecht

Aus dem Französischen von Eugen Helmlé

Band 14875

Ein einzigartiges Zeugnis, das in der französischen Literatur als Standardwerk über die Lager, die Deportation und die systematische Menschenvernichtung gilt. Robert Antelme, ein Gefährte von Maguerite Duras, berichtet über Leben und Sterben im deutschen Konzentrationslager. Sein Retter war der junge François Mitterand, der spätere französische Staatspräsident.

»Der Text verweigert jene Betroffenheit, die beim Leser die Illusion des Mitleidens und damit ein gutes Gewissen zu erzeugen vermag, letztlich aber bloß eine Form der Abwehr ist.«
Jochen Hieber, Frankfurter Allgemeine Zeitung

»Eine Pflichtlektüre.«
Rainer Stephan, Süddeutsche Zeitung

Fischer Taschenbuch Verlag

fi 14875 / 1

Raul Hilberg

im S. Fischer und Fischer Taschenbuch Verlag

»Raul Hilberg, Emigrant aus Wien, war einer der ersten, der sich systematisch mit der Geschichte des Holocaust befasste. 1948 wählte er dieses Thema für seine Dissertation aus, nicht ahnend, dass es sein künftiges Leben bestimmen sollte. Auf Grund der von den USA beschlagnahmten deutschen Akten legte er 1961 seine umfassende Darstellung der Genozidpolitik Hitlers und seiner Mittäter vor, mit der er zunächst allein da stand: ›Die Vernichtung der europäischen Juden‹. Sein großes Werk, in dem er den bürokratischen Charakter des Vernichtungsprozesses und die überwiegend passive Rolle der jüdischen Opfer betont, ist bis heute ein unentbehrliches Standardwerk geblieben. Seine folgenden Publikationen haben immer wieder die Forschung fruchtbar beeinflusst.« *Hans Mommsen*

Die Vernichtung der europäische Juden
Aus dem Amerikanischen
von Christian Seeger,
Harry Maor, Walle Bengs
und Wilfried Szepan
Band 24417

Täter, Opfer, Zuschauer
Die Vernichtung der Juden
Aus dem Amerikanischen
von Hans Günter Holl
Band 13216

Die Quellen des Holocaust
Entschlüsseln und Interpretieren
Aus dem Amerikanischen
von Udo Rennert
256 Seiten. Gebunden
S. Fischer

Unerbetene Erinnerung
Der Weg eines
Holocaust-Forschers
Aus dem Amerikanischen
von Hans Günter Holl
175 Seiten. Gebunden
S. Fischer

S. Fischer

fi 666 020 / 1

Wolfram Wette

Die Wehrmacht

Feindbilder, Vernichtungskrieg, Legenden

Band 15645

Die Wehrmacht hat von 1941 bis 1944 einen Vernichtungskrieg geführt. Warum sind die Generäle Hitler hierbei gefolgt? Der Autor zeigt als Erster, dass antirussische und antisemitische Feindbilder im Militär Tradition hatten. Ohne die Verherrlichung von Krieg und Gewalt, ohne die traditionsreiche Missachtung des Kriegsvölkerrechts hätte der Krieg im Osten so nicht geführt werden können. Nach 1945 wurde daraus die Legende von der sauberen Wehrmacht gestrickt.

»Man liest mit Faszination,
wie Wette manche durchaus bekannte
Forschungsergebnisse gegen
den Strich bürstet.«
Norbert Frei, Die Zeit

Fischer Taschenbuch Verlag

fi 15645 / 1

Moderne Zeit

Neue Forschungen zur Gesellschafts- und Kulturgeschichte
des 19. und 20. Jahrhunderts

Hg. von Ulrich Herbert und Lutz Raphael

Bd. 1: Ulrich Herbert (Hg.): Wandlungsprozesse in Westdeutschland.
Belastung, Integration, Liberalisierung

Bd. 2: Isabel Heinemann: »Rasse, Siedlung, deutsches Blut«. Das Rasse- und Siedlungshauptamt der SS und die rassenpolitische Neuordnung Europas

Bd. 3: Nicolas Berg: Der Holocaust und die westdeutschen Historiker.
Erforschung und Erinnerung

Bd. 4: Jörg Später: Vansittart.
Britische Debatten über Deutsche und Nazis 1902-1945

Bd. 5: Sybille Buske: Fräulein Mutter und ihr Bastard.
Eine Geschichte der Unehelichkeit in Deutschland 1900-1970

Bd. 6: Bernhard Brunner: Der Frankreich-Komplex. Die nationalsozialistischen Verbrechen in Frankreich und die Justiz der Bundesrepublik Deutschland

Bd. 7: Torsten Gass-Bolm: Das Gymnasium 1945-1980.
Bildungsreform und gesellschaftlicher Wandel in Westdeutschland

Bd. 8: Gerhard Altmann: Abschied vom Empire.
Die innere Dekolonisation Großbritanniens 1945-1985

Bd. 9: Patrick Wagner: Bauern, Junker und Beamte.
Lokale Herrschaft und Partizipation im Ostelbien des 19. Jahrhunderts

Bd. 10: Jan Eckel: Hans Rothfels.
Eine intellektuelle Biographie im 20. Jahrhundert

Bd. 11: Karin Hunn: »Nächstes Jahr kehren wir zurück«.
Die Geschichte der türkischen Gastarbeiter in der Bundesrepublik

Bd. 12: Christina von Hodenberg: Konsens und Krise.
Eine Geschichte der westdeutschen Medienöffentlichkeit 1945-1973

Bd. 13: Imanuel Baumann: Dem Verbrechen auf der Spur.
Eine Geschichte der Kriminologie und Kriminalpolitik in Deutschland 1880-1980

Bd. 14: Matthias Waechter: Der Mythos des Gaullismus.

Wallstein
e-mail: info@wallstein-verlag.de • Internet: www.wallstein-verlag.de